AF617514

ÁMBITOS Y DESIGNIOS DE LA GUERRA CIVIL ESPAÑOLA (1936-1939)

ÁMBITOS Y DESIGNIOS DE LA GUERRA CIVIL ESPAÑOLA (1936-1939)

José Manuel Azcona Pastor
Miguel Íñiguez Campos
Javier Rodríguez Abengózar
(eds.)

Sílex

Este libro se ha configurado al amparo del Proyecto de Investigación de la Cátedra de Excelencia *URJC Santander Presdeia* con referencia: F62-HC/Cat-Ib: *Hitos significativos de la Guerra Civil española(1936-1939).*
Esta Cátedra está adscrita al Programa Santander Universidades en el Vicerrectorado de Investigación, Innovación y Transferencia de la Universidad Rey Juan Carlos.

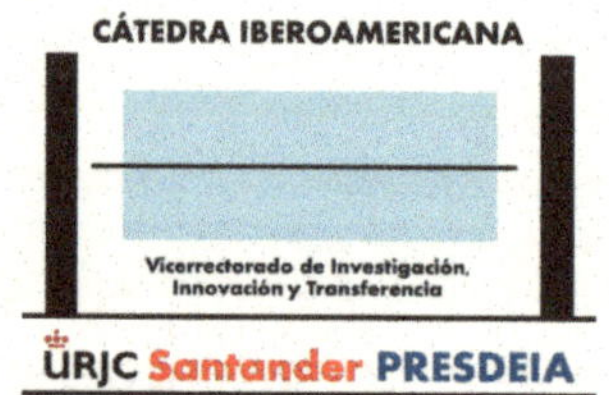

© José Manuel Azcona Pastor (ed.), 2024
© Miguel Íñiguez Campos (ed.), 2024
© Javier Rodríguez Abengózar (ed.), 2024
© Resto de autores, 2024

Editor: Ramiro Domínguez Hernanz

© Imagenes de cubierta: selección

C/ San Gregorio, 8, 2, 2ª Madrid
España
www.silexediciones.com

ISBN: 978-84-10267-22-0
Depósito Legal: M-20588-2024
Colección: Sílex Universidad
Magnum

Impreso y encuadernado en España

Cualquier forma de reproducción, distribución, comunicación pública o transformación de esta obra solo puede ser realizada con la autorización de sus titulares, salvo excepción prevista por la ley. Diríjase a CEDRO (Centro Español de Derechos Reprográficos) si necesita fotocopiar o escanear algún fragmento de esta obra (www.conlicencia.com; 91 702 19 70 / 93 372 04 97)

CONTENIDO

EL CAMPO MÉDICO Y HUMANITARIO

REPRESIÓN Y VIOLENCIA POLÍTICA

EL ÁMBITO BÉLICO

INTRODUCCIÓN

"¡Otro libro sobre la guerra civil, como si no se hubieran publicado ya bastantes!" es una expresión que muchos lectores al observar el título de este libro pueden plantearse. En parte, es una reacción lógica. Sin embargo, después de casi nueve décadas desde que estalló el golpe de Estado que derivó en guerra civil y, según las estimaciones más equilibradas, más de 30.000 obras, sin incluir artículos ni tesis doctorales -otras estimaciones son más altas o bajas- todavía, en nuestra humilde opinión, es posible arrojar luz sobre ciertos temas y aspectos que no han sido investigados o aclarados suficientemente desde la historiografía seria y rigurosa. Una prueba de ello es este libro, donde los editores hemos tratado de reunir un elenco de autores lo más diverso posible, desde catedráticos de universidad hasta investigadores que están desarrollando sus tesis doctorales, pasando por gente que consolida sus carreras.

Tras debatir cómo articular el presente libro y qué enfoques incluir, hemos consensuado articularlo en cinco grandes bloques: el primero se centra en la estructura ideológica del conflicto, en donde se han incluido interesantes temas y perspectivas vinculadas a la participación del Portugal salazarista en la guerra de España, la representación gráfica femenina a través de las portadas y contraportadas de dos revistas, el análisis del seminario *The Spanish Revolution*, vinculado al POUM- el partido trotskista- y las redes transnacionales anarquistas durante el conflicto y su pervivencia a la misma.

El segundo bloque se centra en el patrimonio histórico-artístico y la perspectiva cultural, donde se incluye una interesante reflexión sobre identidad y patrimonio histórico artístico antes y durante la guerra civil; el impacto que tuvo la guerra civil y las vanguardias en la construcción textual del Museo Nacional Centro de Arte Reina Sofía, reflexionando sobre la importancia que tuvo el pabellón de España en la Exposición de París de 1937 y el análisis de las series documentales emitidas por el ente público Televisión Española (TVE), en los albores de la actual democracia, concretamente entre 1979 y 1987.

El tercer bloque es, quizás, el más desconocido y novedoso sobre los temas que se estudian y analizan vinculados a la guerra civil, especialmente el ámbito médico. Dentro del mismo, merece la pena destacar el estudio sobre el denominado "método español"- más conocido como el método Orr-Bastos-Trueta- para tratar fracturas y heridas durante la guerra, el cual salvó muchas vidas no solo en los campos de batalla españoles, sino que se exportó a los de la II Guerra Mundial, especialmente en el bando aliado hasta 1943. En el campo humanitario hemos incluido dos estudios, uno centrado en el análisis de las colonias infantiles de Levante entre 1936 y 1938 y un estudio de microhistoria centrado en el examen de la función de los comedores de Auxilio Social en la provincia andaluza de Sevilla.

El cuarto bloque, dedicado a la represión y a la violencia política, no podía faltar en un libro como este con toda la tradición historiográfica con la que cuenta este ámbito. En él se han incluido estudios muy diversos y enriquecedores de temas ya tratados recurrentemente por la literatura sobre la guerra civil, pero sobre los que aún quedan cosas por decir. Merece la pena destacar los estudios microhistóricos que desgranan el "terror rojo" contra las cofradías penitenciales en Huelva, o la violencia revolucionaria que se produjo en el madrileño barrio de Vallecas durante el primer medio año de conflicto, desmontando algunos mitos. Dentro de este enfoque también incluimos un estudio que analiza la conflictividad política, enfrentamiento y violencia entre falangistas y requetés durante la contienda. No podía faltar un estudio sobre las prisiones y la represión franquista, centrada en este caso en Pamplona.

También hemos incluido en este cuarto bloque un estudio novedoso sobre un tema poco tratado y conocido por el público en general: la emboscada de la Pañoleta en la capital hispalense que, de no haberse producido y saldado con éxito, es posible que el golpe hubiera seguido otros derroteros, al menos en Andalucía y su capital. Muy interesante es el estudio del escarnio como medida de sometimiento de la población, con un enfoque antropológico muy enriquecedor. También hemos incluido un estudio sobre los consejos de guerra, uno en cada zona enfrentada.

El último boque lo hemos dejado para las nuevas aportaciones que se van produciendo en el ámbito militar en sentido estricto. Sugestivos son los capítulos elaborados con egodocumentos que estudian y recogen el dolor y la esperanza o el devenir de un joven corriente llamado Enric Vila Sánchez. También incluimos tres estudios novedosos e interesantes, uno sobre el despliegue de la inteligencia militar soviética en España utilizando fuentes rusas, otro sobre el Servicio de Información y Policía Militar en el Levante y un tercero sobre la quinta columna en Almería.

El lector podrá comprender mejor el rol que jugó España durante la contienda como centro de estudio de armamento nuevo gracias a un estudio centrado en el análisis del empleo del carro de combate durante la guerra y, gracias al capítulo dedicado a las dificultades que tuvo la República para conseguir armamento, podrá hacerse una idea de la tragedia que supuso para la República el cierre de los arsenales de las democracias occidentales y el tener que echarse en los brazos soviéticos y zambullirse en el mercado negro para tratar de conseguir armas con las que poder combatir a los sublevados.

Hemos decidido incluir un estudio sobre el hambre como un recurso en la estrategia de guerra total y otro sobre los brigadistas internacionales de nacionalidad uruguaya. También recogemos un interesante estudio sobre la función que tuvo la prostitución en ambos contendientes.

En definitiva, las novedades que se incluyen en la presente obra provienen de tres líneas de investigación muy claras, a saber: una primera línea se centra en la confirmación o refutación de tesis o hipótesis planteadas por autores e investigadores previos, esto es, el trabajo genuino del historiador; la segunda está vinculada a innovar en aspectos desconocidos o pocos conocidos, en cuyos trabajos se han incorporado buenas cantidades de fuentes primarias de archivo; la tercera comprende destinos personales o enfoques vinculados a la microhistoria o locales.

Decíamos al inicio de esta introducción la importancia que tienen los estudios de la Guerra Civil española en las últimas producciones historiográficas académicas. Pero hemos de añadir que, tras lo publicado sobre la Segunda Guerra Mundial es el conflicto español el que más ha llamado la atención de los estudiosos de la era contemporánea. Acabamos de resumir las áreas temáticas de las que consta este libro, que conforman, creemos, un modelo de estudio original con aspectos que habitualmente quedan fuera de la analítica convencional mucho más ubicada esta concepción en los ámbitos de la violencia política o militar. La Guerra Civil española sigue formando parte de la cosmovisión colectiva de una tragedia nunca deseada, por lo que el número de películas, novelas, series de televisión y producción científica tiene dimensiones de altura. Lo que ha incidido en el ámbito universitario, como ya se ha dicho. Pero también en la etapa posterior de la historia española, el franquismo y sus ámbitos de represión, que han desarrollado en los últimos tiempos legión de estudios y estudiosos. Como por mimetismo.

Esperamos sinceramente que los amables lectores disfruten de su lectura tanto como nosotros a la hora de confeccionarlo y elaborarlo.

LA ESTRUCTURA IDEOLÓGICA

1.
LA PARTICIPACIÓN DEL *ESTADO NOVO* SALAZARISTA EN LA GUERRA DE ESPAÑA, 1936-1939

Mariano García de las Heras
Jerónimo Ríos
Universidad Complutense de Madrid

INTRODUCCIÓN

El orden republicano proclamado en España el 14 de abril de 1931 significa la recuperación de un sistema político democrático tras el paréntesis impuesto por la dictadura de Primo de Rivera. En cambio, su vecino peninsular mantiene una fórmula autocrática tras la violenta ruptura provocada por el golpe militar registrado el 28 de mayo del año 1926. El inicio de la década de los años treinta del siglo XX está marcado por la disparidad de los modelos establecidos a ambos lados de la Raya[1], aunque conviene destacar que el espíritu democratizador de la II República española simboliza una anomalía en un escenario europeo dominado por regímenes autoritarios.

El curso democrático del modelo republicano en España apuesta por un conjunto de reformas con profundas implicaciones socioeconómicas –agrarias, militares, culturales, territoriales, etc.– y una política exterior activa en sintonía con las nuevas directrices pautadas por la Sociedad de Naciones en el contexto inmediatamente posterior a la I Guerra Mundial. El nuevo organismo responsable de dirimir las vicisitudes en la escala global representa las pretensiones de apaciguamiento mediante el constante diálogo entre múltiples actores, aunque su funcionamiento refleja numerosas lagunas y carencias para sostener un orden internacional cambiante a través de la ejecución de un modelo de seguridad colectiva eficiente.

Los principales retos de la política exterior de la Segunda República consisten en satisfacer, fundamentalmente, las pretensiones de desarme negociadas en las diversas conferencias de paz iniciadas en 1919 con una doble intención: la disminución del riesgo de conflictividad previo a la *Grande Guerre* y el acomodo de los instrumentos diplomáticos para garantizar los principios de seguridad colectiva.[2]

---

[1] Esta voz y su equivalente en portugués, *Raia*, designan el trazado limítrofe encargado de dividir la soberanía territorial terrestre entre España y Portugal. A lo largo del texto utilizaremos ambas expresiones sin distinciones.

[2] La denuncia de la agresión japonesa desarrollada en la región china de Manchuria durante el mes de septiembre del año 1931 es una muestra de las líneas de acción proclamadas por el Gobierno de la República, y coherentes con los fundamentos consagrados en su norma constitucional, en el foro internacional de Ginebra. Otro

Europa observa, en esta coyuntura histórica, el despunte de las aspiraciones coloniales de la Italia fascista para reconstruir su dominio imperial o el acentuado revisionismo de la Alemania nazi sobre las cláusulas pactadas en Versalles. El conflicto bélico desencadenado en España exterioriza las antítesis ideológicas alumbradas durante el período de entreguerras –prolongadas con el estallido de la Segunda Guerra Mundial– y evidencia, en última instancia, la incapacidad de las respuestas diplomáticas planteadas bajo el paraguas de la Sociedad de Naciones.

Las siguientes páginas están dedicadas a examinar el papel desempeñado por el *Estado Novo* salazarista, formalmente constituido el 11 de abril del año 1933, en el transcurso de la guerra civil desarrollada en el país vecino a través de una triple línea de influencia: la contribución de recursos materiales, el concurso de la actividad diplomática y la colaboración en las prácticas de represión contra el sistema democrático de la II República. Las principales fuentes primarias consultadas proceden de las sesiones parlamentarias celebradas en la *Assambleia Nacional* y el análisis coincide con la perspectiva del análisis crítico del discurso. El análisis está precedido de una breve contextualización para enmarcar las relaciones entre ambos países en el arco cronológico comprendido entre 1931 y la tentativa golpista del 18 de julio del año 1936. El capítulo concluye con unas consideraciones sobre el Tratado de Amistad concertado entre António de Oliveira Salazar y Francisco Franco, que refleja las avenencias entre sus respectivos regímenes y detalla la construcción inicial del denominado bloque ibérico durante la inmediata posguerra.

LAS TENSIONES DE LAS RELACIONES PENINSULARES EN EL PRELUDIO DE LA GUERRA CIVIL ESPAÑOLA

Portugal es testigo de la llegada de camarillas contrarias a la implantación de un sistema republicano en España, especialmente dirigidas hacia las localidades urbanas de Lisboa y Estoril[3]. Estos grupos disfrutan de la complicidad de las autoridades portuguesas para elaborar sus tramas golpistas, ya desde el año 1931, y establecer conexiones con círculos empresariales con el propósito de captar fondos destinados a propagar sus actividades[4].

El devenir de la Segunda República experimenta una profunda polarización política, que enlaza con el ambiente histórico dominante en Europa durante el periodo de entreguerras. El triunfo electoral de las formaciones conservadoras en los comicios celebrados en el año 1933 está precedido de varios episodios violentos, que alteran la vida política española. El

episodio destacado que evidencia la incapacidad de la Sociedad de Naciones coincide con el incidente protagonizado por la Italia de Mussolini en Abisinia durante en el año 1935.

[3] Oliveira, César, *Salazar e a Guerra Civil de Espanha*, Lisboa, O Jornal, 1987, pág. 141.

[4] Louça, António, *Conspiradores e Traficantes*, Lisboa, Oficina do Livro, 2005; Rodríguez Gallardo, Ángel, "Un modelo poco explorado de refugiado político: gallegos en Portugal durante la Guerra Civil y la inmediata posguerra", *Cahiers de civilisation espagnole contemporaine*, núm. 18, 2017. Disponible en: https://doi.org/10.4000/ccec.6466

primero de ellos es el frustrado intento golpista capitaneado por José Sanjurjo y fechado en el mes de agosto de 1932. El segundo, pocos meses después de este episodio, la insurrección abanderada por sectores anarquistas que concluye con un balance de 26 víctimas mortales debido a la represión ejercida por la Guardia Civil en la localidad gaditana de Casas Viejas entre los días 10-12 de enero del año 1933. Este último acontecimiento desencadena una crisis sociopolítica y anticipa el cambio de tono en la formación del Gobierno, que estará acompañado por una serie de medidas antagónicas con respecto a la dirección expresada durante el primer bienio democrático inaugurado en abril de 1931.

Las fuerzas inclinadas hacia la izquierda en el espacio ideológico asumen, a mediados de la década de 1930, la estrategia del *frentismo* aprobada en el VII Congreso de la Internacional Comunista para frenar el ascenso de las opciones fascistas y responder a las insuficiencias de la socialdemocracia. Francia y España son testigos del triunfo electoral de sus respectivas alianzas, traducidas en Frentes Populares, aunque en el segundo caso provoca la aceleración de unas tramas conspiradoras urdidas por los sectores militares más reaccionarios y conservadores. La tentativa golpista obedece a la planificación de altos mandos –Sanjurjo, Mola, Queipo de Llano, Franco– descontentos con el rumbo de la política doméstica y movilizados por la interpretación dedicada a subrayar la presunta subordinación del nuevo Gobierno a la influencia soviética.

Las beligerancias en la vida pública de la Segunda República transforman la condición inicialmente doméstica de la guerra española en un contencioso a escala continental como consecuencia de una triple vertiente conjugada por sus contendientes: fascismo, comunismo y democracia[5]. La persistente reacción contra el orden democrático republicano responde al apoyo manifiesto de las potencias fascistas por diversas razones geopolíticas[6]. Sin embargo, la violencia armada cursada en España entre los años 1936-1939 reúne múltiples aristas, que desbaratan las lecturas binarias formuladas sobre la dualidad entre democracia y totalitarismo[7].

La política exterior portuguesa permanece condicionada por la reactivación de la imagen finisecular del denominado *perigo espanhol*, especialmente acentuado tras la proclamación en el país vecino de la Segunda República. Las relaciones entre Lisboa y Madrid experimentan un progresivo deterioro marcado por los recelos y por los flujos transfronterizos protagonizados por las respectivas oposiciones de sendos regímenes, que buscan acomodo al otro lado de la Raya para articular sus actividades de protesta. Las tensiones en las diplomacias peninsulares únicamente parecen mitigadas por el paréntesis que representa el Gobierno conservador, que domina la escena republicana en España durante la etapa popularmente conocida como radical-cedista transcurrida entre las elecciones celebradas en noviembre del año 1933 y el ascenso del Frente Popular en los comicios de febrero de 1936.

[5] Casanova, Julián, *República y guerra civil*, Madrid, Marcial Pons, 2019, pág. 263.
[6] Bernecker, Walter L., *Guerra en España, 1936-1939*, Madrid, Síntesis, 1996; Viñas, Ángel, *El honor de la República. Entre el acoso fascista, la hostilidad británica y la política de Stalin*, Barcelona, Crítica, 2010.
[7] Casanova, *República y...*, pág. XVII

LA PARTICIPACIÓN DEL ESTADO NOVO SALAZARISTA CONTRA LA II REPÚBLICA

El *Estado Novo* expresa su afinidad con las fuerzas franquistas desde el inicio de la guerra anunciada el 18 de julio del año 1936. El desencadenamiento del conflicto armado al otro lado de la *Raia* brinda, a juicio de Salazar, la oportunidad para consolidar la dictadura portuguesa a través del apoyo y el patrocinio de los golpistas en España. La figura del general Botelho Moniz despunta en el intervencionismo portugués y en la retórica dedicada a legitimar la participación de Portugal en la contienda desarrollada en el país vecino. El episodio bélico es caracterizado como una *guerra de liberación* entre los sectores salazaristas y franquistas[8]. En esta dirección apunta la intervención de Artur Ribeiro Lopes, ya en enero de 1939, que subraya lo siguiente:

> Si es cierto que en determinado momento España no pudo o no supo resistir la invasión de las ideas orientales, la verdad es que el alma de España, refugiada en el alma de un soldado, reaccionó y conquistó, a través de una epopeya del sufrimiento y el heroísmo, la independencia de su patria, de la civilización y de su tierra. Los portugueses comprendemos, sentimos y medimos desde la primera hora la grandeza y la gravedad de los acontecimientos de España [...] La razón es clara: cómo creamos una patria arrancándola del dominio y la oscuridad del mismo invasor y cómo descubrimos y conquistamos un nuevo mundo para dar más almas y más espacio a la civilización occidental. Quizás por eso en la Península no hay lugar para dos civilizaciones diferentes en su esencia y concepción fundamental de la vida.[9]

El aislamiento de la II República durante los primeros meses de la guerra de España exterioriza las contradicciones propiciadas por la situación política de la época. La crisis del orden global aprobado en Versalles está determinada por la fragilidad del sistema de relaciones internacionales surgido tras la derrota de los Imperios en el año 1918. El ascenso del fascismo en Italia y del nazismo en Alemania ilustra la incapacidad de la Sociedad de Naciones, planteada al otro lado del océano Atlántico desde una perspectiva idealista. La difusión del totalitarismo y la agresividad de la política exterior, proyectada tanto desde Roma como desde Berlín, convergen en la identificación de una amenaza común: el comunismo y los ideales democráticos.

La reacción consiste en intensificar la elaboración de unos imaginarios revisionistas dedicados a la rectificación de las soberanías afirmadas tras la Gran Guerra con el propósito de modificar las líneas fronterizas establecidas en el continente europeo mediante la presión diplomática o el recurso de la fuerza militar. En este ambiente geopolítico,

[8] Loff, Manuel, *O Nosso Século é Fascista. O Mundo visto por Salazar e Franco*, Porto, Campo das Letras, 2008, pág. 72.

[9] Assambleia Nacional, *Diário do Govêrno*, 27 de enero de 1939, núm. 027, pág. 211.

los modelos autoritarios prosperan en detrimento de las fórmulas democráticas durante el período de entreguerras y la Península Ibérica no permanece ajena a estas dinámicas.

Los síntomas del progresivo deterioro del orden negociado en Versalles son manifiestos, ya en la década de 1920, y sus cláusulas condicionan las posibles respuestas a la tendencia política totalitaria observada en el continente europeo, especialmente demostrativo durante el decenio siguiente. Las reivindicaciones germano-italianas colisionan frontalmente con los intereses de los principales garantes del orden aprobado en Europa: Gran Bretaña y Francia. Las cancillerías de Londres y París examinan con cautela el revisionismo de Hitler y el irredentismo imperial de Mussolini, aunque la acción combinada de ambos regímenes representara una maniobra extravagante. La principal voluntad de Alemania residía en la anexión de Austria para obtener una hegemonía sobre el espacio balcánico frente a las aspiraciones italianas, que buscan defender la independencia austríaca y ejercer un protectorado *de facto* en los Balcanes.

Los acuerdos firmados para clausurar la I Guerra Mundial introducen un conjunto de restricciones políticas, fundamentalmente limitadas al ejercicio diplomático para dirimir posibles conflictos, que inhibe a las democracias europeas ante el planteamiento de una hipotética intervención en defensa de la legitimidad del Gobierno de la Segunda República española. Los razonamientos presentados desde Gran Bretaña fundan sus argumentos sobre los principios de apaciguamiento[10], que dominan la política exterior de las democracias europeas durante los años de entreguerras[11]. En consecuencia, el paisaje bélico en España reúne los antagonismos gestados durante los años de entreguerras y constituye un laboratorio de prácticas militares que figuran como preludio de unas hostilidades prolongadas con el estallido de la Segunda Guerra Mundial.

La dimensión internacional de la guerra civil española concede una relevancia sustantiva a España en el terreno diplomático. La acelerada escalada de violencia desborda la territorialidad de la Segunda República, que inicia la búsqueda de socios más allá de sus fronteras para responder a las fuerzas golpistas manifestadas el 18 de julio del año 1936. El Gobierno republicano solicita la ayuda de su homólogo francés, que mantiene un poder ejecutivo situado en las mismas coordenadas del frentismo bajo la presidencia del socialista León Blum. Las delegaciones de ambos gabinetes pactan el suministro de armamento por un valor de 20 millones de francos, pero finalmente Francia reorienta el sentido de su apoyo y esgrime unas razones estratégicas que desaconsejan obedecer las cláusulas negociadas previamente. Los emisarios personales de Franco urgen, por su parte, a Roma y Berlín para trasladar sus milicias desde Marruecos. Mussolini y Hitler patrocinan las campañas insurgentes, mientras que la dictadura portuguesa de Salazar

[10] Moradiellos, Enrique, "El gobierno británico y la guerra de España: apaciguamiento y no intervención", *Historia del Presente*, núm. 7, 2006, págs. 71-88.

[11] Las continuas cesiones territoriales favorables a la política exterior desarrollada por Hitler bajo la premisa de mitigar –al menos nominalmente– las pretensiones del III Reich representa uno de los ejemplos más ignominiosos de la estrategia de apaciguamiento.

incrementa su participación para contribuir en la liquidación del orden democrático proclamado en España en abril de 1931.

Las referencias a la situación española evidencian las preocupaciones de las elites político-militares del salazarismo. Las palabras del comandante Álvaro Morna reflexionan sobre las exigencias de afrontar una reforma de las fuerzas armadas al servicio del *Estado Novo*, mientras que su discurso reconoce la participación de Portugal en el conflicto desarrollado en el país vecino:

> Justo a nuestro lado, al otro lado de la frontera, el fuego más trágico crepita en la historia de los tiempos modernos, una lucha fratricida que amenaza con convertirse en una lucha internacional, y que bien podría alcanzar el carácter de una guerra social y mundial [...] A la luz de los acontecimientos que se han desarrollado, afortunadamente hemos marcado una posición que, siendo neutral y digna del decoro y honor nacional, implica las necesarias medidas cautelares y de defensa frente a los peligros políticos y sociales que puedan amenazarnos desde allí.[12]

La quiebra del sistema republicano procede del seno de sus instituciones, concretamente de ciertas jerarquías militares que idean un golpe de Estado. El resultado fallido de esta tentativa iniciada el 17 de julio del año 1936 motiva su inmediata transformación en un conflicto armado entre el Gobierno legítimo de la República y los sectores afines al grupo de golpistas. Este detonante provoca la sustantiva alteración del escenario europeo debido a la rápida intervención del Portugal salazarista, la Alemania hitleriana y la Italia fascista de Mussolini, mientras las democracias de Gran Bretaña y Francia responden con el argumento del apaciguamiento.

La ayuda combinada procedente de Italia, Alemania y Portugal aporta una de las principales explicaciones sobre el desenlace del enfrentamiento armado[13]. El estallido de la guerra al otro lado de la frontera permite espolear al *Estado Novo* portugués. Salazar adopta una firme posición de complicidad para coadyuvar a la victoria de las fuerzas golpistas dirigidas por Franco. Las beligerancias evidenciadas en el país vecino constituyen un fenómeno que desborda la *Raia* ibérica y despierta las inquietudes entre las autoridades de la dictadura impuesta en Portugal unos años antes. A continuación, los títulos integrados en este epígrafe exploran la constante asistencia del *Estado Novo* salazarista dividida en los siguientes ejes temáticos: recursos materiales, actividad diplomática y colaboración en las prácticas represivas.

[12] Assambleia Nacional, *Diário do Govêrno*, 14 de mayo de 1937, núm. 137, pág. 736.

[13] *Vid.* Viñas, Ángel, *La soledad de la República. El abandono de las democracias y el viraje hacia la Unión Soviética*, Barcelona, Crítica, 2006; Preston, Paul, *La guerra civil española*, Barcelona, Debate, 2006; Casanova, Julián, "Pasado y presente de la guerra civil española", *Historia Social*, núm. 60, págs. 113-128; Campos, Miguel Í., *Armas para la República. Contrabando y corrupción, julio de 1936 – mayo de 1937*, Barcelona, Crítica, 2022.

RECURSOS MATERIALES: ARMAMENTO, COMBATIENTES Y CAPACIDADES LOGÍSTICAS

La guerra de España iniciada en julio de 1936 proporciona un acontecimiento apropiado para las autoridades portuguesas, que buscan la definición y la consolidación del *Estado Novo* salazarista durante la coyuntura marcada por las hostilidades registradas en el país vecino. No obstante, el régimen salazarista ejerce su mayor grado de represión en estos últimos años de la década de 1930 y su principal damnificado es el Partido Comunista Portugués, que ha reemplazado a la oposición republicana –movimiento conocido con el término de *reviralhismo*– para encabezar la lucha contra la dictadura en Portugal.

El salazarismo sostiene que la atomización política en la Península constituye una fuente de agitación constante y beneficiosa para la implantación del ideario comunista inspirado desde Moscú. En consecuencia, el estallido de la guerra al otro lado de la *Raia* implica la participación activa e ineludible de Portugal en apoyo de las fuerzas dedicadas a derrocar el sistema democrático de la II República. Salazar justifica su intervención con el siguiente argumento: "la bolchevización de España constituiría un serio peligro para Portugal"[14].

Los triunfos militares cosechados por las fuerzas golpistas durante los primeros compases de la guerra son apuntalados por la concentración del poder político y militar encarnada en la figura de Franco. Salazar embrida, por su parte, la política exterior portuguesa a partir de la gestación del conflicto bélico en España y el apoyo de Lisboa a las milicias franquistas consiste en el suministro de armamento, la fluidez de fondos financieros, las facilidades concedidas para el tránsito de material bélico y el reclutamiento de combatientes. Las páginas del órgano central del Partido Comunista de España, *Mundo Obrero*, ofrecen una detallada información sobre esta circulación transfronteriza procedente de Portugal:

> La mayor parte de los armamentos que han llegado a los rebeldes viene de Alemania; pero al principio, ametralladoras y aviones de un modelo antiguo les fueron enviadas por el mismo Portugal. La esencia suministrada por la Shell es enviada por medio del aviador portugués Breck y de los hermanos Palha, por barco a Sevilla, y por ferrocarril a Salamanca y desde allí a Badajoz [...] Diversos empréstitos han sido hechos a los rebeldes, con el asentimiento del Gobierno portugués, por la Banca Espíritu Santo y la Banca de Portugual [...] Gil Robles ha instalado en el hotel Avis dos Comités: uno llamado "Comité rebelde"; otro "Gabinete diplomático".[15]

El régimen salazarista reproduce las pautas orgánicas del fascismo mediante la recreación de secciones femeninas y juveniles, mientras que su consolidación política es el resultado

[14] Citando en Salas Larrazábal, Jesús, *Intervención extranjera en la guerra de España*, Madrid, Editora Nacional, 1974, pág. 113.

[15] *Mundo Obrero*, 5 de octubre de 1936, núm. 237, pág. 4.

de la permanente cooptación de las elites militares[16]. La intervención de Júlio Alberto de Sousa Schiappa de Azevedo en la *Assambleia Nacional* del *Estado Novo* justifica la creación de milicias con el fundamento de fortalecer la protección y la defensa de una soberanía, presuntamente amenazada, de acciones procedentes del exterior. Unas ideas resumidas con las siguientes palabras:

> La Legión Portuguesa es la garantía de nuestro presente; la *Mocedade Portuguesa* representa la garantía de nuestro futuro. La Legión Portuguesa está destinada a luchar por la independencia nacional, codo a codo con el Ejército, en nuestras fronteras; también está destinado al servicio de 1ª línea y, por otro lado, a constituir el servicio de seguridad del Ejército contra el enemigo interno.[17]

Salazar aporta a las fuerzas franquistas un importante número de combatientes, que oscila entre un mínimo de 2.500 soldados y una cifra máxima de 8.000. Además, el *Estado Novo* representa una retaguardia territorial con un elevado valor logístico para la entrega de refugiados, las campañas propagandísticas o el suministro, tanto de alimentos como de material bélico, a lo largo de los primeros meses de la guerra[18]. La complicidad del salazarismo con el golpismo español es denunciada de manera incesante por las oposiciones comunistas de ambos países. Un ejemplo de ello es el siguiente fragmento:

> Podíamos decir igualmente que muchos antifascistas españoles, refugiados en Portugal, han sido entregados a los facciosos para que los fusilen, o encarcelados en Lisboa. Pero estos datos no harían más grave la complicidad del Gobierno fascista de Portugal con los rebeldes españoles [...] Ahora es necesario que las naciones europeas que han planteado y sostienen la doctrina de la no intervención en la guerra civil española, adopten las medidas adecuadas.[19]

Portugal es el primer socio de los destacamentos encabezados por Franco y su ayuda material –suministros bélicos, acciones de propaganda, medios de comunicación, cauces financieros, reclutamiento de combatientes, etc.– está acompañada de unas autoridades portuguesas que favorecen estas conexiones mientras disuaden, de manera simultánea, las campañas republicanas en territorio luso[20]. El *Estado Novo* no oculta sus simpatías por la reacción golpista contra la II República española establecida al otro lado de la frontera y un ejemplo de ello es la aquiescencia de dos figuras destacadas de las fuerzas franquistas

[16] Pinto, António Costa, *Portugal contemporáneo*, Madrid, Sequitur, 2000, págs. 25-26.
[17] Assambleia Nacional, *Diário do Govérno*, 27 de mayo de 1937, núm. 145, pág. 856.
[18] Torre, Hipólito de la, "Las dictaduras, 1930-1975", en Torre, Hipólito de la y Jiménez, Juan Carlos, *Historia de una diferencia. Portugal y España, ayer y hoy*, Madrid, Sílex, 2019, págs. 187-327 (pág. 226).
[19] *Mundo Obrero*, 13 de septiembre de 1936, núm. 223, pág. 4.
[20] Keene, Judith, *Fighting for Franco: International Volunteers in Nationalist Spain during the Spanish Civil War*, London, Hambledon Continuum, 2001, pág. 8.

para cruzar el puesto fronterizo situado en Valencia de Alcántara y negociar el suministro de combustible: Miguel Ferrero Pardo, antiguo gobernador civil de la provincia de Cáceres durante el bienio radical-cedista; y, junto a él, Enrique de Muslera, nombrado Delegado de Hacienda para la región extremeña en el año 1926.[21]

La participación del *Estado Novo* adquiere visibilidad a través de los contendientes portugueses al servicio del franquismo, popularmente conocidos como los Viriatos, y cuyas cifras de reclutamiento ascienden hasta aproximadamente los 10.000 miembros desplazados a suelo español para sumarse a los 78.000 italianos y 19.000 alemanes. En el último tramo de la guerra, Vasco Borges reconoce la contribución de los contingentes armados procedentes de Portugal con la intención de desarticular el orden republicano en el país vecino y manifiesta la idea de cruzada anticomunista para legitimar la intervención del *Estado Novo* en el país vecino:

> [...] el orgullo que me hace sentir la gloria cubierta por los portugueses que se han batido en la España nacionalista. No sé si son muchos, si son pocos, aunque creo que serán unos miles. Pero, sean muchos o pocos, sé que hace unos días el general Queipo de Llano, hablando en el desfile militar con el que Sevilla celebró la victoria en Cataluña, no olvidó decir que los italianos y portugueses habían contribuido a esa victoria [...] el general Queipo de Llano designó a estos portugueses como «Viriatos» [...], fue así como la España nacionalista les llamó porque se trataba de portugueses y de soldados que se batían con extraordinario y raro desdén. También la Historia ha de conocerlos por ese epíteto. Y, en verdad, los «Viriatos» son una expresión, una síntesis de la colaboración portuguesa en la epopeya del resurgimiento de España.[22]

La persistente idea del peligro español entre las autoridades políticas y los sectores conservadores de la vida pública portuguesa conecta con la apreciación del "potencial subversivo que representaban las izquierdas españolas"[23]. No obstante, la intervención del régimen salazarista en la guerra de España responde a la percepción de una soberanía coaccionada por la imagen del comunismo atribuida al curso político desarrollado en el país vecino. La participación del *Estado Novo* en el conflicto armado en favor del sector golpista liderado por Franco conecta con unos principios doctrinales de Salazar muy específicos: una devoción católica, una ideología conservadora, un compromiso nacionalista y un intenso anticomunismo[24]. El diagnóstico enunciado por Salazar ilustra estas afirmaciones del siguiente modo:

[21] Chaves, Julián, "Franquismo y Salazarismo unidos por la frontera: cooperación y entendimiento en la lucha contra la disidencia (1936-1950), *Cahiers de civilisation espagnole contemporaine*, núm. 18, 2017. Disponible en: https://doi.org/10.4000/ccec.6571

[22] Assambleia Nacional, *Diário do Govérno*, 2 de marzo de 1939, núm. 045, pág. 429.

[23] Loff, Manuel, *O Nosso Século...*, pág. 71.

[24] Paxton, Robert O. y Hessler, Julie, *Europe in the Twentieth Century*, Boston, Wadsworth Cengage Learning, 2012, pág. 305.

> Tras el convulso momento de la espantosa guerra civil, aplastado el comunismo y España salvada para la civilización occidental, cuando los españoles se ocupen de reparar las ruinas y construir el futuro, este hecho irreductible de la dualidad peninsular se impondrá a todos, como prueba y luz misma de la razón política, contra la cual, fueron impotentes las tradiciones federalistas de las dos repúblicas, como tampoco lo es menos la tradición imperialista de Felipe II.[25]

La ayuda material de Portugal a Franco provoca un fuerte desequilibrio inicial de las fuerzas contendientes y el episodio de la toma de Badajoz, datado en el mes de agosto de 1936, evidencia la reciprocidad entre el salazarismo y los destacamentos golpistas conducidos por el general Juan Yagüe. Los estrechos lazos que asocian la colaboración en la lucha contra el fascismo desbordan las afinidades ideológicas porque, como declaró Jaime Cortesão en el II Congreso Internacional de Escritores Antifascistas celebrado en julio de 1937, "los portugueses saben que su libertad y la de los pueblos está ligada a la suerte de la guerra de España".[26]

ASISTENCIA DIPLOMÁTICA: EL PAPEL DE PORTUGAL EN LA COMISIÓN DE LONDRES

Salazar asume el liderazgo en materia de política exterior con el pretexto de la guerra alumbrada en España y pervive en el desempeño de estas funciones con la continuidad manifestada por el estallido de la Segunda Guerra Mundial. En efecto, el triángulo formado por las diplomacias de Lisboa-Madrid-Londres simboliza el nervio que articula la orientación de los códigos geopolíticos del salazarismo durante las décadas de 1930-1940.[27]

El terreno diplomático no es ajeno a la ayuda ofrecida por Salazar al bando autodenominado nacional. Un ejemplo de ello es la continua obstaculización de Lisboa a los compromisos pactados por el Comité de No Intervención[28]. El dilema representado por los vínculos del *Estado Novo* con Londres y sus intereses domésticos, favorables al triunfo del franquismo, es encauzado por la preferencia manifestada por el dictador portugués en beneficio de la idea de un espacio peninsular estable a través de la derrota republicana. La persistente asistencia del salazarismo convive con las reticencias procedentes Gran Bretaña y Francia, que observan las prácticas que incumple el régimen luso.

[25] Assambleia Nacional, *Diário do Govérno*, 28 de abril de 1938, núm. 192, pág. 839.

[26] Citado en Oliveira, *Salazar e a Guerra...*, págs. 269-270.

[27] Oliveira, César, "A sobrevivência das ditaduras e a neutralidade peninsular na Segunda Guerra Mundial", en Costa, António Pinto *et al.* (eds.), *O Estado Novo. Das origens ao fim da autarcia, 1926-1959*, Lisboa, Fragmentos, 1987, págs. 357-366.

[28] El acuerdo es un propuesta ideada por el Gobierno francés y que agrupa al resto de las potencias continentales. Las delegaciones de los países integrantes forman una comisión, con sede en Londres, que constituye el órgano encargado de velar por el cumplimiento de sus compromisos e integrado por los representantes de los principales productores de armamento bélico –Alemania, Francia, Gran Bretaña y Unión Soviética–, acompañados por los representantes portugueses debido a su condición fronteriza con España. No obstante, sus acuerdos fueron reiterada e inmediatamente incumplidos por alemanes, italianos y portugueses.

El paisaje bélico observado en España repercute en el trazado fronterizo que divide las soberanías estatales peninsulares, ya que la zona portuguesa fortalece los mecanismos de vigilancia y control atribuidos a su ordenamiento territorial con unos criterios selectivos inclinados hacia una meta precisa: la derrota de las fuerzas republicanas españolas. Unos meses después del inicio de la guerra en el país vecino, el 23 de octubre de 1936, el *Estado Novo* suspende sus relaciones diplomáticas con el Gobierno de Madrid y reconoce la autoridad de Franco[29]. En este sentido, las siguientes declaraciones de Salazar resultan elocuentes:

> Dividida España [...] Habiendo meditado sobre este problema durante mucho tiempo, me parecería que seríamos acusados de cobardía al no afrontar las situaciones creadas y no sacar las conclusiones necesarias de ellas, al reconocer acertadamente al Gobierno del Generalísimo Franco como Gobierno de España.[30]

La violencia transita desde una escala estatal hacia una dimensión desmarcada de los límites fronterizos y la asimetría del apoyo internacional mostrado a ambos contendientes integra un factor explicativo en los argumentos esgrimidos sobre el curso de la guerra, que determinan el desenlace de las hostilidades. La política de apaciguamiento exhibida por el Comité de No Intervención y el desequilibrio en el suministro de armamento, como consecuencia de los continuos incumplimientos de las potencias fascistas con respecto a la comisión de Londres, contribuyen a fortalecer estos razonamientos entre la literatura especializada.[31]

El gabinete conservador británico presidido por Stanley Baldwin desde el año 1931 considera que la guerra de España representa un obstáculo en la política de apaciguamiento europeo. La opinión pública en Gran Bretaña está dominada, además, por la idea de un conflicto dual protagonizado por unas milicias reaccionarias frente a unas fuerzas inspiradas por el comunismo. Esta lectura insiste en los mensajes remitidos por las delegaciones desplazadas a la península ibérica, tanto diplomáticas como consulares, e instan al primer ministro a eludir cualquier acción del *Foreign Office* –encabezado por Anthony Eden– que pueda satisfacer los intereses del Kremlin.

Londres adopta, de inmediato, una actitud de neutralidad ante los acontecimientos de España[32]. Esta decisión significa la aprobación de un embargo relativo a los envíos de armamento y munición destinados al territorio peninsular. La política exterior británica manifiesta una equidistancia, que equipara la legitimidad del Gobierno republicano –y,

---

[29] Oliveira, César, *Salazar e a Guerra Civil de Espanha*, Lisboa, O Jornal, 1987, pág. 194.

[30] Assambleia Nacional, *Diário do Govérno*, 28 de abril de 1938, núm. 192, pág. 839.

[31] Aróstegui, Julio, *La guerra civil, 1936-1939. La ruptura democrática*, Madrid, Temas de Hoy, 1996; Graham, Helen, *La República española en guerra, 1936-1939*, Barcelona, Debate, 2006; Preston, Paul, *La guerra civil...*, 2006; Viñas, Ángel, *La República en guerra. Contra Franco, Hitler, Mussolini y la hostilidad británica*, Barcelona, Crítica, 2012.

[32] Moradiellos, Enrique, *El reñidero de Europa. Las dimensiones internacionales de la guerra civil española*, Barcelona, Península, 2001.

por tanto, el único actor capacitado jurídicamente para importar material bélico– con las fuerzas golpistas.

La principal propuesta del Comité de No Intervención consiste en renunciar al suministro de armamento militar destinado a ambos contendientes y, en el caso específico de Francia, al cierre de la línea fronteriza pirenaica. Esta última decisión fue aprobada el 13 de agosto de 1936. Sin embargo, las medidas ratificadas por la comisión no están exentas de diatribas a pesar de sus propósitos originales basados en el principio de no injerencia porque, como apunta Casanova, "la política de No Intervención serviría, según los objetivos diplomáticos establecidos por el Foreign Office, para confinar la lucha dentro de las fronteras españolas y evitar el enfrentamiento con Italia y Alemania"[33]. Portugal responde a esta iniciativa y propone una serie de condiciones para garantizar su estricto cumplimiento con el amparo de su tradicional aliado británico. El principal argumento esgrimido por las autoridades portuguesas señala que la vecindad con el teatro de las operaciones bélicas incrementa la amenaza para su seguridad territorial.[34]

Los puertos portugueses son el escenario de la entrega de armamento procedente de Alemania y a la que inmediatamente se sumará Italia[35]. Lisboa prescinde de las recomendaciones emitidas por el Comité de No Intervención y demora la retirada formal de su apoyo a las fuerzas franquistas, si bien el respaldo salazarista adopta nuevas fórmulas para mantener su auxilio a las filas golpistas de un modo incesante. Este comportamiento es denunciado por las autoridades de la Segunda República y obliga a las potencias democráticas a aprobar una medida guiada por la idea de disponer de observadores internacionales en la frontera luso-española ante las reticencias de la delegación del *Estado Novo*. El propósito fundamental consiste en controlar el acceso de embarcaciones extranjeras a las costas de Portugal. Sin embargo, Salazar argumenta razones de seguridad para evitar la fiscalización fronteriza y, tras un breve período de colaboración, las autoridades lusas abandonan la vigilancia impuesta desde Londres.

Portugal obstaculiza las diversas propuestas dirigidas a controlar las fronteras terrestres y marítimas que plantean desde el Comité de No Intervención. Esta omisión provoca la respuesta de Londres, que suspende sus actividades de vigilancia en suelo luso. La diplomacia portuguesa busca reconciliar dos imperativos durante el transcurso de la guerra en España: satisfacer los compromisos históricos con su socio inglés y proporcionar apoyo a las fuerzas franquistas. El primer razonamiento conecta con el objetivo de mantener el patrimonio colonial ubicado en territorios africanos, mientras que la segunda idea busca favorecer la implantación de un régimen capaz de articular una convivencia peninsular basada en el reconocimiento mutuo.[36]

[33] Casanova, *República y…*, pág. 265.

[34] Stelmach, Anita, "«We can't have Reds in Portugal»: The Portuguese Response to the Spanish Civil War", *Flinders Journal of History and Politics*, vol. 30, 2014, págs. 111-142 (pág. 124)

[35] Robinson, Richard, *Contemporary Portugal. A history*, London, George Allen & Unwin, 1979, pág. 86.

[36] Teixeira, Nuno Severiano, *Entre África y Europa: la política exterior portuguesa, 1890-1986*, en Pinto, António Costa (dir.), *Portugal contemporáneo*, Madrid, Sequitur, 2000, págs. 57-84 (pág. 72)

COLABORACIONISMO EN LAS PRÁCTICAS DE REPRESIÓN

Las políticas restrictivas del *Estado Novo* portugués pretenden limitar la porosidad fronteriza y la represión invade el paisaje de los espacios rayanos, que interrumpen los ritmos diarios de las actividades desarrolladas por las poblaciones locales. La rigidez del régimen de frontera impuesto por Salazar no disuade, sin embargo, los movimientos transfronterizos de las personas que buscan protección en Portugal, sino que reactiva las vías y las rutas clandestinas para cruzar el límite terrestre encargado de demarcar los confines soberanos entre ambos países. Una prueba de ello es el volumen de los desplazados españoles registrados en territorio luso durante el último semestre del año 1936 y que en las narrativas de las comunidades limítrofes figuran bajo la categoría de "refugiados políticos"[37].

El régimen salazarista experimenta un proceso de fascistización animado por la guerra de España. En esta coyuntura, los métodos coercitivos aplicados por la Policía de Vigilancia y Defensa del Estado (PVDE) añaden un tono totalitario al *Estado Novo*[38]. El testimonio aportado por José Díaz Ramos y publicado en *Mundo Obrero* detalla el colaboracionismo de Portugal a través del encarcelamiento de ciudadanos españoles en suelo portugués en los siguientes términos:

> El mundo ha denunciado el delito de la injerencia fascista en la causa de la traición y el crimen contra un régimen y un Gobierno legal, contra un país europeo independiente [...] José Díaz Ramos, viajante de comercio, huyó con otros compañeros republicanos, socialistas y comunistas, de un pueblecillo gallego. Se refugió en la frontera portuguesa [...] Díaz Ramos fue llevado a Lisboa. Y en Lisboa, sin respeto alguno para su condición de fugitivo ni para su nacionalidad, fue encerrado en la fortaleza militar de Caxias.
>
> ¿Era usted el único español en estas condiciones? –le hemos preguntado.
>
> –No. Allí hay presos más de dos mil compatriotas nuestros. Muchos carabineros, soldados, oficiales del Ejército, paisanos, que al estallar la rebelión militar buscaron refugio en la frontera más próxima.[39]

Las interpretaciones dominantes del salazarismo sobre la guerra en España invitan a la fundación de la Legión Portuguesa, cuya institucionalización formal data del 30 de septiembre del año 1936. La creación de esta escuadra paramilitar aporta un mayor tinte de represión al servicio de las autoridades del *Estado Novo*. Su volumen numérico asciende hasta 20.000 miembros en su apogeo y muchos de ellos cumplen órdenes dictadas por Franco contra el Gobierno republicano español, mientras que su operatividad en Portugal

[37] Rodríguez Gallardo, "Un modelo poco explorado...", 2017.

[38] Pinto, António Costa, *O salazarismo e o fascismo europeu: problemas de interpretação nas ciências sociais*, Lisboa, Estampa, 1992; Loff, Manuel, *O Nosso Século...*, 2008.

[39] *Mundo Obrero*, 12 de septiembre de 1936, núm. 218, pág. 4.

consiste en neutralizar la propagación de ideas revolucionarias y afines a la doctrina comunista.[40] El diputado Aguedo de Oliveira precisa, en la *Assambleia Nacional* de la dictadura portuguesa, la funcionalidad aportada por esta milicia:

> Es cierto que se trata de una fuerza política [...] La Legión Portuguesa es como dije, un auxiliar del Ejército [...] Es cierto que los elementos de la Legión Portuguesa ubicados en las fronteras, que por tanto conocen la región fronteriza, podrán ayudar efectivamente a las unidades de elite a cargo de la cobertura. Por tanto, los legionarios fronterizos pueden tener la misión de cubrir las fronteras. Claro que los legionarios de Lisboa, por ejemplo, no deberán ir hacia el Miño, ni los legionarios de Oporto deberán ir para el Alentejo.[41]

La intensificación de la vigilancia establecida en la *Raia* administrada por los cuerpos policiales del salazarismo contribuye a facilitar el control de las huestes franquistas en los feudos fronterizos. Esta práctica gestionada por el *Estado Novo* interrumpe las posibles vías del exilio hacia el territorio portugués e impide las potenciales actividades de retaguardia favorables a las tropas republicanas.[42] El discurso de Antunes Guimarãis en la *Assambleia Nacional* revela las atribuciones concedidas a la frontera como recurso estratégico en el terreno de la seguridad y la defensa de unos intereses considerados nacionales:

> Las soluciones, a excepción de las cascadas de Zêzere, que eran las más recomendadas en su momento, se referían a grandes proyectos hidráulicos en regiones situadas próximas o muy próximas a las fronteras, como el Guadiana y el Tajo y, sobre todo, las limítrofes del Duero. Pero lo cierto es que las plantas operativas, como Nisa, Serra da Estrela y Lindoso, están ubicadas cerca de la frontera, y lo más urgente era construir una gran planta que contribuyera para el movimiento económico del país y su defensa, en lugares estratégicamente recomendables, fuera del alcance de los avances del enemigo y, por tanto, lejos de la frontera o de la costa.[43]

La frontera adquiere un papel central y simboliza un espacio estratégico marcado por la contradictoria relación entre la supervivencia y la violencia. En el caso concreto de la zona rayana de la provincia de Zamora, el testimonio de Manuel Fernández García reconoce el recurso aportado por la Raya ibérica y su desempeño como una zona de disputa ante

[40] Gallagher, Tom, *Portugal. A twentieth century interpretation*, Manchester, Manchester University Press, págs. 85-86.

[41] Assambleia Nacional, *Diário do Govêrno*, 17 de mayo de 1937, núm. 138, pág. 753.

[42] Lanero, Daniel, Míguez, Antonio y Rodríguez, Ángel, "La «raia» galaico-portuguesa en tiempos convulsos. Nuevas interpretaciones sobre el control político y la cultura de frontera en las dictaduras ibéricas (1936-1945)", en Freire, Dulce, Fonseca, Inês y Rovisco, Eduarda (eds.), *Contrabando na fronteira luso-espanhola: praticas, memórias e patrimonios*, Lisboa, Edições Nelson de Matos, 2009, págs. 57-87 (pág. 74)

[43] Assambleia Nacional, *Diário do Govêrno*, 17 de noviembre de 1936, núm. 096, pág. 92.

la ofensiva de las fuerzas franquistas, mientras revela implícitamente la producción de múltiples líneas de división que convergen en esta coyuntura histórica:

> El 10 de Julio fui sorprendido en el pueblo de la provincia de Zamora llamado Lubián. El Sindicato de este pueblo comenzó inmediatamente la requisa de armas, logrando reunir distintas escopetas de caza y algunas pistolas. Armados de esta forma, se comenzaron a montar guardias y organizar la resistencia. Todos los pueblos del contorno, y la parte de Puebla de Sanabria, fueron defendidos por los obreros durante diecisiete días, al cabo de los cuales llegaron fuerzas rebeldes dotadas del aparato guerrero necesario, y los que habían sostenido hasta aquellos momentos, unos fueron apresados y fusilados, y otros pudieron retirarse y huir en busca de la frontera portuguesa.[44]

Los relatos de milicianos al servicio de la República describen la violencia practicada en las zonas fronterizas y denuncian, al mismo tiempo, la colaboración entre las fuerzas franquistas y las autoridades salazaristas. La represión transforma el paisaje rayano en un espacio vulnerable definido por el ejercicio de actividades coercitivas y estrategias de resistencia articuladas en un contexto bélico. El *Estado Novo* manifiesta su afinidad con el golpismo español mediante el rastreo, la detención y la entrega de los refugiados establecidos en localidades rayanas portuguesas.[45]

Las fuerzas policiales salazaristas desempeñan un papel fundamental en los controles fronterizos y la entrega de refugiados a la PVDE es una práctica frecuente[46]. La equivalencia establecida entre la frontera y una válvula de salida hacia el país vecino en una coyuntura marcada por el enfrentamiento bélico constituye un espacio de refugio también apreciable entre los colectivos afines al bando golpista. La guerra de España impacta en las poblaciones rayanas mediante los desplazamientos forzados, que dirigen su rumbo hacia los bordes territoriales. El resultado es una represión sin precedentes por parte de las milicias de la dictadura portuguesa a pesar de la insistente denuncia del Gobierno republicano sobre las condiciones de los refugiados españoles en el país vecino. La cifra de arrestados ascendía hasta 400 a finales de septiembre del año 1936, aunque estos datos aumentan en los sucesivos meses debido a la reclusión de centenares de personas en los campos de concentración habilitados en la zona alentejana.[47]

---

[44] *Mundo Obrero*, 29 de octubre de 1936, núm. 258, pág. 4.

[45] Simões, Dulce, "Exilados e refugiados na fronteira luso-espanhola do Baixo-Alentejo, nos séculos XIX e XX", *O Pelourinho. Boletín de Relaciones transfronterizas*, núm. 22, 2018, págs. 95-122; Simões, Dulce, *A Guerra de Espanha na Raia Luso-Espanhola: Resistências, Solidariedades e usos da Memória*, Lisboa, Colibrí, 2016; Simões, Dulce, "Muros políticos y puentes de solidaridad en la frontera hispano-portuguesa: los refugiados de la Guerra Civil", *Historia y Política*, núm. 30, 2013, págs. 117-143; Godinho, Paula, "O maquis na guerra civil de Espanha: o caso do cerco a Cambedo da Raia", *História*, núm. 27, 1996, págs. 28-45.

[46] Simões, Dulce, *Frontera y Guerra Civil española. Dominación, resistencia y usos de la memoria*, Badajoz, Diputación Provincial de Badajoz, 2013; Loff, Manuel, "O drama dos refugiados e das populações raianas", *O Pelourinho. Boletín de Relaciones transfronterizas*, núm. 24, 2020, págs. 13-29.

[47] Espinosa, Francisco, *La columna de la muerte. El avance del ejército franquista de Sevilla a Badajoz*, Barcelona, Crítica, 2003

Los cálculos de Oliveira[48] estiman la cifra de 1.350 refugiados calificados de *vermelhos* y su verificación responde al número de detenidos en los espacios penitenciarios de Caxias, São Julião da Barra y Graça (Elvas), así como en la sede de la PVDE ubicada en Porto y el centro de internamiento situado de manera improvisada en la Herdade da Coitadinha, en la villa rayana de Barrancos. Al margen de estos datos, muchos de los refugiados españoles logran sortear la represión del salazarismo debido a las redes instaladas en las zonas fronterizas y a la protección de españoles residentes en Portugal con inclinaciones por la República.

Las estimaciones más moderadas cifran en aproximadamente 1.300 refugiados españoles detenidos en los centros penitenciarios lisboetas de Caxias y São Julião da Barras, el Forte de Nossa Senhora da Graça en Elvas, las sedes de la PVDE en Oporto, así como los campos de concentración improvisados de Coutadinha y La Roussiana situados en la localidad de Barrancos, y acreditan la magnitud de la represión ejercida por las autoridades salazaristas.[49]. Esta reciprocidad entre Franco y Salazar traduce la línea fronteriza en una zona de protección sujeta a las prácticas cotidianas tejidas por las redes locales.[50]

El fenómeno del desplazamiento forzado enlaza con la violencia sistemática ejercida en las zonas fronterizas que manifiesta, en términos cuantitativos, un balance aproximado de 60.000 víctimas mortales[51]. La frontera desempeña un papel fundamental del colaboracionismo en la gestión de la represión entre el franquismo y el *Estado Novo* portugués. Los servicios de la PVDE controlan los pasos fronterizos y los puntos de intersección terrestre entre ambos países activos en el año 1938 son los siguientes: Caminha, Vila Nova de Cerveira, Valença, Monção, Peso (Melgaço), São Gregório, Vila Verde da Raia, Portelo, Quintanilha, Barca de Alva, Vilar Formoso, Segura, Beirã (Marvão), Galego, Campo Maior, Elvas (Caia e Estação), Mourão, Barrancos, Sobral da Adiça, Ficalho e Vila Real de Santo António.[52]

La fortificación de los límites fronterizos significa, en el imaginario del *Estado Novo*, la consolidación del régimen salazarista porque equivale a mantener la integridad de la nación portuguesa confinada en el territorio soberano mediante la capacidad de resistir potenciales amenazas exteriores. Esta idea es transmitida por Santos Pedroso y busca su aprobación referenciando las condiciones compartidas por Portugal en el espacio peninsular, ya que en "un país con pequeña profundidad como el nuestro, es necesario prestar especial atención a los armamentos. Es necesario que tengamos numerosas y poderosas armas, perfeccionadas y bien equipadas, para poder distribuir los medios de defensa a lo largo de nuestra frontera".[53] Las referencias a la situación española evidencian las preo-

[48] Oliveira, *Salazar e a Guerra...*, págs. 157-159.
[49] Loff, *O Nosso Século...*, pág. 80.
[50] Godinho, Paula, "Liminarités, fissures et réécritures: un événement à la frontière entre le nord du Portugal et la Galice", *Cahiers de civilisation espagnole contemporaine*, núm. 18, 2017. Disponible en: https://doi.org/10.4000/ccec.6495
[51] Rodríguez Gallardo, Ángel, "Un modelo poco explorado...", 2017.
[52] Arquivo Nacional Torre do Tombo (Lisboa), Arquivo da PIDE/DGS, Direção dos Serviços de Estrangeiros e Fronteiras, Serviços Centrais, núm. 9258, *Relatório da Policia de Vigilância e Defesa do Estado (1932-1938)*.
[53] Assambleia Nacional, *Diário do Govêrno*, 13 de mayo de 1937, núm. 136, pág. 729.

cupaciones de las elites político-militares del salazarismo. Las palabras del comandante Álvaro Morna reflexionan sobre las exigencias de afrontar una reforma de las fuerzas armadas al servicio del Estado Novo, mientras que su discurso reconoce la participación de Portugal en el conflicto desarrollado en el país vecino:

> Justo a nuestro lado, al otro lado de la frontera, el fuego más trágico crepita en la historia de los tiempos modernos, una lucha fratricida que amenaza con convertirse en una lucha internacional, y que bien podría alcanzar el carácter de una guerra social y mundial [...] A la luz de los acontecimientos que se han desarrollado, afortunadamente hemos marcado una posición que, siendo neutral y digna del decoro y honor nacional, implica las necesarias medidas cautelares y de defensa frente a los peligros políticos y sociales que puedan amenazarnos desde allí.[54]

El ministro de Asuntos Exteriores de la República, Julio Álvarez del Vayo, informa del flujo de armamento a través de la frontera con la complicidad de las autoridades portuguesas y su implicación en la detención de refugiados españoles en territorio luso. El siguiente fragmento describe este fenómeno en la provincia de Cáceres:

> Fueron muchos los cacereños que optaron, ante el serio riesgo de sufrir represalias por parte de falangistas y fuerzas afines tras la ocupación de sus poblaciones, por internarse en Portugal. Pensaban que en el país vecino encontrarían la protección y apoyo que les faltaba en su tierra y se encontraron con todo lo contrario: lejos de ser respetados, las fuerzas del orden lusas procedieron a su detención y entrega a sus homónimas españoles (...) para casi una docena de afectados las consecuencias resultaron funestas. La mayoría de ellos pasaron a tierras lusas por el puesto de Valencia de Alcántara en el verano de 1936 y resultaron detenidos, siendo entregados a España y casi todos pasados por las armas en lugares próximos (...) Otros que también fueron reintegrados a España serían encarcelados y posteriormente juzgados en consejos de guerra.[55]

La Raia adquiere un papel estratégico fundamental. La frontera hispano-lusa no representa una excepción a esta regla dominante en los estudios dedicados a investigar la temática relativa a la categoría de «refugiado político». La contienda bélica en España motiva el desplazamiento de aproximadamente 700.000 personas, mientras que el estallido inmediato de la Segunda Guerra Mundial añade otros 200.000 exiliados en el transcurso de los años hasta 1944. Un último tramo más impreciso de cuantificar prolonga este fenómeno migratorio hasta la ruptura del aislamiento franquista en el año 1953, según Rodríguez Gallardo.[56]

---

[54] Assambleia Nacional, *Diário do Govérno*, 14 de mayo de 1937, núm. 137, pág. 736.
[55] Chaves, *Franquismo y Salazarismo*..., 2017.
[56] Rodríguez Gallardo, "Un modelo poco explorado...", 2017.

CONCLUSIONES: EL NACIMIENTO DEL BLOQUE IBÉRICO

La trayectoria política peninsular revela un recorrido histórico contemporáneo marcado por una serie de contingencias homologables que adquieren, según los especialistas en la materia, un mayor énfasis en el transcurso del pasado siglo XX. Esta lectura específica contrasta con el antagonismo de ambos países en la articulación de sus respectivos circuitos económicos, ya que Portugal y España no constituyen un espacio geográfico de interacción privilegiada entre ellos a pesar de su condición política adyacente. En efecto, las imaginaciones fronterizas portuguesas y españolas transmiten una constante tensión subyacente a la propia vertebración territorial a partir de la dicotomía derivada de dos percepciones: por un lado, los proyectos iberistas que persiguen la recuperación de la unidad política peninsular; y, por otro, la reafirmación de la personalidad nacional. Precisamente, esta contrariedad muestra su máxima efervescencia en la década de 1930 mediante la cohabitación de un ordenamiento democrático proclamado por la II República y la existencia de una dictadura al otro lado de la *Raia*.

La guerra de España es el detonante que utiliza António de Oliveira Salazar para apuntalar su proyecto político a través de su estrecha cooperación con las fuerzas sublevadas dirigidas por el general Francisco Franco. Al mismo tiempo, el posterior triunfo de las tropas franquistas supone la implantación de sendas dictaduras que conviven en la península ibérica y logran pervivir durante varias décadas como ejemplos anómalos de una Europa occidental que avanza hacia sistemas democráticos tras la Segunda Guerra Mundial.

La firma del Tratado de Amistad y No Agresión obedece a la constante e influyente participación del *Estado Novo* salazarista en favor de las fuerzas franquistas durante la guerra de España. Este pacto rubricado en Lisboa el 18 de marzo del año 1939 mantiene su vigencia tras su ratificación en el mes de febrero de 1942 y formaliza el denominado Pacto Ibérico. La sintonía de ambos regímenes persigue afianzar sus respectivas posiciones en la Península Ibérica al compás de la Segunda Guerra Mundial mediante el respeto y el reconocimiento mutuo de sus soberanías.

El Pacto Ibérico simboliza el colofón a estas reciprocidades establecidas durante la segunda mitad de la década de los años treinta. El acuerdo implica el reconocimiento mutuo formalizado de ambas entidades asentadas en el espacio peninsular: el Portugal salazarista y la España franquista. Salazar y Franco logran mantener el control de sus respectivos países a pesar de la oleada democratizadora experimentada en la zona occidental del continente europeo tras la derrota del Eje en 1945. No obstante, ambos regímenes sufrirán políticas de aislamiento en el escenario internacional en diferentes etapas, que condicionan sus respectivas políticas exteriores y obligan a introducir determinados reajustes motivados por la configuración del orden geopolítico global propiciado por la Guerra Fría.

2.
TRES ARQUETIPOS Y UN OBJETIVO. ESTUDIO DE LA REPRESENTACIÓN GRÁFICA DE LA FIGURA FEMENINA EN LAS PORTADAS Y CONTRAPORTADAS DE *COMPANYA. REVISTA DE LA DONA* Y *MUJERES LIBRES*[1]

Júlia Cuadrat Royo
Universidad Rovira i Virgili

INTRODUCCIÓN

Este capítulo es fruto del estudio y análisis comparativo de la representación gráfica de la figura femenina en las portadas y contraportadas de *Companya. Revista de la dona*[2] (1937-1938) –de ahora en adelante, *Companya*– y *Mujeres Libres*[3] (1936-1938), los órganos de expresión de las organizaciones Unió de Dones de Catalunya (UDC) y Mujeres Libres (MMLL), respectivamente. Estos dos organismos, durante la Guerra Civil española, centran sus esfuerzos en la organización de la resistencia femenina antifascista en la retaguardia y las vindicaciones de emancipación femenina. A pesar de que comparten parte de sus objetivos, cada uno de ellos se suscribe a una ideología: las ideas comunistas del Partit Socialista Unificat de Catalunya (PSUC) tiñen las acciones de la UDC; y MMLL se enmarca en el movimiento libertario español.

Los resultados y conclusiones que se sintetizan en las siguientes páginas no solo pretenden exponer qué arquetipos femeninos difunden las dos revistas, sino también con qué objetivo se emplean y cómo la ideología condiciona su representación. De esta forma, se persigue comprender el hilo discursivo de cada medio de comunicación y de las organizaciones que los editan.

Para entender el alcance de los resultados de esta investigación, en primer lugar, cabe destacar que el análisis de los arquetipos de género, aunque no implica un conocimiento absoluto de la realidad social, ofrece la posibilidad de comprender las tensiones y reformulaciones que se producen en los modelos convencionales de relación entre los sexos. Las identidades de género se consolidan y se transmiten a través de las imágenes que difunde

[1] Los resultados de este estudio cuentan con la ayuda del programa predoctoral AGAUR-FI ajuts (2023 FI-3 00065) Joan Oró de la Secretaria d'Universitats i Recerca del Departament de Recerca i Universitats de la Generalitat de Catalunya y del Fondo Europeo Social Plus.

[2] Esta fuente documental se encuentra digitalizada en el CCBAE, Catálogo Colectivo de la Red de Bibliotecas de los Archivos Estatales, https://wwws.mcu.es/ccbae/es/consulta/registro.do?id=7220, [Consultado 01-VI-2023].

[3] Esta fuente documental se encuentra digitalizada en el CCBAE, https://wwws.mcu.es/ccbae/es/publicaciones/ficha_pub.do?idPublicacion=226013, [Consultado 01-VI-2023].

la sociedad; por consiguiente, su representación cultural es esencial en la construcción de ellas mismas. De este modo, la difusión del imaginario colectivo es un instrumento para reforzar las pautas conductuales y los modelos de feminidad y masculinidad. No obstante, las imágenes y las representaciones culturales no reflejan la complejidad de una sociedad ni de sus valores; y por este motivo, no deben entenderse como un calco de la realidad.[4]

En otro orden de ideas, el cartel, por sus características específicas, cumple una doble función: la social y la estética. Cabe destacar que su objetivo principal es informar de forma rápida y concisa; y por eso, fusiona texto e imagen. Es cierto que *Companya* y *Mujeres Libres* son revistas, es decir, medios de prensa. Sin embargo, sus portadas y contraportadas son un recurso, des del punto de vista expresivo, muy relevante, ya que, igual que los carteles, son composiciones que permiten transmitir un discurso en formato gráfico. Reflejan los contenidos de las revistas y los valores y modelos femeninos que las dos organizaciones quieren promover; y este poder de comunicación justifica su estudio. Por tanto, el análisis de las portadas y contraportadas permite abordar los arquetipos femeninos que se representan des de un punto de vista físico y conductual, lo que posibilita un nuevo horizonte de estudio.

Marco teórico: la evolución de los arquetipos femeninos

La representación cultural dominante de las mujeres a final del siglo xix está arraigada a una concepción tradicional, patriarcal y machista, justificada por lógicas de diferenciación biológica discriminatorias. Los arquetipos femeninos están atados a la obligación del matrimonio y la responsabilidad de la maternidad, y confinados al espacio privado del hogar. Los arquetipos *perfecta casada* y *ángel del hogar* marcan las pautas conductuales femeninas y perpetúan el monopolio masculino del trabajo productivo, el espacio público y la actividad política y social.[5]

Ahora bien, a principios del siglo xx, la sociedad urbana española experimenta un proceso de modernización económica y tecnológica que requiere adaptar los arquetipos femeninos a las necesidades del nuevo mercado laboral emergente. En este contexto, nace el arquetipo *mujer moderna*. Bajo esta construcción social se encuentra una heterogénea masa de mujeres que adoptan nuevos hábitos, costumbres y comportamientos. Este arquetipo admite el trabajo productivo remunerado; defiende la libertad económica, sexual y cultural de las mujeres; y promueve su formación intelectual y su participación en la esfera pública y política[6]. La *mujer moderna* se consolida durante el período republicano

[4] Nash, Mary, *Rojas: las mujeres republicanas en la Guerra Civil*, Barcelona, Taurus, 2006, págs. 90-91.

[5] Nash, Mary, *Treballadores: un segle de treball femení a Catalunya [1900-2000]*, Barcelona, Departament de Treball de la Generalitat de Catalunya, 2010, págs. 16-17.

[6] Rodríguez, Núria, "La publicidad, el cine, las modas y la revolución de la estética femenina en la España del primer tercio del siglo xx", en Otero, Luis Enrique y Rodríguez, Núria (eds.), *La mujer moderna. Sociedad urbana y transformación social en España, 1900-1936*, Madrid, Los Libros de la Catarata, 2022, págs. 277-297.

gracias a la consecución de los hitos legales que permiten que las mujeres ejerzan su condición de ciudadanas de forma plena y activa; e influye en los arquetipos que sintetizan las vivencias de las mujeres republicanas durante la Guerra Civil.[7]

De acuerdo con Mary Nash, durante el conflicto emergen dos arquetipos femeninos: (1) la *miliciana*, que se convierte en símbolo de la revolución y la resistencia antifascista, pero no es una realidad social extendida porque son pocas las mujeres que visten el transgresor mono azul, cogen el fusil y batallan en el frente. No obstante, se trata de una imagen de gran impacto puesto que rompe con los convencionalismos de género y representa a las mujeres con atributos y actitudes consideradas, tradicionalmente, masculinas; y (2) la *madre combatiente*, que encarna a la mayoría anónima de mujeres que se confinan en la retaguardia y contribuyen a la guerra a través del trabajo productivo y asistencial. Este arquetipo corresponde a las consignas "hombres al frente, mujeres al trabajo" y "hombres al frente, mujeres a la retaguardia", y mantiene vigente la dimensión maternal y el rol reproductivo asociados a las tareas de asistencia. En consecuencia, no rompe con las normas tradicionales de género; es más, perpetua la división sexual del trabajo y del espacio. Por esta razón, se puede entender como una renovación de los arquetipos más conservadores. No obstante, incluye características del arquetipo *mujer moderna*: admite el trabajo productivo y la formación profesional femenina, pero con el objetivo de ocupar los sitios de trabajo vacantes que dejan los hombres y mantener así los niveles de producción.[8]

PROPUESTA DE INVESTIGACIÓN

La pregunta que vertebra esta investigación es: ¿Con qué finalidad se emplea la figura femenina en las portadas y contraportadas de *Companya* y de *Mujeres Libres*? A partir de este interrogante, se han fijado los objetivos que se quieren alcanzar a través del análisis de las composiciones. Mientras que el objetivo principal es comprender los discursos que *Companya* y *Mujeres Libres* difunden a través de la representación gráfica de la figura femenina en las portadas y contraportadas, los objetivos específicos son: (1) identificar los arquetipos femeninos que se representan en las portadas y contraportadas de ambas publicaciones; y (2) definir los atributos, conductas, valores y cómo cada arquetipo femenino colabora en la causa republicana según su representación en las portadas y contraportadas.

Para cumplir estos objetivos se han planteado las hipótesis siguientes: (1) las portadas y contraportadas de *Companya* contribuyen a difundir los valores y objetivos de la UDC a través de los arquetipos *mujer moderna* y *madre combatiente*; y (2) las portadas y contraportadas de *Mujeres Libres* contribuyen a difundir los valores y los objetivos de la organización femenina anarquista homónima a través del arquetipo *mujer libre*.

[7] Di Febo, Giuliana, "Republicanas en la guerra civil española: protagonismo, vivencias, genero", en Casanova, Julián (comp.), *Guerras civiles en el siglo XX*, Madrid, Editorial Pablo Iglesias, 2001, págs. 55-59.
[8] Nash, Mary, *Rojas...*, págs. 90-108.

METODOLOGÍA

Desde el punto de vista metodológico, el proceso de investigación se ha desarrollado en tres fases: (1) cuestiones previas, (2) desarrollo y resultados, y (3) clausura. La primera ha consistido en tantear el campo de investigación mediante la consulta de fuentes bibliográficas con el objetivo de confeccionar un estado de la cuestión que ha constituido la base para elaborar una propuesta de investigación realista, coherente y factible.

La segunda etapa (Desarrollo y resultados) se ha dividido en dos fases: (1) trabajo con fuentes secundarias y (2) trabajo con fuentes primarias. Como las dos revistas estudiadas son los órganos de expresión de dos organizaciones femeninas antifascistas, se ha realizado una aproximación a las dos entidades. En relación con las fuentes primarias, en primer lugar, se han estudiado los aspectos técnicos, formales y discursivos de ambas publicaciones.

En segundo lugar, y entrando de lleno en el análisis de la representación gráfica de la figura femenina, se han vaciado y descrito todas las portadas y contraportadas de *Companya* y *Mujeres Libres*, que han sumado un total de 62 composiciones. Por lo que se refiere a los criterios de exclusión del estudio, teniendo en cuenta que se analiza la representación de la figura femenina, debe especificarse que se entiende por "figura femenina". Esta categoría solo incluye las representaciones de mujeres adultas, ya sea una fotografía o una ilustración; en consecuencia, quedan excluidas las fotografías o ilustraciones de niñas. El ejercicio de descripción ha permitido identificar las características físicas, atributos y actitudes con las que se representa gráficamente la figura femenina; y, por lo tanto, discernir qué arquetipos aparecen en las composiciones. La tarea descriptiva ha generado la base para desarrollar los análisis cuantitativo y cualitativo posteriores.

Una vez finalizada la fase descriptiva, se ha realizado un análisis de carácter cuantitativo para determinar con qué recurrencia aparecen los arquetipos identificados. Para este ejercicio se han tenido en cuenta todas las portadas y contraportadas de *Companya*; pero solo las de los 10 últimos números de *Mujeres Libres*, dado que los tres primeros ejemplares de la revista se publicaron antes del estallido de la guerra; y por eso, no se incluyen dentro del período estudiado.

En tercer lugar, se ha desarrollado un análisis cualitativo con el objetivo de establecer relaciones entre las representaciones de la figura femenina en las composiciones de las dos revistas y los arquetipos femeninos que se abordan en el marco teórico. Con esta práctica se ha determinado qué atributos y patrones conductuales se asocian a cada arquetipo y cómo, según las revistas, cada uno de ellos debe contribuir a la causa antifascista. A partir de este examen cualitativo se ha podido comprobar qué roles, espacios y pautas de conducta atribuye cada una de las publicaciones a la población femenina durante la guerra; y qué mensajes difunden a través de las representaciones gráficas de las portadas y contraportadas para asegurar el cumplimiento de estas asociaciones. En este estudio cualitativo se han excluido todas las portadas y contraportadas donde no aparecen representaciones gráficas de figuras femeninas. Por último, en esta segunda fase de la investigación, se ha efectuado una comparativa entre las portadas y contraportadas de ambas revistas. De este modo, se ha determinado cómo la ideología predominante en cada publicación condiciona la forma, los contenidos y los mensajes de las composiciones analizadas.

Para finalizar, en la tercera fase (Clausura), se ha procedido a la extracción de las conclusiones a partir de la ratificación de las hipótesis planteadas y se ha contestado a la pregunta que ha vertebrado toda la propuesta de investigación.

APROXIMACIÓN A *COMPANYA. REVISTA DE LA DONA* Y *MUJERES LIBRES*

Companya es una revista escrita por mujeres y destinada al público femenino antifascista catalán. A pesar de ser el periódico de la UDC, su aparición es anterior a la constitución de este organismo. La UDC, creada en noviembre de 1937, es la organización unitaria femenina antifascista de Catalunya y su presidenta es Maria Dolors Bargalló, militante de Esquerra Republicana de Catalunya (ERC).

La UDC se puede definir a partir de sus tres objetivos: (1) conseguir que las mujeres contribuyan a ganar la guerra; (2) contribuir al triunfo antifascista; y (3) lograr la reivindicación social y política de las mujeres. Es cierto que, durante los primeros meses de su existencia, esta entidad goza de un alto grado de pluralidad política. Sin embargo, a medida que aumenta la hegemonía política del PSUC en Catalunya, sobre todo a partir de las Jornadas de Mayo de 1937, también lo hace la preminencia comunista en la UDC. Además, *Companya* está financiada por esta organización política.[9]

Companya cuenta con 18 números que se publican entre el 11 de marzo de 1937 y el 8 de marzo de 1938. La dirección y la administración de la publicación se localiza en Barcelona y la directora de la revista es Eloïna R. Malasechevarría, militante del PSUC y secretaria adjunta de la UDC. Por otra parte, cuando *Companya* se convierte en el periódico de la UDC, su objetivo es difundir las ideas y acciones de dicha organización.

Mujeres Libres también aparece antes que la organización homónima. La revista es el embrión de la agrupación, ya que el núcleo fundacional de la segunda, formado por Lucía Sánchez, Mercedes Comaposada y Amparo Poch, es el grupo de mujeres que, en abril de 1936, empieza a preparar una publicación dedicada a "la cultura y documentación social" para acercar los temas sociales y las ideas libertarias a las mujeres[10]. Mientras el primer número de la revista se publica en mayo de 1936, la organización nace en septiembre de ese mismo año. El objetivo inicial de MMLL es la liberación de las mujeres. Sin embargo, de forma paralela, durante la guerra, también asume la misión de incorporar a las mujeres a los frentes de producción.[11] Pese a su clara identificación con el movimiento

[9] García, Betsabé, *Maria Dolors Bargalló. Feminista i propagandista d'Esquerra*, Barcelona, Fundació Josep Irla, 2017, págs. 109-118.

[10] Nash, Mary, *Mujeres Libres. España 1936*-1939, Barcelona, Tusquets Editor, 1975, pág. 12.

[11] MMLL, Mujeres Libres, "Estructuración. Finalidades", *Folleto S.L.S.D.*, Madrid,1936.

anarquista, MMLL siempre mantiene su independencia institucional en relación con las demás organizaciones libertarias.[12]

MMLL elabora una teoría que Mary Nash denomina "feminismo proletario"[13]; y posteriormente, "anarcofeminismo de clase obrera"[14]. La base de este planteamiento es la doble militancia o conciencia: en primer lugar, social y política, que se identifica con los intereses de la clase obrera y; en segundo lugar, feminista, basada en la reivindicación de la liberación de las mujeres. También reconoce la especificidad de la opresión femenina y la necesidad de una lucha autónoma para superarla[15]. Por lo tanto, MMLL desarrolla una estrategia de resistencia femenina basada en la idea de la "doble lucha", un planteamiento construido sobre un discurso social y de género paralelos que asocian la reivindicación por la liberación de las mujeres al cambio social revolucionario basado en un modelo anarquista de sistema social alternativo.[16]

Además, MMLL presenta una identidad política más definida que la UDC, y se diferencia de la línea política de la unión, ya que no solo defiende la realización de la guerra antifascista, sino también la de la revolución social. Asimismo, vindica que la emancipación femenina es indispensable para el éxito del proceso revolucionario; y, por lo tanto, no la concibe como una consecuencia de este, sino como un movimiento autónomo y paralelo. Por otro lado, aunque MMLL propone el desarrollo de una estrategia de emancipación femenina, las exigencias de la guerra difuminan las demandas feministas y obligan a la organización a ajustar sus actividades a la supervivencia y a la lucha contra el fascismo.[17]

Mujeres Libres cuenta con 13 números que se publican entre mayo de 1936 y otoño de 1938. La administración y redacción de la revista, en un primer momento, se localiza en Madrid, pero la carestía y escasez de papel generadas por la guerra propician, a finales de 1936, su desplazamiento a Barcelona. Esta publicación no nace con una vocación de lucha, sino cultural. Su objetivo es capacitar con ideas y razonamientos humanitarios a las lectoras hasta captarlas como simpatizantes del movimiento libertario. No obstante, el golpe de estado, el estallido de la Guerra Civil y el proceso revolucionario modifican los contenidos de la revista, que pasa de ser cultural a ser "un periódico de combate". La capacitación y la captación de las mujeres se acelera; y por eso, *Mujeres Libres* se convierte en un medio de agitación y combate.[18]

[12] Ackelsberg, Martha, *Mujeres Libres*, Barcelona, Virus, 2017, pág. 280.
[13] Nash, Mary, *Mujeres Libres...*, pág. 8.
[14] Nash, Mary, *Rojas...*, pág. 134.
[15] Nash, Mary, *Mujeres Libres...*, págs. 22-29.
[16] Nash, Mary, *Rojas...*, págs. 134-135.
[17] Nash, Mary, *Més enllà del silenci. Les dones a la historia de Catalunya*, Barcelona, Departament d'Igualtat i Feminismes, 1988, págs. 258-260.
[18] Montero, Jesús María, *Anarcofeminismo en España. La revista Mujeres Libres antes de la Guerra Civil*, Madrid, Fundación Anselmo Lorenzo, 2008, págs. 16-18.

RESULTADOS

La exposición de los resultados de esta investigación se realiza de forma comparativa. Para lograr un conocimiento más profundo de los puntos de convergencia y divergencia entre las dos revistas no solo se abordan las diferencias y similitudes en relación con la representación gráfica de la figura femenina. Como cada publicación se identifica con una ideología de izquierdas diferente, se repasan aspectos como los temas, la simbología y los rasgos formales que aparecen en las composiciones. Para desarrollar este ejercicio comparativo, en primer lugar, cabe tener en cuenta los factores que condicionan los contenidos de las publicaciones: (1) la cronología; (2) los objetivos; y (3) la ideología.

Por un lado, el primer número de *Companya* se publica el 11 de marzo de 1937; así pues, forma parte de la prensa de guerra y revolución.[19] Sus principales objetivos son: (1) ayudar a organizar la retaguardia femenina antifascista catalana, de acuerdo con los preceptos que marca la UDC; (2) fomentar la unión de todas las mujeres antifascistas para ganar la guerra; y (3) lograr las reivindicaciones sociales y políticas de las mujeres. La revista es financiada por el PSUC; y por esta razón, la influencia de las ideas comunistas es una constante.

Por el otro lado, *Mujeres Libres* aparece antes del inicio de la contienda bélica, en mayo de 1936; por lo tanto, no es una revista de guerra, a pesar de que el conflicto marca su desarrollo.[20] Aunque su objetivo inicial es acercar los temas sociales y las ideas libertarias a las mujeres para capacitarlas, posteriormente, a causa de la guerra y la revolución, su finalidad confluye con los propósitos de la organización homónima: (1) emancipar a las mujeres, y especialmente a las obreras, de la triple esclavitud a la que están sometidas: esclavitud de ignorancia, de mujer y de productora; e (2) incorporar a las mujeres a los frentes de producción[21]. En cuanto que es una revista que se encuadra dentro del movimiento libertario, las ideas del anarquismo, el anarcocomunismo, el anarcosindicalismo y el anarcofeminismo impregnan todos sus contenidos.

Sin embargo, ambas publicaciones convergen en algunos aspectos: (1) las dos son portavoces de organizaciones femeninas antifascistas; (2) su público es exclusivamente femenino; y (3) son dirigidas y editadas por mujeres.

El siguiente punto por considerar son las temáticas que se tratan en las portadas y contraportadas. Ambas revistas abordan: (1) los ataques y la defensa de Madrid; (2) el cometido de los soldados y el Ejército Popular; (3) la jornada del Primero de Mayo, lo que evidencia que en *Companya* también está presente la conciencia de clase, aunque en menor medida; (4) el aniversario del 19 de julio; y (5) la revolución social. Con referencia a los dos últimos temas, aparecen las divergencias, fruto de la ideología, entre las dos

[19] Guillamet, Jaume, *Història de la premsa, la ràdio i la televisió a Catalunya (1641-1994)*, Barcelona, La Campana, 1994, pág. 158.

[20] Vicente, Laura, *La revolución de las palabras: la revista Mujeres Libres*, Granada, Editorial Comares, 2020, pág. 276.

[21] MMLL, Mujeres Libres, "Estructuración...

publicaciones. Mientras *Mujeres Libres* concibe la guerra como una revolución social por la defensa de los derechos del proletariado y por la creación de un sistema social más justo; *Companya* la entiende como la defensa de la República y los valores democráticos.

Por otro lado, hay temáticas que solo aparecen en una de las revistas. En cuanto *Companya* es la portavoz de la UDC, promueve la unión de todas las mujeres antifascistas para ganar la guerra. Asimismo, *Mujeres Libres* trata el problema de la prostitución, ya que la abolición de esta práctica es una de las prioridades de la organización homónima.

En lo tocante a la simbología, *Mujeres Libres* hace un uso más consciente. El puño, y la hoz y el martillo, como símbolos de la unidad del proletariado, son muy frecuentes. En cambio, en *Companya* aparecen mujeres alzando el puño como consecuencia de su actitud reivindicativa, es decir, el puño, en estos casos, no se interpreta como un símbolo del proletariado, sino como una acción propia de una conducta de protesta. Por otra parte, la hoz y el martillo solo aparecen como elementos iconográficos de la bandera de la URSS.

Sobre el cromatismo, *Mujeres Libres* lo utiliza teniendo en cuenta su simbolismo. El rojo y el negro, los colores de las banderas anarcosindicalista y anarcocomunista, son los predominantes. También el azul o el azul verdoso son recurrentes. Aunque no se pueda afirmar con total seguridad, el predominio de este color podría ser fruto de la influencia del anarquismo individualista. MMLL reconoce la necesidad de autoemancipación de las mujeres, un planteamiento que ya habían defendido las anarquistas Teresa Claramunt y Teresa Mañé, consideradas las pioneras del anarcofeminismo; y que deriva del anarcoindividualismo.

Con respecto a los aspectos artísticos y formales, cada revista opta por un tipo de expresión artística: *Companya* por el fotomontaje y *Mujeres Libres* por un dibujo que oscila entre el expresionismo y la nueva objetividad. Esta elección también está condicionada por la ideología. El fotomontaje en la URSS es considerado un arte revolucionario y de agitación política capaz de representar realidades sociales y transmitir mensajes de forma clara y directa aportando veracidad[22]; mientras que el expresionismo, y sobre todo la nueva objetividad, son movimientos artísticos comprometidos con la denuncia de las injusticias sociales[23]; por lo tanto, aptos para representar la revolución social que defiende el anarquismo.

En lo concerniente a la adopción de los criterios formales del cartelismo, *Companya* se ajusta mejor a estas exigencias. Su facultad para crear composiciones, donde la imagen y el texto se fusionan para formar una única unidad de significado, es superior. De esta manera, a partir de la lectura de sus portadas y contraportadas se pueden comprender, sin demasiados esfuerzos, cuáles son los objetivos de la revista y también los de la UDC, y los modelos femeninos y pautas conductuales que deben seguir las lectoras. En cambio, las composiciones de *Mujeres Libres* no tienen la capacidad de difundir los objetivos y

[22] Klucis, Gustav, "Fotomontaj kan novy vid aguitatsionnogo iskousstva", *Literatura i Iskusstvo. Zhurnal marksistskoi i kritiki i metodologii*, número 9-10, Moscú, 1931, págs. 86-95.

[23] Marchán, Simón, *Las vanguardias históricas y sus sombras (1917-1930)*, Madrid, Espasa Calpe, 1995, págs. 406-408.

planteamientos esenciales de la organización de una forma tan entendedora. Esta carencia radica en tres motivos: (1) la adopción de un estilo expresionista implica la simplificación y el esquematismo de las formas, un rasgo que, en algunos casos, obstaculiza la comprensión del mensaje que transmiten las ilustraciones; (2) generalmente, no se adoptan los criterios formales del cartel: la imagen y el texto no conforman una única unidad de sentido; y (3) a pesar de que el programa y los planteamientos teóricos de MMLL son decididamente más feministas que los de las otras organizaciones femeninas antifascistas, las necesidades de la guerra y los sucesos políticos provocan un cierto decaimiento de su tesis feminista que se manifiesta en las portadas y contraportadas de la revista.

Por lo que se refiere a la presencia de la figura femenina, en el caso de *Companya* aparece en 28 de las 36 composiciones estudiadas, es decir, su representación es del 77,78%. En 13 de estas 28 composiciones la figura femenina comparte el espacio compositivo con figuras masculinas y criaturas, y en 15 aparece sola; por lo tanto, en un 53,57% de los casos. En cambio, en *Mujeres Libres* se identifican figuras femeninas en 11 de las 20 composiciones analizadas, así pues, su representación equivale al 55%; y en 9 de estas 11 composiciones, lo que representa un 81,81% de los casos, no comparte el espacio compositivo ni con figuras masculinas ni pueriles.

Con respecto a los arquetipos femeninos y su recurrencia, en las portadas y contraportadas de *Companya* se ha identificado la *madre combatiente* en 18 composiciones, la *mujer moderna* en 8 y la *miliciana* en 2; mientras que en *Mujeres Libres* se han localizado los arquetipos *mujer libre* en 9 composiciones y *miliciana* en 1, y en la composición restante se representan prostitutas, que no se pueden incluir en ninguno de los arquetipos mencionados.

En el caso de *Mujeres Libres,* los resultados no se han estructurado estrictamente alrededor de los arquetipos femeninos trabajados en el marco teórico, lo que lleva a preguntarse por qué no se ha podido identificar la *mujer moderna* y la *madre combatiente* en las composiciones de la revista anarquista. Para dar respuesta a este interrogante es fundamental entender que los arquetipos de género son constructos sociales que se emplean como modelos o pautas de comportamiento; es decir, actúan como símbolos. Aunque ayudan a entender las realidades sociales, se basan en algunas generalizaciones; y por eso, no pueden reflejar la complejidad de las vivencias colectivas sociales y culturales. Justamente, esto es lo que ocurre con los arquetipos *madre combatiente* y *miliciana*: no pueden englobar todas las particularidades de las experiencias de las mujeres antifascistas catalanas; y por este motivo, en las portadas y contraportadas de *Companya* también se ha identificado el arquetipo *mujer moderna*, a pesar de ser propio de principios del siglo XX y haberse consolidado durante la década de 1920 y la primera mitad de los años 30.

Considerando esto, es más fácil entender por qué las representaciones gráficas de la figura femenina que ocupan las portadas y contraportadas de *Mujeres Libres* no encajan con los arquetipos *mujer moderna* y *madre combatiente*. Resulta que ninguno de estos dos constructos tiene en cuenta la especificidad que caracteriza e integra la esencia del modelo femenino que quiere difundir esta revista: el anarcofeminismo. Por esta razón, se ha formulado un nuevo arquetipo que abarca las singularidades de las experiencias sociales, culturales y políticas de las mujeres anarquistas durante la Guerra Civil: la *mujer libre.* Este modelo admite como características distintivas la doble consciencia de clase y de género y el planteamiento de la "doble lucha". Además, en cuanto que forma parte del movimiento anarquista, concibe la guerra como un proceso de transformación social; y al mismo tiempo, defiende que la liberación de las mujeres no debe ser una consecuencia de la guerra ni de la revolución, sino un movimiento autónomo y paralelo.

A pesar de estas diferencias, la *mujer libre* comparte algunos elementos con la *mujer moderna* y la *madre combatiente.* Es más, las vivencias de las mujeres anarquistas durante el conflicto han sido englobadas dentro de la experiencia femenina colectiva republicana. Por ende, el arquetipo *madre combatiente*, entendido como una síntesis de estas experiencias colectivas, se podría identificar en las composiciones de *Mujeres Libres,* ya que las representaciones de la figura femenina de esta revista presentan los rasgos esenciales de este arquetipo: el trabajo productivo y asistencial en la retaguardia, la dimensión maternal y la capacitación. Sin embargo, encuadrar los modelos femeninos que difunde la revista anarquista en el arquetipo *madre combatiente* sería caer en la generalización y obviar una serie de matices significativos.

Cabe señalar que para la confección del arquetipo *mujer libre* se han utilizado elementos teóricos extraídos del análisis de fuentes primarias como la revista *Mujeres Libres* y de los escritos de las dirigentes de la organización homónima; y de estudios de expertas como Mary Nash[24] y Martha Ackelsberg.[25] Por lo tanto, haber teorizado un nuevo arquetipo femenino no implica que todas la militantes anarquistas y lectoras de *Mujeres Libres* adoptasen todas las pautas conductuales que se han atribuido a la *mujer libre.* En definitiva, hay que discernir entre la teoría y la realidad social. Con todo, este arquetipo ha sido de gran ayuda para clasificar y comprender el modelo femenino que promueve la revista a través de sus portadas y contraportadas.

A continuación, se exponen los resultados obtenidos del análisis cualitativo de las composiciones para comprender qué atributos, valores y actitudes se asocian a cada arquetipo, y así, poder detectar las diferencias y similitudes fruto de la ideología de cada revista y organización.

De acuerdo con la iconografía de las portadas y contraportadas de *Companya,* la *mujer moderna* se sitúa en el espacio público, pero siempre en la retaguardia. Su indumentaria se caracteriza por el uso de piezas de ropa tradicionalmente femeninas: vestidos, faldas, pañuelos, camisas, etc. No obstante, también admite el uso del mítico y revolucionario mono, pero esta prenda no la llevan ni las mujeres catanas ni las españolas, sino las soviéticas que aparecen en las composiciones. Por otra parte, este arquetipo no comparte el espacio compositivo ni con figuras masculinas ni criaturas, y tampoco aparece integrado

[24] Nash, Mary, *Mujeres Libres...*; Nash, Mary, *Rojas...*
[25] Ackelsberg, Martha, *Mujeres...*

en ningún tipo de estructura familiar ni realizando acciones propias de la esfera privada como llorar, amamantar, abrazar, etc. En cambio, es representado adoptando conductas típicas del ámbito público: trabajando, reivindicándose o formando parte de actos públicos y políticos.

Es cierto que la capacitación y la incorporación al mundo laboral son aspectos que la *mujer moderna* comparte con la *madre combatiente* y la *mujer libre*. Sin embargo, en el caso de la *mujer moderna* se destaca el potencial emancipador de la formación des del punto de vista económico y como una condición *sine qua non* para ocupar puestos cualificados y de responsabilidad que hasta entonces habían sido patrimonio exclusivo de los hombres. En las composiciones aparecen mujeres estudiando y desarrollando trabajos que se les habían vetado, como, por ejemplo, el de conductora de tranvías. Con todo, también se representan mujeres desempeñando tareas propias de sectores tradicionalmente feminizados como el de la confección o atención de niños, lo que demuestra el mantenimiento de algunas pautas conductuales estereotipadas en función del género. Por otro lado, la revista difunde patrones de ocupación laboral más transgresores, pero los vincula a la URSS: en las composiciones aparecen mujeres aviadoras del Ejército Rojo.

La vertiente pública y política de la *mujer moderna* se materializa en las portadas y contraportadas a través de la capacidad de movilización sindical y obrera, y en la voluntad de la UDC de unir a totas las mujeres catalanas antifascistas en un único frente de lucha y resistencia que actúe desde la retaguardia. En algunas composiciones aparecen fotografías de dirigentes de la UDC como Maria Dolors Bargalló, Anna Murià y Dolors Piera, y referentes políticos comunistas como Dolores Ibárruri, la Pasionaria.

Otro punto es la *madre combatiente* que, de acuerdo con las composiciones de *Companya*, rezuma los valores de la mujer comprometida con la causa republicana y el esfuerzo de la guerra. La iconografía de las portadas y contraportadas sitúa este arquetipo en la retaguardia, tanto en el espacio público (la fábrica, el taller, el campo, los centros de formación, etc.) como en el privado del hogar. En cuanto a su indumentaria, siempre viste vestido o falda, prendas de ropa asociadas al estereotipo femenino. Además, suele compartir el espacio compositivo con figuras masculinas que ejercen una actitud de protección y paternalismo; y con criaturas que potencian la dimensión maternal de la figura femenina. También aparece integrado en la estructura familiar y realizando acciones propias del mundo privado como llorar, amamantar, abrazar, cuidar, etc. Sin embargo, en algunas composiciones es representado trabajando, es decir, desarrollando una actividad propia de la esfera pública.

Este arquetipo admite una vertiente moderadamente moderna o transgresora: el trabajo productivo remunerado fuera del ámbito privado del hogar. En numerosas composiciones, las mujeres escapan de la domesticidad y trabajan en las fábricas o en el campo. Estas representaciones son la materialización de la consigna "hombres al frente, mujeres al trabajo", que es el hilo conductor de la mayoría de las portadas y contraportadas de la revista. Asimismo, a diferencia de los arquetipos *mujer moderna* y *mujer libre*, la *madre combatiente* permite el trabajo productivo solo para satisfacer las necesidades generadas por la guerra sin tener en cuenta su potencial emancipador. Del mismo modo, la capacitación se considera un medio para asegurar la incorporación de las mujeres al mercado laboral y cubrir los puestos vacantes que dejan los hombres. En definitiva, la *madre combatiente* acepta el trabajo y la capacitación, pero sin tener en cuenta los deseos de liberación femenina e igualdad de oportunidades laborales.

Por otro lado, el aspecto más tradicional de este arquetipo está vinculado a la maternidad y las tareas de asistencia; por lo tanto, a los roles tradicionales de género y al espacio doméstico. En muchas composiciones las mujeres son representadas como madres, y la revista dedica numerosas portadas y contraportadas a la infancia, un elemento que refuerza el rol maternal de sus lectoras. Aparecen mujeres con niños, adoptando actitudes de protección y asistencia que promueven las tareas de cuidados, actividades consideradas propias de la feminidad. Muy vinculada a la condición de madre, se encuentra la representación de la mujer-madre víctima de los ataques fascistas. Este modelo iconográfico se utiliza para reforzar la veleidad del enemigo; y en relación con la victimización de las madres, aparece la figura de la refugiada. Además, en muchas de las composiciones donde la figura femenina comparte espacio compositivo con figuras masculinas, se establecen dinámicas paternalistas de protección que contribuyen a la victimización de las mujeres, que son representadas como sujetos indefensos que necesitan de los hombres combativos para lograr la libertad. A partir del análisis de las portadas y contraportadas de *Companya*, y con respecto al arquetipo *madre combatiente*, se constata que acciones como abrazar, huir o llorar se asocian al estereotipo de mujer-víctima y son consideradas conductas típicamente femeninas.

En lo concerniente a *Mujeres Libres*, como ya se ha avanzado, el arquetipo más representado en sus composiciones es la *mujer libre*. Este nuevo modelo, a pesar de haber sido teorizado específicamente para cubrir las experiencias femeninas de las anarquistas, comparte rasgos con los arquetipos identificados en las portadas y contraportadas de *Companya*. De acuerdo con la iconografía de las composiciones de *Mujeres Libres*, la *mujer libre*, igual que la *madre combatiente*, admite la condición de madre. De esta manera, se apela el rol reproductivo, proveedor y de asistencia asociado tradicionalmente a las mujeres. Sin embargo, se diferencia porque insta a las lectoras a romper con los vínculos que implica la maternidad: anima a superar las limitaciones de sus sentimientos por sus hijos para dedicarse a las necesidades de la comunidad, y de esta forma, favorecer el cambio revolucionario. Dicho de otra manera, les pide que extiendan su rol de proveedoras y cuidadoras a la esfera pública, que se conviertan en madres de la colectividad.

En algunas composiciones de *Mujeres Libres* este arquetipo se representa sufriendo, ya sea preocupado o afligido por la regresión moral que supone el conflicto, o como víctima de los ataques del enemigo. En otras palabras, también se utiliza la asociación mujer-madre-víctima para reforzar la brutalidad del fascismo. Igual que en las representaciones de la *madre combatiente* que aparecen en *Companya*, acciones como abrazar, amamantar o llorar, y sentimientos como la preocupación, la angustia y el dolor se asocian a las mujeres en cuanto madres y también víctimas. En contraste, la revista anarquista transmite a sus lectoras que, sean madres o no, deben contribuir a la guerra y a la revolución adoptando actitudes activas, beligerantes y trabajando para la comunidad.

Como ya se ha avanzado, el trabajo femenino es una vertiente que la *mujer libre* comparte con la *madre combatiente* y la *mujer moderna*, pero presenta innovaciones y matices relevantes. En las portadas y contraportadas de *Mujeres Libres* no aparecen mujeres ejerciendo oficios concretos, sino figuras femeninas con simbología proletaria y consignas a favor del proceso de transformación social; por lo tanto, la representación gráfica de la figura femenina en relación con el trabajo apela la consciencia de clase y la revolución.

Además, la *mujer libre*, de acuerdo con la iconografía de las composiciones, puede defender la libertad del pueblo con el trabajo y las armas. Este arquetipo es representado adoptando una actitud combativa y violenta: empuñando fusiles y disparando al enemigo mientras se cobija detrás de un muro. A diferencia de la *madre combatiente,* que solo participa en la resistencia de la retaguardia realizando tareas de producción, cuidados y asistencia, también admite la lucha armada. Así pues, la calle es el frente de batalla de la *mujer libre.* Esta vertiente es una de las dimensiones más transgresoras y revolucionarias de este arquetipo, ya que rompe totalmente con los convencionalismos de género: implica que un atributo tradicionalmente masculino, como son las armas, por primera vez, sea patrimonio femenino. Sin embargo, el uso de las armas no supone el acceso al frente. La *mujer libre* defiende la retaguardia; es decir, forma parte de la resistencia civil. A pesar de su carácter discriminatorio, este arquetipo también se somete a la consigna "hombres al frente, mujeres a la retaguardia".

Por otro lado, en las composiciones aparecen mujeres sujetando banderas anarquistas. La inclusión de este símbolo de forma explícita debe interpretarse como una muestra del ideario político de la *mujer libre*, que es un sujeto político activo que se identifica con la causa antifascista y con las aspiraciones del movimiento libertario español. Se trata de un arquetipo politizado que comparte la visión anarquista de la guerra como una revolución social.

El arquetipo *mujer libre*, a parte de la dimensión política y laboral, converge en la consciencia feminista con la *mujer moderna*. No obstante, las anarquistas no se consideran feministas, ya que piensan que el feminismo es un movimiento político burgués de clase media con limitaciones sociales. Por ello, MMLL plantea una emancipación femenina que va más allá de los derechos sociales y políticos, y la igualdad laboral y económica. También contempla la independencia psicológica, la promoción de la identidad femenina, la autonomía personal y la autoestima[26]. Por lo tanto, la *mujer libre* encarna a las mujeres que luchan por liberarse de la opresión que sufren por razón de género y de clase; por ende, lideran una "doble lucha". De acuerdo con los planteamientos anarcofeministas, el deseo de emancipación femenina se traduce en las composiciones de *Mujeres Libres*

[26] Nash, Mary, *Rojas...*, pág. 135.

de una forma muy transgresora: se vindica la libertad sexual de las mujeres a través de la promoción de los "liberatorios de prostitución", una iniciativa de la organización femenina para paliar el problema de la esclavitud sexual. De este modo, queda justificada la representación de prostitutas en una contraportada.

Para terminar, la capacitación educativa y laboral también es un rasgo que comparten la *madre combatiente*, la *mujer moderna* y la *mujer libre*. En el caso de la *mujer libre*, la capacitación, entendida como la formación, la educación y la preparación social que permite desarrollar plenamente el potencial femenino y ayuda a las mujeres a convertirse en miembros participativos del movimiento anarquista y de la nueva sociedad, es indispensable para lograr la emancipación total[27]. De esta forma, la capacitación es el medio que hará posible la integración de las mujeres en diferentes ámbitos de la lucha contra el fascismo, lograr su colaboración en el proceso revolucionario y liberarlas de la "triple esclavitud". En otras palabras, para la *mujer libre*, a diferencia de la *madre combatiente* y la *mujer moderna*, la capacitación va más allá de ofrecer los conocimientos técnicos para incorporarse al mercado laboral y ocupar los puestos de trabajo que han dejado libres los hombres, o acceder a cargos cualificados o de responsabilidad, es el medio para prepararse para la revolución e incorporarse al movimiento libertario. Por este motivo, en las portadas y contraportadas de *Mujeres Libres*, este arquetipo no defiende la capacitación técnica, sino iniciativas para erradicar el analfabetismo, ya que solo liquidando esta lacra social se puede formar parte del proceso revolucionario y ejercer la ciudadanía de forma activa.

En cuanto a la indumentaria, no se puede establecer un tipo de vestimenta en concreto para este arquetipo debido al esquematismo de las representaciones gráficas. No obstante, en las portadas y contraportadas aparecen mujeres con vestidos, faldas, camisas, con pañuelos en la cabeza, etc. No existe un patrón o una unidad, y en ningún caso, visten el mítico y revolucionario mono. Respecto a los atributos o complementos, destacan la hoz y el martillo, elementos políticos como las banderas anarquistas, y los fusiles, considerados el elemento más transgresor.

Las actitudes y posturas que adopta la *mujer libre* en las composiciones también son difíciles de describir porque las ilustraciones se caracterizan por la simplicidad; y, además, en muchos casos, solo se representa el busto. A pesar de esto, en algunas portadas y contraportadas, las figuras femeninas adoptan gestos dinámicos, combativos y de protesta, como alzar el puño.

En referencia al espacio, también resulta complicado discernir donde se localizan las figuras femeninas, a excepción de tres casos: unas mujeres con armas en la calle, una mujer entre las ruinas de los edificios y una obrera delante de una fábrica. Sin embargo, el arquetipo *mujer libre* se sitúa en el espacio público: es una mujer que trabaja fuera del ámbito doméstico y defiende la retaguardia. Para acabar, las figuras femeninas que

[27] Ackelsberg, Martha, *Mujeres...*, pág. 285.

representan este arquetipo no suelen compartir el espacio compositivo ni con criaturas ni con figuras masculinas.

Después de exponer todas las similitudes, diferencias y matices existentes entre estos tres arquetipos que sintetizan las experiencias de la masa heterogénea de mujeres antifascistas que defiende la retaguardia, se llega a la conclusión que los tres arquetipos admiten el trabajo productivo asalariado y la capacitación y formación, y consideran la retaguardia el espacio propio de las mujeres. Por otra parte, la *madre combatiente* y la *mujer libre* comparten la condición de madre y de víctima; mientras que la *mujer moderna* y la *mujer libre* coinciden en los anhelos de liberación femenina y vindican que la capacitación y el trabajo son la base para lograrla. Todas estas pautas conductuales se sintetizan en las consignas "hombres al frente, mujeres al trabajo" y "hombres al frente, mujeres a la retaguardia", dos lemas que, a pesar de su carácter discriminatorio, son aceptados por ambas organizaciones y difundidos por las dos revistas. Además, el hecho de secundar estas consignas explica la aparición residual del arquetipo *miliciana* en las portadas y contraportadas de las dos publicaciones.

En lo relativo al arquetipo *miliciana*, a pesar de ser el más transgresor, solo aparece en la portada y la contraportada del número ocho de *Companya*, publicado el 19 de julio de 1937, que coincide con el primer aniversario de la revolución; y en la portada del número 4 de *Mujeres Libres*, publicado el 20 de agosto de 1936, por lo tanto, durante la primera etapa de la guerra, un momento de efervescencia revolucionaria. Este paradigma de agitación y transformación social da lugar a la mitificación de la miliciana, convirtiéndola en un símbolo de heroísmo y valentía. Cabe señalar que el número 4 de *Mujeres Libres* es el que inicia la etapa de la publicación como revista combativa; por este motivo, la reproducción de este arquetipo es muy acertada para mostrar a las lectoras las actitudes y acciones que deben adoptar. Eso no significa que la revista, explícitamente, pretenda animar a las mujeres a ir al frente, sino que las quiere convencer de que tienen que ser activas, luchadoras, valientes, decididas y, incluso, beligerantes, independientemente de que se encuentren en la retaguardia o en las trincheras.

Aunque este arquetipo es el único que se podría situar en el frente, en ambas publicaciones se representa sin contexto espacial. Por un lado, en el caso de *Companya*, presenta dos indumentarias diferentes: una miliciana viste un mono con una camiseta de manga corta y lleva un gorro de cuartel y un fusil; y la otra lleva una camiseta de manga corta, el pañuelo en el cuello y el fusil. En ambas representaciones solo aparece la cabeza y el torso de las figuras femeninas, lo que no permite saber si la miliciana de la camiseta viste pantalones o una falda hasta los tobillos; y si ninguna de las dos lleva cartucheras en la cintura. Además, presentan actitudes combativas y reivindicativas y comparten el espacio compositivo con la figura de un soldado. A diferencia de las portadas y contraportadas donde aparece el arquetipo *madre combatiente*, la figura masculina no ejerce una acción protectora, sino que muestra una actitud de compañerismo e igualdad.

Por el otro lado, en el caso de *Mujeres Libres*, las dos milicianas que aparecen en la portada del número 4 no visten el transgresor mono. Una de ellas es representada de cuerpo entero y lleva un vestido y el gorro de cuartel. Es interesante destacar su actitud combativa, reforzada por el fusil que levanta con las dos manos por encima de la cabeza. Esta figura tan beligerante comparte el espacio compositivo con otra miliciana, pero esta lleva el fusil colgado en la espalda y presenta una actitud más tranquila: parece una espectadora, no se muestra enérgica ni luchadora.

Como ha demostrado el análisis cuantitativo, la aparición de este arquetipo es residual en las dos revistas. Esta omisión demuestra la afinidad de ambas publicaciones, y de las organizaciones que las editan, con la decisión de confinar a las mujeres en la retaguardia, una acción que manifiesta la persistencia de elementos tradicionales en la división del trabajo y del espacio, y en las normas de conducta de género.

CONCLUSIONES

Este estudio finaliza habiendo cumplido los objetivos fijados a partir de la constatación de las hipótesis propuestas.

La primera hipótesis –Las portadas y contraportadas de *Companya* contribuyen a difundir los valores y objetivos de la UDC a través de los arquetipos *mujer moderna* y *madre combatiente*– se ha verificado porque, de acuerdo con los resultados cuantitativos, los arquetipos más representados son estos dos. Asimismo, se ha identificado un tercer arquetipo: la *miliciana*, pero su representación es residual.

Por otro lado, tal y como evidencia el análisis cualitativo, los arquetipos *mujer moderna* y *madre combatiente* son afines a las consignas "hombres al frente, mujeres a la retaguardia" y "hombres al frente, mujeres al trabajo", que son las principales líneas discursivas que quiere difundir la revista. Cabe decir que la UDC y *Companya* nacen de la necesidad de organizar la retaguardia femenina antifascista en Catalunya. Por este motivo, defienden el confinamiento de las mujeres en la retaguardia y fomentan su contribución a la guerra a través del trabajo productivo, el cuidado y la asistencia de los desfavorecidos, y la unión de todas las mujeres antifascistas en un único frente. Los dos arquetipos admiten estas tres líneas de actuación; y por eso, su representación gráfica permite transmitir a las lectoras de forma rápida, directa y clara como pueden contribuir al triunfo de la causa republicana.

Además, el uso de estos dos arquetipos brinda a la revista la posibilidad de confeccionar un discurso muy esperanzador: la *madre combatiente* representa aquello que deben hacer las lectoras para conseguir lo que representa la *mujer moderna*. Es decir, si las lectoras toman como modelo la *madre combatiente* y colaboran en el esfuerzo bélico a partir del trabajo y las tareas de asistencia desde la retaguardia, la victoria republicana estará asegurada, y con ella, la emancipación femenina. La *mujer moderna* es el futuro que les promete la República y este acaecimiento se refleja en la URSS. Este hilo argumentativo manifiesta que la revista y la UDC conciben la liberación de las mujeres como una consecuencia de la guerra.

La segunda hipótesis – Las portadas y contraportadas de *Mujeres Libres* contribuyen a difundir los valores y los objetivos de la organización femenina anarquista homónima a través del arquetipo *mujer libre*– también se ha verificado positivamente. Según los resultados, el arquetipo femenino más representado en las portadas y contraportadas de *Mujeres Libres* es la *mujer libre*. Además, se ha identificado el arquetipo *miliciana*, pero su representación es residual.

Gracias al análisis cualitativo se ha constatado que los arquetipos *madre combatiente* y *mujer moderna* no se pueden aplicar a las composiciones de *Mujeres Libres* debido a las especificidades de la revista. En cuanto que órgano de expresión de una organización femenina que se encuadra en el movimiento libertario, la ideología anarquista se convierte en la base de sus postulados teóricos, y también condiciona su discurso y sus acciones. Por lo tanto, la representación gráfica de la figura femenina está supeditada al carácter político de la organización y la revista. La consciencia de clase y de género son uno de los rasgos diferenciales de este arquetipo.

No obstante, los tres arquetipos –*madre combatiente*, *mujer moderna* y *mujer libre*– coinciden en la cuestión de la capacitación y la necesidad de incorporar a las mujeres al mercado laboral. Sin embargo, en estos aspectos la *mujer libre* presenta unos matices que la diferencian: entiende la capacitación y el trabajo como los medios esenciales para liberar a las mujeres de la "esclavitud" económica, cultural y sexual. Por su parte, establece una dicotomía entre capacitación y captación: capacitar a las mujeres es el primer paso para acercarlas a las ideas libertarias, y posteriormente, captarlas como simpatizantes, ya que la cultura permite participar de forma activa y autónoma en la vida pública y política.

Para terminar, igual que la *madre combatiente*, la *mujer libre* admite la maternidad y el sufrimiento, y considera la retaguardia su espacio de lucha. Aunque los planteamientos de la revista y MMLL son decididamente más feministas que los de la UDC, las necesidades de la guerra provocan que la vertiente feminista vaya decayendo gradualmente, tal y como queda patente en las portadas y contraportadas. En ningún caso se incluyen consignas a favor de la igualdad o la emancipación femenina. Por consiguiente, el arquetipo *mujer libre*, aunque parezca paradoxal, demuestra como la presión del conflicto no implica una transformación de las relaciones de género ni revoluciona los modelos de feminidad. Contrariamente, perpetua la división sexual del espacio y del trabajo y, en el caso de MMLL, provoca una involución en relación con los postulados anarcofeministas, que van perdiendo fuerza y protagonismo a medida que avanza la guerra.

Por último, cabe contestar la pregunta de investigación que ha vertebrado todo el proceso: ¿Con qué finalidad se emplea la figura femenina en las portadas y contraportadas de *Companya* y de *Mujeres Libres*? En primer lugar, igual que los carteles propagandísticos, se puede concluir que las portadas y contraportadas de estas dos publicaciones, como producto artístico, tienen las mismas funciones sociales que el cartel republicano de guerra:

(1) fijar en la consciencia de las mujeres las consignas, los deberes y las obligaciones que deben cumplir; (2) mantener la moral de la retaguardia femenina; y (3) señalar e instruir sobre los peligros que supone la amenaza antifascista[28]. En resumen, las funciones sociales que cumplen son dos: la propagandística y la educativa.

Por consiguiente, la respuesta a la pregunta de investigación es simple: ambas revistas utilizan la representación gráfica de la figura femenina con una finalidad propagandística, o, en otras palabras, persuasiva. Su objetivo es convencer a las lectoras de que deben mantenerse en la retaguardia e incorporarse al mercado laboral, ya que solo de esta forma pueden ayudar a ganar la guerra (en el caso de *Companya* y la UDC), o contribuir a la revolución social (en el caso de *Mujeres Libres* y MMLL). El propósito de las composiciones de las dos publicaciones es influir en la opinión pública femenina; conseguir su adhesión y su apoyo; y promover la adopción de unas pautas conductuales determinadas.

A modo de conclusión, aunque el análisis de los arquetipos de género no implica un conocimiento absoluto de la realidad social, sirve para decodificar las experiencias colectivas y entender los procesos de cambio que transforman las identidades de género y el tejido social. Por ende, este estudio, centrado en los arquetipos femeninos difundidos en la zona republicana durante la Guerra Civil, permite constatar como en un contexto de profunda convulsión política y social, de forma paralela, perviven algunos aspectos tradicionales y se producen innovaciones en las identidades de género, lo que demuestra que una guerra, en cuanto paradigma de cambio y efervescencia social, supone un desorden de género capaz de ofrecer oportunidades de liberación y emancipación para las mujeres. Así pues, no es la guerra en sí la que genera una coyuntura apta para la liberación de las mujeres, sino el caos social y cultural que esta provoca, que es capaz de romper con algunos convencionalismos y pautas conductuales de género y modificar los arquetipos predominantes.

[28] Julián, Inmaculada, *El cartel republicano en la guerra civil española*, Madrid, Instituto de Conservación y Restauración de Bienes Culturales, 1993, pág. 117.

3.
THE SPANISH REVOLUTION: UN SEMANARIO DEL POUM PARA EL MUNDO ANGLOSAJÓN

Juan Andrés García Martín
Universidad Rey Juan Carlos

GUERRA CIVIL ESPAÑOLA E INFORMACIÓN

La guerra civil española constituyó un banco de pruebas de armamentos y tácticas militares, pero también fue un terreno determinante para la batalla de la información y la propaganda. Desde un principio, sublevados y republicanos trataron de reunir apoyos a través de estas vías, ya fuera dentro de las fronteras españolas o fuera de ellas. No obstante, ambos bandos abordaron la elaboración de información con algunas diferencias, esbozadas desde la misma configuración del mapa del conflicto. Con las principales ciudades en poder de las fuerzas republicanas y por lo tanto con los periódicos caídos en zonas fieles a la República, los sublevados contaron con escasos instrumentos de información y propaganda.[1] En su lugar, estos confiaron en que su disciplina militar bastaba para cohesionar las filas y alcanzar una victoria rápida. Por su parte, la gestión de la información y su propagación de manera convincente resultó una cuestión acuciante para los republicanos, sobre todo en vista de la soledad diplomática experimentada a partir del verano de 1936.

Por todo ello, el estudio de los medios de comunicación durante el conflicto ofrece no solo la perspectiva que cada uno de los bandos emitía de sí mismo, sino las intenciones que dicha proyección guardaba. En este sentido, los medios de comunicación en general y la prensa en particular suponen una fuente de estudio renovada constantemente hasta la fecha presente.[2] En consecuencia, todavía existen ejemplos de prensa que apenas han sido escrutados y cuyo estudio puede arrojar luz sobre los beligerantes. Una de estas publicaciones es el objeto de investigación de las siguientes líneas, *The Spanish Revolution*,[3] un boletín editado en Barcelona por el Partido Obrero Unificado Marxista.[4]

---

[1] Pizarroso Quintero, Alejandro, "La Guerra Civil Española, un hito en la historia de la propaganda", en *El Argonauta español*, 2005. En https://journals.openedition.org/argonauta/1195. Consultado en 10 de octubre de 2023.

[2] Núñez Díaz Balart, Mirta, *La prensa de guerra en la zona republicana durante la guerra civil española (1936-1939)*, Madrid, UCM, 1989; Cordero Avilés, Rafael, *Periodismo y periodistas republicanos en el Madrid de la Guerra Civil (1936-1939)*, Madrid, UCM, 2017.

[3] Los ejemplares de *The Spanish Revolution* pueden ser consultadas en la sede de Recoletos de la Biblioteca Nacional de España a través de la siguiente referencia: D/7530.

[4] Debemos matizar al respecto que, si bien este boletín ha sido consultado por historiadores como Andy Durgan o Stanley Payne, no hemos constatado un estudio del mismo, como parte de la historia de la prensa durante la

EL PARTIDO OBRERO UNIFICADO MARXISTA Y SUS ÓRGANOS DE EXPRESIÓN

Hechas estas presentaciones, es menester detenernos brevemente sobre la agrupación que alumbró la publicación objeto de este estudio. El Partido Obrero Unificado Marxista –en adelante POUM– nació en Barcelona en septiembre de 1935 resultado de la confluencia de dos formaciones anteriores y reuniendo a unos 7.000 integrantes: por un lado, el Bloque Obrero y Campesino, organización fundada por el sindicalista oscense Joaquín Maurín en la ciudad condal en 1930, y por otro lado la Izquierda Comunista de España (ICE), partido fundado en 1932 y que, liderado por el maestro tarraconense Andreu Nin y el periodista madrileño Juan Andrade, pretendía acoger a los comunistas distanciados del PCE, al cual consideraban demasiado influenciado por Stalin.[5] En consecuencia, el partido resultante se manifestó crítico con la Internacional Comunista y la deriva estalinista de la URSS.

Ya en 1936, el nuevo partido apoyó a regañadientes el pacto electoral que alumbró el Frente Popular.[6] Para entonces, la jefatura del partido descansaba sobre los hombros de Joaquín Maurín, aunque no por mucho tiempo ya que el estallido de la Guerra Civil tomó al político aragonés en Galicia y al intentar entrar en zona republicana, acabó por ser arrestado y encarcelado. Ante esta nueva coyuntura, el nuevo liderazgo quedó en manos de Andreu Nin, quien defendió la revolución llevada a cabo en Cataluña desde el inicio de la contienda, así como la participación del POUM en el gobierno autonómico como parte de una conquista efectuada por la clase obrera durante su resistencia contra la rebelión militar.

Durante los cinco años republicanos, el POUM, así como el BOC y el ICE antes que él, habían desplegado en Cataluña una red de prensa afín, en contraposición a la incipiente pero escasa prensa comunista vinculada al PCE. De este modo, estableció hasta veintisiete publicaciones tanto en catalán como en castellano con periodicidad principalmente semanal, quincenal y mensual. Entre los medios publicados en castellano, podemos citar *La Batalla,* órgano de expresión fundado en 1922 en Barcelona y cuyas instalaciones se verán incrementadas a costa del periódico carlista *El Correo Catalán* a partir del verano de 1936, tomando un carácter diario; *La Nueva Era,* revista teórica del partido publicada en dos etapas (1930-1931 y 1936) bajo la dirección de Maurín y Nin; o *La Antorcha*, órgano de la sección juvenil del partido, las Juventudes Comunistas Ibéricas –en adelante JCI–. Entre los medios publicados en catalán, también pueden citarse *L'Hora*, establecida por el BOC en 1930; o *Front*, establecido en dos etapas, siendo en la segunda de ellas ya órgano del recién nacido POUM.[7]

Guerra Civil española. Una breve referencia al respecto puede encontrarse en: Payne, Stanley, *The Spanish Civil War, Soviet Union and Communism*, New Haven, Yale University Press, 2004, págs. 197-198.

[5] Durgan, Andrew, *B.O.C. 1930-1936. El Bloque Obrero y Campesino*, Barcelona, Laertes, 1996.

[6] Pagés, Pelai, *Andreu Nin. Una vida al servicio de la clase obrera*, Barcelona, Laertes, 2011, págs. 257-258; Durgan, Andy, *Comunismo, Revolución y Movimiento obrero en Cataluña, 1920-1936. Los orígenes del POUM*. Barcelona, Laertes, 2016, pág. 335.

[7] Checa Godoy, Antonio, *Prensa y partidos políticos durante la Segunda República*. Sevilla, Centro Andaluz del Libro-Consejería de Cultura de la Junta de Andalucía, 2011, págs. 112-114 y 540-541.

Al estallar la Guerra Civil, el POUM era un partido en crecimiento en Cataluña, con especial presencia en zonas rurales de Lérida y Gerona.[8] En todo el territorio peninsular, sumaba 10.000 afiliados a la sazón, cantidad que en apenas dos semanas se triplicó.[9] Estos constituían una militancia combativa que lucharía en diferentes regiones del frente de Aragón e incluso en Mallorca a través de pequeñas unidades cohesionadas ideológicamente.[10] Además de los órganos de expresión mencionados anteriormente, muchas de estas unidades iniciaron la edición de sus propios medios de comunicación. Así, este fervor propagandístico dotó de nuevas publicaciones a las diferentes secciones del partido, caso de *Generación Roja*, nueva revista teórica de las JCI;[11] o de la revista *Artillería Roja: Órgano del Primer Grupo de Artillería Ligera del POUM*, publicación de la unidad de artillería Germinal Vidal.[12]

Ahora bien, una vez superados los primeros compases del conflicto, la soledad diplomática de la Segunda República era una evidencia constatada a través de las dudas del gobierno francés y el distanciamiento practicado por sus homólogos británicos.[13] Por ello, desde este momento el POUM reforzó la batalla por la información y propaganda ante la comunidad internacional. Hasta este momento, el partido había contado con varias publicaciones con las que había expresado sus ideas, pero carecía de un altavoz ante el resto del mundo por lo que, en octubre de 1936, el POUM dio un paso en este sentido y fundó un nuevo boletín: *The Spanish Revolution*.[14] Esta línea se profundizaría a lo largo del conflicto, tal y como acredita el lanzamiento del semanario *Red Aid for the POUM*, un suplemento de imágenes publicado a principios de marzo de 1937 con el fin de dar a conocer la labor del partido a través de contenidos visuales.[15]

Además del bastión catalán, el POUM también contaba con partidarios en Madrid, donde formaron una agrupación de milicias que combatieron bajo el liderazgo del argentino de origen vasco-francés Hipólito Etchebéhére en los cuarteles de La Montaña y Campamento al principio de la guerra, y más adelante en Guadalajara. Junto a estos esfuerzos militares, el POUM también llevó a cabo un esfuerzo propagandístico en

[8] Ealham, Chris, *The Splintering of Spanish Cultural History and the Spanish Civil War*, Nueva York, Cambridge University Press, 2005, pág. 101.

[9] Alba, Víctor, *El marxismo en España (1919-1939) (Historia del BOC y el POUM)*, México DF, B. Costa-Amic Editor, 1973, págs. 290-291.

[10] Berger Mulatteri, Gonzalo, *Les Milicies Antifeixistas de Catalunya. 21 de juliol-31 de desembre de 1936*, Barcelona, Universitat de Barcelona, 2017, págs. 56 y 208.

[11] Casterás Archidona, Ramón, "Las Juventudes Comunistas Ibéricas del POUM", *Studia Histórica. Historia Contemporánea*, número 5, 1987, pág. 74.

[12] Berger Mulatteri, Gonzalo. *Les Milicies Antifeixistas...* pág. 132.

[13] Moradiellos, Enrique, "El gobierno británico y la guerra de España: apaciguamiento y no intervención", *Historia del presente*, número 7, 2006, págs. 71-88.

[14] La versión inglesa no fue la única lanzada ya que, en septiembre de 1936, el POUM lanzó el ejemplar quincenal en francés a través de *La Revolution Espagnole*. Esta sería seguida por la versión inglesa que incluimos en este estudio y, finalmente, por la versión alemana *Der Spanische Revolution*, publicada desde diciembre del mismo año con carácter mensual. Las tres versiones reciclaban informaciones ofrecidas en *La Batalla* y por ellas mismas, sin llegar a coincidir en sus contenidos por completo. Las publicaciones aludidas en esta nota se encuentran conservadas parcialmente en la Biblioteca Nacional de España en Madrid.

[15] "The Red Aid of the POUM" en *The Spanish Revolution*, 13, 17 de marzo de 1937, pág. 8.

Madrid, donde publicó *El Combatiente Rojo*, destinado a los milicianos, y el semanario *P.O.U.M*. Por último, aparte de la prensa escrita, el POUM contó en ambas ciudades con medios de difusión radiofónicos.[16]

THE SPANISH REVOLUTION

TIEMPOS Y ESTRUCTURA

La nueva publicación fue escrita íntegramente en inglés y al hacerlo en este idioma pretendía convencer a la opinión anglosajona de la necesidad de involucrarse en la lucha revolucionaria contra el fascismo en España. El nombre del periódico desvela la percepción revolucionaria del proceso bélico que existía en este flanco del marxismo español. De hecho, no serían los únicos en promover publicaciones bajo esta calificación y con este propósito, ya que de manera casi simultánea nació en Nueva York otra pieza periódica –primero mensual y luego quincenal– titulada *Spanish Revolution* y editada por la United Libertarian Organizations, una coalición de agrupaciones anarquistas con base en Estados Unidos.[17]

El boletín que nos ocupa comenzó su andadura el 21 de octubre de 1936 y extendió su vida periodística durante los siguientes ocho meses, es decir, hasta el 13 de junio de 1937, sumando un total de dieciocho ejemplares. Su sede quedó ubicada en el número 10 de Las Ramblas barcelonesa, a una distancia de un centenar de metros del Hotel Falcón, entonces sede del POUM y actualmente emplazamiento de la Biblioteca Andreu Nin.[18]

La periodicidad del boletín es variable. Así se constata en sus primeros ocho ejemplares, lanzados entre la tercera semana de octubre y la primera semana de diciembre de 1936. A continuación, coincidiendo con la salida de Andreu Nin de la Consejería de Justicia del gobierno catalán, el semanario tiene una duración quincenal durante dos ejemplares, esto es, entre el 9 de diciembre de 1936 y el 6 de enero de 1937. Desde entonces, *The Spanish Revolution* entra en una etapa de edición irregular desde un punto de vista cronológico, pues su undécimo ejemplar no llegará hasta cuatro semanas después. Los siguientes cuatro ejemplares, duodécimo a decimoquinto, recuperan el formato quincenal entre el 3 de febrero y el 31 de marzo de 1937. Finalmente, los tres últimos ejemplares se elaboran bajo una periodicidad mensual, ya que son publicados bien entrados los meses

[16] Cordero Avilés, Rafael. *Periodismo y periodistas republicanos…*, págs. 729-730.

[17] Al frente de este proyecto periodístico se colocó el anarquista asturiano Maximiliano Olay, representante de la CNT en Estados Unidos. Al comenzar la guerra, Olay se trasladó desde Chicago a Nueva York, donde contaría con nuevos delegados procedentes de España con un doble objetivo: desde un punto de vista argumental, evitar que un partido monopolizara el proceso revolucionario; desde un punto de vista práctico, recabar apoyos para el anarquismo en España. La publicación se extendió entre septiembre de 1936 y mayo de 1938. Brodie, Morris: *Rebel Youths: English-language anarchist periodicals of the Great Depresion, 1932-1939*, en *Radical Americas*, volume 3, número 1, 2018, págs. 4-5.

[18] Beevor, Anthony, *La Guerra Civil Española,* Crítica, Barcelona, 2005, pág. 69.

de abril, mayo y junio del año en cuestión. La ausencia de continuidad experimentada desde finales de 1937 apenas puede ser explicada desde los datos proporcionados por la publicación, pues esta no ofrece información al respecto. En este sentido, las crecientes dificultades experimentadas por el POUM desde principios de 1937 pudieron tener su impacto sobre dicha periodicidad.

Nos encontramos ante una revista de dimensiones reducidas, pues consta con siete u ocho páginas. Los textos incluidos fueron traducidos por la activista francoaustraliana Mary Low o Mary Bréa,[19] al menos hasta su décimo ejemplar.[20] A pesar de esta participación, la presencia femenina en estas publicaciones era reducida.[21] Más allá de la traducción, la mayoría de estos textos son de elaboración anónima, pues carecen de autoría. La excepción es un puñado de artículos de opinión firmados por Andreu Nin[22] y Juan Andrade[23] durante 1937, coincidiendo con el inicio de la persecución del POUM.

A lo largo de sus páginas, *The Spanish Revolution* se vertebra en unas partes bien diferenciadas y, si bien no cuentan con intitulación que las identifique, la estructura del semanario sigue un patrón reiterado en sus dieciocho ejemplares. En primer lugar, un texto en forma de editorial plantea la línea ideológica del semanario con respecto a una cuestión de la actualidad del conflicto, lo cual permite a la publicación posicionarse ante los acontecimientos que envuelven la contienda. Un buen ejemplo de ello es el editorial que abre el primer ejemplar bajo el título "The Socialist Revolution or Fascism",[24] sobre el cual volveremos más adelante. A continuación, el boletín incorpora una sección de información tangente a la actualidad política y militar vinculada al POUM. De nuevo, el primer ejemplar proporciona un ejemplo nítido al narrar la entrada del POUM en los organismos del gobierno autonómico catalán en otoño de 1936.[25] Por lo general, las siguientes páginas condensan información referente a la interacción con otras fuerzas obreras; la evolución de la guerra; o al programa de gobierno que el POUM pretende aplicar, es decir, cuestiones tales como la reforma agraria o los proyectos revolucionarios.[26] Al mismo tiempo, el semanario reserva al menos una de sus páginas para hacer proselitismo de su proyecto político y de este modo dar a conocer su vitalidad: ello implica menciones a la participación del POUM en diversas actividades obreras, como

[19] Junto a Low, varias féminas habían llegado a España junto a sus maridos. De este modo, activistas como Virginia Gervasini realizaron tareas traductoras para francés e italiano, y otros como Benjamin Peret para el portugués. Coignard, Cindy, *Les militantes du POUM, 1935-1980*, Rennes, Presses Universitaires de Rennes, 2015, págs. 75 y 141.

[20] Low, Mary y Bréa, Juan, *Cuaderno Rojo de la guerra de España*, Barcelona, Virus Editorial, 2019, pág. 13.

[21] Coignard, Cindy. *Les militantes du POUM…*, pág. 132.

[22] Andrés Nin, "We Must Act" en *The Spanish Revolution,* 13, 17-III-1937, pág. 3; Andrés Nin, "The Problem of Power" en *The Spanish Revolution,* 14, 31-III-1937, págs. 1-2; "The Crisis of the Government of Catalonia" en *The Spanish Revolution,* 15, 21-IV-1937, pág. 1.

[23] Juan Andrade, "The Role of the Anarchists" en *The Spanish Revolution,* 15, 21-IV-1937, págs. 4-6.

[24] "The Socialist Revolution or Fascism" en *The Spanish Revolution,* 1, 21-X-1936, págs. 1-2.

[25] "The POUM and the New Council of the Generality" en *The Spanish Revolution*, 1, 21-X-1936, pág. 2.

[26] "Two Spains: Barcelona and Madrid or the the Revolution and the War" en *The Spanish Revolution*, 1, 21-X-1936, págs. 4-5.

el congreso de la Juventud acaecido en Ginebra en septiembre de 1936[27] o en el congreso celebrado bajo el nombre de Guerra, Fascismo e Imperialismo en Bruselas a finales de octubre y principios de noviembre de este año.[28]

Finalmente, el boletín se cierra con una sección de escuetas noticias y breves notas que transmiten las consecuciones militares-revolucionarias del POUM, a fin de proporcionar ejemplos de la utilidad de este partido, instaurándolo por lo tanto como un modelo revolucionario a seguir. Al enunciar la utilidad de este grupo político, el boletín solicita ayuda económica o material a los lectores y para ello establece una serie de argumentos y estrategias de comunicación.

En primer lugar, se constatan múltiples aportaciones, hazañas militares y sacrificios de los miembros de la organización. En este sentido, el primer ejemplar proporciona un ejemplo clarividente de este tipo de propuestas al informar brevemente sobre el desempeño de la Columna Joaquín Maurín y de la Ambulancia Joaquín Maurín en los frentes de Huesca y Madrid.[29] Buena muestra de ello también queda reflejado en el cuarto ejemplar a través del siguiente párrafo:

> This ambulance, sent by the I. L. P. as a present to their comrades of the P. O. U. M. has already been in service on the Aragon front for some time now. Doctor Morros and comrade Eva, who are on the staff of the ambulance together with other P. O. U. M. comrades, were under fire during the whole of our recent big attack on Huesca and served with the ambulance in the front line, doing invaluable work in caring for our wounded.[30]

En otras ocasiones, el boletín también incluye en esta sección alusiones a integrantes ejemplares de estas unidades: la enfermera británica Rosita Dawson y sus prestaciones sanitarias en el mencionado vehículo en noviembre de 1936; las acciones de milicianos, tales como los voluntarios argentinos Hipólito y Micaela Etchebehere,[31] de quienes destaca su sacrificio y liderazgo respectivamente en la defensa de Madrid;[32] o incluso la participación bélica de brigadistas británicos pertenecientes al Independent Labour Party,[33] partido hermanado con el POUM. Al mismo tiempo que el partido ensalza el desempeño de sus miembros y simpatizantes, también informa de las visitas que sus instalaciones o sus unidades militares reciben de líderes de otros partidos marxistas. Ello permite vislumbrar el apoyo recibido de formaciones como el Independent Labour Party que, como veremos, era uno de los

[27] "World Youth at Geneva, a Peace Congress for War" en *The Spanish Revolution*, 1, 21-X-1936, pág. 6.

[28] "The POUM before the International Working Class" en *The Spanish Revolution*, 5, 18-XI-1936, pág. 2; "Capitalist Democracy or Socialism. The Brusselles Congress defines the Issue" en *The Spanish Revolution*, 6, 25-XI-1936, págs. 1-3.

[29] "The Joaquin Maurin Column" y "The Joaquin Maurin Ambulance" en *The Spanish Revolution*, 1, 21-X-1936, pág. 8.

[30] "The Joaquin Maurin Ambulance" en *The Spanish Revolution*, 4, 11-XI-1936, pág. 8.

[31] Micaela de Etchebehere, *Mi Guerra en España*, Barcelona, Plaza & Janés, 1987.

[32] "A Tour of the Madrid Fronts" en *The Spanish Revolution*, 8, 9-XII-1936, págs. 4-5.

[33] "British Lads in Action" en *The Spanish Revolution*, 12, 17-II-1937, pág. 3.

distribuidores de este material periodístico en suelo británico. De este modo, el boletín constata las visitas de líderes de este partido, como el escocés John McGovern en noviembre de 1936 y la inglesa Jennie Lee en enero de 1937,[34] así como de otras formaciones británicas como el Revolutionary Socialist Unity, cuyo secretario en Londres John McNair[35] habría entrado en España con McGovern;[36] de escritores como Eric Blair –más conocido como George Orwell– en el frente de Aragón en enero de 1937;[37] de Herbert Wolf, colaborador de la versión germana del boletín –*Die Spanische Revolution*– que falleció en Huesca en 1937;[38] del diputado comunista neerlandés Conrad Sneevliet, quien visitó España en 1936 con una aportación de 400 dólares para el partido;[39] o de figuras pertenecientes a formaciones del otro lado del Océano Atlántico, como el estadounidense Harry Milton y Hugo Oehler, miembros del Workers Revolutionary League que visitaron España en marzo de 1937.[40] A todos estos testigos y a los voluntarios que nutren las filas del POUM en el frente,[41] el boletín da la pertinente bienvenida en aras de proyectar una imagen de hospitalidad y fraternidad obrera, como queda constatado con la llegada de dos voluntarios balcánicos, Vitte del Archiomarxist Communist Party griego[42] y Shaban Basha, de la Organización Independiente Comunista de Albania y más adelante líder del Batallón Garibaldi.[43] El recibimiento brindado incluyó las siguientes palabras:

> We have been happy to welcome among us, two good comrades and well known revolutionaries who recently arrived to join us in Barcelona. Comrade Vitte has come to represent the Archiomarxist Communist Party of Greece. This, the first party in the world to form an opposition to the III International was formerly in close personal touch with Trotsky. Comrade Shaban represents the Independent Communist Organisation of Albania.[44]

Dentro de este bloque, una segunda vía informativa consiste en la narración de las consecuciones revolucionarias en materia de infraestructuras que, después de la confiscación de propiedades burguesas, se ponen a disposición de las clases obreras o de los sectores

[34] "McNair and McGovern in Spain" en *The Spanish Revolution*, 7, 2-XII-1937, pág. 8; "Jennie Lee in Spain" en *The Spanish Revolution*, 10, 6-I-1937, pág. 8.

[35] Las experiencias de McNair en España quedaron recogidas en un breve panfleto, disponible en el Warwick Digital Collections: McNair, John, *In Spain Now! A First-hand Story of the Fight against Fascism and of the use of Workers' Power for Socialism*, London, Independent Labour Party, 1936.

[36] "McNair and McGovern in Spain" en *The Spanish Revolution*, 7, 2-XII-1936, pág. 8.

[37] "British Author With the Militia" en *The Spanish Revolution*, 11, 3-II-1937, pág. 2.

[38] "Comrade Wolf Killed in Action" en *The Spanish Revolution*, 15, 31-III-1937, pág. 8.

[39] "A Visit of Comrade Sneevliet" en *The Spanish Revolution*, 2, 28-X-1936, pág. 7.

[40] "American comrades" en *The Spanish Revolution*, 13, 3-III-1937, pág. 8.

[41] Sobre estos combatientes, recomendamos el reciente estudio: Durgan, Andy: *Voluntarios por la revolución. La milicia internacional del POUM en la Guerra Civil española*. Barcelona, Laertes, 2022.

[42] Victor Alba y Schwartz, Stephen, *Spanish Marxism Versus Soviet Communism: A History of the P.O.U.M. in the Spanish Civil War*, Nueva Brunswick, Transaction Publishers, 198, pág. 295.

[43] Acciaci, Enrico, "Albanian Transnational Fighters: From the Spanish Civil War to the European Resistance Movements" en *War in History*, volume 27, número 3, págs. 346-367.

[44] "Greek and Albanian Comrades" en *The Spanish Revolution*, 9, 23-XII-1936, pág. 7.

más vulnerables de la población, tales como niños o ancianos. Sirvan como ejemplo al respecto los logros en materia médica, que incluyen la creación de centros de atención como el sanatorio Maurín en las faldas del Monte Tibidabo, dotado de máquina de rayos X y con capacidad para 80 pacientes; del sanatorio barcelonés Germinal Vidal, con capacidad para 35 enfermos;[45] del Sanatorio Pedrola, levantado sobre una mansión pirenaica confiscada;[46] de centros de refugiados y escuelas para estos en Berga, Pruit, Aiguafreda, Tarragona, Sardañola del Vallés, Balaguer o Vilasar de Dalt, con una capacidad conjunta de 437 niños;[47] de bibliotecas, como la establecida en el Paseo de Gracia y que habría contado con hasta 10.000 ejemplares de obras en diferentes idiomas;[48] o de un hogar para ancianos en Barcelona, dotado de habitación y entretenimiento como radio para sus huéspedes.[49]

En tercer lugar, el POUM promocionaba su implantación e influencia a través del lanzamiento de nuevas publicaciones en diferentes localidades catalanas. Esta estrategia se hace especialmente visible a partir de principios de 1937, cuando son alumbradas *Camarades,* vinculado a las JCI; el semanario *Guía,* en Pins del Vallés;[50] la revista quincenal *Emancipación*, también publicada en los talleres de las Ramblas y dedicada a la mujer;[51] o las actividades de Editorial Marxista que, desde su sede en la Calle de Barrios Nuevos de la ciudad condal, publicó más de 500.000 ejemplares de sus panfletos según se notifica en marzo de este año.[52] No obstante, estos anuncios no siempre constituyen una novedad editorial, ya que en varias ocasiones, el partido promocionaba publicaciones que eran meras reaperturas, caso del diario *L'Espurna*[53] en Gerona en noviembre de 1936 o de la revista del partido *La Nueva Era* en 1937,[54] la cual se había publicado hasta julio del año anterior. De estas acciones, se puede deducir no solo un deseo de informar a los lectores de novedades editoriales, sino también de exhibir el arraigo y fortaleza de la formación en suelo catalán.

Además, en esta heterogénea sección no es extraño encontrar respuestas a cartas de lectores interesados en el conflicto español y en el papel del POUM, posiblemente en aras de conocer el impacto de una hipotética ayuda económica. Por ello, el boletín se afana en ofrecer respuestas a estas misivas colocando al partido no solo en una posición de influencia privilegiada, sino también en contraposición con las fuerzas denominadas peyorativamente como "reformistas" o "contrarrevolucionarias" –en clara alusión al PCE

[45] El nombre del centro hace alusión al Germinal Vidal, líder juvenil del POUM y miembro de las Juventudes Comunistas Ibéricas. Con esta denominación, el boletín promociona y da a conocer los líderes de su formación.
[46] "The Red Aid of the POUM" en *The Spanish Revolution*, 13, 3 de marzo de 1937, pág. 8.
[47] Ibídem.
[48] "A POUM Library" en *The Spanish Revolution*, 14, 17 de marzo de 1937, pág. 7.
[49] "Old People Home in Barcelona" en *The Spanish Revolution*, 12, 17-II-1937, pág. 3.
[50] "Camarades" y "Another New Weekly" en *The Spanish Revolution*, 14, 17-III-1937, pág. 8; "Another POUM radio" en *The Spanish Revolution,* 13, 3-III-1937, pág. 8.
[51] "Emancipación" en *The Spanish Revolution*, 13, 3-III-1937, pág. 8.
[52] "La Editorial Marxista" en *The Spanish Revolution*, 15, 31-III-1937, pág. 7.
[53] "A New Daily Paper of the POUM" en *The Spanish Revolution,* 5, 18-XI-1936, pág. 8.
[54] "La Nueva Era to Reappear" en *The Spanish Revolution*, 12, 17-II-1937, pág. 7.

y al PSUC-. En este sentido, se pueden encontrar hasta tres ejemplos de correspondencia respondida procedente de Virginia Occidental, Louisville (Kentucky) y Brooklyn (Nueva York).[55]

Por último, el boletín también incluye en esta miscelánea de actualidad ejemplos de colaboración con otras fuerzas obreras, especialmente con partidos anglosajones que llevan a cabo envíos de ayuda material o económica para sus correligionarios del POUM. De esta manera, el boletín aspira a que este tipo de acciones sirvan de inspiración para otros partidos obreros. Entre ellos, podemos encontrar alusiones a la cooperación con el Young People Socialist League (YPSL) –rama juvenil del Partido Socialista Estadounidense–, materializada en el envío de armas o cartas de apoyo de sus integrantes.[56]

Por lo demás, el paquete informativo ofrecido por el semanario llegaba aderezado de algunas viñetas y proclamas revolucionarias a manos del lector. A lo largo de los dieciocho ejemplares, el boletín emitió un total de siete caricaturas y treinta y un mensajes con contenidos sencillos que sintetizan los objetivos del partido en el proceso bélico-revolucionario iniciado. En cuanto a los dibujos cómicos, la cuestión con mayor presencia es la participación internacional en la contienda, con tres alusiones al respecto. Por su parte, las proclamas cuentan con una temática más diversificada, ya que redundan en la revolución mundial (9); la guerra y la revolución como procesos simultáneos (3); el rechazo al fascismo (4); la necesidad de la unidad del movimiento obrero (3); y el abastecimiento de armas y provisiones (3).

Ejemplar	Fecha de publicación	Proclama
1	21 de octubre de 1936	-
2	28 de octubre de 1936	Arms, ammunition and aeroplanes for Spain; For the Socialist Revolution, Not Bourgeois Democracy; Towards the World Revolution; Workers of the World, Unite!
3	4 de noviembre de 1936	Without Revolutionary theory, No Revolutionary practice; War at the front and revolution behind the lines.
4	11 de noviembre de 1936	Arms! Arms!! Arms!! We must have arms!
5	18 de noviembre de 1936	We shall pass over fascism; The best defense of the USSR is the Iberian Revolution; Toward the World revolution.
6	25 de noviembre de 1936	For a revolutionary international; The best defense against war and fascism is the Spanish Revolution; Education is the Basis of the New Society; We shall win but we need arms, They shall not pass.
7	2 de diciembre de 1936	The Workers of the World Can Prevent War; A Red Army of Workers, Not Capitalist Hirelings; Neutrality is a mask.

[55] "Information Bureau" en *The Spanish Revolution*, 5, 18-XI-1936, pág. 6; "Information Bureau" en *The Spanish Revolution*, 7, 2-XII-1936, pág. 7; "Information Bureau" en *The Spanish Revolution*, 10, 6-I-1937, pág. 8.

[56] "YPSL and POUM" en *The Spanish Revolution*, 1, 21-X-1936, pág. 8; "Arms from the YPSL" en *The Spanish Revolution*, 10, 6-I-1937, pág. 8.

8	9 de diciembre de 1936	Turn Imperialist War into Socialist Revolution; To Win the War Is Not Enough.
9	23 de diciembre de 1936	Peasants, the land is yours; Workers of the world, unite!.
10	6 de enero de 1937	The POUM, the party that fights for the socialist revolution; For a Workers' democracy, Not a Party dictatorship; No pacts with Fascism.
11	3 de febrero de 1937	We demand the formation of an international commission of enquiry to examine the accusations levelled against us; Fight for the World revolution, Enlist in the POUM Militia; If they are not Socialist nor Communist, nor Marxist, What are they?
12	17 de febrero de 1937	Unite! Workers!; For Revolutionary Unity!
13	3 de marzo de 1937	-
14	17 de marzo de 1937	-
15	31 de marzo de 1937	Against Fascism, Against Reformism, For the Socialist Revolution; A Revolutionary Workers Front;
16	21 de abril de 1937	May Day, The Spanish Workers lead the World Revolution; We are in a Revolutionary Situation and therefore the political problems can only be solved by the working class;
17	19 de mayo de 1937	The Barcelona Conference for a Revolutionary International 19 July;
18	13 de junio de 1937	-

Fuente: Elaboración propia a partir de los ejemplares de *The Spanish Revolution.*

LOS DESTINATARIOS

Como se ha expuesto, a través de estos contenidos se pretendía convencer al lector anglosajón. Ahora bien, ¿quiénes eran los destinatarios de esta publicación? ¿hasta dónde llegaba el radio de acción de este boletín? En un principio, los canales por los que fluyen esta publicación son relativamente reducidos. Los destinatarios son partidos marxistas independientes, es decir, aquellos que de alguna manera han marcado distancia con la Internacional Comunista y que no se adhieren las estrategias de Stalin y de la III Internacional. Son, por lo tanto, "partidos amigos" en el sentido de haber experimentado un proceso de discrepancia en la izquierda.

De esta manera, el periódico se distribuía en Gran Bretaña y en Estados Unidos durante sus primeras semanas de existencia, contando este último con una mayor y creciente presencia. En un primer momento, ello implicaba su venta por un precio de dos peniques y cinco céntimos en tres centros en Londres pertenecientes al Independent Labour Party, a la Marxist League y a la Socialist League, si bien esta dejó de ofrecer la publicación en diciembre de 1936. De manera simultánea, los ejemplares también eran comercializados por el líder comunista estadounidense Arne Swabeck en una librería neoyorkina llamada

The Labor Book Shop y por el sindicalista Ernest Wald Erber,[57] quien hacía lo propio en el local de la Youth People Socialist League en Chicago.[58] Esta red se extendió entre febrero y abril de 1937, pues se incorporaron varios puntos de distribución en suelo norteamericano: la League for a Revolutionary Workers Party en Toronto y en Nueva York; y un nuevo emplazamiento en Chicago bajo el nombre de Friends of Workers' Spain, establecido para la distribución de literatura del POUM entre el movimiento obrero norteamericano.[59] A todas estos puntos de venta, se añadió el Socialist Party of Houston (Tejas) y una librería llamada Socialist Book Shop en la Ciudad del Viento en abril de 1937.[60] Simultáneamente, Gran Bretaña también incorporó dos puntos de venta más a través del Anti-Parliamentary Communist Federation en Glasgow y el Marxist Group en Londres.[61]

EL DECÁLOGO DE THE SPANISH REVOLUTION

A lo largo de sus dieciocho ejemplares, *The Spanish Revolution* concretó unas prioridades informativas y articuló una serie de argumentos para convencer al lector anglosajón de la necesidad de enviar ayuda a la República española y, en concreto, al POUM. No obstante, estos argumentos no eran completamente novedosos ni desconocidos, pues en algunos casos ya habían sido esgrimidos en *La Batalla* con anterioridad.[62]

De este modo, la primera tesis esbozada descansa sobre una concepción de la república parlamentaria como una pantalla pasada. Al identificarla como un régimen burgués, este no es, en consecuencia, depositario de la confianza del proletariado. En cierto modo, dicha desconfianza se nutre de la idea de Lenin trazada en *¿Quiénes son los amigos del pueblo?*[63] según la cual las revoluciones burguesas decimonónicas y la implantación de este tipo de regímenes solo habían servido para afianzar a la burguesía y oprimir al proletariado. Por lo tanto, el POUM duda del régimen republicano y rechaza la posibilidad de regresar a la república burguesa anterior al 18 de julio, pues significaría la pérdida de la oportunidad revolucionaria. En este sentido, el partido argumenta la incapacidad de este régimen para satisfacer aspiraciones básicas de los trabajadores españoles tales como una reforma agraria

[57] Ernest Wald Erbert era un miembro de Young People's Socialist League (YPSL) y del Partido Socialista que había combatido brevemente en España, donde también había efectuado tareas informativas que incluían retransmisiones de radio en inglés para Estados Unidos e Inglaterra y la elaboración de artículos para *La Batalla* y *Juventud Comunista*, publicaciones desplegadas por el POUM. Sin embargo, a finales de 1936 se trasladó a Chicago, donde actuó como distribuidor de publicaciones del partido.

[58] "YPSL and POUM" en *The Spanish Revolution,* 1, 21-X-1936, pág. 7.

[59] "The Spanish Revolution is on sale" en *The Spanish Revolution*, 1, 21-X-1936, pág. 7.

[60] "Sell our Bulletin" en *The Spanish Revolution*, 16, 21-IV-1937, pág. 7.

[61] Ibídem.

[62] Payne, Stanley. *The Spanish Civil War...*, págs. 197-198.

[63] Lenin, Vladimir, "¿Quiénes son los amigos del pueblo?" en *Obras Completas. Tomo I.*, Progreso, Moscú, 1973, págs. 131-363.

sincera[64] –con especial atención a Cataluña, especificada en al menos tres artículos–,[65] o una política educativa de calado, sobre la cual llega a indicar que "the capitalist democracy bequeates to the working class the most miserable educational heritage".[66] Por todo ello y al no velar por los intereses de la clase obrera, el semanario aduce que esta república jamás puede ser el verdadero representante de aquella y rechaza instituciones como el parlamento.[67] Sin embargo, hemos hallado errores en la información ofrecida. La cuestión educativa proporciona ejemplos nítidos al respecto, ya que el boletín traza similitudes entre la Segunda República y momentos pretéritos como la dictadura primorriverista, con el objetivo de constatar la incapacidad de aquella por ejemplo, al recurrir a cifras de construcción de escuelas inferiores a las realizadas. Así, el boletín infravalora el programa educativo republicano al situar en 5.000[68] la cantidad de escuelas construidas durante el último lustro, mientras que las investigaciones más recientes duplican estos números.[69]

Consecuencia de esta percepción de la Segunda República es la idea de los sucesos del 18 de julio y el proceso iniciado a continuación. El colapso del régimen republicano y la burguesía española es notificado de manera constante, prestando especial atención a la incapacidad de la burguesía ante las fuerzas obreras.[70] Al respecto, basta con cuantificar la denominación que el boletín entrega a la república y a la burguesía en sus cinco primeros ejemplares de manera constante: hasta en treinta y seis ocasiones, la publicación se refiere a ambas como "petty bourgeoisie" –insignificante burguesía-. Por lo tanto, el conflicto civil iniciado en verano de 1936 es concebido como una contienda librada entre fascismo y socialismo en la que, ante la descomposición de la República, el proletariado español se habría alzado para detener un golpe militar identificado como fascista. Debido a esta percepción, el boletín rechaza de manera categórica la conceptualización de la contienda como una guerra entre fascismo y democracia, pues implicaría un deseo explícito de retorno al régimen republicano que rechaza. Así quedó atestiguado en el número inicial

[64] "The Agrarian Revolution in Spain" en *The Spanish Revolution,* 3, 4-XI-1936, pág. 6; "The Agrarian Question in Spain" en *The Spanish Revolution,* 16, 21-IV-1936, pág. 6.

[65] "Towards a Clear Agrarian Policy" en *The Spanish Revolution,* 9, 23-XII-1936, pág. 3; "The Agrarian Question in Catalonia" en *The Spanish Revolution,* 1, 21-X-1936; "The Agrarian Question in Catalonia" en *The Spanish Revolution,* 2, 28-X-1936, págs. 3-4; "The Growth of the Workers Party of Marxist Unification" en *The Spanish Revolution,* 6, 25-XI-1936, págs. 4-5.

[66] "The New School. Part I" en *The Spanish Revolution,* 4, 11-XI-1936, pág. 7; "The New School. Part II" en *The Spanish Revolution,* 5, 18-XI-1936, pág. 7.

[67] "Parliament" en *The Spanish Revolution,* 8, 9-XII-1936, pág. 6.

[68] "The New School. Part I" en *The Spanish Revolution,* 4, 11-XI-1936, pág. 7.

[69] Casanova, Julián, *The Spanish Republic and the Civil War,* Nueva York, Cambridge University Press, 2010, pág. 47.

[70] "The Republicans Lift Their Heads" en *The Spanish Revolution,* 13, 3-III-1937, pág. 3. Este artículo fue publicado también el 28 de enero de 1937 en *La Batalla.* Gallego, Ferrán, *Barcelona, Mayo de 1937,* Barcelona, Debate, 2007, pág. 333.

con el editorial titulado "The Socialist Revolution or Fascism",[71] reiterado posteriormente en, al menos, cinco ejemplares.[72]

A partir de esta perspectiva, el POUM elabora una imagen de sí mismo como una vanguardia revolucionaria o, en otras palabras, un partido obrero de masas depositario de la ortodoxia marxista. Este planteamiento está presente desde los inicios del semanario y se extiende hasta el final del mismo a través de varios argumentos. Primeramente, el proletariado español habría protagonizado una reacción espontánea en defensa de sus intereses de clase ante el golpe reaccionario de julio de 1936. Siendo defensor de su clase social, no existe otra opción para el proletariado que negar el pacto con los partidos burgueses, etiquetados como decadentes.[73] Finalmente, ello conlleva el rechazo de las políticas de recuperación del poder del Estado frente a los sindicatos y sus milicias.[74] Esta perspectiva está especialmente presente entre noviembre de 1936 y marzo de 1937, fechas en las que se consuman la aprobación para la creación del Ejército Popular, la salida de Andreu Nin de la Consejería de Justicia y la disolución del Comité de Defensa para cuestiones de orden público, con la consiguiente unificación de Guardias de Asalto y la otrora Guardia Civil –ahora Guardia Nacional Republicana– en un único cuerpo policial catalán.[75] La oposición del partido a estas cuestiones desencadenó un intento de atentado contra Juan Bréa y tanto él, como su esposa, la traductora Mary Bréa, se vieron obligados a abandonar España y su trabajo en el boletín.[76] Por su parte, Nin expresó su rechazo a estas medidas a través de un artículo titulado "We Must Act" fechado en marzo de 1937 y en el que argumentaba que un Ejército Popular estaría no solo infestado de oficiales sospechosos de reaccionarios, sino que también privaría del fervor revolucionario en el frente y en la retaguardia.[77]

Con esta idea, *The Spanish Revolution* comparece en el debate en el sanedrín marxista, por lo que trata en repetidas ocasiones de trazar similitudes entre el contexto español y revoluciones previas como la rusa o, más concretamente, entre el POUM y los bolcheviques. Por lo tanto, con motivo del decimonoveno aniversario de la Revolución rusa, el boletín no solo conmemora los sucesos de octubre de 1917, sino que también se considera heredero de la tradición de Lenin y de Trotsky, por ejemplo, en la creación de un ejército revolucionario; o comparando a los mencheviques con los partidos de izquierda

[71] "The Socialist Revolution or Fascism" en *The Spanish Revolution*, 1, 21-X-1936, págs. 1-2.

[72] "The Soviet Government's New Attitude Towards Spain" en *The Spanish Revolution*, 2, 28-X-1936, págs. 4-5; "Organs of Power in Catalonia" en *The Spanish Revolution*, 3, 4-XI-1936, págs. 1-2; "Capitalist Democracy or Socialism" en *The Spanish Revolution*, 6, 25-XI-1936, págs. 1-3; "The Working Class and the Recognition of the Spanish Fascists" en *The Spanish Revolution*, 7, 2-XII-1936, pág. 1; "For an Assembly of Workers, Peasants and Soldiers" en *The Spanish Revolution*, 10, 6-I-1937, págs. 4-5.

[73] "Organs of Power in Catalonia" en *The Spanish Revolution*, 3, 4-XI-1936, págs. 1-2.

[74] "For a Red Army of Spanish Workers" en *The Spanish Revolution*, 2, 28-X-1936, págs. 1-2; "Organs of Power in Catalonia" y "The Militia and the Unified Command" en *The Spanish Revolution*, 3, 4-XI-1936, págs 1-5 págs; "The Militia and the Militarization" y "Meditation of a Militiaman" en *The Spanish Revolution*, 7, 2-XII-1936, págs. 5 y 7; "A Change of Government in Catalonia" en *The Spanish Revolution*, 10, 6-I-1937, pág. 2.

[75] Preston, Paul, *El Holocausto español*, Barcelona, Debate, 2011, págs. 530-531.

[76] Low, Mary y Bréa, Juan. *Cuaderno rojo de la guerra...*, págs. 27-28.

[77] Andrés Nin, "We Must Act" y "A Revolutionary Army" en *The Spanish Revolution*, 13, 17-III-1937, págs. 2-3.

burguesa de la república española. En última instancia, ello le permite enarbolar la bandera revolucionaria frente a la creciente presencia estalinista en el conflicto. El artículo titulado "We March with the Russian Revolution", publicado a mediados de noviembre de 1936, supone una evidencia al respecto.[78]

Por todo ello, la contienda viene inseparablemente acompañada de un proceso revolucionario en el que los obreros son protagonistas de ambos de manera simultánea.[79] En este sentido, el POUM trata de exhibir sus consecuciones a sus lectores anglosajones, informando de la colectivización de fábricas en la industria textil catalana,[80] proceso que en Cataluña había excedido los decretos de la Generalidad de octubre de 1936 y que el boletín olvida de manera conveniente;[81] o del papel de los campesinos, quienes habían hecho lo propio tomando las propiedades de grandes terratenientes y rivales reaccionarios en "acciones espontáneas" durante el mes de julio, constituyendo también uno de los pilares de la revolución.[82]

En dicho proceso, *The Spanish Revolution* ofrece al lector detalladas descripciones con las diferencias y semejanzas regionales, principalmente entre Madrid y Cataluña, lo que le permite colocar a esta última como ejemplo revolucionario debido a la fuerte presencia de las milicias y a los experimentos colectivizadores;[83] o a las relaciones entabladas con otras fuerzas sindicales como la CNT con la cual, si bien mantiene diferencias, comparte líneas de acción sobre la revolución, lo que la convierte en un compañero de viaje preferible a los llamados "reformistas". La denuncia contra estos últimos se recrudeció desde marzo de 1937, coincidiendo con un lote de decretos de la Generalidad[84] y, sobre todo, con el inicio de las purgas sobre miembros del POUM en órganos de gobierno y de seguridad.[85]

En séptimo lugar, lógica deducción de los planteamientos anteriores para el lector es la identificación del POUM como sujeto revolucionario útil. En referencia a esta idea, el semanario abunda en historias de sus milicianos, de quienes se destaca su valor, entrega y sacrificio. Del mismo modo, constata con cierta asiduidad el peso numérico de sus formaciones, no sin ciertas dosis de exageración, con el claro objetivo de constatar su fortaleza numérica y por lo tanto la influencia del partido. Por ejemplo, el semanario afirmó en respuesta a una pregunta formulada por un lector que el partido contaba en otoño de 1936 con entre 50.000 y 60.000 miembros,[86] lejos de las cifras de 40.000 integrantes proporcionadas por Víctor Alba.[87] Como hemos indicado anteriormente, ello

[78] "We March with the Russian Revolution" en *The Spanish Revolution*, 5, 18-XI-1936, pág. 1.

[79] "Nineteenth anniversary of the Russian Revolution" en *The Spanish Revolution*, 5, 18-XI-1936, págs. 4-5.

[80] "The Barcelona Collectivized Silk Industry" en *The Spanish Revolution*, 5, 18-XI-1936, pág. 7.

[81] Ballcells, Albert, "Collectivisations in Catalonia and the Region of Valencia during the Spanish Civil War, 1936-1939", *Catalan Historical Review*, número 10, 2017, pág. 81.

[82] "The Agrarian Question in Catalonia" en *The Spanish Revolution*, 2, 28-X-1936, págs. 3-4.

[83] "The situation of the POUM in Catalonia and Madrid" en *The Spanish Revolution*, 9, 23-XII-1936, pág. 3.

[84] "58 Decrees to Smother the Revolution" en *The Spanish Revolution*, 13, 3-III-1937, pág. 2.

[85] Al respecto, sirva como ejemplo la denuncia de despido de Josep Rodes Bley como director de la policía en Lérida para ser sustituido por un estalinista. "Another provocation" en *The Spanish Revolution*, 14, 17-III-1937, pág. 5.

[86] "Information Bureau" en *The Spanish Revolution*, 5, 18-XI-1936, pág. 5. Estas informaciones contrastan con el peso citado en otros estudios que cifran en apenas un 8 % los contingentes del POUM en el conjunto de las milicias en Cataluña y Aragón. Mulattieri Berger, Gonzalo, *Les Milícies Antifeixistes*..., pág. 276.

[87] Alba, Víctor y Schwartz, Stephen: *Spanish Marxism Versus Soviet Communism*..., pág. 141.

nos permite conocer relatos de los beligerantes, generalmente extranjeros, vinculados al partido y que sirven de modelo a seguir para otros simpatizantes. En este sentido, cabe citar al matrimonio argentino Etchebehere o al sindicalista alemán Hans Beimler, líder del KPD y fallecido en el frente de Madrid. Finalmente, esta línea argumental es reforzada con la constatación de la llegada de suministros proporcionados solidariamente por organizaciones obreras hermanadas desde Palestina hasta Estados Unidos, pasando por Yugoslavia, Suiza, Bélgica, Checoslovaquia, Inglaterra o Suecia.[88]

Fuente: *The Spanish Revolution*, 4, 11 de noviembre de 1936, pág. 1; *The Spanish Revolution*, 7, 2 de diciembre de 1936, pág. 1.

Con la interpretación de la guerra civil española como un enfrentamiento entre fascismo y socialismo, la victoria de los sublevados no sería sino parte de una política imperialista desplegada por los regímenes fascistas en la que Franco entregaría bases militares a Alemania e Italia: "If Franco should succeed in winning, Spain will automatically become the field of operations for European fascism in preparation for the

[88] A finales de 1936, *The Spanish Revolution* informó de varios envíos de ayuda: en octubre, 700 dinars fueron recolectados para la CNT en Yugoslavia, 80.000 litros de leche en polvo y una ambulancia en Suiza y 100.000 dólares en EE.UU.; a principios de noviembre, notificó la llegada de un millón de francos belgas y 7.240 coronas checas; a finales de este mes, hizo lo propio con el envío de una ayuda económica indeterminada desde Palestina así como una suma de 124.000 coronas recaudadas por la General Federation of Labour en Suecia; dos semanas después, indicó el envío de 50 dólares por parte de trabajadores californianos para sufragar la formación de milicias, de 200 dólares recolectados entre los refugiados del Partido Comunista Alemán (CPD) asentados en EE.UU. a través del comunista alemán August Talheimer, o el envío de medio millón de coronas y 5.000 paquetes de ropa y provisiones desde Suecia; en febrero de 1937, se notificó la llegada de 100 toneladas de ayuda de los trabajadores británicos: "Money from Yugoslavia" en *The Spanish Revolution*, 1, 21-X-1936, pág. 7; "International Proletarian Solidarity" en *The Spanish Revolution*, 2, 28-X-1936, pág. 7; "Belgium" y "Czechoslovakia" en *The Spanish Revolution*, 3, 4-XI-1936, pág. 8; "Help from Sweden" y "The Jews in Palestine Send Help to Spanish Workers" en *The Spanish Revolution*, 6, 25-XI-1936, págs. 6 y 8; "Help from Germans in America", "Help from Spaniards in California" y "Help from Sweden" en *The Spanish Revolution*, 8, 9-XII-1936, pág. 8; "English Workers Send Aid" en *The Spanish Revolution*, 12, 12-II-1937, pág. 8.

coming war. Franco has not only had the audacity to promise Spanish territory, but he has also engaged the youth of Spain, whom he hopes to turn into odder for fascism."[89]

Este planteamiento es nutrido por una denuncia permanente de la presencia de tropas italoalemanas en España, con el objetivo de alertar al proletariado internacional y forzar su solidaridad.[90] Desde un punto de vista práctico, esta es la cuestión que más preocupa al semanario. En este caso, el boletín no se pierde en análisis doctrinarios y recurre a las viñetas cómicas como lenguaje universal, a fin de convencer al lector de la necesidad de enviar ayuda a los combatientes republicanos.

Dada la soledad de la República, *The Spanish Revolution* dio la bienvenida a toda ayuda recibida y criticó la actitud pasiva de las democracias occidentales,[91] especialmente de Gran Bretaña como podemos observar en las viñetas anteriores. En este sentido, el cierre de la vía francobritánica condujo a un incremento del abastecimiento soviético en el que la opinión del boletín es ambivalente. Y es que, si bien *The Spanish Revolution* dio la bienvenida a la ayuda prestada por la URSS y reconoció su capacidad de liderazgo para el proletariado internacional,[92] al mismo tiempo no dudó en lanzar críticas a la dilación de la intervención soviética y a la propia figura de Stalin por dicha tardanza.[93]

Por último, la publicación adquirió crecientemente un tono antiestalinista, lo cual responde a dos circunstancias paralelas. Por un lado, los intentos de recuperación de la autoridad del Estado en Cataluña y en Madrid en el camino hacia la construcción de un bloque antifascista monolítico fueron observados como una maniobra provocada por la presencia de formaciones como el PSUC y el PCE respectivamente. O lo que es lo mismo, por una mayor participación estalinista o "reformista" que pretendía cercenar la revolución y satisfacer a los partidos burgueses que integraban el Frente Popular.[94] Por otro lado, ello vino acompañado de una campaña de desprestigio contra el POUM de la que el propio partido se defendió con vehemencia, como veremos a continuación. A todo ello, cabría añadir la acusación de trotskismo que pendía sobre líderes como Andreu Nin por haber sido colaborador de Trotsky durante su paso por la Unión Soviética,[95] etiqueta que, por cierto, también se trasladó al POUM como el propio Trotsky reconoció más adelante.[96] A pesar de que Trotsky y Nin se habían separado a principios de la década de 1930 –algo que Stalin olvidó convenientemente–,[97] *The Spanish Revolution* elogió el desempeño revolucionario

[89] "The Soviet Government's New Attitude Towards Spain" en *The Spanish Revolution*, 2, 28-X-1936, pág. 4-5.

[90] "The Italian and German consulates have closed their doors" en *The Spanish Revolution*, 6, 25-XI-1936, pág. 6; "The Working Class and the Menace of War" en *The Spanish Revolution*, 8, 9-XII-1936, pág. 1; "The Blockade of Revolutionary Spain" en *The Spanish Revolution*, 14, 17-III-1937, pág. 1.

[91] "Finance and Fascism" en *The Spanish Revolution*, 3, 4-XI-1936, pág. 8; "How the Neutral Countries Keep Neutral" en *The Spanish Revolution*, 5, 18-XI-1936, pág. 8.

[92] "Nineteenth anniversary of the Russian Revolution" en *The Spanish Revolution*, 5, 18-XI-1936, págs. 4-5.

[93] "Capitalist Democracy or Socialism" en *The Spanish Revolution*, 6, 25-XI-1936, pág. 1.

[94] "58 Decrees to Smother the Revolution" en *The Spanish Revolution*, 13, 3-III-1937, pág. 2; "The Public Order Decrees" en *The Spanish Revolution*, 15, 17-III-1937, págs. 4-5; Andrés Nin, "The Problem of Power", Juan Andrade, "Reformism" y "Revolution" en *The Spanish Revolution*, 15, 31-III-1937, págs. 1-2 y 5-6.

[95] Pagés i Blanch, Pelai, *Andreu Nin. Una vida al servicio de la clase obrera*. Barcelona, Laertes, 2010, pág. 240.

[96] Trotsky, León, *The Spanish Revolution (1931-1939)*, Nueva York, Pathfinder Press, 1973, págs. 267-268.

[97] Beevor, Anthony, *La Guerra Civil Española*, Crítica, Barcelona, 2005, pág. 69.

de Trotsky en repetidas ocasiones, en especial como organizador militar,[98] y se hizo eco de la defensa que el propio Trotsky planteaba contra las acusaciones que le llegaban desde la URSS.[99] Sin embargo, cuando las acusaciones de trotskismo se recrudecieron hacia el POUM en la prensa afín al PSUC y PCE, aquel contraatacó en *The Spanish Revolution* a través de un texto que, publicado a principios de 1937, rechazó la disyuntiva entre estalinismo y trotskismo para declararse únicamente equiparable a los bolcheviques de 1917.[100]

EL FINAL DE *THE SPANISH REVOLUTION*

El proceso iniciado contra el POUM se aprecia en varios medios de comunicación desde noviembre de 1936. Desde este momento, asistimos a una espiral en la que periódicos afines al PSUC y al PCE se enzarzaron en cruces de acusaciones con medios afines al POUM. De este modo, el diario *Treball*–órgano del PSUC– lanzó diversas informaciones que cubrían los procesos de Moscú a la vez que arremetió por las críticas vertidas desde *La Batalla* contra el propio PSUC.[101] Por su parte, *The Spanish Revolution* denunció un hostigamiento estalinista en estas mismas fechas, ya fuera contra el cuartel de la JCI en Madrid,[102] o en forma de cierre del semanario *P.O.U.M.* en la capital sin aviso previo. En este último caso, el boletín anunció de manera simultánea el lanzamiento de otro medio llamado *The Red Fighter,* destinado a ocupar el vacío dejado por aquel.[103]

Esta respuesta continuó con un texto emitido en su octavo ejemplar, fechado ya en diciembre de 1936. En él, el semanario denunció cómo varias publicaciones habían iniciado una campaña de descrédito contra el partido al señalar la existencia de una "prensa vendida al fascismo internacional",[104] en alusión a órganos como *La Batalla* y al propio *The Spanish Revolution.* Sintiéndose aludido por estas afirmaciones, el semanario añadió un contundente editorial que, bajo el título "Our Right to Speak the Truth", exigía libertad de expresión.[105]

[98] "For a Red Army of the Spanish Workers" en *The Spanish Revolution*, 2, 28-X-1936, págs. 1-2.

[99] "Trotsky and the Press" en *The Spanish Revolution*, 3, 4-XI-1936, págs. 8-9; "Comrade Trotsky and the Press" en *The Spanish Revolution*, 4, 11-XI-1936, pág. 8; "Trotsky and the Press" en *The Spanish Revolution*, 5, 18-XI-1936, pág. 8; "The London Bureau and the Moscow Trials" en *The Spanish Revolution*, 8, 9-XII-1936, pág. 8.

[100] "What is the POUM?" en *The Spanish Revolution*, 10, 6-I-1937, pág. 1.

[101] *Treball*, diario editado por el PSUC, publicó un artículo titulado "Dit ha tocat la llaga" el 19 de noviembre de 1936, con el que denunciaba dichos ataques desde *La Batalla*. Cinco días después, *Treball* volvió a la carga con un breve texto titulado "El procés contra els terroristes i sabotejadors", el cual fue seguido al día siguiente por otro artículo titulado "El procés contra les bandes d'espies trotsquistes" y firmado por Irene de Falcón, corresponsal en Moscú. El día 26 de noviembre, la campaña informativa continuó con un artículo titulado "Segueix la campanya d'infundis del trotskisme contrarevolucionari". *Treball*, 104, 19-XI-1936; *Treball*, 108, 24-XI-1936; *Treball*, 109, 25-XI-1936; *Treball*, 110, 26-XI-1936.

[102] "Stalinist vandalism at Madrid" en *The Spanish Revolution*, 2, 28-X-1936, pág. 7.

[103] El nuevo semanario se habría empezado a publicar en el frente de la Alcarria para informar a las milicias de la zona y habría tenido una tirada gratuita de 35.000 ejemplares. "The Growth of the Workers Party of Marxist Unification. The POUM at the front" en *The Spanish Revolution*, 6, 25-XI-1936, págs 4-5.

[104] "The Situation of the POUM in Catalonia and Madrid" en *The Spanish Revolution*, 8, 9-XII-1936, págs. 3 y 7.

[105] "Our Right to Speak the Truth" en *The Spanish Revolution*, 9, 23-XII-1936, pág. 1.

La campaña contra el POUM y sus órganos de expresión arreció a principios del año siguiente, por lo que el boletín volvió a defenderse poniendo negro sobre blanco las características represivas del estalinismo en un durísimo texto que condenaba los procesos de Moscú y reclamaba, a sugerencia de una carta del revolucionario belga Víctor Segre, una comisión internacional que examinara las acusaciones vertidas.[106] Este texto no fue un caso aislado, pues desde este mes los ataques del POUM a través de *The Spanish Revolution* a los políticos reformistas se convirtieron en habituales, pudiendo cifrarse en no menos de siete ocasiones, como hemos venido constatando a lo largo de este texto.

Llegada la primavera de 1937, *The Spanish Revolution* continuó su campaña de solidaridad con el POUM y su prensa. Así, el boletín denunció el cierre de cuatro días impuesto a *La Batalla* y el asalto a la sede de *El combatiente rojo* en Madrid,[107] reabiertos gracias a la presión ejercida por sus propios trabajadores. El incremento de la tensión se evidenció con el robo de varios tanques por militares pesuquistas en Barcelona, lo cual fue denunciado por el boletín.[108] Y es en este contexto cuando tuvieron lugar los sucesos de mayo de 1937, esto es, el choque entre fuerzas gubernamentales y milicias del POUM y de la CNT. Durante la primera semana de mayo, la ciudad condal fue testigo de enfrentamientos entre los bandos mencionados. El líder comunista José Díaz culpó al POUM de estos acontecimientos,[109] al mismo tiempo que los ministros comunistas del gobierno de Largo Caballero aprovecharon dicha coyuntura para solicitar la ilegalización del POUM al presidente de gobierno. Cuando este se negó, se desencadenó una crisis ministerial que propició su caída el 17 de mayo y la llegada de Juan Negrín a la jefatura de gobierno.[110] El 28 de mayo, *La Batalla* fue suspendida, en clara advertencia de lo que estaba por llegar. Entre tanto, el boletín que nos ocupa denunció estos sucesos como una provocación estalinista,[111] antes de emitir su último ejemplar un mes después, esto es, el 13 de junio de 1937.[112] El 15 de junio, el gobierno prohibió las actividades del partido, se confiscaron sus oficinas y se expulsó a los miembros poumistas de comités y gobiernos locales. Al día siguiente, llegó el turno del arresto del Comité Ejecutivo del POUM, así como la prohibición de sus órganos de expresión.[113] De esta forma, las oficinas *The Spanish Revolution* en Las Ramblas fueron clausuradas y el semanario feneció para siempre.

---

[106] "Stalinism" en *The Spanish Revolution*, 11, 3-II-1937, pág. 1.

[107] "The Workers Defend La Batalla" en *The Spanish Revolution*, 15, 31-III-1937, pág. 3.

[108] "Stalinists Steal 10 Tanks" en *The Spanish Revolution*, 14, 17-III-1937, pág. 8.

[109] Radosh, Ronald, Habeck, Mary R., y Sevostianov, Grigory, *Spain Bretrayed. The Soviet Union and the Spanish Civil War*, New Haven, Yale University Press, 2001, pág. 175.

[110] Bulloten, Burnett, *The Grand Camouflage. The Spanish Civil War and Revolution, 1936-1939*, Londres, Praeger, 1968, págs. 308-315.

[111] "The barricades of May 3-7" y "Another provocation" en *The Spanish Revolution*, 17, 19-V-1937, págs. 1-3.

[112] *The Spanish Revolution*, 18, 13-VI-1937.

[113] Gallego, Ferrán. *Barcelona, mayo de 1937...* pág. 562; Pagés i Blanch, Pelai, *War and Revolution in Catalonia, 1936-1939*, Leiden, Brill, 2007, pág. 117-118. ,

AGRADECIMIENTOS

La investigación que aquí concluye no habría sido posible sin la documentación realizada gracias a la invitación del profesor Stanley Payne y al apoyo del grupo Friends of the Library de la Universidad de Wisconsin, la cual pude visitar en el verano de 2018. Del mismo modo, este estudio se ha podido completar gracias a la oportunidad de investigar en la Universidad de Penn State, brindada por los profesores Lior Sternfeld y Rebekah Hill en otoño de 2022.

4.
LA *SOLIDARIDAD INTERNACIONAL ANTIFASCISTA* (SIA). LAS REDES TRANSNACIONALES ANARQUISTAS DURANTE LA GUERRA CIVIL Y SU PERVIVENCIA MÁS ALLÁ DEL CONFLICTO BÉLICO

Miguel Morán Pallarés
Universidad Nacional de Educación a Distancia

LA POSICIÓN DE LOS ANARQUISTAS ANTE LA GUERRA CIVIL (JULIO DE 1936-MAYO DE 1937)

Ante el estallido de la Guerra Civil española el 18 de julio de 1936, los militantes del Movimiento Libertario Español (compuesto esencialmente por las organizaciones Confederación Nacional del Trabajo, CNT, Federación Anarquista Ibérica, FAI, y Federación Ibérica de Juventudes Libertarias, FIJL) se movilizaron de forma masiva para intentar frenar, junto a aquellos leales a la Segunda República y a los integrantes de organizaciones sindicales obreras y partidos revolucionarios de izquierda, el avance de los sublevados en distintos puntos de España. La decisión por parte del gobierno republicano de entregar armas a milicias populares supuso para el anarquismo español un punto de inflexión significativo en su trayectoria histórica, convirtiéndose el 19 de julio de 1936 en una fecha a conmemorar por los libertarios, no solo como el inicio de la resistencia antifascista popular, sino de una posible revolución social. Durante los siguientes meses las aspiraciones revolucionarias anarquistas fueron impulsadas, en mayor o menor medida y con desigual implantación geográfica y éxito, a través de procesos de colectivización de propiedades agrícolas y de comités de fábrica autogestionados en algunas empresas e industrias en regiones como Aragón, Cataluña o Valencia.[1]

El apoyo a Franco ofrecido por la Italia fascista de Mussolini y la Alemania nazi de Hitler acrecentó la polarización en el conflicto bélico. La Guerra de España se convirtió en un conflicto con fuertes repercusiones internacionales en el que, desde la perspectiva del antifascismo militante, se libraba una batalla decisiva contra los fascismos internacionales. Este elemento ideológico permitió que, a pesar de la decisión de Francia, Gran Bretaña y Estados Unidos de no intervenir militarmente en auxilio de los republicanos, miles de ciudadanos de distintos países y diversas ideas políticas, aunque unidos por su

---

[1] Bernecker, Walther L.: *Colectividades y revolución social. El anarquismo en la guerra civil española, 1936-1939.*, Barcelona, Crítica, 1982; Castells Durán, Antoni, *Las transformaciones colectivistas en la industria y los servicios de Barcelona (1936-1939)*, Madrid, Fundación Salvador Seguí, 1992; Gambáu Gil, Antonio, *Consejo de Defensa y movimiento colectivista de Aragón, 1936-1939*, Caspe, Centro de Estudios Comarcales del Bajo Aragón –Institución Fernando el Católico, 2007.

fuerte antifascismo, se enrolasen en las llamadas Brigadas Internacionales[2], contingentes de milicianos extranjeros que formaron columnas propias en el ejército republicano. Dentro de las Brigadas Internacionales existieron regimientos con notable presencia de anarquistas extranjeros, como fue el caso de los italianos exiliados enfrentados a Mussolini, que formaron parte de columnas como la "Ascaso"[3] o la "Durruti", y que destacaron por su participación en algunas batallas de especial relevancia simbólica para los antifascistas como la de Guadalajara.[4]

En el seno del anarquismo español fue significativa, a la vez que no exenta de polémica dentro de las organizaciones ácratas por sus tradicionales posiciones antipolíticas, la decisión adoptada en acuerdos asamblearios por la que los anarquistas decidieron incorporarse al gobierno republicano. A pesar de que durante décadas fue duramente reprochada esta participación en tareas gubernamentales y calificada como uno de los mayores errores históricos del anarquismo español durante la Guerra Civil, algunos militantes y especialistas en la historia del movimiento libertario español como César M. Lorenzo explicaban cómo la propia deriva del conflicto bélico y las responsabilidades que, desde su antifascismo, se habían asumido espontáneamente *de facto* en tareas administrativas y legislativas en algunas zonas, hacía lógica esta evolución y no fruto de una mera traición o abjuración de principios.[5]

Durante el gabinete presidido por el socialista Francisco Largo Caballero llegó a haber simultáneamente hasta cuatro ministros libertarios, pertenecientes a distintas facciones, al frente de los ministerios de Justicia, Sanidad, Industria y Comercio.[6] El peso de los anarquistas en diversas instituciones y alianzas estratégicas junto a otras organizaciones antifascistas fue muy significativo durante las primeras fases de la Guerra Civil. La CNT formó con la Unión General de Trabajadores (UGT) socialista, los denominados Comités de Defensa en lugares como Madrid, para, posteriormente, sellar un acuerdo mutuo de cooperación entre estas organizaciones sindicales revolucionarias que se plasmaría en la creación de la llamada Alianza Sindical, de la que, cómo han expuesto los profesores Ángel Herrerín y Ángeles Barrio existían antecedentes no muy lejanos por entonces en el tiempo.[7]

[2] Sánchez Cervelló, Josep; Agudo Blanco, Sebastián (coords.), *Las Brigadas Internacionales: nuevas perspectivas en la historia de la Guerra Civil y del exilio*, Tarragona, Publicacions Universitat Rovira i Virgili, 2015; Tremlett, Giles, *Las Brigadas Internacionales. Fascismo, libertad y la Guerra Civil española*, Barcelona, Editorial Debate, 2020.

[3] Acciai, Enrico, *Antifascismo, volontariato e Guerra Civile in Spagna. La Sezione Italiana della Colonna Ascaso*, Milano, Edizioni Unicopli, 2016; Varios Autores (VVAA), *La Spagna nel nostro cuore. 1936-1939. Tre anni di storia da non dimenticare*, Roma, AICVAS (Associazione Italiana Combattenti Volontari Antifascisti di Spagna), 1996.

[4] Catelan, Valentina, "Incontro tra fascisti ed antifascisti italiani durante il conflitto spagnolo: la battaglia di Guadalajara", *Diacronie. Studi di Storia Contemporanea: Spagna Anno Zero: la guerra come soluzione*, 29/07/2011. URL: http://www.studistorici.com/2011/07/29/catelan_numero_7/; García Bilbao, Pedro A. y Puppini, Marco, *Los campos de Guadalajara. La vittoria dell' antifascismo internazionale*, Torino, Edizioni SEB 27, 2018.

[5] Lorenzo, César M., *Los anarquistas españoles y el poder (1868-1969)*, París, Ruedo Ibérico, 1972, págs.178-179.

[6] Marín, Dolors, *Ministros anarquistas. La CNT en el gobierno de la II República (1936-1939)*, Barcelona, De Bolsillo-Random House Mondadori, 2005.

[7] Barrio, Ángeles, "La CNT de Asturias, León y Palencia y la Alianza Obrera de 1934", *Estudios de Historia Social*, 31 (1984), págs.123-129; Herrerín, Ángel, "La CNT en el movimiento de octubre de 1934: entre el boicot y la participación", *Hispania*, 2016, vol. LXXVI, nº. 252, enero-abril, págs. 217-244.

En Cataluña, uno de los epicentros de la resistencia contra el avance de los sublevados, y región en la que los anarquistas gozaban tradicionalmente de un importante respaldo popular, el Movimiento Libertario colaboró inicialmente con el gobierno de la Generalitat presidido por Lluís Companys, a la vez que estrechó vínculos con otras organizaciones antifascistas como el Partido Obrero de Unificación Marxista (POUM), formación trotskista contraria al estalinismo liderada por Andreu Nin. A lo largo de 1937, las organizaciones anarquistas entraron en una cada vez más abierta confrontación con el Partido Comunista de España (PCE) que, contando con el respaldo de la Unión Soviética (URSS), estaba adquiriendo una creciente importancia tanto en el terreno militar como en el plano político, en el que su férrea doctrina ideológica y su rigidez orgánica chocaban frontalmente con los principios y modelos asociativos libertarios. Otras formaciones políticas, que en realidad disentían sustancialmente de los anarquistas pero que, por razones tácticas, se habían apoyado inicialmente en estos, también se distanciaron posteriormente de ellos. Estas tensiones, junto a otros factores, contribuyeron, según historiadores como Julio Aróstegui, a debilitar al gabinete republicano encabezado por Largo Caballero, quien ya por entonces estaba fuertemente cuestionado en el terreno militar por la marcha de la guerra por sus detractores, entre ellos los comunistas del PCE, que veían frenadas en cierta medida sus aspiraciones por las decisiones adoptadas por el jefe de gobierno.[8]

En este contexto de fuerte polarización y cambio de equilibrios de poder entre los republicanos se produjeron, en mayo de 1937, enfrentamientos armados en Barcelona entre las fuerzas del orden, integrantes del gobierno de la Generalitat y comunistas prosoviéticos del PCE, de un lado, y anarquistas y militantes del POUM, por el otro.[9] La virulencia de los enfrentamientos y la derrota de anarquistas y trotskistas, que sufrieron importantes bajas como la del libertario italiano Camilo Berneri, referente intelectual y figura destacada del antifascismo internacional[10], se saldaron con la caída del gobierno de Largo Caballero, la salida de los ministros libertarios del ejecutivo republicano y la ruptura del bloque antifascista. El movimiento anarquista en España resultó gravemente perjudicado de unos choques en los que también se habían evidenciado enormes discrepancias entre los militantes de base y algunos líderes naturales de la CNT y la FAI.[11]

Según se desprendía de un dictamen emitido el 17 de abril de 1937 por el Pleno Nacional de Regionales del Movimiento Libertario Español (MLE), existía una preocupación real ante "la descarada ofensiva desencadenada por el Partido Comunista contra

[8] Aróstegui, Julio, *Largo Caballero. El tesón y la quimera*, Barcelona, Debate, 2013, págs. 580-584.

[9] Viñas, Ángel, *El escudo de la República. El oro de España, la apuesta soviética y los hechos de mayo de 1937*, Barcelona, Crítica, 2007, págs.487-548; para una perspectiva anarquista, ver Gómez Casas, Juan, *Historia del anarcosindicalismo español*, Mad rid, LaMalatesta Editorial, 2006, págs.284-288.

[10] Pechar, Saverio Werther, *Il caso Berneri: antifascisti italiani nella Spagna rivoluzionaria (1936-1937)*, Roma, ANPPIA, 2017.

[11] Ealham, Chris, "De la unidad antifascista a la desunión libertaria", *Mélanges de la Casa de Velázquez*, 41-1 | 2011, págs. 121-142.

las Organizaciones Libertarias"[12], proponiendo medidas encaminadas a "neutralizar" la creciente influencia del PCE. Entre las medidas propuestas por esta Ponencia se incluían el fortalecimiento de los vínculos con la UGT, el aumento de la influencia ejercida sobre la organización sindical socialista y la creación de organismos de información dentro de los Comités Regionales que expusieran públicamente las maniobras comunistas.

Una de las cuestiones que más exaltaba a los anarquistas era el uso partidista que, a su parecer, hacía el PCE de organizaciones encargadas de canalizar la ayuda y solidaridad internacional con la España Republicana como el Socorro Rojo Internacional (SRI). Dentro del Movimiento Libertario Español existía la convicción de que había que: "Dedicarse con afán a conocer a detalle el desenvolvimiento económico del S.R.I. teniendo en cuenta que en nosotros existe el convencimiento fundado de que las cuantiosas recaudaciones que llevan a cabo, sirven exclusivamente para sus propagandas funestas, estando ausente de su ánimo toda intención solidaria de la que hacen públicamente gala".[13]

De esta forma, se empezaba a materializar la posibilidad de que las organizaciones libertarias, que lanzaban duras acusaciones contra el SRI al considerarlo un instrumento al servicio del PCE y del estalinismo, creasen organismos propios de solidaridad internacional. Fue en este contexto como se creó la *Solidaridad Internacional Antifascista* (SIA) en mayo de 1937.

Solidaridad Internacional Antifascista (SIA). Creación, principios fundamentales, estructuras orgánicas e inserción dentro del Movimiento Libertario

Durante los primeros meses del año 1937 se inició en el seno del Movimiento Libertario español un intenso debate sobre la necesidad de fundar una organización propia y específica que pudiera canalizar la ayuda internacional que diversas organizaciones afines de otros países ofrecían. Desde las primeras fases de la guerra existían comités de apoyo internacional antifascistas a la CNT, organización anarcosindicalista española adherida a la Asociación Internacional de Trabajadores (AIT). A pesar de la existencia previa de estos comités, desde importantes sectores del anarquismo español existía la convicción de la necesidad de la creación de una organización específica, contrapuesta al SRI comunista, que, desde posiciones libertarias, apartidistas y no sectarias, diese cauce al apoyo humanitario y solidario que se ofrecía desde el interior de España y otros países a los antifascistas españoles. Fue por ello por lo que, aun contando con el inicial rechazo de la AIT[14], las organizaciones anarquistas españolas decidieron, tras intensos debates internos,

[12] IISH, International Institute of Social History (Ámsterdam), Federación Anarquista Ibérica Archives, CP-42B.3, MLE: "Dictamen del Pleno Nacional de Regionales", Valencia, 17 de abril de 1937.

[13] IISH, Federación Anarquista Ibérica Archives, CP-42B.3, MLE: "Dictamen del Pleno Nacional de Regionales", Valencia, 17 de abril de 1937.

[14] Cionini, Valentin, "Solidarité Internationale Antifasciste, ou l'humanitaire au service des idées Anarchistes", *Diacronie* [Online], N° 7, 3 | 2011, documento 13, online dal 29 juillet 2011, consultado el 11 de junio de 2023.

dar los primeros pasos para crear una organización denominada *Solidaridad Internacional Antifascista* (SIA). La resolución fue aprobada en el Pleno Nacional de Regionales del Movimiento Libertario Español celebrado en Valencia el 15 de abril de 1937.[15]

Se constituyó una comisión organizadora de la SIA en Valencia, encargada de poner las bases de la organización y redactar sus estatutos. El Comité Nacional de la CNT, en la figura de su secretario, Mariano Rodríguez Vázquez[16], se comprometió el 26 de mayo de 1937 a proporcionar todo su apoyo a la SIA y conseguir canalizar en esta organización solidaria todos los esfuerzos de los anarquistas[17]. El 27 de mayo de 1937 quedó formalmente constituida la Sección Española de la SIA. Entre sus objetivos iniciales se propusieron los siguientes:

> a) Socorrer a los individuos y entidades antifascistas de acuerdo con las posibilidades existentes y en todos los terrenos que pueda abarcar la solidaridad.
>
> b) Atender a los necesitados que en cualquier forma sean luchadores antifascistas o víctimas del fascio, proporcionándoles toda clase de ayuda económica, sanitaria, instructiva y de trámite ante los Tribunales.
>
> c) Practicar la ayuda mutua entre las organizaciones y entidades afines, siempre que sea necesario y ellas lo reclamen; tanto en los casos de guerra contra el fascio, como en los demás de defensa contra los enemigos de la Libertad.
>
> d) Sostener relaciones con todas aquellas personas y entidades afines de España y del Mundo por mediación de SOLIDARIDAD INTERNACIONAL ANTIFASCISTA, para establecer la común inteligencia en todo cuanto conduzca al logro de los fines de esta Organización.[18]

La SIA no aspiraba por tanto a ser una organización benéfica o de asistencia social como la Cruz Roja Internacional y otros organismos humanitarios, sino que entre sus objetivos se veía imbuida de una fuerte impronta ideológica de carácter antifascista y vocación internacionalista, previendo la colaboración con otros grupos afines que compartiesen una visión y unas metas comunes, a partir del concepto anarquista del "apoyo mutuo"

URL: http://journals.openedition.org/diacronie/3311; DOI: https://doi.org/10.4000/diacronie.3311

[15] FAL, Fundación de Estudios Libertarios Anselmo Lorenzo, Fondo CNT-Amsterdam, 64C-4, Nota adjunta al Pleno Nacional de Regionales del MLE creando la *Solidaridad Internacional Antifascista*, Valencia, abril de 1937.

[16] Mariano Rodríguez Vázquez, conocido como "Marianet", fue una de las figuras más relevantes del anarquismo español durante la Guerra Civil. Tras haber estado en prisión por su militancia revolucionaria consiguió ser elegido para distintos cargos de responsabilidad dentro de la CNT. A pesar de algunos aspectos significativamente negativos o controvertidos de su gestión como Secretario del Comité Nacional de la CNT, y de posicionamientos calificados como "revisionistas", fue visto con simpatía por otros militantes anarquistas. Murió ahogado en el exilio en Francia el 18 de junio de 1939 a la edad de 30 años. Ver Iñiguez, Miguel, *Enciclopedia histórica del anarquismo español*, Tomo II, Vitoria, Asociación Isaac Puente, 2008, pág. 1485.

[17] CDMH, Centro Documental de la Memoria Histórica (Salamanca), Sección Político-Social, Vázquez, Mariano R. (Secretario del Comité Nacional de la CNT): "Circular nº 4. A los Comités Regionales", Valencia, 26 de mayo de 1937.

[18] IISH, Federación Anarquista Ibérica Archives, CP-42B.7, Comisión Organizadora de la Sección Española de "Solidaridad Internacional Antifascista": "Estatutos", Valencia, 27 de mayo de 1937, pág. 1.

o solidaridad recíproca, enunciado ya a finales del siglo xix por Piotr Kropotkin[19], y que, como bien señala Anna Pastor Roldán, los libertarios habían aplicado de forma práctica en numerosos casos anteriores a la Guerra Civil a nivel transnacional.[20]

Los estatutos iniciales de la SIA también esbozaban cómo debía estructurarse de forma interna la organización. Se aprobaba la creación de agrupaciones locales que, en el caso de estar en municipios de más de 20.000 habitantes, podían a su vez subdividirse en agrupaciones de distrito. Las agrupaciones locales que solicitasen formalmente su ingreso en la organización, y cumpliesen con los requisitos establecidos, debían a su vez formar agrupaciones regionales, correspondientes a las distintas zonas donde fuesen operativas. Las estructuras regionales estarían en comunicación y coordinación directa con el denominado Consejo Nacional de la SIA, máximo órgano representativo de la organización en España que en la práctica ejercía funciones de coordinación y dirección. La Comisión Ejecutiva del Consejo Nacional de la SIA, elegida por los delegados de las Agrupaciones Regionales, debía estar formada por una Secretaría General, Tesorería y Contaduría, además de distintos vocales encargados de las secciones específicas que se fueran creando, entre ellas, las de Propaganda o Relaciones.[21]

Las circunstancias derivadas de la evolución del conflicto bélico hicieron que el Consejo Nacional de la SIA fuese, en muchas ocasiones, un organismo decisorio que trataba de imponer sus iniciativas en aras de una mayor eficacia conjunta en la acción, aunque ello significase abandonar de facto el federalismo libertario, y fuese fuente de fricciones. Tal fue el caso de Cataluña, área en la que el primer Secretario General de la SIA y antiguo Consejero de Sanidad del gobierno catalán, Pedro Herrera, reclamaba a la CNT y a la FAI regionales que facilitasen a la nueva organización edificios y locales donde poder desarrollar sus actividades, además de promover la integración en la SIA de los recursos existentes de organismos libertarios de solidaridad con actividad previa como los Comités Pro Hospitales y Pro Víctimas del Fascismo, encontrándose por parte de sus compañeros anarquistas catalanes con una acogida inicial lenta y exigua, al considerar estos como una iniciativa "secundaria" la creación y desarrollo de la SIA.[22] Existió un intenso debate dentro de la CNT de Cataluña y una falta de resolución y compromiso firmes sobre la posición a adoptar ante la creación de SIA, el grado de implicación que los anarcosindicalistas catalanes debían desempeñar o no en ella y la conveniencia o no de apoyar sus iniciativas, como

[19] Kropotkin, Piotr, *El apoyo mutuo. Un factor de la evolución*, Móstoles, Ediciones Madre Tierra, 1989 (1ª Edición a partir de artículos publicados a finales del siglo XIX en la revista *The Nineteenth Century*: Kropotkin, Piotr: *The mutual aid: a factor of Evolution*, London, Heinemann, 1902).

[20] Pastor Roldán, Anna, *Solidaridad Internacional Antifascista (SIA) en la Guerra Civil Española*, Trabajo Fin de Máster dirigido por Gutmaro Gómez Bravo, Máster Interuniversitario en Historia Contemporánea, Universidad Autónoma de Madrid, Curso 2019/2020, págs.7-29.

[21] IISH, Federación Anarquista Ibérica Archives, CP-42B.7, Comisión Organizadora de la Sección Española de "Solidaridad Internacional Antifascista": "Estatutos", Valencia, 27 de mayo de 1937, págs. 1-3.

[22] FAL, Fondo CNT-Amsterdam, 64C-3, SIA: "Al Comité Regional de la CNT en Cataluña", Valencia, 28 de mayo de 1937; Herrera, Pedro (SIA): "Al Comité Regional de la CNT en Cataluña", Valencia, 18 de agosto de 1937; y Domenech, José Juan (Secretario de la Confederación Regional del Trabajo en Cataluña): "Al compañero Herrera", Barcelona, 24 de agosto de 1937.

demostraba un informe del Secretario de la CNT catalana enviado a los miembros de la organización sindical el 2 de marzo de 1938[23]. La importancia del Movimiento Libertario en Cataluña y el peso estratégico que tenía la región, llevaron finalmente a que la Sección Española de SIA, en atención al catalanismo que caracterizaba a muchos militantes de la CNT o la FAI locales, accediese a que allí se constituyese un Comité Regional, reconociendo en agosto de 1938 en sus reglamentos internos, que "sus órganos de relación son netamente Regionales" y que, por tanto, podía representar a la SIA en los contactos "que se tengan que sostener con los organismos Regionales de Ayuda, Sanitarios, de Asistencia Social, así como los políticos y sindicales, y como también los gubernamentales".[24]

LA SIA EN ESPAÑA DURANTE LA GUERRA CIVIL ESPAÑOLA. PRINCIPALES LÍNEAS DE ACCIÓN

Pese a las limitaciones que tuvo que afrontar la SIA durante la Guerra Civil, la organización solidaria anarquista fue capaz de impulsar numerosas iniciativas humanitarias y propagandísticas hasta los primeros meses del año 1939. Uno de los campos en los que más se sintió la actividad de la SIA fue en el apoyo a la infancia. El estallido de la guerra, el avance de las tropas franquistas por la Península, junto a los bombardeos aéreos que sufría la población civil en ciudades como Madrid, Barcelona, Valencia o Alicante, a manos de la aviación alemana e italiana, provocaron gran sufrimiento entre los niños. Muchos menores de edad se vieron abocados a refugiarse en otras regiones, en muchas ocasiones lejos de sus padres o incluso en situación de orfandad. Desde la SIA se impulsó la creación de comedores, hogares infantiles, escuelas y guarderías.

Desde la perspectiva anarquista era fundamental proporcionar a los niños un entorno seguro en el que pudiesen seguir sus estudios, socializar y confraternizar con otros niños y fomentar su desarrollo personal, a la vez que se les proporcionaba una alimentación lo más adecuada y variada posible y se les inculcaban hábitos fundamentales de higiene básica, aspectos fundamentales en un período en el que ciertas enfermedades infecciosas se propagaban con mayor facilidad y virulencia entre los más vulnerables. Para ello, la organización solidaria anarquista había planificado minuciosamente todas las características, servicios y personal con los que debían contar las guarderías y hogares infantiles directamente gestionados por la SIA, incidiendo también en aspectos como la necesidad de un método pedagógico humanista con el cuál los niños pudieran expresar y desarrollar libremente su personalidad sin dogmatismos, imposiciones autoritarias, partidistas o religiosas.[25]

---

[23] FAL, Fondo CNT-Amsterdam, 41C-1, Domenech, José Juan (Secretario de la Confederación Regional del Trabajo en Cataluña): "Confederación Regional del Trabajo de Cataluña. Informe sobre la cuestión S.I.A.", Barcelona, 2 de marzo de 1938, 6 págs.

[24] IISH, Federación Anarquista Ibérica Archives, CP-42B.7, SIA: "Reglamento Interior de la Sección Española de S.I.A. aprobado en la Conferencia de agosto celebrada en Valencia", Valencia, agosto de 1938, pág. 2.

[25] FAL, Fondo CNT-Amsterdam, 100B, SIA: "Plan de las guarderías de S.I.A", 1938-1939, 8 págs.

La ayuda a la infancia fue una de las aportaciones más exitosas de la SIA. Solo en Cataluña, la organización contaba a finales de 1938 con 13 colonias gestionadas de forma directa, con un total de 1748 niños acogidos.[26] Como muestra del impacto y valoración positiva de las iniciativas llevadas en este campo por la SIA, cabe destacar que, ante el avance de las tropas sublevadas en el País Vasco en 1937, y la evacuación y desplazamiento forzoso de numerosas familias y niños, el Comité de Ayuda a Euzkadi y Norte, en resolución de 24 de febrero de 1938, decidió al disolverse entregar sus recursos económicos y materiales a la SIA para que gestionase hogares y escuelas infantiles para niños vascos refugiados en Cataluña.[27]

La asistencia social a los niños fue también punto de encuentro con otras organizaciones solidarias y humanitarias que se diferenciaban notablemente de las posiciones de la SIA. Así, a pesar de las numerosas disputas y controversias con organizaciones como el Socorro Rojo Internacional (SRI), la SIA aceptó colaborar, con los comunistas y algunos organismos humanitarios como los cuáqueros, en la organización, entre diciembre de 1937 y enero de 1938, y diciembre de 1938 y enero de 1939, de una campaña destinada a celebrar el "Día del Niño" o "Semana del Niño"[28]. Estas organizaciones, bajo el auspicio del gobierno republicano y de los gobiernos catalán y vasco, hicieron un ímprobo esfuerzo para ofrecer de forma conjunta, aunque fuese por un breve lapso de tiempo, una ocasión para que los niños pudiesen disfrutar y evadirse de la dura realidad de la guerra. Con esta iniciativa pretendía ofrecer a los niños una fiesta especial en las localidades aún bajo control republicano, proporcionándoles, como explicaba de forma emotiva la anarquista e integrante del Consejo Nacional de SIA, Áurea Cuadrado: "... zapatos; ropas, alimentos y golosinas, muchas golosinas, pedimos juguetes, muchos juguetes y libros de cuentos, de bellos cuentos, para los niños".[29] A pesar de la difícil situación que se estaba por entonces experimentando, el Consejo Nacional de la SIA pudo recibir a través de donaciones y adquisiciones miles de juguetes y elementos de material escolar.[30]

El rechazo y las tensiones existentes entre la SIA y el Socorro Rojo Internacional no impidieron que ambos organismos diesen muestras de colaboración en otros campos distintos del de la infancia. Uno de los mayores ejemplos de colaboración entre diferentes organizaciones antifascistas fue la organización de las llamadas "Campañas de Invierno", destinadas a ofrecer ayuda material y económica a antifascistas afectados por la guerra, desplazados, refugiados y combatientes, para que pudiesen afrontar mejor las

[26] FAL, Fondo CNT-Amsterdam, 76C-3, SIA: "Niños acogidos a las colonias de S.I.A", s.f. (finales de 1938).

[27] CDMH, Sección Político-Social Barcelona, 833,11, "Acta de la reunión celebrada el 24 de febrero de 1938 entre el Comité de Ayuda a Euzkadi y Norte y el Consejo Local de SIA de Barcelona", Barcelona, 24 de febrero de 1938.

[28] IISH, BG E5/212, SIA: "Cartel del Consejo Regional de la SIA en Cataluña anunciando la "Semana del Niño" entre el 1 y el 7 de enero de 1938", Barcelona, diciembre de 1938.

[29] FAL, Fondo CNT-Amsterdam, 76C-3, Cuadrado, Áurea (SIA): "La Fiesta del Niño. Palabras de Áurea Cuadrado", discurso para emisión radiofónica, finales de 1938, 2 págs.

[30] FAL, Fondo CNT-Amsterdam, 76C-3, Ministerio de Instrucción Pública y Sanidad-Comisión Nacional "Pro Fiesta del Niño": "Talón nº2. Libro Almacén. Entrada de géneros. Relación de los géneros ingresados en Almacén en el día de la fecha", Barcelona, 8 de enero de 1939.

duras condiciones climatológicas, agravadas por la situación bélica. En la 1ª Campaña de Invierno, convocada para finales de 1937 y los primeros meses de 1938, participaron como organizaciones adheridas las formaciones políticas Izquierda Republicana, Unión Republicana y Partido Comunista; los colectivos feministas Mujeres Antifascistas y Mujeres Libres, esta última de adscripción libertaria; los sindicatos CNT y UGT; y los organismos solidarios SIA y SRI. Se constituyó un Comité Ejecutivo y una Comisión de la que formaban parte, entre otros, el socialista Indalecio Prieto (ministro de Guerra), la comunista Dolores Ibárruri, la anarquista Federica Montseny, así como figuras destacadas del ámbito de la cultura como Antonio Machado y Jacinto Benavente. Entre las donaciones que se aceptaban se encontraban las aportaciones monetarias, prendas de vestir, ropa interior, productos de aseo e higiene personal, materiales para escribir, alcohol, tabaco, algunos dulces, frutas y mantas.[31]

Para la Campaña de Invierno 1937-1938, la SIA y el SRI se habían puesto de acuerdo "para la formación de una Comisión amplia en la que estuvieran representados todos los sectores antifascistas de España, sin exclusiones de ninguna naturaleza y a fin de unificar en ese organismo todos los esfuerzos dispersos y elaborar un movimiento único y potente de ayuda a los combatientes".[32] La SIA realizó un significativo esfuerzo material y monetario dentro de esta iniciativa colectiva, llegando a aportar su Consejo Nacional a fecha 31 de enero de 1938 la cifra de 92.900 pesetas, que era la mayor contribución económica llevada a cabo en ese momento por las organizaciones implicadas[33]. Los anarquistas, junto a algunas federaciones sindicales de la UGT y los colectivos feministas antifascistas como Mujeres Libres[34], desarrollaron una importante movilización en esta campaña, como se puede constatar en los documentos oficiales de la Comisión Nacional Pro Campaña de Invierno.[35]

Uno de los campos prioritarios de acción para la SIA era el de los soldados y milicianos desplegados en los diferentes frentes de batalla. Para ello, el organismo solidario anarquista creó varias secciones específicas que tenían que ver directamente con las necesidades y el sostenimiento de las tropas. La denominada Sección del Combatiente fue fundada para realizar distintas tareas en apoyo a soldados y milicianos antifascistas. La asistencia material en los frentes de combate era una prioridad, máxime cuando algunos de los jóvenes soldados llamados a filas carecían de enseres básicos, como mostraban las cartas

---

[31] CDMH, Boletines y Folletos, Comité de Invierno SRI-SIA: "Boletín de la Comisión Provincial Campaña de Invierno", Año I, Número 1, Valencia, 3 de enero de 1938.

[32] CDMH, Boletines y Folletos, Comisión Nacional Pro Campaña de Invierno 1937-1938 SIA-SRI: "Memoria de la Campaña de Invierno", Madrid, 1938, pág. 6.

[33] CDMH, Boletines y Folletos, Comité de Invierno SRI-SIA: "Boletín de la Comisión Provincial Campaña de Invierno", Año I, Número 6, Valencia, 31 de enero de 1938.

[34] Soledad López, delegada de Mujeres Libres en la Comisión Provincial valenciana Pro Campaña de Invierno, realizó una visita al frente de Teruel para comprobar in situ la situación y moral de las tropas republicanas desplazadas allí. Ver CDMH, Boletines y Folletos, Comité de Invierno SRI-SIA: "Boletín de la Comisión Provincial Campaña de Invierno", Año I, Número 4, Valencia, 24 de enero de 1938.

[35] CDMH, Boletines y Folletos, Comisión Nacional Pro Campaña de Invierno 1937-1938 SIA-SRI: "Memoria de la Campaña de Invierno", Madrid, 1938, págs. 9-15.

enviadas por representantes de la FIJL al Consejo Regional de la SIA en Cataluña en busca de apoyo el 27 de abril de 1938.[36] También se creó en Valencia el Comedor del Miliciano durante la primera etapa de la SIA, que ofrecía comida y lugar de reunión a milicianos en tránsito a otros lugares, y a mujeres y niños, sin necesidad de estar afiliados a ningún partido u organización ni presentar identificación alguna, siempre que defendieran la causa antifascista.[37] Ante la necesidad de establecer vínculos directos con los antifascistas en el ejército republicano y conocer mejor las necesidades específicas de estos, la SIA permitió que algunos anarquistas que estaban en el frente fuesen designados delegados de la organización solidaria entre las tropas. Para la primavera de 1938 la SIA ya contaba con agrupaciones en distintas brigadas del ejército, a las que pertenecían no solo miembros de organizaciones anarquistas, sino también afiliados de otras organizaciones antifascistas como la UGT.[38] Según datos internos de la organización solidaria anarquista, en noviembre de 1938 se podía estimar en un treinta por ciento los combatientes vinculados a la SIA.[39]

Ligada al abastecimiento de ayuda material y sanitaria a los soldados estaba el Servicio de Paquetería al Frente de la SIA. La organización solidaria planificó minuciosamente toda la logística implicada en la recepción, transporte y distribución de los paquetes entre los soldados, así como la repercusión de los costes de envío y tasas aduaneras, y el diseño de rutas de envío y horarios de reparto en diferentes puntos de la geografía española.[40] Los envíos consistían generalmente en productos de aseo personal, ropa interior y camisetas, mecheros, plumas estilográficas y cuartillas y cuadernos de papel para escribir[41], aunque en ocasiones había grandes pedidos de medicamentos realizados por oficiales médicos.[42]

Para finalizar con el análisis de las principales líneas de acción de la SIA, se debe hacer referencia al papel fundamental que desempeñó la propaganda emitida por esta organización, tanto a través de la sección específica como por parte del Consejo Nacional y otros cauces. La SIA publicaba y distribuía de forma regular circulares, boletines de información y de orientación, secciones en prensa y revistas anarquistas nacionales y extranjeras, y periódicos propios.[43] Además de estos medios, la SIA desarrolló una

[36] CDMH, Sección Político-Social Barcelona, 1052,6, Secretaría General de Juventudes Libertarias del Centro: "Carta al Consejo Regional de SIA", Barcelona, 27 de abril de 1938

[37] FAL, Fondo CNT-Amsterdam, 64 C-4, Baruta Vilá, Manuel (Secretario del Consejo Nacional de la SIA): "El Comedor del Miliciano", Valencia, 1937.

[38] FAL, Fondo CNT-Amsterdam, 88C-1, SIA: "Solidaridad Internacional Antifascista. Agrupación de la 82 Brigada Mixta. Lista de afiliados y filiación de los mismos", en campaña, 25 de marzo de 1938.

[39] IISH, Federación Anarquista Ibérica Archives, CP-37C.7, Consejo General de la SIA: "Acta de la Conferencia Internacional de S.I.A.", París, 1 al 3 de noviembre de 1938, pág. 2.

[40] FAL, Fondo CNT-Amsterdam, 88A-1, SIA: "Organización del servicio de paquetería al Frente", s.f.

[41] FAL, Fondo CNT-Amsterdam, 88C-2, 24 División-143 Brigada Mixta-570 Batallón-3ª Compañía: "Carta a la SIA solicitando envío paquetes", en Campaña, 30 de octubre de 1938.

[42] FAL, Fondo CNT-Amsterdam, 88C-2, Base de Instrucción de la 24 División del Ejército del Este: "Carta solicitando a la SIA medicamentos y material sanitario", Posición K. 8., 12 de julio de 1938.

[43] Abelló Güell, Teresa, "Solidaridad y acción política: la Sección Española de la SIA", en Alía Miranda, Francisco, Higueras Castañeda, Eduardo y Selva Iniesta, Antonio (Coords.), *Hasta pronto, amigos de España: Las Brigadas Internacionales en el 80 aniversario de su despedida de la Guerra Civil (1938-2018)*, Albacete: CEDOBI (IEAU-CLM), 2019, págs.343-356, ver pág. 344.

importante labor propagandística a través de la distribución de panfletos, carteles y posters, postales y sellos, en los que se enviaban mensajes específicos a distintos sectores del antifascismo nacional e internacional en búsqueda de un mayor apoyo y movilización que consiguiese contribuir a frenar el avance del fascismo. Se apelaba a la conciencia del antifascismo mundial, alertando de las posibilidades de que la extensión de los regímenes fascistas y totalitarios a otros países causasen atrocidades y víctimas, como ya lo estaban haciendo en España.[44] También se apoyaban iniciativas solidarias a favor de víctimas de bombardeos o niños.

En muchas ocasiones, la propaganda iba destinada a los soldados en el frente de batalla, intentando incrementar la moral de estos mediante la exaltación de su valor y el recuerdo de las mujeres y niños a los que, con su sacrificio, defendían ante los ataques fascistas.[45] Para ello era importante exaltar la figura de algunos destacados militantes anarquistas caídos en el frente, como Buenaventura Durruti, al que la SIA organizó actos de homenaje en todo el país el día que se conmemoraba su fallecimiento, acaecido en Madrid el 19 de noviembre de 1936, exaltando su figura de héroe y mártir antifascista.[46] Y se organizaban campañas para apoyar a aquellos antifascistas que se encontraban presos en cárceles y campos de prisioneros en zona controlada por los sublevados o "facciosos", representados como hombres encadenados sobre los que, de forma alegórica, sobrevolaba una figura alada antorcha en mano en señal de guía o aliento moral en aquella difícil situación.[47]

La labor propagandística de la SIA se extendió incluso al terreno cinematográfico, llegando la organización a impulsar el rodaje de producciones destinadas a difundir internacionalmente los valores de la revolución española y la resistencia heroica de los antifascistas españoles. Entre los documentales producidos por la SIA se encuentran cuatro películas filmadas y distribuidas durante la Guerra Civil, entre las que destacaba *Amanece sobre España* (1938), mediometraje que se proyectó en varios países.[48]

LOS INTENTOS DE UNIDAD SOLIDARIA ANTIFASCISTA Y EL FINAL DE LA GUERRA CIVIL EN ESPAÑA. EL DRAMA DE LA DERROTA Y EL EXILIO

A raíz de la labor llevada a cabo de forma conjunta en algunos casos por la SIA y el SRI, la organización solidaria comunista, a través de su filial catalana, decidió intentar lograr el apoyo de los libertarios a una plataforma unitaria de solidaridad. El gobierno republicano presidido por el socialista Juan Negrín aprobó un decreto el 29 de abril

[44] CDMH, Panfletos, 2430, SIA: "A todos los antifascistas del Mundo", panfleto, 25 de noviembre de 1937

[45] CDMH, Panfletos, 2520, Sección Española de SIA: "A los soldados del pueblo", panfleto, 29 de abril de 1938.

[46] FAL, Fondo CNT-Amsterdam, 64 C-4f., La Sección Española de Solidaridad Internacional Antifascista: "S.I.A. habla al Pueblo en el aniversario de Durruti"y La Sección Española de S.I.A., "¡Durruti no ha muerto! ¡Durruti es inmortal!, Barcelona, noviembre de 1938.

[47] FAL, Fondo CNT-Amsterdam, 88 C-2, SIA: "Ayuda a los antifascistas del campo faccioso", sello de 50 céntimos, 1938.

[48] Varios Autores (VVAA), *Filmographie: Guerre et Révolution en Espagne, 1936-1939*, Paris, Ed. CNT, 1995.

de 1938 por el cual se creaba un Comité Nacional de Ayuda a España que centralizara los recursos y aportaciones solidarias procedentes del extranjero.[49] Hasta ese momento las diferentes organizaciones solidarias y humanitarias, junto a formaciones políticas y sindicatos, habían recibido donaciones de forma directa por parte de organizaciones afines de otros países. La decisión del gobierno abocaba a las organizaciones solidarias antifascistas a buscar ciertos puntos de entendimiento.

El 24 de mayo de 1938 el Socors Roig de Catalunya decidió enviar una misiva a la SIA de Cataluña, proponiendo la creación de un Comité de Enlace para decidir de forma conjunta y proporcional como distribuir eficazmente la ayuda material procedente del extranjero entre las diferentes organizaciones solidarias y humanitarias, al tiempo que se apelaba a la unidad de los antifascistas.[50] El secretario del Consejo Nacional de la SIA, Manuel Baruta Vilá, con el visto bueno de la CNT y la UGT, daba su conformidad inicial al reparto de alimentos, procedentes de un envío desde Argentina destinado a la CNT, junto al SRI y a las autoridades republicanas.[51] El SRI también se mostró proclive a compartir con la SIA varios de los envíos con ayuda donada a España, como demostraba una carta enviada el 9 de junio de 1938 por Carmen Ruiz (alias utilizado por la fotógrafa y activista italiana Tina Modotti[52]) en nombre de la Delegación del Comité Ejecutivo del SRI a Manuel Baruta, ofreciéndose a dar a la SIA una parte proporcional de alimentos y ropa, a la vez que les informaba de que no habían podido obtener medicamentos.[53]

El Comité Ejecutivo Nacional de la Sección Española del Socorro Rojo Internacional propuso, en una misiva enviada el 8 de septiembre de 1938 al Consejo Nacional de la SIA, en vistas a la posible creación de una única Organización de solidaridad común, la formación de comités de coordinación conjuntos entre el SRI y la SIA a nivel nacional, provincial y local.[54] En el plano interno, el SRI contemplaba con satisfacción los llamamientos a la unidad solidaria antifascista efectuados por la UGT, al tiempo que se disponía a retomar los contactos con la CNT y la FAI a fin de que influyeran sobre la SIA en sentido positivo y a efectuar una campaña propagandística a favor de una organización solidaria única en distintas provincias y localidades.[55] El SRI pretendía que sus esfuerzos

[49] FAL, Fondo CNT-Amsterdam, 88A-2, Presidencia del Consejo de Ministros: "Decretos de creación del Comité Nacional de Ayuda a España", Barcelona, 29 de abril de 1938.

[50] FAL, Fondo CNT-Amsterdam, 88A-2, Socors Roig de Catalunya-Secció del SRI: "Carta a Solidaritat Internacional Antifeixista", Barcelona, 24 de mayo de 1938.

[51] FAL, Fondo CNT-Amsterdam, 88A-2, Baruta Vilá, Manuel (Secretario del Consejo Nacional de la SIA): "Carta", Barcelona, 27 de mayo de 1938.

[52] Sobre la importante labor de Tina Modotti y otras activistas como Flor Cernuda y Matilde Landa en el Socorro Rojo Internacional durante la Guerra Civil española se recomienda la lectura de Branciforte, Laura, *El Socorro Rojo Internacional (1923-1939). Relatos de la solidaridad antifascista*, Madrid, Biblioteca Nueva, 2011, págs. 224-248.

[53] FAL, Fondo CNT-Amsterdam, 88A-2, Ruiz, Carmen (Tina Modotti, SRI): "Carta a Manuel Baruta (SIA)", Barcelona, 9 de junio de 1938.

[54] FAL, Fondo CNT-Amsterdam, 88A-2, Comité Ejecutivo Nacional de la Sección Española del Socorro Rojo Internacional: "Al Consejo Nacional de Solidaridad Internacional Antifascista", Madrid, 8 de septiembre de 1938.

[55] FAL, Fondo CNT-Amsterdam, 88A-2, Comité Ejecutivo Nacional de la Sección Española del Socorro Rojo Internacional: "Conclusiones del Pleno Ampliado del Comité Ejecutivo Nacional del Socorro Rojo de España",

unionistas cristalizasen durante la celebración en Madrid el 1 y 2 de noviembre de 1938 de la Conferencia Nacional de la Solidaridad, en la que participaron algunos delegados de CNT, FAI y de la SIA.[56]

La posibilidad de crear una plataforma unitaria de solidaridad antifascista, a pesar de las muestras de colaboración efectiva entre el SRI y la SIA, estaba abocada al fracaso. El Comité Nacional de Ayuda a España había visto impedido su correcto funcionamiento por la falta de financiación y de apoyo diplomático en el exterior, según denunciaba Francisco Ayala en una memoria presentada en Barcelona el 14 de octubre de 1938.[57] Aquel fracaso había debilitado la situación de las organizaciones solidarias antifascistas. Además, como se ha expuesto, la SIA había sido creada en una situación de abierto enfrentamiento de los anarquistas con el comunismo estalinista. Los sucesos de mayo de 1937 habían creado un profundo rechazo entre los libertarios a cualquier colaboración con el PCE y sus organizaciones afines, una posición que influyó durante décadas a los anarquistas españoles y de otros países en su negativa tajante a dejarse influir o controlar de alguna forma por el Partido. El propio SRI lanzaba reproches poco disimulados a la SIA, asegurando que en la Campaña de Invierno de 1938-1939 la organización solidaria libertaria no estaba implicándose suficientemente en muchas provincias, al contrario que algunas formaciones políticas e instituciones gubernamentales republicanas[58]. Y según reflejaba un informe del Consejo Nacional del 13 de noviembre de 1938, en la Conferencia Nacional de Solidaridad los ataques y excesos verbales contra la SIA y sus representantes por parte de miembros del SRI y militantes comunistas habían sido una constante[59], lo que dejaría en evidencia la supuesta sinceridad de los propósitos de unidad del SRI. En esas circunstancias y ante la difícil disyuntiva que se le presentaba, la SIA prefirió mantener en lo posible su línea independiente ideológica y de actuación, a pesar de carecer de los recursos económicos de los que disponía el SRI, en detrimento de una unidad solidaria antifascista que, aunque pudiese haber sido más efectiva en algunos aspectos, entendía que estaría supeditada a los intereses y el control de los comunistas y que, en la práctica, supondría la disolución y pérdida de identidad propia de las iniciativas anarquistas dentro de un organismo unitario.

Aquella efectividad y colaboración anterior intermitente mostrada entre organizaciones antifascistas se vio definitivamente resquebrajada durante la Campaña de Invierno 1938-1939. En un contexto crítico para las fuerzas militares republicanas, que estaban a punto de ver caer Cataluña en manos de los sublevados, la CNT y la SIA chocaron continuamente

Madrid, 10 de octubre de 1938.

[56] FAL, Fondo CNT-Amsterdam, 88A-2, SRI España: "Conferencia Nacional de la Solidaridad. Documentos de Información", Madrid, noviembre de 1938.

[57] FAL, Fondo CNT-Amsterdam, 88A-2, Ayala, Francisco: "Memoria del Comité Nacional de Ayuda a España. Octubre de 1938", Barcelona, 14 de octubre de 1938, 3 págs.

[58] FAL, Fondo CNT-Amsterdam, 88A-2, Socorro Rojo de España-Comité Ejecutivo Nacional: "Memoria sobre sus actividades", Madrid, noviembre-diciembre de 1938.

[59] FAL, Fondo CNT-Amsterdam, 64 C-4a, Consejo Nacional de la SIA: "Informe sobre la Conferencia Nacional de Solidaridad celebrada en Madrid los días 2 y sucesivos del mes presente", Valencia, 13 de noviembre de 1938.

con el PCE y el SRI en las reuniones de la Comisión Nacional Pro Campaña de Invierno, como atestiguan las posturas contrapuestas expresadas por sus representantes recogidas en las actas de los encuentros.[60] El papel decisivo de los comunistas en el gobierno presidido por el socialista Juan Negrín y las disputas internas habían alejado de estas iniciativas solidarias conjuntas a algunos partidos políticos republicanos y colectivos que habían participado en la anterior campaña. Los enfrentamientos partidistas y la perdida de pluralidad, junto a la situación extremadamente grave en lo militar y lo político, afectaron notablemente al éxito de esta última campaña solidaria invernal.

La SIA, que durante una parte importante de su existencia había establecido su sede en Barcelona, sufrió las consecuencias de la caída de Cataluña ante las tropas franquistas. El Consejo Nacional de la Sección Española se vio abocado al exilio en Francia, publicando desde París una circular el 29 de febrero de 1939 bajo el significativo título de "Ante el Desastre". Tras una demoledora crítica contra los gobiernos francés y británico, y su política de "No Intervención", que, junto a la intervención fascista de Italia y Alemania, habían contribuido significativamente a marcar el destino de la Segunda República, la SIA señalaba la imperiosa necesidad de dar asistencia a los cientos de miles de refugiados españoles en Francia. Las colonias infantiles y los servicios de asistencia social habían tenido que ser evacuados a toda prisa, en condiciones bastante penosas. Ya en Francia, los miembros del Consejo Nacional de SIA colaboraron activamente con la Sección Francesa de la organización solidaria anarquista, dando prioridad a la búsqueda de alojamiento provisional y aprovisionamiento para mujeres, niños y personas especialmente vulnerables por razones de edad, salud o situación administrativa. Los activistas franceses asumían la inmensa mayoría de funciones que venía desempeñando el Consejo Nacional de la SIA en España, entre ellas la de propaganda, infancia y asistencia social.[61] Para ello contaron con el apoyo de las secciones sueca, mexicana o argentina, por citar algunas de las más destacadas y aún entonces en funcionamiento[62]. La situación de los españoles recluidos en campos como el de Argelès-sur-Mer era crítica, faltando los suministros más básicos y siendo la asistencia sanitaria y educativa, y las condiciones higiénicas auténticamente deplorables, según denunciaba la SIA española[63]. La organización solidaria anarquista, en medio de un caos humanitario en el que era difícil identificar a aquellos a los que iba destinada prioritariamente su ayuda, afirmaba que: "No siendo, pues, posible actuar a base a soluciones individuales y para evitar dispendios a personas desconocidas y de un antifascismo acaso dudoso, las aportaciones solidarias entregadas a los españoles son hechas por viejos camaradas que conocen de tiempo y a fondo a los verdaderos antifascistas".[64]

[60] FAL, Fondo CNT-Amsterdam, 64 C-1, Comisión Nacional Pro Campaña de Invierno: "Acta de la reunión celebrada por la Comisión Nacional Pro Campaña de Invierno", Barcelona, 16 de diciembre de 1938.
[61] IISH, ZDK 27167, SIA: "Circular. Ante el Desastre", París, 21 de febrero de 1939, 9 págs.
[62] IISH, ZDK 27167, Consejo General de la SIA: "Boletín número 21", París, 22 de abril de 1939, págs. 3-6.
[63] IISH, ZDK 27167, Consejo General de la SIA: "Boletín número 22", París, 6 de mayo de 1939, págs. 6-9.
[64] IISH, ZDK 27167, Consejo General de la SIA: "Boletín número 21", París, 22 de abril de 1939, pág. 6.

La crisis humanitaria que vivían en Francia los exiliados españoles era devastadora. Aún en abril y mayo de 1939, la Sección española de la SIA hacía balance de la situación en el interior de España, donde la represión franquista se extendía en todo el país, siendo víctimas de ella numerosos anarquistas. La situación empeoró ante el agotamiento de los recursos y la decisión del gobierno francés de decretar la disolución de SIA en septiembre de 1939. En esos momentos, apenas dos años después de su creación, la existencia de la SIA en territorio español había llegado a su fin.

LA DIMENSIÓN INTERNACIONAL DE LA SIA DURANTE Y DESPUÉS DE LA GUERRA CIVIL

Para poder valorar el impacto que tuvo la creación de la SIA en mayo de 1937 es necesario abordar el alcance internacional que tuvo la organización en la creación de vínculos anarquistas antifascistas transnacionales que, en algunos casos, se extendieron más allá del fin de la guerra en España. Como se ha indicado anteriormente, los estatutos de la SIA contemplaban la creación de secciones nacionales en todos aquellos países en los que existiese una base favorable y las condiciones políticas y económicas lo permitiesen. Además, el 31 de mayo de 1937 se había creado un Consejo de Honor de la SIA con destacadas figuras del anarquismo internacional como Federica Montseny (España), John Andersson (Suecia), Han Ryner (Francia), Emma Goldman (Inglaterra), Rudolf Rocker (de origen alemán representando a Estados Unidos), Luigi Bertoni (italo-suizo), Juan Lazarte (Argentina) y Jorge Forteza (Uruguay).[65] Entre 1937 y 1939 surgieron varias secciones nacionales tanto en Europa Occidental como en el continente americano.

Entre las secciones nacionales creadas en suelo europeo se encontraban la francesa, la inglesa, la sueca, la suiza o la belga, además de colectivos de antifascistas italianos y alemanes exiliados. La Sección Francesa de la SIA ha sido, por su importancia, una de las más conocidas a través de trabajos como los de David Berry[66], Valentin Cionini[67] o Valentin Frémonti[68]. La *Union Anarchiste* decidió impulsar, junto a diversas personalidades del ámbito libertario y pacifista, la creación de la Sección de SIA en Francia en el mes de noviembre de 1937.[69] Según se indicaba en un opúsculo en francés dedicado a explicar la finalidad, línea programática y medios de acción disponibles para desarrollar la actividad de la SIA francesa, la organización había sido creada:

[65] FAL, Fondo CNT-Amsterdam, 64 C-4, Solidaridad Internacional Antifascista: "Acuerdo de la Comisión Organizadora respecto a los integrantes del Consejo de Honor de la SIA", Valencia, 31 de mayo de 1937.

[66] Berry, David, "Solidarité Internationale Antifasciste: Les anarchistes français et la guerre civile d'Espagne", en Sagnes, Jean et Caucanas, Sylvie (dirs), *Les français et la guerre d'Espagne. Actes du Colloque de Perpignan.* Perpignan, CREPF, 1990, págs.73-88.

[67] Cionini, Valentin, *Solidarité Internationale Antifasciste. Une organisation « proto-humanitaire » dans la guerre d'Espagne. 1937-1939*, Mémoire de Master 2, Université de Provence, Maison Méditerranéenne des Sciences de l'Homme, 2008.

[68] Frémonti, Valentin, *SIA. Solidarité Internationale Antifasciste (1937-1939). L'action humanitaire libertaire dans la Guerre d'Espagne*, Paris, Éditions d'Alternative Libertaire, 2017.

[69] *Le Libertaire,* 11 de noviembre de 1937.

> para socorrer principalmente a las víctimas de los Estados totalitarios, para denunciar los crímenes del fascismo mundial y ponerles fin mediante la eliminación de esta forma abominable de la Autoridad. Como los hechos mandan, Solidaridad Internacional Antifascista debe ayudar, ante todo, a los antifascistas españoles, para que ellos resistan victoriosamente a las hordas de Franco, para que la derrota del fascismo en España deba inevitablemente, y en todas partes, entrañar la derrota del fascismo mundial.[70]

En esa lucha existencial que, desde la óptica antifascista, se estaba librando en España y que tenía profundas implicaciones a nivel internacional, era necesario dar a conocer entre la opinión pública de otros países lo que sucedía en la Península Ibérica. A partir del 11 de noviembre de 1937, el periódico semanal *Le Libertaire*, órgano de la *Union Anarchiste*, contó con dos páginas, en francés y en castellano, dedicadas exclusivamente a difundir informaciones y propaganda sobre la situación en España procedentes de la SIA. Esta colaboración se extendió durante meses a lo largo de 1938, hasta que, finalmente, la SIA francesa editó de manera independiente su propio periódico, en el que, además de noticias en francés, se acogían secciones en italiano y español dedicadas a los antifascistas exiliados en Francia procedentes de estos países.

La Sección francesa de SIA quiso comprobar directamente el desarrollo de las iniciativas solidarias antifascistas en España y la situación de la población civil y los combatientes. En marzo de 1938, una delegación francesa encabezada por el anarquista Louis Lecoin, solicitó formalmente autorización al gobierno republicano para viajar a Barcelona, encontrándose inicialmente con una actitud reticente por parte de la Embajada española en París y varios ministros del ejecutivo que no veían con buenos ojos la entrada en el país de activistas libertarios extranjeros[71], aún más si, como era el caso de Lecoin, defendían abiertamente posiciones antimilitaristas contrarias al ejército francés y hacían gala de su continuado apoyo a la revolución social en España ante los diplomáticos republicanos.[72] A pesar de dichas trabas, la delegación de la SIA francesa pudo finalmente viajar a Barcelona, sucediéndose durante el resto del año 1938 distintas visitas a otros puntos del interior de España.

El Consejo General de la SIA, que cumplía la función de máximo organismo de coordinación transnacional en la organización, convocó una Conferencia Internacional de la SIA, que se celebró en París entre el 1 y el 3 de noviembre de 1938 y a la que, pese a las dificultades de desplazamiento y circunstancias de la guerra, asistieron representantes del Consejo General y de las secciones nacionales española, francesa, sueca e inglesa, además de miembros de los llamados Comités Españoles de Ayuda

[70] IISH, Solidarité Internationale Antifasciste, SIA: son but, sa ligne de conduite, ses moyens d'action et ses réalisations, Paris, 1937.

[71] AHN, Archivo Histórico Nacional (Madrid), Fondo José Giral, Diversos 1,N.45, Ossorio, Ángel (Embajador de España en París): "Carta a José Giral, Ministro de Estado", París, 8 de marzo de 1938.

[72] AHN, Fondo José Giral, Diversos 1,N.45, Lecoin, Louis (Solidarité Internationale Antifasciste-Section Française): "Lettre a l'Ambassadeur d'Espagne en France", París, 7 de marzo de 1938.

Antifascista, estos últimos, con carácter informativo.[73] En la Conferencia Internacional, las distintas secciones nacionales de la SIA expusieron la labor que habían desarrollado hasta el momento y los recursos que habían aportado para ello. A pesar de su corta trayectoria, la Sección francesa aseguraba contar con 36.000 adherentes y más de 300 agrupaciones locales. Desde Francia se habían impulsado campañas Pro-Amnistía, en favor de los presos libertarios y del POUM de Cataluña, y contra los Decretos-Ley promulgados por el gobierno francés encabezado por Daladier, que en la práctica, dificultaban en extremo la llegada de refugiados españoles a territorio francés y las condiciones en las que vivían los que ya se habían visto desplazados allí. Así mismo se constataban divergencias entre las Secciones Francesa y Española de la SIA, indicando esta última la unilateralidad y falta de información intercambiada por parte de los antifascistas franceses.[74]

La delegación sueca, vinculada directamente con el anarcosindicalismo en su país, hizo un resumen de la ingente ayuda económica y material ofrecida a España, que merece ser reseñada. La Sección Sueca de la SIA contaba con 353 comités locales en su país. Desde Suecia habían sido recaudadas 1 millón de coronas suecas para la Campaña de Invierno, que se ponían a disposición de la SIA en España. Hacia la Península Ibérica se habían enviado ambulancias, medicamentos y víveres, por un valor aproximado de 30 millones de francos. En el plano de la propaganda, la SIA sueca distribuía propaganda libertaria sobre España incluso entre formaciones políticas y sindicatos de diferentes ideologías de su país[75]. La representante de la Sección Inglesa de la SIA, Emma Goldman, quien se había desplazado a España durante la Guerra y había llegado a participar activamente en reuniones del Consejo General de la SIA[76], recalcaba la labor humanitaria desempeñada por su Sección Nacional en favor de refugiados, mujeres y niños, llegando a crear una colonia infantil destinada financiada parcialmente con recursos procedentes de la publicación británica dirigida por Goldman *Spain and the World*.[77]

El escaso tiempo que había transcurrido desde su fundación, las circunstancias críticas y rápidamente cambiantes de la guerra, y las divergencias entre distintas secciones nacionales, agravadas por la posición recalcitrante de la Sección Francesa en sus relaciones con la SIA española, impidieron que se alcanzasen en París acuerdos unánimes sobre el modelo organizativo que debía imperar, la ayuda a los presos españoles y la interacción

[73] IISH, Federación Anarquista Ibérica Archives, CP-37C.7, Consejo General de la SIA: "Acta de la Conferencia Internacional de S.I.A.", París, 1 al 3 de noviembre de 1938, pág.1.

[74] IISH, Federación Anarquista Ibérica Archives, CP-37C.7, Consejo General de la SIA: "Acta de la Conferencia Internacional de S.I.A.", París, 1 al 3 de noviembre de 1938, págs.2-4.

[75] IISH, Federación Anarquista Ibérica Archives, CP-37C.7, Consejo General de la SIA: "Acta de la Conferencia Internacional de S.I.A.", París, 1 al 3 de noviembre de 1938, págs.4-5.

[76] IISH, Federación Anarquista Ibérica Archives, CP-37C.7, Consejo General de la SIA: "Acta de la reunión del Consejo General, ampliada por la presencia de la Secretaria de la SIA Inglesa, Emma Goldman, y del miembro de honor, Pedro Herrera", Barcelona, 1 de octubre de 1938, 3 págs.

[77] IISH, Federación Anarquista Ibérica Archives, CP-37C.7, Consejo General de la SIA: "Acta de la Conferencia Internacional de S.I.A.", París, 1 al 3 de noviembre de 1938, pág.5.

que podían ejercer las Secciones Nacionales de distintos países de América con sus homólogos europeos, aunque sí hubo consenso sobre otros aspectos.[78]

Durante la Segunda Guerra Mundial, cuando la SIA había sido oficialmente disuelta por el gobierno francés y las secciones nacionales europeas debían actuar en clandestinidad, en América Latina algunos países y agrupaciones locales dieron continuidad a la SIA. En Uruguay, su sección nacional hizo hincapié en la vertiente internacionalista de la solidaridad antifascista, enfocando su acción en la ayuda y asistencia humanitaria a refugiados y exiliados políticos.[79] A nivel local y regional también subsistieron en América algunas secciones de la SIA, como la Junta Interlocal de La Plata, en Argentina, que exponía las iniciativas que había llevado a cabo durante el año 1941 y se proponía nuevos retos, con vocación internacional, para el año 1942, en un momento en el que los regímenes fascistas experimentaban su mayor apogeo.[80] El desembarco de las Fuerzas Aliadas en Normandía, y la liberación de Francia, propiciaron que el gobierno provisional de la Francia Libre admitiera de forma oficial la reconstitución de la SIA en territorio francés el 8 de noviembre de 1944.[81] También en Bélgica resurgiría la SIA, centrada principalmente, como en Francia, en dar apoyo a los anarquistas españoles frente al franquismo a través de la celebración de actos públicos.[82] Aquellos países con mayor presencia de exiliados anarquistas españoles, como Francia, Bélgica o Venezuela, trataron de mantener vivo el legado de la SIA, en un contexto en el que, ante la desaparición de los regímenes nazi en Alemania y fascista en Italia, primaba el apoyo al antifranquismo y en el que la organización solidaria anarquista había perdido gran parte de su impulso y características programáticas e ideológicas primigenias frente a la relevancia que tuvo durante la guerra civil española.

[78] IISH, Federación Anarquista Ibérica Archives, CP-37C.7, Consejo General de la SIA: "Acta de la Conferencia Internacional de S.I.A.", París, 1 al 3 de noviembre de 1938, págs.5-11.

[79] IISH, Bro 4021/6, Solidaridad Internacional Antifascista-Sección Uruguaya: "¿Qué es SIA? ¿Qué se propone? ¿Por qué lucha? ¿Qué necesita? ¿Quiénes la constituyen?", opúsculo, Uruguay, s.f.

[80] IISH, Bro 2457/2, Solidaridad antifascista-Junta Interlocal de La Plata: "SIA. ¿Qué ha hecho en el año 1941? ¿Qué programa para 1942? Informe anual y proposiciones", La Plata (Argentina), enero de 1942.

[81] *Journal Officiel de la Republique Française*, 18 de noviembre de 1944, pág.1378.

[82] Mundaneum, Archive Mundaneum (Mons, Bélgica), Aff-14-97, SIA: "Grande fête de solidarité", Bélgica, 1947.

EL PATRIMONIO HISTÓRICO ARTÍSTICO Y LA PERSPECTIVA CULTURAL

5.
IDENTIDAD Y PATRIMONIO HISTÓRICO ARTÍSTICO ANTES Y DURANTE LA GUERRA CIVIL ESPAÑOLA

Ana Pilar Vico Belmonte
Paula María de la Fuente Polo
Universidad Rey Juan Carlos

CONTEXTO DEL MERCADO DEL ARTE Y DEL PATRIMONIO HISTÓRICO-ARTÍSTICO PREVIO AL CONFLICTO

A finales del siglo XIX el comercio de antigüedades era algo más que un mercado, la "filosofía" coleccionista se había convertido en una forma de vida y el prestigio no se entendía sin la posesión de una colección. De hecho, los gobiernos de muchas naciones financiaban grandes excavaciones, en especial en Egipto y Medio Oriente, con el fin de compilar en sus museos grandes hallazgos y obras de arte, y si no podían conseguirlo, entonces los compraban a buen precio.[1]

Durante las primeras décadas del siglo XX galerías y marchantes fueron los verdaderos protagonistas del mercado, ya que nos centramos ante un mercado del arte más boyante en el plano del mercado primario, que en términos del mercado secundario. Las vanguardias y la amplia sucesión de movimientos estéticos propiciaron la divergencia de esta industria, en el que el mercado contemporáneo adquirió tintes propios y pasó a diferenciarse del resto de sectores del mercado de bienes artísticos y de colección.

Durante la recesión sufrida entre las décadas de 1920 y 1930, los compradores estadounidenses comenzaron a dominar el mercado internacional de los bienes artísticos y de colección, en el que podían encontrarse grandes obras a precios no muy altos sobre todo de los periodos de los grandes maestros europeos.

Las galerías, mayoritariamente privadas, fueron desplazando a los ya desacreditados salones oficiales que tanta labor habían hecho en el siglo XIX. Esto dio pie a que Europa se posicionara con Londres y París a la cabeza del mercado. Estados Unidos centraba sus ventas en la ciudad de Nueva York, que ya se consolidaba como el tercer mercado

[1] A propósito de las excavaciones y expediciones que el Estado español financiaba resulta interesante la colección de 319 objetos procedentes de Italia y del Mediterráneo que encontramos en el Museo Arqueológico Nacional que es resultado de la conocida como Expedición de la Fragata de Arapiles. Véase en Varas Mazagatos, Azael y España-Chamorro, Sergio, "Riccardo Colucci, la fragata blindada Arapiles y la colección de antigüedades chipriotas del Museo Arqueológico Nacional", en Boletín del Museo Arqueológico Nacional. Vol. 40, Madrid, Ministerio de Cultura y Deporte, 202.

más relevante, aunque no será hasta los años de Posguerra, cuando Europa resentida por las consecuencias sociales, políticas y económicas del conflicto, se revele como el centro de compraventa de arte que aun actualmente es, sobre todo para el tipo de obra que justamente emergía en este momento; el arte contemporáneo. Desde este momento se asientan los pilares de dos tendencias coleccionistas muy marcadas, tanto como para que perduren hasta la actualidad. Siendo un resultado directo de las diferentes tradiciones coleccionistas locales, en las que enmarcan a Europa como un mercado propicio para la venta de arte antiguo y moderno frente al mercado estadounidense donde las vanguardias y tendencias coetáneas dominaban las ventas.

Las grandes fortunas estadounidenses aprovecharon el vacío legal en Europa para adquirir bienes históricos, tan escasos en su país de origen, en Italia, Francia o España. Especialmente dañina para nuestro país resultó el periodo de entreguerras, cuando los coleccionistas americanos, recién enriquecidos en los "felices veinte" acudieron en masa, en un momento en el que la penuria económica llevaba a la población a vender por cifras irrisorias toda pieza que tuviera un mínimo de interés histórico o cultural. Un ejemplo ineludible, en el momento de analizar este tema fue el de William Randolph Hearst, acaudalado hombre de negocios que subvencionó el expolio para crear la mayor colección de arte antiguo en el país americano.[2] Su agente artístico Arthur Byne junto con el español Raimundo Ruiz extrajeron de nuestro país, piezas de excelente calidad que iban desde monedas, cerámicas, objetos litúrgicos, ventanas, tapices, azulejos o textiles a estructuras de gran tamaño que resulta incomprensible cómo pudieron exportarse ilegalmente sin ser detenidos como claustros, portadas, artesonados o incluso monasterios. Actualmente se pueden contemplar gran parte de estas piezas en museos de Nueva York, Miami, San Diego, Los Ángeles, etc.

El latrocinio cometido dentro de nuestras fronteras entre 1919 y 1936, evidencia la laxitud con que las autoridades culturales y eclesiásticas, dueñas del 85% del patrimonio histórico-artístico, trataron el tema. Pues marchantes americanos e ingleses en connivencia con marchantes, anticuarios, tasadores, e intermediarios religiosos con acceso a su patrimonio, asolaron el patrimonio artístico español. M.D. Jiménez Blanco y C. Mack[3] rebelan que realmente la venta de estos bienes enajenados se realizaba en venta a puerta cerrada, en las que concurrían marchantes, anticuarios y autoridades eclesiásticas, lanzando a los expoliadores autóctonos y extranjeros a uno de sus momentos de mayor vigor, quedando como prueba la conocida como "travesía del vapor Chicago", que en los años veinte partió del puerto de Burdeos rumbo a Nueva York con más de 4.500 obras de arte adquiridas en España, alegando que iban a ser expuestas en la exposición

[2] Resulta revelador el dato que desde la muerte de *Heart* en 1951 y hasta 1962 numerosas subastas se sucedieron hasta vender todas las piezas que conformaban su colección. Para profundizar en el expolio y formación de la colección de Hearst se recomienda la consulta de Merino De Cáceres, José Miguel y Martínez Ruiz, María José. La destrucción del patrimonio artístico español. W.R. Hearst: "El gran acaparador". Madrid, Cátedra, 2013

[3] Jiménez Blanco, María Dolores y Mack, Cindy. *Buscadores de belleza. Historia de las grandes colecciones de arte.* Barcelona, Ariel, 2007

a celebrar en Manhattan y en la que tan solo se contabilizaron 600 de ellas. El negocio tramado entre acaudalados hombres de negocios extranjeros y marchantes españoles, pasó desapercibido a merced de una ambigüedad legal y un furtivismo llevado a cabo por autoridades eclesiásticas, casas nobiliarias y reconocidos historiadores como José Gestoso o Josep Pijoan. Estos se vieron mezclados en oscuras tramas que justificaron como una forma de difundir el conocimiento de la historia de España a través de la dispersión de las obras de nuestro patrimonio por toda la superficie del planeta. Las subastas y ventas de las piezas expoliadas fueron en su mayoría vendidas por Leo Leví en la zona castellana y en el sur de la península por la saga de los Ruiz con la que Pedro, Luis y Raimundo Ruiz se convirtieron en consumados especialistas que vendían a galerías como *French & Company*.

Las Reales Academias lucharon en vano contra este expolio durante las primeras décadas del siglo xx, pero poco pudieron hacer de hecho nuevos escándalos se dieron como el de la Exposición Universal de Barcelona de 1929, en la que se expusieron piezas que nunca retornaron a sus lugares de origen, quedando bajo sospecha, organizadores, diplomáticos, marchantes y críticos de arte.

No obstante, la conciencia sobre la pérdida de nuestro patrimonio histórico fue cada vez mayor y esto se tradujo en un conjunto normativo que ha estado prácticamente vigente hasta nuestra actual Ley 16/1985, de 25 de junio, del Patrimonio Histórico Español. Pues, primeramente, se produjo el 15 de agosto de 1926 la publicación del Real Decreto-Ley, relativo al Tesoro artístico arqueológico nacional, conocido popularmente como "Decreto Callejo", en el que por primera vez se define una figura jurídica, "Tesoro Artístico Arqueológico Nacional", que hace referencia a "bienes muebles e inmuebles dignos de ser conservados para la Nación por razones de Arte y Cultura"[4]. Junto a esta figura, esta ley resultó esencial para la protección del patrimonio inmueble pues se declaró la inamovilidad de los monumentos, permitiendo que acciones como la del traslado del monasterio de Sacramenia (Segovia) no se repitiera, así como la inexportación de los bienes que presentasen interés nacional.

En segundo lugar, el 25 de mayo de 1933 se publicó la Ley relativa al Patrimonio Artístico Nacional en la que se estableció la antigüedad del patrimonio histórico al señalizarse en su título preliminar que "están sujetos a esta Ley, cuantos inmuebles y objetos muebles de interés artístico, arqueológico, paleontológico, o histórico haya en España de antigüedad no menor de un siglo".[5] Si bien, la presente ley republicana va a poner límites a la exportación que ya no será limitada según el grado de protección sino en función del precio del bien.[6]

[4] Gazeta de Madrid. 1926. Número 227, 15 de agosto de 1926. Pág. 1027. Disponibilidad en línea: https://www.boe.es/datos/pdfs/BOE//1926/227/A01026-01031.pdf

[5] Gazeta de Madrid. 1933. Número 145, 25 de mayo de 1933. Págs. 1394-1397. Disponibilidad en línea: https://www.boe.es/datos/pdfs/BOE//1933/145/A01393-01399.pdf

[6] La ley en su artículo 43 señala "No se podrá exportar ningún objeto histórico-artístico sin el permiso de la Sección de Exportaciones de la Junta Superior del Tesoro Artístico. Cuando el valor del objeto a exportar sea

De esta manera, ambas legislaciones consiguieron mermar la actividad expoliadora y la desbancada de piezas del patrimonio histórico artístico. Se creó la Junta Superior del Tesoro Artístico, para velar por la buena conservación de este y que logró desarrollar una eficaz labor incautadora respaldada por la cada vez mayor concienciación social sobre la responsabilidad de la población en la protección y salvaguarda de patrimonio.

Sin embargo, aunque la legislación se endureció y sin duda dificultó la salida de colecciones, tenemos noticia de la venta en París en 1924 de una gran colección de 2.000 monedas de oro españolas que tal y como narran Rodríguez *et al.*[7] la Real Academia de la Historia intentó en vano detener.[8] Pero no siempre el desenlace fue en contra de nuestro patrimonio, en la década de los treinta tenemos noticia de las primeras incautaciones llevadas a cabo por el arqueólogo catalán Pedro Bosch-Gimpera, bajo el auspicio obtenido tras la aprobación del Estatuto catalán de 1932. Así durante los siguientes años, numerosas colecciones pasaron a engrosar los fondos del Museo de Barcelona. En 1933 había sido aprobada otra ley, destinada a la protección del patrimonio, esta Ley de Patrimonio Artístico apenas estuvo en vigor pues en 1936 estalló la Guerra Civil. Año que coincide con el primer registro de la celebración de subastas en Madrid organizadas por la Lonja del Almidón, en su sede de la calle de la Cruz donde combinaban el cambio de monedas y billetes con la venta de ultramarinos. Pero, al igual que cualquier otro resquicio de vida cultural, el estallido de la guerra provocó que no se celebraran más ventas hasta la creación de la Sociedad Española de Numismática, situada en la Puerta del Sol de Madrid y que contaba con cierta subvención estatal para su funcionamiento.

Los mecanismos de protección del patrimonio histórico español durante la guerra civil

Como en cualquier conflicto armado, el patrimonio cultural al ser un elemento esencial de la memoria de cada pueblo es uno de los bienes que tiende a perderse con mayor facilidad. En el caso de la guerra civil española, el patrimonio histórico no quedó exento de tal atrocidad, pues desde un primer momento la violencia se abatió contra el patrimonio artístico, sobre todo el patrimonio eclesiástico y el de la nobleza fueron los más perjudicados.[9] La situación de descontrol y caos llevó al Gobierno de la República en apenas seis días a comenzar a establecer los cauces necesarios para la protección del

superior a 50.000 pesetas oro, será necesaria la autorización de la Junta en pleno acordada por mayoría absoluta. En el permiso se hará constar, bajo la responsabilidad de la Sección de Exportaciones o de la Junta en pleno, según los casos, que la salida no causa detrimento al Patrimonio histórico-artístico nacional". Ibídem. Pág. 1397

[7] Rodríguez Casanova, Isabel, Canto García, Alberto José, Vico Monteoliva, Jesús. *M. Gómez Moreno y la moneda visigoda. Investigación y coleccionismo en España (siglos XIX y XX)*. Real Academia de la Historia, Madrid, 2014.

[8] Expediente: CAG 9/7980/094.

[9] Para analizar la destrucción del patrimonio eclesiástico durante la guerra civil, resulta interesante la lectura de Hernando Garrido, José Luis. *Patrimonio histórico e ideología. Sobre vandalismo e iconoclastia en España: del siglo XIX al XXI*. Molina de Segura, Nausicaä, 2009.

patrimonio histórico mediante dos vías fundamentales. Por un lado, se crearon los cauces administrativos con la creación de la Junta de Incautación y Protección del Tesoro Artístico que permitió organizar y sistematizar la protección del patrimonio. Por otro lado, se puso en marcha todo un mecanismo comunicativo para la concienciación de la protección del patrimonio, aspecto totalmente necesario para que el pueblo colaborase en dicha protección.

La organización administrativa para la incautación y salvaguardia del patrimonio histórico

El estallido de la guerra civil provocó que fuera el patrimonio de la nobleza y el eclesiástico los primeros damnificados, por lo que el 23 de julio de 1936 se creó por parte de la Dirección General de Bellas Artes, la Junta de Incautación y Protección del Tesoro Artístico. Esta Junta fue creada bajo el auspicio de la Alianza de Intelectuales Antifascistas para la Defensa de la Cultura y tendría como objetivo en un primer momento intervenir "con amplias facultades cuantos objetos de arte o históricos y científicos se encuentran en los palacios ocupados" para su protección y traslados a museos y edificios culturales[10]. Así, por ejemplo, en el libro *Organización y trabajo de la Junta del Tesoro Artístico de Madrid* desarrollado por la propia Junta resalta la labor de incautación y conservación de espacios de la nobleza como el Palacio de Santo Mauro –hoy reconvertido en un hotel– o el Palacio de Fernán Núñez –sede de la Fundación de los Ferrocarriles.[11]

No obstante, prontamente se vio que dicha protección era insuficiente y los daños al patrimonio no cesaban, pues en el caso del patrimonio eclesiástico ya desde la misma tarde del 18 de julio de 1936, parroquias como la de San Andrés y San Ramón en Vallecas fueron incendiadas[12] y este patrimonio fue de los más perjudicados. Es por ello, que el Ministerio de Instrucción Pública amplió el número y funciones de dicha junta pues como el decreto señalaba: "la práctica ha demostrado prontamente que el número de los miembros de dicha Junta es escaso en demasía, así como que las normas fijadas en el Decreto de creación son insuficientes, en buena parte, a causa de limitarse la función de la Junta a los palacios ocupados, con lo que quedan fuera de sumisión protectora las obras de valor que se albergan en iglesias, conventos y otros edificios".[13] De esta manera, en su artículo tercero se redefinió su función;

[10] Colorado Castellary, Arturo. *Éxodo y exilio del arte. La odisea del Museo del Prado durante la Guerra Civil.* Madrid, Cátedra, 2008. Pág. 31

[11] Junta Delegada de Incautación, Protección y Salvamento del Tesoro Artístico. *Organización y trabajo de la Junta del Tesoro Artístico de Madrid.* Madrid, 1938. Pág. 3. Disponibilidad en línea: http://bdh-rd.bne.es/viewer.vm?id=0000261354

[12] Hernando Garrido, José Luis. Patrimonio histórico e ideología. Sobre vandalismo e iconoclastia en España: del siglo XIX al XXI. Molina de Segura, Nausicaä, 2009. Pág. 229

[13] Gazeta de Madrid. 1936. Número 215, 2 de agosto de 1936. Pág. 999. Disponibilidad en línea: https://www.boe.es/gazeta/dias/1936/08/02/pdfs/GMD-1936-215.pdf

La Junta procederá a la incautación o conservación, en nombre del Estado, de todas las obras, muebles o inmuebles, de interés artístico, histórico o bibliográfico, que en razón de las anormales circunstancias presentes ofrezcan, a su juicio, peligro de ruina, pérdida o deterioro.[14]

Sin lugar a duda, ello supuso que el Estado tendría un mayor control no solo sobre los bienes públicos, sino también sobre los bienes privados. Dicho control se produjo sobre todo a partir del proceso de centralización del aparato administrativo estatal con la creación el 5 de abril de 1937 de la Junta Central del Tesoro Artístico, bajo cuya dirección se encontraba Timoteo Pérez Rubio. Bajo una estructura piramidal donde en dicha cúspide se encontraba la Junta Central se crearon Juntas Provinciales y Juntas Locales por todo el territorio republicano. La Junta Central organizó en Madrid enormes depósitos de patrimonio histórico que había sido incautado por toda la península. Tres fueron los espacios elegidos como grandes almacenes; el Museo del Prado, el Museo Arqueológico y la Iglesia de San Francisco el Grande, espacios que además fueron acondicionados para su protección ante los continuos ataques aéreos.[15] Según señala el libro de *Organización y trabajo de la Junta del Tesoro Artístico* la forma de proceder era el siguiente una vez que habían recibido el aviso de la incautación de algún edificio en el que había obras de arte, algunos de los miembros de la Junta acudían y realizaban un informe técnico sobre la cantidad y la calidad de las obras que luego un equipo de auxiliares técnicos procedía a recoger. Se realizaba, además, un acta de entrega de las piezas incautadas por triplicado, recibiendo una copia la entidad que ocupaba el edificio, otra para el Ministerio de Instrucción pública y la tercera para la propia Junta,[16] creando así una trazabilidad documental de gran utilidad para los investigadores actuales.

Así, la junta daba cuenta de las incautaciones hechas a la iglesia con ejemplos como el convento de los Carmelitas de la calle Ponzano del cual se incautaron el 23 de marzo de 1937 las siguientes obras: "dos esculturas de Pedro de Mena, firmada una de ellas y ambas desconocidas; una cruz pintada que perteneció a Santa Teresa y un Nacimiento napolitano de barro policromado…".[17]

Por su parte, el bando sublevado también prontamente se interesó por la salvaguardia del patrimonio histórico, pues el 23 de diciembre de 1936 dictó una orden para que en cada provincia se dispusiera de una Junta de Cultura Histórica y del Tesoro Artístico con el fin de poder realizar una recogida de datos más que de incautación de objetos. El objeto de dichas juntas era la realización de inventarios e informes sobre el estado de

[14] Ibídem. Pág. 999.
[15] Colorado Castellary, Arturo. *Éxodo y exilio del arte…* pág. 47.
[16] Junta Delegada de Incautación, Protección y Salvamento del Tesoro Artístico. *Organización y trabajo de la…* Pág. 8.
[17] Ibídem. Págs. 8-9.

conservación del patrimonio desde la proclamación de la República.[18]. Posteriormente, se creó por Decreto del Ministerio de Educación Nacional del 22 de abril de 1938 el Servicio de Defensa del Patrimonio Artístico Nacional[19] (SDPAN) en cuyo preámbulo se establecía como fin "reorganizar el servicio de recuperación del patrimonio artístico nacional y también de las obras de arte de propiedad particular sometidas a los azares de la guerra, cuando no a la furia destructora y a la improbidad adquisitiva de las turbas, gobiernos y otras formas de bandería, en que se ha materializado la resistencia roja".[20]

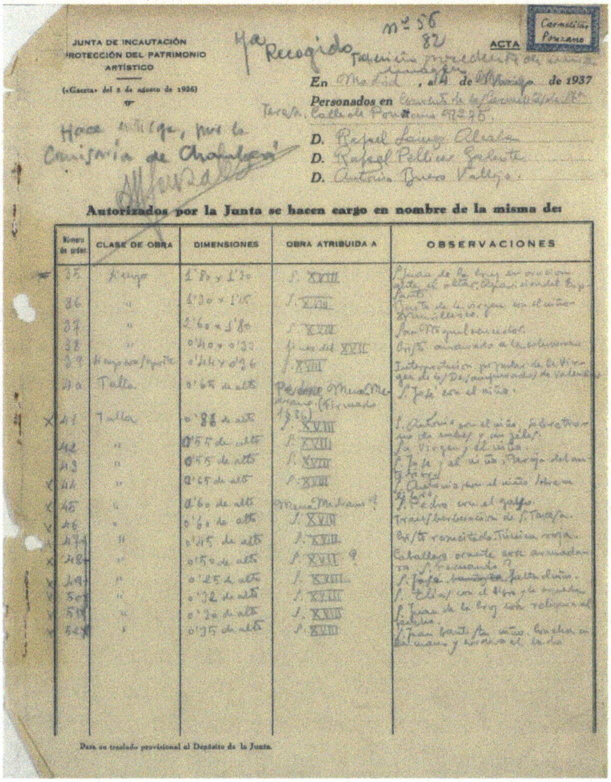
JUNTA DE INCAUTACIÓN
PROTECCIÓN DEL PATRIMONIO ARTÍSTICO
(«Gaceta» del 2 de agosto de 1936)

Nº 56
82

Carmelitas Ponzano

ACTA

Recogido [illegible]

En Madrid, a 14 de Mayo de 1937

Personados en Convento de la [illegible] Teresa. Calle de Ponzano nº 75.

D. Rafael Sainz [illegible]
D. Rafael Pellicer Galeote
D. Antonio Buero Vallejo.

Hace entrega, por la Comisaría de [illegible]

Autorizados por la Junta se hacen cargo en nombre de la misma de:

Número de orden	CLASE DE OBRA	DIMENSIONES	OBRA ATRIBUIDA A	OBSERVACIONES
35	Lienzo	1'80 x 1'30	S. XVIII	[illegible]
36	"	1'30 x 1'15	S. XVIII	[illegible]
37	"	2'60 x 1'80	S. XVIII	San Miguel vencedor.
38	"	0'40 x 0'33	[illegible] XVII	[illegible]
39	[illegible]	[illegible]	S. XVIII	[illegible]
40	Talla	0'65 de alto	[illegible] (firmado 1936)	S. José con el niño.
41	Talla	0'88 de alto	S. XVIII	[illegible]
42	"	0'55 de alto	S. XVIII	La Virgen y el niño.
43	"	0'55 de alto	S. XVIII	[illegible]
44	"	0'65 de alto	S. XVIII	[illegible]
45	"	0'60 de alto	[illegible]	S. Pedro con el gallo.
46	"	0'60 de alto	S. XVIII	[illegible]
47	"	0'45 de alto	S. XVIII	[illegible]
48	"	0'50 de alto	S. XVII ?	[illegible]
49	"	0'25 de alto	S. XVIII	[illegible]
50	"	0'32 de alto	S. XVIII	[illegible]
51	"	0'30 de alto	S. XVIII	[illegible]
52	"	0'35 de alto	S. XVIII	[illegible]

Para su traslado provisional al Depósito de la Junta.

Figura 1: Acta de incautación de las Carmelitas (Ponzano). Hoja 1. JTA13/24. Fuente; Instituto de Patrimonio Cultural de España

[18] Rodríguez Peinado, Laura, Villalba Salvador, María y Cabrera Lafuente, Ana. "Objetos artísticos procedentes del Servicio de Recuperación Artística en el Museo Nacional de Artes Decorativas de Madrid" en Colorado Castellary, Arturo(coord.), *Congreso Internacional de Patrimonio, Guerra Civil y posguerra*, Madrid, págs. 327.

[19] Su antecesor es el Servicio de Recuperación Artística creado en enero de 1937. Este servicio pese a que tenía como objetivo la labor de salvamento y custodia del patrimonio histórico lo cierto es que careció de personal y medios. Ver en Colorado Castellary, Arturo. *Arte, botín de guerra. Expolio y diáspora en la posguerra franquista*. Madrid, Cátedra, 2021. Págs. 47-49.

[20] Boletín Oficial del Estado, 1938. Número 54, 23 de abril de 1938. Pág. 6920. Disponibilidad en línea: https://www.boe.es/gazeta/dias/1938/04/23/pdfs/BOE-1938-549.pdf.

Este cuerpo se sirvió de un reglamento[21] con el que se trataba de organizar el trabajo a partir de dos tipos de agentes; los "Agentes de Recuperación Artística en el Servicio de Vanguardia" y los "Asesores Auxiliares de Recuperación Artística". Se trataron, por tanto, de grupos militarizados que tras la toma de un territorio trataban, bajo las órdenes directas de Comisario y Subcomisario, de recoger y almacenar el patrimonio histórico realizando los respectivos inventarios. Pese a que en el reglamento se señala que los Agentes encargados de este fin debían de estar relacionados con el mundo del arte, lo cierto, es que el éxito del SDPAN no fue el esperado, tal y como Colorado Castellary señala, esto no solo no se debió al hecho de que las actuaciones no estaban remuneradas sino por el hecho de que existió una falta de unidad de acción[22] que no permitió un trabajo sostenible y adecuado para la recuperación de los bienes culturales.[23]

EL CARTELISMO COMO MEDIO DE COMUNICATIVO PARA PROTEGER EL PATRIMONIO HISTÓRICO ARTÍSTICO

El cartel con fines políticos nació con la Primera Guerra Mundial en 1914 y con la Revolución Soviética de 1917, pues este medio de creación es visto como una herramienta capaz de generar y expandir sentimientos colectivos a través del uso de imágenes y eslóganes emotivos. Dichas imágenes y eslóganes se singularizan por su agresividad, colorido y un lenguaje directo con los que el pueblo se siente identificado. Castro Morales, los clasifica en tres grandes categorías: los carteles pictóricos de signo realista, los carteles que desarrollan una línea formal coherente y los carteles caricaturescos y satíricos.[24]

En el caso del cartelismo político en España su desarrollo comienza en 1931, aunque fue el estallido de la guerra civil la que verdaderamente marca el comienzo de esta tipología, pues tanto el bando republicano como el sublevado hicieron uso del cartel político, siendo el gobierno republicano el que lo desarrolló con mayor profundidad. La razón estriba en dos aspectos; por un lado, el hecho de que la industria gráfica se situaba en ciudades bajo el control republicano– Valencia, Madrid y Barcelona-; por otro lado, la cartelería fue organizada desde partidos, sindicatos y sobre todo fue instigada por creadores, artistas e intelectuales que se unieron a la causa republicana, permitiendo que toda esta masa popular fuera la encargada de dirigir la cartelería.[25]

El hecho de que ciertos milicianos y sectores de la población considerasen que la Iglesia y la nobleza apoyaban la causa de los sublevados dio pie, tal y como se ha señalado con anterioridad, se inició toda una destrucción masiva de este patrimonio, lo que llevó al

[21] Boletín Oficial del Estado, 1938. Número 49, 18 de agosto de 1938. Págs. 774-775. Disponibilidad en línea: https://www.boe.es/diario_gazeta/comun/pdf.php?p=1938/08/18/pdfs/BOE-1938-49.pdf.

[22] Además de la organización del SDPAN la Falange creó su propio grupo, haciendo mucho más difícil estas tareas.

[23] Colorado Castellary, Arturo. *Arte, botín de guerra....* Pág. 51-52.

[24] Castro Morales, Federico. "Cartel, arte y patrimonio durante la guerra civil española: Significación del cartel dentro del patrimonio cultural en Revista *PH*. n.º 18 (1997). Págs. 142-148. Disponibilidad en línea: https://www.iaph.es/revistaph/index.php/revistaph/article/view/470/470.

[25] Ibídem. Págs. 143-144.

bando republicano a comenzar una importante campaña de comunicación a través del uso de la cartelería. Con este instrumento se hacía una llamada al pueblo para que identificasen y conservasen el patrimonio histórico y especialmente el patrimonio eclesiástico. Así los alumnos de la Escuela de Bellas Artes en los primeros días de la guerra fueron los encargados de desarrollarlos a través de los medios que tenían a su disposición, aunque posteriormente fue la Junta, la encargada de hacer y distribuir los carteles.

Si realizamos un análisis sobre el mensaje que ofrecen dichos carteles, resulta evidente que el mensaje al igual que el cartelismo político nos presenta imágenes llamativas con eslóganes directos, sencillos que buscan llamar la atención del pueblo, véase como ejemplo:

"Un objeto religioso puede ser al mismo tiempo una obra de arte. Consérvalo para el Tesoro Nacional"

"PUEBLO, antes de destruir cualquier objeto cuyo valor desconoces infórmate"

"El arte y la cultura reclaman tu ayuda ciudadano"

Figura 2: Cartel bando republicano. Junta Central del Tesoro Artístico. Propaganda Cultural. Valencia, 1937. Pág. 12

Claramente, estos mensajes buscaban la protección y la conservación, así como el mismo hecho de evitar su venta, pero no cabe duda de que al mismo tiempo, denotan un mensaje subliminal con el que se busca que el pueblo viese la labor republicana y se uniera a su causa. De hecho, la Junta Central publicó en Valencia en 1937 el libro "Propaganda Cultural" en el que se expone el proceso de creación y el fin del cartelismo del patrimonio histórico, mostrándose no solo la organización y mensajes, sino también el sentimiento de pertenencia que el patrimonio histórico generaba. Y esto se expresa en textos como el siguiente:

> ¿Qué respeto podía pedirse a pobres gentes criadas en la miseria y la ignorancia hacia unos libros que no sabían leer, ni hacia unos muebles, vajillas y ornamentos que nunca pudieron disfrutar? El pueblo acepta, sin embargo, con admiración y humildad, las indicaciones que se le comunican sobre el valor e importancia de estas obras, y, sobre todo, sabe responder a sentimientos de solidaridad respecto al esfuerzo de los antiguos menestrales que colaboraron en la ejecución de tales trabajos.[26]

Con este mensaje claramente evidencian o quieren evidenciar que, pese a que no existe una historia compartida entre los bienes culturales y el pueblo, por el hecho de no saber disfrutarlo, si que existe una responsabilidad y respeto gracias al mensaje transmitido por el gobierno que permite que el patrimonio se valore y conserve.

La situación del mercado del arte durante la guerra civil

En diciembre de ese mismo año de inicio del conflicto, se aprobó un decreto que prohibía cualquier tipo de compraventa de objetos histórico, artístico, arqueológico y paleontológico con el fin de proteger el patrimonio de saqueos. Las Colecciones Nacionales vivieron varios traslados en los que el apoyo de la población civil resultó fundamental para su buena conservación.

Desgraciadamente la guerra civil española supuso una devastación en muchos más ámbitos que en el del patrimonio cultural. Durante los años de guerra la población utilizó lo que pudo para sobrevivir, lo que supuso que en muchos lugares se traficara con piezas, que vendían a extranjeros[27], lo que hizo aflorar el contrabando, el expolio y el inevitable tráfico de antigüedades, que vendieron fuera de nuestras fronteras pero también a museos nacionales como el Museo Arqueológico Nacional, como es el caso del tesoro de Mogón vendido por el británico *Sandars* de la Sociedad Minera de Sierra Morena que intercedió entre la Administración y los expoliadores. Otro ejemplo lo tenemos en las ventas que el anticuario sevillano Juan Rodríguez Mora realizó entre 1931 y 1967 de piezas procedentes de yacimientos ibéricos, romanos y visigodos de las provincias de Córdoba y Jaén.

El 30 de agosto de 1936 el Museo del Prado cerró de manera preventiva y Sánchez Cantón, subdirector del Museo dio el 5 de noviembre de 1936 la primera orden de

[26] Junta Central del Tesoro Artístico. *Propaganda Cultural.* Valencia, 1937. Pág. 8. Disponible en línea: http://bdh-rd.bne.es/viewer.vm?id=0000173892&page=1

[27] A propósito de los problemas a los que se enfrenta los países con gran patrimonio cultural, resulta interesante la lectura: Ricci, Andreina *I mali dell'abbondanza. Considerazione impolitiche sui beni culturali*. Roma, Lithos,1996.

evacuación, pues el enfrentamiento continuo en la ciudad, conocido como la batalla de la Ciudad Universitaria produjo fuertes bombardeos aéreos y artilleros que no solo causaron una importante pérdida de patrimonio sino que llegaron a afectar a instituciones culturales como el Museo del Prado, el Museo de Arte Moderno y la Real Academia de Bellas Artes de San Fernando, teniéndose que tomar la decisión por parte del gobierno republicano la evacuación de los bienes culturales.

Uno de los casos más tristes de nuestra historia reciente es el expolio sufrido por el monetario del Gabinete numismático del Museo Arqueológico Nacional en manos del bando republicano. Según el catálogo-guía de 1925, el Gabinete contaba con 160.000 monedas y 150.000 medallas. Sin embargo, la incautación y posterior desaparición de la mejor colección de monedas de oro del patrimonio histórico español tal y como narra Carmen Alfaro, lo que supuso la pérdida de momento irreparable de gran cantidad de monedas de oro griegas, romanas, bizantinas, visigodas, árabes, españolas medievales y modernas, extranjeras y medallas. A propósito de ello resulta de gran interés el artículo de Martín Almagro[28] sobre el momento del expolio y su desarrollo, dando a conocer la gran labor realizada por los conservadores de entonces del museo, que aún en riesgo mortal de ser descubiertos, consiguieron salvar algunas piezas de gran relevancia como la Dobla de Pedro I y el medallón de Augusto.

Otro caso similar lo hallamos en relación con el famoso "oro de Moscú" el cual se refiere a las 510 toneladas de oro que salieron de los fondos del Banco de España, el cual entre lingotes y virutas de oro incluía diversas monedas[29].

En 1939, con el final de la Guerra Civil se creó la Comisaría Nacional de Excavaciones Arqueológicas, concebida como una red de comisarías organizadas en todas las comisarías provinciales e insulares, dirigidas por personajes no profesionales pero que eran elegidos para ejercer el cargo debido a su vocación o implicación en la protección del patrimonio.

CONCLUSIÓN

El patrimonio cultural es un elemento de identidad y de pertenencia para las distintas comunidades. Si bien es cierto que su valorización no ha sido por igual a lo largo de la historia, puesto que en el caso de España no fue hasta principios del siglo XX cuando tanto las instituciones como las comunidades comenzaron a poner en valor el patrimonio histórico-artístico, evitando así su dispersión y pérdida gracias a una labor legislativa, en mayor parte, y educativa, en menor medida.

[28] Almagro Gorbea, Martín "El expolio de las monedas de oro del Museo Arqueológico Nacional y la Políticia de la II República Española de Protección del Patrimonio Histórico". *Boletín Real Academia de la Historia CCV.* 1. Madrid, 2008 (Pp.: 1-72) Disponible en: http://www.rah.es/pdf/pdfmag/579-MonedasOro-MAN.pdf

[29] Almagro Gorbea, Martín. "Las monedas de oro del Banco de España depositadas den la URSS. Un cálculo de su valor actual". *NVMISMA, 253. Año LIX.* Madrid, 2009. Pp.: 127-142.

Sin embargo, el estallido de la guerra civil volvió a hacer tambalear el patrimonio histórico-artístico que provocó el desarrollo de mecanismos para su protección a través de las distintas Juntas que, aunque tuvieron una clara misión protectora también fueron las causantes de la dispersión del patrimonio privado y eclesiástico ante una falta, no en pocas ocasiones, de organización y sistematización en las labores de incautación. De la misma manera, habría que destacar el papel que los distintos órganos tuvieron para tratar, en un momento de guerra y tensión, de avivar el sentimiento de pertenencia del patrimonio histórico a través de la propaganda que llegaba a la población a través de los carteles, buscando concienciar sobre la importancia de todo tipo de patrimonio, poniendo a salvo monumentos y colecciones museísticas y sobre todo llevando ese mensaje y acción a los pueblos y comunidades más pequeñas.

En suma, son muchas las pérdidas que ocasionó la guerra civil, específicamente en el ámbito cultural supuso un periodo de pérdida y dispersión del patrimonio y de paralización del mercado del arte. Pero al mismo tiempo también, representa un punto de inflexión en el cuidado y salvaguarda del patrimonio desde una perspectiva social, pues si bien fue el momento en el que se evidenció a España como pionera en las labores de salvaguardia del patrimonio y la estrecha relación entre el patrimonio histórico y su comunidad que se formó durante este periodo. También supo enfocar al pueblo español como el principal guardián de su patrimonio.

6.

LA GUERRA CIVIL ESPAÑOLA Y LAS VANGUARDIAS ARTÍSTICAS EN LA CONSTRUCCIÓN TEXTUAL DEL MUSEO NACIONAL CENTRO DE ARTE REINA SOFIA

José Luis Neila Hernández
Universidad Autónoma de Madrid

Todo museo guarda una dimensión antropológica. "Desde cierto punto de vista, todos los museos son antropológicos", acierta a afirmar Luis Grau Lobo, presidente de ICOM España. "Los museos nos definen como somos, y lo hacen contra algo o alguien, o a favor, pero siempre frente a frente, como el observador y la vitrina".[1] El museo de arte contemporáneo, como es el caso del centro Reina Sofía, es permeable y sustancial a la construcción de la identidad de una sociedad y la conjunción de relatos. El museo, y en especial, el museo de arte contemporáneo se muestra especialmente vivo y dinámico, continuamente interpelado desde su historicidad en la permanente conexión entre el presente y el pasado. El museo Reina Sofía –precisan el anterior director del centro Manuel J. Borja-Villel, junto a Jesús Carrillo y Rosario Peiró–, a diferencia de algunos museos contemporáneos que:

> (…) han reaccionado contra el modelo canónico mediante un abandono absoluto de la noción de historia, nosotros optamos por plantear el carácter problemático de la historia y dejamos siempre sin resolver el vínculo existente entre los objetos o las imágenes y el pasado o el presente. Rechazamos la tentación de fijar el sentido de las obras, de convertir las circunstancias en las que fueron ejecutadas o en las que son recibidas en un marco privilegiado de significado (…) la misión del museo es estimular actitudes refractarias a la cristalización de imágenes paralizantes de la realidad, pues de ello depende que puedan atisbarse horizontes alternativos de significado.[2]

El visitante es parte activa de la experiencia estética y cognitiva del museo mediante la apropiación. En nuestro caso, se trataría además con el "agravante" de un reincidente habitual en el lugar de los hechos. El lienzo del tiempo a lo largo de estas últimas dos décadas enriquecen una perspectiva y una memoria sobre la que se sedimentan, y así tratamos de ponerlo en valor en cada visita, la propia metamorfosis en la colección

[1] Grau Lobo, Luis "Presentación", *ICOM. España.CE. Revista del Comité Español de ICOM*, n. 16, 2019, pág. 5.
[2] *La colección Museo Nacional Centro de Arte Reina Sofía. Claves de lectura (parte I)*, Madrid, Museo Nacional Centro de Arte Reina Sofía y Ediciones La Central, 2010, págs. 7-10.

permanente, junto al espejo fragmentado de relatos y miradas de otras exposiciones temporales en el museo Reina Sofía u otras exposiciones que en Madrid sirvieron de escenario a otras visitas cuyo nexo común es la mirada a partir de la historia internacional desde comienzos del siglo xx.

Es, por tanto, desde esta conexión entre la historia internacional y el arte como producto cultural e histórico desde el que se diseña y escenifica la actividad extracurricular que tiene como motivo más reclamado el *Guernica* y como epicentro el pabellón de la República en París en 1937. La guerra civil y, en particular, la presencia de la República en París emergen como un nodo de enlaces múltiples con la propia colección del museo –"vasos comunicantes"–, como el episodio 3 "Campo cerrado" donde se exhiben obras del tiempo de la autarquía en España (1939-1953) en cuyas primeras salas se proyectan la España victoriosa de la guerra civil y la España del exilio, o en exposiciones temporales como "Encuentros con los años treinta" (octubre de 2012-enero de 2013) o "Poética de la democracia. Imágenes y contraimágenes de la Transición" (diciembre de 2018-mayo de 2020) en una de cuyas salas se exhibían fotografías de la Bienal de Venecia de 1976, en pleno proceso de transición a la democracia, y para la que se recuperaron imágenes y obras del pabellón de la República en París tendiendo un vínculo temporal legitimador entre la democracia en peligro y la democracia en ciernes, junto a un amplio elenco de obras del "arte antifranquista".

La visita se entreteje como una exploración y una invitación a pensar el museo desde diferentes lienzos interpretativos, cuyas piezas distribuidas por las salas en torno al *Guernica* se contemplan a modo de piezas de un puzle, cuya resolución y desenlace encuentran su lugar en el pabellón –la maqueta original– que se exhibe próximo al mural de Picasso. Un puzle cuyo armazón descansa sobre las conexiones entre el arte de las vanguardias, la propaganda y las relaciones internacionales de la república española en plena guerra civil. Un puzle cuyo ensamblaje se sustenta a partir de la problematización de la mirada: ¿de qué modo el arte de las vanguardias cristalizó su compromiso político con la República en guerra? ¿Cómo se categorizó un discurso político y estético a caballo entre la dialéctica de la modernidad y el progreso frente a la tradición y las inercias reaccionarias del pasado, de un lado, y desde la dialéctica fascismo-antifascismo determinante en la internacionalización de la guerra civil española, de otro? ¿Y cómo el contenido y el continente de la presencia republicana en París orienta un discurso y una propaganda hacia unos destinatarios prioritarios, los Estados demoliberales?

El Pabellón de la República Española en la Exposición Internacional de Artes y Técnicas de la Vida Moderna en París 1937: arte, propaganda y relaciones internacionales

Los preparativos finales de la República para culminar su puesta en escena en la Exposición Internacional de Artes y Técnicas de la Vida Moderna en París en 1937, como no podía ser de otro modo, estuvieron mediatizados por la trágica guerra civil que siguió al fracaso del golpe de estado del 18 de julio de 1936. El inicio de la guerra y su prolongación posterior tan solo fue posible a tenor de su proceso de internacionalización y es, precisamente, desde estas claves externas donde cobra toda su dimensión textual la estrategia y la operación de propaganda de la República en París. Fue "la mayor acción política, diplomática, artística y propagandística que el Gobierno de la República llevó a cabo durante la Guerra Civil fuera del territorio nacional". Desde la "precaria situación económica y militar de España, la falta de apoyos internacionales –salvo el de la URSS– y la impredecible duración de la guerra, se trabajó para que el Pabellón Español sirviera de escaparate a la defensa de la legitimidad del Gobierno de la República y a su lucha contra el fascismo".[3]

El itinerario de nuestra visita lo emprendemos desde unas claves expositivas de partida que de modo sintético giran en torno a la internacionalización de la guerra civil en la antecámara de la exposición universal –el contexto internacional–, las ferias internacionales como teatro donde transcurrió la representación propagandística de la República –el escenario–, y las vanguardias y el compromiso político en la España republicana de cara a la cita de París –la estrategia político-cultural–.

La internacionalización de la guerra civil española como contexto, en primer término, se puso de manifiesto desde sus primeros lances una vez que fracasó el golpe de estado. La búsqueda de ayudas externas se convirtió en una necesidad existencial para ambos bandos. Como bien advierten Inmaculada Cordero y Encarnación Lemus en su excelente síntesis sobre este prisma de la guerra civil de entre la copiosa y abundante bibliografía "la petición y aceptación de la ayuda condicionó la evolución política de las dos zonas en lucha"[4]. Partiendo de las tesis tradicionales de Ángel Viñas sobre la incidencia del factor exterior en la guerra, Enrique Moradiellos concluye que, si bien la contienda tuvo motivos endógenos, su curso y desenlace estuvieron determinados por la intervención exterior.

---

[3] *La colección Museo Nacional...*, pág. 165.

[4] Cordero Olivero, Inmaculada-Lemus López, Encarnación "La internacionalización de la guerra civil española (1936-1939)", Pereira Castañares, Juan Carlos (coord.) *La política exterior de España. De 1800 a nuestro días*, Barcelona, Ariel, 2010, p. 609. De entre la amplia bibliografía existente sobre la dimensión internacional de la guerra civil española remitimos a la consulta de las siguientes obras de referencia: Alpert, Michel *Aguas peligrosas. Nueva historia internacional de la guerra civil* española, Madrid, Akal, 1998; Avilés Farré, Juan *Las grandes potencias ante la guerra de España*, Madrid, Arco/Libros, 1998; Berdah, Jean François *La democracia asesinada. La República española y las grandes potencias*, Barcelona, Crítica, 2002; Moradiellos, Enrique *El reñidero de Europa: las dimensiones internacionales de la guerra civil española*, Barcelona, Península, 2001; y de Ángel Viñas su trilogía *La soledad de la República*, *El escudo de la República* y *El honor de la República*, publicados en Crítica entre los años 2006 y 2009.

El mismo 19 de julio de 1936 tanto el presidente del Gobierno republicano, José Giral, como los generales sublevados solicitaron ayuda internacional. Entre estos últimos sería el general Franco quién lograría materializar a través de sus emisarios la ayuda de Hitler y Mussolini. A finales de julio comenzarían a enviarse los primeros pertrechos a los sublevados. En el caso alemán, movido por motivaciones estratégicas y económicas primordialmente y, en menor medida, ideológicas, la ayuda militar fue por calidad muy superior a la que obtuvo el bando republicano y que cristalizaría en la emblemática Legión Condor. Desde Italia las motivaciones de Mussolini fueron también estratégicas a tenor de su interés por modificar el equilibrio en el Mediterráneo y político-ideológicas, en mayor grado que las alemanas a raíz de su voluntad por alentar un régimen afín en España. La ayuda militar italiana fue más comprometida en sus recursos humanos, cuya presencia devino en la formación de un cuerpo expedicionario –*Corpo Truppe Volontarie*–.

El Gobierno de José Giral, por su lado, se dirigió al Gobierno francés, por aquel entonces conformado por el Frente Popular bajo la dirección de Léon Blum, quién en primera instancia se avino a facilitar ayuda a la República española, aunque bien pronto viraría hacia una política claramente *appeaser,* como consecuencias de las propias tensiones internas en el Gobierno y la mediatización respecto a la política británica, que por motivaciones geopolíticas, económicas y culturales a raíz de sus temores a una deriva revolucionaria se encaminó al encapsulamiento de la guerra española respecto a Europa. Francia, en cualquier caso, profundamente sensible a los efectos de la guerra civil española sobre la opinión pública y los distintos gobiernos y su dependencia respecto de la política británica practicaría una política intermitente en sus fronteras respecto al paso de la ayuda internacional a la República.

El 1 de agosto de 1936 y con la evidencia de que Alemania e Italia habían iniciado su ayuda a los sublevados el Gobierno francés propuso a las potencias europeas la firma de un Acuerdo de No Intervención. A finales de aquel mes todos los Estados europeos –incluidos Alemania, Italia y la Unión Soviética– habían suscrito el acuerdo y el 9 de septiembre se constituyó el Comité de No Intervención en Londres. La labor del Comité de Londres resultó del todo estéril y no evitó la ayuda e intervención extranjera en España, particularmente de Alemania e Italia, cuya coordinación daría lugar a la conformación del Eje Roma-Berlín, y posteriormente de la Unión Soviética. El 11 de diciembre de 1936 el ministro de Estado de la República española, Julio Álvarez del Vayo, intervenía ante el Consejo de la Sociedad de Naciones para denunciar el fracaso de la no intervención y el perverso efecto que esta política suponía para el gobierno legal de España al equipararle *de facto* con los insurgentes.[5]

Desde Estados Unidos la política de la Administración de Franklin Delano Roosevelt se atendría a la inercia de la política de neutralidad aplicada a la guerra ítalo-etíope, que en el caso español al tratarse de una guerra civil se enunciaría primero en términos de embargo moral y más adelante como embargo legal –*Spanish Embargo Act* de 8 de

[5] Ibídem. Págs. 612-618.

enero de 1937–, lesiva de cualquier modo para los intereses y los derechos legítimos de la República.

Desde la Unión Soviética Stalin "se mostró reticente a implicarse desde el principio", aceptando la política de no intervención para confinar el conflicto español. La implicación de la III Internacional fue mucho más activa, especialmente cuando se fue evidenciando el fracaso del Comité de No Intervención y la creciente ayuda alemana e italiana a los sublevados. Su ayuda adquiriría su más elocuente expresión en las brigadas internacionales. Para la política exterior soviética, por aquel entonces codificada desde la estrategia frentepopulista, su intervención en España "podía acabar con el esfuerzo de acercamiento a Francia y Gran Bretaña". No obstante, la posición soviética hacia la guerra de España se modificaría a tenor del fracaso de la No Intervención y la creciente presencia de las potencias fascistas en España. A partir de octubre de 1936 se iniciaría el envío de ayuda militar de manera creciente y sostenida, lo que permitió, tal como afirmaba Fernando Schwartz, la resistencia de la República. En opinión de Enrique Moradiellos las evidencias documentales parecen apuntar a que Stalin puso a prueba a las democracias europeas en la contención del fascismo.[6]

El escenario, como segunda clave, tendría a París como protagonista de la Exposición de Artes y Técnicas de la Vida Moderna. El gobierno francés asumió la iniciativa en julio de 1934 bajo la regulación del *Bureau International des Expositions* –Oficina Internacional de Exposiciones– creada en 1928. De acuerdo con los postulados de dicha oficina las "World Expos have explicitly been organized around a theme that attempts to improve humankind's knowledge, takes into account human and social aspirations and highlights scientific, technological, economic and social progress".[7]

El evento se celebraría, pese a los retrasos, entre el 25 de mayo y el 25 de noviembre de 1937. Estas auténticas olimpiadas estatales, de muy variada tipología –universales, temáticas, regionales...–, experimentarían en la década de 1930 un "florecimiento definitivo". Según los datos esgrimidos por Romy Golan los visitantes a estos eventos a lo largo de dicho periodo rondaron los cuarenta millones.[8] Estos eventos:

> Para los nuevos estados-nación y las naciones en desarrollo, estas exposiciones eran una vía de promoción; para las democracias consolidadas de Europa y Estados Unidos tenían una finalidad compensatoria, pues contribuían a disipar los miedos derivados

[6] Ibídem. Pág. 623.

[7] https://www.bie-paris.org/site/en/about-world-expos (consultado el 23 de octubre de 2023).

[8] La secuencia de las más relevantes entre estas ferias ilustran su ciclo expansivo: la Exposición Colonial, Marítima y de Arte Flamenco en Amberes y la Exposición Internacional de Estocolmo en 1930; la Exposición Colonial de París 1931; la *World's Fair* de Chicago de 1933; la Exposición Colonial de Oporto y el *Levant Fair* de Tel Aviv en 1934; la Exposición Universal e Internacional de Bruselas, la Exposición Internacional de San Diego y la Exposición del Centenario de la Revolución Farroupilha de Porto Alegre en 1935; la Exposición Imperial de Johannesburgo y la Feria Mundial del Centenario de Texas en Dallas en 1936; la Exposición Internacional de Artes y Técnicas Aplicadas a la Vida Moderna en París, la Exposición Panamericana de Dallas y Miami y la Exposición Pan-Pacífica de la Paz de Nagoya en 1937; la Exposición Imperial de Glasgow en 1938; y, clausurando la década, la *World's Fair* en Nueva York, la Exposición Internacional del *Golden Gate* de San Francisco, la Exposición del

de los conflictos geopolíticos y económicos de los años de la Gran Depresión. Para los regímenes totalitarios, como la Unión Soviética y la Alemania nazi, las ferias universales satisfacían las ansias de legitimación.[9]

Las ferias son por definición temporales en su duración, pero también en su proyección metatemporal. La Exposición Colonial de París de 1931 "era deliberadamente anacrónica, orientada a la grandeza colonial pasada (la del siglo XIX)" y su estilo estético y narrativo se modulaba desde la apología de los imperios y la benevolencia y legitimación de la misión civilizadora de Occidente. "La vuelta al mundo en un solo día" como clamaba su eslogan tan solo era posible desde el locus de enunciación eurocéntrico y Occidental.[10] La exposición en plena resaca del crack bursátil de 1929 y cuya onda ya afectaba de pleno a las economías europeas, alentaba un discurso complaciente con los mercados cautivos coloniales de ecos autárquicos ante el colapso del mercado y del capitalismo liberal. Por su lado, la Exposición Internacional de Artes y Técnicas de la Vida Moderna de la capital francesa en 1937, localizada en los Campos de Marte bajo la torre Eifel "estaba anclada –en palabras de Romy Golán– en el presente". Un foro sensible y permeable al cargado ambiente eléctrico de la agitación político-ideológica de Europa, atenazada por la dialéctica fascismo-antifascismo. Por aquel entonces, el periodista suizo Max Eduard Liehburg describía con elocuencia el clima de *realpolitik* bajo el que transcurrió la exposición:

> En lugar de ser una apoteosis del arte y la tecnología capaz de derribar fronteras, esta exposición se ha convertido en un festín de las vanidades nacionales, del deseo de dominación de cada nación, un campo sembrado de pabellones de propaganda nacional. Esta –Liga de las Naciones– ha degenerado en una convención de ministerios de propaganda en la que todos intentan intervenir a la vez. Cualquiera que quiera saber qué imagen de sí misma tiene cada nación y qué imagen desea comunicar al resto del mundo, se puede ahorrar las molestias de emprender un viaje alrededor del mundo.[11]

La *World's Fair* de Nueva York de 1939, en cambio, proyectaba toda su vocación en la conquista del mañana. En 1939 el semanario francés *L'Ilustration* dedicaba una de sus portadas al *New York World's Fai*r y bajo una enorme bandera de los Estados Unidos y una de las esculturas icónicas de la exposición figuraba impreso "Le monde de demain". La estética reinante no podía ser más evocadora como contrapunto a la feria parisina de 1937 y sus construcciones neoclásicas inexpresivas. Sus pabellones de estilo *déco*

Centenario de Nueva Zelanda en Wellington y la Exposición Agrícola de la Unión Soviética en Moscú en 1939 que, en buena medida, fue una réplica a las exposiciones de París y Nueva York de 1937 y 1939.

[9] Golan, Romy "La feria universal. Un teatro transmedia", en *Encuentro con los años treinta*, Madrid, Museo Nacional Centro de Arte Reina Sofía-La Fábrica, 2012, pág. 173.

[10] Ibídem.

[11] Friebe, Wolfgang *Building of the World Expositions*, Leipzig, Edition Leipzig, 1985, p. 152, reproducido por Golan, Romy "La feria universal...", pág. 176.

racionalizado y la emulsión de una paleta de colores suaves eran toda una declaración de intenciones. La evocación de la paz y la mirada al futuro se proyectaban sobre icónicos polos de atracción de la exposición como el edificio onírico de Dalí *El sueño de Venus*, el *Perisferio* –una utopía urbana democrática de una megalópolis que conectaba con otras ciudades idílicas en la periferia– o *Futurama* como visión auto-profética de la América motorizada de 1960. A diferencia de la utopía marxista de la Unión Soviética o el sueño milenarista del nazismo, desde Estados Unidos se proyectaba una utopía al alcance de los sentidos. En ese imaginario moderno y amable desde el presente no puede pasar desapercibido el discurso inaugural pronunciado por Franklin D. Roosevelt. Fue la primera intervención presidencial televisada.[12]

Y la tercera clave, por último, descansaría sobre el compromiso político de los intelectuales, y en especial de los artistas, con la República en la paz y en la guerra. La contienda civil que desgarró el país intensificaría y ampliaría la dimensión política e ideológica de los artistas y de las vanguardias, cuyas trazas desbordarían el propio arco cronológico de la guerra tal como acontecería en el exilio –caso por ejemplo de la actividad estética y política de Josep Renau en México– o en el interior desde la clandestinidad y el activismo antifranquista del Grupo Estampa Popular que emergió en distintos focos –Madrid (1959), Sevilla (1960), Córdoba (1961), Vizcaya (1962), Valencia (1964), Cataluña (1965) y Galicia (1968)–.

La Guerra del Catorce y el propio proceso revolucionario en Rusia en 1917, sin olvidar por supuesto otros focos en Europa –particularmente en Alemania o Hungría–, agitarían el ecosistema de las vanguardias artísticas embarcadas en la búsqueda y la creación de un nuevo lenguaje estético y forjar una actitud de ruptura para una nueva sociedad sobre los escombros de la antigua razón liberal burguesa. Las señales de crítica hacia el positivismo y la fe en el progreso que desde la filosofía se habían ido emitiendo a finales del XIX, caso de los idealistas neokantianos como Wilhem Windelband o Wilhem Dilthey, se amplificarían y se socializarían a mayor escala con la Gran Guerra. De entre las vanguardias el dadaísmo, por su radical influencia sobre otros ismos, encarnó una voluntad consciente de cambio extremo. Surgido en 1916 en Zúrich en el cabaret Voltaire, a pocos metros del lugar de residencia de Lenin, la ciudad era un hervidero de exiliados, refugiados de guerra, desertores y conspiradores. Allí, como en otros focos posteriores caso de París, Nueva York, Colonia, Hanover o Barcelona, junto a Rusia, la guerra y la revolución alentarían la reacción contra la cultura burguesa. No obstante, como acertadamente matiza Manuel Borja-Villel, la "politización de la cultura de vanguardia era, ya en la década de 1910, inminente e inevitable". El dadaísmo se expresó como "experiencia de la totalidad, superación positiva y afirmativa de la razón tal y como se había entendido

[12] https://www.youtube.com/watch?v=qMRuUqW2Ogk (consultado el 23 de octubre de 2023). Véanse, asimismo, los trabajos de: Fickers, Andreas "Deux regards sur une même technologie: la télévision aux expositions internationales de Paris (1937) et New York (1939)", *Hermes, La Revue*, n. 50, 2008/1, pp. 163-170 (https://www.cairn.info/revue-hermes-la-revue-2008-1-page-163.htm); y Kilhstedt, Folke J. "L'utopie réalisée. Les expositions universelles des années trente", *Centre de Recherche sur la Culture Techninque*, Neuilly-sur-Seine, n. 28, 1993.

hasta el momento, encumbramiento del cambio como valor radical"[13]. Junto al dadaísmo otras vanguardias como el futurismo, el cubofuturismo o más adelante corrientes como el Constructivismo –en artistas como Rodchenko y Popova–, la Bauhaus fundada en 1919 por Walter A.G. Gropius o la Nueva Objetividad de George Grosz, tras su etapa dadaísta, en la República de Weimar ilustrarían esa feroz crítica del pasado y de la razón liberal burguesa y la concepción de un arte útil en la construcción de la nueva utopía.

La década de 1920 fue –en palabras de Peter Wollen– "un periodo de vanguardismo dinámico, en muchos aspectos, un desplazamiento de la energía liberada por la Revolución rusa". Entre algunas vanguardias, como el surrealismo, estos se "identificaron con la revolución e imitaron, en su propia organización las características del leninismo: estableciendo una revista central, emitiendo manifiestos y panfletos agitadores, vigilando la pureza del grupo y expulsando a los desviacionistas". De hecho:

> (...) se podía pensar, incluso, en el Surrealismo como forma de "vanguardismo occidental", opuesta al "vanguardismo soviético" científico que no solo floreció en la Unión Soviética (Futurismo, Constructivismo, *Left*), sino también en Europa Central. Especialmente en Alemania, se produjo una lucha entre una modernidad orientada a la Bauhaus y al Constructivismo (a menudo también con tendencia soviética) y un movimiento romántico radical, el Expresionismo, que presentaba afinidades con el Surrealismo pero que carecía de su originalidad y de su base teórica. También el Construtivismo tuvo su ala reformista, estrechamente vinculada con la socialdemocracia alemana.
>
> La vanguardia soviética, como los surrealistas, quería revolucionar el arte en un sentido más amplio que un simple cambo de forma y contenido, y alterar por completo su función social. Pero mientras que Breton deseaba introducir el arte y la poesía en la vida cotidiana, el objetivo de la Unión Soviética era introducir el arte en la producción.[14]

En la década de 1930 se haría más evidente la deriva ideológica y creativa del Surrealismo, a tenor de la aproximación de algunos de sus miembros al Partido Comunista coincidiendo con los efectos de la Gran Depresión y el auge de los fascismos en Europa. En 1930 tenía lugar la fundación de la revista *Le Surrealisme au service de la révolution* por André Breton y el estreno parisino de *L'âge d'or* de Luis Buñuel. El director había ingresado en el movimiento surrealista el año anterior como Salvador Dalí[15]. Una deriva que coincidiría con la internacionalización y diversificación del movimiento en París y otros nodos que surgieron en Europa y al otro lado del Atlántico.

Mención especial en relación con el surrealismo merece la muestra que el museo Reina Sofía se realizó entre los meses de septiembre de 2022 y marzo de 2023 sobre el

[13] Borja-Villel, Manuel "Prólogo", en Tupitsyn, Margarita (ed.) *1914-1924. Dadá ruso*, Madrid, Museo Nacional Centro de Arte Reina Sofía, 2018.

[14] Wollen, Peter *Asalto a la nevera. Reflexiones sobre la cultura del siglo XX*, Madrid, Akal, 2006, págs. 144-145.

[15] Véase *La colección Museo Nacional...*, págs. 117 y 129.

psiquiatra vinculado al surrealismo Francesc Tosquelles "Cómo una máquina de coser en un campo de trigo". Su obra durante la República, la guerra civil y la inmediata posguerra, particularmente en el exilio en Francia en el hospital psiquiátrico de Saint-Alban-sur-Limagnole, fue radicalmente innovadora al vincular el "ejercicio clínico con la cultura y la política". En aquel hospital artistas de vanguardia como Paul Éluard y Tristan Tzara convivieron con internos y trabajadores, "cuestionando la división tradicional entre normalidad y patología".[16]

El Gobierno republicano recurrió desde el inicio de la guerra al arte como arma de propaganda, "a la que la mayoría de los artistas respondió con un firme compromiso político". En el diseño y ejecución de la denominada "cultura de guerra", como maridaje entre la cultura y la propaganda en tiempo de guerra, fue capital la figura de Josep Renau, quién había sido nombrado Director General de Bellas Artes tras el inicio de la guerra y que asumiría, a su vez, la Dirección de Protección de Patrimonio Artístico y Cultural. Desde las revistas afines a la República, caso de *Nueva Cultura*, *Nosotros* o *Gaceta del Arte*, se desenvolvería el debate sobre la "necesidad de un arte comprometido y formalmente próximo al realismo", mientras que otros órganos como la revista *Octubre*, dirigida por Rafael Alberti y María Teresa León, apostaban por una estrategia de acción en línea con el modelo soviético revolucionario de *agit-prop*.[17]

La política de "cultura de guerra" promocionada por Josep Renau "se fundamentó en la reivindicación del poder de las imágenes, de modo que el cartel, la fotografía y el fotomontaje se convirtieron en las principales manifestaciones artístico-propagandísticas: constituían instrumentos de persuasión capaces de crear opinión pública". A su dominio técnico del medio se agregaba su caudal de conocimientos sobre la teoría del montaje cinematográfico soviético de Vsiévolod Pudovkin.[18]

El Guernica en su lugar y su tiempo: tramas textuales y miradas

Nuestro itinerario por las salas alrededor del *Guernica* en el museo Reina Sofía a partir de las claves de interpretación precedentes se encamina hacia la reflexión a la que invita la propia colección en torno a dos ejes axiales en la organización de la textualidad y la propaganda republicana: la dialéctica modernidad-tradición y progreso-retraso, de un lado; y la codificación de la guerra desde las vanguardias participantes en este episodio de la diplomacia cultural republicana, de otro. Un recorrido en que las diferentes piezas hallarían su emplazamiento y sentido final en el pabellón mismo de la República, como contenido y continente, y en torno a cuya vitrina tiene su *estación termini* la visita.

[16] https://www.museoreinasofia.es/exposiciones/francesc-tosquelles (consultado el 28 de octubre de 2023).
[17] *La colección Museo Nacional...*, pág. 151.
[18] Ibídem, pág. 152.

EL HORIZONTE UTÓPICO DE LA MODERNIDAD EN LAS VANGUARDIAS

"Utopía versus realidad" sirve de cabecera al capítulo que la primera entrega de las publicaciones sobre la colección del museo Reina Sofía encarrila el itinerario físico y simbólico hacia el *Guernica* y el pabellón de la República española. En el curso de los treinta, a modo de preámbulo, la preocupación por:

> (...) la regeneración de España va dando paso a un examen más minucioso de las relaciones entre cultura, arte y sociedad, y de sus realizaciones concretas. Los impulsos rupturistas de las vanguardias de principio de siglo buscan su sistematización en modelos y métodos capaces de transformar "realmente" el mundo. Sin embargo, el devenir histórico evidenciará la ambivalencia y las limitaciones de tales proyectos utópicos para intervenir en un mundo cuya modernidad real y cotidiana desborda los parámetros de cualquier programa estético. La cultura de masas, la violencia con que se afirman las nuevas fuerzas políticas y la generalización de los medios tecnológicos de representación, situarán a los artistas de vanguardia ante dilemas de difícil solución. Serán los acontecimientos –el estallido de la Guerra Civil española y la inminente Guerra Mundial– los que precipitarán las soluciones.[19]

La proclamación de la República brindó la oportunidad a los proyectos políticos e intelectuales más audaces en términos de modernización y europeización, que ya habían animado los debates entre diversas generaciones de intelectuales con el despuntar del siglo y que habían litigado textualmente durante la Gran Guerra desde las posiciones de los aliadófilos y los germanófilos. El nuevo régimen concitó diversos proyectos de república acordes a los credos políticos e ideológicos, alentando la puesta en escena de reformas de alto calado –educativa, agraria, laboral, militar y religiosa, entre otras. Pero su ensayo y puesta en escena navegarían entre fuertes tensiones políticas y sociales, cuya incidencia en su curso estuvo al albur de la evolución de la vida política de la República.

En las referencias de modernidad alentadas desde los círculos intelectuales y las vanguardias artísticas españolas, además de los referentes europeos, ocuparía un lugar central Estados Unidos y el proceso de americanización ya visible desde finales del xix en Europa. La república del otro lado del Atlántico, afirma Peter Wollen, proporcionaba al mundo un nuevo tipo de industrialismo. El libro de Frederick Taylor *Principios de la administración científica* publicado en 1911 "anunciaba una nueva época en la que el trabajador se volvería tan predecible, reglado y eficaz como la propia máquina". A su muerte en 1915, la "cadena de montaje de la fábrica que Henry Ford tenía en Highland Park, funcionaba plenamente después de dos años de experimentación". El fordismo supuso "una nueva forma de organizar la producción" y convirtió la "fábrica en una especie de supermáquina por derecho propio, con piezas humanas y mecánicas". En Europa y por supuesto en la Unión Soviética

[19] Ibídem, pág. 131.

el americanismo aparecía revestido de tintes utópicos. Allí la compañía teatral vanguardista Feks (Fábrica del Actor Excéntrico) lanzó una proclama: "Ayer, la cultura europea. Hoy, la tecnología americana", a la vez que Gastev creó el Instituto para la Organización Científica del Trabajo y la Mecanización del Hombre y la escuela de teatro de Meyerhold ensayaba los movimientos mecanizados de sus actores, encarnando al hombre del futuro. La "americanización representaba la verdadera modernidad". El ideal fordista se asumiría y reformularía desde el Círculo de Viena, el pensamiento de Gramsci y el productivismo estalinista. Entendían que las "fuerzas del mercado eran irracionales y derrochadoras, y se mostraban partidarios de la planificación consciente y científica". Henry Ford y el fordismo codificaban un modo de interpretar la modernidad superadora de la lógica productiva del capitalismo liberal decimonónico. "Representaba a la masa, no al individuo". Atendía a los criterios de la producción en serie, estandarizada, corporerizada en el famoso Modelo T. "Cualquier cliente puede hacer que le pinten el coche del color que quiera siempre que este sea negro", rezaba un famoso dicho de la época. En 1935 Walter Benjamin publicaba su ensayo titulado "La obra de arte en la era de la reproductibilidad técnica", desde cuyas páginas se afirmaba que lo "moderno es lo impersonal y lo normalizado".[20]

A menudo –afirma Jordana Mendelson– se considera de modo excesivamente simplista que la década de 1930, "en cuanto heredera de los experimentos y herejías radicales de los años diez y veinte (y de regreso al orden y la 'moderación' de los años inmediatamente posteriores a la guerra), fue una época de retroceso de la vanguardia". Tras el decorado de la Gran Depresión los artistas "tuvieron que enfrentarse a una realidad económica y política que puso a prueba, de una forma novedosa y radical, las redes internacionales de comunicación y amistad", tejidas en los años anteriores. En los treinta "la transmisión de ideas recibió un impulso con la poderosa expansión de las innovaciones tecnológicas en el ámbito de la publicación y de los medios de comunicación". Los "artistas estaban tan versados en el lenguaje del arte abstracto como en el del realismo y el surrealismo, a pesar de las polémicas que bullían en las páginas de las revistas que publicaban". El "realismo, el arte abstracto y el surrealismo dominaban las artes visuales".[21]

En marzo de 1930 en el primer número de la revista *Cercle et Carré* Joaquín Torres García aludía a la confusión y el desorden reinantes, aludiendo al "interés por las experiencias que la abstracción artística había ensayado durante los años veinte y un rechazo al 'desorden' del surrealismo". Un mes después se estrenaba la exposición "Cercle et Carré" en París con la participación de artistas abstractos de variada adscripción –constructivismo, futurismo, purismo, neoplasticismo, dadá y Bauhaus–. Sus "experimentaciones con el espacio y el color descansaban en un sentido profundamente utópico que confiaba en la capacidad del pintor para generar una nueva realidad en colaboración con la arquitectura e, incluso, el urbanismo".[22]

---

[20] Wollen, P., *Asalto a la...*, págs. 42-57.
[21] Mendelson, Jordana "Episodios, superposiciones y..., págs. 15-16.
[22] *La colección Museo Nacional...*, pág. 134.

El lienzo de la utopía y la construcción de la modernidad –desde diferentes sensibilidades estéticas e imaginarios político-ideológicos– y los límites de la realidad modularían una dialéctica fundamental en la conformación del espacio textual del pabellón de la República en París. Modernidad-tradición o progreso-retraso conforman unos binomios cuyas piezas sueltas en la colección permanente se acaban por ensamblar en el pabellón como totalidad discursiva.

El punto de partida de nuestra visita localiza sus coordenadas en el acceso a la segunda planta desde el edifico Nouvel al edificio Sabatini del complejo del Reina Sofía. Dos salas contiguas nos alojan ante un abanico amplio de alzados, planos y maquetas de arquitectura y urbanismo racionalista en España, uno de ellos el hospital para tuberculosos de 400 camas (1931-1938) de Josep Lluís Sert y Josep Torres Clavé. Las claves estéticas y funcionales de estas obras y proyectos avanzan el contexto español de lo que será la filosofía formal del pabellón de la República, uno de cuyos arquitectos fue Josep Lluís Sert.

En toda Europa se está produciendo paralelamente la "consolidación del intenso debate en torno al papel de los medios técnicos de reproductibilidad masiva y la colaboración interdisciplinar en la construcción de la nueva sociedad". El imaginario de la nueva sociedad y la utopía ha tenido como escenario predilecto la ciudad, el mundo urbano, desde la más temprana modernidad europea. Las grandes transformaciones de las sociedades modernas capitalistas desde mediados del siglo XIX se acentuarían con el fin de siglo al albur de la Segunda Revolución Industrial y los grandes avances científicos y tecnológicos. Un horizonte que invita a pensar en la reinvención del espacio urbano y procurar soluciones a los nuevos desafíos como el éxodo rural y satisfacer las necesidades de comunicación y transporte a la sociedad moderna de masas. Ciudad y utopía invadiría no pocas páginas y portadas en publicaciones periódicas de época como *Le Chavari, Le Petit Journal, Popular Science* o *New York Tribune*. La Gran Guerra y la Revolución agitarían las urgencias en torno al nuevo urbanismo y la conquista de la utopía.

En 1930 tenía lugar en España la creación de GATEPAC –Grupo de Arquitectos y Técnicos Españoles para el Progreso de la Arquitectura Contemporánea–, cuya fundación tuvo lugar en Zaragoza como una rama nacional del CIAM –*Congrès International d'Architecture Moderne*–. Desde su órgano de divulgación *Documentos de Actividad Contemporánea* actuaría como plataforma de acción para influir sobre la administración y la industria con el fin de promover sus "pioneras iniciativas partiendo del concepto de la 'ciudad funcional'"[23]. Su estilo de claras conexiones con el constructivismo y la Bauhaus, de formas y líneas limpias y una pureza geométrica, libre de ornamentación, en aras de la funcionalidad y de la configuración de un nuevo urbanismo y una nueva sociedad –de masas–. Un buen ejemplo de las nuevas prácticas urbanísticas en Madrid devendrían de la mano de Luis Bellido, jefe de los Servicios Municipales de Arquitectura, en el desarrollo del Plan General de Mercados de 1931. Inspirados en las máximas de la racionalidad y la funcionalidad se planificaron los mercados centrales de frutas y verduras, de pescados y

[23] Ibídem, pág. 132.

de leche. El Matadero y el mercado de ganados ya habían sido construidos bajo la autoría del propio Luis Bellido.[24]

¿En qué medida el edificio del pabellón de la República respondía a estas premisas? ¿Hasta qué punto en su ejecución se daba cita el binomio modernidad-tradición desde el prisma arquitectónico? ¿Y cómo se insertaba el pabellón español en la cartografía arquitectónica de la exposición de París?

En otro tiempo, no hace demasiados años, la visita nacía desde una hoja de ruta de un museo que es una instantánea del pasado y para quien escribe estas páginas un recuerdo, pero recuerdo vivo en cada una de las visitas al tender siempre un puente hacia el pasado a propósito del presente. Antaño la primera de estas salas se hallaba habitada por la proyección de la película documental de Luis Buñuel *Las Hurdes. Tierra sin pan*. La inmersión en la España rural, la España de las Hurdes como paradigma de un tiempo y un espacio remotos y esquivos al curso del mundo moderno, servía de motivo para reflexionar sobre el relato construido por el cineasta aragonés en torno a la dialéctica modernidad-tradición.

Si el mundo urbano, que precisamente había sido el ecosistema electoral que había hecho posible el advenimiento pacífico de la República, era el espacio predilecto de la modernidad y la construcción de la utopía, el mundo del campo era el espacio por conquistar para la modernidad y emancipar del viejo orden oligárquico y de la tradición.

La educación se había erigido desde el krausismo y la Institución Libre de Enseñanza, y más adelante en el entorno del Regeneracionismo de comienzos del siglo xx, en la estrategia clave para modernizar el país. Con la Segunda República la reforma agraria y la reforma educativa, proyectada –entre otras acciones– a través de las misiones pedagógicas, cristalizaban la urgencia de la actuación sobre el mundo rural. Se insertaría de este modo a la España rural con el proyecto global de modernización. En este sentido, las "prácticas fotográficas y fílmicas que, con voluntad científica, informativa o artística, se dedican a la representación del medio rural se conciben como una forma de mediación privilegiada entre la ciudad y el campo".[25]

Luis Buñuel afrontaría desde la mirada del surrealismo etnográfico –en expresión acuñada por James Clifford– su tercera película, *Las Hurdes, tierra sin pan. Estudio de geografía humana* estrenada en 1935, bajo el mismo título que la tesis de Maurice Legendre publicada en 1927. Con el horizonte de fondo de la tradición de síntesis entre las ciencias sociales, la geografía y la historia emprendida desde la revista *Synthès Historique* de Henri Berr y la tradición de pensamiento geográfico de Vidal de la Blache, el hispanista francés documentaba las duras condiciones de vida, las creencias y las costumbres de los hurdanos. Las Hurdes "habían despertado un creciente interés entre intelectuales, científicos y estudiosos del folclore desde el siglo xix". Un reclamo potenciado tras las

[24] Ferrero, Javier "Mercados de la República (I)", https://artedemadrid.wordpress.com/2014/04/14/mercados-de-la-republica-i-javier-ferrero/ (consultado el 28 de octubre de 2023).
[25] *La colección Museo Nacional...*, págs. 132-133.

visitas del rey Alfonso XIII en 1922 y 1929, bajo una extensa cobertura informativa. "La Hurdes era el otro en el interior de las fronteras propias"[26]. Convendría no olvidar el papel de la fotografía y la etnografía a la hora de tejer mapas antropológicos hacia las periferias imperiales y también hacia las fronteras internas –por criterios de clase, color o género, entre otros–.

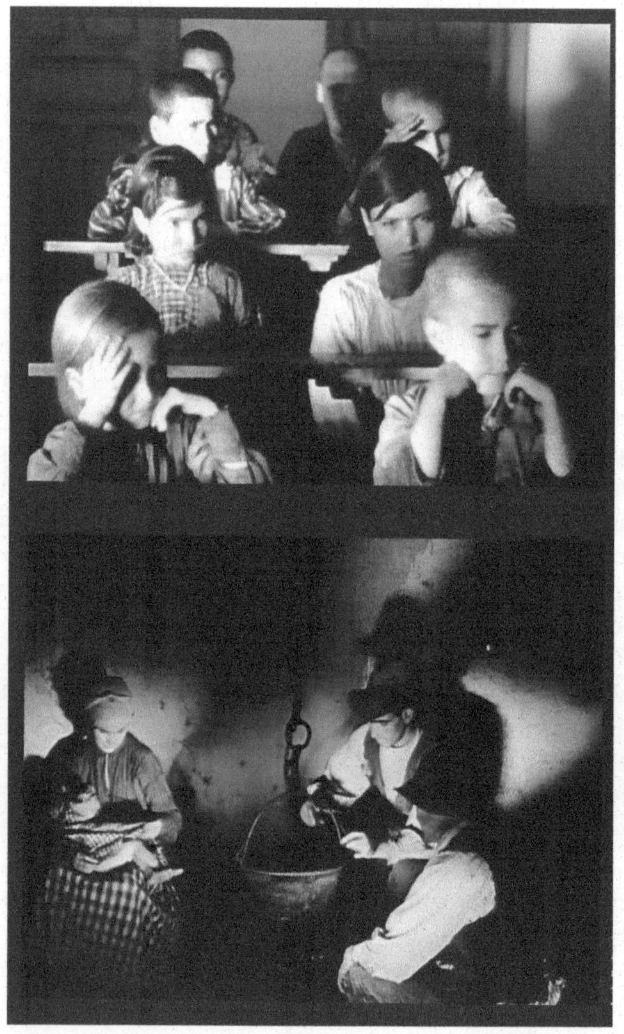

Las Hurdes. *Tierra sin pan* (Luis Buñuel). Fuente: *La colección. Museo Nacional Centro de Arte Reina Sofía. Claves de lectura (Parte I)*, Madrid, Ediciones La Central, 2010, p. 148

[26] Ibídem, págs. 146-149.

El documental de Luis Buñuel, que en la versión expuesta en París en 1937 incorporaría un texto relativo a la agresión del fascismo contra la República española, fue censurado en primera instancia por el Gobierno republicano. El compromiso político de la película proyecta con nitidez la intencionalidad de sus realizadores:

> (...) el anarquista Ramón Acín, que financia la operación, Rafael Sánchez Ventura y los surrealistas simpatizantes del comunismo Eli Lotar y Pierre Unik. Tanto *Octubre* como otras publicaciones de izquierdas defensoras de la estética del realismo socialista soviético, subrayaron el carácter realista del filme y el modo en que plantea el problemas de la propiedad de la tierra en el contexto acalorado del debate sobre la reforma agraria (...)
>
> Por otro lado, Buñuel se sentía cercano a las prácticas del surrealismo en la busca obsesiva de un acercamiento a la enfermedad, la deformidad y la miseria realizada en la película. Al analizar las crudas imágenes mediante las que pretendía mostrar "la región más abyecta de España".[27]

Tras esa mirada antropológica y formalmente científica anidaba no solamente la visión subjetiva de la práctica del surrealismo sino también la intersección del relato visual con un relato verbalizado desde la voz en *off* que de modo permanente orienta y manipula al espectador. Tres escenas que traemos a colación revelan la subjetividad del relato construido por Luis Buñuel: en primer término, la imagen a comienzos del metraje de una madre con su hijo en brazos ataviada de rosarios y crucifijos sobre su pecho al que la "voz" identifica con el peso de la tradición y el poder de la iglesia, pero que vincula con un pasado antropológico propio de las comunidades primitivas desertadas de la historia y catalogadas en el mundo de la tradición oral; en segundo lugar, las secuencias de la escuela en las que el narrador abunda en las excelencias de la educación como oportunidad de progreso; y por último, la conexión del atraso y la rudeza del entorno social con el carácter indómito de una naturaleza salvaje, mediante la escena en la que una cabra montesa se despeña desde un farallón. Una visualización atenta de la escena permite apreciar desde una de las esquinas de la imagen el humo provocado por el uso de un arma de fuego.

La película de Luis Buñuel factura un relato en el que la dialéctica presente-pasado y modernidad-tradición serpentean en un continuum entablando un diálogo abierto en el contexto de la cita de París en 1937 con otras obras expuestas en el pabellón de la República.

[27] Ibídem, pág. 149.

LAS VANGUARDIAS Y LA GUERRA

La guerra, como es obvio, concitaría una atención privilegiada para los artistas participantes en la muestra de la República, caso de Pablo Picasso, Joan Miró, André Masson o Alexander Calder, y también de otros como Dalí con un particular mirada sobre la guerra de España y más tarde, como en el caso de Picasso, hacia la contienda mundial.

El precedente de la Gran Guerra codificaría la experiencia y el aprendizaje moral y crítico respecto a la guerra, a la vez que cimentaría un lenguaje estético en el modo de mirar y representar la guerra que no experimentaría grandes alteraciones al menos hasta la segunda posguerra mundial con la irrupción del informalismo.

Entre los meses de octubre de 2008 y enero de 2009 el museo Thyssen-Bornemisza acogió una extraordinaria exposición, ¡1914! La vanguardia y la Gran Guerra. El conservador jefe del museo, por aquel entonces Guillermo Solana, en la presentación del libro catálogo acertaba al afirmar que:

> Cuando estalló la Gran Guerra, la vanguardia en arte era joven y poseía las condiciones para sucumbir a la seducción del conflicto: culto a la acción, espíritu de combate ("vanguardia" es un término militar), odio a la burguesía y vagos anhelos revolucionarios. Marinetti había llamado a la guerra "única higiene del mundo" y prometía que la contienda amputaría la "inmunda gangrena" de una cultura inerte (...) La guerra iba a ser una catarsis necesaria, una gran hoguera purificadora, un apocalipsis largamente deseado.
>
> Expresionistas alemanes y austriacos, cubistas franceses, futuristas italianos, cubofuturistas rusos o vorticistas británicos coincidieron en la fascinación por ciertos rasgos de la experiencia bélica que quisieron plasmar en su creación. El jinete a caballo como emblema. La mecanización de las armas (la aviación, los carros de combate) y la transformación del hombre mismo en autómata. El camuflaje. La experiencia del artista soldado en la trinchera. Y finalmente, la verdad, que solo pudieron descubrir los supervivientes: la revelación de la guerra como locura, como delirio frenético, como hecatombe patética y grotesca, espantosa y absurda.[28]

Previamente al inicio de las hostilidades en el continente algunos pintores, sensibles al ambiente prebélico reinante como consecuencia de las tensiones entre los Estados-nación y los imperios, caso de Umberto Boccioni, Otto Dix o Ludwig Meidner plasmaban en obras como la de este último *Paisaje apocalíptico* de 1913 visiones turbulentas que "profetizaban, con un patetismo exclamatorio, el hundimiento del mundo moderno".[29] Las vanguardias artísticas que en un principio se sumaron al fervor patriótico, en unos casos, y en otros,

[28] Solana, Guillermo "Prólogo", ¡1914! La vanguardia y la Gran Guerra, Madrid, Museo Thyssen-Bornemisza/Fundación Caja Madrid, 2008, pág. 11.

[29] ¡1914! La vanguardia y la Gran Guerra, Madrid, Museo Thyssen-Bornemisza/Fundación Caja Madrid, 2008 (folleto)

abrazando la guerra como oportunidad de cambio para enterrar el viejo mundo liberal, articularían todo un lenguaje heráldico en consonancia con los aires militaristas en auge al iniciarse el conflicto.

Paisaje apocalíptico (Ludwig Meidner). Fuente: https://www.revistadearte.com/2008/10/19/paisaje-apocaliptico-ludwig-meidner/

La guerra fue también un enfrentamiento entre culturas, especialmente entre la cultura francesa y la cultura alemana. El filósofo Henri Bergson, "quién se hizo publicista de la guerra desde sus inicios", haría apología de los "elevados ideales de la cultura francesa" al entrar en "combate contra la barbarie". En el otro lado, la visión apologética con la que retrataba la guerra Thomas Mann presentaba a la *Kultur* alemana en conflicto con las otras civilizaciones. Eran las verdaderas fuerzas en conflicto.[30]

Estas experiencias estéticas en la codificación de la guerra evidentemente influirían en el lenguaje de los artistas que participaron en el pabellón español en París en 1937 al abordar la temática de la guerra y los objetivos de la propaganda republicana.

En la "cultura de guerra" promovida por Josep Renau la historia de España fue un reclamo esencial y en su reivindicación del realismo no faltarían referencias a la obra de Francisco de Goya. La representación de la guerra civil entraba en diálogo con el imaginario pictórico de las guerras napoleónicas. En muchas publicaciones se hacía mención a estas referencias con la "intención de equiparar ambos momentos históricos, y apelar así al compromiso político de los intelectuales".[31] La apelación de Josep Renau al realismo

[30] "La hora de las acusaciones", ¡1914! La vanguardia y la Gran Guerra, Madrid, Museo Thyssen-Bornemisza/Fundación Caja Madrid, 2008, págs. 25-26.

[31] *La colección Museo Nacional...*, págs. 151-152.

como forma más eficiente de expresión del compromiso político incidiría en el viraje de no pocos artistas en su estilo. Una tendencia que cristalizaría en el marco de la guerra en España, pero en modo alguno singular si atendemos al avance de la figuración y sobre todo del realismo en la década de 1930 desde las ortodoxias estéticas promovidas desde el realismo socialista en la Unión Soviética, el *New Deal* en los Estados Unidos o el clasicismo evocado desde los fascismos.[32]

La participación de Picasso en el pabellón de la República en París dejó como legado la obra más icónica y emblemática de la exposición internacional, además de erigirse como un icono de la lucha contra el fascismo y el desenlace de la guerra civil en España. El artista malagueño aceptó el encargo para realizar un mural en enero de 1937 tras recibir la propuesta por medio de una delegación nombrada por la embajada de la República española en la capital francesa, constituida por Max Aub, Juan Larrea, Josep Lluís Sert y Luis Lacasa. En su casa-taller de la rue des Grands-Augustins le trasladaron las condiciones: la temática quedaba a cargo del pintor, pero siempre y cuando respondiera a las necesidades propagandísticas de la diplomacia cultural republicana. Precisamente por aquel entonces Picasso había terminado "las dos planchas que conforman su grabado *Sueño y mentira de Franco*, su primera obra políticamente comprometida, en la que manifestaba su oposición al levantamiento militar contra la República".[33]

Hasta mediados de abril no comenzaría a trabajar en el mural. Inicialmente la temática habría tenido como motivo los bombardeos de Málaga, pero tras el ataque aéreo sobre la ciudad de Guernica, el 26 de abril de 1937, este se convirtió en el motivo definitivo del encargo. Los primeros bocetos del *Guernica* están fechados el 1 de mayo. Todo el proceso creativo retratado por su compañera de entonces, la artista húngara Dora Maar, acompaña al propio mural en una de las paredes de la misma sala. El bombardeo de Guernica fue de hecho el "pretexto para realizar su alegato de absoluto rechazo a la guerra, y para alertar sobre el coste humano y material que el pueblo español estaba pagando en la lucha por su libertad". Pese a la insistencia y las recomendaciones de Josep Renau en el recurso formal al realismo como vehículo más eficiente para la propaganda, Picasso –de igual modo que otros participantes en la muestra republicana como Joan Miró o Alexander Calder– fue coherente con su propio estilo. De hecho, el mural "calificado de tardocubista, y con atisbos surrealistas– no "fue bien recibido por algunos miembros del Gobierno de la República y representantes del Gobierno vasco" por la ininteligibilidad del lenguaje pictórico. Sin embargo, el *Guernica* "se erigió inmediatamente en un emblema pacifista y antifascista, y así fue reconocido por la crítica a partir de su exhibición en el Pabellón español, desde las páginas de *Cahiers d'Art*, de *Nueva Cultura* y de la publicación de propaganda republicana editada en Londres *Spain at War*".[34]

---

[32] Véase Mendelson, Jordana "Episodios, superposiciones y dispersiones. Una revisión de historias de los años treinta", en *Encuentro con los años treinta*, Madrid, Museo Nacional Centro de Arte Reina Sofía-La Fábrica, 2012, págs. 18-20.

[33] *La colección Museo Nacional...*, pág. 154.

[34] Ibídem, pág. 154.

El efecto dramático del mural se vería potenciado por las enormes dimensiones del mismo y por una paleta de colores que escala desde el blanco al negro. "Son los colores de la tragedia antigua, como señaló Michel Leiris en las páginas de *Cahiers d'Art*", aunque para muchos críticos "aludía a las fotografías y reportajes que documentaban la guerra española en la prensa". El sincretismo del lenguaje de Picasso respecto a las vanguardias, pero también con el pasado se plasmaba en la asimilación de los "conceptos barrocos de lo efímero, el drama y la alegoría". Una obra que retrata un espacio interior en los que la figura humana –de las víctimas inocentes de la guerra– se asocia a dos animales alegóricos del mundo taurino[35] –el toro y el eco del mito del Minotauro de su cultura mediterránea y el caballo–. Nos interesa, especialmente, el componente alegórico de la luz dispuesta en tres focos: la diminuta ventana de la esquina derecha que vierte una luz y unas sombras de ecos tenebristas; el foco de luz del candelabro, y la lámpara eléctrica. Estas dos últimas, en nuestra opinión, vierten un nuevo guiño a la constante que está presente en muchas de las obras del pabellón republicano, la dialéctica modernidad-tradición.

Reportaje sobre la evolución del *Guernica* (Pablo Picasso). Fuente: *La colección. Museo Nacional Centro de Arte Reina Sofía. Claves de lectura (Parte I)*, Madrid, Ediciones La Central, 2010, pp. 158-159

[35] No sería una referencia única, sino que concitaría también el motivo de la obra de otros autores vinculados a los artistas españoles, como André Masson, autor de dos obras expuestas en el museo: *Morts dans l'arène* (1935) y *Corrida Mythologique* (1936).

En la herencia estética, además de la referencia a la tradición barroca, estaría muy presente el legado de Goya, "en particular la de sus obras consagradas a episodios de las guerras napoleónicas, que habían sentado un precedente de pintor de historia y de arte político". Goya "alteró la noción académica de pintura de historia, y con ello sentó las bases modernas de dicho género". En sus "Desastres de la guerra" denunció "la deshumanización de la guerra y concedió el protagonismo a las víctimas anónimas e inocentes que luchaban por la defensa de la libertad".[36]

Con el fin de recaudar fondos la obra tuvo otros destinos después de la cita de París, la primera en Gran Brertaña, donde se expuso junto a una serie de dibujos preparatorios entre octubre de 1938 y enero de 1939 en Londres, Oxford y Leeds y desde mayo de 1939 en Nueva York, Los Ángeles, San Francisco y Chicago. De vuelta a París, durante la Segunda Guerra Mundial y bajo la ocupación se cuenta que los nazis irrumpieron en el estudio de Picasso, un artista consagrado y de pública militancia comunista. Al toparse con una reproducción del *Guernica* el oficial de la *Wehrmacht* le preguntó al pintor "¿Fue usted quien hizo esto?". Picasso le contestó "No, a decir verdad, esto lo hicieron ustedes".[37]

Su lenguaje estético en el modo de retratar la guerra preservaría sus constantes. Años más tarde, entre febrero y mayo de 1945 Picasso dejaba, en esta ocasión, un testimonio inacabado del horror de la guerra y del colapso de la civilización en su obra "El osario", realizado bajo el influjo y la gravidez de las primeras fotos realizadas por el ejército estadounidense de los campos de exterminio nazis y que aparecieron en revistas de alta divulgación como *Life.*

Entre los grandes artistas consagrados que participaron en el pabellón, Joan Miró, mantuvo también su propio itinerario plástico en su lenguaje al participar con su compromiso político y las necesidades de propaganda de la República en armas. La obra en la que detenemos nuestra atención en la visita es el cartel *Aidez l'Espagne*, cuya figura central es un payés catalán tocado con la barretina con un desmesurado puño derecho alzado. Las dos palabras flanquean verticalmente la composición exhortando a la ayuda internacional a la República agredida por el fascismo. El cartel, que formaba tándem con el gran mural de *El segador (payés catalán en rebeldía)*, fue encargado por Christian Zervos, quién le pidió que hiciera una obra que pudiera editarse en formato sello de correos con el fin de recaudar fondos para la República.

En el caso de Dalí, quién no manifestó un compromiso político explícito en la contienda, si proyectó en su obra el horror del clima de tensión en el que se caldearon las pasiones que se desataron el 18 de julio de 1936. Seis meses antes pintó una de sus obras más emblemáticas, *Construcción blanda con judías hervidas (premonición de la guerra civil)*. La pintura, cuyo subtítulo se incorporó a posteriori, aunaba ingredientes típicos del cosmos del artista –lo sexual, lo podrido, lo gastronómico, lo violento...– con las influencias de

[36] *La colección Museo Nacional...*, págs. 157-163.

[37] https://www.pagina12.com.ar/2000/00-07/00-07-06/pag30.htm; y https://elpais.com/cultura/2022-01-08/la-inquietante-pregunta-que-guarda-el-guernica.html (consultado el 28 de octubre de 2023)

Goya. El cuadro no deja de presentar analogías con *Saturno devorando a sus hijos* y *El coloso*. Su mirada hacia la guerra no ignoraría al terminar la Segunda Guerra Mundial el impacto causado por el lanzamiento de las primeras bombas nucleares sobre Hiroshima y Nagasaki, a las que seguiría su obra *Idilio atómico y uránico melancólico* (1945), expuesta en la cuarta planta del museo Reina Sofía y fiel a las premisas estéticas del surrealismo y su propio universo iconográfico.

Aidez L'Espange (Joan Miró). Fuente: *La colección. Museo Nacional Centro de Arte Reina Sofía. Claves de lectura (Parte I)*, Madrid, Ediciones La Central, 2010, p. 168

El retrato y la denuncia de los horrores de la guerra se canalizarían también a través de otros soportes gráficos al amparo de la política propagandística de Josep Renau. El Gobierno de la República encargó la realización de álbumes de dibujos y de fotografías "con la intención de publicarlos como reportajes gráficos y crear un archivo de imágenes de la guerra".[38] El dibujo-documento se vería acompañado de la caricatura. Dos artistas acaparan nuestra atención en la visita: de un lado, la obra del cántabro Luis Quintanilla en su carpeta *Dibujos de guerra* (1937) del que deja testimonio de su presencia en el

[38] *La colección Museo Nacional...*, pág. 170.

frente y la serie *Franco's Black Spain* elaborado en Nueva York en 1938, que estéticamente recuerdan mucho al estilo de George Grosz, y que durante mucho tiempo estuvieron exhibidos en las salas contiguas al *Guernica* y cuyo libro hoy se expone en la cuarta planta del museo en la España del exilio; y de otro, las diez litografías de Francisco Mateo del *Sitio de Madrid* elaboradas entre 1936 y 1937. Estas obras invitan a profundizar en la iconografía y los lugares comunes de la crítica y la sátira contra el bando insurgente recurriendo a las amistades peligrosas internacionales de los sublevados –la Alemania nazi y la Italia fascista– con guiños a la invasión napoleónica, la mirada orientalista hacia las atrocidades y las "incongruencias" de la presencia de tropas marroquíes en la guerra o la mirada crítica hacia la vieja oligarquía de poder.

Franco's Black Spain (Luis Quintanilla). Fuente: La colección. Museo Nacional Centro de Arte Reina Sofía. Claves de lectura (Parte I), Madrid, Ediciones La Central, 2010, p. 171

La prensa gráfica, tal como se puntualiza en el texto de la colección permanente del museo Reina Sofía, requirió también del concurso de los ilustradores y dibujantes como Horacio Ferrer de Morgado en las revistas de unidades de combate de retaguardia y de asociaciones políticas republicanas, socialistas y anarquistas. Muy influido por el legado de Goya su testimonio directo de la guerra fue muy influyente en la codificación de la iconografía y el imaginario antifascista españoles.

Por último, la guerra civil española consagraría el fotoperiodismo y el alcance propagandístico del reportaje fotográfico de guerra. La intención de los fotógrafos nacionales –Agustí Centelles y Alfonso Sánchez– e internacionales –Robert Capa, Gerda Taro y David Seymour– "fue dejar constancia en imágenes impactantes, directas y elocuentes, del dramático momento histórico que vivía España". Al impacto del fotoperiodismo y el reportaje gráfico contribuirían los avances tecnológicos de las nuevas cámaras Leica I y Rollerflex, más ligeras y con un objetivo más preciso, y la incorporación de estos recursos visuales y narrativos en revistas de alta divulgación de masas, como *Life* en Estados Unidos.

El pabellón de la República: entre la propaganda y el relato

El desenlace final y el momento de completar el puzle nos emplaza en la última sala de nuestra visita, allí donde se expone la maqueta original del pabellón de la República, junto a una película documental y otras fuentes gráficas sobre la exposición de París, especialmente las postales cuyo protagonismo recae en los pabellones alemán y soviético, galardonados por la propia exposición.

Exposición Internacional de Artes y Técnicas de la Vida Moderna, París 1937
Fuente: *Encuentro con los años 30, Madrid*, La Fábrica-Museo Nacional Centro de Arte Reina Sofía, 2012, p. 228

La cartografía arquitectónica de la Exposición Internacional de París en 1937 expresaría la gravidez del neoclasicismo, reconocible en el nuevo complejo de Trocadero, y la monumentalidad y la verticalidad de los pabellones de los Estados totalitarios –la Alemania de Hitler y la Unión Soviética de Stalin–. Es, sin duda, la postal más conocida y recordada de la exposición en la que la simetría de la torre Eiffel aparece flanqueada por los pabellones alemán y soviético, casi como una imagen congelada del *appeasement* alentado por las potencias demoliberales europeas. El edificio soviético, obra del arquitecto predilecto de Stalin, Boris Iofan, erigía una enorme mole de estructura escalonada y coronada por la iconografía ya codificada del realismo socialista, el obrero industrial y la campesina –el martillo y la hoz–. Su reflejo, puesto que los alemanes se las ingeniaron para tener acceso a los planos de Boris Iofan, a cargo del arquitecto predilecto de Hitler, Albert Speer, con quien compartía el sueño de la futura Germania como capital del Reich alemán, se proyectaría en el monumental bloque pétreo de estilo dórico "coronado por una descomunal torre cuadrada", donde descansaban la esvástica y el águila imperial.[39]

La gravidez y la verticalidad contrastaban con el estilo horizontal y más amable del pabellón de la República española. El edificio fue encargado a Luis Lacasa en diciembre de 1936 y pronto se vinculó al proyecto a Josep Lluís Sert, quién había sido uno de los fundadores de GATEPAC y había trabajado a comienzos de la década de 1930 en el estudio de Le Corbusier. El resultado fue:

> (...) un edifico de planta libre dominado por la idea de circulación; se trataba de una construcción de líneas modernas, realizada con materiales fabricados en serie (por lo tanto de bajo coste), y cuyo diseño se adaptaba perfectamente a su propósito. Como señala Jordana Mendelson, el pabellón, entendido como un todo, ponía de manifestó el contraste entre el perfil de líneas nítidas de la arquitectura moderna y la complejidad de su programa iconográfico-propagandístico basado en los fotomurales y en los objetos expuestos en su interior. De modo que el edificio supuso la conjunción perfecta de diseño y propaganda[40].

El pabellón se despliega a partir de una planta rectangular y tres pisos en altura. A la entrada del edificio los visitantes accedían a un espacio interpelado por los contenidos políticos de los "lemas y fotomontajes colgados en la fachada" alusivos a la guerra en España y las esculturas localizadas al pie de la entrada, en particular la escultura-poema de doce metros de Alberto Sánchez, *España tiene un destino que le conduce a una estrella*. Una obra también alejada de las premisas realistas promovidas por Josep Renau. El jardín

[39] Golan, Romy "La feria universal...", p. 176. Y véase, asimismo, *Paris, 1937. Cinquantenaire*, Musée d'Art Moderne de la Ville de Paris, 1987; Bibert, Alexandre "Vitrine ou miroir de la nature de régime? Le pavillon de l'Allemagne à l'Exposition universelle de 1937", *Revue d'Allemagne et des pays de langue allemande*, 49/2, 2017, pp. 473-490 (https://journals.openedition.org/allemagne/604); y Fiss, Karen *Grand Illusion: the Third Reich, the Paris Exposition and the Cultural Seduction of France*, Chicago, University of Chicago, 2009.

[40] *La colección Museo Nacional...*, pág. 165.

que rodeaba el pabellón servía de emplazamiento a esculturas de Picasso –*Cabeza de mujer* (1932), *Bañista* (1931) y *Dama oferente* (1933). Junto a la rampa se erigía la escultura de Julio González *La Montserrat*, sosteniendo a su hijo en un brazo y con la hoz en la otra mano. La planta de acceso conducía a un patio-auditorio donde se escenificaron representaciones de teatro y danzas tradicionales, junto a la proyección de noticiarios y documentales, entre ellos *Las Hurdes, tierra sin pan*. En un lugar central de la planta se exhibió la obra del artista cinético estadounidense Alexander Calder, *Fuente de Mercurio* (1937), alusiva a las minas de Almadén codiciadas por el gobierno alemán.

Maqueta del Pabellón de la República Española en París, 1937. Fuente: *La colección. Museo Nacional Centro de Arte Reina Sofía. Claves de lectura (Parte I)*, Madrid, Ediciones La Central, 2010, p. 164

En la primera planta se exponía una secuencia de fotomurales sobre las que el Gobierno de la República pretendía canalizar la atención de los visitantes. Se trataba de las principales reformas emprendidas por el régimen del 14 de abril de 1931 en el ámbito industrial y agrario, además de los ambiciosos proyectos educativos asociados al institucionismo tales como las misiones pedagógicas e iniciativas teatrales y artísticas como La Barraca. Por último, la segunda planta albergaba obras de los artistas más representativos de la República, junto a otra secuencia de fotomontajes sobre artes populares y tradiciones españolas. El propio Josep Renau declaró que "había ideado los fotomurales del pabellón inspirándose en el ritmo propio del montaje cinematográfico soviético, en particular la alternancia de los espacios en blanco con los negros, y de los textos con las fotografías, así como también en la yuxtaposición de imágenes", caso de la imagen –exhibida en las salas del museo– de la mujer de la Alberca, ataviada con el traje regional, y la miliciana, que servía de elemento de denuncia de la gravidez de género de la España tradicional, católica y agraria frente al carácter emancipador y aseverativo de la miliciana. En sí mismo esas yuxtaposiciones giraban en torno a la dialéctica modernidad-tradición que presidió la lógica ontológica del pabellón desde el plano de la propaganda.

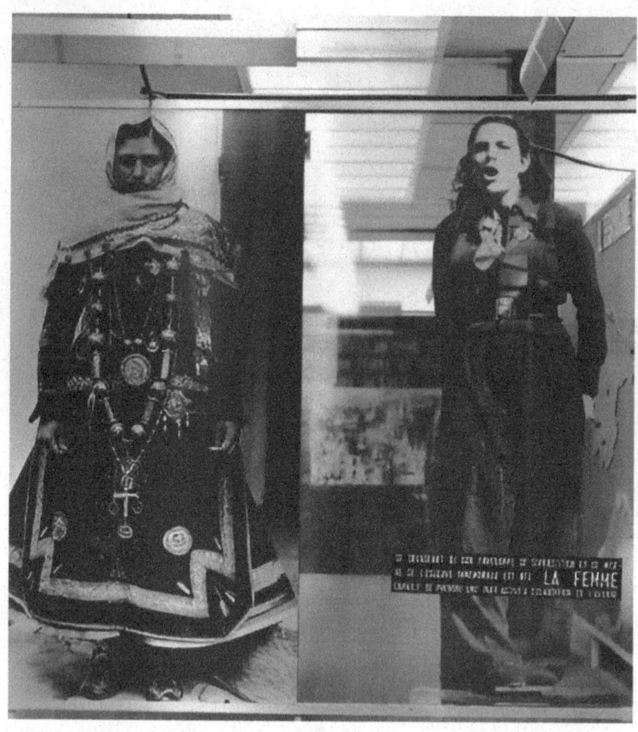

Fotomural (Josep Renau). Colección del Museo Nacional Centro de Arte Reina Sofía

A modo de epílogo: una mirada holística al pabellón español

El pabellón como estructura arquitectónica y como continente de la estrategia cultural y de propaganda de la República dedicaba dos de sus tres plantas a la República en tiempo de paz, proyectando la dialéctica modernidad-tradición y ensalzando el proyecto de progreso de la República hacia la utopía moderna. Dos tercios del pabellón, por tanto, consagrados a la paz y un tercio, la planta baja, dedicada ex profeso a la denuncia de la guerra y la agresión del fascismo.

El propio edificio encarnaba la dialéctica modernidad-tradición. La arquitectura de estilo moderno, de líneas limpias y geométricas, sin ornamentación y orientada a su función; y la tradición del patio-auditorio que bien podía recordar a la arquitectura rural –un cortijo andaluz– e incluso un corral de comedias. Un edificio de planta libre que visto desde la altura, desde otros edificios de la feria o la propia torre Eiffel, insinuaba en su perímetro el mapa de España.

El estilo del pabellón a diferencia del plasticismo vertical, grávido, pétreo y neoclásico de los pabellones de las potencias totalitarias era toda una declaración de intenciones del reformismo civil y modernizador de la república en tiempo de paz. Un mensaje y una propaganda deliberadamente moderada en línea con la propia política del Gobierno de Largo Caballero para captar la atención y la ayuda de aquellos Estados que se habían mostrado más tibios a apoyar a la República española, las democracias liberales. Era evidente, por tanto, el deseo de evitar todo mensaje radical y cualquier signo de revolución que pudiera alentar los temores y suspicacias que especialmente desde las democracias anglosajonas –Gran Bretaña, el gran artífice del *appeasement*, y Estados Unidos–.

7.
SOMBRAS DE UNA ESPAÑA EN GUERRA. ANÁLISIS DE LAS SERIES DOCUMENTALES SOBRE LA GUERRA CIVIL EN LOS PRIMEROS AÑOS DE TVE EN DEMOCRACIA (1979-1987)

Jacobo Herrero Izquierdo
Pablo Berdón Prieto
Universidad de Valladolid

INTRODUCCIÓN

En el prólogo del libro *La ficción televisiva popular. Una evolución de las series de televisión en España*[1], el director de televisión español, Daniel Écija, lanza una afirmación difícil de desmentir: "En la historia de nuestra ficción televisiva de los años 60, 70 y 80 hay más sociología de la España de aquellos años que en muchos tratados universitarios". La frase, que toma sentido si se atiende al papel de la televisión como instrumento mediático hegemónico, podría ser perfectamente aplicable a otros contenidos televisivos que forman parte del acervo cultural de la sociedad española. En concreto, las series documentales componen un género único, cuya producción ha estado movida por distintos intereses, tanto de orden económico como político.

Más específicamente, la representación que desde las series documentales se ha hecho sobre la Guerra Civil constituye un tema de largo recorrido. Las estrategias de programación ligadas siempre a los distintos contextos históricos obligan a estudiar la manera en la que el medio audiovisual ha evocado este suceso. Durante la Transición, por ejemplo, buena parte de estas estrategias se encaminaron a la promoción de la reconciliación nacional y la convivencia libre y pacífica de todos sus ciudadanos[2]. Más adelante, sin embargo, la programación de la etapa socialista iniciada en 1982 buscó ofrecer una visión más adecuada a la apuesta del "cambio" del PSOE y enfocada al desarrollo de un proyecto institucional que renovase el modo de presentar la historia contemporánea de España y también la del enfrentamiento fratricida.[3]

[1] García de Castro, Mario, *La ficción televisiva popular. Una evolución de las series de televisión en España*, Madrid, Gedisa, 2002, pág. 4.

[2] Hernández Corchete, Sira, *La Guerra Civil televisada. La representación de la contienda en la ficción y el documental españoles*, Salamanca, Comunicación Social Ediciones y Publicaciones, pág. 14.

[3] Palacio, Manuel y Ciller, Carmen, "La mirada televisiva al pasado. El caso español (2005-2010)", en Juan Carlos Ibáñez y Francesca Anania (coords.), *Memoria histórica e identidad en cine y televisión*, Sevilla, Comunicación Social, 2010, págs. 38-58.

El discurso histórico sobre la contienda en TVE supone así la base de algunos trabajos recientes. Obras como la de Hernández Corchete[4], como las realizadas por Montero y Paz[5], o como las que forman el segundo apartado de este capítulo han venido a llenar un importante vacío, lo cual no quita que las investigaciones sobre las imágenes y los relatos televisivos acerca de la Guerra Civil sigan siendo sorprendentemente escasos. Sin restar valor a estas aportaciones, es evidente que aún se echa en falta un estudio que se sume a los debates actuales, tomando como referencia producciones concretas. Partiendo de esta base, la presente investigación analiza y compara dos de las series emitidas durante las etapas mencionadas –la del Gobierno de UCD en el proceso de la Transición y la del "cambio" socialista– centradas en un tema "especialmente sensible para las políticas de memoria".[6]

Los títulos elegidos para este análisis han sido *Sombras del ayer* (TVE 1, 1979) y *España en Guerra* (TVE 1, 1987). La primera de ellas se estrenó en tiempos de la dirección general de Fernando Arias-Salgado (1977-1981), siendo la única serie documental que trató el asunto de la Guerra en aquel momento. El sumario que la cataloga en el archivo de Radiotelevisión Española afirma que la serie narraba "la pequeña historia cotidiana de los españoles durante los últimos cuarenta años". Pese a su estilo aparentemente costumbrista, *El País* dijo, al momento de su emisión:

> Se han escrito más de 30.000 libros sobre la guerra civil y TVE todavía no ha ofrecido un cuarto de hora sobre el acontecimiento español de este siglo. Como si en TVE hubiese dos siglos xx. Uno, hasta la sublevación de la guarnición de Melilla, aquel 17 de julio de 1936, y otro, desde el 1 de abril de 1939. Todos los intentos de pasar esta barrera en TVE han fracasado [...] Hoy, sin embargo, TVE emite el programa cero de Sombras del ayer [...] y se atreve, por una vez, a hacer ejemplar aquel aforismo de que la historia es maestra de la vida[7].

En el caso de *España en Guerra* (1936-1939), esta se había gestado bajo el mando de Fernando Castedo en Televisión Española, concluyendo durante la etapa de José María Calviño y programándose definitivamente con Pilar Miró.[8] Sus 31 capítulos de casi una hora de duración y su enfoque eminentemente académico hacían de ella un producto "denso", poco atractivo para el público familiar que se sentaba ante la pantalla del televisor. Su

[4] Hernández Corchete, Sira, *La Guerra Civil televisada...*

[5] Paz, María Antonia y Montero, Julio, "El archivo audiovisual de RTVE. Programas emitidos entre 1956 y 1975 sobre la Guerra Civil", *Revista General de Información y Documentación*, número XXI, 2011, págs. 225-247.; Montero, Julio y Paz, María Antonia, "Usos públicos de la Historia en la Transición española. Divulgación histórica y debate en TVE (1978 a 1985)", *Historia y Política*, número XXXIII, 2015, págs., pp. 276-302.

[6] Palacio, Manuel, *La televisión durante la Transición española*, Madrid, Cátedra, 2012, pág. 262.

[7] Pérez Ornia, José Ramón, "Sombras de ayer" en *El País*, 31-V-1979.

[8] Hernández Corchete, Sira y León Anguiano, Bienvenido, "Las series documentales en Televisión Española entre 1975 y 1982", en Montero, Julio (dir.), *Una televisión con dos cadenas: la programación en España* (1956-1990), Madrid, Cátedra, 2018, págs. 485-494.

inclusión en parrilla, a continuación de títulos de éxito como *Los Colby* o *Corrupción en Miami*, pudo responder al interés de construir o reconstruir el recuerdo que las diferentes generaciones tenían sobre la guerra. También coincidiendo con su estreno, periódicos como *ABC* le dedicaron unas líneas:

> 'España en Guerra, 1936-1939', una serie que ha visto varias veces pospuesta su emisión, comienza hoy en la Primera Cadena. Televisión Española no ha escatimado medios en su realización. El texto es obra de un equipo compuesto fundamentalmente por historiadores [...] El grupo de autores explica que la serie está destinada a 'una generación que no ha conocido los horrores de la guerra ni directamente ni a través de sus padres' y también 'a quienes tienen de la guerra la vivencia que les fuera transmitida por sus padres durante el franquismo'[9].

La intencionalidad de ambas series, reconocida incluso por sus autores, invita a reflexionar sobre el formato, el enfoque y los objetivos de la mismas. Dado el rol de Televisión Española como baluarte estratégico del Estado, como medio que operó en régimen de monopolio hasta la llegada de las privadas (1989), este trabajo plantea los siguientes interrogantes: ¿qué tipo de relato se llevó a cabo para referirse y transmitir el recuerdo de la Guerra Civil? ¿existió alguna evolución en el tratamiento? ¿qué estrategias se emplearon (discursivas, técnicas, estilísticas) para referirse a este acontecimiento? Los ochos años que transcurrieron entre la emisión de una y otra serie y la distancia temporal y simbólica que marcó la victoria del PSOE hace que se parta de la siguiente hipótesis de investigación: *España en Guerra* (1987), a diferencia de *Sombras del ayer* (1979), defendió posicionamientos más críticos y contundentes en su relato sobre las causas, evolución, consecuencias y hasta culpables del conflicto.

El fin último sería profundizar en la relación entre audiovisual e historia que gira en torno a tres ejes medulares: la historia "como tema"; el audiovisual "como fuente histórica" y los medios "como agentes históricos, implicados en la producción de visiones e imaginarios sobre el pasado".[10] El hecho elegido no podía ser otro que la Guerra Civil, utilizada muchas veces como punto de partida en la invención de la nueva tradición de la España democrática.[11]

[9] *ABC*, "España en Guerra, 1936-1939, recuerdos bélicos en forma de documentos" en *ABC*, 28-I, 1987.

[10] Pelaz, José Vidal, "El pasado como espectáculo: reflexiones sobre la relación entre la Historia y el cine". *Légete. Estudios de comunicación y sociedad*, volumen VII, 2007, págs. 5-31.

[11] André-Bazzana, Bénédicte, *Mitos y mentiras de la Transición*, Barcelona, El Viejo Topo, 2006.

UNA BREVE REFLEXIÓN SOBRE LA CREACIÓN Y LA RECREACIÓN (TELEVISIVA) DE LA GUERRA CIVIL

Las industrias audiovisuales han ejercido un importante papel como agente de memoria. Su inmensa presencia e implicación social les ha permitido elaborar construcciones sobre el pasado donde se incorporan aspectos prioritarios o selectivos, que enfatizan determinadas marcas de reconocimiento[12]. Prueba de esta afirmación son los múltiples trabajos que han reflexionado sobre la compleja relación entre imagen y memoria y sobre la acción de lo audiovisual como instancia historiográfica. La lista es larga. Obras como *The Historian and Film*, editada por Paul Smith[13], o *Historiography as Cinematography: A Prolegomenon to Film Work for Historian*, de R.C. Raack[14], manifiestan el interés del estudio del cine como herramienta de representación histórica. El trabajo de Rosenstone es otro título imprescindible.[15]

En lo que respecta a la televisión, el libro *Memoria histórica e identidad en cine y televisión*, coordinado por Juan Carlos Ibáñez y Francesca Anania[16], aborda la representación de la Historia en este medio desde una perspectiva teórica y metodológica. Claudia Feld, por su parte, se detiene en el vínculo entre memoria y televisión, recorriendo la bibliografía existente y diferenciando entre cuatro maneras posibles de considerar la televisión: como tecnología, vehículo, emprendedor y escenario de la memoria[17]. La misma autora plantea la siguiente disyuntiva:

> De los debates acerca de la representación de una experiencia se desprenden, al menos, tres dilemas principales. Un primer dilema de orden expresivo, acerca del lenguaje adecuado para representar lo sucedido. Un segundo dilema de orden ético, acerca de cómo no profanar la memoria del acontecimiento [...] Finalmente, un dilema de orden político, que se centra en las oportunidades y momentos políticos, y en las consecuencias políticas de determinadas representaciones que acceden al espacio público"[18].

[12] Edgerton, Gary, "Television as Historian. A Different Kind of History Altogether", en Edgerton, Gary y Rollins, Peter, C. (eds.), *Television Histories. Shaping Collective Memory in the Media Age*, Kentucky: Kentucky University Press, 2006, págs. 1-16.

[13] Smith, Paul, (ed.), *The Historian and Film*, Cambridge, Cambridge University Press, 1976.

[14] Raak, Richard, "Historiography as Cinematography: A Prolegomenon to Film Work for Historian", *Journal of Contemporary History*, volumen XVIII, número III, 1983, págs. 411-438.

[15] Rosenstone, Robert, *History on Film/ Film on History*, Nueva York, Longman, 2006.

[16] Ibáñez, Juan Carlos, Anania, Francesca, (coords.), *Memoria histórica e identidad en cine y televisión*, Sevilla, Comunicación Social, 2010.

[17] Feld los diferencia así: la televisión como "tecnología" de la memoria considera al medio como un espacio desde el que se construyen los acontecimientos que luego serán recordados. La televisión como "vehículo" ejerce como transmisor de experiencias del pasado a las generaciones que no vivieron los acontecimientos. El tercer abordaje, televisión como "emprendedor", trata de detectar cómo llegan a la pantalla determinados temas o interpretaciones del pasado y, sobre todo, de qué modo estos temas son acogidos por otros medios y por la opinión pública. Finalmente, la televisión como "escenario de memoria" presentaría a esta como "un espacio en el que se hace ver y oír a un público determinado un relato veritativo sobre el pasado". En: Feld, Claudia, "Memoria y televisión: una relación compleja", *Oficios Terrestres*, número XV-XVI, 2004, págs. 70-77.

[18] Ibídem.

En el ámbito puramente español, José Carlos Rueda Laffond es una referencia obligada en los estudios sobre la ficción histórica como recurso habitual de la programación televisiva nacional. *La mirada televisiva. Ficción y representación histórica en España*, que firma con Carlota Coronado Ruiz[19], permite conocer el uso (recurrente) del medio a la hora de proponer visiones particulares del pasado, así como los riesgos que esto conlleva[20]. Por su semejanza con este trabajo señalamos *Televisión, identidad y memoria: representación de la guerra civil española en la ficción contemporánea*[21], enmarcado en el Proyecto de Investigación "Televisión y memoria. Estrategias de representación de la Guerra Civil y la Transición".

El interés por centrarse en periodos temporales cercanos y en concreto en el conflicto armado constituye uno de los rasgos característicos de la producción de la televisión española. Así lo han demostrado numerosos autores.[22]

> La Guerra Civil determinó históricamente la dictadura franquista (1939-1975), y esta la posterior Transición democrática (1975-1982). Estos tres contextos han repercutido, a su vez, en la conformación de la España del siglo XXI, ocupando un espacio de relieve en el debate político, sociológico, historiográfico o periodístico durante decenios. En tales parámetros, el volumen de relatos audiovisuales que ha aludido al marco temporal y moral de la guerra, ya sea en forma de ficciones cinematográficas o como documentales televisivos, ha sido, asimismo, notable[23].

Sin necesidad de irse a escenarios actuales, en el mismo periodo de la Transición el tratamiento de la contienda civil en la pequeña y gran pantalla deja un balance considerable, aunque insuficiente[24], según Jean-Stéphane Duran Froix[25], si se compara con la atención que el franquismo destinó al mismo asunto. Este autor ha contabilizado 169 programas que TVE dedicó al "pasado traumático" entre 1975 hasta 1982, siendo 1979 (45 programas)

---

[19] Rueda Laffond, José Carlos y Coronado Ruiz, Carlota, *La mirada televisiva: ficción y representación histórica en España*, Madrid, Fragua, 2009.

[20] Entre estos riesgos estaría: la hipervisibilización de determinados eventos de rango reconocible, la instrumentalización político-cultural del relato histórico en televisión o la banalización y la utilización de la historia como producto comercial.

[21] Galán, Elena y Rueda Laffond, José Carlos, "Televisión, identidad y memoria representación de la guerra civil española en la ficción contemporánea", *OBServatorio*, volumen VII, número II, 2013, págs. 57-92.

[22] Sánchez-Biosca, Vicente, *Cine y Guerra Civil española*, Madrid, Alianza Editorial, 2006.; Nieto, Jorge, *La memoria cinematográfica de la Guerra Civil española (1939-1982)*, Valencia, Universitat de València, 2008.

[23] Galán, Elena y Rueda Laffond, José Carlos, "Televisión, identidad y memoria...", pág. 60.

[24] María Antonia Paz y Julio Montero exponen con gran nivel de detalle el material catalogado en el archivo de RTVE como referido a la Guerra Civil y emitido entre 1956 y 1975. En las conclusiones de su artículo se confirma el "desinterés" que los dirigentes de Televisión Española mostraron respecto a este asunto. "Desde 1970 puede afirmarse que el tema se evita abiertamente", manifiestan. En: Paz, María Antonia y Montero, Julio, "El archivo audiovisual de RTVE...", pág. 234.

[25] Duran Froix, Jean-Stéphane, "La guerra invisible. La guerra civil en televisión española de la transición", en Belmonte, Forence, Benmiloud, Karim y Imparato-Prieur, Sylvie (eds.), *Guerres dans le monde ibérique et ibéro-americain. Actes du XXXVe Congrés de la S. H. F.*, Berna, Peter Lang, 2014, págs. 519-530.

el año más fecundo, lo cual responde al estreno de una de las series protagonistas de este texto: *Sombras del ayer*.

En la fase correspondiente a la hegemonía del PSOE, la Segunda República y la Guerra Civil se convirtieron en claros referentes de la parrilla televisiva. Aquello vino a confirmar la apuesta socialista por introducir el tema en el debate público nacional[26]. Según el citado Duran Froix[27], es entonces cuando "el pasado traumático no solo empezó a hacerse verdaderamente audible y sobre todo visible en el espacio televisivo español, sino que además adoptó las formas de expresión y las tendencias con las que el público mejor se identificaría en los decenios venideros". El mismo autor añade: "La marginalización más o menos acentuada que Televisión Española mantuvo de la imagen de la guerra y de la represión franquista a lo largo de la Transición refleja, ante todo, el trauma que todavía causaban ambos acontecimientos". No obstante, la posible dificultad para llevar a cabo un revisionismo crítico no significa que hubiese "amnesia histórica"[28], ni mucho menos que la guerra fuese un asunto desconocido, siquiera "traumático", en la conciencia colectiva.

Por añadir un matiz al último párrafo, cabe decir que el giro en el discurso audiovisual durante la etapa socialista se dio por las propias diferencias contextuales, intereses políticos, económicos y televisivos, así como por la evolución de la sociedad. Tener esto en cuenta es clave para entender las reacciones mediáticas y la actitud que la opinión pública mostró en cada momento. En todo caso, es innegable que en la etapa socialista hubo una representación más explícita de la Guerra Civil a través de creaciones más trabajadas como *Memoria de España: medio siglo de crisis* (TVE 1, 1983), *España, historia inmediata* (TVE 1, 1983) o la protagonista de esta investigación, *España en Guerra* (TVE 1, 1987), que marcaron una línea divisoria respecto a la etapa inmediatamente anterior.

El análisis de todos estos títulos debería partir además de la consideración de TVE como herramienta capaz de crear y orientar la opinión pública en la Transición y de la fijación del PSOE por utilizar la única televisión existente como "palanca" que favorecería la aplicación de su pensamiento ideológico[29]. No cabe duda de que muchas producciones de trasfondo histórico pensadas y divulgadas en las décadas de los setenta u ochenta respondieron, como ya se ha demostrado, a políticas y operaciones programáticas concretas. Es por eso que la revisión asíncrona de dichas producciones puede ayudar a conocer con

[26] Laffond, José Carlos y Coronado Ruiz, Carlota, *La mirada televisiva...*, pág. 69.

[27] Duran Froix, Jean-Stéphane, "La guerra invisible...", págs. 528-529.

[28] En tiempos del Gobierno de UCD programas icónicos como *La Clave* o el espacio titulado *Tribuna de la Historia*, emitidos por la Segunda Cadena, tocaron temas más o menos espinosos relacionados con la Guerra, rompiendo con la ausencia que sí se había producido durante el franquismo. Destacan los programas sobre los extranjeros en la Guerra Civil (*Tribuna de la Historia*, 03/01/1981), la prensa española durante la contienda (*Tribuna de la Historia*, 20/09/1980), y otras emisiones centradas en figuras como Azaña, Niceto Alcalá Zamora o Federico García Lorca (*La Clave*, 14/02/1980).

[29] Pérez Ornia, José Ramón, *La televisión y los socialistas: actividades del PSOE respecto a TVE durante la transición* (1976-1981) (Tesis Doctoral), Madrid, Universidad Complutense de Madrid, 1988.; Tijeras, Ramón, "El cambio del PSOE en Radiotelevisión Española", *Comunicación 21. Revista científica sobre cultura y medios*, número 2, 2012, págs. 1-18.; Martín Jiménez, Virginia, *Televisión Española y Transición democrática. La comunicación política del cambio (1976-1979)*, Valladolid, Universidad de Valladolid, 2013.

mayor claridad qué tipo de estrategias políticas y audiovisuales se llevaron a cabo desde la televisión estatal y sobre todo a comprender qué relato e imagen se intentó ofrecer a la audiencia acerca de un hecho con tanta influencia en la memoria de los españoles.

METODOLOGÍA Y FUENTES

La elección de las producciones mencionadas responde a varios criterios, en esencia temáticos y cronológicos. Si bien es cierto que *Sombras del ayer* (TVE 1, 1979) no abordaba monográficamente el tema de la Guerra Civil, la serie ofrecía un reportaje semanal sobre la vida cotidiana y cultural de la posguerra, tomando el enfrentamiento como punto de partida. De hecho, y como se verá más adelante, los primeros episodios se sitúan cronológicamente en los años de conflicto. Su estreno supuso una primicia en los contenidos televisivos, rompiendo con la pauta anterior: la exclusión de la guerra del relato documental televisivo en favor de la apelación retórica que reducía a esta al papel de matriz fundacional del régimen.

Por otra parte, *España en Guerra* (TVE 1, 1987) se concibió como complemento a *Memoria de España. Medio siglo de crisis* (TVE 1, 1983), pero con la particularidad de estar dedicada específicamente a la Guerra Civil[30]. Su lanzamiento respondía al objetivo de convertir el acontecimiento en "herencia y patrimonio común de la España democrática"[31]. Para ello, Televisión Española (TVE) contó con un amplísimo equipo de asesores históricos entre los que estaban Josep Benet, Antonio María Calero, Gabriel Cardona, Alberto Reig Tapia, Manuel Tuñón de Lara o Ángel Viñas, entre otros. Este último llegó a definir el programa como "el mejor que se haya hecho para la televisión".[32]

Tabla 1: Ficha técnica de *Sombras del ayer*

Título original	*Sombras del ayer*
Fecha de estreno/finalización	30/05/1979-24/01/1980
Productora	RTVE
Género	Serie-documental
Director	Ricardo Blasco
Guion	Ricardo Blasco

[30] Esta serie estaba contextualizada entre 1896 y el 18 de julio de 1936.

[31] López, Francisca, "La guerra civil en la TVE de los años ochenta: de la palabra escrita a la imagen en movimiento", en López, Francisca, Cueto, Elena y George, David (eds.), *Historias de la pequeña pantalla. Representaciones históricas en la televisión de la España democrática*, Madrid, Iberoamericana, 2009, págs. 91-120.

[32] Viñas, Ángel, *La soledad de la República el abandono de las democracias y el viraje hacia la Unión Soviética*, Barcelona, Crítica, 2006, pág. 5.

N.º de episodios	35[33]
Duración de cada episodio	25 minutos
Cadena	TVE1
Horario de emisión	22:00
Frecuencia de emisión	Semanal
Día de emisión	Jueves

Fuente: elaboración propia

Tabla 2: Ficha técnica de España en Guerra

Título original	*España en Guerra (1936-1939)*
Fecha de estreno/finalización	28/01/1987-09/12/1987
Productora	RTVE
Género	Serie-documental
Director	Pascual Cervera
Guion	VV. AA[34]
N.º de episodios	31
Duración de cada episodio	55 minutos
Cadena	TVE1
Horario de emisión	23:00
Frecuencia de emisión	Semanal
Día de emisión	Miércoles

Fuente: elaboración propia

Destaca la emisión de ambas producciones en franjas de máxima audiencia y por la Primera Cadena, de lo que se deduce un esfuerzo por aumentar su visibilidad. En el caso de *Sombras del ayer*, esta ubicación es más significativa si se tiene en cuenta que se programó en *prime time* –según los datos difundidos por *El País*, la franja de las 22:00 era, en 1979, la que reunía un mayor número de individuos ante la pantalla del televisor[35]–, y las limitaciones que por entonces tenía la Segunda Cadena. A la altura de abril de 1980, la revista *TeleRadio* fijaba en 1.216.000 la media de espectadores que acumulaba el segundo canal por los 17.307.000 que registraba el primero. La misma revista apuntaba

[33] La serie tenía previsto durar 52 capítulos, pero finaliza a principios de 1980 por una "imprevista enfermedad" de su director. Es sustituida por la comedia americana "El mundo de Harold Lloyd". S. A, "El show de Harold Lloyd', nueva serie de humor" en *ABC*, 07-II-1980.

[34] El equipo de guionistas y asesores al completo lo forman: Fernando F. Bastarreche, Josep Benet, Antonio María Calero, Gabriel Cardona, Fernando García de Cortázar, Alfons Cucó, José M. Cuenca Toribio, Gregori Mir, Alberto Reig Tapia, Manuel Tuñón de Lara y Ángel Viñas.

[35] Pérez Ornia, José Ramón, "Los anunciantes confirman el descenso de audiencia de TVE" en *El País*, 17-X-1980.

que solo el 69 % de la población podía sintonizar TVE-2, lo cual debía mejorarse ante la inminente llegada del Mundial-82.[36]

Una vez se eligieron las series, se procedió a su visualización. Para *Sombras del ayer* fue necesario recurrir al Fondo Documental Visuarca que gestiona RTVE y que funciona como repositorio audiovisual y archivístico. Dado que los visionados eran limitados, se solicitó una muestra de ocho capítulos elegidos en función del título, cuando estaba identificado, o por el resumen que aparecía en la prensa de la época. En lo que respecta a *España en Guerra* 1936-1939, la serie se encuentra disponible al completo en la plataforma de videos "YouTube". La selección de capítulos se hizo siguiendo los mismos criterios y eligiendo el mismo número de episodios (8) para su análisis posterior.

El examen del contenido audiovisual se realizó mediante una ficha de análisis compuesta por tres apartados principales: datos de identificación, análisis técnico y análisis del discurso. Dentro del primer bloque se incluyen los siguientes subapartados: número de episodio, fecha y hora de emisión, cadena, título del capítulo, duración y sinopsis. El segundo bloque lo forman variables que sirven para la identificación del tipo de imágenes (documentales, de archivo, pictóricas, hemerográficas, simbólicas, etc.), música empleada (neutra, alegre, épica, dramática) y para esclarecer el tipo de narración predominante (con narrador omnisciente, testimonios de protagonistas, testimonios de expertos, etc.). El último apartado aporta la mayor cantidad de información para estudiar las diferentes formas y técnicas de evocación del pasado. De este modo, los elementos introducidos se diseñaron con el objetivo de estudiar cómo la Guerra, los bandos implicados, los actores y los personajes fueron traídos a colación en cada episodio. Además, puesto que uno de los grandes objetivos era identificar las similitudes y diferencias en el discurso que TVE, tras la revisión de la literatura académica se incluyó un apartado para el estudio del mensaje o la intencionalidad predominante. Se dieron cuatro posibilidades: que las series vieran la Guerra Civil como un acontecimiento trágico, "gris" y que necesitaba ser olvidado, como la consecuencia inevitable de la polarización política y social de la política en los años 20 y 30, como un punto de inflexión a partir del cual se construyó una etapa de estabilidad pacífica o como un acontecimiento injusto provocado por un golpe de Estado.

Esta investigación aplica pues una metodología fundamentada en el análisis narratológico a partir del examen de los elementos visuales, los diálogos, el léxico, los recursos estilísticos o los símbolos. La técnica, como apunta Hermida Bellot[37], sería de las mejores para indagar en las series de televisión como nuevos y trascendentes objetos de cultura. En todo momento ha prevalecido el enfoque comparativo y la tesis planteada por

[36] S.A., "La audiencia de TVE" en *TeleRadio*, número MCLXVI, 1980.

[37] Bellot Hermida, Carolina, "Utilización del análisis textual en el estudio de las series de ficción televisivas el caso de Ally McBeal", en Mariño, Miguel Vicente, González, Tecla y Pacheco Marta (coords.), *Investigar la Comunicación hoy. Revisión de políticas científicas y aportaciones metodológicas. Simposio internacional sobre Política Científica en Comunicación*, Valladolid, Universidad de Valladolid, 2013, págs. 629-644.

Patlegean[38] sobre el concepto de "imaginario"; entendido como objeto cultural cambiante, configurado por representaciones susceptibles de evocar un sistema de valores, normas y actitudes que pueden ser expresadas mediante diferentes modos de comunicación.

MIRANDO AL PASADO A TRAVÉS DEL TELEVISOR. RESULTADOS DEL ESTUDIO

Como ya se ha comentado, las dos series tuvieron el privilegio de emitirse en la Primera Cadena de TVE en horarios con grandes cuotas de audiencia. Sin embargo, mientras que *Sombras del ayer* se expuso en *prime time* entre las 22 y las 22:30, *España en Guerra* se programó como un *late night* comenzando entre las 23 y las 23:30. La temática y la "densidad" del producto pudo justificar esta diferencia. Sin duda, su contenido estaba más indicado para una audiencia de tipo cultural-adulta que para el público heterogéneo, distraído y familiar que se buscaba en las franjas horarias de mayor audiencia.[39] Por ello, no se programó tras el *Telediario* Segunda Edición. No obstante, pese a no copar la franja *prime time*, el hecho de que esta serie aterrizara en la Primera Cadena, después de espacios con audiencias muy altas, dejaba claro el interés de los programadores por mostrar a una audiencia (potencialmente) masiva la forma en la que se desarrolló el acontecimiento más importante de la historia de España en el siglo xx.

Cabe hacer una reflexión comparativa con respecto al horario del otro título objeto de estudio: *Sombras del ayer*. Esta serie fue planteada por el director de cine Ricardo Blasco y dura menos de 30 minutos por capítulo. El contenido que los espectadores de 1979 pudieron ver era más liviano que el de *España en Guerra*. Fue un programa más adaptado a las grandes audiencias que se sentaban frente al televisor a las 22:00 horas. Aun así, la evolución en el modo de organizar la parrilla de TVE en estos ocho años de diferencia hace dudar seriamente de su ubicación en parrilla en el caso de haber visto la luz en 1987. Como indican Virginia Martín, Pablo Berdón e Itziar Reguero[40], el carácter comercial de TVE fue imponiéndose progresivamente durante toda la década de los años ochenta.

ANÁLISIS TÉCNICO

Entrando en el tipo de imágenes que los espectadores recibieron cabe destacar varias particularidades. En los dieciséis capítulos visionados en total, predominaron aquellas procedentes de archivos audiovisuales de la época, lo cual es la forma más recurrente de ilustrar un hecho o personaje histórico. Estas tomas recogidas por camarógrafos de

[38] Patlegean, Évelyne, "L'histoire de l'imaginaire", en Le Goff, Jacques (ed.), *La Nouvelle Histoire*. París: Editions Complexe, 1988, págs. 307-332.

[39] Blum, Richard, y Lindheim. Eduardo, *Programación de las cadenas de televisión en horarios de máxima audiencia*, Madrid, Instituto Oficial de Radio y Televisión, 1987, pág. 15.

[40] Martín Jiménez, Virginia, Berdón, Pablo y Reguero Itziar, "The precursors of infotainment? Debate and talk shows on Televisión Española (1980-1989)", *Communication & Society*, volumen XXXV, número I, 2022, págs. 119-135.

los años 30 se fueron intercalando con otro tipo de contenido, pero en este caso hubo diferencias entre *Sombras del ayer* y *España en Guerra*. En tres de los ocho capítulos de la serie documental de 1979 hubo una aparición ocasional de recursos ambientales y paisajísticos actuales para apoyar la narración. En cambio, en *España en Guerra* se observó recurrentemente esta técnica audiovisual en todos los capítulos salvo uno: el dedicado al día de la victoria franquista (02/12/1987). El contraste de la duración de los capítulos de una y otra serie y la profundidad de la obra de Pascual Cervera pudo ser el motivo de esta discrepancia, ya que parece más difícil encontrar 55 minutos de metraje de un hecho concreto de la Guerra Civil.

Hubo otro tipo de fuentes gráficas que también se utilizaron en estos productos televisivos. Los cuadros y grabados eran recursos muy empleados en los documentales históricos, pero solían tener un mayor protagonismo en acontecimientos más antiguos en los que no se contaba con soporte audiovisual. Así, solo se apreciaron en el 37,5 % de los capítulos visionados. Si bien su presencia era testimonial o con una frecuencia media, en el episodio de *España en Guerra* dedicado al bombardeo de Guernica (01/07/1987) se observó una frecuencia elevada debido a las continuas alusiones al famoso cuadro de Picasso.

Lo que no podían faltar en estas dos series fueron las imágenes simbólicas de banderas, iconos e insignias. La Guerra Civil enfrentó a dos bandos de españoles tras dos estandartes: el tricolor y el rojigualdo, por lo que las alusiones a las distintas facciones debían ir correctamente ilustradas con sus correspondientes enseñas.

En el campo del audio, las músicas de fondo que acompañaron a las narraciones fueron diversas. En *Sombras del ayer* se intercalaron piezas musicales neutras, alegres y dramáticas, mientras que en *España en Guerra* apenas se observaron fondos musicales con tono neutro. En ambas series, aunque quizás con mayor frecuencia en la de 1987, destacaron músicas con intencionalidad política como himnos o marchas militares. Entre ellos no faltaron el "Cara al sol", el "Himno de Riego", la "Internacional", el "Himno del sitio del Alcázar de Toledo" o marchas militares como "Los Voluntarios", "Banderita", "San Quintín" o "San Marcial", entre otros.

Las dos series documentales contaron con un conductor en forma de narrador omnisciente como la mayoría de los géneros documentales. Además, en *España en Guerra* se acudió frecuentemente a la opinión de los distintos guionistas para dar su parecer sobre episodios muy concretos de la Guerra Civil. También, tanto en *Sombras del ayer* como en *España en Guerra*, se utilizaron audios originales de emisiones radiofónicas o la narración de discursos de la época con el objetivo de servir de apoyo a los hechos contados por el relator.

ANÁLISIS DEL DISCURSO

Dentro del análisis del discurso, una de las cuestiones más importantes de este estudio se centra en las diferencias con las que una y otra serie representaron el conflicto bélico nacional. Esta cuestión es relevante para conocer la evolución del Ente público y de la sociedad en general con respecto al mayor enfrentamiento del siglo xx español.

Sombras del ayer no fue un proyecto audiovisual que se "mojara" demasiado en las causas y consecuencias de la Guerra. Aun así, en los cinco títulos en los que sí que existe cierta carga opinativa siempre se hace referencia al conflicto como una etapa gris de la historia de España que debía ser olvidada o como un punto de inflexión que dio comienzo a una etapa de paz.

España en Guerra, por su parte, se posicionó de forma más clara pese a su perspectiva académica. Es cierto que no hubo una postura homogénea durante toda la serie, lo cual es síntoma de las múltiples fuentes con las que se trabajó. En el 87,5 % de los capítulos estudiados se muestran los desastres de la Guerra y se deja claro que se está ante una de las épocas más difíciles de nuestra historia. En el primer título (25/02/1987), dedicado a ilustrar cómo se llevó a cabo la sublevación del bando franquista, también se planteó que la conflictividad social de la Segunda República hacía inevitable que se llegara a las armas. Otros dos, que versaron sobre la batalla del Jarama (17/6/1987) y el día de la victoria (21/12/1987), defendían que en el conflicto civil se "tocó fondo" y que, a partir de ese momento, comenzó una fase de estabilidad. Por último, en la mitad de los capítulos se consideró que la Guerra Civil fue un acontecimiento injusto provocado por el bando sublevado.

En líneas generales, ninguna de las dos series levantó demasiada polémica entre la opinión pública, lo cual es el mejor indicativo de que el contenido no "se casó" con ningún bando en concreto. Únicamente en ocasiones puntuales, la prensa de la época se refirió a su excesivo carácter neutral que impedía una reflexión más madura y reflexiva sobre la vida española. Un buen ejemplo se encuentra en el artículo firmado por Antonio G. Páez (14 de julio de 1979) y publicado en el número 859 de la revista *Triunfo*:

> "Sombras del ayer" es una recopilación de los documentales cinematográficos existentes sobre los últimos años de la vida política y social de España. Iniciándose en los años treinta, pasó rápidamente sobre la complejidad de la II República para lanzarse con pasión al machaconeo vocinglero de los "años de paz". En cuarenta capítulos, que al parecer es la cantidad con que nos amenazan, los años treinta merecían más extensión. Sin embargo, Ricardo Blasco, el autor, prefirió la posguerra, quizá porque le era más fácil encontrar el material que quería.[41]

En el caso de *España en Guerra* tampoco faltaron voces discordantes que calificaron la serie de "rabiosamente partidista"[42], así como otras más amables que reconocieron su capacidad para contar cosas que no se sabían o que "se habían explicado mal"[43]. La razón

[41] Páez, Antonio, "Los jueves retro de televisión" en *Triunfo*, número DCCCLIX, 1979.
[42] El Santo JOB, "España en Guerra" en *ABC*, 16-X-1987.
[43] S.A., "España en Guerra" en *El País*, 23-IV-1987.

de esto último podría estar en la mayor búsqueda de culpables que se observa en la serie de 1987. Dichos culpables, según determinados fragmentos, se encontraban preferentemente entre los integrantes del bando franquista:

> El asesinato de Calvo Sotelo no determina la sublevación militar que ya está en marcha, tampoco ha sido ejecutado el líder derechista por orden del Gobierno ni con su complacencia. No se trata de un crimen de Estado como ha afirmado la propaganda de los vencedores de la Guerra, sino de una venganza de ciertos guardias de asalto con la colaboración de otros guardias civiles y algunos miembros de las milicias socialistas.[44]

En cualquier caso, y pese a los comentarios eventuales sobre la parcialidad o imparcialidad de las series, resulta interesante atender a cómo el texto audiovisual fue construyendo los distintos posicionamientos y qué calificativos se utilizaron para referirse a los miembros de uno u otro bando. En esta categoría sí existe una clara diferencia entre la serie dedicada monográficamente a la Guerra y *Sombras del ayer*. Esta última no aplicó una terminología concreta para referirse a uno u otro grupo, ya que tan solo en los tres primeros capítulos hubo referencias claras a "los nacionales", "los republicanos" o "los rojos". Muy distinta fue esta cuestión en la serie documental emitida en 1987, como muestra la Tabla 3.

Tabla 3: Frecuencia de términos calificativos encontrados en la muestra de capítulos de España en Guerra (TVE1, 1987)

Bando franquista		Bando republicano	
Calificativo	Frecuencia (%)	Calificativo	Frecuencia (%)
Nacionales	50	Leales/legítimos/democráticos	12,5
Golpistas/rebeldes/sediciosos	75	Republicanos	87,5
Franquistas	87, 5	Comunistas/socialistas	75
Fascistas	87.5	Rojos	25
Azules	0	Izquierdas	37,5
Derechas	12,5		

Fuente: elaboración propia

Por otro lado, si un personaje se convirtió en el protagonista absoluto durante la Guerra Civil fue el general Francisco Franco. Es esta razón la que motiva a atender a su

[44] Extracto correspondiente al cuarto episodio de la serie, "La sublevación", emitido el 25 de febrero de 1987.

representación. En *Sombras del ayer* se percibe bastante cautela a la hora de hacer valoraciones sobre el dictador. Y aunque en algunos momentos se intuye una representación positiva de Franco (por ejemplo, cuando se proyectan imágenes épicas de sus visitas por diferentes geografías, siendo recibido entre vítores por la multitud; cuando se le cita como el "caudillo" de España), prima una visión *soft*, pop y superficial de su figura. No se menciona la represión que impuso a las zonas republicanas, ni sus crímenes de guerra, ni ninguna otra referencia que lo califique negativamente. La serie documental creada en plena etapa socialista y alejada temporalmente del franquismo tampoco cuestiona la figura del dictador, lo cual expone una conclusión a la que se volverá más adelante. Los creadores prefirieron no nombrar al dictador en un 25% de los capítulos, referirse a él desde la neutralidad del relato de los hechos o, incluso, relacionarlo con valores positivos como el de la "cautela" o con los eventos festivos del fin de la Guerra.

De esta forma, ambas producciones compartieron una postura poco fiscalizadora del Generalísimo, pero no hubo la misma coincidencia con respecto a las autoridades republicanas que se encontraban al mando en el momento del conflicto. *Sombras del ayer* las obvió casi en su totalidad y tan solo fueron nombradas en el capítulo dos de la serie (14/06/1979), dedicado al cine, la radio y el teatro durante la Guerra. En este caso les calificaron como "vencidos" y "asediados". En la serie emitida en la década de los 80 sí que se profundizó en la imagen de los Azaña, Casares Quiroga, Largo Caballero, Negrín y compañía, pero mayoritariamente desde una perspectiva negativa. Según este proyecto, los líderes republicanos fueron "pasivos" frente a la sublevación, no transparentes, "cobardes", poco preparados o desunidos.

En cuanto a los grupos del interior y del exterior que fueron relevantes durante la Guerra Civil, tan solo en el capítulo número nueve de *España en Guerra* (01/04/1987), que trató del frente del norte, se habló de los representantes de los trabajadores como "atemorizantes". En el resto de los capítulos de la investigación o no se les nombró o se hizo desde un posicionamiento neutro.

Caso contrario a esto es lo que ocurrió con los Estados que apoyaron al bando de Franco. Las dos producciones comparten un punto de vista condenatorio por su intromisión en la guerra de España. En el capítulo 17 de *Sombras del ayer* (04/10/1979) se describe a los Estados alemán e italiano como sistemas totalitarios, expansionistas e invasores, y a Hitler y Mussolini se les menciona como "dictadores". En *España en Guerra* su aparición fue más relevante. Para los guionistas de la serie, italianos y alemanes eran "siniestramente extravagantes" y siempre eran tratados con el apellido "fascista": potencias, milicias o Estados fascistas. Resulta interesante observar cómo en los dos programas televisivos se subió el tono contra los gobiernos que apoyaron a Franco mientras que el dictador español fue ajeno a esta evaluación. A su vez, el papel de los sindicatos o de la Iglesia no tuvo su reflejo en estas series documentales.

Ya para finalizar, cabe señalar que el propio género documental condicionó en gran manera la función de estos productos audiovisuales. La mirada histórica descriptiva o de recreación del tiempo pasado –en este caso de la Guerra– fue la que se impuso en *Sombras del ayer*, así como en *España en Guerra*. No obstante, la serie dirigida por Pascual Cervera, al ser un producto profundo y monográfico, ahondó más en la materia. Pese a esto, no todos los capítulos que forman parte de la muestra comparten la misma intencionalidad. En la mitad de ellos, además del carácter descriptivo también se dejó entrever cierta mirada crítica o condenatoria, siempre desde la impersonalidad y la distancia. Además, en el episodio dedicado al nombramiento de Franco como Caudillo (22/4/1987), en el que habla del rearme de la II República (6/5/1987) y en el que se aborda el desastre de Guernica (1/7/1987), se da un paso más hasta sancionar que solo se había contado una parte de la historia.

CONCLUSIONES

La continua imbricación entre poder político, producción televisiva y relato de la historia cobra especial protagonismo cuando el objeto de estudio son las emisiones que la televisión pública ha dedicado a un asunto como la Guerra Civil. La importancia de este acontecimiento y su pervivencia en la vida social y cultural de los españoles es algo indudable, como también lo es la capacidad de la *pequeña pantalla* para moldear los imaginarios colectivos. Describir y evaluar el modo en que la televisión ha contado y recontado la contienda, lo ocurrido antes (la Segunda República) y lo que vino después (la difícil posguerra, la dictadura y hasta el restablecimiento de la democracia), presenta una tarea compleja, aunque necesaria dada la naturaleza masiva del medio y las políticas de la memoria alentadas por los diferentes gobiernos.

Sombras del ayer (TVE 1, 1979) y *España en Guerra* (TVE 1, 1987) encuentran su principal diferencia en el momento de su emisión. Pese a pertenecer ambas al género de las series documentales, la línea divisoria que marca el fin de la Transición y la llegada del Partido Socialista en 1982 constituye un elemento clave sin el cual no es posible hacer un análisis certero. Partiendo de esta base, el gran interrogante al que buscaba dar respuesta este trabajo giraba en torno al debate de la posible inclinación ideológica de las producciones en detrimento del rigor histórico. En otras palabras: ¿había o no había un objetivo (político) en el relato que las series pudieron transmitir?

Si bien hay que reconocer que es difícil determinar con precisión el modo en que la televisión se ajusta a determinadas maniobras políticas, los resultados de esta investigación permiten identificar narraciones predominantes enfocadas, en mayor o menor medida, a la significación de la Guerra Civil y a la configuración de la memoria colectiva acerca de este asunto. Lejos de lo que podría esperarse, por las diferencias en el tono y el enfoque de las series –estilo costumbrista frente a académico; atención puntual frente a monográfica, etc.–, los dos títulos coincidieron en la mirada histórica descriptiva. El debate político e historiográfico que una serie como *España en Guerra* podía plantear, en particular sobre la necesidad de honrar la memoria de "los vencidos" y censurar las atrocidades cometidas, no se aprecia salvo en capítulos puntuales. De igual forma, *Sombras del ayer* continuó la tendencia de sus predecesoras abundando en el recuerdo de la guerra como suceso inevitable para la llegada de la paz.

Sin ánimo de insistir en la naturaleza dispar de ambas producciones, es evidente que *Sombras del ayer* no nació con el objetivo de cambiar el modo de mirar los hechos pretéritos, sino más bien como continuadora de ese supuesto olvido consensuado que forjó los mimbres de la Transición. A mayores habría que considerar su carácter recreativo y enfocado al esparcimiento, lo cual explica que en más de una ocasión la narración justificase la impresión equivocada y hasta frívola que los episodios pudieron transmitir sobre la Guerra. La serie emitida en tiempos de hegemonía socialista, en cambio, aparece como una producción en la que el plantel de expertos e historiadores que había tras de ella prometía ofrecer una visión contundente y hasta definitiva sobre lo ocurrido entre 1936 y 1939. Su poso pedagógico, su emisión en un periodo singularmente distinto, podía augurar no solo una representación más clara y desgarrada de la Guerra, sino la puesta en marcha de una relectura del drama nacional.

No obstante, y al margen de la densidad del producto, de este estilo académico y en cierto modo "antitelevisivo", si se considera la función de la televisión como entretenedora social, *España en Guerra* se alejó de la perspectiva revisionista apostando por un mensaje tremendamente neutro, al menos en lo que respecta a las cuestiones de mayor sensibilidad. Bien por ese guion elaborado bajo la tutela de profesionales, por el deseo de zanjar de una vez por todas las posibles heridas abiertas o por su objetivo de mirar a la Guerra Civil desde una perspectiva histórica por encima de la memorística, la serie apostó por la objetividad, por la prudencia en los juicios y llegando incluso a emitir un diagnóstico crítico sobre el desmoronamiento de la Segunda República. El resultado fueron 31 episodios de más de cincuenta minutos de duración difícilmente digeribles para una audiencia y un espacio de *prime time*.

Las diferencias técnicas y estilísticas que mantienen *Sombras del ayer* y *España en Guerra* no ocultan las similitudes que existen en la consideración de la Guerra como acontecimiento trágico e irrepetible. La serie del año 1979 pudo ser algo más propensa a combinar esta pauta de interpretación con la exaltación heroica de la contienda, pero dicho mensaje no se aleja demasiado del espíritu de reconciliación y de culpa compartida que se percibe en la serie difundida varios años después. Con más o menos dosis de denuncia, *España en Guerra* se apoyó en la citada condena colectiva de un episodio que debía convertirse (al fin) en historia, en una cicatriz del pasado que había que mirar con naturalidad y que servía de base para un ilusionante futuro democrático. No fue, sin embargo, nada concluyente en sus planteamientos, lo cual refuta la hipótesis planteada en el inicio de este texto.

El asunto central del debate social y político sobre esta "guerra entre hermanos" está en quién tuvo realmente la culpa, en quienes fueron "los buenos" y quienes "los malos", como apuntaría el militar Manuel Esquivas en su artículo para el *ABC* (Sevilla) del 20 de marzo de 1987[45]. Aunque las políticas de la segunda y tercera década del siglo xxi se han enfocado hacia el reconocimiento de quienes padecieron las consecuencias del conflicto, a nadie se le escapa que este no es un caso cerrado, ya que en cuanto se abre el cajón de la Guerra, saltan todos los resortes de la concordia y se retoman, de nuevo, las discusiones sobre los hechos desencadenantes. Estos dos proyectos audiovisuales también propusieron una solución a este problema, ya fuera desde el entretenimiento (en el caso de *Sombras del ayer*) o a través de un producto educativo (*España en Guerra*). Ambas fracasaron en su intento, quizás demasiado optimista, por cerrar el debate sobre uno de los capítulos más negros de la historia de España.

[45] Esquivas, M. "El honor de la espada" en *ABC* (Sevilla), 20-III-1987.

EL CAMPO MÉDICO Y HUMANITARIO

8.
TRATAMIENTO DE LAS FRACTURAS Y HERIDAS DE GUERRA DURANTE LA GUERRA CIVIL ESPAÑOLA: EL "MÉTODO ESPAÑOL" Y SU INFLUENCIA EN LA SEGUNDA GUERRA MUNDIAL

Javier Fernández Castroagudín
Nieves Mayo Bazarra
Universidad de Santiago de Compostela

INTRODUCCIÓN

Aunque con matices, podemos afirmar que la medicina y la guerra presentan una relación bidireccional que es en su mayor parte positiva. Por un lado, la medicina y la cirugía de guerra se han beneficiado de los avances científicos y tecnológicos en tiempos de paz, mientras que, por otro, las guerras han creado la necesidad de innovar, desarrollar y aplicar protocolos, técnicas, estructuras organizativas y dispositivos tecnológicos para la atención de los heridos y la conservación de la fuerza de combate, lo que a su vez ha podido aplicarse posteriormente a la medicina civil.[1]

La medicina militar durante la Segunda Guerra Mundial supuso el culmen del proceso de avances organizativos, tecnológicos y científicos que tuvieron lugar en la segunda mitad del siglo XIX y principios del siglo XX.[2] Los servicios médicos, sobre todo los de los aliados occidentales, alcanzaron un grado de desarrollo superlativo, no solo en cuanto a personal, sino también en cuanto a doctrina, técnica, entrenamiento, suministros, equipamiento e infraestructuras. A modo de ejemplo, solo el Departamento Médico de los Estados Unidos (*US Army Medical Department*, USMD)[3] reclutó y entrenó durante la guerra a 535.000 sanitarios, 57.000 enfermeras y 47.000 médicos. Puso en marcha y gestionó casi 700 hospitales en ultramar y 78 en los Estados Unidos, así como centros docentes

---

[1] Manring, M.M., Hawk, Alan and Calhoun, Jason H., "Treatment of War Wounds. A Historical Review", *Clinical Orthopaedics and Related Research*, 2009, 467, pág. 2186.

[2] En un lapso de menos de cien años, entre 1844 y 1928, se desarrollaron y aplicaron, entre otros, la anestesia por inhalación de gases, la teoría microbiológica, la antisepsia, la Enfermería moderna, los rayos X, las transfusiones sanguíneas y los antibióticos, en lo que constituyó una auténtica "revolución médica".

[3] Incluía los servicios médicos del Ejército (*US Army*) y las Fuerzas Aéreas (*USAAF*), en aquel momento dependientes del Ejército. No incluía, por tanto, a la Marina (*US Navy*, de la que dependía el Cuerpo de Marines (*US Marine Corps*)), que tenía un departamento médico propio e independiente, el *Bureau of Medicine and Surgery*. Por ello, los recursos médicos de las fuerzas armadas estadounidenses eran todavía mayores de lo que estas cifras reflejan. Para una visión global de los servicios médicos estadounidenses durante la Segunda Guerra Mundial véase Cowdrey, Albert E., *Fighting for Life. American Military Medicine in World War II*, New York, McMillan, 1994.

y laboratorios de investigación. Creó una fructífera relación entre la medicina militar, la medicina civil y la industria.[4] Su éxito fue tal que probablemente no nos equivoquemos al afirmar que fue una de las causas de la preeminencia de la medicina estadounidense en la segunda mitad del siglo xx.

A pesar de un entrenamiento muchas veces insuficiente y poco realista, y de la escasez de personal, sobre todo especializado, finalmente la ingente disponibilidad de recursos, la planificación, la capacidad de adaptación y la experiencia duramente adquirida, conllevó que, en el conflicto más terrible de la historia de la Humanidad, las posibilidades de supervivencia tras ser herido fuesen las más altas hasta ese momento, con una mortalidad global por heridas del 3.3%, una reducción significativa respecto al 8.5% reportado entre heridos estadounidenses durante la Primera Guerra Mundial.[5]

Aunque algunas lecciones tuvieron que ser reaprendidas y la doctrina tuvo que adaptarse a las características de la nueva conflagración mundial, los servicios médicos militares pudieron contar con los conocimientos y la experiencia adquiridos en la Gran Guerra, en la más reciente Guerra Civil Española y, en menor medida, en los conflictos coloniales. En este sentido, diversos autores han afirmado que el denominado "método español" de tratamiento de las fracturas y heridas de guerra,[6] basado en el propugnado por el cirujano estadounidense Hiram Winnett Orr (1877-1956) y mejorado y aplicado durante la Guerra Civil por los cirujanos españoles Manuel Bastos Ansart (1887-1973), Joaquín D'Harcourt (1896-1970) y Josep Trueta (1897-1977),[7] entre otros,[8] tuvo una gran influencia en la cirugía de guerra durante la Segunda Guerra Mundial. Sin embargo, esta influencia no ha sido todavía contrastada ni completamente evaluada.

El objetivo de este estudio es, por tanto, analizar la influencia del sistema Orr-Bastos-Trueta o "método español" de tratamiento de las heridas y fracturas de guerra, en la doctrina, protocolos y resultados del USMD durante la Segunda Guerra Mundial, entre

[4] Manring, M.M., "Treatment of War Wounds…", pág. 2171.

[5] Íbidem, pág. 2185.

[6] También conocido como "cura oclusiva", "tratamiento oclusivo", "método catalán", "método de Trueta" o "método de Orr-Bastos-Trueta". En la literatura en lengua inglesa se puede encontrar bajo la denominación de "closed method", "closed plaster method", "Orr-Trueta method" u "Orr-Trueta plaster". La denominación de "método español" parece deberse al doctor Rodolfo Matas, que después de un viaje a Cataluña en la que observó el tratamiento de heridos de la Guerra Civil, a su regreso a los Estados Unidos expuso el método en la LII Asamblea de la *Southern Surgical Association*, en 1939. Véase Moltó Abad, Francisco Enrique, "Antecedentes de las curas en ambiente húmedo (CAH). El "método español" de tratamiento de heridas de guerra y el Hospital Sueco-Noruego de Alcoy", *Gerokomos* 2013, 24(1), pág. 35.

[7] No es propósito de este artículo polemizar acerca de la "paternidad" de la terapia oclusiva, toda vez que los descubrimientos científicos son, por lo general, el fruto de investigaciones paralelas independientes y cuya autoría se atribuye a los autores que lo desarrollan, optimizan, implementan, difunden o exponen sus resultados. En este sentido, el ecléctico epónimo "método de Orr-Bastos-Trueta" parece el más adecuado de los utilizados en la literatura en lengua española.

[8] Moral Torres menciona a los doctores Jimeno Vidal, Aguilar, Ribó y Linares (Moral Torres, Juan, *El "método español" en el tratamiento de las heridas de guerra (Técnica de Orr-Bastos-Trueta)*, en *Los Médicos y la Medicina en la Guerra Civil Española*, Madrid, Monografías Beeecham, 1986, pág. 162), mientras que el doctor Mariano F. Zúmel, jefe del Equipo Quirúrgico C-32 del Ejército del Centro afirma que esta técnica fue aplicada por ambos bandos de la Guerra Civil (Zúmel, Mariano F., *Cirugía de Guerra*, en *Los Médicos y la Medicina en la Guerra…*, pág. 75).

1941 y 1945. Para ello se ha realizado un análisis bibliográfico que ha incluido como fuentes primarias las descripciones y resultados de la técnica realizados por diversos cirujanos españoles durante la Guerra Civil, y los manuales de tratamiento y las series de resultados reportados por el USMD durante la Segunda Guerra Mundial y en la postguerra. Como fuentes secundarias se han empleado biografías y artículos de revisión en revistas especializadas en el ámbito biomédico y médico-militar.

El "método español" de tratamiento de las heridas y fracturas de guerra en la Guerra Civil española

A pesar de la denominación de "método español", uno de los considerados pioneros del método oclusivo fue el cirujano estadounidense Hiram W. Orr. Nacido en Pennsylvania el 17 de marzo de 1877, estudió en la escuela médica de la Universidad de Michigan y practicó la medicina civil, como cirujano ortopédico, en Nebraska. Durante la Primera Guerra Mundial, Orr sirvió en el *Medical Reserve Corps* de la Fuerza Expedicionaria estadounidense con el rango de mayor. En Gran Bretaña trabajó con el cirujano francés Alexis Carrel (1873-1944), que había desarrollado un método de tratamiento de las heridas en las que se irrigaban las mismas, por medio de tubos de caucho perforados, con un antiséptico desarrollado en conjunción con el químico inglés Henry Dakin (1880-1952), la solución de Dakin o de Carrel-Dakin (solución diluida de hipoclorito sódico y ácido bórico), procediendo posteriormente al cierre mediante sutura.[9] Orr, un defensor del principio de la inmovilización forzada y prolongada postulado por los cirujanos británicos Hugh Owen-Thomas (1834-1891) y Sir Robert Jones (1857-1933), desarrolló y aplicó su propio sistema para el tratamiento y evacuación de soldados con fracturas abiertas, que consistía en dejar la herida sin suturar, en la que se introducía una gasa vaselinada, e inmovilizando posteriormente el miembro afecto con vendaje de yeso circular, el cual se mantenía al menos durante tres semanas. A pesar de las reticencias de mandos y colegas, Orr empleó el sistema para el traslado de un gran número de heridos estadounidenses desde el hospital en Savenay, en Francia, a Estados Unidos.[10] Los resultados fueron excelentes y en la postguerra los aplicó, en la práctica civil, a las osteomielitis y a las fracturas antiguas infectadas.[11]

En España, sería el cirujano Manuel Bastos Ansart, el que introduciría el método oclusivo como tratamiento de las heridas y fracturas de guerra. Nació en Zaragoza el 22

[9] Manring, M.M., "Treatment of War Wounds...", pág. 2183.

[10] Prime, Margueriete (ed.), *A Catalogue of the H. Winnett Orr Historical Collection and other Rare Books in the Library of the American College of Surgeons*, Chicago, American College of Surgeons, 1960, págs. IX-XI.

[11] Orr, H. Winnett. "A paper on the prevention on accidents and complications in the course of treatment in chronic osteomyelitis", *British Medical Journal* 1933, 2(3790), págs. 365-367; Orr, H. Winnett, "Determining Factors in the End-Results following War Wounds and Compound Fractures", *Bulletin of the New York Academy of Medicine*, 1942, 18(4), págs. 237-245.

de julio de 1887 y cursó los estudios de Medicina en su ciudad natal, licenciándose en 1907. Hijo de militar, ingresó en el Cuerpo de Sanidad Militar y fue destinado al Hospital Militar Central de Madrid-Carabanchel. Tras los sucesos del Barranco del Lobo en 1909, se ofreció voluntario para servir en Marruecos, siendo asignado al Regimiento de Infantería 'Inmemorial del Rey', n.º 1. Durante su servicio en la guerra de Melilla recibió una herida de bala en la cadera en una acción cerca de Nador. Por sus acciones en la asistencia a los heridos bajo el fuego y la negativa a ser evacuado tras ser herido, recibió la Cruz del Mérito Militar con Distintivo Rojo, la Medalla de África con las aspas rojas de herido, y dos cruces rojas pensionadas.[12] Fue profesor de la Facultad de Medicina de la Universidad de Madrid, médico de la Casa del Rey por oposición, médico de la Beneficencia General y fundador y director del Instituto Ortopédico y de Reeducación de Inválidos, posteriormente Clínica de Cirugía Ortopédica y Traumatología, entre otros cargos.[13]

La prolongada guerra del Rif (1911-1927) le permitiría a Bastos Ansart seguir tratando heridos de guerra tanto en Tetuán como en el Hospital Base de Málaga y en el Hospital de Carabanchel, provenientes de la retirada de Annual (1921) y de las operaciones derivadas del desembarco en Alhucemas (1925).[14] En una fecha tan temprana como 1921 da cuenta del "método de cura por el apósito enyesado", aplicable en fracturas abiertas típicas de las lesiones de guerra. Este sistema, que convertía las fracturas abiertas en cerradas, lo consideraba novedoso, aunque admitía que su aplicación podía parecer "una temeridad", hasta el punto de que, aprensivamente, el tratamiento se aplicó inicialmente solo a fracturas abiertas con trayectos puntiformes. Sin embargo, dados los buenos resultados, decidió aplicarlo sistemáticamente a fracturas abiertas más complejas.[15]

En 1934, en el hospital de Madrid-Carabanchel, Bastos Ansart trató a los heridos provenientes de la Revolución de Asturias (5-19 de octubre de 1934). Fruto de esta experiencia fue la publicación en 1936 del libro 'Algunos Aspectos Clínicos de las Heridas por Arma de Fuego' (Figura 1), que pronto sirvió como referencia para muchos otros cirujanos militares.[16] En el capítulo III, 'Las fracturas por herida de arma de fuego. Reglas generales de su tratamiento' aboga por la prontitud en el tratamiento, la reducción precoz de las fracturas, la escisión profunda de las heridas infectadas y previene contra la excesiva remoción de fragmentos óseos (esquirlectomía). Desaconseja el empleo de antisépticos locales, considerándolos "contraproducentes la mayoría de las veces".[17] En el capítulo VI, titulado 'Sobre el curso ulterior de las fracturas de guerra y factores que

[12] Bastos Ansart, Manuel, *De las Guerras Coloniales a la Guerra Civil. Memorias de un cirujano*, Barcelona, Ariel, 1969, págs. 58-77.

[13] Íbidem, págs. 89, 108-113, 128-129, 154 y 193.

[14] En el Hospital de Carabanchel coincidiría con otros cirujanos militares, veteranos asimismo de las guerras de Marruecos, como Joaquín D'Harcourt y Manuel Gómez-Durán (1898-1984), entre otros. Véase Ponte Hernando, F.J., Rodríguez Botana, B., Álvarez Fernández de Arroyabe, N., "El doctor D. Manuel Gómez-Durán Martínez (1898-1984), general, laureado y académico de Medicina", *Sanidad Militar*, 2018, 74(2), pág. 126-127.

[15] Bastos Ansart, *De las Guerras Coloniales...*, pág. 171.

[16] Íbidem, pág. 294; Ponte Hernando, "*El doctor D. Manuel Gómez-Durán...*", pág. 126.

[17] Bastos Ansart, Manuel, *Algunos aspectos clínicos de las Heridas por Arma de Fuego*, Labor, Barcelona, 1936, págs. 8-15.

lo modifican. El tratamiento oclusivo. Las erisipelas', refiere el empleo sistemático, en heridos con la "infección focal dominada", del "tratamiento oclusivo y la cura retardada", método que "encuentra una de sus más prácticas aplicaciones en estas osteomielitis fracturarias o de guerra".[18]

ALGUNOS ASPECTOS CLÍNICOS
DE
LAS HERIDAS
POR
ARMA DE FUEGO

POR EL
DR. MANUEL BASTOS ANSART
Profesor auxiliar de la Facultad de Medicina de Madrid

Con 74 ilustraciones
en negro y color

LABOR

EDITORIAL LABOR, S. A.
BARCELONA - MADRID - BUENOS AIRES - RIO DE JANEIRO
1936

Figura 1: Portada interior del libro 'Algunos Aspectos Clínicos de las Heridas por Arma de Fuego' (Labor, 1936), en el que Manuel Bastos Ansart expone su experiencia en el tratamiento de los heridos de bala, granadas y bombas de la Revolución de Asturias en octubre de 1934 (colección de los autores).

La descripción del método se inicia con recomendaciones acerca de la aplicabilidad de este tratamiento en función del estado general del herido y el aspecto y características de la herida. El método sigue "las prescripciones de Orr –conspicuo propugnador de dicha cura–", con el empleo de la gasa vaselinada y la colocación del yeso inmovilizando rigurosamente el foco, abarcando por tanto las articulaciones proximal y distal a la herida. Las

[18] Íbidem, págs. 23-34.

secreciones originadas en las heridas manchaban el apósito en los primeros días. A partir de los quince días el vendaje empezaba a desprender un olor desagradable, prácticamente insoportable hacia las ocho semanas. Sin embargo, tras su retirada se comprobaba que la mayor parte de las heridas mostraban un tejido de granulación en buenas condiciones, sin datos de infección y en vías de curación por segunda intención, obteniendo buenos resultados funcionales incluso en casos con grandes destrozos que hasta el momento habrían sido tratados mediante amputación. El tratamiento podía prolongarse hasta los 3-5 meses. La supuración abundante, que manchaba todo el vendaje de yeso, el dolor en el foco, el olor "a carroña" o la aparición de fiebre indicaban la interrupción del tratamiento, la retirada del yeso y la reexploración de la herida.[19]

El capítulo finaliza comentando el efecto beneficioso de las erisipelas que se producían en el miembro afecto, y que Bastos consideraba que tenían un "influjo beneficioso", conjeturando un efecto de "inmunización local" o de "vacunoterapia". La oclusión además favorecería una fermentación alcalina de los exudados, creando un microambiente con pH superior a 7 que podría desempeñar un papel antibacteriano frente a las infecciones estreptocócicas. Anticipa, de esta forma, lo que después se denominaría la "terapia biológica de las heridas".[20]

El inicio de la Guerra Civil tras la sublevación en julio de 1936 encontró a Bastos Ansart en Madrid, desde donde decidió trasladarse con su familia, por seguridad, a San Sebastián. Posteriormente regresó a Madrid a través de Francia y Barcelona. En sus memorias reflejó el terrible caos y el ambiente de indisciplina y desórdenes que reinaban en la zona controlada por la República. Ya de regreso en Madrid, desarrolló su trabajo en el Hospital de Carabanchel, hasta que este fue finalmente evacuado ante el avance de las tropas sublevadas, siendo trasladado al Hospital Quirúrgico número 1, situado en el Hotel Palace.[21] Posteriormente fue nombrado director médico del Hospital Sueco-Noruego de Alcoy debido a la marcha prevista del personal de la misión escandinava.[22] Al finalizar la guerra, Bastos se encontraba trabajando en el Hospital de Villajoyosa, en Valencia. A pesar de su fama, su ausencia de militancia política y de la presencia de numerosos colegas y amigos en el bando vencedor, no se le perdonó su trabajo en la zona republicana y fue represaliado, desprovisto sus cargos obtenidos antes de la guerra y condenado a doce años y un día de prisión, siendo liberado a los 3 años y siete meses.[23] Ejercería posteriormente la medicina en Barcelona y desarrollaría una gran actividad

[19] Íbidem, págs. 24-26.

[20] Íbidem, págs. 26-29. Véase al respecto: Trueta, J., "Treatment of War Wounds and Fractures", *British Medical Journal*, 1942, 1, pág. 616.

[21] Bastos Ansart, *De las Guerras Coloniales...*, págs. 308-318.

[22] El Hospital Sueco-Noruego de Alcoy formaba parte de la misión de ayuda humanitaria que ambos países escandinavos enviaron en apoyo de la República, y que incluía material para equipar un hospital de 100 camas -llegó a disponer de 650-, ambulancias y personal especializado, así como ayuda económica proveniente de la recaudación de fondos en los países de origen (Moltó Abad, "Antecedentes de las curas...", pág. 33; Bastos Ansart, *De las Guerras Coloniales...*, págs. 334-339).

[23] Bastos Ansart, *De las Guerras Coloniales...*, págs. 371-372, 385 y 410.

científica y docente, reconocido y apoyado por sus colegas, sobre todo en el extranjero, así como la concesión del Premio Virgili de la Asociación de Cirugía de Barcelona.[24] Falleció el 21 de enero de 1973.

Joaquín D'Harcourt y Got nació el 23 de mayo de 1896 en Puerto Príncipe-Camagüey (Cuba), hijo de un coronel de caballería. Cursó los estudios de Medicina en Madrid, licenciándose en 1918. Al igual que Bastos Ansart ingresó en Sanidad Militar (1919) y participó en la guerra del Rif. Durante la retirada de Annual logró llegar a Melilla atravesando las líneas rifeñas, lo que motivó que fuera procesado por consejo de la comisión presidida por el general Picasso, acusado, junto con sus compañeros, de huida ante el enemigo.[25] Fue destinado en 1927 al Servicio de Aviación de Tablada (Sevilla) con el rango de capitán, y trabajó en la Clínica de Urgencias de Aviación Militar del aeródromo de Getafe y en la Clínica de Cirugía Ortopédica y Traumatología del Hospital Militar de Carabanchel (Madrid), donde coincidió con Manuel Bastos Ansart, del que se consideraba su discípulo.[26] Tras el estallido de la Guerra Civil fue ascendido a teniente coronel médico y nombrado jefe de los servicios quirúrgicos del Ejército Republicano. Trabajó en los frentes de Madrid, Teruel y Ebro, en el hospital Vallcarca de Barcelona, y puso en marcha el Servicio de Investigación Biológica junto con Albert Folch i Pi (1905-1993).[27] Se exilió a Francia al finalizar la guerra, siendo acogido por sus colegas franceses, junto con Folch y el doctor Antonio Oriol i Anguera (1906-1996). Asentados en Toulouse, intentaron retomar sus trabajos e investigaciones, aunque se toparon con la desconfianza y el desdén de las autoridades sanitarias galas cuando intentaron ofrecer sus servicios médicos. En noviembre de 1941 D'Harcourt se exilió a México, donde falleció el 5 de mayo de 1972.[28]

Joaquín D'Harcourt tuvo oportunidad de aplicar, junto con su maestro Bastos Ansart, el método oclusivo en los heridos de la Revolución de Asturias y la Guerra Civil en diversos escenarios, como el Hospital de Carabanchel, el Hospital Quirúrgico n.º 1, el Hospital Vallcarca, el frente de Teruel o en los campamentos de refugiados españoles en Francia. Aunque previamente ya había publicado en revistas españolas y francesas, incluidos estudios sobre el empleo de las sulfamidas,[29] en 1940 firmó, con los doctores Folch y Anguera, un artículo titulado '*The Closed Plaster Method. An Account of its use during the Spanish War*', publicado en la prestigiosa revista *British Medical Journal.* En este artículo se hace constar que los autores, en las fases finales de la guerra, fueron

[24] Íbidem, pág. 442.
[25] Íbidem, págs. 141-142.
[26] Íbidem, pág. 140.
[27] Silva, Gustavo A., "Alberto Folch Pi (1905-1993), figura señera de la traducción médica al español", *Panace@*, 2013, XIV(38), pág. 325.
[28] Íbidem, pág. 326.
[29] D'Harcourt, J., Folch, A. y Oriol, A., "Nota previa sobre la acción de la sulfamida en las infecciones quirúrgicas", *Revista de Sanidad de Guerra*, 1939, 2(9), págs. 246-275. Véase también Elola Ramón, Jesús Julián, "El empleo de sulfamidas en la Guerra Civil española: la publicación de los doctores D Harcourt, Folch y Oriol en 1938", *Hispania Nova*, 2022, 20, págs. 314-347.

responsables del tratamiento de 7.500 casos de fracturas, y siguieron la evolución de 17.000 casos adicionales tratados en otros centros. Como dato interesante, el método oclusivo se extendió también al tratamiento de heridas de los tejidos blandos con gran pérdida de sustancia, aun sin lesión ósea. La descripción de la técnica es similar a la aportada por Bastos Ansart, con la salvedad de que plantea la opción de gasa vaselinada (empleada por Orr y Bastos) o seca (empleada por Trueta), sin mostrar predilección por ninguna de las dos. Diferencia entre el tratamiento en una fase temprana, dentro de las primeras seis horas, y tardía. Como contraindicaciones al tratamiento oclusivo señala las heridas con necrosis extensa, lesiones vasculares o heridas por aplastamiento. El tratamiento se prolongaba durante 3-6 semanas, a menos que se presentaran datos de alarma que indicaran la retirada del yeso y la reexploración de la herida. Incluye información acerca de exploraciones clínicas y analíticas (temperatura, velocidad de sedimentación globular, recuento leucocitario, cultivos microbiológicos). A diferencia de lo reportado por Bastos Ansart, el pH del exudado era ácido, alrededor de 6.[30]

Las principales ventajas de este método respecto a los métodos abiertos eran, según los autores, un período de curación más corto, mayor tasa de consolidación de las fracturas, evitaba los cambios frecuentes de vendajes, que producían disconfort, retardaban la curación y favorecían la infección, se reducía la deshidratación de los tejidos por evaporación y disminuía la tasa de infecciones secundarias y la necesidad de amputación.[31] Apoyaron estas conclusiones con estadísticas del Hospital de Vallcarca, donde se atendieron aproximadamente 5.000 casos, la mayoría de fracturas, durante un año, y donde solo fueron necesarias 26 amputaciones secundarias. Hubo 20 casos de gangrena gaseosa y 37 fallecidos, la mayoría por gangrena o septicemia. En una unidad quirúrgica durante la batalla del Ebro se atendieron 120 bajas con heridas y fracturas de guerra, realizándose únicamente 5 amputaciones (4.2%), en casos de muy extenso daño tisular.[32]

Sin embargo, el cirujano español que más se ha asociado con el método oclusivo de las fracturas y heridas de guerra fue un médico civil, el catalán Josep Trueta i Raspall. Nació en Poble Nou (Barcelona) el 27 de octubre de 1897 y cursó sus estudios de Medicina en la Universidad de Barcelona, licenciándose en septiembre de 1921. En 1922 se incorporó al Hospital de la Santa Creu i Sant Pau de Barcelona, en el Departamento de Cirugía del doctor Manuel Corachán. Este había solicitado a Trueta que evaluara y aplicara el método de tratamiento de las osteomielitis que propugnaba el doctor Orr y, dados los excelentes resultados, procedió a perfeccionarlo y extender sus indicaciones aplicándolo a las heridas recientes.[33] En el momento del estallido de la Guerra Civil, Trueta era jefe de Cirugía y profesor de Patología Quirúrgica. En el hospital, ahora renombrado Hospital General de Catalunya, Josep Trueta se hizo cargo del tratamiento de numerosos heridos

[30] D'Harcourt J., Folch, A. y Oriol, A., "The Closed Paster Method of Treatment", *British Medical Journal*, 1940, 1, págs. 652-653.
[31] Íbidem, pág. 654.
[32] Íbidem, pág. 652.
[33] Rodrigo, Antonina, *Doctor Trueta. Héroe anónimo de dos guerras*, Barcelona, Plaza & Janés, 1977, págs. 29-32.

de guerra, incluyendo las víctimas de los bombardeos aéreos de Barcelona. Colaboró con el ya mencionado cirujano Joaquín D'Harcourt, director de los servicios quirúrgicos del Ejército de la República, para que el ejército adoptara el método oclusivo como el de elección para el tratamiento de los heridos.[34]

Figura 2: El doctor Josep Trueta durante la concesión del grado de doctor *honoris causa* por la Universidad de Oxford en 1943. Fuente: Wikimedia Commons. https://commons.wikimedia.org/wiki/File:1943_Trueta_DHC_Oxford.jpg

Al finalizar la Guerra Civil se exilió en Francia, con la intención de viajar posteriormente a Venezuela. Sin embargo, fue contactado e invitado por el *Foreign Office* británico, por medio de las doctoras Josephine D. Collier y Audrey Russell, para viajar a Gran Bretaña con el fin de exponer y compartir su experiencia en la organización de la defensa pasiva y la evacuación y tratamiento de los heridos de los bombardeos aéreos.[35] Fue nombrado

[34] Íbidem, pág. 55.

[35] Íbidem, págs. 18-23. Trueta, J., "The Organization of Hospital Services for Casualties due to the Bombing of Cities, Based on Experience Gained in Barcelona -with Special Reference to the Classification of Causalties", *Proceedings of the Royal Society of Medicine*, 1939, XXXIII, págs. 13-23; Trueta, J., "The Treatment of War Fractures by the Closed Method", *Proceedings of the Royal Society of Medicine*, 1939, XXXIII, págs. 65-74.

asesor de heridas de guerra para el ministro de Salud Malcolm J. MacDonald (1901-1981) y se incorporó en 1940 a la Universidad de Oxford, que le concedería el grado de doctor *honoris causa* en 1943 (Figura 2).[36] Fue director del departamento de accidentes y emergencias de la *Radcliffe Infirmary* y se hizo cargo de la cátedra de Ortopedia de la Universidad de Oxford, donde desarrolló el *Nuffield Orthopaedic Hospital*, un centro monográfico de investigación y tratamiento en osteología. Según afirma A. Rodrigo en su biografía, Trueta fue consultado por el coronel canadiense J.A. MacFarlane acerca de los preparativos médicos para la operación de Dieppe (19 de agosto de 1942), y atendió en Inglaterra heridos evacuados provenientes de Francia tras el desembarco en las playas normandas en junio de 1944 en el contexto de la operación *Overlord*.[37] Su actividad investigadora incluyó estudios sobre la circulación renal en situaciones de shock, infecciones y síndrome de aplastamiento.[38] Regresó a España en 1966 y falleció el 19 de enero de 1977.[39]

Su estancia en Oxford le brindó una oportunidad única para comunicar los resultados de la terapia oclusiva en foros y revistas científicas. Aparte de la difusión, la principal contribución de Josep Trueta fue la sistematización del tratamiento. Desarrolló un sistema de cinco puntos, el "*Five-point Programme*", en el que descansaba la base del tratamiento biológico de las heridas, y que incluía 1) el tratamiento quirúrgico temprano, idealmente antes de las 6-8 horas; 2) la limpieza de la herida con agua y jabón, desaconsejando el empleo de antisépticos que no solo no eliminaban la suciedad, sino que producían una daño adicional a los tejidos; 3) desbridamiento de la herida, la piedra angular de la técnica, insistiendo en la necesidad de una incisión suficientemente amplia y escisión de los planos profundos capa a capa, con eliminación de cuerpos extraños y tejidos desvitalizados hasta llegar al periostio; recomienda la escisión radical de las fascias y músculos, pero debiendo ser conservador en el hueso, manteniendo *in situ* la mayor cantidad posible de fragmentos óseos para facilitar la consolidación; 4) colocación de una gasa de malla fina sin vaselina para favorecer el drenaje de los exudados y 5) inmovilización mediante un yeso circular enyesado.[40] Hizo alusión a la terapia antibiótica, reconociendo el no haber podido disponer de sulfamidas en España, pero admitiendo que existía suficiente evidencia experimental para aconsejar su empleo como profilaxis. Adicionalmente, manifestó su insatisfacción con la denominación de terapia oclusiva, pues el cierre mediante vendaje enyesado era solo una de las fases del tratamiento, y no

[36] Rodrigo, A., *Doctor Trueta. Héroe...*, págs. 92 y 123-124.

[37] Rodrigo, A., *Doctor Trueta. Héroe...*, págs. 127-129.

[38] Fariña Pérez, L.A., "Los estudios sobre el riñón y la circulación renal de Josep Trueta i Raspall (1897-1977)", *Actas Urológicas Españolas*, 2008, 32(3), págs. 277-279; Better, Ori S., "Josep Trueta (1897–1977): Military Surgeon and Pioneer Investigator of Acute Renal Failure", *American Journal of Nephrology*, 1999, 19, pág. 344.

[39] Rodrigo, *Doctor Trueta. Héroe...*, pág. 252.

[40] Trueta J., "Treatment of War Wounds and Fractures", *British Medical Journal*, 1942, 1, pág. 616. De la importancia de esta técnica da una idea del hecho de que se seguían publicando artículos hasta finales de los años 70 del siglo xx (véase Trueta, Joseph, "Reflections on the Past and Present Treatment of War Wounds and Fractures", *Military Medicine* 1976, 141(4), págs. 255-258; De la Concepción, M., Cervelló, S. y Albert, L., "La cura de Trueta. Su aplicación en el tratamiento de las infecciones de los huesos", *Revista Española de Cirugía Osteoarticular*, 1980, 15, págs. 275-279).

la consideraba como la más importante.[41] Sin embargo, coincidiendo con Bastos Ansart, la inmovilización completa de los tejidos blandos era un pilar del proceso racional que explicaba el beneficio de la terapia oclusiva en la disminución de la tasa de infección, al reducir la migración de bacterias y la absorción de toxinas y otras sustancias por los tejidos, mientras que la ausencia de manipulaciones ulteriores favorecía la cicatrización y evitaba infecciones secundarias.[42]

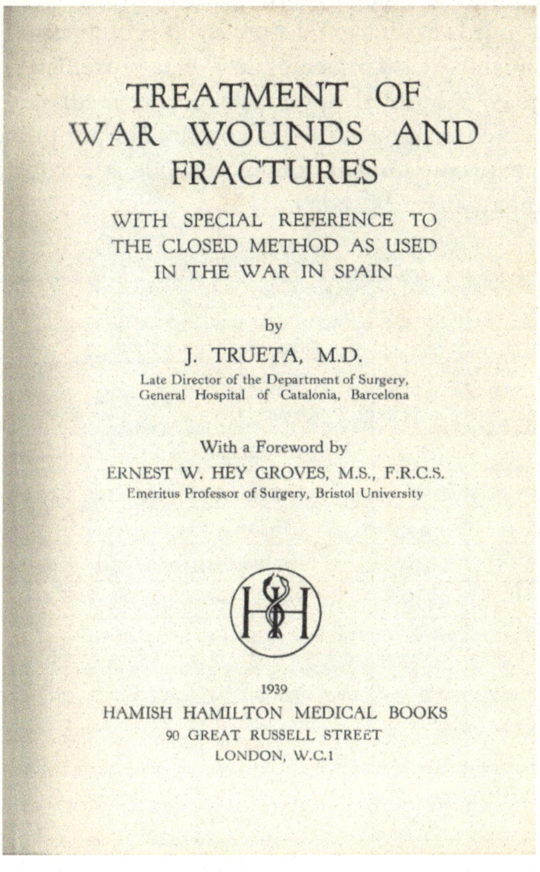
TREATMENT OF
WAR WOUNDS AND
FRACTURES

WITH SPECIAL REFERENCE TO
THE CLOSED METHOD AS USED
IN THE WAR IN SPAIN

by

J. TRUETA, M.D.

Late Director of the Department of Surgery,
General Hospital of Catalonia, Barcelona

With a Foreword by

ERNEST W. HEY GROVES, M.S., F.R.C.S.

Emeritus Professor of Surgery, Bristol University

1939

HAMISH HAMILTON MEDICAL BOOKS

90 GREAT RUSSELL STREET

LONDON, W.C.1

Figura 3: Portada interior de la edición inglesa del libro 'Treatment of War Wounds and Fractures with special reference to the closed method as used in the War in Spain' (Hamish Hamilton, 1939). Profusamente ilustrado, en él Josep Trueta expone su experiencia con el método oclusivo durante la Guerra Civil española, así como los excelentes resultados obtenidos. Como dato curioso, la edición estadounidense estaba prologada por el doctor Hiram W. Orr (colección de los autores)

[41] Trueta J., "Treatment of War Wounds...", págs. 616-617.

[42] Trueta, J., "The Rationale of Complete Immobilization in Treatment of Infected Wounds", *British Medical Journal*, 1940, 2, págs. 46-47.

Su experiencia con el método oclusivo se plasmó asimismo en un libro, inicialmente publicado en catalán en 1938 y posteriormente traducido al español, francés e inglés, titulado '*Treatment of War Wounds and Fractures with special reference to the closed method as used in the War in Spain*' (Figura 3). En él presentó múltiples casos de tratamiento exitoso, con curación de las heridas, sin infección, con adecuada consolidación ósea y buen resultado funcional. Sus resultados eran ciertamente espectaculares, con una tasa de fracasos extraordinariamente baja y mortalidad inferior al 0,6% (Tabla I).[43] Hay que destacar, no obstante, que la evaluación del resultado era subjetiva ("*good or satisfactory*" *versus* "*bad*") y que muchos de los pacientes de Trueta provenían de los *raids* aéreos y se recibían directamente en el hospital, sin estaciones intermedias, al poco tiempo de ser heridos y con fracturas compuestas más que con heridas por proyectiles y metralla en terrenos extremadamente contaminados, como los que se encontrarían en los campos de batalla de la Segunda Guerra Mundial.

Tabla I: *Resultados del tratamiento de fracturas abiertas comunicados por Josep Trueta.*[44]

Tipo de fractura	Casos	Resultados buenos o satisfactorios n (%)	Resultados malos n	Muertes n
Escápulo-humeral	55	55 (100%)	0	0
Diáfisis del húmero	142	140 (98.6%)	1	1
Región del codo	64	60 (93.75%)	4	0
Antebrazo	121	110 (90.9%)	11	0
Muñeca y mano	106	93 (87.7%)	13	0
Cadera y cuello del fémur	21	17 (80.9%)	2	2
Diáfisis del fémur	101	88 (87.1%)	12	1
Articulación de la rodilla	43	40 (93%)	3	0
Diáfisis de tibia y peroné	225	198 (88%)	25	2
Tobillo y retropié	67	60 (89.5%)	13	0
Antepié	128	115 (89.8%)	13	0
Total	1073	976 (90.9%)	91	6 (0.56%)

[43] Trueta, J., *Treatment of War Wounds and Fractures with special reference to the closed method as used in the War in Spain*, Hamish Hamilton Medical Books, London, 1939, págs. 24-41.
[44] Adaptado y traducido de Trueta, J., *Treatment of War Wounds...*, 1942, pág. 135.

EL MÉTODO OCLUSIVO ENTRE LOS SERVICIOS MÉDICOS DEL EJÉRCITO ESTADOUNIDENSE DURANTE LA SEGUNDA GUERRA MUNDIAL

En los años de entreguerras, las fuerzas armadas estadounidenses, y con ellas sus servicios médicos, habían sido reducidos a la mínima expresión, en gran parte debido a las restricciones presupuestarias y al rechazo implícito de la sociedad estadounidense a mantener un ejército de grandes dimensiones en tiempo de paz. Al inicio de la guerra en Europa en 1939, el Departamento Médico disponía únicamente de 6 hospitales generales (5 en los Estados Unidos y uno en Filipinas) y 104 hospitales más pequeños (*station hospitals*) para proporcionar servicios médicos a bases y acuartelamientos. Solo disponía de cuatro regimientos y un escuadrón médicos. En 1941, el ejército y la marina disponían entre ambos únicamente de 11.192 médicos, 5957 enfermeras y 2868 dentistas.[45] Aunque el personal y las infraestructuras crecieron exponencialmente desde fecha tan temprana como 1940, la doctrina y los protocolos estaban anticuados y no se disponía de personal experto en el manejo y tratamiento de los heridos de guerra.[46] Olvidada la experiencia de la Gran Guerra, el inicio del nuevo conflicto trajo un retorno al tratamiento de las heridas con un desbridamiento superficial, la aplicación de antisépticos y la sutura primaria, con los desastrosos resultados que eran de esperar.[47] Afortunadamente, pronto se puso de nuevo el foco en el tratamiento precoz, la limpieza y el desbridamiento adecuado como la piedra angular del tratamiento de las heridas de guerra (los tres primeros puntos del método de Trueta), abandonando la sutura primaria excepto para heridas superficiales recientes con una limpieza adecuada y para los casos de aviadores heridos, en los que se consideraba que no estaban expuestos a la suciedad y a las condiciones no higiénicas de los campos de batalla terrestres.[48] En consecuencia, el método oclusivo gozó de gran aceptación entre los cirujanos militares aliados, y fue aplicado en Pearl Harbor tras el ataque aéreo japonés el 7 de diciembre de 1941,[49] durante la operación canadiense de Dieppe en agosto de 1942,[50] en el teatro de operaciones CBI (China-Burma-India)[51] o

[45] Cowdrey, Albert E., *Fighting for Life. American...*, págs. 18-21.

[46] Este problema nunca fue totalmente resuelto. El gigantesco crecimiento de las infraestructuras médicas en el teatro de operaciones europeo conllevó la necesidad de dotar a sus 260 hospitales con cirujanos especialistas. De los 446 necesarios, en junio de 1944 solo se disponía de 57 (Cleveland, Mather, "Orthopedic Surgery in the European Theater of Operations", *Annals of Surgery*, 1946, 124(2), págs. 189-190).

[47] Banovetz, J.M., "The Development of Orthopaedics in 20th Century Warfare", *Iowa Orthopedic Journal*, 1997, 17, pág. 38.

[48] Moorhead, John J., "War Wounds", *American Journal of Surgery* 1942, 56(2), pág. 339; Cleveland, Mather, "Orthopedic Surgery in the...", pág. 190; Banovetz, "The Development of Orthopaedics...", pág. 38.

[49] Hayden, Reynolds. "Activities of the Naval Hospital at Pearl Harbor following the Japanese Air Raid of December 7, 1941. Comments on the Care of Battle Casualties", *American Journal of Surgery*, 1943, 60, pág. 165.

[50] MacFarlane J.A., "Wounds in modern war", *Journal of Bone and Joint Surgery*, 1945, 24, págs. 739-752. J.A. MacFarlane fue el coronel médico canadiense que contactó con Trueta antes de la desastrosa operación de Dieppe, aunque en la biografía de A. Rodrigo consta como "J.C. MacFarlane".

[51] Weeden, Willis M. y Stein, Hymen D., "Experiences with Injuries and Diseases of Bone in World War II", *Annals of Surgery*, 1945, 122, 23-28.

en las islas del Pacífico Sur.[52] Conviene destacar que muchos de estos escenarios compartían una serie de características, como medios más precarios o escasez de personal y suministros, condiciones higiénicas deficientes, entornos geográficos complejos o líneas de evacuación especialmente largas o difíciles,[53] donde la relativa rapidez, el menor consumo de tiempo y recursos y la facilitación del transporte del herido sobresalían como las características más sobresalientes de la cura oclusiva (Figura 4). En palabras de los oficiales médicos W.M. Weeden y H.D. Stein describiendo su experiencia en el tratamiento de soldados chinos con fracturas en el teatro CBI, "*our aim has been to obtain the best result possible by the simplest methods, and in the shortest time*".[54]

Sin embargo, a partir de finales de 1943, los cirujanos militares eran conscientes de que existía margen para la mejora del tratamiento de las bajas con lesiones osteoarticulares y empezaban a reconocerse los inconvenientes del método oclusivo.[55] La mayoría de las fracturas compuestas evacuadas del Norte de África, Italia y el Pacífico habían sido tratadas "*by the Orr-Trueta method, which left much to be desired*", escribía el coronel Mather Cleveland, consultor senior en cirugía ortopédica para el teatro de operaciones europeo (ETO), y añadía "*This (the closed-plaster technic) invites infection of bone and soft tissue and healing ensues slowly by second intention, with massive granulations which develop into scar tissue*".[56]

El punto de inflexión tuvo lugar en el teatro de operaciones italiano en la primera mitad de 1944. El coronel Edward D. Churchill, consultor quirúrgico del Teatro de Operaciones del Mediterráneo (MTO), publicó el manejo de las heridas en esa campaña. En la asistencia inicial se insistía en el adecuado desbridamiento, se prohibía la sutura primaria y se inmovilizaban las fracturas mediante férulas o yeso con el objetivo de facilitar el transporte. Una vez evacuado el herido a los hospitales de retaguardia se procedía a retirar los vendajes, a la comprobación del estado de las heridas y se procedía a la sutura primaria retardada, a los 4-5 días del traumatismo, e idealmente siempre antes de los 7 días. Se empleaba un vendaje ligero de yeso, en dos partes (bivalva, no circular) para favorecer la inmovilización. Para las heridas con importante pérdida tisular se recomendaba la aplicación de injertos cutáneos. Se trataron con este método 25.000 heridas de partes blandas solo en la campaña italiana, con una tasa de curación del 95%, sin complicaciones graves, necesidad de amputaciones ni pérdidas de vidas.[57]

[52] Auster, Lionel S., "Combat Injuries in the South Pacific", *U.S. Navy Medical Bulletin*, 1944, 42, pág. 1015.
[53] Íbidem, pág. 1017.
[54] Weeden, "Experiences with Injuries…", pág. 23.
[55] Hampton, O.P., Coates, J.B., Cleveland, M. y McFetridge, E.M. (eds.), *Orthopedic Surgery in Mediterranean Theater of Operations*, Department of Army, Washington, 1957, págs. 55-58.
[56] Cleveland, "Orthopedic Surgery in the European…", pág. 188.
[57] Churchill, Edward D., "The Surgical Management of the Wounded in the Mediterranean Theater at the time of the Fall of Rome", *Annals of Surgery*, 1944, 120(3), págs. 270 y 273-283.

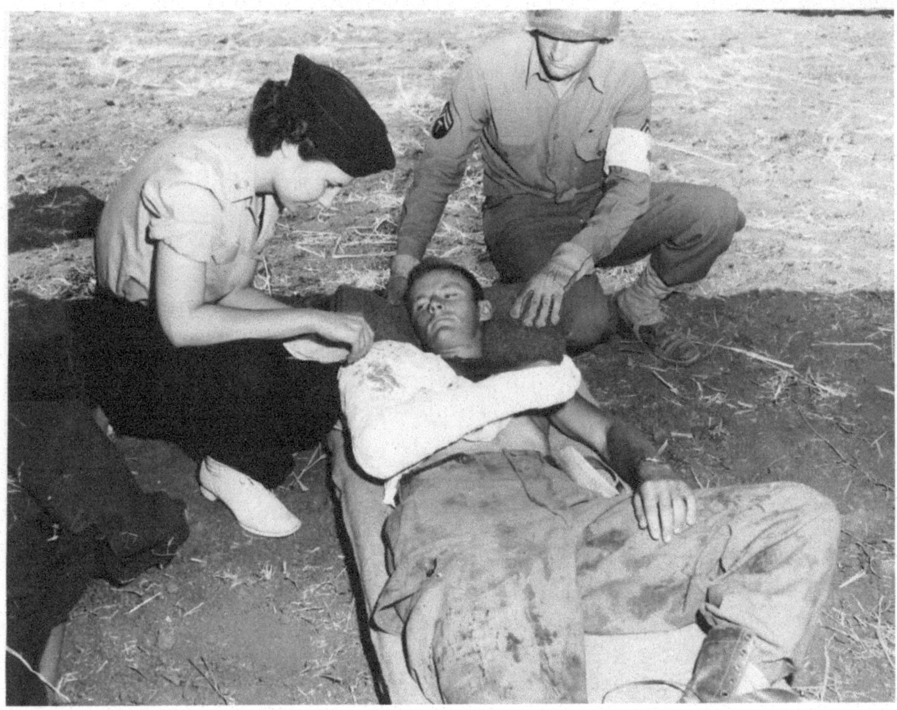

Figura 4: Los servicios médicos estadounidenses emplearon el método oclusivo para el tratamiento de las fracturas y heridas de guerra durante la Segunda Guerra Mundial, el cual mostró especial utilidad en escenarios con recursos escasos, entornos geográficos difíciles y con líneas de evacuación especialmente largas, como en los campos de batalla del teatro CBI (China-Burma-India). Sin embargo, a partir de 1944, el método oclusivo se empleaba básicamente solo para facilitar el transporte, ya que el tratamiento de elección era la sutura primaria retardada. Fuente: *National Archives and Records Administration*, dominio público, via *Wikimedia Commons*. https://commons.wikimedia.org/wiki/File:Wounded_on_Way_to_Hospital.jpg

Los excelentes resultados de esta técnica llevaron a la modificación de la política quirúrgica del MTO [58] y, con cierto retraso debido a una cierta incoordinación entre los distintos teatros de operaciones,[59] a incluir la sutura primaria retardada como método

[58] Hampton, O.P., *Orthopedic Surgery in Mediterranean…*, págs. 58-64 (para una descripción extensa del método, véanse las páginas 64-114).

[59] La historia oficial de los servicios médicos del ejército estadounidense en los distintos teatros de operaciones de la Segunda Guerra Mundial fue publicada en la postguerra en los "green books", llamados así por el color de sus cubiertas. Para una visión más completa de la planificación, organización y operaciones del USMD, véanse Wiltse, Charles M., *The Medical Department: Medical Service in the Mediterranean and Minor Theaters*, Washington, Center of Military History, United States Army, 1987; Condon-Rall, Mary-Ellen y Cowdrey, Albert E., *The Medical Department: Medical Service in the War against Japan*, Center of Military History, Washington

de elección en el tratamiento de las heridas de guerra en el '*Manual of Therapy*' de 1944, preparado en vísperas de las operaciones para la invasión de Francia en junio de ese año y de posterior aplicación en la campaña del ETO en 1944-1945.[60] El protocolo compartía puntos con el método cerrado, como el desbridamiento adecuado en condiciones asépticas, sin la introducción de antisépticos en la herida, siendo agresivo en cuanto a la escisión de la fascia y el tejido muscular desvitalizado, pero conservador en cuanto a la piel y los fragmentos óseos. Los tendones y nervios no se debían intentar reparar en ese momento. La herida se mantenía abierta mediante la introducción de gasa y la herida era posteriormente vendada. El yeso se empleaba únicamente con fines de inmovilización para el transporte. El tratamiento complementario incluía el control preoperatorio del shock, las transfusiones perioperatorias, antibióticos, toxoide tetánico y antitoxina polivalente de la gangrena gaseosa.[61]

Un estudio del mayor John A. Grove en el *15th Hospital Center* en dos períodos temporales distintos (Tabla II) mostró una tasa global de curación del 89-92% con una tasa de osteomielitis del 5,4-7,6%. La aplicabilidad del método, así como los resultados finales fueron superiores en el segundo período, reflejando probablemente el incremento de la experiencia de los equipos quirúrgicos del ETO, muchos de los cuales no habían servido en Italia.[62] El general Hawley reportó una tasa de cierre de las heridas por sutura retardada de un 75% a las 2 semanas y del 90% a las tres semanas. Remarcó su gran influencia en las fracturas compuestas, pues las heridas se cerraban en pocos días y la fractura podía ser tratada como simple (objetivo análogo al del método oclusivo con yeso), afirmando asimismo que la osteomielitis era una complicación rara.[63]

D.C., 1998 y Cosmas, Graham and Cowdrey, Albert E., *The Medical Department: Medical Service in the European Theater of Operations*, Washington, Center of Military History, United States Army, 1992.

[60] U.S. Army Medical Department, *The Manual Therapy. European Theater of Operations*, 1944; Coates, J.B., Cleveland, M. y McFetridge, E.M. (eds.), *Orthopedic Surgery in European Theater of Operations*, Department of Army, Washington, 1956, págs. 81-83; Hawley, Paul R., "Advances in War Medicine and Surgery as demonstrated in the European Theater of Operations", *Medical Annals of the District of Columbia*, 1946, XV(3), pág. 107; Cleveland, "Orthopedic Surgery in the European…", págs. 194-195.

[61] U.S. Army Medical Department, *The Manual Therapy…*, págs. 32-35; Coates, J.B., *Orthopedic Surgery in European Theater…*, págs. 83-91.

[62] Ibídem, págs. 91-100.

[63] Hawley, "Advances in War Medicine…", págs. 107-108.

Tabla II: *Experiencia y resultados del 15th Hospital Center (USMD) en el tratamiento de las heridas de guerra mediante sutura retardada.*[64]

Periodo	6 de junio de 1944 a 6 de noviembre de 1944	1 de diciembre de 1944 a 1 de marzo de 1945
n	5042	3053
Sutura retardada	2393 (47,46%)	2241 (73,4%)
Curación por primera intención	1592 (66,5%)	- (87%)
Sutura parcialmente exitosa	640 (26,7%)	-
Fracaso del cierre	161 (6,73%)	-
Fracaso de curación	658 (13,05%)	- (7,6%)
Éxito global	4384 (86,9%)	- (92,4%)
Osteomielitis	272 (5,4%)	- (7,6%)

El papel desempeñado por los antibióticos –sulfamidas y penicilina– en estos resultados, aunque intuitivamente nos parezca positivo, es difícil de determinar. Ello se debe a que la política antibiótica fue muy diferente y cambiante en los distintos escenarios, aparte de la ausencia de ensayos clínicos. Las sulfamidas tópicas gozaron del favor inicial, incluso con el peligro de sustituir o retrasar un adecuado desbridamiento.[65] No obstante, su eficacia se consideró dudosa y acabaron abandonándose al final del período.[66] Las sulfamidas y la penicilina sistémicas se aplicaron invariablemente en fracturas compuestas, amputaciones y heridas infectadas, sobre todo en los años finales de la guerra, aunque siempre consideradas adyuvantes al complejo y escalonado proceso quirúrgico de la sutura primaria retardada.[67]

---

[64] Según datos publicados en Coates, J.B., *Orthopedic Surgery in European Theater...*, págs. 91-100.
[65] Banovetz, "The Development of Orthopaedics...", pág. 38.
[66] Hayden, "Activities of the Naval...", pág. 165; Moorhead, "War Wounds", pág. 338; Churchill, "The Surgical Management...", pág. 279.
[67] Íbidem, pág. 270; Cleveland, "Orthopedic Surgery in the European...", pág. 194 y 200.

CONCLUSIONES

El método Orr-Bastos-Trueta de tratamiento de las heridas y fracturas de guerra, aplicado durante la Guerra Civil española, tuvo gran influencia en la cirugía de guerra de la Segunda Guerra Mundial, especialmente en los servicios médicos de los aliados occidentales, entre cuyos cirujanos tuvo gran difusión, y en escenarios con condiciones y medios sanitarios más precarios. Sin embargo, a partir de finales de 1943, pero sobre todo en la primera mitad de 1944, sus limitaciones fueron evidentes (Tabla III) y se hizo patente la necesidad de mejorar los protocolos de tratamiento de los heridos con fracturas complejas y grandes heridas de partes blandas, instaurándose la sutura primaria retardada como método de elección. Debe observarse, no obstante, que los objetivos básicos -salvar vidas, miembros y funcionalismo, conservación de la fuerza de combate- y los principios técnicos fundamentales del tratamiento quirúrgico de las heridas de guerra -prontitud, limpieza, desbridamiento adecuado, inmovilización- permanecieron invariables a lo largo de las guerras del siglo xx. Finalmente, es razonable pensar que la evolución del tratamiento se debió en gran medida a la disponibilidad de medios y a la creciente experiencia quirúrgica de los servicios médicos aliados y a los avances en el tratamiento de soporte perioperatorios, sin olvidar el potencial papel desempeñado por los antibióticos, en un conflicto que cambiaría la medicina de guerra para siempre.

Tabla III: *Ventajas e inconvenientes del método oclusivo para el tratamiento de heridas y fracturas de guerra* (fuente: elaboración propia).

Ventajas	Inconvenientes
Aplicabilidad y rapidez	Enfermos estables, sin shock
Protección de la herida	Posible daño cutáneo
Evita cambios frecuentes de vendaje	Olor desagradable
Reduce la deshidratación tisular	Atrofia muscular
Reduce el riesgo de infección	Posibilidad de infecciones ocultas
Favorece la cicatrización	Cicatrices amplias con problemas funcionales
Favorece la formación de callo óseo	Convalecencia prolongada
Previene la diseminación de bacterias y toxinas	Impacto negativo en la fuerza de combate
Reduce la tasa de amputaciones	

9.
LA SANIDAD MILITAR Y LA AYUDA INTERNACIONAL. EL CASO DEL HOSPITAL DEL MONASTERIO DE UCLÉS, CUENCA (1936-1939)

Ángel Mora Urda
Universidad Autónoma de Madrid

CONTEXTO HISTÓRICO

El monasterio de Uclés, una imponente construcción que, en ocasiones, es conocida coloquialmente como “el Escorial de La Mancha”, forma parte de un conjunto de edificaciones levantadas durante diferentes periodos históricos. Está ubicado coronando la cima de un cerro a cuyos pies, y por el lado este, se encuentra la localidad conquense de Uclés. El cerro sobre el que se asienta este conjunto monumental tiene una ocupación que ha sido documentada arqueológicamente desde, al menos, el periodo celtíbero como así atestiguan los restos de un castro. Durante la ocupación musulmana de la península ibérica fue construida una estructura defensiva con unos imponentes parapetos que aún hoy en día se conservan. El castillo, una vez conquistado por los reinos cristianos, fue cedido a la Orden de Santiago en 1174, quienes lo convirtieron en su casa.[1] Es a partir de este momento cuando va a quedar definida la fortaleza, se construye la iglesia y se fueron añadiendo las diferentes estancias y dependencias en las que residían los miembros de la orden.[2]

Al finalizar el periodo histórico que tradicionalmente se ha denominado como Reconquista, el conjunto monumental al que pertenece el actual monasterio de Uclés, va a perder gran parte de su sentido y naturaleza bélica[3] sufriendo una importante remodelación. Esta transformación va a suponer la remoción de la mayor parte de los elementos defensivos del castillo dándole un aspecto más parecido al que podemos ver en la actualidad. Esta remodelación, sin embargo, no afectó a las murallas que aún hoy en día se conservan mostrando su disposición original en forma de dientes de sierra.

---

[1] García-Carpintero López de Mota, Jaime, *La Orden de Santiago a través de la cultura material: los señoríos de La Mancha y Uclés a finales de la Edad Media (siglos XV y principios del XVI)*, tesis doctoral, Universidad de Castilla-La Mancha, 2021.

[2] García-Carpintero López de Mota, Jaime, *La imagen del convento de Uclés de la Orden Militar de Santiago a finales de la Edad Media: espacios entre lo sagrado y lo profano*, Ordens militares, identidade e mundança, 2021, págs.977-996.

[3] Molero García, Jesús Manuel y Gallego Valle, David, “Un campo lleno de cruces rotas. La batalla de Uclés”, *Desperta Ferro*, número 35, 2023, págs. 40-46.

La construcción del actual edificio del monasterio comenzó el 7 de mayo de 1529 bajo el reinado de Carlos I, cuya corona era la administradora de la Orden de Santiago desde 1523. Las obras, con un trazado original de Enrique Egas, se iniciaron por el ala este, en la cual podemos observar un estilo artístico plateresco. La iglesia, cuya construcción se inició más tardíamente, durante el último cuarto del siglo xvi, se ajusta más al estilo herreriano. Durante el siglo xvii las obras no cesaron abarcando las alas oeste y sur antes de continuar en su parte interna, más concretamente por la escalera principal y el patio. La construcción se puede dar por concluida en 1735 cuando se elevó un cuerpo en la nave oriental y se terminó la portada principal, en este caso de estilo churrigueresco. En esos momentos ya nos encontrábamos bajo el reinado de Felipe V.[4]

El 19 de febrero de 1938 se aprobó, por Real Decreto, la desamortización de Mendizábal que va a suponer la disolución de la comunidad santiaguista. Los gobernadores eclesiásticos fueron los encargados de administrar el antiguo priorato desde la muerte del último obispo-prior en 1844 hasta la disolución definitiva de las Ordenes Militares en 1873. La casa-matriz de Uclés se agregó al Obispado de Cuenta el 4 de febrero de 1873 fundándose en su emplazamiento un seminario. Desde 1880 a 1897 el convento de Uclés acogió al Escolasticado de la Compañía de Jesús de Toulouse. En 1902 se estableció en el convento un colegio de Segunda Enseñanza regentado por agustinos que estuvo vigente hasta 1936.[5]

El monasterio de Uclés como hospital de sangre republicano (1936-1939)

Si consultamos la prolífica y rica bibliografía sobre la guerra civil española (1936-1939) podemos extraer varias algunas conclusiones relativas a la provincia de Cuenca, territorio que nos interesa en nuestra investigación. En primer lugar, a través del estudio de las fuentes historiográficas tradicionales, podemos deducir que la provincia de Cuenca no fue el escenario de grandes batallas ni cobró especial protagonismo bélico, como bien pudieron ser las batallas de Brunete, del Ebro, los asedios de la ciudad de Madrid y del Alcázar de Toledo o la batalla de Guadalajara.[6] Por tanto, y en segundo lugar, esta cuestión vemos como ha ocasionado un cierto abandono por parte la historiografía más clásica sobre la contienda, la cual, en un principio, puso su foco en los principales episodios bélicos y aspectos militares y políticos de la guerra civil. Afortunadamente, en las últimas décadas asistimos a una renovación metodológica y a un cambio de prisma historiográfico que está ocasionado que esta tendencia más tradicional se haya ido modificando. Por tanto, asistimos, con cada vez mayor frecuencia, a la aparición de estudios que ponen el foco en aspectos referentes a la retaguardia. Frente a un conocimiento de la guerra civil española que tradicionalmente ha pecado por estar más dominado por los relatos de las batallas,

---

4 Horcajada Garrido, Ángel, *Uclés, capital de un Estado*, Cuenca, edición propia, 1983.

5 Pérez Ramírez, Dimas, *Uclés, cabeza de la Orden de Santiago*, Tarancón, Seminario Menor, 1990.

6 Beevor, Antony, *La guerra civil española*, Barcelona, Crítica, 2009.

de los soldados en las trincheras y de los hombres como sujetos activos, esta renovación metodológica e historiográfica pretende alejarnos de las visiones más heroicas y románticas de la guerra para poner sobre la mesa las vivencias y las resistencias del día a día bajo las bombas fascistas, así como de su impacto humano, social, psicológico y material.

Volviendo a poner el foco en la provincia de Cuenca, cabe destacar que estuvo durante los tres años de guerra bajo control del legitimo gobierno republicano hasta el final de la contienda. El amplio territorio que ocupa esta provincia y su posición geográfica le conferían una importancia vital para el gobierno de la Segunda República, ya que Cuenca está atravesada por la carretera que une Madrid con Valencia y además cuenta con un importante nudo ferroviario ubicado en la localidad de Tarancón (la cual se sitúa muy próxima a Uclés). Ambos elementos, la carretera y el tren, funcionaron durante toda la Guerra Civil como eje de comunicaciones, movimiento de tropas y traslado de material tanto civil como bélico.[7]

Por lo tanto, cerrando el círculo y poniendo el foco en Uclés, esta localidad se encuentra ubicada en un punto estratégico muy importante para el bando gubernamental, este eje que une la capital del Estado con el levante español, siendo en los momentos finales de la guerra dicha carretera Madrid-Valencia la única comunicación con mar que tenía Madrid.[8] Sin olvidar que, desde el 6 de noviembre de 1936, el gobierno de Largo Caballero había trasladado la capital de la república a Valencia debido a los bombardeos y al asedio que sufría Madrid.

Tras el inicio de la contienda se hizo manifiesto para el gobierno republicano la necesidad de crear todo un corpus sanitario formado por una red de hospitales (tanto los ya existentes como otros de nueva creación) establecidos en diferentes ubicaciones estratégicas, pero siempre dentro de zonas de retaguardia bajo control. Será a esta red sanitaria de nuevos hospitales creados expresamente por la necesidad bélica a la que se decide incorporar el monasterio de Uclés.

La gran mayoría de los religiosos que habitaban en el monasterio de Uclés antes de la guerra habían huido en las primeras semanas tras el golpe de Estado del 18 de julio de 1936. Algunos de ellos fueron detenidos y fusilados en Belinchón, una localidad de próxima a Uclés. Estos religiosos son conocidos como los Beatos Mártires agustinos de Uclés.[9] Finalmente, los últimos residentes del monasterio fueron desalojados. En cuanto al edificio, se llevaron a cabo las reformas y tareas necesarias para acondicionar, higienizar y abastecerlo de todo lo necesario para el establecimiento del futuro hospital. Una de las labores más importantes que fue necesario realizar en este momento fue la instalación de una canalización para suministrar de agua corriente al edificio.

---

7 Preston, Paul, *La guerra civil española. Reacción, evolución y venganza*, Barcelona, Penguin Random House, 2006.

8 López Villaverde, Ángel Luis, *La II República en Cuenca*, Tesis doctoral, Universidad de Castilla-La Mancha, 1994.

9 Se pueden consultar los Beatos Mártires Agustinos de Uclés, en la web de la Diócesis de Cuenca: https://www.diocesisdecuenca.es/beatos-martires-agustinos-de-ucles/

SANIDAD MILITAR DURANTE LA GUERRA CIVIL

En las siguientes líneas se analizarán las principales estructuras sanitarias militares pertenecientes al ejército republicano durante la guerra civil. La elección del bando no es casual, respondiendo a razones metodológicas ya que el hospital de sangre instalado en el monasterio de Uclés fue creado y estuvo durante toda la guerra civil bajo jurisdicción del gobierno de la II República. Por tanto, las siguientes líneas se centrarán en lo referido exclusivamente al Ejército del Centro y más concretamente al IV Cuerpo, por ser al que pertenecía Uclés (clínica n.º 1 de la Octava Agrupación de Hospitales Militares).

Los servicios sanitarios de vanguardia estaban compuestos por toda una compleja red que permitía, en primer término, la evaluación, el tratamiento preliminar y una rápida evacuación de los combatientes heridos. Esta sistema sanitario comenzaba ya desde el mismo frente de batalla, donde se encontraban los grupos coordinados de camilleros y enfermeras, cuya misión consistía, principalmente, en trasladar a los heridos al Puesto Sanitario del Batallón, donde ya había personal médico encargado de llevar a cabo el primer diagnóstico del herido.[10] Este primer nivel, ubicado en la línea de combate, estaba formado, esencialmente, por una dotación de camilleros vinculados al batallón, que contaban con una "mochila de batallón" con material de curas básico, así como el paquete de cura individual que cada soldado debía portar siempre como parte de su equipo personal. La máxima autoridad al mando de este primer nivel sanitario era el médico del batallón encargado de realizar las primeras curas, además de asumir la responsabilidad de clasificar y distribuir a los heridos a los distintos centros sanitarios según la gravedad que presentasen sus heridas.[11] En este punto, queda bien claro que la responsabilidad del grupo de camilleros y médicos del batallón era, principalmente, alejar al herido del frente y realizarle las primeras curas de absoluta urgencia. Cabe destacar que no estaban autorizados ni contaban con los medios necesarios para efectuar intervenciones quirúrgicas complejas o curas de cierta envergadura, remitiendo, por tanto, a los soldados heridos de gravedad a los centros pertinentes situados en la vanguardia. En este primer nivel de la red sanitaria se ha citado uno de los equipamientos más vitales y que va a ejercer un papel protagonista dentro del servicio médico durante una guerra: las camillas. Durante la guerra civil española las camillas fueron especialmente cuidadas ya que no solamente fueron utilizadas en el frente por los camilleros, sino que también las encontramos en el cuidado y atención de los heridos en tres principales momentos: la evacuación desde el frente de batalla; para acondicionar a los heridos en los diferentes medios de transporte utilizados para el traslado al hospital y, en último lugar, una vez en los centros sanitarios

[10] Larraz Andia, Pablo, *Entre el frente y la retaguardia. La sanidad en la guerra civil: el hospital "Alfonso Carlos", Pamplona 1936-1939*, Madrid, Actas, 2004.

[11] Rojo Fernández, Vicente, "Algunos aspectos de la Sanidad Militar durante las operaciones de Teruel", VV. AA., Los médicos y la medicina en la guerra civil española, Madrid, Monografías Beecham, 1986, págs. 139-156.

era utilizadas para acomodar a los heridos a la espera de recibir el tratamiento pertinente o la definitiva hospitalización.[12]

El siguiente escalón que vamos a ver situado dentro del organigrama sanitario era el formado por el Puesto de Socorro de Brigada. Será aquí donde los heridos trasladados desde el frente serán atendidos y clasificados, en función de sus necesidades, para efectuar su posterior traslado. Este Puesto de Socorro estaba constituido, generalmente, por casetas, tiendas o aprovechando alguna edificación preexistente como corrales, ventas o pequeños caseríos. En cuanto a la ubicación de los mismos, eran establecidos a ser posible a una distancia no superior a los 2 o 3 kilómetros de la línea del frente. Dentro del equipamiento esencial de este Puesto de Socorro estaba ya previsto la inclusión de las ambulancias (o vehículos civiles habilitados como tal) para efectuar el traslado de los heridos a los Hospitales de Sangre.[13] El doctor Vicente Rojo, practicante de los Equipos Quirúrgicos Móviles durante la guerra civil, nos habla de este segundo escalón de atención durante los combates, el cual experimentó, según su criterio, un enorme progreso, incrementado notablemente la calidad y rapidez de la atención a los heridos, ya que "el segundo escalón de atención médica, el puesto de socorro y curación, mejoró notablemente con la utilización de los Autochirs, pequeños quirófanos de campaña donde se podían prestar atenciones de cierta importancia en aceptables condiciones de asepsia o al menos de antiasepsia y garantizar una pronta y mejor evacuación de los heridos graves hacia las ambulancias".[14]

Para efectuar el traslado de los heridos hacia los hospitales no solamente se utilizaron ambulancias y vehículos adaptados para tal fin. Estos traslados también se llevaron a cabo utilizando trenes-hospitales donde los heridos recibían ya tratamientos altamente especializados en su camino hacia los hospitales fijos. Esta práctica de traslado de heridos y enfermos utilizando trenes adaptados para tal fin fue perfeccionada durante la guerra civil tras la experiencia previa en la guerra de Marruecos donde ya se puso en práctica este sistema, un elevado nivel de funcionalidad durante la Guerra Civil. La ciudadana británica Annie Murray trabajó durante la guerra durante un tiempo en uno de estos trenes, colaborando como enfermera junto al doctor Quemada, cirujano español. Según su testimonio, el propio tren era ya un excelente hospital en el cual hasta un total de 72 personas podían trabajar simultáneamente en perfectas condiciones ya que "there are three coaches fitted up as ward with stretcher slung in two tires at either side, tow operating rooms and two staff rooms for the doctors and nurses, dining-room and kitchens"[15] ("hay tres vagones equipados con asientos con camillas colocadas en dos filas a cada lado, dos

[12] Palfreeman, Linda, *¡Salud! British volunteers in the republican medical service during the Spanish Civil War, 1936-1939*, Eastbourne, Sussex Academic Press, 2012.

[13] Albir Herrero, Cristina y Mezquida Fernández, Miguel, "El hospital de sangre de los Corrales de los Garcías, El Collado (Alpuente)", *La Linde, Revista digital de arqueología profesional*, número 2, 2014, págs. 45-59.

[14] Rojo Fernández, Vicente, "Algunos aspectos de la Sanidad Militar...", ob. cit., pág. 144.

[15] Palfreeman, Linda, ¡Salud! British *volunteers...*", ob. cit., pág. 81.

salas de operaciones y dos habitaciones del personal para los médicos y las enfermeras, el comedor y las cocinas").

La atención de los heridos en primera línea y su rápido traslado eran aspectos vitales de cara a evitar el agravio de las heridas y la aparición de infecciones, las cuales, con elevada frecuencia, podrían derivabar en la temible gangrena. El dr. Luis Mazo Burón, que trabajó como cirujano en un hospital de sangre ubicado en León durante la guerra civil, nos ofrece su testimonio en esta línea: "de aquí la enorme importancia que tiene la realización de una correcta asistencia en primera línea [...] seguida, claro está, del urgente traslado del herido al centro adecuado y, de ser posible, definitivo".[16]

Esta breve descripción de la Sanidad Militar republicana nos permite afirmar que todas estas instalaciones sanitarias situadas en la retaguardia tuvieron una importancia capital en la organización asistencial,[17] ya que constituían el eslabón final de la sanidad de guerra republicana.

Durante las primeras semanas de la guerra, en las zonas pertenecientes a la retaguardia republicana se habilitaron hasta un total de 70 hospitales de sangre de los cuales solamente 20 dependían del Ministerio de Guerra. El resto estaban gestionados por diferentes autoridades locales como partidos políticos, sindicatos, comités oreros, etc. En palabras del dr. José Estellés Salarich, jefe de Sanidad del Ejército del Centro, "en aquellas horas todavía caóticas [...] fundaban hospitales los partidos políticos, las sindicales y todas las organizaciones en las que había alguien con fantasía, generosidad y alguna mayor o menor preparación. De estas instituciones, unas llegaron a funcionar bien, otras no eran más que el pretexto para que personas generosas y bien intencionadas, pero deficientemente orientadas, se entretuvieran dedicando inocentemente sus esfuerzos a los auxilios de guerra."[18] Este será uno de los principales motivos por los cuales en estos momentos iniciales del conflicto, caracterizados por la incertidumbre, el caos y la gravedad de la situación, un gran número de estos centros sanitarios no alcanzaron la eficacia ni el nivel funcional y organizativo deseable. Para intentar aliviar esta situación el gobierno de Largo Caballero promulgó en enero de 1937 una Orden Gubernamental, publicada mediante una circular, por la que se centralizaban y pasaban a control estatal todos estos hospitales de sangre, en un contexto en el que la eficacia de la organización sanitaria de la retaguardia era considerada fundamental para ganar la guerra.[19] Dicha Orden Gubernamental era aplicable y de obligado cumplimiento para todos aquellos hospitales que tuvieran al menos 300 camas, quedando clausurados los

---

[16] Mazo Burón, Luis, "Hospital de sangre de retaguardia", VV. AA: *Los médicos y la medicina en la guerra civil española*, Madrid, Monografías Beecham, 1986, págs. 245-258.

[17] Massons Espulgues, Josep María, *Historia de la Sanidad Militar española*, Barcelona, Ediciones Pomeres-Corredor, 1994.

[18] Estellés Salarich, José, "La Sanidad del Ejército Republicano del Centro", VV. AA: *Los médicos y la medicina en la guerra civil española*, Madrid, Monografías Beecham, 1986, pág. 41.

[19] Instituto de Historia y Cultura Militar (IHCM), *Diario Oficial del Ministerio de la Guerra 21 de enero de 1937*. https://bibliotecavirtual.defensa.gob.es/BVMDefensa/es/publicaciones/verNumero.do?idNumero=31330

que no alcanzaran dicha cifra. Esta condición era cumplida sobradamente por el hospital de sangre del monasterio de Uclés.

Volviendo de nuevo a analizar el testimonio directo del Dr. Estellés, la red de hospitales del Ejercito del Centro (a la que estaba adscrito el territorio de Cuenca y, por ende, el Monasterio de Uclés) contaba aproximadamente con unas 16.000 camas.[20] Del estudio de la obra del citado Doctor, se pueden extraer testimonios y conclusiones transcendentales para conocer la organización y el funcionamiento de la sanidad en el Ejercito del Centro, aunque al tratarse de un texto acerca de su experiencia personal y profesional se encuentra más encuadrado en el ámbito madrileño, zona en la que ejerció más influencia como jefe de Sanidad del Ejército del Centro y director del Hospital del Hotel Ritz. Sin embargo, dentro de los numerosos ejemplos citados nos relata el establecimiento de un gran hospital en la Normal de Cuenca, hospital que en sus palabras "casi lo teníamos olvidado".[21] El detonante que agilizó la instalación y apertura de dicho hospital fue el inicio de las operaciones militares en Teruel, debido al papel que podía desempeñar para el Ejército de Maniobras teniendo así la posibilidad de contar con una zona de evacuación y rehabilitación de heridos en un radio de retaguardia próximo. Aunque el Dr. Estellés no llega a citarlo, el Hospital de Sangre del monasterio de Uclés se enmarcaba en la red sanitaria del Ejercito del Centro desempeñando un papel vital en varios momentos de la guerra civil, como durante las operaciones de Teruel que motivaron la creación del citado hospital en la capital conquense.

LA SANIDAD MILITAR EN EL IV CUERPO DEL EJÉRCITO DEL EJERCITO DEL CENTRO REPUBLICANO

Como comentábamos anteriormente, tras desalojar el monasterio de Uclés se efectuaron las pertinentes reformas necesarias para instalar un hospital. Estas obras fueron, esencialmente, mejoras en el suministro eléctrico y, sobre todo, la introducción de agua corriente. Paralelamente a las obras se fue incorporando tanto el material médico como el personal que formaría parte de la platilla de médicos, enfermeros y enfermeras del futuro hospital de sangre. Toda esta serie de recursos, ya sea tanto humanos como materiales, fueron principalmente españoles y de la Cruz Roja pero también hubo aportaciones internacionales, sobre todo y como veremos más adelante, británicas.

Una vez efectuadas las reformas y dotado de todo el equipamiento y recursos materiales y humanos quedó establecido el hospital del monasterio de Uclés el cual fue inmediatamente adscrito al IV cuerpo del ejército del Ejercito del Centro republicano. En las siguientes líneas vamos a analizar alguna de las operaciones bélicas, pero desde el

[20] Estellés Salarich, José, "La Sanidad del Ejercito...", ob. cit., pág. 47.
[21] Ibídem, pág. 48.

punto de vista sanitario sin entrar en aspectos militares, en las cuales se vio involucrado el hospital de Uclés.

En base a la información obtenida a través del estudio de los partes sanitarios de la 12ª División del IV cuerpo, correspondientes a varios días entre marzo y abril de 1937, (conservada en los fondos del Archivo General Militar de Ávila [AGMAV]), se puede confirmar que esta división estaba en esas fechas compuesta por las brigadas mixtas 35, 49 y 50. Los hospitales más cercanos a la posición de dicha brigada y a los cuales debían evacuar a sus heridos eran los de Tórtola de Henares (principalmente la 35 brigada), Humanes (preferentemente la 49 brigada), Fontanar y Guadalajara. Además de estos, aparecen mencionados otra serie de centros hospitalarios donde se también se realizaron evacuaciones como son: Madrid, Ciudad Libre, Fortuna y el monasterio de Uclés.[22]

En marzo de 1938 y enmarcados dentro del contexto de un Madrid bombardeado y con un asedio que prácticamente circundaba el perímetro de toda la capital, el Gobierno republicano va a efectuar una ofensiva militar sobre Guadalajara. Uno de los principales objetivos que se plantearon dentro del marco de esta operación era intentar reducir la presión ejercida sobre la capital española. En esta ocasión contamos nuevamente con los partes tanto de los planes previos a las operaciones como las memorias finales redactadas tras la ofensiva, los cuales se pueden consultar en el AGMAV. Dentro de la planificación previa de la operación, nos vamos a enfocar en el plan de los servicios sanitaros, según el cual "se planea una operación ofensiva en la que van a intervenir tres divisiones, con unos efectivos que alcanzan los 40.000 hombres. Dada la situación de las fuerzas del enemigo, las condiciones del terreno y lo inseguro del tiempo que cabe esperar, se calcula un número más elevado que el normal de enfermos. La previsión de bajas totales llega a la cifra de 5.000 o 6.000 (13,75%) como máximo, siempre que la operación se realice normalmente y dentro de los límites temporales previstos. Según los cálculos habituales obtenidos de operaciones anteriores estas bajas se clasificarían en: heridos leves y enfermos: de 2.500 a 3.000 (50%); heridos graves y menos graves: de 1.500 a 1.800 (30%); heridos gravísimos: de 500 a 600 (10%) y muertos y desaparecidos: de 500 a 600 (10%)".[23]

Basándonos en la información aportada por esta documentación podemos observar cómo con carácter previo a la operación se realizó una previsión de las bajas en base a múltiples variables tales como la duración y dificultad de las operaciones, las diferentes condiciones climáticas esperadas durante la fecha elegida, los condicionantes geográficos propios del terreno, etc. En este sentido también era tenida en cuenta siempre la experiencia previa de otras operaciones militares llevadas a cabo. Sin embargo, esto no deja de ser una previsión, la cual puede verse altamente alterada tras el transcurso de los combates, como ya ocurriría, por citar un ejemplo claro, en la zona de la sierra del norte

[22] AGMAV – 129/7, Jefatura, Sanidad Militar, 12ª división. Marzo-abril de 1937.

[23] AGMAV – 54/4: Jefatura de Sanidad, Estado Mayor, Ejercito del Centro, *Plan de los servicios sanitarios para las operaciones de Guadalajara,* marzo, 1938.

de Madrid donde la previsión era de una ofensiva de corta o media duración, previsión errónea ya que el frente en esa zona se quedó estable prácticamente toda la guerra.

Volviendo a la operación de Guadalajara, en la organización sanitaria conservada en la documentación vemos como se preveía la hospitalización de los combatientes dependiendo de varios sectores. En base a lo que nos interesa en el caso que nos ocupa, para el Sector del Ejército del Centro se contaba con "un hospital con 300 camas en Alcocer, hospitales de Cuenca (1200 camas), [dentro de este grupo se encuentra el hospital del monasterio de Uclés], un hospital de 500 camas en Ocaña y hospitales de Madrid (4.000 camas). El movimiento de heridos graves y menos graves sería hacia Cuenca, alejándolos con ello de las rutas militares".[24] El hecho de alejar a heridos de baja gravedad hacia hospitales de la retaguardia en Cuenca se debe a la mayor distancia de los frentes, con lo que se buscaba un lugar tranquilo para propiciar una recuperación lo más rápida y mejor posible. Además, al tratarse de heridos que no revierten una elevada gravedad es más factible que puedan aguantar el viaje hasta Cuenca, liberando camas en centros sanitarios más cercanos al frente para heridos con una mayor gravedad.

De nuevo contamos con más referencias sobre las diferentes rutas de evacuación previstas para la ofensiva sobre Sigüenza y Guadalajara. En este caso, en lugar de partes sobre la previsión, se trata de las Memorias del final de las operaciones redactas por la Dirección de los Servicios Sanitaros del Ejército del Centro el 2 de febrero de 1938.[25] Gracias al citado texto, conservado en el AGMAV, sabemos que "los medios de evacuación del IV Cuerpo fueron reforzados con 7 ambulancias en un primer momento y otras 7 más tarde. Cerca de Alcocer se situó un tren pesado de evacuación del Ejército del Centro, consistente en 2 ambulancias pesadas (18 camillas cada una), 4 ambulancias de 12 camillas y 12 ómnibus, con capacidad para 300 pacientes sentados. Con este material se hicieron evacuaciones desde el hospital de Alcocer a Cuenca", sin embargo, estos no serán todos los medios disponibles, ya que en plena operación "la Cruz Roja cooperó con algunos de sus vehículos en evacuaciones que se hicieron desde esos puntos hacia los hospitales de Cuenca". A pesar de contar con dichos vehículos, una de "las dificultadas que se presentaron tiene que ver, sobre todo, con las grandes distancias a recorrer entre las primeras líneas, los puestos de clasificación y las zonas hospitalarias [por ejemplo Uclés], pero las peculiares características de los frentes de Guadalajara convierten esta dificultad en inevitable".[26]

El hecho de tener que cubrir estas distancias que "promediaban los 50 kilómetros" no solo era perjudicial para los heridos desde el punto de vista médico, sino que además la carretera "estaba batida por aviación enemiga" la cual ocasionó varios daños llegando a tener "7 ambulancias alcanzadas por metralla en bombardeos y otras 7 averiadas en

[24] Ibídem.
[25] Ibídem.
[26] Ibídem.

accidentes inevitables".[27] A pesar de todo lo expuesto anteriormente, este sistema de medios de transporte fueron los que posibilitaron una evacuación rápida y efectiva, llegando a cubrir eficazmente los 70-75 kilómetros que separan Alcocer de Uclés o Cuenca. En este punto cabria la duda sobre la razón que subyace para no utilizar los hospitales de Guadalajara capital, sin lugar a dudas más cercanos al frente. De nuevo, las memorias de las operaciones nos ofrecen la respuesta, ya que la Dirección de los Servicios Sanitarios compartió con el Mando Militar "el convencimiento de que una exitosa operación del IV Cuerpo atraería sobre nuestra capital provincial constantes bombardeos aéreos, que la harían inutilizable como base de retaguardia para los servicios. Afortunadamente esto no ha ocurrido, pero de todas formas se mantuvo la baja utilización de los hospitales de Guadalajara capital, ya que con su personal se había dotado otros centros situados más a vanguardia".[28]

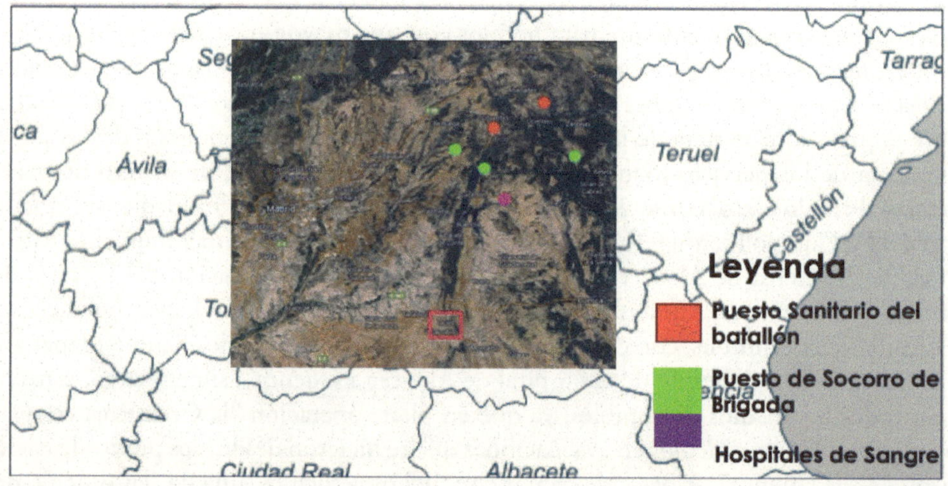

Imagen 1. Red de centros sanitarios para la ofensiva republicana por Guadalajara y Sigüenza. Elaboración propia a través de AGMAV -54/4

Cerrando esta cuestión, podemos concluir que, a través del análisis de la documentación existente, en este caso sobre las operaciones de Guadalajara, detectamos la importancia que la sanidad militar tuvo tanto a nivel de Ejército como a menor escala en las diferentes divisiones y brigadas. Así, en el momento de planificar y preparar una operación militar de cualquier índole se puede observar cómo era estudiado y elaborado todo un minucioso entramado sanitario el cual pretendía no dejar cabos sueltos. Esta planificación previa contemplaba desde la previsión de heridos y la dotación de material

[27] Ibídem.
[28] Ibídem.

médico hasta el establecimiento de una completa red sanitaria encargada de la evacuación y tratamiento de los heridos desde el mismo frente de batalla hasta los hospitales estables en la retaguardia como el caso del monasterio de Uclés. Para esta evacuación, como hemos visto en el caso de las operaciones de Guadalajara que podría llegar a alcanzar decenas de kilómetros, se contaba con diferentes medios de transportes adaptados a tal fin.

EL HOSPITAL DEL MONASTERIO DE UCLÉS Y LA AYUDA INTERNACIONAL

Tras el inicio de la guerra civil en España las diferentes potencias europeas se agruparon para crear un Comité de No Intervención a través del cual su posición quedó definida en no posicionarse en el conflicto y no proporcionar ayuda a ninguno de los bandos beligerantes en España. Dentro de este grupo de países firmantes se encontraba Gran Bretaña, sin embargo, un grupo de médicos y enfermeras decidieron, a título personal, aunarse con un propósito claro. Así, en un primer momento, destaca la figura de Isabel Brown, quien ocupaba el cargo de secretaria del Relief Committee for the Victims of Fascism (Comité de Ayuda para las Victimas del Fascismo). Fue ella quien se puso en contacto con el médico Hyacinth Morgan, consejero médico de los Sindicatos Laboristas, quien, a su vez, convocó al doctor Charles Brook, médico y secretario de la Asociación Médica Socialista. Como resultado de estas conversaciones y redes de contactos, se acordó una reunión el 8 de agosto de 1936 en el Nacional Trade Union Club (Club de los Sindicatos Nacionales) a la que acudieron una serie de médicos, estudiantes de medicina y, enfermeros y enfermeras, todos ellos afines ideológicamente. Será a partir de este encuentro cuando quede constituido el Spanish Medical Aid Comittee (SMAC en inglés, Comité de Ayuda Médica a España) con el doctor Morgan como primer presidente y como secretario el doctor Brook. Asimismo, va a estar compuesto por médicos, enfermeras, chóferes, traductores y administrativos procedentes de las islas británicas quienes se trasladaron a España para prestar ayuda sanitaria al gobierno republicano.[29] Utilizando los fondos económicos obtenidos a través de diferentes campañas de financiación, como la emprendida por el Consejo Nacional del Trabajo, junto con donaciones particulares, este comité adquirió material médico, vehículos y demás provisiones que trasladó a España con destino a los centros sanitarios.[30] Además de esto, ya en otoño de 1936 el SMAC promocionó la creación de un hospital militar en Grañén (Huesca) debido a la proximidad al frente de Aragón.[31]

Volviendo a poner el foco en la cuestión que nos ocupa, en el monasterio de Uclés este Comité de Ayuda británico nos habla de que, tras la decisión y creación del hospital, se encontraba una idea personal de Leah Manning, Secretaria Honoraria del SMAC.

[29] Preston, Paul: *Palomas de guerra*, Barcelona, Penguin Ramdom House, 2001, pág. 112.
[30] Palfreeman, Linda: *¡Salud! British volunteers in the republican...*, ob., cit., págs. 6-8.
[31] Ibídem, págs. 28-48.

Según los datos del comité, Manning habría sugerido la creación de este hospital con el fin de atender a heridos españoles (no cita brigadistas internacionales) y cuyo personal médico debía ser español, pero, eso sí, apoyado por Gran Bretaña. En el otoño de 1937, estando ya el centro en pleno funcionamiento, los datos del SMAC nos hablan de un total de 800 pacientes (todos españoles) y una plantilla de 300 personas, la mayoría también españolas.[32] Por su parte, en el momento de la creación del hospital, el monasterio de Uclés parece ser que recibió material británico así como unas 100.000 pesetas provenientes del SMAC que fueron destinadas a llevar a cabo las diferentes obras y modificaciones necesarias para acondicionar el edificio. Dentro de estas reformas destacan la adecuación de baños, aseos, cocinas y un sistema de drenaje, además de una bomba eléctrica para el abastecimiento continuo de agua corriente desde el rio. Con todo ello se pretendía convertir al monasterio de Uclés en "one of the best-equipped war hospitals in operation"[33] (uno de los hospitales de guerra en operación mejor equipado).

Imagen 2. A la izquierda obra realizada para dotar de agua corriente al Monasterio de Uclés. A la derecha, ambulancia de la Misión Sanitaria Británica en el patio del Monasterio de Uclés. Fuente: ARMHC

Como ya se ha comentado, a la hora de recaudar fondos, el SMAC se financiaba a través de campañas de recaudación de fondos en diferentes ciudades británicas. Será por esto por lo cual no es extraño ver salas dentro de los hospitales españoles que recibieron los fondos dedicadas a dichas poblaciones. Este será el caso del monasterio de Uclés donde se crearon las "Manchester, Chelsea, Swanser, Lewisham and Twickenham wards" (sala) además de una dedicada al escritor comunista Christopher Caudwell, seudónimo

[32] Ibídem, pág.157.
[33] Ibídem.

de Cristopher Sprigg, fallecido combatiendo en la Batalla del Jarama. Además de estas, la asociación judía The Worker's Circle fundó otra sala, bautizada en su honor.[34]

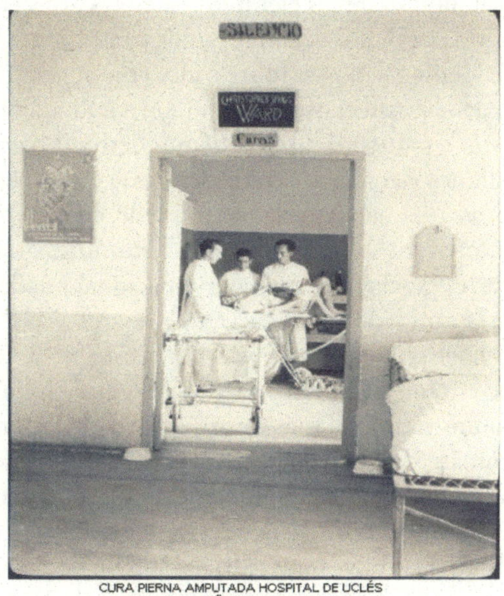

Imagen 3. Cura de una pierna amputada en 1938 en la Chistopher Sprigg Ward del Hospital del monasterio de Uclés. Fuente: ARMHC

En cuanto al personal presente en el hospital del Monasterio de Uclés, contamos con una fuente original, ya que en el Boletín del SMAC con fecha de octubre de 1937, aparece una lista detallada con todo el personal (tanto médico como encargados de otras funciones) que en ese momento trabaja en el hospital. En dicho boletín aparecen citados un total de 217 personas repartidas de la siguiente manera: "12 médicos incluidos 4 cirujanos y un especialista en fracturas; 1 radiólogo; 2 farmacéuticos; 16 practicantes; 34 enfermeras, 11 cocineros; 9 chicas (chicas jóvenes que normalmente actúan como ayudantes de las enfermeras y que con el tiempo acaban desarrollando prácticamente la misma labor); 43 enfermeros; 20 electricistas, carpinteros y fontaneros permanentes; 55 trabajadores temporales encargados del mantenimiento del edificio y 14 en otras tareas".[35]

Dentro de ese grupo de personas encargadas del funcionamiento día a día del hospital siempre hubo participación británica. Esta presencia casi siempre fue en forma de

[34] Palfreeman, Linda, *¡Salud! British volunteers in the republican...*, ob., cit., pág. 159.

[35] SMAC, Bulletin of October 1937, MML, IBA, 29/B, Palfreeman, Linda, *¡Salud! British volunteers in the republican...*, ob., cit., págs. 158-159.

enfermeras voluntarias. El paso de estas enfermeras voluntarias por el Monasterio de Uclés nos ha quedado atestiguado, generalmente, en forma de cartas enviadas por las mismas a sus familiares o amigos en las cuales relatan sus vivencias y experiencias en España. Antes de pasar a analizar alguno de los ejemplos de estas cartas en los que figura citado el hospital del monasterio de Uclés, debemos tener presente que se trata de relatos, en ocasiones, fuertemente ideologizados y, sobre todo, con un marcado carácter personal. Estas características pueden llevar a confusión si no son analizadas desde la óptica metodológica correcta. Por tanto, en muchos casos podemos detectar narraciones que presentan como verídicos y fidedignos hechos sin contrastar, exageraciones o textos escritos que presentan a España como una nación con cierto grado de atraso (no solamente en los aspectos médicos aquí referidos), con prácticas y costumbres arraigadas en el pasado y que (solamente o en parte) gracias a la ayuda internacional puede avanzar, en este caso, dentro del contexto de la sanidad durante una guerra.

Una vez tenido en cuenta lo expuesto anteriormente, en Uclés hubo en los meses iniciales dos enfermeras británicas, Louise Jones y Katherine Hobbs. De ambas contamos con dos breves testimonios siendo el más duro de por Louise Jones, enfermera a cargo de una sala con 104 camas. En las cartas redactadas Louise Jones en las que narra su experiencia, se queja agriamente de las condiciones en las que tiene que llevar a cabo su trabajo, destacando la gran escasez de materiales higiénicos básicos y de primera necesidad, como toallas o jabón. También Jones destaca la falta de pijamas siendo invierno lo que obliga a los enfermos a permanecer desnudos sufriendo las bajas temperaturas que se dan en la zona. Por su parte, la enfermera británica Katherin Hobbs, en unas breves líneas manuscritas, alaba la capacidad de las chicas jóvenes españolas presentes en el hospital del monasterio de Uclés para aprender rápidamente todas aquellas cuestiones y procedimientos que les enseñan las enfermeras británicas, pero nuevamente el mérito principal, desde su óptica, recae, más que en la capacidad de las enfermeras españolas, sobre la iniciativa inglesa por elegir el hospital: "The idea of the London Committee to use the new hospital as a training school for Spanish nurses was excellent"[36] ("La idea del Comité de Londres de utilizar el nuevo hospital como escuela de formación de enfermeras españolas fue excelente").

Madge Addy, natural de Manchester, fue la última enfermera británica en el hospital del monasterio de Uclés y una de las ultimas en salir de España tras el final de la guerra. Su estancia en España se divide en dos momentos diferentes ya que tuvo que regresar durante unas semanas a Inglaterra a causa de una fractura en su brazo para posteriormente volver a finales del verano de 1938. Una vez de vuelta en el monasterio de Uclés, redactó una carta dirigida al dr. Nat Malimson, miembro del North Manchester Medical Aid. En dicha misiva la enfermera cuenta cómo, en la Sala Manchester del hospital (una de las

[36] Buchanan, Tom, *The impact of the Spanish Civil War on Britain. War, loss and memory*, Eastbourne, Sussex Academic Press, 2007, pág.52; Fyrth, Jim y Alexander, Sally, *Women's voices from the Spanish Civil War*, Lóndres, Lawrence and Wishart, 1991, pág. 93.

salas nombradas así por las campañas de recogidas de fondos), habían ingresado a cinco personas aquejados de tifus junto con el resto de los pacientes, habiendo fallecido uno de ellos ya que la única medida de protección con la que contaban para evitar contagios eran unas simples mosquiteras que cubrían la cara de los pacientes, mientras la moscas recorrían la estancia. Las cartas de esta enfermera (que se pueden consultar en la base de datos del Archives of the Trades Union Congress),[37] constituyen un claro ejemplo de lo comentado previamente al análisis de estas fuentes históricas, ya que están llenas de expresiones y calificaciones personales claramente condicionadas por las vivencias que llevaron a su autora a establecer juicios de valor negativos o incluso, en ocasiones, vejatorios hacia la sanidad española en general y con el hospital del Monasterio de Uclés en particular.

Finalmente, una de las historias personales más interesantes que vamos a analizar aquí es la de la enfermera Nan Green. Ciudadana británica y militante del Partido Comunista de Gran Bretaña, Nan decidió viajar a España siguiendo los pasos de su marido George Green, para ponerse al servicio del SMAC. Fue así como llegó a trabajar durante un breve periodo de tiempo en el hospital del Monasterio de Uclés. Su correspondencia y, sobre todo, sus memorias han sido analizadas por varios autores, como Linda Palfreeman[38], pero especialmente por el hispanista Paul Preston en su obra *Palomas de Guerra* donde le dedica un capítulo narrando su vida, con especial interés en la época que pasó en España durante la guerra civil. Por cuestiones metodológicas vamos a referirnos aquí solamente en su estancia en el Monasterio de Uclés, hospital al que Nan llegó a través de la mediación de su amiga Winifred Bates quien ejercia de propagandista y fotógrafa para el SMAC. Fuen Bates quien "había acordado con el Spanish Medical Aid Committee nombrar a Nan para ayudar a reorganizar un hospital en Uclés".[39] La estancia de Nan Green en Uclés fue breve permaneciendo desde mediados de abril hasta mediados de mayo, momento en que se decide su traslado al norte de España. Este traslado se va a deber de nuevo a la iniciativa de Winifred Bates, quien llega a justificar el cambio de su amiga a que "Nan estaba nadando en contra de la corriente política en Uclés" aunque no deberíamos descartar el hecho de que a principios de mayo "Nan sufrió su primera crisis emocional significativa [por la cual] lloraba desconsoladamente"[40] y que le llevó a necesitar un cambio de aires. Estas crisis emocionales bien pudieron influir, no ya en su rendimiento profesional del que no se tiene constancia, sino más bien en sus impresiones personales sobre la situación política y el estado del hospital, impresiones que narra en sus cartas y memorias. Al llegar al hospital del monasterio de Uclés, la enfermera británica dice quedar horrorizada por las sangrientas condiciones en las que lo encontró, con una higiene deplorable que "Nan creía que era consecuencia de las simpatías secretas

[37] Archives of the Trades Union Congress: http://www2.warwick.ac.uk/services/library/mrc/explorefurther/digital/scw/browse

[38] Palfreeman, Linda, *¡Salud! British volunteers in the republican...*, ob., cit., pág. 159.

[39] Preston, Paul, *Palomas...* ob., cit., pág. 131.

[40] Ibídem.

con los nacionalistas de los médicos y las enfermeras de la clase alta española."[41] Se trata de acusación algo desmedida teniendo en cuenta el papel que jugaron muchos médicos notables dentro de la sanidad militar republicana, doctores como M. Bastos Ansart, J. Trueta Raspall, Vicente Rojo Fernández, Federica Montseny, Mariano F. Zumel, José Estelles Salarich o cirujanos como Jimeno Vidal o Joaquín D'Harcourt, entre muchos más que podrían hacer la lista casi inabarcable. Sin embargo, una de las acusaciones más insostenibles realizada por Nan Green en sus memorias relativa a su estancia en Uclés y recogida por Preston, es la siguiente: "la ropa sucia y los miembros amputados simplemente eran arrojados a una fosa seca."[42] Esta afirmación ha quedado desmentida gracias a los trabajos de exhumación arqueológica realizados en el cementerio de "la Tahona", al no constatar la existencia de dicha fosa con ropa y amputaciones y, además, haber documentado la presencia de las amputaciones dentro de las fosas de los fallecidos, mostrando así respeto por las mismas.

Imagen 4. Amputación 007 hallada asociada a un individuo inhumado en "la Tahona" de Uclés. Fuente: Mora Urda, Ángel, "La Tahona" de Uclés. Arqueología del cementerio de un campo de concentración de la posguerra, Tesis doctoral, Universidad Autónoma de Madrid, 2017

Como conclusiones, podemos afirmar que el hospital del Monasterio de Uclés fue un centro destacado dentro del corpus sanitario de retaguardia adscrito al gobierno

[41] Ibídem.
[42] Ibídem.

republicano durante la guerra civil española (1936-1939). Por dicho centro pasaron soldados de los diferentes frentes de batalla cercanos, así como civiles de las localidades cercanas, en muchos casos, como Tarancón, fuertemente bombardeadas. El proyecto de exhumación de "la Tahona" de Uclés[43], recinto cementerial utilizado durante la fase ocupación del monasterio como hospital, así como también posteriormente durante la posguerra cuando el edificio pasó a ser una cárcel de partido, ha sacado a la luz diferentes conclusiones. Para el caso que nos ocupa, podemos destacar cómo ha sido atestiguado el trato para con los difuntos a la hora de proporcionarles un entierro digno, así como la documentación de diferentes técnicas sanitarias como amputaciones, agujas de krischener o el caso de un paciente fallecido tras ser tratado mediante el "método español"[44]. Finalmente, dentro del contexto de la ayuda internacional, el hospital del monasterio de Uclés contó con la colaboración del Spanish Medical Aidd Committee (SMAC) quien aportó fondos económicos y recursos materiales y humanos claves para el establecimiento del hospital y su correcto funcionamiento. Algunas de las fuentes historiográficas que atestiguan esta cuestión y analizadas en este artículo, son los boletines del propio SMAC, las fotografías conservadas y las cartas y memorias redactadas por las enfermeras voluntarias que colaboraron en el hospital del monasterio de Uclés.

[43] Mora Urda, Ángel, "*La Tahona" de Uclés. Arqueología del cementerio de un campo de concentración de la posguerra,* Tesis doctoral, Universidad Autónoma de Madrid, 2017.

[44] Mora Urda, Ángel, La sanidad española durante la primera mitad del siglo xx. Una aproximación histórica. Antecedentes, Guerra Civil, "método español" y proyección internacional- Autogiro de Juan de la Cierva., *Sanidad Militar, Revista de Sanidad de las Fuerzas Armadas de España*, número 4, volumen 74, Madrid, 2018, págs. 226-273.

10.
AYUDA HUMANITARIA Y EVACUACIÓN: LAS COLONIAS INFANTILES EN LEVANTE (1936-1938)

Concepción Pallarés Moraño
Universidad Nacional de Educación a Distancia

INTRODUCCIÓN

El eje cronológico de este trabajo se inicia en noviembre de 1936, con el ejército de África a las puertas de Madrid, cercano a la Casa de Campo desde el día cinco y, con un asedio a la capital que se prolongó hasta el día 23 de noviembre, y en el que la población civil sufrió las consecuencias de los constantes bombardeos de cazas italianos y alemanes.[1] Entre octubre de 1936 y febrero de 1937, se inició la evacuación de los niños y niñas madrileños a colonias en Levante, con ayuda de grupos políticos, sindicatos de trabajadores y organizaciones humanitarias europeas, españolas y norteamericanas[2], como la Ayuda Suiza, los cuáqueros, británicos y norteamericanos, la Cruz Roja Internacional (CICR), Save the Children International Union (SCIU) y voluntarios de distintos organismos. La labor de muchos de ellos durante la Guerra Civil sentó las bases de la asistencia y tratamiento terapéutico de la infancia víctima de la guerra, y se prolongó para la mayoría de estos trabajadores humanitarios durante la Segunda Guerra Mundial.

MADRID 1936

Las derrotas militares de la República en Andalucía occidental, Extremadura, Ávila y las comarcas septentrionales de Toledo al comienzo de la guerra civil Española provocaron un movimiento de población sin precedentes con Madrid como destino principal[3], al que se sumó la llegada de desplazados procedentes del sur y del oeste de la provincia de

---

[1] Es el Madrid de "*La Llama*", la tercera parte de la trilogía de Arturo Barea, "*La forja de un rebelde*", el Madrid de los bombardeos, las Brigadas Internacionales y el "No Pasarán".

[2] Alía Miranda, Francico, *La otra cara de la guerra. Solidaridad y humanitarismo en la España republicana durante la guerra civil (1936-1939)*, Madrid, Sílex Universidad, 2020, págs. 232-239.

[3] Sánchez Collado Jiménez, Juan Carlos, *Los evacuados de la Guerra Civil de la provincia de Toledo (1936-1939)*, tesis doctoral inédita, Madrid, UNED, 2015. En el Centro Documental de la Memoria Histórica de Salamanca, Documentación de la Secretaría del Archivo, están depositadas todas las ponencias presentadas en las Jornadas sobre Movimientos migratorios provocados por la guerra civil española. Salamanca, 15, 16 y 17 de diciembre de 1988, Ministerio de Cultura, Dirección de Archivos Estatales.

Madrid, víctimas también de los combates, y de los evadidos de otras provincias como Guadalajara.

Si a los primeros desplazados que llegaron a Madrid, sin otros recursos, se les acomodó en viviendas incautadas, las posibilidades de alojamiento empezaron a escasear y aquellos refugiados que continuaban llegando tuvieron que acampar al aire libre en los paseos más importantes de la ciudad como el de la Castellana y el de Recoletos. Igualmente sucedió con las estaciones de metro y los soportales de la Plaza Mayor. El 3 de octubre de 1936 se creó la Comisión de Abastecimientos y el Comité Nacional de Abastos. Se censó a los refugiados. A los más comprometidos se les instó a entrar en las milicias, a trabajar en la industria de guerra o en el campo. La Cruz Roja intentó encontrar para el resto un espacio neutral en Madrid que fuese respetado por los dos bandos enfrentados, pero no lo consiguió. Muchos se dirigieron al barrio de Salamanca[4], zona de la ciudad donde estaban la mayoría de los representantes diplomáticos declarada zona neutral por el Gobierno de Burgos.[5] Este distrito, salvo algún error de cálculo franquista en sus bombardeos, que lo hubo, no era objetivo militar; sin embargo, el sector próximo a la Puerta del Sol y la calle Preciados recibía regularmente, sin tregua, los impactos de los obuses. Los rebeldes sabían que en la calle Alcalá estaba el Cuartel General del general Miaja, en Sol el Ministerio de la Gobernación y la sede de la Telefónica, que era el principal observatorio militar del Gobierno en Madrid. El tramo de la Gran Vía entre el cine Avenida y la Red de San Luis era conocido entre la población local como la "Avenida de los obuses", por los disparos procedentes del Cerro de Garabitas. Donde se manifestaban con toda su crudeza los bombardeos era en los mercados, algunos ya reducidos a escombros. Tampoco se libraron de la metralla los teatros, los centros de investigación, los monumentos o las fuentes de Madrid. Madrid padecía los bombardeos de la aviación de Franco y de los alemanes, pero, sorprendentemente, los madrileños y los desplazados continuaban con las acciones normales de entretenimiento de la vida diaria.[6] El cine era, posiblemente, la mejor oportunidad de distracción y de ocio para una población que sobrellevaba la terrible situación con resignación:[7]

Entre noviembre y diciembre de 1936, los bombardeos fueron diarios[8]. En el curso de la guerra civil española, Madrid y, posteriormente, otras ciudades españolas, sufrieron,

[4] Según una disposición de 17 de noviembre, la zona neutral de seguridad destinada a la población no combatiente de Madrid, aceptada por Franco, quedaba delimitada entre la calle de Zurbano y los Nuevos Ministerios al oeste, Paseo de Ronda al norte, parte de la calle de Velázquez entre Goya y Ronda al este y las calles de Goya y Génova al sur. Véase Marqués, Pierre, *La Croix-Rouge pendant la Guerre d'Espagne (1936-1939). Les missionaires de l'humanitaire*, Paris, L'Harmattan, 2008, págs. 96-97.

[5] Sobre la zona neutral ver Moreno Aurioles, José Manuel y García Amodia, Daniel, "Los primeros bombardeos "modernos" sobre una gran ciudad", en Gómez Bravo, Gutmaro (coord.), *Asedio. Historia de Madrid en la guerra civil (1936-1939)*, Madrid, Ediciones Complutenses, 2018, págs.205-231, ver págs. 212-216.

[6] Sánchez Collado Jiménez, Juan Carlos, *Los evacuados de la Guerra Civil...*, págs. 135-143.

[7] Martínez, Josefina., "Del rojo al azul. Las pantallas de las dos Españas", *Espacio, Tiempo y Forma, Serie V, Hª Contemporánea*. Madrid, UNED, 2009, t. 21, págs. 117-139, ver págs. 133 y 135.

[8] Tranche, Rafael R., "Madrid, noviembre 1936. Madrid, corazón del mundo", Imagen, cine y guerra", *Pasajes del pensamiento Contemporáneo*, Valencia, n.º 51, invierno 2016, págs. 6-20. Más allá de su dimensión militar, partidos políticos, sindicatos y gobierno se movilizaron creando un relato a través de las artes plásticas, la literatura,

por primera vez en Europa bombardeos masivos y sistemáticos. Para Arthur Koestler: "se percibía el comienzo de una época histórica nueva en la que la distinción de soldados y civiles se borraría... una época de guerra total y horror total".[9]

A los bombardeos se unían la escasez y poca variedad de alimentos disponibles. Grande Covián pudo estudiar la ración alimenticia consumida por la población de Madrid desde el verano de 1937 hasta el fin de la guerra, basándose en cálculos realizados a partir de los datos del abastecimiento total de la población. De las 2.400 calorías que se estimaban necesarias para un adulto sano, el máximo osciló entre 1554 y 770 calorías. Ya desde los primeros meses de 1937 faltaron todo tipo de alimentos básicos, como leche, carne, pescado, huevos y azúcar. La dieta era deficitaria en proteínas, grasas, elementos minerales y vitaminas, especialmente la B. Progresivamente fue escaseando también el pan. Se extendieron enfermedades derivadas de las carencias en la alimentación como la pelagra, que causaba graves lesiones cutáneas, y los calambres musculares. Además, se propagaron entre la población las fiebres tifoideas y la tuberculosis.[10]

El 6 de noviembre de 1936, el gabinete presidido por el socialista Largo Caballero decidió trasladar el gobierno de la República a Valencia e iniciar la evacuación de civiles. El 18 de diciembre de 1936, la Junta de Defensa de Madrid anunciaba lo siguiente:

> "se decreta la evacuación obligatoria de todos los forasteros refugiados en Madrid... la evacuación civil que por días viene incrementándose... necesita un ritmo más amplio...Es evidente que una de las causas que motivan la resistencia a salir de Madrid es el justificado temor a abandonar sus hogares, circunstancia que no se da en las familias forasteras. Al alejar la población no combatiente de la zona de guerra se notaría inmediatamente una considerable mejoría en el abastecimiento".[11]

Las tareas de evacuación se realizaron con dificultad y escasa colaboración de los vecinos, en algunos casos. Como señala Sánchez-Collado en su tesis doctoral:

> "En el Barrio emblemático de Cuatro Caminos hubo que emplear a las fuerzas del orden público para instar a la evacuación. Era sintomático que en Tetuán de las Victorias, a escasos dos kilómetros del frente de la Ciudad Universitaria, donde los proyectiles

el cine, la cartelística y la música, en el que participaron los medios de comunicación, animando a la población a la resistencia y alertando al mundo de lo que estaba ocurriendo. No menos importante fue la aportación de la fotografía de Robert Capa, pseudónimo que cobijaba el trabajo realizado por el húngaro Endre Ernö Friedman y la periodista alemana, Gerda Taro, su pareja, que murió mientras cubría la Batalla de Brunete.

[9] Koestler, Arthur, *La escritura invisible*, Madrid, Debate, 2005, recogido en Ranzato, Gabriele "Guerra Civil y guerra total en el siglo xx", *Ayer*, nº55 (3), 2004, págs. 127-148. Arthur Koestler vino a España como corresponsal del periódico británico *News Chronicle*, vinculado a la Komintern para investigar la ayuda alemana a Franco. Detenido como espía fue canjeado por la esposa de aviador capitán Haya, del bando sublevado.

[10] Grupo de Trabajo de Historia de la Pediatría y Documentación Pediátricas de la AEP, "El niño y los pediatras en la guerra civil española" *Cuadernos de Historia de la Pediatría Española*, nº10, octubre de 2015.

[11] BNE, Biblioteca Nacional de España, Hemeroteca Digital, Junta de Defensa Nacional, "Se decreta la evacuación obligatoria de todos los forasteros refugiados en Madrid", *Ahora*, 18 -XII- 1936, pág.6.

habían segado la vida de muchas mujeres y niños a principios de enero, la presencia de los agentes para hacer cumplir la orden de evacuación producía momentos violentos porque ninguno de los vecinos quería salir de Madrid. De hecho, cuando corría la voz de las intenciones de la policía, la populosa barriada parecía desierta".[12]

Resultaba esencial para promover la evacuación que los familiares de los desplazados tuvieran noticias de sus parientes con la mayor premura posible. Para ello, había que establecer una buena conexión entre la Delegación de Evacuación y sus delegados en los organismos creados en las provincias y municipios de destino para que se pudiese localizar a los evacuados rápidamente, sobre todo a los niños[13]. Muchas madres refugiadas en Madrid emigraron a las localidades donde estaban sus hijos acogidos precisamente porque no tenían noticias de ellos. Fue el caso de Benita Molina, de Yunclillos, evacuada en Madrid, que partía hacia Igualada en enero de 1937 para reagruparse con sus hijos.[14] En los últimos días de diciembre de 1936 se decidió que no se quedasen en Madrid más que los que tenían desempeñar alguna tarea específica.[15]

La solidaridad de organizaciones sociales, políticas, sindicales y humanitarias internacionales con la República

La política de no intervención franco-británica provocó una campaña ante la opinión pública en Francia, denunciando la pasividad de las potencias democráticas y la ayuda de alemanes e italianos a los militares sublevados. La solidaridad con los españoles se manifestó en las calles, militantes de los partidos de izquierda, cristianos progresistas, sindicatos, el Socorro Rojo, el Socorro Obrero Internacional o los cuáqueros. El Pacto de No-Intervención y el embargo de armas habían convertido en delito la ayuda directa a la República. Los manifestantes denunciaban el incumplimiento del tratado bilateral de venta de armas, pese al conocimiento por parte de Francia de que las fuerzas alemanas e italianas ayudaban con soldados y armas a Franco.

Pese a esta política oficial se establecieron redes de ayuda. Los dirigentes de la Internacional Comunista y la Internacional Sindical Roja votaron una resolución a favor de la República española, y el Partido Comunista francés, en el ala izquierda parlamentaria, intensificó su condena a la No-Intervención.[16]

---

[12] Sánchez Collado Jiménez, Juan Carlos, *Los evacuados de la Guerra Civil...*, pág. 173.

[13] Alía Miranda, Francisco, *La otra cara de la guerra...*, págs. 184-188.

[14] Sánchez Collado Jiménez, Juan Carlos, *Los evacuados de la Guerra Civil...*, pág. 174.

[15] BNE, Hemeroteca Digital, Nota de la Delegación Nacional de evacuación, "Los niños, las mujeres y los ancianos deben ponerse a salvo de las agresiones aéreas de los facciosos", *Ahora*, 21-XII-1936, pág. 7.

[16] Ortiz, Jean, "Los mitos de la "No Intervención" francesa", en Sánchez Cervelló, Josep, *El Pacte de la No Intervenció: la internacionalització de la Guerra Civil española*, Tarragona, Publicacions URV, 2009, págs. 205-214, ver pág. 210.

Distintas organizaciones sociales, sindicales y políticas recaudaron entre agosto de 1936 y enero de 1937, mediante colectas, suscripciones y actos culturales y políticos, dinero para ayudar al pueblo español, especialmente la Confederación General del Trabajo francés (CGT) y la Federación Sindical Internacional (FSI).[17] Empezaron a partir hacia España camiones con el lema Viva la España Republicana, cargados de alimentos, ropa y material sanitario, que llegaban a la frontera franco-española por Cataluña.

En agosto de 1936 se reunieron en una conferencia celebrada en París doscientas delegaciones de organizaciones civiles y comités solidarios asentados en distintos países como Francia, Holanda, Suecia, Suiza, Noruega, Bélgica, Chile, Cuba, México, Uruguay, Canadá y Estados Unidos. De este encuentro surgió el Comité Internacional de Coordinación de la Ayuda a la España Republicana, que proporcionó víveres, ropa, medicamentos y vehículos para asistir a los civiles, y, principalmente, a los niños evacuados. Con sede en la capital francesa se formó una Central Sanitaria Internacional, a través de la cual se dotó a las Brigadas Internacionales de doscientos cincuenta médicos, cirujanos, enfermeras y enfermeros, y se envió material quirúrgico y sanitario, ambulancias y equipos de radiología.[18]

Las aportaciones económicas y materiales del Socorro Rojo Internacional comunista (SRI) contribuyeron al Servicio de Intendencia y Sanidad Militar republicano, con ambulancias, hospitales de sangre, escuela de enfermería y transfusión de sangre y ayudas a viudas y huérfanos[19]. La Solidaridad Internacional Antifascista (SIA), organización libertaria, nació en España en mayo de 1937. La CNT la concibió como una respuesta anarquista, con objetivos humanitarios y políticos, a la implicación en la vida pública y política de las organizaciones comunistas, con mayor apoyo internacional, y de su organización Socorro Rojo Internacional, durante la guerra de España.[20] La SIA organizó y gestionó hospitales infantiles, comedores populares, guarderías y colonias infantiles.

El Comité Internacional de la Cruz Roja (CICR) nombró para encabezar la reorganización de socorros para los dos bandos al doctor Marcel Junod, suizo, que consiguió una doble delegación del Comité: una para Madrid y Barcelona y otra para Burgos y Sevilla, para ayudar a ambos bandos. Su acción humanitaria abarcó tareas de ayuda a niños, familias, enfermos, ancianos, mutilados de guerra y de información sobre familiares que estaban en el otro bando. Su labor asistencial se llevó a cabo en hospitales, puestos de socorro y dispensarios y recogiendo a los heridos en todos los frentes de combate, en los primeros momentos, para evacuarlos a puestos de socorro y hospitales

La medicina preventiva de vacunación, campañas de higiene y defensa ante ataques con armas químicas estaban a su cargo. Las visitas y atención a los presos tardaron en

---

[17] Cionini, Valentin, *Solidarité International Antifasciste. Une organisation proto-humanitaire dans la guerre d'Espagne,1937-1939,* Memoire du Master, Université de Provence-Marseille, 2008, pág. 42.

[18] Alía Miranda, Francisco, *La otra cara de la guerra…*, págs. 48-50.

[19] Alía Miranda, Francisco, *La otra cara de la guerra…*, págs. 40-54.

[20] Cionini,Valentin, "Solidarité Internationale Antifasciste,ou l'humanitaire au service des idées anarchistes", *Diacronie.Studi di Storia Contemporanea*, n.º7/3, 2011.

permitirse en ambos bandos, así como el servicio de búsquedas y localización de prisioneros y refugiados. Con la aportación por parte de la Cruz Roja suiza de autocares, camiones, ambulancias y conductores, sus miembros participaron activamente en las evacuaciones de civiles en Madrid.[21] Las ayudas de alimentación y comedores también estuvieron a su cargo, con ayuda económica procedente de Norteamérica, Canadá y varios países europeos.

LA EVACUACIÓN DE NIÑOS Y NIÑAS A LEVANTE Y LA AYUDA SUIZA

La Delegación de Evacuación creó el Comité de Auxilio al Niño, que inició el proceso de evacuación de niños y niñas madrileños a Levante. A mediados de diciembre de 1936 se realizaban cuatro expediciones semanales de niños. Coordinada por el gobierno a través del Consejo Nacional de la Infancia evacuada, con ayuda de grupos políticos y sindicales, de la Cruz Roja Internacional y de organizaciones humanitarias internacionales, se trasladó a noventa mil niños.

Rodolfo Olgiati, profesor de Matemáticas del movimiento de escuelas nuevas suizas, pedagogo pacifista que había trabajado en la educación de jóvenes y adultos, era secretario general del Servicio Civil Internacional (SCI), creado por Pierre Cérésole en 1920. Durante la Guerra Civil fue secretario del Comité Suizo de Ayuda a los Niños de España, conocido como Ayuda Suiza. Era una plataforma de ayudas no gubernamentales, ya que Olgiati y Cérésole contactaron con Alfred Jacob, representante de los Cuáqueros británicos. Desarrollaba su labor en Madrid, Valencia y Barcelona con ayuda de voluntarios. En Barcelona Olgiati conoció a su esposa Irma Schnei, del SCI, maestra de la escuela suiza que coordinaba la distribución de leche para lactantes y mujeres embarazadas con otra voluntaria, Ruth von Wild.[22]

Fue el propio Rodolfo Olgiati quien realizó ante las autoridades españolas las gestiones pertinentes para que los suizos pudieran integrarse en el dispositivo organizado para la evacuación de la población civil, que consistía en aprovechar tanto el transporte de ida como el de vuelta para llevar y traer alimentos y otros artículos necesarios, sistema que fue de gran importancia durante toda la guerra dados los problemas de transporte existentes.

Ayuda Suiza estaba compuesta de diversas organizaciones helvéticas con el apoyo de la Sociedad de Naciones. Según Antonio Belmonte Castell[23], su primer trabajo en la capital con voluntarios del Servicio Civil Internacional (SCI) tuvo lugar el 4 de mayo de 1937, cuando transportaron ropa y alimentos llegados de Suiza y almacenados en Burjassot, su sede principal ubicada en Valencia, hasta el refugio montado en la calle García de Paredes

[21] Clemente, Josep Carles, *El árbol de la vida. La Cruz Roja en la Guerra Española (1936-1939)*, Madrid, Laboratorios Beecham, 1993, pág.142.

[22] Continuó su labor humanitaria durante la II Guerra Mundial

[23] Belmonte Castell, Antonio, *Contra fuego y espanto. La acción humanitaria que salvó miles de vidas en la Guerra Civil*, Madrid, Temporae, 2012.

de Madrid, sede de Evacuación. Precisamente desde aquí partía la primera expedición de población civil desplazada organizada por los voluntarios suizos.[24]

Los primeros doce voluntarios destinados a Valencia, más de la mitad de ellos chóferes, instalaron en una zona céntrica de Burjassot la sede central de la Ayuda Suiza, a finales de abril de 1937. A este equipo se le conocía en el Servicio Civil Internacional como "Team Burjassot[25]. Cuatro enormes camiones Ford, que llevaban rotulado en sus laterales" AYUDA SUIZA A LOS NIÑOS DE ESPAÑA", fueron bautizados con los nombres del pedagogo suizo del siglo XIX, Johann Heinrich Pestalozzi y de tres premios Nobel de la Paz, el de 1901, Jean Henry Dunant, fundador de la Cruz Roja; el de 1919, Thomas Woodrow Wilson, presidente de Estados Unidos y fundador de la Sociedad de Naciones; y el de 1922, Fridtjof Nansen, científico, explorador y delegado de Noruega en la Sociedad de Naciones y creador del pasaporte Nansen, para refugiados de guerra indocumentados. Posteriormente añadieron a su flota de vehículos un quinto camión, el Dufour, llamado así en honor al general suizo Guillaume-Henri Dufour, y un autobús, el Zwinglio, recordando al reformador protestante suizo, Ulrico Zwinglio.

Los vehículos de transporte iban cargados con unas diez toneladas de ropa, medicinas y elementos básicos, azúcar, harina, leche en polvo y Ovolactina, un producto desarrollado en Berna, compuesto de huevo y malta. En estos mismos camiones, que suministraban a las colonias infantiles como la "Pablo Iglesias" de Godella y las ubicadas en los municipios valencianos de Torrente, Quart de Pablet, Alboraya, Buñol, Oliva u Onteniente, llegaron los niños madrileños y de las poblaciones afectadas por el frente del Jarama.

Una de las voluntarias suizas que atendían a los niños acogidos en Burjassot fue la maestra y enfermera Elizabeth Eidenbenz[26] que continuó su labor humanitaria en los campos del sur de Francia durante la Segunda Guerra Mundial[27]. Con ella colaboraron en las colonias la pedagoga suiza Regina Kägi-Fuchsmann y la alemana, exiliada en el país helvético, Anna Siemsen, quienes se ocuparon de los niños y escribieron sobre su experiencia humanitaria en España, proseguida después en la Francia de Vichy durante la Segunda Guerra Mundial.[28]

Con ayuda del Servicio Civil británico y de los cuáqueros, la Ayuda Suiza alquiló una granja cerca de Puicgerdá para producir suministros para las colonias de niños más cercanas, como las carnes de pollo y cerdo. La granja, dirigida por voluntarios británicos, suizos y daneses, aportaba además una educación agrícola práctica a jóvenes de las

[24] Expósito Navarro, Luis, *La conexión Burjassot. Ayuda Suiza durante la guerra civil (1937-1939)*, Burjassot, Ajuntament de Burjassot, 2011

[25] Ibídem.

[26] Fallecida el 23 de mayo de 2011, a la edad de 97 años, entre 1939 y 1944 logró atender cerca de 600 embarazadas españolas y judías, en la maternidad de Elna, en el sur de Francia, además de ayudar al nacimiento de 597 niños, que de otro modo hubieran tenido pocas esperanzas de vida

[27] Alted, Alicia y Fernández Martín, María Dolores, *Tiempos de exilio y solidaridad. La Maternidad Suiza de Elna (1939-1944)*, Madrid, UNED, 2014.

[28] Calvo Salgado, Luis, "Swiss Humanitarian aid during the Spanish Civil War: The journey of Anna Siemsen and Regina Kägi-Fuchsmann", *Culture & History Digital Journal*, 8(2) December 2019, págs.6-20.

colonias[29]. Por su parte, los miembros del SCI distribuían ropa para niños y madres, jabón para comedores y hospitales y ropa de bebé a dos hospitales maternales de Madrid.

LOS CUÁQUEROS AMERICANOS Y BRITÁNICOS Y SAVE THE CHILDREN INTERNATIONAL UNION

La actividad de los cuáqueros durante la Guerra Civil se inició con la llegada en el verano de 1936 del matrimonio cuáquero de origen estadounidense Jacob, Alfred y Norma, aprovechando el clima de tolerancia religiosa después de la elección en el mes de febrero del gobierno del Frente Popular. Los Jacob abrieron una misión cuáquera en Barcelona. Sus fuentes de financiación provenían del Friends Service Council británico (FSC). Los cuáqueros británicos colaboraron con la Save the Children International Union (SCIU) británica[30], que ya había establecido varios comedores y hospitales en zonas republicanas desde el estallido de la guerra. La SCIU había enviado a la doctora Miette Pictet, experta suiza, para coordinar el desarrollo de sus labores de ayuda humanitaria.

Por su parte, los cuáqueros estadounidenses se establecieron a principios de 1937 en la ciudad de Murcia, lugar al que miles de refugiados acudieron conforme las fuerzas rebeldes avanzaban por Andalucía[31], especialmente tras la caída de Málaga en febrero de 1937. Esther Farquhar[32] y Wilfred Jones llegaron a Levante en mayo de 1937, como responsables del American Friends Service Committee (AFSC). Esta organización se hizo cargo de las finanzas de la Misión española de Alimentación Infantil en Murcia hasta el final de la guerra, aunque apoyaron también a los cuáqueros británicos en Barcelona.[33] En el caso catalán, la cercanía a la frontera y la relativa tranquilidad durante gran parte de la guerra posibilitaron numerosos mecanismos de protección a la infancia.

En Alicante los cuáqueros tuvieron que afrontar, con toda serie de medidas humanitarias, la llegada de refugiados malagueños tras su paso por Murcia. Francisca Wilson se encargaba de comedores, desayunos y meriendas, leche para lactantes y embarazadas y distribución de 100 gramos de jabón por persona y semana[34]. Marie Elmes, nacida en Cork (Irlanda), contaba con grandes conocimientos de castellano y de gestión y experiencia de trabajo en los hospitales infantiles de Almería y Murcia, desde donde pasó a dirigir el hospital de Alicante, que acogía a treinta niños enfermos de sarna, tiña y tuberculosis,

[29] Pretus, Gabriel, *La ayuda humanitaria en la guerra civil española (1936-1939)*, Granada, Comares, 2011 pág. 86.

[30] Pretus, Gabriel, *La ayuda...*, págs. 87-90 La británica Eglantyne Jebb fundó Save the Children al inicio de la I Guerra Mundial, para facilitar a los niños europeos alimentos, médicos y enfermeras. A ella se debe la primera declaración de derechos de los niños.

[31] Pretus, Gabriel, *La ayuda...*, pág. 108. El AFSC llegó a España en mayo de 1937, con fondos de la Iglesia de los Hermanos, de los menonitas y de otras organizaciones. Esther Farqhar y Wilfred Jones como trabajadores humanitarios. Este último, en la zona nacional.

[32] Esther Farquhar era la encargada de distribuir la Gota de leche. Había sido misionera en Cuba y hablaba perfectamente español.

[33] Pretus, Gabriel, *La ayuda...*, pág. 167. Los cuáqueros llegaron a atender a 7.500 niños en sus comedores,

[34] Pretus, Gabriel, *La ayuda...*, pág. 108.

y en estado de malnutrición.[35] Tras los intensos bombardeos sufridos en Alicante en la primavera de 1938, se trasladó el hospital al pueblo de Polop, a cincuenta kilómetros de la ciudad. Allí se refugiaron también mujeres y niños, evacuados de Madrid.[36]

LAS GUARDERÍAS Y COLONIAS INFANTILES DURANTE LA GUERRA

Las colonias infantiles fueron de dos tipos, las de niños admitidos en familias, en casas particulares, y las colectivas. En las primeras, por cada 50 o 60 niños acogidos bajo este sistema, se nombraba a un maestro responsable que controlaba sus necesidades de instrucción y observaba el desenvolvimiento de su vida, tanto material como personal. Para ello, el maestro instruía a los niños del grupo en los días y horas designados para las escuelas de la localidad en los locales que el Ayuntamiento les cedía, aunque se procuró mezclar a los niños evacuados con los de la población local. Los docentes debían actuar como vínculo entre padres y tutores, proporcionándoles información sobre la situación de los niños, así como ayudarles con su correspondencia. Siempre que fuese posible, debían garantizar que las familias que habían sido separadas pudiesen reunirse y que los hermanos tuvieran la oportunidad de permanecer juntos.

En febrero de 1937 se creó la Delegación Central de Colonias dependiente de la Dirección General de Primera Enseñanza, con la finalidad de organizar colonias, cantinas y otros servicios escolares, para que los niños evacuados en edad escolar pudieran ser atendidos debidamente. La componían cuatro secciones, entre ellas la de régimen pedagógico, que impulsó la creación de una comisión encargada de redactar el Plan de la Primera Enseñanza. La Sección de Evacuación y Recepción de niños se ocupó de que los niños de las localidades en peligro salieran y fueron recibidos a su llegada. La Sección de Alojamiento e Instalación era la encargada de conseguir que los niños fueran acogidos en familias o en residencias y alojamientos, en lugares apropiados. Una vez conseguido el local, correspondía a esta sección la instalación del mobiliario, y la provisión de utensilios y material escolar.[37]

Las colonias escolares contaban con una tradición en España, desde su introducción por la Institución Libre de la Enseñanza, que fue incrementada por las instituciones educativas de la República. En los meses de verano se enviaba a niños y niñas más necesitados de salud a colonias situadas en lugares de montaña o cercanas al mar. Para la acogida de la infancia evacuada se crearon las Colonias Escolares, bajo el patrocinio del Ministerio

[35] Mendlesohn, Farah, *Quaker relief work in the Spanish Civil War*, Nueva York, The Edwin Mellen Press., 2002, pág. 57.

[36] García Ferrandis, Xavier y Martínez Vidal, Àlvar, "La ayuda humanitaria de los British Quakers durante la Guerra Civil española (1936-1939): el caso del Hospital Infantil de Polop de la Marina (Alicante)", *Asclepio, revista de historia de la Medicina*, 71 (1), enero-junio, 2019, pág. 253.

[37] Crego Navarro, Rosalía, "Las colonias escolares durante la Guerra Civil (1936-1939)", Madrid, UNED, *Espacio, Tiempo y Forma,* Serie V, Hª Contemporánea, n.º 2, 1989, págs. 299-328.

de Instrucción Pública (MIP), que se ubicaron principalmente en el Levante y, cuando esa zona fue ocupada por el ejército sublevado, se fueron desplazando hacia Cataluña.

Los lugares que se habilitaron fueron palacios abandonados por sus dueños, hoteles, casas de campo, cuarteles de la Guardia Civil o Colegios de congregaciones religiosas requisados para este fin. Casi la totalidad de las colonias fueron levantadas a partir de edificios ya existentes que reunían posibilidades de acondicionamiento. Abundaron las mansiones señoriales, caserones, palacios y fincas cuyos dueños habían huido a la zona franquista o al extranjero; estas instalaciones eran incautadas por Comités u organismos oficiales, siendo en muchos casos habilitadas para acoger a niños evacuados.

La colonia infantil de Bellús, creada por el Ministerio de Instrucción Pública, en el valle de la Albaida, a 73 kilómetros de Valencia, en la sierra Grossa, se organizó en un balneario, incautado en septiembre de 1936. Se trataba de un complejo hotelero, rodeado de pinos, con cinco piscinas y edificios, balneario, teatro, matadero, cuartel y garaje.[38] En la colonia los trabajos propios de la escuela se completaban con otros de alpargatería, cestería, cerámica y la confección de un periódico mural, que reflejaba las zonas compartidas, aseo, comida, juego, clase, piscina, reposo, granja, jardinería, gimnasia y cocina, y datos geográficos e históricos de la colonia. Como terapia y aprendizaje, los niños y niñas realizaban dibujos. El tema principal era la destrucción, los bombardeos, con dibujos que reflejaban una gran carga ideológica, puesto que servían para recaudar fondos para organizaciones humanitarias. Otros temas, propuestos por la maestra Justa Freire[39], eran la vida cotidiana antes de la guerra, la visión infantil del conflicto bélico, escenas de evacuación, escenas de la vida en la colonia, el balneario, dibujo libre, el verano, juegos y objetos. En 1938 una organización cuáquera[40] publicó un catálogo, con sesenta dibujos elaborados por distintas colonias, cinco de ellos de Bellús, con prólogo de Aldous Huxley.[41]

La mayoría de las colonias, no solo proporcionaban asistencia a un número elevado de niños, sino que, al convertirse en lugar de residencia, precisaban de numeroso personal adulto: director, un profesor por cada cincuenta niños como máximo, auxiliares docentes, enfermeras que contaban con la colaboración de los médicos de las localidades cercanas, personal de cocina y de lavandería. En febrero de 1937, aparecen en la *Gaceta de la República* las colonias, residencias infantiles para la educación escolar, los nombres de los maestros y maestras y la ubicación de cada niño evacuado. El gobierno, a través del Consejo Nacional de la Infancia Evacuada, dotó a las colonias de personal y maestros, convocando para ello la Delegación de Enseñanza primaria en agosto y septiembre de 1937, un concurso de maestros y auxiliares docentes. Debido a la dificultad de hallar suficientes docentes disponibles, porque muchos estaban en el frente, el concurso ofertaba

[38] Escrivá Moscardó, Cristina, *La infancia, el tesoro de la II república. La colonia infantil de Bellús, 512 escolares salvados de la guerra*, Valencia, Ulleye, 2014.

[39] Delegada de Personal del Ministerio de Instrucción Pública y Sanidad de la Segunda República.

[40] *The Spanish Child Welfare Association of America for American Friends Service Committee.*

[41] Escrivá Moscardó, Cristina, *La infancia, tesoro de la II República...*, pág. 184. American Friends Service Committee, *They still draw pictures*, New York, Child Welfare Association of America, 1938.

500 plazas de Auxiliares docentes, al que podían optar los maestros de primera enseñanza, puericultores, bachilleres, titulados de enseñanzas profesionales, aquellos que tuviesen años de carrera aprobados y, en general, toda persona comprendida entre los 18 y los 40 años "que se halle culturalmente capacitada para la instrucción primaria de los niños y que posea las condiciones de carácter y vocación precisas para la tarea educativa que han de desempeñar".[42]

Las Escuelas Normales realizaron un cursillo de perfeccionamiento pedagógico destinado a los encargados de las colonias relacionado con el cuidado de la infancia evacuada en colonias: funcionamiento de las colonias, organización de los estudios y actividades fuera de horas de clase.[43]

A través del Comité de Refugiados formado por representantes del Ministerio de Hacienda, Asistencia Social, Ayuntamiento de Madrid, Partido Socialista, Unión de Izquierda Republicana, UGT y CNT, se intentó solucionar el problema de la población civil evacuada. Con el Comité de Refugiados colaboraron ayuntamientos, diputaciones y organizaciones con una clara orientación ideológica, como el Socorro Rojo Internacional (SRI), la Solidaridad Internacional Antifascista (SIA) y la Agrupación de Mujeres Antifascistas (AMA).

Numerosos padres y madres de niños solicitaron a estas organizaciones que procurasen dar a sus hijos refugio seguro en las colonias durante el conflicto. Las peticiones, avaladas por su organización, de militantes de la CNT, adscritos al ramo de edificación, alimentación y madera, ponen de relieve las dramáticas situaciones en que se encontraban las familias. Andrés Guerrero era viudo con tres niños, Conchita, de nueve años, Andresito de siete y Juan de cinco. Agustina Blasco Clemente, con el marido en el frente y cinco hijos con edades comprendidas entre los quince y los tres años y medio. Dolores Martínez Martínez, esposa de Manuel Navarro, muerto en el campo de batalla, con dos hijos de corta edad. Se solicitaba guardería para el niño Daniel Pérez Candinas, de tres años, con el padre desaparecido y su madre Emilia, trabajadora en industrias de guerra, sin jornal, para librarle de los bombardeos.[44]

La solidaridad fue un pilar fundamental para el sostenimiento de los gastos de guarderías y colonias. Un ejemplo de ello fue el importe de las nóminas del personal no docente correspondiente a la guardería "Pasionaria" de Orihuela: 81.300 pesetas para dieciocho asalariadas, de cocina, limpieza, comedor, lavadero, fregadero, plancha y costura. El Comité de Enlace de Artes Gráficas, que abarcaba imprentas, revistas y editoriales, aportaba donativos todos los meses para su sostenimiento.[45]

---

[42] Fernández Soria, Juan Manuel, "La asistencia a la infancia en la guerra civil. Las colonias escolares", Valencia, *Historia de la Educación. Revista interuniversitaria*, nº6, 1987, págs. 83-128.

[43] Ibídem.

[44] CDMH, Centro Documental de la Memoria Histórica, Salamanca, PS-Barcelona,1060,4, CNT, Solicitudes y avales para el ingreso de niños en guarderías y colonias infantiles, mayo de 1938

[45] CDMH, Sección Político Social-Madrid, 872,31, Relaciones de personal de varias secciones y talleres que ha hecho un donativo para una Colonia Infantil de hijos y huérfanos de milicianos gráficos en Valencia, 1937-1939.

Por su parte, el Socorro Rojo Internacional contaba en 1937 con 565.436 afiliados, de los que 60.000 eran mujeres, entre las que destacaron Matilde Landa[46] y Tina Modotti.[47] Pese a recaer los cargos de presidente y secretario en hombres, estas mujeres fueron las verdaderas responsables de servicios de intendencia militar, suministro de ropa, recaudación de fondos y evacuación.

En los primeros días de combate se crearon en Madrid colonias infantiles en el Asilo de Convalecientes de la calle José Abascal, donde se puso en funcionamiento la Guardería del 5º Regimiento y, en la Alameda de Osuna, en la que se abrió un Hogar infantil del 5º regimiento.[48]

Hogares infantiles creados y apadrinados por las brigadas internacionales

Las brigadas Internacionales contribuyeron a la creación de hogares y colonias infantiles. En Madrid, en una finca de la Moraleja, requisada a la Marquesa María de Cubas, a iniciativa de la XI Brigada Internacional, batallón Thälmann, se creó un hogar para hijos de combatientes de la zona Norte de Madrid, Hogar Ernst Thälmann[49], con un maestro, un médico y una directora responsable del cuidado de los niños.[50]

En Murcia, Alicante y Valencia, las Brigadas Internacionales entregaron al Ministerio de Instrucción Pública catorce colonias que acogían 1058 niños.[51] Las brigadas internacionales crearon y apadrinaron hogares infantiles en Denia para 32 niños. En Benissa el Ministerio de Instrucción Pública dotó de mobiliario al Hogar en el que fueron acogidos 27 niños madrileños y autorizó al doctor Kaiser y a su esposa Dora, brigadistas austríacos, judíos, médico y enfermera, a ocuparse de él. Se habían casado en Viena en 1936. Estuvieron en Sierra Nevada, en el frente de Córdoba y en el hospital de las Brigadas, del que se trasladaron a Benissa cuando fue bombardeado. Atendían a los soldados convalecientes y al Hogar.[52]

Representantes del Servicio Sanitario Internacional (SSI)[53], acompañados de un alto cargo de la Sanidad del Ejército republicano y de una directiva del Socorro Rojo

[46] Ginard Feron, David, *Matilde Landa, el compromiso y la tragedia (1904-1942)*, Valencia, Publicaciones de la Universidad de Valencia, 2023.

[47] Branciforte Mazzola, Laura, "Tina Modotti, una intensa vida entre Europa y América", *Studia Historica. Historia contemporánea*, vol. 24, 2006, págs. 289-309.

[48] Alía Miranda, Francisco, *La otra cara…*, págs.248-250.

[49] Político y diputado comunista alemán detenido e incomunicado desde 1933 a 1944 que murió asesinado en Buchenwald en 1944.

[50] Esteve Torres, Mª Isabel, *Hogares infantiles y las Brigadas Internacionales, 1936-1939*, Valencia, Asociación de Amigos de las Brigadas Internacionales, 2014. La finca, lugar de recreo y cacería fue colectivizada, trabajando en las labores los asalariados de la propietaria.

[51] Esteve Torres, Mª Isabel, *Hogares infantiles...*, págs. 30-33.

[52] *Diario Información*, Benissa, 30-4-2013. Información transmitida por su hija Hannah cuando dedicaron una calle a sus padres

[53] Requena Gallego, Manuel y Rosa María Sepúlveda Losa, *La Sanidad en las Brigadas Internacionales*, Cuenca, Ediciones de la Universidad de Castilla La Manncha-CEDOBI, 2006.

Internacional visitaron al gobernador civil de Castellón y este les aconsejó que visitaran las villas de Benicassim, que se encontraban deshabitadas y podrían ser un lugar adecuado para instalar un hospital, por su proximidad al mar y sus vías de comunicación.[54]

Cerca del centro hospitalario de Benicassim existía un hogar en villa Elisa para huérfanos de milicianos, dependiente del ministerio de Instrucción Pública, apadrinado por el centro sanitario, a cargo de la doctora austriaca Fritzi Brauner.[55]A tres kilómetros vivía el personal del centro, viudas de guerra con sus hijos, atendidos por el hospital. Los esposos Brauner, Fritzi y Alfred utilizaron dibujos de los niños para aliviar los terribles traumas de la guerra. Fue el inicio de una tarea humanitaria continuada durante la II Guerra Mundial y con niños supervivientes de Auschwitz.

COLONIAS Y GUARDERÍAS DE LA SIA

Algunas colonias fueron creadas por las Juventudes Libertarias y otras organizaciones anarquistas, entre las que cabe destacar la Solidaridad Internacional Antifascista (SIA), que mantuvo numerosas colonias confederales. La SIA resumía de la siguiente manera las aspiraciones educativas y comunitarias esenciales que, en principio, inspiraban el funcionamiento de sus colonias infantiles:

> El fin primordial de la colonia es educar al niño, paralelamente a ello, con este objeto, crea y atiende SIA sus hogares.
>
> Su ambiente será de belleza, orden y armonía, todo nacido del ejemplo y tomado por los niños, nunca impuesto por capricho. Se buscará siempre el hogar ideal desechando lo despótico, favoreciendo la colaboración y desarrollando la personalidad.[56]

Admitían niños de dos a catorce años: huérfanos, abandonados, separados de sus padres por incapacidad moral o material. Se daba preferencia a las víctimas de la violencia de la lucha antifascista.

El horario incluía clases a las nueve de la mañana, tras el aseo y práctica de la gimnasia sueca. Comida de doce y media a una, con descanso de dos y media a tres. Clases de tres a cinco. Merienda y actividad libre, juego, biblioteca, radio o cine. Cena a las ocho y acostarse a las nueve.

---

[54] Esteve Torres, Mª Isabel, *El hospital de Benicassim a través de los recuerdos de los brigadistas alemanes*, Valencia, Asociación de Amigos de las Brigadas Internacionales, 2014.

[55] Duroux, Rose, "Françoise Brauner por sí misma (1911-2000)", Granada, *Arenal, revista de mujeres,* n.º 13 (2), 2006, págs.379-397. Doctora austríaca, que dirigió el hospital de Benicassim y el Mataró. Casada con Alfred Brauner "doctor Fred", fue asistente de cirugía del director del hospital de Brigadas Internacionales de Benicassim. Su vocación por la pediatría le llevó a dedicarse a la reinserción de niños víctimas de las guerras junto con su esposo.

[56] CDMH, Sección Político Social, legajo 3565, caja 2591 n.º 4.

Todos se responsabilizarían de tareas diarias, asignadas, como parte de su educación. La relación con otros niños vecinos y de otras escuelas se fomentaría. Podrían invitarles a su hogar y corresponder a otras invitaciones.

El personal estaba formado por dos familiares-educadores, una enfermera puericultora, una cocinera y una mujer de la limpieza para treinta niños y niñas.[57]

En Burjassot empezó a funcionar un hogar infantil, con veinticinco niños, menores de cinco años. Siguiendo las premisas de la pediatra Amparo Poch, las guarderías de huérfanos deberían parecerse todo lo posible a un hogar convencional y, a ser posible que hubiera un hombre, que, a veces era el director. Una pareja, los responsables, que sustituían a los padres, ayudados en los cuidados por tres auxiliares femeninos. La escuela era la de los niños del pueblo y el hogar infantil era la casa, donde el niño crece, sin rigidez ni disciplina autoritaria. La doctora Amparo Poch Gascón[58] y la periodista y poetisa Lucía Sánchez Saornil[59] visitaron el hogar de Burjassot.

El hogar de Burjassot plasmó las ideas del anarcosindicalismo de Mujeres Libres, organización que publicó el primer número en 1936. Escrita por mujeres y fundada por Amparo Poch Gascón, Lucía Sánchez Saornil y Mercedes Comaposada, con el fin de emancipar a la mujer, de la servidumbre, de la ignorancia y de la explotación sexual. Fundaron centros de acogida de huérfanos, guarderías y comedores populares para trabajadores.[60]

LAS COLONIAS FAMILIARES DE EDUCACIÓN

Cuando el gobierno republicano se trasladó a Valencia, Regina Lago fue nombrada responsable de la sección de Ordenación Pedagógica de la recién creada Delegación Nacional de la Infancia Evacuada y, más tarde, Consejera Pedagógica del Consejo Nacional de la Infancia Evacuada.

Había estudiado Magisterio Elemental y Superior en la Escuela Normal de su ciudad natal, Palencia y amplió estudios en el instituto Jean Jacques Rousseau de Ginebra, estudiando Psicología Experimental, Psicología Infantil y Psicometría, con Piaget.

Este bagaje científico le abrió la perspectiva de la Escuela Nueva, que habían puesto en práctica el estadounidense John Dewey, la italiana María Montessori, el belga Olvide Decroly y el francés Célestin Freinet. Se basaba en una pedagogía activa, que promovía la observación y la experimentación y la incentivación del aprendizaje crítico y la participación

[57] CDMH, Sección Político Social, legajo 3565, caja 2591 n.º 4.

[58] Amparo Poch estudió medicina, salvando las barreras de la época. Fue la única mujer entre 435 matriculados, licenciada con premio extraordinario en 1929. Rodrigo, Antonina, *Amparo Poch y Gascón. Textos de una médica libertaria,* Zaragoza, Alcaraván-Diputación de Zaragoza, 2002; Rodrigo, Antonina, *Una mujer libre. Amparo Poch, médica anarquista,* Barcelona, Flor del Viento, 2002.

[59] Martínez Muñoz, Pau y Fontanillas, Antonia, *Lucía Sánchez Saornil, poeta, periodista y fundadora de mujeres libres*, Madrid, La Malatesta, 2014.

[60] Alía Miranda, Francisco, *La otra cara…*, págs. 160-161. Nash, Mary, *Mujeres Libres 1936-1939*, Barcelona, Tusquets, 1979.

del alumnado, promoviendo tanto la educación como la práctica y la educación moral y social laica. Un método de aprendizaje opuesto al tradicional, memorístico, repetitivo y sometido a una disciplina rígida y a la separación de sexos.[61]

Mantuvo, desde muy joven, su compromiso político y sindical, afiliándose en 1921 a la sección de profesores de Escuela Normal de la UGT y en 1934 al Socorro Rojo Internacional y perteneció a la Agrupación de Mujeres Antifascistas (AMA), creada en 1933, que integraba a mujeres de distintas tendencias políticas.

Comunidades familiares de educación creadas por Angel Llorca en El Perelló

La labor desarrollada por Ángel Llorca en el grupo escolar "Cervantes", en Madrid, en Cuatro Caminos, del que fue director, no pasó inadvertida fuera de España. Algunos representantes del Movimiento de la Escuela Nueva, en distintos países europeos, conocían sus publicaciones, visitaron el colegio y se hicieron eco de su trabajo.

Cuando comenzó la ofensiva sobre Madrid, Ángel Llorca fue evacuado a Valencia por el gobierno de la República, formando parte de la segunda expedición de intelectuales, en diciembre de 1936. Colaboró en la Casa de la Cultura, pero su vocación docente le llevó a responsabilizarse de una de las numerosas colonias escolares de Levante que protegían a niños de las zonas más castigadas por la guerra. El 27 de enero de 1937 nació en El Perelló, en Valencia, una experiencia en la que plasmó los ideales de su vida, las Comunidades escolares de Educación. En ella colaboró Justa Freire, otra maestra de una generación de docentes muy bien preparados culturalmente, vocacionales y europeístas, incorporada al colegio "Sierra Pambley" de Villablino, inspirado en los principios pedagógicos de la Institución Libre de la Enseñanza (ILE), y que, tras pasar por una escuela rural en la sierra de Gredos, fue seleccionada en 1921 para incorporarse al equipo innovador del grupo escolar Cervantes y en 1933 se convirtió en directora del grupo escolar Alfredo Calderón. Allí permanecerá hasta el inicio de la guerra y su incorporación a las Comunidades familiares de educación.[62]

Fue una experiencia claramente innovadora. La educación se adaptaba a la situación de cada niño, según sus capacidades y nivel de formación educativa previa. En el centro de la labor escolar se situaba la participación activa y crítica del niño, su estrecha relación con la naturaleza a través de múltiples excursiones, la gimnasia quedaba reducida a la realización de juegos libres y espontáneos. Ocupaban un lugar importante los conocimientos y trabajos artísticos y musicales, talleres de trabajos manuales y la coeducación. El objetivo era realizar una obra "de educación total en familia y en grupos de familia".

[61] García Colmenares, Carmen, "Regina Lago, una psicóloga comprometida con la infancia española durante la guerra civil española", *CEE Participación educativa*, 14, julio 2010, págs. 211-220.
[62] Del Pozo Andrés, María del Carmen, *Justa Freire o la pasión de enseñar,* Barcelona, Octaedro, 2015.

Ángel Llorca reunió a un grupo de maestros y alumnos en prácticas y el gobierno ofreció cinco casas en el Perelló. En cuatro de ellas colocó a grupos de diecinueve, catorce, dieciséis y diecisiete niños y niñas, con edades comprendidas entre los cuatro y los doce años, con dos docentes en cada casa o residencia. En la quinta casa, casa central, estaban los servicios comunes. Los alumnos tenían la intimidad propia de una familia, tratando de superar la dualidad escuela y familia. Se trataba de conseguir "la comunidad familiar de educación". Se pretendía una educación integral basada en la formación de hábitos de higiene, trabajo, esfuerzo, buen gusto, generosidad, y en valores sociales como la cooperación y la ayuda mutua en las tareas comunes, fomentando la búsqueda de ideales propios, el disfrute del trabajo bien hecho y la disciplina de horarios y actividades.[63]

CONCLUSIONES

Los aspectos políticos y militares han ocupado la mayor parte de la bibliografía sobre la Guerra Civil. Sin embargo, documentos referentes a organizaciones como la Ayuda Suiza, o los cuáqueros británicos y norteamericanos, entre otras, nos ofrecen una visión de la importancia que tuvo la acción humanitaria. Jóvenes de ambos sexos y de distintas nacionalidades se volcaron en la evacuación, alimentación y cuidado de los niños.

Es importante destacar la implicación del Gobierno republicano en la protección a los niños a través del sistema de colonias colectivas o en régimen familiar. Estas colonias se situaban en zonas alejadas de los frentes, como Levante. Aunque presentaban un carácter diferente, según el lugar donde estaban ubicadas, lo que animaba su creación era posibilitar que los niños pudieran reponerse física y psíquicamente de los traumas vividos, a la vez que continuar su proceso de escolarización en un marco que trataba de reproducir, en la medida de lo posible, el ambiente familiar roto. Mantenerles alejados del frente, alimentados y protegidos era la tarea primordial. En los dibujos de los niños, junto a los muertos, las explosiones, las llamas y los escombros aparecen constantemente los aviones, cuyo empleo masivo durante la Guerra Civil marcó profundamente a las generaciones de la guerra.

La labor pedagógica de Ángel Llorca en la enseñanza activa, aprendizaje crítico y participativo desarrollado en las comunidades familiares del Perelló fue una experiencia singular. En otras colonias la finalidad primordial no era instruir a los niños únicamente sobre la base de conocimientos teóricos, sino educarlos, apartarlos de los horrores de la guerra, tratando que el aprendizaje resultara ameno y estimulante, aplicando los principios pedagógicos más avanzados. El número de niños, evacuados y huérfanos, en la zona de Levante no dejó de aumentar en 1938, con el incremento de bombardeos de la Aviazione Legionaria delle Balleari desde sus bases en Mallorca. Desde el 31 de octubre

[63] Del Pozo Andrés, María del Carmen, "Angel Llorca, un maestro entre la Institución Libre de la Enseñanza y la Nueva Escuela (1866-1942)", *Historia de la Educación, revista Interuniversitaria*, 1987, págs.229-248.

de 1937 Barcelona fue la nueva sede del gobierno de la República, presidido por Juan Negrín, que tuvo que enfrentarse a la evolución desfavorable de la guerra y a continuos desplazamientos de población, sin desatender la ayuda necesaria a los refugiados y desplazados de distintas zonas de la Península. En esta situación, la ayuda de las organizaciones humanitarias resultó imprescindible, aún más si cabe en el caso de los más vulnerables, entre los que destacaba la población infantil.

11.
LOS COMEDORES DE AUXILIO SOCIAL EN LA PROVINCIA DE SEVILLA (1936-1939)

Manuel Tamajón Velasco
Universidad de Sevilla

INTRODUCCIÓN

Si en la Alemania nazi la *winterhilfe* era la encargada de ofrecer comida y abrigo a los alemanes en los primeros compases de la contienda mundial, Auxilio de Invierno, más tarde Auxilio Social, instauró Cocinas de Hermandad y de los Comedores Infantiles, con el objetivo de paliar la pésima situación de niños huérfanos, viudas y personas en riesgo mientras durase la guerra.[1]

De las dos secciones con las que contó Auxilio de Invierno, en la presente comunicación nos centraremos en los Comedores Infantiles de la provincia de Sevilla durante la guerra civil, que serán empleados para una triple función: entregar comida a los menores de manera regular[2]; por otro lado, educar a los menores poniendo especial énfasis en los valores del nacionalcatolicismo y del nacionalsindicalismo[3] empleando múltiples estrategias, como veremos a continuación; y, por último, proyectar una imagen positiva del nuevo Estado franquista mientras durase la guerra mediante la labor benéfico-asistencial.

Entre las principales dificultades con las que nos hemos tenido que enfrentar a la hora de llevar a cabo esta investigación podemos destacar dos principalmente: en primer lugar, la eliminación de documentación efectuada por la propia Falange Española Tradicionalista y de las JONS en 1977, lo que ha provocado la ausencia de documentación seriada sobre el departamento estudiado y, en segundo lugar, otra de carácter biológico, al carecer de testimonios de trabajadoras y de asistidos del periodo estudiado al haber pasado más de ocho décadas y haber fallecido.

---

[1] AGA-TOP-16-70-CA-0274-012, Informe de Auxilio Social, sin fecha. Este carácter temporal, ligado a la duración de la guerra, se tornará en definitiva con la conversión de Auxilio de Invierno en una Delegación Nacional y cambiando su nombre Auxilio Social.

[2] AGA-TOP-16-71-CA-02242-007, Circular nº 5, sin fecha. Según las publicaciones de Auxilio Social a los Comedores Infantiles podía acudir cualquier persona necesitada con independencia de su origen social e ideología de sus familiares, aunque la realidad fue que los atendidos debían ser preferentemente "los huérfanos víctimas de la guerra.

[3] AGA-TOP-16-61-CA-1713-020-24, 03 112 Caja 1, Carta del Jefe del Departamento Central de Auxilio de Invierno al Delegado Provincial de Auxilio Social sobre la unión de los Comedores Escolares con los Centros de Enseñanza, con fecha de 24 de junio de 1944.

A pesar de este vacío documental, hemos podido acceder a diversa información localizada en archivos como el Archivo General de la Administración de Alcalá de Henares, el archivo de la Diputación Provincial de Sevilla, el Archivo Histórico Provincial de Sevilla, así como cerca un centenar de archivos locales repartidos por toda la provincia. Junto a esta documentación archivística hemos usado prensa escrita de la época, las publicaciones internas de Auxilio Social, así como documentación legislativa aparecida en el Boletín Oficial del Estado.

La presente investigación se estructura en tres apartados: en primer lugar, se expondrá el proceso de implantación de los Comedores Infantiles de Auxilio Social en la provincia de Sevilla y su distribución provincial; la propiedad de los locales y la comparación del número de locales en nuestra provincia con otras para conocer el peso de los comedores a nivel estatal.

En segundo lugar, se estudiará el perfil de los asistidos analizando las causas por las que solía solicitar la asistencia a los comedores, conocer el origen socioeconómico de los menores asistidos y, por último, exponemos la evolución del número de asistidos a lo largo del periodo estudiado.

Y para concluir, abordaremos cómo se difundieron los principios del nacionalcatiolicismo y del nacionalsindicalismo entre los menores que recibían asistencia en los locales y el uso de la celebración de ciertas efemérides para lograr la captación de las masas[4] hacia la Obra.

IMPLANTACIÓN DE LOS COMEDORES INFANTILES DE AUXILIO SOCIAL

En Sevilla, la implantación de los Comedores Infantiles de Auxilio Social fue bastante rápida de tal manera que si al poco tiempo de la visita de Mercedes Sanz de Bachiller a la capital hispalense, en noviembre de 1936, Sevilla contaba con 10 comedores repartidos por la provincia, tan solo dos años más tarde, la cifra se multiplicaba por cinco, de tal manera que la capital hispalense contaba con seis, que abastecían a 912 menores, y medio centenar repartidos por la provincia, dando servicio a 3.500 niños.[5]

La ubicación de los locales que deberían albergar a los futuros comedores estaba regulada por las diversas directrices de Auxilio Social, de modo que según ordenaba la Delegación Nacional estos debían instalarse en edificios de una sola planta y de no haber en la localidad ninguno, en la planta baja del bloque de pisos y siempre en los barrios obreros[6], para reforzar la labor propagandística. Todo local debía contar con grandes ventanales, que asegurasen una buena luz y para que se pudiera ver el interior y la labor

[4] Término tomado de Molinero, Carme, *La captación de las masas. Política social y propaganda en el régimen franquista,* Madrid, Cátedra, 2005.

[5] *ABC de Sevilla,* 1-X-1938, p. 18.

[6] AGA-TOP-16-71-CA-02242-035, Circular de propaganda nº 5, extraído en Boletín de Auxilio Social: órgano de la Delegación Nacional, cuaderno nº5, Noviembre de 1937, página 10.

en ellos desarrollada desde el exterior. Otro requisito imprescindible era el poseer una buena ventilación, para la expulsión de gases y humos, además de contar con servicios de cocina, fregadero y despensa.

El interior de los locales también estaba profusamente decorado, siguiendo las orientaciones de la Delegación Nacional, pintándose las paredes de color crema claro, puertas, balcones, cornisas y columnas pintadas en azul, al igual que mesas y sillas empeladas por los menores. El mobiliario consistiría en mesitas cuadradas de 70 centímetros de altas y 80 centímetros de ancho junto con sillas de tipo estela que debían tener un respaldo de 54 centímetros de altura, un asiento de 32 centímetro de ancho y todo ello pintado en un azul fuerte[7]. En la fachada exterior, siempre pintada de blanco, se tendría que colocar los emblemas y rótulos del Movimiento y de "AUXILIO SOCIAL", en rojo.[8]

El acto inaugural de estos locales era una oportunidad para el régimen de publicitar la labor de la obra y por ello asistían las máximas autoridades locales y provinciales: el gobernador civil, el jefe del Movimiento y el delegado local de Auxilio Social, que solían ser la misma persona y el delegado provincial. El local era bendecido por el párroco y acto seguido las autoridades accedían al interior del comedor, donde esperaban los menores con el brazo en alto para cantar el Cara al Sol y, por último, recibían una ración de comida más abundante de lo habitual e incluso se les ofrecían postres traídos desde confiterías cercanas, como ocurrió en la inauguración del comedor de Nervión, en enero de 1937, donde los postres fueron aportados por varias confiterías como La Campana, Buen Gusto, La Popular, La Española, San Isidoro y Ochoa, entre otras.[9]

El general Queipo de Llano acudió a la inauguración del que sería el tercer comedor de la capital, sita en el número 44 de la avenida que llevaba su nombre, en el edificio llamado Aurora, con capacidad para asistir a 100 menores[10]. Asistió el militar junto con el líder de la derecha gala, Doirot, y ambos fueron recibidos por los menores con el saludo con el brazo en alto desde sus mesas, desde donde estaban esperando desde hacía treinta minutos, al igual que las trabajadoras, pertenecientes a la Sección Femenina. Tras una breve charla de las autoridades con los menores, se repartieron las raciones del día.[11]

Situación análoga la encontramos en el acto inaugural del comedor de Dos Hermanas, que tuvo lugar el 27 de septiembre de 1938, al que asistieron las autoridades locales, provinciales, y el párroco Fernández de Pando bendijo el local.[12]

---

[7] AGA-TOP-16-71-CA-02242-007, Circular nº 5, sin fecha.

[8] Estas medidas fueron tomadas no solamente para los locales que se ubicaron en la península sino también en el Protectorado, aunque combinando con los elementos propios de la cultura marroquí como se reconocía en las propias directrices "conservando no obstante sus arcos árabes, sus azulejos, sus mesas bajas, sus cojines en el suelo y su profesión de plantas y flores, de carácter netamente marroquí" que se puede consultar en AGA-TOP-16-70-CA-0274-012, Informe de Auxilio Social, sin fecha.

[9] Extraído de *F.E.*, 24-XII-1936, citado en ibídem, p. 5 y 6.

[10] *ABC de Sevilla*, 26-XII-1937, p. 27.

[11] Ibídem, p. 29

[12] *ABC de Sevilla*, 28-IX-1939, p. 19

Entre los años 1943 y 1947 se produjo un lento proceso de cierre de estos locales, que no fue únicamente en Sevilla sino en todo el Estado, tal y como se desprende de la propia documentación de Auxilio Social[13]. Este cierre de locales se ordenó cuando más imprescindibles eran debido a la ausencia temporal de algunos alimentos básicos, a la inexistencia de una infraestructura logística para el reparto de alimentos y, además, por las corruptelas de los encargados del abastecimiento.[14]

Llama la atención, como han señalado Francisco Jiménez Aguilar y Ángela Cenarro[15], que el descenso de la actividad de Auxilio de Invierno se produjese justo cuando los indicadores económicos eran bajísimos y los efectos del hambre llevaba a muchos hombres y mujeres a enfermar, morir o incluso al suicidio.

Esta necesidad de asistencia en la provincia de Sevilla quedó reflejada en las quejas elevadas a la Delegación Provincial en las que referían el elevado número de personas inscritas en el padrón de beneficencia de sus localidades y también como la única institución con la que se contaban en sus municipios era Auxilio Social, siendo su labor insuficiente.[16]

A modo de ejemplo, señalamos las quejas vertidas desde las localidades de Arahal y Mairena del Aljarafe: en la primera, se señala que el número de raciones dadas entre los días 16 y 20 de febrero de 1942 eran de 7.916 y el número de asistidos superaban los tres mil[17] y, en la segunda se anunció el cierre de sus locales en junio de 1946 por carecer de subvenciones y no poder hacer frente a los gastos de los comedores.[18]

A tenor de la documentación consultada podemos señalar que para la totalidad de la provincia hubo 103 comedores repartidos en cada una de las ocho comarcas, aunque si bien es cierto que este reparto no se realizó de manera homogénea. Podemos señalar que en el área metropolitana se concentraban el mayor número de estos locales, ascendiendo su cifra a 31 locales, existiendo en la capital 18 y 23; la sigue en número de locales la comarca del Aljarafe (entre los que destacar Umbrete, Tomares, Puebla del Río, Aznalcázar o Pilas) y en ambas sierras, la Sierra Norte con implantación en 12 localidades (Cazalla de la Sierra o Constantina) y la Sierra Sur (Roda de Andalucía o Real de la Jara), con

[13] AGA,TOP-16-61-CA-1713-15, 03 112 Caja 1, Circular nº 16 del Departamento Central de Auxilio de Invierno, con fecha de 15 de febrero de 1944. Situación que no era exclusiva de la provincia de Sevilla como se puede ver para el caso gallego en AHPP, *Delegación Provincial del Movimiento*, caja 13 citado en Lucio Martínez Pereda, *El pan y la cruz…*, op. cit., p. 157. Esta tendencia general de toda España se puede comprobar en AGA, Delegación nacional de Auxilio Social, caja 75\25495.

[14] Martínez Pereda, Lucio, *El pan y la cruz: hambre y Auxilio Social durante el primer franquismo*, Madrid, Biblioteca Nueva, 2017, p. 25.

[15] Francisco Jiménez Aguilar, "No son unos comedores más". Auxilio Social, biopolítica y hambre en el primer franquismo" en Del Arco Blanco, Miguel Ángel (ed.), *Los años del hambre. Historia y memoria de la posguerra franquista*, Madrid, Marcial Pons, p. 203 y Cenarro Lagunas, Ángela, *Los niños del Auxilio Social*, Espasa, Madrid, 2009, p. 99.

[16] Esta afirmación se sostiene a tenor de los múltiples informes que durante los años 1942 y 1944 las Delegaciones locales de Auxilio Social remitieron a la Delegación Provincial pidiendo el mantenimiento de la actividad asistencial ante la incapacidad de dar asistencia a los inscritos en el Padrón de Beneficencia Municipal. Para conocer más puede consultarse AGA-TOP-16-68-CA-01277.

[17] García Márquez, José María, *Una razia espantosa: Arahal 1936*, Sevilla, Aconcagua, 2016, p. 343.

[18] AMMairena del Aljarafe, Varios. Auxilio Social. Leg. 595, carta del Delegado Provincial al Delegado Local de Auxilio Social con fecha de 27 de mayo de 1946.

14 locales, quedando por detrás en número de locales la Campiña, con 13 localidades, junto con la Vega, con 11 localidades (siendo el más importante el de Lora del Río) Y, por último, las comarcas con menos implantación serían la comarca de los Alcores (con 5 localidades) así como Morón-Arahal (3 localidades) y el Bajo Guadalquivir (con implantación en 5 localidades). [19]

Al terminar la Guerra Civil la implantación de los Comedores Infantiles en la provincia de Sevilla se había afianzado en el 82% de los municipios[20], unas cifras que superarían con creces no solamente a provincias cercanas, y que pueden ser consideras como similares, como es el caso de Málaga, en la que se han contado hasta 78 locales[21], sino también sobre una Comunidad Autónoma como Galicia, en la que se han registrado 66 Comedores Infantiles.[22]

Si comparamos los datos de la provincia de Sevilla con los de la totalidad de España, podemos afirmar que Sevilla era una de las provincias española con más peso en las instituciones de Auxilio de Invierno antes de la finalización de la Guerra Civil. De tal manera que 103 de los 612 Comedores Infantiles de la España franquista[23] se encontraban en nuestra provincia, lo que representaba un 16,8% (frente al 10,7% de toda Galicia). En términos estadísticos, los Comedores Infantiles de nuestra provincia representaban el 2,6% del total y el número de asistidos el 2,47%, perdiendo el considerable peso a nivel nacional que llegó a detentar.[24]

En lo que a la titularidad de los locales empleados para los servicios de los Comedores Infantiles se refiere hemos de señalar que no se ha encontrado documentación para el 25% de los casos. De los locales que si conservaron la documentación podemos señalar que la mayoría, 53,7%, eran alquilados y su sostenimiento se cubría con lo recibido por la Ficha Azul, con aportación de las administraciones públicas, ya sea los ayuntamientos (como en los casos de Villanueva del Río o Minas) o bien a través de la Diputación Provincial (ejemplos son Bormujos, Gilena, Peñaflor o Constantina). Tan solo hemos constado un caso en el que el local en el que se ubicó el comedor Infantil fue incautado a un vecino destacado en el Frente Popular.[25]

El número de locales cedidos para el desempeñado de las funciones propias de las Cocinas Infantiles se elevaron a 21 locales, lo que representaba el 19,4% del total, y entre

[19] Para un análisis más detallado de todas las localidades en las que se abrieron Comedores Infantiles en la provincia de Sevilla AGA-TOP-16-68-CA-01277.

[20] AGA, Delegación Nacional de Auxilio Social, Caja 2154.

[21] Datos extraídos de Rubio Osario, Ana María, *El Primer franquismo en Marbella (1939-1959). De los años del hambre a los años del Sol.* Málaga, 2015, p. 116.

[22] Martínez Pereda, Lucio, *El pan y la cruz...*, p. 40.

[23] Poblaciones como Valencia, Madrid o Barcelona aún se mantenían leales al gobierno republicano y por eso el peso de Sevilla era más importante de lo que le correspondería por peso demográfico.

[24] AGA, Cultura, Auxilio Social, Caja 1045, *Organismos Asistenciales*, Carpeta año 1958.

[25] Para los locales de las Cocinas de hemos constatado la existencia de incautaciones a personas leales a la República o sedes de sindicatos de clase, para más datos consultar AGA, Delegación Nacional de Auxilio Social, caja 75\25495 en Francisco Jiménez Aguilar "no son unos comedores más"..., p. 200.

las que se encontraban Alanís de la Sierra, Dos Hermanas (cedido por el propio Ayuntamiento), Casariche, Tocina, Utrera o Villanueva de San Juan entre otros.

ASISTIDOS EN LOS COMEDORES INFANTILES DE AUXILIO SOCIAL EN SEVILLA

Paralelo al incremento exponencial de los locales en la provincia de Sevilla fue el crecimiento del número de asistidos, de tal forma que, si en el año 1936 se atendía en toda la provincia a 2.914 personas en los Comedores Infantiles, esa cifra se elevó hasta 731.439 menores en año 1938. Unas cifras muy superiores a los datos de toda Galicia, en la que en 1937 se dio asistencia, entre las dos instituciones, a 7.070 personas y de Málaga, donde para esas mismas fechas se atendía a 1.726 menores en la capital y a 3.972 menores en la totalidad de la provincia.

Para conocer el impacto real de la labor benéfico-asistencial de Auxilio Social en la población sevillana hemos recurrido a comparar el número de personas que están inscritas en el Padrón Municipal de beneficencia con las cifras de asistidos y, tras consultar los datos de asistencia en los locales podemos afirmar que la cifra de asistidos es bastante escasa, ubicándose el porcentaje de menores asistidos en una horquilla entre el 5 y el 20% de la población inscrita en el padrón municipal. Entre los municipios que están por debajo de esa horquilla podemos señalar municipios como Almadén de la Plata (4%); Écija (2,8%); el Coronil y El Rubio (ambos con un 4,8%); Puebla de Cazalla (0,80%) y siendo el caso más destacado el de La Luisiana en la que según el propio alcalde de la localidad de las 334 cabezas de familia inscritas en el Padrón Municipal de beneficencia ninguna recibe asistencia en Auxilio Social y entre aquellos municipios que sobrepasan la media debemos reseñar las localidades de Dos Hermanas (85%); Espartinas (75%); Peñaflor (63,42%) o Los Molares en la que, en contraposición con La Luisiana, las 125 personas inscritas en el Padrón Municipal de Beneficencia son atendidas por Auxilio Social.[26]

A raíz de la documentación consultada, el número de asistidos en los Comedores Infantiles experimenta un crecimiento bastante importante desde la etapa fundacional (100 menores) hasta alcanzar en el año 1941 el máximo de asistencia (245.318 menores) para experimentar un descenso hasta 1947, año en el que solamente pudieron recibir asistencia 42.025 menores en los Comedores Infantiles.[27] Debemos hacer un apunte: el número de asistidos no era algo estable sino fluctuante y, por ende, lo era también el importe gastado en las raciones o en el mantenimiento del local, tal y como se ha

[26] AGA-TOP-16-68-CA-01277.

[27] Similares resultados arrojan el estudio del caso de nuestra provincia. En AGA, Caja 2154 hemos podido consultar los datos relativos al número de asistidos en la provincia de Sevilla entre 1941 y 1946 en la que se puede constatar cómo se alcanza el máximo número de asistidos en los comedores en 1941, igual que en el resto de España, con 2.373 menores asistidos en los Comedores Infantiles y, posteriormente, a lo largo de los siguientes años se puede apreciar un leve y continuado descenso en el número de asistidos hasta alcanzar el mínimo en 1946 con 1.340 menores asistidos en los Comedores Infantiles.

evidenciado en Lora del Río, municipio en el que la fluctuación podía llegar al 33% de los asistidos entre el principio y finales del mes.[28]

Podemos hacer extensible a toda la provincia la afirmación de Francisco Rojas para el caso de Coria del Río, cuando afirma que todos estos datos nos dan una idea de los limitados efectos que tuvo el comedor de Auxilio Social para atenuar el hambre entre la población infantil, especialmente entre las familias que habían visto desaparecer al cabeza de familia.[29]

Las razones por las que un menor podría recibir asistencia en los Comedores Infantiles pueden ser resumidas en tres principalmente: por un lado, y puede ser que fuera la más importante, por cuestión de orfandad[30] o desaparición del cabeza de familia, tal y como se dejó constancia en Las Navas de la Concepción: "a la falta de cabeceras de familia muertos, desaparecidos, huidos o encarcelados por su actuación izquierdista. El tipo de necesidad es el extremo pues hay personas que exclusivamente se alimentan de hierbas y están viviendo en chozas u casi sin ropas."[31]

Podemos afirmar que existe una relación directa entre el número de personas a las que se les aplicó el Bando de Guerra en cada uno de los municipios de la provincia y el número de asistidos en los Comedores Infantiles[32], en concreto en el 93,10% de las localidades en las que tuvo presencia Auxilio Social, siendo 81 de 87 municipios de la provincia, los menores tenían a su padre en paradero desconocido o se le había aplicado el bando de Guerra.

Así lo reflejó el propio alcalde de Arahal en el año 1942 cuando señaló que la situación económica de pueblo es normal y que no existía paro obrero en la localidad pues se trabajaban todo el año, salvo en los meses de lluvia. Según el alcalde, los asistidos eran huérfanos de guerra, a los que catalogaba como *hijos de rojos*, inscritos en el Padrón de Beneficencia local y no cobran pensión alguna.[33]

Lo mismo se manifestó en otras localidades de nuestra provincia como en Gelves, Guadalcanal, Herrera, Las Cabezas de San Juan, municipios en los que al registrar el motivo de los asistidos para el ingreso indicaron que eran Huérfanos de la revolución o padres muerto en el Movimiento o, de una forma más clara, el alcalde de Coria del Río certificó que los asistidos a los Comedores Infantiles se correspondían con *la aplicación del bando de guerra a 200 rojos*, y lo mismo en Los Rosales y Las Navas de la Concepción.

---

[28] Lora del RíoVarios. Auxilio Social. Legajo 896. Relación de los gastos ocasionados durante el mes de Noviembre de 1937, de los Comedores Infantiles del Ave-María y Buen Pastor, con fecha de 30 de Noviembre de 1937.

[29] Rojas Castellano, Francisco, *Golpe militar y represión en Coria Del Río (1936-1942)*, Sevilla, Aconcagua, 2019, p. 203.

[30] AGA-TOP-16-68-CA-01277-00026-001-010, Solicitud que presenta la delegación provincial de Sevilla para la continuación de las Cocinas de Hermandad y Comedores Infantiles de Aguadulce, con fecha de 1 de octubre de 1941.

[31] AGA-TOP-16-68-CA-01277-0004-001-009, Solicitud que presenta la delegación provincial de Sevilla para la continuación del Comedor Infantil y Cocina de Hermandad de Navas de la Concepción con fecha de 20 de mayo de 1942.

[32] Los datos están extraídos del libro de García Márquez, José María, *Las víctimas de la represión militar en la provincia de Sevilla (1936-1963)*, Sevilla, Aconcagua, 2012 y de mi propia Tesis Doctoral, inédita.

[33] AGA-TOP-16-68-CA-01277-00001-001-0017, Solicitud que presenta la delegación provincial de Sevilla para la instauración de Comedores Infantiles y Cocina de Hermandad de Arahal, con fecha de julio de 1942.

Esta realidad también ha sido constatada por una vecina de Lora del Río, que acudió a los Comedores Infantiles, ubicados en el Ave María, y que narraba el origen republicano de su familia:

> el hermano de mi padre formaba parte del Gobierno de la República y entonces cuando asaltaron los fascistas la República tuvo que salir corriendo y dejó a mi madre con cinco hijos y a mi padre se lo llevó Franco y estuvo tres años preso y cuando acabó la Guerra pues se vino y entonces al ver a mi madre que tenía cinco niños, que habían matado a mi abuela porque no encontraron a su hijo y que mi tío no estaba, pues lo que hizo fue *arrecogerse* con mi madre y nacimos tres: dos que se han muerto y yo.[34]

Según los datos consultados, era raro que un menor asistiera a los Comedores Infantiles fuera huérfano de ambos progenitores, solamente hemos encontrado 3 casos (0,7% del total), lo normal era que su padre estuviera desaparecido (229 casos) y huérfanos de padres (119 casos) que supondría el 89,6% de los mismos. Por otro lado, el 9,5% del total de menores lo hicieron por encontrase sus progenitores sumidos en la pobreza, en concreto 37.

La segunda de las causas para asistir a los locales de Auxilio Social era por problemas económicos, principalmente el hambre que, como ha señalado José María García Márquez, fue en muchos pueblos tan importante como la ocasionada por la represión y que se convertiría, en palabras del mismo autor en patrimonio de los humildes y de los vencidos.[35]

Ante el inminente cierre de los locales de Auxilio Social de El Saucejo, el delegado local solicitaba que se mantuviese dicha institución debido a la falta de alimentos que repercutía en la nutrición de los menores de la localidad, que estaban en edad de crecimiento[36]. O, como en el caso de La Algaba, la necesidad de atender a la población infantil se hacía más urgente debido a las sequías de los últimos años y como consecuencia de ello el número de menores asistentes había aumentado de forma considerable, llevando al consistorio a subvencionar a la Obra con 1.500 pesetas.[37]

Por último, otra de las causas para el ingreso en los locales fue la de mitigar los efectos de las cíclicas inundaciones que afectaban a Sevilla en las décadas de los treinta y cuarenta del siglo pasado. Las inundaciones eran recurrentes en la capital hispalense, tal y como apunta María del Carmen Muñoz[38], ejemplo de ello fue la acaecida en el año 1940 que provocó la apertura de los comedores escolares de San Jacinto y Cerro del Águila para albergar a los refugiados hasta que pudieran regresar a sus hogares.[39]

[34] Entrevista realizada a María Moreno el 21 de enero de 2021 en Lora del Río.

[35] García Márquez, José María, *Una razia espantosa…*, p. 340

[36] AGA-TOP-16-68-CA-01277-00059-001-009, Solicitud que presenta la delegación provincial de Sevilla para la continuación del Comedor Infantil y Cocinas de Hermandad de El Saucejo, con fecha de 1 de octubre de 1941.

[37] AM La Algaba. Gobierno. Actas capitulares. Libros de actas capitulares. Libro 12, sesión ordinaria de 10 de julio de 1945.

[38] Giménez Muñoz, María del Carmen, *Las instituciones sanitarias en Sevilla (1850-1900)*, Sevilla, Diputación de Sevilla, 2007, p. 15.

[39] *ABC de Sevilla*, 5-1-1944, p. 11. Años más tarde, en concreto en 1947 y 1948 Auxilio Social creó 14 refugios, insuficientes para atender a toda la población afectada según las informaciones del diario *Sevilla* de 31 de marzo

ADOCTRINAMIENTO EN LOS COMEDORES INFANTILES

En este último apartado abordaremos cómo el franquismo, en general, y Auxilio Social, en particular, utilizaron la asistencia de estos menores para eliminar el pasado de republicanismo y laicidad de los años anteriores. En el interior de estos locales no solo se alimentaba el estómago de los menores que acudían sino también se pretendió alimentar sus cabezas con los principios doctrinales de la FET-JONS y de los valores católicos.

Para ello contó, entre otros medios, con la Asesoría de Cuestiones Morales y Religiosas, que debía jugar un papel fundamental en esta labor de recatolización de los asistidos a través del control de la asistencia a la misa dominical, la impartición de catequesis o el rezo en los locales, así como los rituales obligatorios y colectivos a los que se obligaba a los menores como los bautismos y las primeras comuniones, como reflejó el delegado local de Auxilio Social de Mairena del Aljarafe.[40]

La obligatoriedad del rezo en el interior de los locales, que señalaban las directrices de la Obra[41], la ha recordado la loreña María con estas palabras: "mi hermano y yo íbamos andando desde el Barrero [barrio de Lora] hasta el Ave María y llegábamos desde las 10:30 hasta las 17. Nada más entrar lo primero que hacíamos era rezar, luego a media mañana rezábamos el Rosario y antes de salir volvíamos a rezar".[42]

Para Auxilio Social, el rezo debía ser un acto sincero y no una mera pantomima: "Que hay que inculcar a los niños que el "Padrenuestro" antes de empezar las comidas no son palabras que se murmuran, sino el acto de levantar el corazón a Dios. Que el himno, después, es culto y reverencia por la Patria y amor a la Falange".[43] Por ello, en múltiples directrices se obligaba a todos los asistidos a rezar con las manos juntas antes de las comidas y cenas y al acabar hacer la señal de la cruz, encargándose de su control una camarada de la Sección Femenina. La oración que los menores debían repetir antes de la ingesta de los alimentos era la siguiente: "Señor, echad de bendición sobre nosotros y sobre esos alimentos que vamos a tomar recibidos de vuestra langueza." Se concluía el rezo con un colectivo Salve en voz alta.[44]

No solamente se inculcaban los principios del nacionalcatolicismo sino también los del nacionalsindicalismo, ejemplificado en la práctica del canto del Cara al Sol; la visualización de películas en los locales o con la asistencia a obras de teatro en las que los valores del nuevo Estado eran los que primaban y que evidenció el triunfo de la Nueva

de 1947 y se repartían entre Sevilla, Triana (3), San Jerónimo (1), Cerro del Águila (1), Matadero (1), Pineda (1) y la Pañoleta (6) junto a Camas (1), nuevamente en los barrios más pobres de la localidad.

[40] AMMairena del Aljarafe, Varios. Auxilio Social. Leg. 595,carta circular de la Asesoría Provincial de Cuestiones Morales y Religiosas de Sevilla con fecha de 15 de noviembre de 1945.

[41] AGA,TOP-75-25506-00092-001-065, *Normas y Orientaciones para los Delegados Provinciales*, Valladolid, Artes gráficas Afrodisio Aguado, 1937, p. 125 y 126.

[42] Entrevista realizada a María Moreno el 21 de enero de 2021 en Lora del Río.

[43] AGA,TOP-75-25506-00092-001-076, *Normas y Orientaciones para los Delegados Provinciales*, Valladolid, Artes gráficas Afrodisio Aguado, 1937, p. 147

[44] AGA,TOP-16-61-CA-227085-89, 03 112 Caja 1, Circular nº 1 de la Asesoría Nacional de Cuestiones Morales y Religiosas, con fecha de Agosto de 1937.

España sobre el régimen anterior, como hemos podido comprobar en varias localidades como en Coria del Río.[45] Destaca la labor pedagógica en la transmisión de estos valores por parte de los instructores de los locales o a través del uso de miembros de las Organizaciones Juveniles, encargados de relatar a los menores anécdotas de su vida de trabajo y deportes, campamentos y marchas, para tratar de captar a los menores.[46]

Durante las comidas, después del rezo, se les hablaba a los menores de los grandes momentos patrios y grandes hazañas bélicas y personajes fundamentales del cristianismo y de la Patria, que se convertían en modelos a seguir en la nueva España, como por ejemplo Santiago, los mártires del cristianismo, el Concilio de Trento, grandes reyes hispánicos como Alfonso VI, Alfonso VIII o los Reyes Católicos y personajes importantes como San Hermenegildo, Ignacio de Loyola. También se aprovechaba para enseñarles a los menores quienes eran los enemigos de la patria: la Masonería y el comunismo.[47]

Para reproducir los discursos nacionales y religiosos que el franquismo quiso imponer se empleó la decoración de los locales, a través del uso de retratos del Caudillo y de José Antonio Primo de Rivera, frases de los héroes nacionales y crucifijos, altares o inmaculadas[48], como se ha podido comprobar en las descripciones de la prensa local.

Tras varios años de gobiernos republicanos en los que había avanzado el laicismo en España, la Iglesia católico pretendió fomentar el amor por la festividad de Navidad entre una población que no había sido educada en estos valores y desde la Asesoría de Nacional de Cuestiones Morales y Religiosas se estableció que en todo local de Auxilio Social se colocase un Nacimiento, que pasó a convertirse en el centro neurálgico de la Navidad pues ante ellos los menores debían rezar, en Navidad, Año Nuevo y Reyes, rezar el Rosario y cantar villancicos junto con las camaradas de Auxilio Social o las cumplidoras del Servicio Social de la Mujer[49]. Era una oportunidad excepcional para "atraer sus corazones a los ideales de la España católica y falangista".[50] como sostenían las autoridades.

Auxilio Social buscó la captación de las masas a través de múltiples mecanismos: por un lado, con la entrega de más comida en ciertas efemérides y, por otro lado, con la entrega de regalos en los días de Reyes. Se aprovechaba que la mayor parte de los asistidos eran integrantes de familias sumidas en la más absoluta miseria y se encontraban en la

---

[45] Rojas Castellano, Francisco, *Golpe militar y represión en Coria Del Río (1936-1942)*, Sevilla, Aconcagua, 2019, p. 203-204. En la localidad de Lora del Río el peso de la doctrina falangista era menor y el credo católico tenía un mayor peso, como ha puesto de manifiesto la entrevistada. Que no cantaban el cara al Sol, pero si rezaban varias veces al día.

[46] AGA-TOP-16-70-CA-0274-012, Informe de Auxilio Social, sin fecha.

[47] AGA,TOP-16-61-CA-227085-89, 03 112 CAJA 1, Circular n.º 1 de la Asesoría Nacional de Cuestiones orales y Religiosas, con fecha de Agosto de 1937.

[48] *ABC*, 1 de noviembre de 1938, p. 13.

[49] AGA, TOP-16-61-CA-2270-41, 03 112 Caja 1, circular nº 17 de la Asesoría Nacional de Cuestiones Morales y Religiosas de Auxilio social sobre Navidades, con fecha de 2 de Diciembre de 1939.

[50] AGA, TOP-16-61-CA-2270-34-35, 03 112 Caja 1, circular nº 27 de la Asesoría Nacional de Cuestiones Morales y Religiosas de Auxilio social sobre la celebración de la Navidad, con fecha de 8 de diciembre de 1941. En otra circular 17ª se explicitaba el deseo de acabar con las celebraciones ajenas a la tradición española como el árbol de Noel, y Papa Noel en AGA,TOP-16-61-CA-2270-41, 03 112 Caja 1, circular nº 17 de la Asesoría Nacional de Cuestiones Morales y Religiosas de Auxilio social sobre Navidades, con fecha de 2 de Diciembre de 1939.

pobreza y el recibir una ración más o un regalo suponía un soplo de aire fresco para unos niños y niñas que no podía discernir el motivo ni la procedencia de los regalos.

Por eso, Auxilio Social aprovechó la celebración de Nochebuena para servir más comida entre los asistidos en los locales, concretamente una onza de chocolate, cien gramos de higos además de una pieza de alfajor para cada asistidos, como sucedió en Mairena del Aljarafe en la Navidad de 1946.[51] Y lo mismo sucedió en los locales hispalenses donde se repartió una comida extraordinaria junto con una bolsa que contenía polvorones y alfajores por Navidad y varios miles de juguetes repartidos por el Ateneo.[52]

Si hay algún día más señalado que cualquier otro en las Navidades desde el punto de vista de un menor, ese día es el de los Reyes Magos. Y por ello, desde Auxilio Social se puso especial énfasis en dicho día para lograr atraer a los menores a su causa.[53]

No fue una acción que se desarrollase únicamente en la capital, sino que se realizó en toda la provincia. A modo de ejemplo expondremos los casos de Arahal y Écija: en la primera de las localidades, el ayuntamiento de Arahal subvencionó a Auxilio Social para adquirir juguetes destinados a los niños pobres de la localidad en la fiesta de los Reyes Magos, por un valor de 500 pesetas.[54] Y, en la segunda, la localidad astigitana, un popular establecimiento aportó centenares de juguetes para todos los niños asistidos por Auxilio Social.[55]

Ese aumento de raciones no solo se realizaba para reforzar festividades religiosas sino que también se empleaba para celebrar la entrada de las tropas sublevadas en los municipios y la "liberación de las "hordas marxistas", como en Estepa, donde el triunfo de los golpistas sobre los republicanos se celebró con un desfile de la banda municipal por la mañana, una procesión del Sagrado Corazón de Jesús y de la patrona de la localidad (la Virgen de la Asunción), por la tarde y la entrega a los niños de los comedores de Auxilio Social una ración extra de comida y a los soldados vino y tabaco.[56] O en Gerena, donde el ayuntamiento donó a los Comedores Infantiles un pequeño sobrante en la liquidación de marzo de 1937 para estos menesteres.[57]

También podría darse el caso de que ese aporte extra de comida no viniera de las instituciones públicas, ayuntamiento, diputación provincial o gobierno civil, sino de particulares, como fue el caso de Écija en la que el industrial Antonio Hidalgo Ramírez donó una vaca para los comedores.[58]

---

[51] AMMairena del Aljarafe, Varios. Auxilio Social. Leg. 595, carta del Delegado Provincial al Delegado Local, con fecha de 3 de diciembre de 1943.

[52] AGA, Cultura, Sección Nacional del Movimiento, Delegación Nacional de Provincias, Caja 51/20682, expediente nº 11, 2 de agosto de 1945.

[53] AGA-TOP-16-70-CA-0274-111 a 113, Reyes.

[54] AM Arahal, Gobierno. Ayuntamiento. Actas capitulares, Libros de actas capitulares, Libro 85, sesión de 31 de diciembre de 1955.

[55] AM Écija, *Ecos*, 4-I-1943, p. 3. Los Reyes Magos dejan juguetes para los niños de "Auxilio Social".

[56] AME, Varios, Falange, Legajo 665, Escrito del Jefe Provincial de Propaganda al Jefe Local de FET-JONS, con fecha de 26 de abril de 1939 en relación a la celebración de la Fiesta de la Unificación y de la Victoria.

[57] AM Écija, *Ecos*, 27-XII-1943, p. 1, Las Navidades en Écija.

[58] AM Écija, *Ecos*, 29-III-1943, p. 8. Auxilio Social.

Por último, el cuarto mecanismo empleado por Auxilio Social a la hora de potenciar su imagen benefactora fue a través de sus celebraciones del aniversario de su creación, recalcándose aún más el peso de la Iglesia católica, al ser la Virgen del Loreto la patrona de la Obra. Un ejemplo lo encontramos en el acto de bendición de un comedor en Triana, en la calle San Jacinto, al calor de las celebraciones del II Aniversario de Auxilio Social, así como un nuevo local de Auxilio Social en la calle Cuna y en el que más de un millar de niños y niñas recibieron "el pan de los ángeles en el convento del Ángel, después fueron al Coliseo España a una función recreativa, acabando la tarde con juegos y cánticos".[59] Actos que se repitieron en el V, VII y X aniversario, por citar algunos ejemplos.[60]

CONCLUSIONES

Según el propio Franco, en su España no habría "ningún español sin pan, ni un hogar sin lumbre" pero la realidad es que en la provincia de Sevilla el porcentaje de inscritos en el Padrón Benéfico municipal que recibió asistencia en Auxilio Social fue bastante bajo, según nuestros datos el 13% de media de los inscritos, lo que supondría un 1,3% de la población total. Y, como ha quedado demostrado, a partir de la segunda mitad de la década de los cuarenta, los locales cerraron cuando la situación económica era más acuciante e incluso se llegó a prohibir que aquellas personas que asistieran a Auxilio de Invierno pudieran disponer de la cartilla de racionamiento, utilizándose el hambre como herramienta para la sumisión de los vencidos.

En una España marcada por los estragos y consecuencias de la guerra es importante conocer el origen social de los asistidos en los diferentes locales de Auxilio Social. A tenor de lo recogido por los propios alcaldes, la mayoría de los asistidos eran menores que habían perdido a su padre como consecuencia de la Guerra Civil, seguidos por los que estaban atravesando una delicada situación económica.

En último lugar, Auxilio Social, constituyó un eslabón importante en la labor de reeducación que borrase cualquier resto de influencia de la anti-España (republicanismo, movimiento obrero, laicismo y modernidad), inculcando los valores de la nueva España. No solo se pretendía la transmisión de los valores propios del nacionalcatolicismo, sino también, lograr la integración de los vencidos de la guerra, al estilo fascista, pero siempre desde una posición subalterna.

Podemos distinguir dos planos diferenciados: por un lado, la labor realizada por la Asesoría de Cuestiones Morales y Religiosas encargada de la recuperación del peso de las prácticas vinculadas al catolicismo y que se evidenció en el rezo obligatorio, la asistencia a la misa dominical o la presencia en el interior de los locales de crucifijos y vírgenes. Pero, por otro lado, también se inculcaron los principios del nacionalsindicalismo a través

[59] *ABC*, 1-IX-1938, p. 23.
[60] *ABC*, 31-X-1941, p. 5., *ABC*, 31-X-1943, p. 5 y *ABC*, 30-X-1951, p. 7.

de la decoración con banderas falangistas, frases alusivas a los principios doctrinales de la Falange que compartían espacio con retratos de Francisco Franco y de José Antonio Primo de Rivera.

Por último, hemos evidenciado el empleo de ciertas efemérides para reforzar en la población infantil la imagen de una comunidad nacional como fueron los aniversarios de las "liberaciones" de los pueblos o el aniversario de Auxilio Social, así como festividades cristianas como la Navidad, especialmente el día de Reyes.

REPRESIÓN Y VIOLENCIA POLÍTICA

12.
EN AQUELLAS ACIAGAS HORAS DE LAS MADRUGADAS DE VERANO. LA VIOLENCIA REVOLUCIONARIA EN VALLECAS (JULIO 1936-FEBRERO 1937)

Fernando Jiménez Herrera
Universidad Complutense de Madrid

ORGANIZACIÓN REVOLUCIONARIA EN VALLECAS. LOS COMITÉS Y SUS MIEMBROS

El 17 de julio de 1936 un importante contingente militar –con el apoyo y la colaboración de militantes de distintas organizaciones conservadoras y fascistas[1]– se sublevó en el Protectorado Marroquí. En los días sucesivos distintas guarniciones militares de la Península se unieron a ellos o permanecieron fieles al Gobierno de la República –la respuesta desde el Estado fue lenta y dubitativa lo que favoreció la extensión de la sublevación en estas primeras jornadas–. Esta situación dio lugar a un empate técnico que derivó en un conflicto civil que se alargó tres años.[2] Un escenario nada previsto por sus contemporáneos. Tanto las fuerzas sublevadas como aquellas que permanecieron con el Gobierno consideraron que sería cuestión de semanas, a lo sumo meses, eliminar al contrario. Según fue cambiando la concepción de la guerra fue influyendo en las lógicas de la violencia.[3]

A su vez, otra situación inesperada marcó la evolución política, económica, social y militar de la retaguardia republicana, la perdida efectiva del poder por parte de los representantes gubernamentales. Es decir, el Estado perdió el monopolio de sus funciones en detrimento de un nutrido grupo de micropoderes o comités de carácter revolucionario en un marco de vacío de poder.[4] Este escenario se produjo, entre otros factores, por la desconfianza de los representantes estatales hacía las fuerzas del orden público y el ejército, colaboradores o promotores del golpe de Estado y su posterior consolidación. Fue entendido como un momento lleno de oportunidades para cumplir los anhelos revolucionarios para generar una nueva sociedad.[5] El Gobierno de José Giral valoró fundamental

---

[1] Píriz, Carlos: *En zona roja. La Quinta Columna en la guerra civil española.* Granada, Comares, 2022.

[2] Aróstegui, Julio: *Por qué el 18 de julio… y después.* Barcelona, Flor del Viento, 2006. pág. 77.

[3] Ledesma Vera, José Luis: "Tercera parte. Una retaguardia al rojo. Las violencias en la zona republicana" en Espinosa Maestre, Francisco: *Violencia Roja y Azul. España 1936-1950.* Crítica, Barcelona, 2010. págs. 164-165.

[4] Pozo, Josep Antoni: *Poder real y poder legal en la Catalunya revolucionaria de 1936*, Sevilla, Espuela de Plata, 2012; Ledesma, José Luis: *Días de llamas de la revolución. Violencia y política en la retaguardia republicana de Zaragoza durante la Guerra Civil.* Zaragoza, Institución Fernando el Católico, 2003. pp. 135-137; Aróstegui, Julio: *Por qué el 18 de julio …*, op. cit. págs. 301-302.

[5] Cruz Martínez, Rafael: "Pensar la violencia colectiva europea en perspectiva histórica" en Muñoz Soro, Javier, Ledesma Vera, José Luis y Rodrigo, Javier (Coords.): *Culturas y políticas de la violencia. España siglo XX.* Madrid, Siete mares, 2005. pág. 15.

de cara a la victoria sobre los sublevados contar con el apoyo de los partidos y sindicatos obreros, sobre todo, de los socialistas. Sin embargo, las fuerzas obreras consideraron que había llegado el momento de superar la democracia burguesa e iniciar toda una serie de procesos revolucionarios para la constitución e implantación de un nuevo modelo social, económico, cultural y político. Algunas de estas organizaciones obreras, como la CNT en Catalunya, se adelantaron a la iniciativa gubernamental, y pusieron en marcha una respuesta improvisada, pero basada en su experiencia militante, para derrotar a los golpistas.[6] Para estas fuerzas obreras revolución y guerra eran dos procesos intrínsecos.

Los representantes gubernativos, de forma muy temprana, intentaron imponerse a los comités revolucionarios. En esta lucha por el control efectivo de las calles, las pugnas se produjeron en distintas direcciones, tanto entre el Estado frente a los comités, como entre estos micropoderes entre ellos por sus diferentes interpretaciones –en función de su ideología– de lo que debería de ser la revolución. Todo ello en un contexto donde se produjeron cambios muy rápidos debidos al devenir de la contienda y con un alto grado de improvisación debido a lo insospechado de la situación. En definitiva, se estableció una relación complicada entre, por un lado, la competencia por ostentar el poder entre el Estado y los comités y, por otro lado, de colaboración y acuerdo mutuo, al no poder imponerse los unos a los otros y necesitarse para un objetivo común, ganar la guerra. Sin embargo, esto no quiere decir que, en general, en aquellas comunidades de pequeño tamaño donde la población estaba muy fragmentada, políticamente hablando, se favoreciese la organización de centros comunes. Un ejemplo lo encontramos en el Comité Antifascista de Villa de Vallecas, donde se buscó un equilibrio entre todas las fuerzas obreras existentes en la localidad previas al golpe de Estado.[7] Esta situación se alargó en el tiempo, dependiendo de la zona, hasta diciembre de 1936 y enero de 1937. Aunque desde noviembre, cuando la guerra total llegó a Madrid –y Largo Caballero conformó un Gobierno donde estuvieron presentes todas las fuerzas obreras–, muchos de estos comités perdieron parte de sus funciones y sus miembros se integraron en las instituciones estatales.[8]

Los comités que asumieron toda una serie de funciones de forma autónoma y que las ejercieron en función de sus preceptos y concepciones de forma improvisada y cambiante en relación con el contexto surgieron de los centros obreros preexistentes. Los militantes que los conformaron tuvieron una dilatada experiencia dentro de sus organizaciones y un reconocimiento entre sus compañeros en el ámbito local. Esta militancia y experiencia previa los pudo llevar en ocasiones a ser detenidos. En la mayor parte de los casos, fueron condenados por su participación en manifestaciones, mítines o huelgas. Siendo casi anecdóticos los casos de antecedentes por delitos de sangre.[9]

---

[6] Pozo, Josep Antoni: *Poder real y poder legal…*

[7] Ledesma Vera, José Luis: "Tercera parte. Una retaguardia al rojo…, op. cit." pág. 225.

[8] Jiménez Herrera, Fernando: *El mito de las checas. Historia y memoria de los comités revolucionarios (Madrid, 1936)*. Granada, Comares, 2021.

[9] Jiménez Herrera, Fernando: TESIS DOCTORAL: *Los comités madrileños en 1936. Un análisis microhistórico de la represión*. Madrid, Universidad Complutense de Madrid, 2017. pág. 401.

Estas personas fueron las encargadas de conformar los comités, de integrarlos. En algunos casos, como los socialistas y los comunistas existieron previamente, lo que cambiaron fueron sus funciones, que se vieron ampliadas. En general, para estos casos, los comités de las Agrupaciones y Círculos Socialistas y los comités de los Radios comunistas se auto arrogaron la potestad de ejercer la "justicia revolucionaria". En el caso anarquista, los militantes relacionados con los Ateneos Libertarios decidieron recurrir a un órgano de autodefensa para el ejercicio de esta función, los Comités de Defensa. Seleccionaron entre los propios miembros del Ateneo a nivel local a cinco militantes reconocidos por su labor dentro de la organización y la barriada. Fueron ellos los que asumieron en exclusiva el control de la justicia revolucionaria. En los Ateneos de pequeño tamaño que surgieron durante el conflicto fue común que los integrantes de los Comités de Defensa y los dirigentes del Ateneo fuesen los mismos. Al servicio de los comités estuvieron las brigadas. Militantes más jóvenes, pero relacionados con las organizaciones y centros desde donde se formaron los comités. En la mayoría de los casos, fueron entre cinco u ocho miembros capitaneados por un "responsable" –concepto que sustituyó al de jefe–. Estas brigadas fueron las encargadas de cumplir las órdenes del comité en relación con los sospechosos. Por lo tanto, se encargaron de efectuar registros, detenciones, incautaciones de material y cumplir los dictámenes del comité en relación con la pena impuesta al sospechoso –dejar en libertad o ejecutarlo, posteriormente se produjeron traslados a la DGS–. También pudieron recibir denuncias, principalmente de forma oral, aunque estas se trasmitieron principalmente a los miembros de los comités.[10]

Sin embargo, la revolución no solo significó el ejercicio de la violencia. Fue un fenómeno más amplio que persiguió el objetivo de trasformar la sociedad en lo político, económico y social. Estos cambios, según los preceptos ideológicos de cada fuerza obrera, implicaron cambios en distintas facetas del desarrollo humano. Funciones relacionadas con la educación, la solidaridad, la organización política, la economía o la sociedad se pusieron en marcha durante la guerra civil o se consolidaron durante la contienda. Centros como los Ateneos Libertarios o las Casas del Pueblo llevaban años poniendo en marcha procesos educativos y de ocio alternativo al estatal. Los modelos educativos, racionalistas o escuela nueva respectivamente, que se nutrían de las experiencias de principios de siglo, se estaban desarrollando en estos centros antes de la guerra para niños y adultos. Estos centros de carácter social y cultural también ampliaron sus funciones durante la contienda. Además de mantener abiertas las escuelas, oficiaron bodas y entierros, dieron asistencia a evacuados, repartieron alimentos en una situación de extremada escases y organizaron economatos.[11]

[10] Gracias a los trabajos realizados por Daniel Oviedo hemos tenido acceso a algunas denuncias por escrito realizadas por porteros para la brigada de García Atadell. Oviedo Silva, Daniel: *El enemigo a las puertas. Porteros y prácticas acusatorias en Madrid (1936-1945)*. Granada, Comares, 2022. págs. 107-113.

[11] Jiménez Herrera, Fernando: *El mito de las checas ...*, op. cit., págs. 140-141; Navarro Navarro, Javier: *Los Ateneos Libertarios en España (1931-1939)*. Madrid, Las Barricadas, 2016.

En el municipio de Vallecas hubo tres grandes centros en el Puente de Vallecas y uno en Villa de Vallecas. En la zona más próxima a Madrid, donde predominaba la figura del inmigrante rural con poca formación que trabajaba en la capital, el poder se fraccionó en múltiples comités. Los tres más importantes fueron el Comité de Defensa de la calle Emilio Ortuño, con tres brigadas, dos de las cuales posteriormente formaron parte del CPIP; el comité de la Agrupación Socialista, en la Avenida de la República nº 70; y el Radio Comunista en Avenida de la República nº 66. A su vez, hubo pequeños centros en la zona como el Círculo Socialista de Entrevías-Picazo o los Ateneos de Doña Carlota, Picazo, Sur y Entrevías. Todos estos espacios estuvieron ligados con el ejercicio de la violencia revolucionaria. En el caso de los Ateneos y la Casa del Pueblo de la calle Concordia nº 6 mantuvieron su actividad cultural y educativa. Aunque, como se ha mencionado anteriormente, en aquellos casos donde no hubo un gran número de militantes, como los ateneos anteriormente citados, los miembros de su directiva actuaron como Comités de Defensa. Aislado, intentando recuperar el poder estuvo el Ayuntamiento en manos socialistas. Por su parte, en Villa se formó en torno al teniente de alcalde un Comité Antifascista donde se reunieron todas las fuerzas obreras presentes en la localidad (anarquistas, comunistas y socialistas). Este centro fue el que se encargó de dirigir la violencia revolucionaria, así como todas las actividades que conformaron el proceso revolucionario (ocio, economía, organización social, labor humanitaria o desarrollo cultural).

ASPECTOS GENERALES DE LA VIOLENCIA Y SUS FORMAS

La necesidad de esta "justicia" revolucionaria vino dada, según los miembros de los comités, de la consideración de la justicia republicana como "burguesa". La violencia llevada a cabo por los comités y sus milicias fue ejercida con el propósito de generar un nuevo sistema judicial fundamentado en la voluntad popular, es decir, constituir la "justicia del pueblo". Los miembros de los comités y sus brigadas se sintieron legitimados tanto por creer que encarnaban esa voluntad popular como por el apoyo social brindado a través de las denuncias (generalmente, anónimas y trasmitidas oralmente). Parte de la población vio como necesaria esta violencia, legitimándola.[12] Una violencia que fue cambiando a lo largo de los meses, al dirigirse, en primer lugar, contra aquellas personas que se habían significado con los valores y principios a eliminar;[13] y, en segundo lugar, contra aquellas personas que apoyaban la sublevación de forma directa o indirecta. En un principio, se buscó evitar que los posibles apoyos sociales a los sublevados se materializasen. Para ello, los comités de las zonas rurales, principalmente, recurrieron a la requisa de armas de

[12] Muñoz Soro, Javier, Ledesma Vera, José Luis y Rodrigo, Javier (coords.), *Culturas y políticas de la violencia. España siglo XX*. Madrid, Siete mares, 2005. pág. 11.

[13] Ledesma Vera, José Luis: "Sobre revoluciones, violencias, y la España republicana en guerra" en Morente, Francisco (ed.): *España en la crisis europea de entreguerras. República, fascismo y guerra civil*. Madrid, La Catarata, 2011. pág. 114.

fuego, obtenidas bajo la idea de las licencias de caza. Una vez desarmados, se procedió a la detención de las personas que se habían significado con los valores de la sociedad tradicional y, en algunos casos, su ejecución. Una violencia sancionada y retroalimentada por el contexto bélico y la violencia paralizante utilizada por el enemigo.[14]

Durante la contienda, la violencia adquirió un carácter sanador de la sociedad. Se le otorgaron propiedades relacionadas con la higiene y la necesidad de "extirpar" aspectos nocivos del cuerpo social.

La violencia tomó distintos matices ideológicos en función del grupo que la llevaba a cabo. Aunque si tuvieron las mismas formas y persiguieron un objetivo común, la eliminación del enemigo.[15] La justicia revolucionaria se construyó como un fenómeno inusual, inédito y nuevo, que se fue improvisando hasta que fue integrada y controlada por el Estado.[16] Por lo tanto, no hubo un proyecto revolucionario fundamentado en la violencia previo al golpe como alegaron los sublevados como forma de legitimar su insurrección.[17] Lo mismo ocurre con la existencia de estructuras de autodefensa dentro de las organizaciones obreras –las MAOC, las milicias socialistas o los Comités de Defensa– o espacios como los Radios, Agrupaciones, Círculos, Casas del Pueblo o Ateneos Libertarios, que en ningún momento tuvieron planeado la organización de ninguna revolución en ciernes antes del golpe de Estado.

Tampoco la violencia revolucionaria del verano-otoño de 1936 persiguió los mismos fines ni tuvo las mismas motivaciones que la violencia acontecida en los años de la Segunda República. Las luchas y la violencia de los años del régimen del 14 respondieron a una "aguda conflictividad multisectorial" asociada a enfrentamientos de índole político-ideológicos, sociales, laborales y simbólicos. Esa conflictividad produjo la formación de identidades y culturas políticas violentas.[18]

La estabilización de los frentes en octubre-noviembre de 1936 produjo que se desechase la idea, por ambos bandos, de una posible resolución rápida del conflicto. A la par, la violencia revolucionaria empezó a ser controlada por el Estado, fomentando su reducción. Una reducción que se empieza a apreciar a partir de noviembre de 1936 y que también está ligada a la descomposición de los comités y su pérdida paulatina de apoyos

[14] Ledesma Vera, José Luis: "Qué violencia para qué retaguardia o la República en guerra de 1936", *Ayer*, nº 76. Madrid, Marcial Pons, 2010. pág. 94.

[15] González Calleja, Eduardo: "La dialéctica de las pistolas. La violencia y la fragmentación del poder político durante la Segunda República" en Muñoz Soro, Javier, Ledesma Vera, José Luis y Rodrigo, Javier (coords.): *Culturas y políticas de la violencia. España siglo XX.* Madrid, Siete mares, 2005. pág. 123.

[16] Ledesma Vera, José Luis: "La santa ira popular" del 36: La violencia en guerra civil y revolución, entre cultura y política", en Muñoz Soro, Javier, Ledesma Vera, José Luis y Rodrigo, Javier (coords.), *Culturas y políticas de la violencia. España siglo XX.* Madrid, Siete mares, 2005. pág. 161.

[17] Cervera Gil, Javier: *Madrid en guerra. La ciudad clandestina, 1936-1939.* Madrid, Alianza, 2006. pág.59.

[18] Ledesma Vera, José Luis: "Del pasado oculto a un pasado omnipresente: las violencias en la guerra civil y la historiografía reciente" en Rodrigo, Javier y Ruiz Carnicer, Miguel Ángel: *Jerónimo Zurita. Dossier Guerra Civil: las representaciones de la violencia*, Nº 84, Zaragoza, 2009. p. 173-175; Ledesma Vera, José Luis: "¿Cuchillos afilados? De violencias, guerra civil y culturas bélicas en la España del primer siglo XX" en Canal, Jordi y González Calleja, Eduardo (eds.): *Guerras civiles. Una clave para entender la Europa de los siglos XIX y XX.* Madrid, Casa de Velázquez, 2012. págs. 91-92.

y legitimidad. Las necesidades impuestas por la contienda, en las puertas de Madrid, y la necesidad de apoyo exterior fomentaron dicho control y eliminación, junto con la integración de las fuerzas obreras en el Ejecutivo y en los aparatos del Estado. La guerra total necesitaba que todos los recursos se movilizaran si se quería obtener la victoria.

La violencia y sus formas no se mantuvieron estancadas durante la guerra, fue un fenómeno cambiante en el tiempo a la par que lo hizo el conflicto. No fue una violencia ni sistemática ni organizada, como si fue la llevada a cabo por fuerzas sublevadas, sino que fue limitada en el tiempo y en su intensidad. El mes donde se produjeron más ejecuciones y asesinatos fue agosto de 1936. Tras finalizar el verano iría disminuyendo. Según algunos estudios, un mínimo de 5.800 personas fueron asesinadas entre julio y octubre de 1936. Agrupando en los primeros seis meses de la contienda el 97,6% de las ejecuciones en Madrid de todas las que se produjeron a lo largo de la contienda.[19] A partir de octubre-noviembre la violencia disminuyó a la par que lo hizo el espacio político y público ocupado por los comités.[20] No se puede hablar de organización de la violencia desde arriba en la retaguardia republicana ni la existencia de una red de terror.

Esa fragmentación del poder estatal la que hizo posible que las nociones de legitimidad y legalidad se hiciesen difusas y pudiesen arrogarse la administración de la justicia y el orden público. La violencia tuvo una mayor incidencia allí donde la fragmentación tuvo una mayor envergadura. Además, mientras más actores tuvieran acceso al ejercicio de la violencia, esta derivó en situaciones de competencia en el uso de la violencia, "aumentando el celo purificador."[21] También se vio acrecentado ese celo en aquellos centros que fueron cuestionados o que así se sintieron menos legitimados, por lo que llevó a cabo estas iniciativas con la intención de afianzar futuras amenazas y asentarse.[22]

Fue motivo de disputa entre los comités el monopolio de esta violencia, en tanto en cuanto, suponía mayores cuotas de poder e influencia en la sociedad y frente al resto de actores de la retaguardia, incluido el Estado[23]. En palabras de José Luis Ledesma "para los nuevos contrapoderes donde su legitimidad residía en el combate, competían por el control de los medios de vigilancia, control y represión. Ejercer ese poder significaba desafiar al poder central, fueron una fuente alternativa de poder y representación, e incluso una forma nueva y alternativa de generar un nuevo derecho".[24] En sintonía con esta afirmación estaría la de Javier Rodrigo "el encarcelamiento, la tortura o el asesinato tuvieron su propia utilidad, sus propias normas, sus propias lógicas. La violencia en las retaguardias sirve para imponer, controlar, estabilizar y mantener la soberanía, el dominio y la autoridad".[25] Los comités fueron soberanos porque pudieron castigar al enemigo al

[19] Cervera Gil, Javier: *Madrid en guerra* ..., op. cit. págs. 74-76; Rodrigo, Javier: *Hasta la raíz. Violencia durante la guerra civil y la dictadura franquista.* Madrid, Alianza, 2008. pág. 40.
[20] Ledesma, José Luis: *Días de llamas* ..., op. cit. pág. 133.
[21] González Calleja, Eduardo: "La dialéctica de las pistolas...", op. cit. pág. 116.
[22] Ledesma, José Luis: *Días de llamas* ..., op. cit. pág. 145.
[23] Gallego, Gregorio: *Madrid corazón que se desangra.* Madrid, Ediciones Libertarias, 2016. pág. 130.
[24] Ledesma Vera, José Luis: "Sobre revoluciones ...", op. cit. págs. 117.
[25] Rodrigo, Javier: *Hasta la raíz...*, op. cit. pág. 31.

mismo tiempo que representaron al conjunto social que presenciaba y asistía a esos actos violentos y que a su vez los legitimaban al asistir. En palabras de José Luis Ledesma: "el propio consenso de esas prácticas tenía además sobre ellas un efecto multiplicador, pues diluía las responsabilidades en el anonimato y eliminaba los tradicionales frenos morales ante el uso de la violencia contra el prójimo. La cantidad de culpables diluía el sentimiento de culpabilidad".[26]

La violencia ejercida por estos centros no solo les sirvió para asentar su poder e influencia sobre el resto de fuerzas en liza o en la población donde se insertaban, sino que también respondió a lógicas de contra-golpe y de guerra. En un contexto de enfrentamiento como fue la guerra civil española, la eliminación del enemigo significó la eliminación de los símbolos que representaba, en tanto perteneciente a un colectivo.[27] Sobre todo, de aquellos representantes y símbolos que la rebelión militar encarnaba.[28] En palabras de Javier Rodrigo, la violencia "tuvo un carácter nuevo: no se eliminaba ni se juzgaba solamente por motivos individuales, ligados a la actuación concreta del ajusticiado. Además, se eliminaba su identidad, en cuanto colectiva. Se eliminaba al otro por razones supraindividuales: por pertenecer al enemigo".[29] Por ejemplo, la violencia anticlerical tuvo una gran presencia en la retaguardia republicana. Ningún colectivo sufrió más que el clero durante la Guerra Civil. En torno a 6.800 eclesiásticos fueron ejecutados y asesinados, la mayor parte durante los meses de guerra de 1936.[30]

Aunque la administración estatal perdió el monopolio en el ejercicio de algunas de sus funciones, como las represivas o las del orden público, no llegó a colapsarse ni desapareció. Se convirtió en un actor más en la lucha por recuperar el poder perdido a manos de los nuevos poderes que se lo habían apropiado y que hicieron uso de él sin consentimiento e incluso en contra de los intereses del Gobierno. La apropiación por parte de los comités de las funciones relacionadas con el orden público y la justicia produjo la aparición de formas de actuación colectiva no pautadas por la legalidad.[31] Un ejemplo en relación a las labores violentas se dio en las formas de infligir el castigo.[32] La administración de ese castigo (uno de los principales ámbitos de acción de los comités, no el único) por parte de estos centros fue una forma de desafiar al poder Estatal y "una fuente inmediata para obtener, gestionar y conservar esos espacios alternativos de poder".[33] Aunque la violencia fue llevada a cabo por los comités, fue el golpe de Estado, y sus efectos sobre el Gobierno, el que produjo la liberación de la violencia de forma brusca e incontrolada por canales

---

[26] Ledesma, José Luis: *Días de llamas ...*, op. cit. págs. 140-141.
[27] Ledesma Vera, José Luis: "La santa ira popular" del 36 ...", op. cit. pág. 161.
[28] Ledesma Vera, José Luis: "Tercera parte. Una retaguardia al rojo..., op. cit." pág. 165.
[29] Rodrigo, Javier: Hasta la raíz..., *op. cit.* pág. 33.
[30] Montero Moreno, Antonio: *Historia de la persecución religiosa en España 1936-1939*. Madrid, Biblioteca de Autores Cristianos, 1961.
[31] Pérez-Olivares García, Alejandro: *Victoria y control en el Madrid ocupado. Los del Europa (1939-1946)*. Madrid, Traficantes de Sueños, 2018. pág. 59.
[32] Ledesma Vera, José Luis: "Sobre revoluciones ...", op. cit. pág. 117.
[33] Ledesma Vera, José Luis: "Tercera parte. Una retaguardia al rojo...".,op. cit. pág. 188.

no institucionales.[34] Hay que tener en cuenta que la violencia popular ejercida por los comités contó, en un principio, con apoyos sociales que la legitimaron.

Por lo tanto, las características que definieron la violencia, no solo física, sino también verbal, material, social o económica, que se produjo en la retaguardia republicana fueron múltiples y muy diversas. Desde las propias dinámicas producidas por el conflicto como elementos endógenos, hasta los propios de la revolución en ciernes que se produjo tras la pérdida de atribuciones por parte del Estado. Dentro de las primeras acciones que pautaron la actividad de la violencia fueron las propias generadas por el golpe de Estado, una lógica de contra-golpe. En definitiva, una respuesta improvisada para impedir el asentamiento de la sublevación y como forma de contestación a la violencia llevada a cabo por los golpistas.[35]

La violencia llevada a cabo por los comités y sus brigadas no solo fue, por tanto, un acto de «justicia del pueblo», sino que supuso "el más irrefutable rito de paso que banalizaba el inicio de la revolución y un inequívoco acto fundador que emitía un mensaje de imposible marcha atrás". No solo eso, sino que también fue considerada la forma más eficiente de acabar con la sublevación.[36] Fue la forma más rápida e inmediata de otorgar significados a las nuevas comunidades e identidades que se estaban fraguando, es decir, a esos comités y brigadas. Unos códigos que los identificaban dentro de un colectivo entre los miembros del mismo y ante la sociedad. Participar en procesos violentos también representó para sus protagonistas poder participar en la constitución de la revolución y del nuevo orden social. Ejercer la violencia por propia iniciativa y/o por demanda social a través de las denuncias les legitimó como nuevas autoridades, afirmando de esta manera su poder.[37]

Pero el ejercicio de la violencia no solo fue un recurso para obtener poder por parte de quien la practicaba frente al resto de fuerzas de la retaguardia contra las que se competía.[38] También se convirtió en una obligación llevarla a cabo para consolidar su autoridad y mantener sus espacios de influencia.[39] La violencia ejercida por estos centros "se transformó en el instrumento fundamental que utilizaron los diversos contrapoderes revolucionarios para obtener el control político de la retaguardia".[40]

Además, otro efecto de la guerra fue que la intensidad del conflicto produjo la no identificación de población no beligerante, es decir, la polarización de la sociedad.[41] Sin embargo, no fue el único efecto del conflicto que afectó a la intensidad de la violencia.

---

[34] González Calleja, Eduardo: "La dialéctica de las pistolas...", op. cit. pág. 145.

[35] Ledesma Vera, José Luis: "Tercera parte. Una retaguardia al rojo...., op. cit." pág. 158.

[36] Ledesma Vera, José Luis: "Qué violencia ...", op. cit. pág. 101.

[37] González Calleja, Eduardo: "La dialéctica de las pistolas...", op. cit. pág. 115.

[38] Cruz, Rafael: "Repertorios de la violencia política" en Rivera, Antonio y Carnicero Herreros, Carlos: *Violencia política, historia, memoria y víctimas*. Donostia, Maia Editores, 2010. pág. 53.

[39] García, Hugo: "Relatos para una guerra. Terror testimonio y literatura en la España nacional," *Ayer*, 76, 4, Madrid, Marcial Pons, 2009. pág. 149.

[40] González Calleja, Eduardo: "La dialéctica de las pistolas...", op. cit. pág. 146.

[41] Ledesma Vera, José Luis: "La santa ira popular" del 36 ...", op. cit. pág. 154.

Los reveses militares, la llegada de cadáveres, los bombardeos, la llegada de refugiados describiendo los horrores del enemigo o el conocimiento de bajas locales producía entre algunos sectores de la población y entre los miembros de los comités y sus brigadas deseos de venganza y represalias contra sus enemigos.[42] En el caso madrileño, un fenómeno que se creyó favorecedor del celo violento de los comités, fue la noticia en noviembre de 1936 de la existencia en la ciudad de una "quinta columna" preparada para sabotear la resistencia. Sin embargo, recientes estudios aseguran que tal influencia fue menor de la considerada hasta ahora.[43] Tuvo un mayor impacto en el incremento de la violencia los bombardeos enemigos, dirigiendo la mirada hacía las prisiones.[44]

Por lo tanto, la violencia en zona republicana fue, en general, una violencia infligida "en sociedad, canal de expresión de relaciones políticas, las que comunican en el espacio público a individuos y colectivos que toman decisiones racionales".[45] Ya que para llevar a cabo acciones violentas los comités necesitaron de la colaboración de la ciudadanía a través del proceso de denuncia y delación. Además, esta violencia surgió también por la demanda social de justicia.[46] Justicia para los comités y los responsables de ejercerla, pudo ser la propia gestión de la violencia al margen del ordenamiento jurídico institucional, desplegándola en nombre del pueblo y de sus intereses. Unos aspectos y críticas al modelo judicial estatal que procedían desde finales del siglo XIX.[47] La finalidad de la Justicia dentro de un Estado es mantener y defender el orden social establecido. El orden social republicano, en el caso de la guerra civil española, fue cuestionado y tachado de injusto por los comités revolucionarios, legitimando así su propio proyecto de justicia en nombre de un orden social popular más justo. Esto demostraría la existencia de un sentimiento de desconfianza ante las fuerzas judiciales republicanas. La "justicia" de los comités se hacía así más "justa" en tanto que defendía un sistema de justicia social frente al modelo anterior interesado en la defensa de los intereses del «injusto» sistema anterior. Se gestaba así un nuevo "derecho", aplicando sus códigos y estructuras propias.[48]

De esta forma, mientras ejercieron este tipo de funciones relacionadas con el ejercicio de la justicia revolucionaria, las personas que lo llevaron a cabo se vieron como "justicieros" y no como asesinos.[49] Este tipo de justicia fue calificada por Víctor Alba como

[42] Ledesma Vera, José Luis: "Tercera parte. Una retaguardia al rojo...., op. cit." pág. 169.

[43] Ruiz, Julius: *El Terror Rojo. Madrid, 1936*. Barcelona, Espasa, 2012; Paul Preston: *El Holocausto español.* Barcelona, Debate, 2011. pág. 236.

[44] Domingo, Alfonso: *El ángel rojo. La historia de Melchor Rodríguez, el anarquista que detuvo la represión en el Madrid republicano*. Córdoba, Almuzara, 2009.

[45] Muñoz Soro, Javier, Ledesma Vera, José Luis y Rodrigo, Javier (coords.), *Culturas y políticas ..., op. cit.* pág. 7.

[46] Ledesma Vera, José Luis: "Tercera parte. Una retaguardia al rojo....","op. cit., pág. 163-164.

[47] D'Auria, Aníbal A.: *Contra los jueces (el discurso anarquista en sede judicial)*. Buenos Aires, Libros de Anarres, 2009. págs. 101-103.

[48] Sánchez Recio, Glicerio: "Justicia ordinaria y Justicia popular durante la guerra civil" en Archivo Histórico Nacional. Sección guerra civil: *Justicia en Guerra. Jornadas sobre la administración de justicia durante la guerra civil española: instituciones y fuentes documentales*. Madrid, Ministerio de Cultura, 1990. pág. 25 y pág. 45.

[49] Ledesma Vera, José Luis: "Tercera parte. Una retaguardia al rojo...", op. cit., pág. 188; De Guzmán, Eduardo: *Nosotros, los asesinos*. Madrid, Garaje/Vosa, 2008. pág. 140.

justicia por consenso.[50] Por lo tanto, fue legitimada por ese colectivo que la apoyaba, produciéndose un consenso entre ejecutores y sus partidarios. Fue, en general, una violencia colectiva, caracterizada como aquella que emana de cualquier interacción social que de forma intencionada produce (o amenaza con causarlos) daños físicos o materiales a personas u objetos.[51] También hay que tener en cuenta esa dimensión psicológica de la violencia, es decir, como se percibió esa violencia no solo como fue sufrida, ya que su efecto psicológico pudo ser más devastador que el real. Aunque no fue duradera en el tiempo, finalizando en enero de 1936, proceso durante el cual fue perdiendo su consenso.

La violencia acontecida tras el golpe de Estado en la retaguardia republicana no fue ni incontrolada ni espontánea.[52] Por lo menos, no incontrolada para sus protagonistas, que la ejercieron bajo unas directrices ideológicas y sociales concretas. Sí fue incontrolada para las autoridades gubernamentales por no poder controlar a los colectivos que la llevaron a cabo. La improvisación a la hora de ejercerla tampoco quiere decir que no fuese pautada.[53] La violencia no surgió de la nada, pero tampoco se sirvió de planes previos o directrices desde arriba.[54] La violencia fue ejercida apoyándose en las fracturas sociales, identidades y culturas políticas preexistentes.[55] Sin embargo, fue la contienda quien sobredimensionó esas fracturas previas, otorgándoles nuevos significados y favoreciendo su resolución a través del empleo de la violencia.[56] En palabras de Enzo Traverso, en una guerra civil "la violencia no es solo un medio de lucha, sino también la expresión de las pasiones, de los sentimientos, de los miedos, de los odios de sus actores".[57] Además, se produjo una expansión de los valores militares a la vida social.[58] Para definir al enemigo se recurrió a diversos términos, como el de "fascista" o "derechista" "palabra que, en sí misma, no explica nada, pero a su vez explica mucho: sobre la percepción de la política y sus representantes locales".[59]

[50] Alba, Víctor: "De los Tribunales Populares al Tribunal Especial" en Archivo Histórico Nacional. Sección guerra civil: *Justicia en Guerra. Jornadas sobre la administración de justicia durante la guerra civil española: instituciones y fuentes documentales*. Madrid, Ministerio de Cultura, 1990. págs. 224-225.

[51] Gil Andrés, Carlos: "A mano airada. La violencia en la protesta popular" en Muñoz Soro, Javier, Ledesma Vera, José Luis y Rodrigo, Javier (coords.): *Culturas y políticas de la violencia. España siglo XX*. Madrid, Siete mares, 2005. pág. 69.

[52] Ledesma, José Luis: *Días de llamas ...*, op. cit. págs. 149 y 140-141.

[53] Ledesma Vera, José Luis: "Qué violencia ...", op. cit. pág. 96.

[54] Ledesma, José Luis: *Días de llamas ...*, op. cit. pág. 100.

[55] Espinosa Maestre, Francisco y Ledesma Vera, José Luis: "La violencia y sus mitos" en Viñas, Ángel: *En el combate por la historia. La República, la guerra civil y el franquismo*. Barcelona, Pasado y presente, 2012. págs. 486-488.

[56] Ledesma Vera, José Luis: "Qué violencia ...", op. cit. pág. 101.

[57] Traverso, Enzo: *A sangre y fuego. De la guerra civil europea (1914-1945)*. Valencia, Universitat Valenciana, 2009. pág. 77.

[58] Ledesma Vera, José Luis: "La santa ira popular" del 36 ..." ,op. cit. pág. 171.

[59] Rodrigo, Javier: *Hasta la raíz... ,op. cit.* pág. 40.

LA JUSTICIA REVOLUCIONARIA EN VALLECAS, JULIO DE 1936-FEBRERO DE 1937

La forma de acercarnos a la violencia revolucionaria acontecida en Madrid ha sido a través de las fuentes documentales franquistas. Sin embargo, en el presente apartado se va a proceder al estudio de las características que presentaron los cadáveres hallados en el Municipio de Vallecas desde el 20 de julio de 1936 hasta el 1 de febrero de 1937, a través de los informes forenses y los levantamientos de cadáveres llevados a cabo por las autoridades locales vallecanas.[60]

En función de los resultados de esta fuente –que posteriormente fue utilizado por el franquismo para la elaboración de La Causa General– en el Municipio de Vallecas fueron ejecutadas y asesinadas 540 personas –505 en Villa y 35 en el Puente de Vallecas– entre julio de 1936 y febrero de 1937. Aunque estas fueron las personas ejecutadas donde actuaron las autoridades republicanas dentro del término municipal. No obstante, habría que sumar las 189-193 personas ejecutadas en el tren de Jaén el 12 de agosto de 1936. Por lo tanto, en Vallecas fueron ejecutadas un total de entre 729-733 personas en los ocho primeros meses del conflicto.[61] Estas muertes tienen relación con los centros locales que ejercieron la justicia revolucionaria junto con otros centros próximos de la capital y de localidades cercanas. Estos datos estarían en relación con los datos que ofreció el franquismo al finalizar la contienda, dentro de su documentación. Al público siempre se tendió a exagerarlas e incrementarlas. Según estos documentos, se exhumaron del cementerio municipal entre 600 y 700 cadáveres, de los cuales 80 correspondían a personas de la localidad.[62]

El espacio en donde se encontraron más cuerpos fue el término municipal de Villa de Vallecas con un total de 505 víctimas. Dentro de estos se apreció una división sexual de los ejecutados y asesinados en este emplazamiento. De las 505 víctimas 468 fueron hombres y 37 mujeres. Es decir, un 92,7% y un 7,3% respectivamente. Estos datos son similares a los ofrecidos en el relato general sobre la violencia revolucionaria en la retaguardia republicana. Por lo tanto, en esta zona, en términos de género, se mantienen las afirmaciones del relato general, donde se afirma que la violencia no fue una violencia sexuada, predominando los hombres que ejecutan a otros hombres. Esta afirmación se puede ampliar a los otros dos espacios estudiados. En el Puente, de los 35 cadáveres encontrados por las autoridades republicanas, dos fueron mujeres y en el caso del Tren de Jaén, solo se tiene constancia de una mujer, la hermana del obispo, por lo que el 99% restante fueron hombres.

Junto al sexo, otro factor importante para tener en cuenta es la edad. En el caso de las 505 personas asesinadas y ejecutadas en Villa de Vallecas, la mayor parte tuvo entre

[60] Archivo General de la Administración (AGA), fondo Justicia, (7) 42.01. 44/14740-44/14754 y (7) 42.01. 44/14383.

[61] Desconocemos si estos casos fueron recogidos en otras zonas de la capital por el historiador Cervera Gil, Javier: *Madrid en guerra* ..., op. cit. págs. 80-81.

[62] Archivo General e Histórico de la Defensa (AGHD), Fondo Madrid, Sumario 61130, legajo 6109.

21 y 50 años tanto en hombres como mujeres. Sin embargo, en el caso de los hombres, predominaron los que tenían entre 30 y 40 años, mientras que, en las mujeres predominó la franja de edad de entre 41 y 50 años. En el Puente de Vallecas, cada mujer perteneció a una década diferente, es decir, de las dos halladas en esta zona, una tuvo 23 años y la otra 40, no pudiendo establecer grupos de edad similares a los de Villa. En el caso de los hombres predominó el grupo de edad que lo hizo en Villa, de 30 a 40 años.[63]

Tras el análisis del sexo y la edad, es importante tanto la distribución espacial de la violencia y la temporal. Estos dos aspectos si muestran diferencias frente a los relatos generales o diferencias significativas entre el Puente de Vallecas y Villa. En relación con la temporalidad, el mayor número de ejecuciones y asesinados se produjo en agosto teniendo en cuenta el tren de Jaén –como en la mayor parte de territorios de la retaguardia republicana, sin embargo, si solo nos centramos en los hallazgos, el mes con un mayor número de ejecutados fue noviembre– difiriendo de otros territorios. En cambio, solo en el Puente de Vallecas, el mes con más ejecuciones y asesinatos fue julio con catorce cuerpos hallados, casi la mitad de todas las muertes registradas en esta zona.

El incremento de ejecutados en noviembre se pudo deber a la irrupción de la guerra en la capital. De esta forma, espacios de ejecución como la Pradera de San Isidro o la ciudad Universitaria se vieron comprometidos al ser frentes, por lo que las ejecuciones se trasladaron a otros espacios. También hubo comités que se trasladaron a Madrid y sus alrededores, como los de Getafe, Usera, Villaverde o Carabanchel, por ser territorio de frente o estar controlado por los franquistas. Estos comités y otros de la capital se dirigieron a Vallecas para efectuar las ejecuciones. A partir de noviembre, solo aparecieron cuerpos en Villa de Vallecas. Fue una violencia muy residual en relación con los primeros meses de la contienda (diciembre dieciséis, enero ocho y febrero tres cadáveres). En el Puente de Vallecas la violencia se extendió hasta noviembre inclusive. Aunque terminó antes, en términos cronológicos, la primera persona ejecutada fue en el Puente de Vallecas el 19 de julio, frente a Villa que fue el día 20 de dicho mes.

En relación con los espacios de la violencia en Villa de Vallecas, encontramos dos zonas muy significativas. En un principio, en la carretera de Castellón donde se concentró el mayor número de hallazgos. A partir de noviembre, los hallazgos se concentraron en el cementerio. En la carretera de Castellón se encontraron cadáveres desde el kilómetro 5 al 12, destacando el 7 (los aledaños de la Casa Vázquez) y el 10. Todos estos kilómetros se encontraron entre el Puente de Vallecas y Villa. Una zona de fincas, sin apenas construcciones, con hendiduras en el terreno –produciendo importantes desniveles y zanjas–, sobre todo, en los márgenes de la carretera. Lo que se ha venido en llamar emplazamientos secundarios (La Carrantona, el Cerro Negro, el Paso a Nivel, el Pozo, el Barranco Novillo, Casa Gallego o en la plaza del pueblo, salvo el último, todos muy próximos a la carretera de Castellón), fueron espacios que tuvieron poca vigencia temporal,

[63] Los datos sobre la edad de los asesinados en el tren de Jaén están disponibles en el consejo de guerra AGHD, Fondo Madrid, Sumario 48537, legajo 6099 y AGHD, Fondo Madrid, Sumario 61130, legajo 6109.

siendo muy esporádico el hallazgo de cadáveres en los mismos. Estos se produjeron en los dos primeros meses de la contienda, un periodo temporal inmediatamente después del golpe, donde imperó una mayor improvisación. Esta situación también se dio en el Puente de Vallecas. Los cadáveres fueron encontrados en calles de la localidad en su mayoría o directamente fueron trasladados a la Casa de Socorro por las milicias sin aclarar el lugar de procedencia. Otros espacios habituales fueron el campo del Rayo, la dehesa de Moratalaz, el barrio obrero próximo a las vías del tren, barrio de Entrevías o la explanada Don Quijote.

Finalmente, cerraría este estudio tres aspectos importantes, las horas de los hallazgos, el reconocimiento de los cadáveres y si los cuerpos encontrados tuvieron signos de torturas. En general, los cuerpos encontrados en el término de Villa de Vallecas lo hicieron a las cinco de la mañana en verano (desde finales de julio hasta finales de septiembre) y a las seis-siete en otoño-invierno (desde finales de septiembre hasta primeros de diciembre a las seis y desde principios de diciembre hasta el 1 de febrero entre las seis y las siete). En los días posteriores al golpe, el juzgado informó que se encontraron cuerpos a media mañana, por la tarde y por la noche. Aunque tras finalizar julio de 1936 también se dieron casos sobre estas horas, fueron la excepción.

Tras la apertura del proceso por el juzgado y su traslado al depósito (donde se encontraron los cadáveres tras ser trasladados por las milicias que los encontraron) el alguacil procedió a registrarlos para poder identificarlos. Fruto de estas pesquisas iniciales o por medio de la identificación de los familiares –ya que el informe del secretario se colgaba en el tablón de anuncios del ayuntamiento y se hacía público– de los 505 cuerpos encontrados en Villa, fueron identificados 117 (aunque esta cifra aumentó hasta los 136, lamentablemente en la diferencia entre ambas cifras existen dudas sobre el reconocimiento). Fue frecuente para la identificación el recurso a los carnets personales de partidos, sindicatos o asociaciones mercantiles. En el análisis de las prendas, destacar que se encontraron un importante número de partes de pijamas, lo que indicaría, o bien, que fueron detenidos por la noche, hora habitual según el relato general, o bien, que algunos recurrieron a estas piezas para mantener el calor en el frío invierno. Más abundante que las anteriores fue encontrar en los cuerpos elementos religiosos. En el caso del Puente de Vallecas también se dieron las características de vestimenta encontradas en los cuerpos hallados en Villa. En los 35 cuerpos encontrados en el Puente de Vallecas, fueron identificados 13, que tuvieron diversas profesiones (jornaleros, estudiantes, agentes de la autoridad, empleado, comerciante, ingeniero, mecánico o industrial entre otros). Las mismas profesiones que se dieron en los cuerpos identificados en Villa y que están relacionados con los identificados por el relato general. En este caso, de los que se sabe su hora de detención fueron tres por la mañana y otro al medio día.

En relación con la información desprendida por los informes redactados por los forenses, se desglosa que todos ellos, tanto en el Puente de Vallecas como en Villa murieron a consecuencia de las heridas de arma de fuego. Lo más habitual fue que los cuerpos presentasen dos heridas de bala, aunque hubo casos en los que se encontraron hasta ocho detonaciones. Las heridas más comunes se encontraron en la zona del pecho, el abdomen y, sobre todo, la cabeza. Más excepcional fueron las heridas en manos, brazos, piernas o zona genital. La mayoría de estas heridas fueron producidas por armas automáticas o semiautomáticas cortas o fusiles. Mínimo fueron los casos de disparos de escopeta, identificados por las heridas de perdigones, y de algún tipo de arma que generó orificios de entrada de gran tamaño. Los disparos se hicieron a media distancia o a corta (por la quemadura en los cuerpos, restos de pólvora y, en algunos casos, por las afirmaciones de los forenses). Además de estas heridas se encontraron algunos casos con heridas producidas por armas blancas, como navajas o cuchillos. En el Puente de Vallecas, de los 35 cadáveres encontrados solo uno tuvo una herida por arma blanca. En estos cuerpos no se han encontrado más signos de violencia ajenos a las heridas producidas por armas de fuego. En el caso de Villa, se han encontrado moratones fruto de agresiones, heridas de arma blanca, disparos tras la muerte del sujeto, torsión muscular de alguna extremidad, heridas en los testículos, amputación de algún dedo o quemaduras (como el caso de Ramón de las Heras, agente de la autoridad, que tras ser ejecutado y presentando numerosas heridas de arma de fuego, su cuerpo fue quemado). Estos signos de agresiones se produjeron entre julio y noviembre de 1936. Fueron una excepción, ya que la mayoría de los cuerpos hallados solo presentaron heridas de arma de fuego en cabeza y/o pecho. Los disparos en rodillas, zona genital (estrecha relación entre este tipo de heridas y miembros del clero[64]), manos o en el trasero sí que tuvieron un componente de vejación del cuerpo o la intención de infligir daño.[65]

En noviembre en el caso de Villa se dio un fenómeno único en todos los meses que duró la violencia revolucionaria, la aparición de cuerpos con las manos atadas a la espalda o la nuca, un cuerpo con un pañuelo en la boca atado a la nuca, y una saca el 10 de noviembre con 20 cadáveres maniatados y tres de ellos atados entre sí por los brazos. También durante los meses de septiembre a noviembre se dieron algunos casos en los que los cadáveres fueron identificados en una nota manuscrita o a máquina acompañados de expresiones como "fascista", "espía fascista", "chivata" o "jefe fascista" (en 13 cuerpos se encontraron este tipo de notas, siendo septiembre el de mayor volumen y más presente en mujeres que hombres). También algunos tenían documentación de otros centros de Madrid, como el CPIP o del Radio Norte, lo que ratificaría la afirmación de que otros comités también ejecutaron en el Municipio de Vallecas, no solo los espacios locales.

[64] Thomas, Maria: *La fe y la furia. Violencia Anticlerical popular e iconoclastia en España, 1931-1936.* Granada, Comares, 2014.

[65] Oviedo Silva, Daniel: "Violencia masiva y tortura en la guerra civil" en Oliver Olmo, Pedro (Coord.): *La tortura en la España contemporánea.* Madrid, La Catarata, 2020. págs. 93-106 y pág. 125.

CONCLUSIONES

A través del estudio de los levantamientos de cadáveres realizados por las autoridades republicanas en el Municipio de Vallecas podemos conocer mejor el fenómeno de la violencia revolucionaria. Si bien es cierto que no podemos vincularla a grupos específicos, todo parece indicar que los comités revolucionarios estuvieron detrás de este fenómeno. No obstante, sería erróneo pensar que toda la violencia acontecida en el Municipio fue ejercida por los comités locales. La geografía de la violencia fue evolucionando a la par que el conflicto, sobre todo con la llegada a Madrid de la guerra en noviembre de 1936. Espacios antes utilizados estarían ahora en desuso por ser frente de guerra como la Pradera de San Isidro o la Ciudad Universitaria. Además, hay que tener en cuenta la movilidad de algunos comités ante los bombardeos de sus sedes o la ocupación de su localidad, como los de Carabanchel, Usera, Villaverde o Getafe. Otro factor para tener en cuenta es que las brigadas locales participaron en la composición de otros centros, como el CPIP. Además, otros centros tendrían noticias de los espacios de ejecución en Vallecas, trasladando allí su labor. Son cuatro elementos que influyen en la relación entre la violencia y el espacio, es decir, como en un mismo lugar interactuaron distintos actores relacionados con diferentes comités. Una muestra de ello es que las fuentes franquistas afirmaron que un máximo de 80 vecinos del municipio fueron ejecutados, lo que produciría que la mayoría de los cuerpo encontrados procedían de otras localidades, principalmente, de la capital.[66]

El potencial de esta fuente reside en que expone el marco cronológico y geográfico de la violencia. Además de ofrecer una pequeña muestra del perfil de las personas asesinadas y ejecutadas en el Municipio de Vallecas. Con un estudio completo de este fondo para todo Madrid, podríamos conocer mejor las características de la violencia revolucionaria, el perfil de las personas ejecutadas y matizar, de esta forma, las características generales de este fenómeno. A su vez, nos serviría para matizar también los datos ofrecidos, sobre todo la distribución temporal de las ejecuciones, al analizar en su conjunto todo el proceso y valorar si el aumento en noviembre se debió a una reestructuración de los espacios de ejecución de los comités.

Los comités fueron iniciativas desde abajo de personas concienciadas política o sindicalmente, partidarios de llevar a cabo la revolución. En general, se trataba de militantes de larga trayectoria político sindical dentro de sus agrupaciones, comprometidos con las luchas sociales en pos de mejoras para la vida de los trabajadores. Los comités se instalaron en los locales de sus filiales políticas o sindicales, como los Ateneos, los Radios o los diversos centros socialistas o próximos a estos. Formaron parte de ellos militantes que actuaron de forma exclusiva o simultánea para el comité y el centro que los acogió.

[66] AGHD, Fondo Madrid, Sumario 53328, legajo 5299; AGHD, Fondo Madrid, Sumario 53567, caja 3791, número 8; AGHD, Fondo Madrid, Sumario 59832, caja 3018, número 1; AGHD, Fondo Madrid, Sumario 61130, legajo 6109.

Mientras que los comités se especializaron en el ejercicio de la violencia, los centros que los acogieron siguieron con sus funciones ahora adaptadas al contexto de guerra, e incluso las ampliaron. Fueron dos esferas de actuación separadas entre sí. Al servicio del comité estuvieron diversos grupos de milicianos encuadrados en las milicias destinadas a diversas funciones en la retaguardia. La vigilancia de locales, patrullar zonas de la barriada o establecer controles para pedir la documentación e identificar a los transeúntes fueron las más destacadas. Dentro de los colectivos que compusieron estos tres cuerpos hubo una gran movilidad como consecuencia del enfrentamiento bélico y las reformas estatales para controlarlas.

Los comités que contaron con un mayor apoyo social y, por tanto, más miembros, tuvieron brigadas encargadas de llevar a cabo registros, detenciones y de desarrollar el cumplimiento de las decisiones de los miembros del comité con respecto al destino de los detenidos: dejarlos en libertad, trasladarlos a otros centros o ejecutarlos. Para este último caso, al igual que para los registros, contaron con el apoyo de las milicias apostadas en los controles o en la vigilancia de algún local. No obstante, esta actuación fue puntual en el caso de las milicias. Las personas que estuvieron ejerciendo labores en los espacios donde estuvo instalado el comité fueron, en general, conscientes de a qué se dedicaban sus compañeros. Colaboraron con el sistema judicial revolucionario que pusieron en funcionamiento los comités, ya que conocían lo que estaba pasando y, en la mayor parte de los casos, no intervinieron en defensa de los detenidos -como podía hacerse a través de la expedición de avales-. Incluso muchos consideraron necesaria la violencia. Otro aspecto que reseñar fue la escasa presencia de expresidiarios entre las personas que compusieron los comités, las brigadas o las milicias. En general, los miembros de comités y brigadas que tuvieron antecedentes penales estuvieron relacionados con su compromiso político o sindical. A través del presente estudio se ha perseguido el objetivo de analizar con mayor detalle las características de la violencia revolucionaria en el Municipio de Vallecas. No obstante, queda mucho por hacer, fundamentalmente, estudiar con mayor profundidad la violencia revolucionaria en Madrid y su entorno para poder tener una visión global de este fenómeno.

13.
LA EMBOSCADA DE LA PAÑOLETA: TRAICIÓN, REPRESIÓN Y PROPAGANDA (JULIO DE 1936)

Daniel Macías Fernández
Universidad de Cantabria
Antonio José García Romero
Universidad Nacional de Educación a Distancia

Entre los acontecimientos sucedidos el 18 de julio de 1936, Sevilla y Huelva fueron centros de destacado interés para el éxito de la sublevación castrense, que pronto se transformó en un fallido golpe de Estado y en el comienzo de una guerra civil, puesto que su control inclinó la balanza del frente sur en favor del autodenominado bando "nacional". La capital hispalense era la sede de la Segunda División Orgánica del ejército y en ella se encontraba el grueso de las instalaciones y del personal militar de Andalucía. Por ello, hacerse con tal plaza era clave para el éxito del levantamiento, al menos en la zona meridional del país, aquella que comunicaba con el Protectorado español en Marruecos, donde estaban las unidades más duchas en combate y mejor equipadas y que estaban dirigidas por los oficiales más proclives a la insurrección.[1]

En el presente capítulo, se propone analizar uno de los factores que facilitaron la victoria del bando rebelde en la región y que aseguraron el éxito del general Gonzalo Queipo de Llano en Sevilla: la emboscada de La Pañoleta. En tal acción militar, una columna de combatientes republicanos, procedentes de Huelva que marchaba en apoyo del Gobierno en Sevilla, fue aplastada. La citada emboscada es nuclear para entender el desarrollo posterior de la contienda y, en general, permite comprender los caóticos momentos iniciales del golpe de Estado y las cuestionables iniciativas tomadas por algunos políticos republicanos. A partir de un caso concreto y localizado, se observan algunos de los argumentos dados para entender la derrota republicana en la guerra civil: la indecisión del Gobierno, la debilidad de la estructura estatal civil ante amenazas, una cierta espontaneidad de la resistencia y el problema generado por la falta de oficiales leales que dirigiesen las fuerzas legalistas.[2]

El interés de este trabajo de investigación se centra en analizar los hechos que tuvieron lugar en esos primeros momentos del golpe de Estado en Huelva y en Sevilla, poniendo

---

1 Balfour, Sebastian, *Abrazo mortal. De la guerra colonial a la guerra civil en España y Marruecos*, Barcelona, Península, 2002.

2 Se ha calculado que directa o indirectamente los oficiales que apoyaron el golpe de Estado fueron tres cuartas partes del total. Véase Puell, Fernando, "Los militares ante la Segunda República", *Studia Humanitatis Journal*,

el foco de atención en el envío de una fuerza de auxilio desde la primera a la segunda ciudad. Su creación, desarrollo y final, además de su instrumentalización posterior por la propaganda del régimen, son fenómenos significativos de lo acaecido en otros escenarios de España en ese mismo periodo.

La sublevación y la toma de decisiones en Huelva

El general Queipo de Llano se hizo con el control del cuartel general de la Segunda División del ejército español, con sede en Sevilla, sobre las 14:00 del 18 de julio de 1936, para lo cual destituyó al general José Fernández de Villa-Abrille[3], cuya inacción fue determinante pese a saber de los planes de la conspiración, y del viaje "sorpresa" de Queipo de Llano a Andalucía, días antes del movimiento insurreccional castrense. La conversación mantenida entre ambos, muy significativa, fue relatada por un oficial presente:[4]

> –¿Qué vienes a hacer aquí? –pregunta Villa-Abrille.
> –A decirte que ha llegado el momento de que decidas. O con tus compañeros del Ejército, o con ese Gobierno que lleva a la Patria a la ruina.
> –Yo estaré siempre al lado del Gobierno –replica el jefe de la división.
> –Pues traigo orden del Comité de levantarte la tapa de los sesos. Pero como soy amigo tuyo no recurro a la violencia porque espero que te convenzas de tu error.
> –Repito que siempre estaré a las órdenes del Gobierno.
> –Pues tengo que matarte o encerrarte; de modo que te encerraré. ¡Pasa a tu despacho!
> –Pasaré, pero conste, señores –remacha Villa-Abrille–, que obedezco ante la violencia.
> –Sí, ante la violencia, pero anda al despacho –termina Queipo.

Una hora más tarde, en Huelva, empezaron a ser conscientes de la gravedad de la situación en general, y en particular la de la capital hispalense.[5] Tras las noticias que llegaban de Sevilla, el Gobierno Civil decidió formar urgentemente un grupo de crisis con el gobernador Diego Jiménez Castellano a la cabeza, junto a diversas autoridades civiles y militares, tales como los diputados Luis Cordero Bel (Partido Republicano Federal) y Juan Gutiérrez Prieto (Partido Socialista Obrero Español), el alcalde de Huelva Salvador

---

2 (1), 2022, págs. 153-174. Una excelente y "reciente" síntesis general en Alía, Francisco, *Julio de 1936: conspiración y alzamiento contra la Segunda República*, Barcelona, Crítica, 2011.

3 Gil, Joaquín, *Militares y sublevación, Sevilla 1936: causas, personajes, preparación y desarrollo*, Brenes, Muñoz Moya, 2010, pág. 253.

4 Gibson, Ian, *Queipo de Llano: Sevilla, verano de 1936 (con las charlas radiofónicas completas)*, Barcelona, Grijalbo, 1986, pág. 65, y Fernández-Coppel, Jorge, *Queipo de Llano…*, pág. 40.

5 Un británico empleado en la mina de Río Tinto escribe a su mujer una serie de cartas sobre el comienzo de la guerra civil y, en la primera de ellas, afirma que los rumores sobre el levantamiento militar (de unidades del Protectorado) comenzaron el día 18 de julio por la mañana. En Archivo Histórico Minero de la Fundación Río Tinto (AHMFRT) ES.21049.AHMFRT_DIG_01_DIARIO_HILL_1-26

Moreno Márquez, el presidente de la Diputación el socialista Juan Tirado Figueroa, los tenientes coroneles Julio Orts Flor (Guardia Civil) y Alfonso López Vicencio (Carabineros), además de concejales, líderes políticos y sindicales.[6] En esta reunión, los mandos militares superiores de las dos fuerzas policiales manifestaron su compromiso con la República. También se pudo constatar en la reunión la fidelidad de la Compañía de la Guardia de Asalto.[7]

El posicionamiento republicano de los más altos grados militares onubenses junto a una escasa presencia de tropas abortó el peligro insurreccional. Por ello, una vez asegurado el territorio propio, las autoridades civiles fijaron su mirada en lo que estaba sucediendo en Sevilla. Tal ciudad era fundamental para ambos bandos y, desde Huelva, se imponía dificultar las operaciones del general Queipo de Llano. El envío de una columna de voluntarios en apoyo de los sevillanos leales fue la primera decisión en tal sentido, una medida de urgencia mientras se esperaban los inminentes refuerzos de otras provincias.[8]

En la reunión se propuso que efectivos de las fuerzas policiales formaran parte de esta columna, pero este hecho no gustaba ni a los izquierdistas de Huelva ni a los mandos de Guardia Civil, Carabineros y Asalto. Esta desconfianza mutua provenía de los históricos papeles asignados a cada uno de los actores: unos como reprimidos y otros como represores. Además, en unos momentos en los que se estaba decidiendo la idoneidad de que la Benemérita y demás fuerzas fueran incluidas en la formación de la fuerza de auxilio, en la retina de los dirigentes obreristas debían de estar presentes los recientes y duros enfrentamientos entre la Guardia Civil y las organizaciones políticas y sindicales izquierdistas durante la huelga de 1934 en la cuenca minera. Por lo dicho, se decidió que hubiera dos columnas. Una correspondería a combatientes voluntarios, mientras que la otra estaría formada por fuerzas policiales. La idea, probablemente, era que las dos columnas se unieran en algún punto y desde allí marcharan juntas a Sevilla.[9]

Al imponerse la decisión de mandar la fuerza de auxilio por partes, había que nombrar un jefe para el contingente policial. Para tal puesto se pensó en el comandante de la Guardia Civil Gregorio Haro Lumbreras. La decisión no deja de ser un tanto sorprendente porque este era un antirrepublicano visceral que había estado implicado en la sublevación de 1932. Además del comandante Haro, formaron parte de los mandos de la columna los tenientes beneméritos Morillo Rodríguez y Gómez Hidalgo, así como el teniente de la Guardia de Asalto Machuca Báez.

El comandante Haro decidió desobedecer las órdenes y traicionar al Gobierno de la República mientras marchaba hacia Sevilla, si bien el cronograma de tal felonía (espontánea o planificada) es objeto de discusión y de discrepancia historiográfica. Seguramente, el oficial estaba al tanto de los planes del comandante del Cuerpo de Estado

[6] Espinosa, Francisco, *La Guerra Civil en Huelva,* Huelva, Diputación Provincial de Huelva, 2018, pág. 93.

[7] Gil, Joaquín, *Militares y sublevación 1936: Huelva y su provincia: diez días de duda, un mes de guerra*, Sarrión, Muñoz Moya Editores, 2015, págs. 72-73.

[8] Espinosa, Francisco, *La Guerra Civil...*, págs. 93-94.

[9] Ibídem, pág. 94; Gil, Joaquín, *Militares y sublevación 1936...*, pág. 77.

Mayor José Cuesta Monereo, máximo intrigante en Sevilla en torno a la sublevación[10], y vio la oportunidad perfecta de unirse al bando sublevado en el momento en que le asignaron el mando de la columna militar. El propio Queipo pone en los labios de Cuesta, momentos antes de la sublevación, que en Huelva "la Guardia Civil está bastante bien" para referirse a su disposición para alzarse en armas contra la República[11], lo que no hace sino ahondar en la idea antedicha del conocimiento de los planes golpista por parte del comandante Haro. Más aún, cuando el general rebelde se refiere a la sublevación de las guarniciones andaluzas, tilda al comandante benemérito de "entusiasta del Movimiento" y lapidariamente describe su compromiso: "teníamos su palabra de que estaría a nuestro lado en el momento oportuno".[12]

Para garantizar sus objetivos, Haro consiguió que la columna de mineros y militares no marcharan juntas. Según la prensa rebelde, al ordenarle el inspector general de la Guardia Civil, el general Sebastián Pozas, que partiese hacia "Sevilla juntamente con una columna de mineros de Rio Tinto; *violen a las mujeres de esos sinvergüenzas fascistas y destruyan la ciudad con dinamita*", habría contestado: "Salgo para Sevilla, pero yo no mando mineros, sino hombres de honor".[13] En la misma narración, el propio Haro matiza sus órdenes cuando alude a la consigna de matar "sin piedad" a todas las fuerzas del ejército [rebelde] que encuentre a su paso. Con respecto a la contestación del comandante benemérito a las órdenes de Pozas, Queipo facilita la siguiente respuesta: "Mi general, yo soy un jefe de la Guardia Civil que no ha aprendido a mandar más que soldados... No sé mandar bandidos a los que, en todo caso, tendríamos que impedir y castigar la comisión de los desmanes que pudieran intentar cometer... Si a usted le parece bien, podría ir con mis guardias y los de Asalto y haría lo que pudiese...".[14] El general Queipo de Llano rememora aquella conversación un par de años después y, además de la referencia a "volar Sevilla", incorpora la violación de menores: "según orden del bestia del general Pozas quien ordenaba al mismo tiempo que dichos mineros violasen a nuestras mujeres y a nuestras hijas".[15] En sus memorias recoge idéntica idea de violación y complementa con el adjetivo de quienes habían de llevar a cabo tal oprobio: "los más bandidos [de los mineros]".[16] Es llamativo

[10] Gil, Joaquín, *Militares y sublevación 1936...*, pág. 81.
[11] Fernández-Coppel, Jorge, *Queipo de Llano...*, pág. 33.
[12] Ibídem, pág. 102.
[13] Juan de Albacete, "El benemérito cuerpo de la Guardia Civil ha dado a un general traidor hondas lecciones de honor, de patriotismo y de sentimientos de humanidad" en *Odiel. Diario Gráfico Independiente*, 13/VIII/1936. Aunque el comentario parece fruto de la propaganda sublevada para ensalzar al personaje benemérito, lo cierto es que los oficiales militares no aceptaron de buen grado su "fusión" o el mando compartido con elementos milicianos. Parece que, incluso, hubo una cierta repulsa de muchos oficiales republicanos a combatir con o bajo el mando de milicianos, lo que pudo incitar al quintacolumnismo. Bahamonde, Ángel, *Madrid, 1939: la conjura del coronel Casado*, Madrid, Cátedra, 2014.
[14] Fernández-Coppel, Jorge, *Queipo de Llano...*, pág. 103.
[15] Gonzalo Queipo, "Cómo dominamos a Sevilla" en *Patria. Diario de Falange Española Tradicionalista y de las J.O.N.S.*, 17/VII/1938.
[16] Fernández-Coppel, Jorge, *Queipo de Llano...*, pág. 103. Según Espinosa, Francisco, *La justicia de Queipo: violencia selectiva y terror fascista en la II División en 1936: Sevilla, Huelva, Cádiz, Córdoba, Málaga y Badajoz*, Barcelona, Crítica, 2006, págs. 139-140, fue esta supuesta orden del general Pozas y su desobediencia ante la

que fuera Queipo, a quien se le atribuye ser uno de los más destacados propagandistas de la violencia sexual contra las mujeres, quien censure así la supuesta orden de Pozas[17]. En el mismo sentido, quien sí recibió orden de contundencia fue el propio "conquistador" de Sevilla, cuando en las instrucciones secretas del general Emilio Mola, "el Director", se decía en su primera directiva que se imponía una "gran violencia".[18]

Según las propias palabras del comandante Haro, tomó la decisión de unirse a las fuerzas sublevadas cuando, de camino hacia Sevilla, dirigió a la columna que mandaba las siguientes palabras: "–Yo voy a presentarme en Sevilla al general de la División, don Gonzalo Queipo de Llano y a ponerme al lado del Ejército, sublevado contra el Gobierno, que es el Ejército leal a la Patria. La réplica es unánime: Nosotros vamos con usted, dónde usted vaya".[19]

Durante el trayecto por la carretera nacional, Haro fue deteniéndose en los pueblos donde existían puestos de la Guardia Civil para que algunos de sus guardias se unieran a su unidad. Una vez en Sevilla, era necesario cruzar el barrio de Triana para poder llegar a la sede de la Segunda División y Triana en ese momento estaba en manos de los leales al Gobierno de la República. No obstante, la columna pudo traspasar las barricadas instaladas en las calles y en el puente de Isabel II con total facilidad, al creerse los hombres emplazados en ellas que venían en su apoyo.[20] En la narración del periodista Albacete incluso se mencionan vítores al paso de las fuerzas del orden: "¡Viva Rusia y viva la revolución social!".[21]

Una vez en el área dominada por Queipo, la columna onubense se dividió en dos. Por un lado, los guardias civiles se dirigieron a la sede de la Segunda División en la plaza de la Gavidia para presentarse y ponerse a las órdenes de Queipo de Llano, mientras que los de asalto se dirigieron a su acuartelamiento, situado en la Alameda de Hércules.

Las órdenes que llevaba el comandante Haro en esta misión han sido objeto de discusión por parte de los distintos autores que han estudiado la materia. Existen varias versiones que se pueden enmarcar en la literatura propagandística y en la épica militar. Uno de los historiadores que se expresa en los términos aludidos es Joaquín Arrarás Iribarren quien, en su *Historia de la Cruzada Española*, describe: "Usted va a Sevilla con los guardias y los mineros e incendia esa población, que es un nido de fascistas. No ponga reparo en

misma, y posterior rebelión, la que hicieron del comandante Haro un "héroe" de la derecha política española. Todas estas tesis sobre violaciones y voladuras forman parte de la propaganda franquista, aquella que trataba de dar un carácter violento -y espontáneo- a la respuesta miliciana. Se trataba de sustraer de legalidad estatal a las unidades e iniciativas de la II República en los primeros momentos tras el golpe de Estado cuando, realmente, se tendió al orden (en este escenario). Ver Collado, Miguel Ángel, *La Guerra Civil y la represión franquista en la Cuenca Minera de Riotinto*, tesis doctoral inédita, Huelva, Universidad de Huelva, 2018, pág. 355.

[17] Alcalde, Ángel, "Queipo de Llano, Koestler y las violaciones de mujeres en la guerra civil española", en Conxita Mir *et al.* (eds.), *Mujeres, género y violencia en la guerra civil y la dictadura de Franco*, Valencia, Tirant, 2021, pág. 94. Este autor matiza que, aunque hubo violencia sexual, no fue sistemática ni orquestada desde el poder.

[18] Archivo General Militar de Ávila (AGMA), Guerra Civil, armario 31, legajo 4, carpeta 8.

[19] Juan de Albacete, "El benemérito cuerpo...".

[20] Gil, Joaquín, *Militares y sublevación 1936...*, pág. 84.

[21] Juan de Albacete, "El benemérito cuerpo...".

nada. Deje que los mineros hagan un escarmiento saqueando [...] lo que quieran con las mujeres de esos indecentes militares y fascistas que están con Queipo".[22] El periodista Nicolás Salas mantiene un argumento parecido:

> La orden de dinamitar la Giralda, los puentes de Triana y de San Telmo, la sede de la II División y varios chalés del paseo de la Palmera, fue dada por el General de la Guardia Civil, general Pozas, por teléfono al gobernador civil de Huelva, según dijo Luis Cordero Bell en una arenga a los mineros y milicianos antes de salir de Río Tinto hacia Sevilla.[23]

El propio comandante Haro da una versión similar en la declaración que prestó en el sumario contra los responsables políticos y policiales de Huelva:

> Formó parte de una columna ordenada por el inspector general de la Guardia Civil y trasmitida por el jefe de la Comandancia [...], para que marchara a Sevilla con la Guardia Civil y fuerzas de Asalto y mineros con dinamita para que volase Sevilla y jodiese a las mujeres de los fascistas, por orden que recibió primero del jefe, después directamente del inspector.[24]

En el sumario se conservan las transcripciones de las comunicaciones telegráficas entre el Gobierno Civil de Huelva y el Ministerio de la Gobernación. En una de esas comunicaciones se recoge la verdadera orden emitida por el general:

> Le recomiendo que movilice a toda la población minera y empleen explosivos para aniquilar a esas bandas de terroristas, confiando a la llegada de la columna militar que avanza sobre Córdoba y Sevilla en carrera triunfal y que en poco tiempo aniquilará a esos restos facciosos traidores que se entregan al vandalismo más grosero y cruel en sus últimos aletazos de vida.[25]

Por lo que queda claro que la columna no llevaba otro objetivo que reforzar la defensa de la ciudad de Sevilla contra los militares sublevados y no la de volar la Giralda o violar a las mujeres y/o hijas de los "fascistas".[26]

Sobre la formación de la columna militar también existen varias discrepancias, tanto en cómo se debía llevar a cabo la actuación una vez que llegara a Sevilla y su integración con la columna de los mineros, así como en lo referente al número de fuerzas presentes.

---

[22] Arrarás, Joaquín, *Historia de la Cruzada Española*, Madrid, Datafilms, 1984, pág. 294.
[23] Salas, Nicolás, *Sevilla fue la clave: república, alzamiento, Guerra Civil*, Sevilla, Castillejo, 1992, pág. 410.
[24] Gil, Joaquín, *Militares y sublevación 1936...*, pág. 82.
[25] Ibídem, pág. 83.
[26] Hubo un cambio -a mano- de la declaración del comandante Haro, del singular "violase y jodiese" a "violasen y jodiesen". Espinosa, Francisco, *La justicia de Queipo...*, págs. 139-140. La cantidad de versiones que circulan en torno a esta cuestión se explican, al menos en parte, por su uso propagandístico.

Uno de los puntos donde los historiadores no se ponen de acuerdo es el hecho de si ambas columnas debían o no confluir en un punto concreto para entrar juntas en Sevilla. Joaquín Gil Honduvilla mantiene que fueron dos unidades independientes[27]. Basa su afirmación en los momentos de formación y de partida de las mismas. La columna militar sale el 18 de julio por la tarde con dirección a Sevilla, mientras que la minera se formó en la madrugada del día 19. Esta visión de dos unidades independientes sin conexión puede quedar invalidada por las declaraciones de quienes mandaron la columna militar en el auto de instrucción del juicio sumarísimo contra el diputado Juan Gutiérrez Prieto, recogido en el auto de instrucción del comandante instructor de la Segunda División Orgánica:

> Que el día diez y siete de julio último dicho Diputado en unión de otros de igual clase Don Luis Cordero Bell y acompañados así mismo de otros significados dirigentes Socialistas y Comunistas se personaron en la Cuenca Minera de Río Tinto, Salvochea y Nerva requisando camiones y organizando una Columna compuesta por elementos marxistas y dinamiteros, la cual al día siguiente debían sumarse a la columna compuesta mandada por el comandante de la Guardia Civil Don Gregorio del Haro y compuesta por fuerzas de la Guardia Civil y de Asalto para juntas o reunidas todas las fuerzas emprender la marcha con dirección a esta capital de Sevilla para combatir las fuerzas de esta Guarnición autoras del movimiento salvador de la Nación.[28]

Esta versión de la conexión de la columna militar y la miliciana viene recogida también en el auto de procesamiento del fiscal militar de la causa contra el citado diputado Juan Gutiérrez Prieto:

> El procesado en esa causa, diputado a Cortes, de filiación socialista, Don Juan Gutierrez Prieto conjuntamente con el diputado Sr. Cordero Bell y otros individuos dirigentes del partido socialista y comunista, a partir del diez y siete de Julio pasado recorrieron las minas de Riotinto, Salvochea y Nerva, haciendo acopio de materiales explosivos y reclutando gente armada con la que, después de conocida la devlaracion [sic] de estado de guerra hecha por el Excmo. Sr. General de la segunda División para el territorio de la misma, se unieron a una columna militar organizada en Huelva y compuesta por las fuerzas e [sic] la Guardia Civil al mando del comandante Haro y fuerzas de Asalto.[29]

Otros elementos obviados que pueden invalidar la teoría de dos columnas independientes son la cronología de la formación de las mismas y los recorridos que estas realizaron. La militar debió hacer parada en La Palma del Condado para unirse con la que bajaba de Riotinto. La orden de fundir las dos columnas en tal emplazamiento justificaría

[27] Gil, Joaquín: *Militares y sublevación 1936...*
[28] Archivo Tribunal Militar Territorial Segundo (ATMTS). Folio 12 y vuelto SUM 77/1936.
[29] ATMTS. Folio 15 y vuelto SUM 77/1936.

sobradamente la realización de una ruta mucho más larga por parte de la minera, que tuvo que rodear Valverde del Camino y La Palma del Condado, en lugar de dirigirse directamente a Sevilla. Todo ello para reunirse con la mandada por el comandante Haro en La Palma como se había planeado.[30] Es decir, el propio recorrido de ambas fuerzas parece indicar un plan de converger.

Sobre el número de integrantes de la columna militar existe gran discrepancia. Por una parte, están las declaraciones de uno de los miembros de la columna minera que fue herido en la emboscada y que declaró que los recibieron unos mil guardias civiles abriendo fuego al llegar a La Pañoleta.[31] Cifra que coincide con la publicada en el *ABC* de Sevilla de 30 de agosto de 1936.[32] Los investigadores Francisco Espinosa y Joaquín Gil dan otras cifras.[33] El primero afirma que los efectivos de la unidad militar en la emboscada eran superiores a la formada por los mineros, por lo que deberían superar los 500 integrantes. En cambio, el segundo calcula que la columna militar no la pudieron formar más de 150 hombres según se recoge en el *Extracto del Diario de Operaciones del Cuartel General del Ejército del Sur*.[34] Hay que recordar que el día 18, cuando el comandante Haro se presentó en la Segunda División y se puso al servicio del general Queipo de Llano, debía de mandar un centenar largo de guardias civiles y de asalto. De Huelva habían partido entre 120 y 130 miembros de las fuerzas del orden, si bien se sabe que pararon en algunos puestos de la Guardia Civil en el camino de Sevilla y, casi con toda seguridad, ampliaron ligeramente el número total de efectivos.[35] Ana Quevedo y Queipo de Llano ofrece una cifra redonda: ciento cincuenta guardias civiles y veinte guardias de asalto.[36]

En cualquier caso, en aquellos momentos Queipo disponía de unos 2782 efectivos militares, unos 1500 falangistas y unos 900 requetés.[37] Por lo tanto, las fuerzas regulares y paramilitares sublevadas en la capital hispalense sobrepasaban los 5000 hombres. No era un contingente tan abultado como mandar una quinta parte, tesis del *ABC*, a combatir con un oficial recién llegado de zona gubernamental, en momentos de lealtades móviles, por lo que en la presente investigación se tiende a certificar las tesis del centenar largo de combatientes al mando del comandante Haro. Por apuntalar lo dicho, el general Queipo de Llano se formó en las Campañas de Marruecos, era un africanista, y este tipo de militares desconfiaban por norma y eran proclives a la heroicidad.[38] Eso sin tener en

[30] Ortiz, Juan, *Del golpe militar a la Guerra Civil: Sevilla 1936*, Sevilla, RD Editores, 2006.
[31] Declaración de Joaquín Piedad Lorenzo. ATMTS Folio 4 y 4 vuelto SUM 95/1936.
[32] Gibson, Ian, *Queipo de Llano...*, pág. 111.
[33] Espinosa, Francisco, *La Guerra Civil...* y Gil, Joaquín, *Militares y sublevación 1936...*
[34] Gil, Joaquín: *Militares y sublevación 1936...*, pág. 97.
[35] Juan de Albacete, "El benemérito cuerpo..."; Ortiz, Juan, *Del golpe militar...*, págs. 136-138
[36] Quevedo, Ana, *Queipo de Llano. Gloria e infortunio de un general*, Barcelona, Planeta, 2001, pág. 388.
[37] Barrios, Manuel, *El último virrey: Quiepo de Llano*, Sevilla, J. Rodríguez Castillejo 1990, pág. 90 y Gibson, Ian, *Queipo de Llano...*, pág. 51.
[38] Macías, Daniel, *Franco "nació en África": los africanistas y las campañas de Marruecos*, Madrid, Tecnos, 2019.

cuenta que las fuerzas policiales tenían una amplia experiencia militar y en las Campañas de Marruecos ya habían mostrado su fiabilidad.[39]

En cualquier caso, tampoco sería descabellado pensar que una vez conocido por parte de Queipo de Llano los planes de la columna minera, y ante la posibilidad que se uniera a la dura resistencia que se estaba llevando a cabo en Triana, el general priorizara anular esa amenaza y pusiese a disposición del comandante Haro más hombres para la emboscada.[40] No hay que olvidar la importancia estratégica del barrio de Triana: suponía controlar el acceso de la carretera que unía el Aljarafe, Huelva y Extremadura con la capital hispalense, el control del único puerto marítimo interior de España, el dominio de las comunicaciones ferroviarias de las vías provenientes de Huelva y de Extremadura y, por último, y no menos importante, el control de la base aérea de Tablada con su correspondiente pista de aterrizaje y despegue.[41] Además, en una ciudad atravesada por cursos fluviales y con puentes como arterias de comunicación, la labor de los explosivos manejados por mineros expertos podía haber complicado mucho la situación de las fuerzas rebeldes.

Triana fue tomada gracias a la llegada a Tablada por la mañana del día 20 de tres *Fokker* que transportaban a un comandante, un teniente, un sargento y legionarios procedentes de Tetuán. Con ellos se formaron tres columnas, mandadas por los dos oficiales y el sargento del Tercio de Extranjeros e integradas cada una de ellas por unos 100 soldados, secundados por medio centenar de falangistas y requetés, que entraron a sangre y fuego en Triana en la tarde del mismo día 20. Durante aquella noche y la jornada siguiente la represión fue terrible.

LA COLUMNA MINERA

En la misma reunión que tuvo lugar en el Gobierno Civil de Huelva se estableció la necesidad de formar una columna de voluntarios que fuera en apoyo de la ciudad de Sevilla y que debería de unirse a la ya mandada por el comandante Haro. En este caso fue

---

[39] El comportamiento bizarro de los guardias civiles en el extremo bélico de Annual (1921) otorgó a tal institución un aura de fiabilidad que se extendió a la opinión pública. En "Responsabilidades por la recluta" en *El Heraldo de Madrid*, 31/VI/1922: "Pregúntese a cualquier general o jefe si prefiere, para combatir en África, disponer de cinco mil guardias civiles o que de los Cuerpos le entreguen 50.000 soldados, y dirán que aquella campaña no es de número". Véase Archivo Histórico Nacional (AHN), Expediente Picasso, folios 252, 518, 1863-1865.

[40] Estimando que la columna minera estaría formada por unos 500 hombres, puede parecer lógico que el general formara una columna más grande para poder hacer frente al peligro que se le venía encima. En cualquier caso, tal y como se ha defendido con anterioridad, un general bregado en años de guerra colonial conocía la ventaja de la sorpresa, el armamento y la disciplina. Al mismo tiempo, la tendencia a lo heroico hace que el envío de dos escasos centenares de hombres sea plausible.

[41] No se ha de perder de vista que lo más granado de las fuerzas rebeldes y, en general, de todo el ejército eran los algo más de 40.000 soldados presentes en África. Eran fuerzas profesionales, curtidas, bien equipadas y dirigidas que nada tenían que ver con los reclutas de las fuerzas territoriales. Pero la escuadra española estaba, mayoritariamente, del lado gubernamental. Por ello, se hubo de diseñar un puente aéreo para poder cruzar las fuerzas coloniales. De ahí, la importancia del control de aeródromos estratégicos. Salas, Ramón, "Aspectos militares de la guerra civil española", *Anales de Historia Contemporánea*, 7, 1989, págs. 93-110.

el diputado Luis Cordero Bel junto con el también diputado Juan Gutiérrez Prieto los que se encargarían de la formación de dicha columna. Este último describió tal situación:

> Don Luis Cordero Bel se ofreció voluntariamente para ir a reclutar a la gente que había de acompañar a la fuerza, que el declarante por razones de enfermedad y por su carácter en absoluto reñido con toda clase de violencias no pensaba ir pero se le dijo que la cosa no tenía importancia y que se trataba casi de un viage [sic] de turismo pues en Sevilla no había ya nada porque la Caballería se había puesto enfrente del movimiento y el viaje era solamente en plan de levantar la moral de la gente de Sevilla.[42]

Parece claro a la luz de esta declaración que la persona que dirigía y lideraba la formación de la columna minera era el diputado Luis Cordero. No está muy claro si el diputado Juan Gutiérrez tuvo un peso específico mayor, o fue llevado por la inercia y el desconocimiento de lo que estaba sucediendo. Una vez detenido declaró como procesado el día 4 de agosto de 1936, y tres días después amplió su declaración para aportar que apoyó y colaboró con Cordero porque este amenazó con decirle al pueblo que era un traidor.[43]

La noche del día 18 al 19 de julio los encargados de crear la columna de voluntarios comenzaron a reclutar hombres por Nerva llegando a este municipio sobre las 23:00 horas. Después se desplazaron a Peña del Hierro, que es una pedanía del primero.[44]

A Nerva acudieron ocho camiones de los catorce que el Gobierno Civil había requisado a la Compañía Minera de Riotinto, los cuales llegaron a la plaza del pueblo. Los dos diputados que mandaban la columna se dirigieron tanto al casino como al cine del pueblo para realizar el reclutamiento de los hombres.[45] Algunos especialistas afirman que fue en Nerva donde se hizo entrega de los 250 kilogramos de dinamita por parte de la Guardia Civil, que pertenecía a la compañía minera.[46] Hay que señalar que esta dinamita en manos de los mineros que formaban la fuerza de voluntarios podía ser una ventaja militar muy importante. Eran especialistas en el manejo y colocación de explosivos, como se había comprobado durante la huelga-revolución de 1934 en Asturias.

La siguiente etapa en la formación de la columna se da en la localidad de Riotinto, donde Cordero y Gutiérrez llegaron ya de madrugada el 19 de julio. Información sobre la recluta en esta localidad se puede extraer de las declaraciones de los detenidos en la emboscada de La Pañoleta que procedían de esta localidad, deduciéndose de ellas que fueron reclutados casa por casa indicándoles que debían presentarse en la plaza.

[42] ATMTS. Folio 8 SUM 77/1936. Declaración de D. Juan Gutiérrez Prieto.

[43] ATMTS. Folio 20 SUM 77/1936. Ampliación de la declaración de D. Juan Gutiérrez Prieto

[44] ATMTS. Folio 138 SUM 95/1936

[45] ATMTS. SUM 95/1936. Declaraciones de reos.

[46] Gil, Joaquín, *Militares y sublevación 1936...*, pág. 90. El británico Lawrence Hill afirma en carta a su esposa que la noche del 18 al 19 de julio, un capitán de la Guardia Civil se incautó de los 250 kg de explosivos en la mina, siguiendo órdenes de autoridades civiles. En AHMRFT, ES.21049.AHMFRT_DIG_01_DIARIO_HILL_1-26

Una vez abandonado Riotinto la columna marchó a Valverde del Camino donde les esperaba otro camión ya preparado y reclutado por el alcalde Juan Fernández Romero[47], y de allí marcharon a San Juan del Puerto donde también se unió una camioneta. Cuando estaban todos listos, iniciaron el camino por la carretera Huelva-Sevilla. Esta columna, en este momento, estaba formada por: un coche que encabezaba la unidad donde iban los dos diputados, algunas motocicletas, dos de los camiones que se blindaron de forma artesanal y que transportaban la dinamita y el armamento y municiones y el resto de camiones y automóviles –unos veinte vehículos– con los voluntarios.[48]

En Castilleja de la Cuesta fueron recibidos por una masa importante de simpatizantes con banderas rojas y negras de la CNT, donde probablemente se les facilitaron algunas armas más. A la salida del pueblo realizaron un alto para desayunar en la Antigua Venta Perico (Venta Virgen de Guía), junto a la ermita. Este hecho no viene recogido en ninguna de las declaraciones de los detenidos, tan solo alguno nombra que pararon a repostar en Sanlúcar la Mayor. La propia geografía y la cronología de los acontecimientos hacen pensar en la aludida bienvenida y parada, aún recordada por vecinos de la zona. Además, Rafael Medina y Villalonga escribe un pasaje en su libro *Tiempos pasados* que viene a apoyar lo enunciado:

> [V]imos en la mitad del pueblo de Castilleja, un enorme grupo de hombres, en el que destacaban no solo las camisas rojas, sino las banderas de igual color y las de la C.N.T. [...] Seguimos y pronto nos encontramos con una nueva y desagradable sorpresa. Al llegar a la curva, donde estaba la antigua venta de Perico el ventero y la ermita, vimos una fila de camiones y coches de unas veinte unidades, parados en los bordes de la carretera, cargados de hombres con armas en la mano. En cabeza iba una motocicleta con "sidecar", pintada de naranja, que no olvidaré, y al lado, subidos en lo alto del vallado, dos individuos provistos de prismáticos, mirando hacia Sevilla. Aquello era, como supimos después, la columna de mineros de Huelva, que venía a atacar a Sevilla, y el de la "moto" naranja el célebre socialista Cordero Bell, que capitaneaba la columna. La parada con banderas, que habíamos visto en Castilleja, le había hecho, sin duda, los honores a su llegada al pueblo.[49]

[47] Gil, Joaquín, *Militares y sublevación 1936...*, pág. 90.

[48] López, Rafael, "La Pañoleta. Celada a los mineros de Huelva", en López, Rafael y Sánchez-Barriga, Ana (eds.), *Lugares de la Memoria. Golpe militar, resistencia y represión en Sevilla*, Sevilla, Aconcagua, 2014, pág. 106. La propia dinámica y naturaleza de la columna minera lleva a pensar en un armamento no militar. Hay referencias al acopio de escopetas de caza que, junto con la dinamita, habían de ser los principales artilugios bélicos disponibles. A pesar de lo dicho, es evidente que las organizaciones sindicales -en un periodo de pistolerismo- disponían de una enorme panoplia armamentística (destacando las pistolas). También se habló de garrotes para suplir la falta de armas de fuego. Ver Collado, Miguel Ángel, *La guerra civil...*, pág. 356. En cuanto a los vehículos, hay fuentes que hablan de catorce camiones capturados por las fuerzas insurrectas tras la emboscada. En AHMFRT, ES.21049.AHMFRT_DIG_01_DIARIO_HILL_1-26

[49] Medina, Rafael, *Tiempo pasado*, Sevilla, s.n., 1971, pág. 36.

Otro dato que aporta credibilidad es el tiempo: la columna llega sobre las 9:00 horas a Castilleja de la Cuesta y Rafael Medina se los cruza a la salida del pueblo sobre las 10:00. La emboscada se realiza aproximadamente a las 11:00 en La Pañoleta, que está a escasos 800 metros de donde se encuentra la venta en la que estaba detenida la columna de camiones. Por lo dicho, tuvieron que parar un tiempo en dicha venta. También este dato es corroborado por el testimonio del hijo del ventero.[50]

Llegados este punto hay que aclarar el aspecto más controvertido sobre la columna minera. La gran mayoría de los autores coinciden en que sus integrantes desconocían cuál era la situación real de lo que estaba sucediendo en Sevilla. Se pensaba que el ejército estaba dividido en dos y que su misión era simplemente apoyar a las fuerzas militares que se mantenían leales y que su presencia serviría para hacer que el bando republicano obtuviera la ventaja. Según Espinosa, los ingleses de la compañía minera que en esos días vieron la manipulación de la dinamita, la fabricación de las bombas caseras y el blindaje de los camiones, no dudaron que esa columna tenía un gran carácter combativo, pero tampoco dudaban que si se enfrentaba a un cuerpo regular del ejército sería aniquilada.[51]

Desde el mismo momento en que se produjo el suceso de La Pañoleta, que se desarrollará en el próximo apartado, la intención del bando sublevado fue convertir el suceso en un acto heroico del comandante Haro, y en una traición del diputado Luis Cordero. La idea defendida por los sublevados fue que tal político se dedicó a conformar la columna mediante amenazas y que todos sus integrantes eran jornaleros analfabetos que habían sido manipulados por el diputado. Con esto se ha pretendido despojar de su carácter minero –y voluntario–, y esto implica minusvalorar el espíritu de lucha y defensa de la República de los participantes.

Incluso historiadores de prestigio que han realizado en estudios recientes, como es el caso de Gil, la sustraen de su carácter minero basándose en la profesión que los detenidos manifestaron en su primera declaración, tras veinte días retenidos en el vapor *Cabo Carvoeiro*. A esta tesis, hay que contraponer que la cuenca minera de Riotinto era una fortaleza de la izquierda y del sindicalismo más combativo, y en aquel momento reconocer que eran mineros significaba marcarse como alguien vinculado a la ideología obrerista, cuando se había caído en manos de un bando visceralmente opuesto a tales posiciones ideológicas. Más aún, en un contexto de polarización social extrema, el minero era la representación del revolucionario radical para los sublevados. Lo ejemplifica a la perfección un telegrama de socorro dentro del territorio "nacional" cuando se hablaba de la llegada de una columna miliciana (12 de agosto) "de marxistas de las minas de Riotinto".[52]

Espinosa afirma que no ha podido encontrar ninguna explicación racional del hecho de inscribir a los que fueron fusilados como jornaleros, localizando solo una respuesta

---

[50] Salas, Nicolás, *Sevilla fue la clave...*, pág. 412.

[51] Espinosa, Francisco, *La Guerra Civil...*

[52] Simões, Dulce, *Frontera y guerra civil española. Dominación, resistencia y usos de la memoria*, Badajoz, Diputación de Badajoz, 2013, pág. 242. El temor al "minero", en los partidarios de la sublevación, era claro.

de un secretario de justicia que mantenía que en aquella época era costumbre inscribir a los fallecidos como jornaleros ya que, socialmente, estaba mal visto ser minero por estar asociado a ser "rojo".[53] Gil expone que los detenidos pudieron mentir al juez en su declaración para intentar esconder su verdadera profesión, pero afirma que no le parece lógico, ya que las declaraciones se realizaron entre los días 7 y 9 de agosto, el auto de procesamiento se firmó el día 10 y el consejo de guerra se celebró el 29, todo ello cuando Huelva ya estaba en manos del bando sublevado. Por ello, tal autor mantiene que los detenidos no tenían motivos para mentir ya que hubiera sido fácil descubrir si sus declaraciones eran correctas con una simple investigación en los municipios de donde eran naturales. Este razonamiento no es compartido en el presente trabajo ya que se obvian las penurias que tuvieron que pasar en prisión preventiva. El tiempo del que dispusieron para pensar en las noticias-rumores que les llegaban, que sin duda hacían referencia a la feroz represión, y el temor a las consecuencias que sus familias pudiesen pagar, harían mella en el ánimo de decir la verdad sobre su profesión, la cual se asociaba a una determinada militancia político-sindical.

Para comprobar el carácter minero de la columna, se ha accedido al Archivo Histórico Minero de la Fundación Río Tinto "Rafael Benjumea" y se ha evidenciado cuáles de los implicados eran o no trabajadores de la Rio Tinto Company Limited en julio de 1936, de lo cual ha resultado que, en una primera investigación[54] se ha descubierto que 36 de los detenidos[55] que habían declarado tener otra profesión, eran en realidad empleados

---

[53] Espinosa, Francisco: *La Guerra Civil…*, pág. 97.

[54] La búsqueda de los expedientes de los trabajadores es compleja por la propia naturaleza del archivo, parte del cual se encuentra en su sede británica. Además, algunos expedientes no están clasificados y, si se recurre a otros investigadores, hay diversas formas de citación, algunas de las cuales, atendiendo al archivero, no son ortodoxas. Por lo dicho, las cifras que se ofrecen son de mínimos, es decir, que no estén en esta primera aproximación no significa que no fueran trabajadores de la Rio Tinto Company Limited. Más aún, el origen geográfico de los combatientes de la columna minera hace pensar en su vinculación a la mina, verdadero polo de atracción laboral.

[55] A continuación, se presentan los detenidos que se ha podido comprobar que trabajaban en la Rio Tinto Company Limited. En AHMFRT (se incluye la referencia al legajo concreto para cada caso), citado por Moreno, Alfredo y Hernández, Gilberto, *Memoria vindicada, 1936-1939: estudio de la "Memoria Histórica" en la cuenca minera de Río Tinto a la luz de las fuentes documentales*, Huelva, Alfredo Moreno, 2020. También se ofrece la profesión que declararon una vez encarcelados: José Alonso González (jornalero), Legajo 26; Antonio Alonso Martínez (jornalero), Legajo 7; Diego Arrayás Díaz (del campo), Legajo 63; José Basallo Rosario (barbero), Legajo 91; Ricardo Caballero Calleja (chofer), Legajo 137; Bonifacio Delgado Gelado (reparador), Legajo 266; José Delgado Gelado (entibador), Legajo 266; Bernardino Díaz Vázquez (jornalero), Legajo 302; Julián Domínguez Ropero (del campo), Legajo 332; José Expósito Ruiz (jornalero), Legajo 335; Santiago Gago Álvarez, Legajo 404; Miguel Gago Méndez (jornalero), Legajo 405; Antonio Gómez Mena (jornalero), Legajo 481; Andrés García Llanes (herido en la emboscada y muerto en el traslado, por lo que no declara oficio), Legajo 436; Miguel Guerrero González (capataz de mina, fue el único que afirmó que trabajaba en la mina), Legajo 533; Francisco Iglesias Pérez (jornalero), Legajo 563; Demetrio Jara González (ajustador), Legajo 569; Felipe Jara Maya, Legajo 569; Miguel López González (jornalero), Legajo 613; Hilario Marín Baya, Legajo 663; Luis Marín Bermejo (mecánico), Legajo 664; Doroteo Mejías Jiménez (jornalero), Legajo 729; Ignacio Méndez Domínguez (zapatero), Legajo 733; Domingo Miranda Ortiz (jornalero), Legajo 742; Manuel Moya Ramírez (jornalero), Legajo 784; Cayetano Muñoz Maestre, Legajo 792; Antonio Páez Moreno (telefonista), Legajo 845; José Palma Pedrero, Legajo 850; Manuel Palomo Pérez (fogonero), Legajo 854; José Parrilla Rico (jornalero), Legajo 859; Domingo Pavón Fernández (jornalero), Legajo 867; Isidoro Pérez Jiménez (jornalero), Legajo 898; Joaquín Piedad Lorenzo (herido en la emboscada y muerto posteriormente en Sanlúcar la Mayor) Legajo 923; Manuel

de la citada empresa en distintos puestos relacionados con la mina, tanto en tareas de extracción, como de mantenimiento o de administración (el número 37 declaró la verdad). Es decir, de un total inicial de 70 detenidos, de los cuales dos fueron puestos en libertad y por tanto no han de contabilizarse (se encontraban en el lugar y momento equivocados, pero no tenían nada que ver con la columna, tal y como certifica el auto de procesamiento)[56], más de la mitad -en una primera aproximación- mintieron sobre su profesión. Dicho de otro modo, de los casos analizados, el 97 por ciento no fueron sinceros sobre su vinculación a la mina, sino que declararon en el buque presidio *Cabo Carvoeiro* que eran, mayoritariamente, jornaleros o similares, además de un barbero, un chofer, un reparador, un entibador, un ajustador, un mecánico, un zapatero, un telefonista y un fogonero. Solo uno, Miguel Guerrero González, declaró que era capataz de mina.

Otro aspecto fundamental y al que no se le da la suficiente relevancia es la declaración de Joaquín Piedad Lorenzo, herido de la emboscada que falleció posteriormente. Sin embargo, tuvo tiempo de declarar en calidad de testigo no estando detenido. Piedad fue alcanzado en La Pañoleta y emprendió la huida con sus compañeros de regreso a Nerva. En el trayecto de vuelta, y ante la gravedad de sus heridas, sus compañeros decidieron dejarlo a él y a Andrés García Llanes en el hospital de Sanlúcar la Mayor para que fueran atendidos. Al fallecer García en hospital por las heridas causadas durante la emboscada, y Piedad presentar heridas por arma de fuego, el médico José Morrillo Rodríguez remitió el parte médico al Juzgado de Instrucción de Sanlúcar la Mayor para que se incoaran las diligencias necesarias.[57] El juez de instrucción tomó declaración sobre las 14:30 horas del mismo día 19 de julio a Piedad, el cual manifestó:

> [Q]ue esta mañana salieron diez ó doce camiones con unos quinientos hombres, entre ellos el declarante, de Rio-Tinto, Valverde del Camino y Nerva, dirigiéndose [sic] á Sevilla, todos armados, el que habla con una escopeta, con el propósito de intervenir y ayudar al Gobierno constituido en la sofocación de la sedición Militar que se está produciendo en dicha Capital, marchando sin novedad alguna hasta que al llegar a la Barriada de la La Pañoleta, sita próxima a Sevilla, un grupo de la Guardia Civil, que calcula se compondría muy cerca de mil individuos, situados a un lado y otro de la carretera, sin aviso ni amonestación alguna, emprendieron a tiros con los camiones, resultando heridos el que declara y el que se encuentra ya muerto en este lugar [...] que como ha dicho iban todos armados, llevando el declarante una escopeta que quedó en el lugar de

Rionegro Valderrabano (jornalero), Legajo 369; Policarpo Rodríguez Requejo (jornalero), Legajo 1028; Carlos Rolán Maldonado (jornalero) Legajo 1040; Francisco Salgado Mariano (jornalero) Legajo 1616.

[56] Atendiendo a lo expuesto en el auto de procesamiento fiscal, folios 235 y 236 y 237, ATMTS. SUM 95/1936, de 70 detenidos, hay tres heridos que son enviados a la enfermería y que se recuperan y son procesados, juzgados y condenados. En esa misma referencia archivística se puede comprobar que Joaquín Moreno Becerra y Rafael Torralvo Rodríguez son puestos en libertad. Se encontraban por casualidad en el escenario de detenciones de la Guardia Civil. Sus declaraciones aclaratorias están en los folios 111 al 118, ATMTS. SUM 95/1936.

[57] ATMTS. Folio 2 y 3 del SUM 95/1936.

> la refriega y con la que disparó sobre la Guardia Civil, sin que sepa si hizo o nó blanco en alguno de los Guardia Civiles, porque no ha visto caer a ninguno.[58]

Hay que recalcar la importancia de esta declaración. Se trata del testimonio de un voluntario, minero, que se había embarcado en esta aventura seguramente por conciencia de lucha y defensa de la República.[59] La declaración fue realizada sin presión ninguna ya que se realizó en Sanlúcar la Mayor, que en ese momento era zona republicana[60], por lo que el testigo no tendría que preocuparse por las posibles represalias. Y otro aspecto fundamental es que la declaración se realizó a las pocas horas de los hechos, sin que pudiera tener información posterior que contaminase su versión.[61] Estas informaciones fueron posteriormente utilizadas por el fiscal del consejo de guerra que juzgó a los detenidos en la emboscada como prueba concluyente para su condena.

Recientemente, en junio de 2022, ha salido a la luz un informe realizado por Aranzadi Sociedad de Ciencias sobre los trabajos que lleva a cabo para el ayuntamiento de Sevilla de la fosa común Pico Reja del cementerio de San Fernando.[62] En las conclusiones preliminares de dicho informe se establece que se han encontrado los cuerpos de los componentes de la columna minera, tanto de los que murieron en la explosión, como de los detenidos que fueron ajusticiados posteriormente. Para llegar a esta conclusión se han realizado análisis de los restos en busca de metales pesados considerando que aquellas personas durante toda su vida trabajaron en la mina, bebieron, respiraron y comieron sin las medidas de seguridad actuales por lo que recibieron una transferencia de metales pesados tales como aluminio, arsénico, manganeso y cobre. Pues se ha comprobado que la gran mayoría de los esqueletos, identificados posiblemente como pertenecientes a la columna, contiene gran cantidad de estos metales presentes en la zona de la cuenca minera de Nerva-Riotinto, por lo que se refuerza el argumento de que la columna estaba formada mayoritariamente por mineros.

LA PAÑOLETA

El comandante Haro salió de Sevilla con dirección a La Pañoleta a primera hora de la mañana del 19 de julio, pero en lugar de realizar el trayecto más corto y recto, es decir, a través de Triana, todavía en plena efervescencia revolucionaria, lo cual podía suponer

[58] ATMTS. Folio 4 y 4 vuelto del SUM 95/1936.

[59] En López, Rafael, *La Pañoleta*…, se reduce la cifra de mineros a la mitad.

[60] Sanlúcar la Mayor (Sevilla) no fue tomada por el bando sublevado hasta el 25 de julio.

[61] Adamuz, Rafael, *La memoria varada*, Huelva, Pábilo, 2018, pág. 338, defiende que esa declaración no pudo realizarse y deja entrever que pudo tratarse de una invención del bando sublevado para tener una prueba que usar en el proceso. En esta investigación, se da plena credibilidad a la declaración por el hecho, explicado en texto, de que Sanlúcar la Mayor estuvo en manos del Gobierno de Madrid hasta el día 25 de julio.

[62] Fosa de Pico Reja. Informe mayo de 2022. Expte. 2019/000400. Objeto: servicio de exhumación, preservación y custodia de restos óseos y muestras biológicas de la fosa Pico Reja del cementerio de San Fernando de Sevilla.

sufrir un ataque, optó por dar un rodeo por la carretera de La Algaba, hacia Santiponce y de allí hasta Camas.[63]

Las órdenes que le había dado Queipo han dado lugar a una controversia entre las distintas narraciones de los hechos. Algunos autores intentan defender que la emboscada de La Pañoleta no existió como tal, sino que fue un encuentro casual entre la fuerza mandada por el comandante Haro y la columna minera, cuando aquella se dirigía a realizar otra misión. Así lo narra el periódico *Odiel*:

> Por la carretera de La Algaba, para enlazar con la de Alcalá de Guadaira a Huelva, sometiendo a su paso estos pueblos de tránsito, para regresar a Huelva donde debía esperar las órdenes del mando [...] Con no muy piadosas intenciones se dijo entonces que la columna mandada por el comandante Haro había sido mandada para apoyar la acción destructora de los mineros de Riotinto (*sic.*) Y que "traicionándolos" se había emboscado en el camino para ponerlos en fuga. Y esto, no solo no es verdad, sino que, además es una calumnia infame urdida por el tristemente famoso caudillo Cordero Bel. Ni la columna del comandante Haro marchó con los mineros de Riotinto ni estaba enterada siquiera del viaje de estos a Sevilla. Como queda dicho se encontraban operando en la carretera de La Algaba y por la de Alcalá de Guadaira, desde la base de Sevilla. Emprendía entonces su regreso a Huelva, cuando encontró en La Pañoleta la columna minera mandada personalmente por Cordero.[64]

Gil, en cambio, basándose en la documentación del Diario de Operaciones del Cuartel General del Ejército del Sur, expone:

> A la diez de la mañana el comandante Haro recibió orden de regresar a Huelva con las fuerzas que había traído, con el objeto de declarar el Estado de Guerra en dicha Capital. A la salida de Sevilla, en La Pañoleta, las fuerzas del comandante Haro se encontraron con veinte camiones de mineros al mando del diputado socialista Cordero Bel, y dos de dinamita, que venían a cumplir la orden recibida del Ministerio de Gobernación.[65]

Como ha quedado acreditado a lo largo de los apartados anteriores, Haro estaba al corriente de la formación e itinerario de la columna de mineros, sabía cuál era el punto más factible para tender una emboscada, ya que conocía perfectamente dónde debían encontrarse las dos columnas, y la hora aproximada de su llegada al lugar previsto. Además, contaba con el factor sorpresa: los milicianos ignoraban que les habían traicionado (incluso se hizo un alto para desayunar tranquilamente antes de seguir avanzando en las estribaciones de Sevilla). Otro argumento que viene a desmontar la teoría

[63] Espinosa, Francisco, *La Guerra Civil...*, pág. 96.
[64] Juan de Albacete, "El benemérito cuerpo...".
[65] Gil, Joaquín, *Militares y sublevación 1936...*, pág. 87.

del encuentro casual es el escaso sentido de la supuesta orden del general Queipo al comandante Haro, por la cual, en medio de operaciones militares sensibles, manda a una columna de un centenar largo de hombres, que es el número por el que se inclinan los autores del presente trabajo, a conquistar Huelva y los pueblos por los que fueran pasando. Es mucho más plausible pensar en una operación de emboscada y de repliegue a la seguridad de la zona sublevada de la capital hispalense que en una supuesta orden de operación ofensiva, interrumpida por un encuentro casual, que forzó su vuelta a Sevilla para informar y recibir una contraorden del general rebelde, a resultas de la cual permanecieron en Sevilla el comandante y sus hombres.[66] Tomar la capital onubense y sus alrededores costó más de 10 días en conseguirse y obligó a realizar un despliegue de tropas más que considerable.

Volviendo a la celada, sobre las 11:00 horas del día 19 de julio, la columna minera comenzó a descender la llamada Cuesta del Caracol[67], camino a su fatal destino, sin que pudiera imaginar lo que sucedería en el cruce de carreteras de La Pañoleta. En este sentido, se ha de destacar que sus mandos no solo no sospechaban nada, tal y como ya se ha mencionado anteriormente, sino que tampoco estaban preparados para posibles contratiempos. Es probable que su carácter no militar les hiciese circular sin patrullas de vanguardia ni de flanqueo para prevenir ataques y/o emboscadas. La confianza parecía máxima, hasta el punto de que una anécdota relatada por el heredero del duque de Medinaceli, Rafael Medina, es significativa de lo dicho: este joven falangista, tras intentar levantar a la Guardia Civil de Pilas en contra de la República el 19 de julio, se traslada a Sevilla y, en el trayecto, se topa con la columna minera. Cuenta que se aproxima a ella sin problema y que la adelanta metiéndose entre los vehículos, sin que a nadie se le ocurriese detener e interrogar al joven aristócrata.[68]

La columna de Haro aprovechó los conocimientos que tenía el teniente Morrillo del terreno y posicionó su fuerza en dos frentes, uno cortando una posible retirada por la carretera de Mérida, y otro bloqueando el paso hacia Sevilla.

En este punto vuelven a aparecer versiones encontradas de lo que sucedió cuando se encontraron en La Pañoleta. Juan Ortiz expone que “La columna minera descendió confiada por la “cuesta del Caracol” y vino a darse de bruces con estos. Haro y los jefes de la columna parlamentaron durante unos minutos confusos”.[69] Por su parte, Espinosa mantiene que “poco después los mineros totalmente desprevenidos escucharon voces de ‘¡alto a la Guardia Civil!’. El desconcierto fue total”.[70] En su declaración, el teniente Morillo dice literalmente:

---

[66] La nieta del general Queipo de Llano relata que la orden que se dio al comandante benemérito fue la emboscada. Quevedo, Ana, *Queipo de Llano...*, pág. 388.

[67] Antigua carretera de Sevilla-Huelva que unía el pueblo de Castilleja de la Cuesta con el vecino de Camas.

[68] Medina, Rafael, *Tiempo pasado*, págs. 36-37.

[69] Ortiz, Juan, *Del golpe militar...*

[70] Espinosa, Francisco, *La Guerra Civil...*, pág. 97.

> Fue avisado el comandante que por la cuesta de Castilleja bajaban gran número de camiones y coches ligeros pensando en este momento fuesen los mineros de Río Tinto los que venían en ellos, por lo cual se hizo alto antes de salir a la carretera general en cuyo momento de unos de los coches que iban en vanguardia bajaron tres, siendo reconocido uno de ellos por el que depone al diputado socialista Juan Gutiérrez Prieto que iba acompañado de un tal Lorenzo dirigente socialista que cayó del coche y del diputado federal Cordero Bel que emprendieron huida hacia Huelva.[71]

Y en el lado contrario, Lorenzo González, en el coche en cabeza de la columna minera relataba que "al llegar a La Pañoleta, en un recodo de la carretera los camiones de la Guardia civil detienen su marcha y quedan apostados sus ocupantes. Con una descarga cerrada, es recibido nuestro coche".[72]

Tras iniciarse el ataque de los emboscados y emprender la huida el vehículo que iba en cabeza, las descargas de fusiles, ráfagas de ametralladora y lanzamiento de granadas de mano generaron una gran explosión al ser alcanzado por los disparos – y/o bombas de mano– el camión que iba en cabeza cargado con explosivos.[73] Tal fue la deflagración que hizo que los vehículos próximos, también cargados con munición, explosionaran y todos los tripulantes que iban en ellos fueran lanzados por los aires.[74]

El escenario fue dantesco. Restos humanos colgaban de los cables de las catenarias del tranvía que pasaba por allí. En ese momento, el resto de la columna minera se desmoronó. Algunos hombres bajaron de los camiones y se ocultaron por las inmediaciones. Unos segundos después de la explosión, los guardias civiles comenzaron de nuevo a disparar y los supervivientes comenzaron a correr cuesta arriba tanto por la carretera como por el Barranco de la Trocha de Castilleja, por el Olivar de Santa Eufemia (Tomares) y hacia Camas. A resultas de las explosiones y del tiroteo, quedaron 15 cadáveres en la zona, a los que se unieron poco después 40 fusilados sumariamente sobre el terreno.[75]

A continuación, y reinando un desconcierto generalizado, la Guardia Civil detuvo a 70 miembros de la columna minera y los trasladó al barco *Cabo Carvoeiro* que en esos momentos realizaba la función de prisión.[76] Estos hombres fueron los primeros en estrenar el terrible barco penitenciario.[77]

Los detenidos fueron sometidos a un juicio sumarísimo[78], el 29 de agosto de 1936, y todos resultaron condenados a muerte, excepto Manuel Rodríguez Méndez que en

[71] ATMTS. Folio 5 vuelto SUM 77/1936. El "tal Lorenzo" al que hace referencia la declaración es Lorenzo González, secretario de la Federación Socialista de Huelva. En Fermín Botella, "Una interesante entrevista con destacados socialistas de Huelva" en *El Luchador*, 21/VIII/1936, confirma su presencia en tales acontecimientos.

[72] Fermín Botella, "Una interesante entrevista...", págs. 1-2.

[73] Ibídem.

[74] Gil, Joaquín, *Militares y sublevación 1936...*, pág. 93.

[75] Juan de Albacete, "El benemérito cuerpo..." y Fermín Botella, "Una interesante entrevista...". Gil, Joaquín, *Militares y sublevación 1936...*, pág. 94 y Espinosa, Francisco, *La Guerra Civil...*, pág. 97, estiman 25 muertos.

[76] Folios 27 a 28, ATMTS. SUM 95/1936.

[77] Bueno, Manuel, "El vapor *Cabo Carvoeiro*", *Andalucía Histórica*, 38, 2012, págs. 60-64.

[78] ATMTS. SUM 95/1936.

aquellos momentos era menor de edad y fue penado a 20 años y un día de reclusión menor[79]. Los demás fueron fusilados el 31 de agosto entre La Pañoleta, Macarena, Triana y Ciudad Jardín.[80]

CONCLUSIONES

Tras todo lo expuesto, y visto el desarrollo del trabajo, se esclarecen algunos de los interrogantes que se cernían entorno a la columna militar, la columna minera y la emboscada de La Pañoleta. También se han dejado meridianamente claras las discrepancias de autores y fuentes, al tiempo que se ofrecían las hipótesis más plausibles, basadas en el razonamiento histórico y en las fuentes y bibliografía consultada.

Aunque hay cuestiones que siguen siendo controvertidas, tales como el envío de dos columnas y el mando de Haro de la parte militar, todo lo dicho se integra dentro de ese vector historiográfico general de la guerra civil que achaca al bando republicano una cierta falta de acción -o de acierto estratégico- en los primeros momentos del golpe de Estado. También, un alto grado -lógico- de improvisación. La falta de oficiales leales también fue un evidente problema que en el caso de La Pañoleta se vuelve nuclear en el desarrollo de tal acción. Más aún, en el plano netamente militar, se hace patente la falta de liderazgo castrense: se ha comprobado que la columna minera avanzaba sin avanzadilla ni retaguardia, ni enviaba oteadores. Incluso paraba a desayunar en la fonda de turno. En el plano general del conflicto, la mezcla de milicianos, reclutas y fuerzas policiales, con todos los problemas de organización, colaboración y mandos diversos, restó eficacia a la República y dio ventaja a unas fuerzas rebeldes -regulares- acostumbradas a la jerarquía y al mando.

La discusión historiográfica acerca del carácter minero-voluntario o jornalero-forzoso de la columna emboscada, así como la formación de esta, ha sido definitivamente aclarada en el presente trabajo. Se ha desterrado el mito franquista de los combatientes del campo –analfabetos– forzados y/o engañados por radicales izquierdistas. Estimar la declaración de Joaquín Piedad, el informe de la fosa de Pico Reja y la búsqueda en los archivos mineros, han servido para mostrar que la columna era minera y voluntaria, pese a lo declarado por los reos. La unidad nació con un espíritu combativo contra la sublevación que algunos militares estaban llevando a cabo en esos momentos. Hay que recordar que la cuenca minera de Riotinto fue un referente contemporáneo en la lucha por los derechos obreros y donde los movimientos sindicales obreristas tuvieron una fuerza muy considerable, por lo que acudir en auxilio de la II República en contra de militares golpista era un acto lógico.

[79] ATMTS. Folio 334 y siguientes SUM 95/1936

[80] Espinosa, Francisco, *La Guerra Civil…*, págs. 101-102.

14.
LOS CONSEJOS DE GUERRA EN LA GUERRA CIVIL ESPAÑOLA. ESTUDIO DE DOS CASOS: EL GENERAL MANUEL GODED LLOPIS (ZONA REPUBLICANA) Y EL CONTRAALMIRANTE CAMILO MOLINS CARRERAS (ZONA SUBLEVADA)

Jacinto Merino Sánchez
Universidad Autónoma de Barcelona

Entonces cayó la primera gota de sangre y floreció,
la tierra recibió sangre y la fue consumiendo como una
terrible bestia escondida que no puede saciarse.
Pablo Neruda, *"Llegada a Puerto Picasso" Toro IV*

Los Consejos de Guerra[1] celebrados desde el inicio de la Guerra Civil en España se basaban en el marco jurídico definido en el Código de Justicia Militar[2] vigente en 1936 y existente en nuestro país desde el 4 de octubre de 1890; siendo Marcelo de Azcárraga y Palmero Ministro de la Guerra bajo el reinado de la regente María Cristina d'Habsburgo-Lorena.

En 1932, la Segunda República reformará el CJM indicando en su articulado que *serán reos de rebelión militar los que se alcen en armas contra la Constitución del Estado republicano, contra el Presidente de la República, la asamblea Constituyente, los Cuerpos colegisladores o el Gobierno Provisional y legítimo.*

Asimismo, se creará la Sala VI en el Tribunal Supremo[3], suprimiendo el Consejo de Guerra y Marina. El General Goded será nombrado el 9 de mayo de 1935 Vocal propietario de esta Sala. Por otro lado, en la zona sublevada, dos años antes de finalizar la contienda, Franco firmará un Decreto por el cual los Consejos de Guerra Permanentes, que hasta ese momento eran ocho en Madrid, podrán celebrarse en el resto del territorio nacional.

El citado CJM seguirá vigente en nuestro país cincuenta y cinco años, hasta julio de 1945[4] siendo Ministro de Justicia Raimundo Fernández Cuesta y Melero. La Ley del 17 de julio de 1945 promulgará un nuevo CJM publicado en el BOE número 204 de 23 de julio del mismo año.

Durante la Guerra Civil la aplicación del CJM será arbitraria y a libre criterio de los diferentes Tribunales Militares. Las frecuentes irregularidades en torno a su aplicación se

---

1 En adelante citado CdG.
2 En adelante citado CJM.
3 Siguiendo la normativa desarrollada en el Artículo 95 de la Constitución de 1931: *La jurisdicción penal militar quedará limitada a los delitos militares, a los servicios de armas y a la disciplina de todos los institutos armados.*
4 BOE Núm. Año X 204 23/07/1945.

debieron, principalmente, al propio proceso de descomposición de los poderes del estado republicano. Existiendo una realidad dual antagónica entre el proceso revolucionario a inicios del conflicto y la herencia y jerarquía militar castrense.

La etapa inicial de la Guerra Civil se caracterizó por las indiscriminadas actuaciones represoras, frecuentemente definidas en los denominados "paseos". En febrero de 1937 en la zona republicana se crearán los Tribunales Populares Especiales de Guerra, presididos por un Comisario de Guerra; su objetivo será conseguir una mayor disciplina, obediencia política y lealtad al gobierno de la República.

El Titulo IV de CJM es el que determina la organización y atribuciones de los Consejos de Guerra. Su articulado se agrupa en tres capítulos:

> Capítulo 1. Consejos de Guerra Ordinarios. Regulados por el artículo 41 y dirigidos contra el personal de tropa o personas alienas al ejército que hayan sido juzgadas por la Jurisdicción de Guerra.
>
> Capítulo 2. Consejos de Guerra de Oficiales Generales dirigidos contra oficiales y altos mandos del ejército y asimilados por causas no reservadas al Consejo Supremo de Guerra y Marina.
>
> Capítulo 3. Disposiciones comunes a todos los Consejos de Guerra

Es el Capítulo 2 el directamente relacionado con los dos casos que se explican en esta comunicación. Concretamente serán los artículos 50 a 54 los que hacen referencia directa a los dos Generales que se incluyen en esta investigación.[5]

En ellos se detalla que todo CdG estará formado por un Presidente, seis Vocales Oficiales Generales, presidiendo el CdG el oficial general *más caracterizado y más antiguo.* Más adelante se indica que en ningún caso se dejará de nombrar a dos jefes de superior categoría que la de los acusados.

Pero en el proceso contra el General Manuel Goded Llopis será de aplicación el articulado correspondiente al Capítulo Segundo sección primera: *De los Consejos de Guerra en las plazas o fortalezas sitiadas o bloqueadas.* Este modifica ostensiblemente lo señalado en el Capítulo 2. Así si un CdG de Oficiales Generales debe ser siempre presidido por un Presidente de igual graduación que la del acusado, en el caso de plazas sitiadas o bloqueadas lo modifica claramente en su Artículo 61.[6]

Según la Constitución de 1931 son los poderes civiles los únicos que pueden determinar que una población o ciudad sea declarada *bloqueada o sitiada.* Esta catalogación

---

[5] Ver Gaceta de Madrid Núm. 277 de 4 de octubre de 1890 págs. 44 y 45.

[6] *Art. 61 En las plazas o fortalezas sitiadas o bloqueadas cuando falte Coronel o Teniente Coronel para presidir el Consejo de Guerra ordinario, lo presidirá el oficial a quien corresponda la sucesión de mando, cualquiera que sea su graduación.* Por sentencia del Boletín Oficial de la Generalitat no será hasta el 3 de agosto del 36 cuando se promulgue un Decreto por el cual se declara la ciudad de Barcelona como plaza sitiada o bloqueada a efectos de aplicación del CJM.

no implica que su territorio esté totalmente rodeado de fuerzas rebeldes o subversivas, ni que elementos de la población puedan entrar o salir con cierta libertad.

Este concepto, a nivel de aplicación jurisdiccional militar, hace referencia a que las fuerzas de orden público y cuerpos militares legalmente constituidos no dispongan del total y efectivo control de la ciudad, y, por ello, tiene la facultad de declararla *plaza sitiada o bloqueada*. Y ese es el caso de Barcelona.

Podemos delimitar tres grandes ejes que configuran y condicionan los sucesos investigados en esta comunicación: el Código de Justicia Militar, los Consejos de Guerra y la Declaración del estado de guerra. Se llegaron a publicar cerca de un centenar de Bandos de Guerra, algunos de ellos redactados por el propio General Mola.

Franco proclama su bando de guerra como General de División y Comandante Militar de las Islas Canarias: según Art 36 y concordantes 7 y 12 Art. 9 y 171 y Art. 171. De esta forma el 18 de julio de 1936 declara el estado de guerra en el Archipiélago.

La mayoría de CdG fueron catalogados como *sumarísimos*, dando así un carácter de urgencia en su tramitación y un alto grado de gravedad en los delitos. No obstante, lo que realmente comportaba dicha calificación era un reducido tiempo en la defensa del inculpado que en muchos casos no llegaba a un día. Dificultando tanto su exposición como la obtención de pruebas exculpatorias o solicitud de testimonios presenciales. Se acortaba el plazo judicial, se reducía el papel de la defensa y, en definitiva, se vulneraban las mínimas garantías procesales.

El Tribunal Militar Territorial Tercero de Barcelona dispone de 37 archivos de fichas personales que se utilizaron en los diversos procedimientos o CdG. Actualmente no está permitido su acceso y consulta. Son fichas de reducido tamaño donde se indica el nombre del encausado, tipo de procedimiento, número de la causa, pena impuesta, número de decreto de archivo y número de localización en el archivo. Existen un total de 111.261 procedimientos y unas 180.000 fichas aproximadamente.

Según el actual Reglamento de Archivos Militares, las Causas y Procedimientos están excluidos de los archivos castrenses y su tramitación y custodia dependen del aparato jurídico del correspondiente estamento militar. Los procedimientos o sumarios, al corresponder al ámbito jurídico-militar, se hayan custodiados en los diferentes Tribunales Militares Territoriales según la Jurisdicción Militar de España:

Tribunal Militar Territorial Primero (Madrid)
Tribunal Militar Territorial Segundo (Sevilla)
Tribunal Militar Territorial Tercero (Barcelona)
Tribunal Militar Territorial Cuarto (A Coruña)
Tribunal Militar Territorial Quinto (Sta. Cruz de Tenerife)

Hace años, con motivo de mi Tesis Doctoral, tuve acceso a esa documentación realizando una catalogación de las diferentes tipologías de delitos y penas aplicadas:

Tipologías de delitos que aparecen en los diferentes procedimientos militares[7]	
Actuación revolucionaria	Atraco a mano armada
Deserción	Evasión
Excitación a la rebelión	Falta grave de deserción
Incitación a la rebelión militar	Inducción a la rebelión militar
Provocación a la rebelión	Rebeldía

Como se puede observar la libre interpretación de las penas no corresponde a las calificadas específicamente como faltas de carácter castrense, incluyendo meras apreciaciones difíciles de evaluar con exactitud como: excitación, inducción o provocación. Quedaba a la libre interpretación de los miembros del CdG.

Esta investigación de centra en dos casos bien diferentes y dispares entre sí, tanto en la forma como en el tiempo. El primero es el del General de División Manuel Goded Llopis juzgado en zona republicana (Barcelona) y fusilado en el Castillo de Montjuïc el 12 de agosto de 1936. El segundo es el del Contraalmirante Camilo Molins Carreras fusilado el 23 de junio de 1939 en Cartagena (Murcia), una vez finalizada la Guerra Civil. Constituyen dos ejemplos sobre diferentes tipologías de aplicación de una legislación militar a todas luces obsoleta y anacrónica.

Los dos casos estudiados en esta comunicación se circunscriben en el Capítulo 2 del Título 4 del CJM de 1890 "*Del Consejo de Guerra de Oficiales Generales*".

El CdG contra los Generales Goded Llopis y Fernández Burriel será el primero celebrado en zona republicana. Es el procedimiento sumarial número 52 de fecha 12 de agosto de 1936 y se haya archivado en Tribunal Militar Territorial Tercero de Barcelona ubicado en el denominado Edificio Gobierno Militar, cercano al puerto de la ciudad condal. En un primer lugar el General Goded Llopis solicitará que su abogado defensor sea Melquíades Álvarez González-Posada, jurista que llegó a ser Presidente del Congreso de los Diputados durante la etapa borbónica.

Apodado "*el pico de oro*" era miembro del Colegio de Abogados, pero se hallaba detenido en la cárcel Modelo de Madrid.[8] En caso de que no pudiera ejercer de defensor, Goded informa que sea Hipólito Giménez-Coronado, pasante del anterior.[9] Al hallarse este en Madrid no disponible para la defensa, el Juez Pomares facilita al General Goded

[7] Selección de los delitos directamente relacionados con el ámbito militar. Según la legislación militar vigente los tres delitos más aplicados como sentencias de los diferentes Consejos de Guerra a Oficiales y Generales son: Auxilio a la rebelión militar con pena de 6 años y un día a 12 años de reclusión mayor. Rebelión militar con pena de 12 años y un día a 20 años de reclusión mayor y Adhesión a la rebelión militar con pena de 20 años y un día a 30 años de reclusión mayor o pena de muerte.

[8] Será asesinado el 22 de agosto de 1936 por milicianos anarquistas en la denominada *Matanza de la cárcel Modelo de Madrid.*

[9] Hipólito Giménez-Coronado actuó como sustituto de Melquíades Álvarez en la defensa de los militares procesados como consecuencia del fusilamiento de Fermín Galán y Ángel García Hernández condenados a ser fusilados el 14 de diciembre de 1930. Ver diario La Libertad. XVII 4.707 3-V-1935. Citado Memoria de Mora pág. 15 memoriademora.files.wordpress.com.

una lista de Generales, Jefes y Oficiales que pueden realizar esa función. Finalmente se designa como defensor al comandante Antonio Aymat Mareca.[10]

La defensa del General se basará en parte en el capítulo 2, anteriormente citado, para solicitar la nulidad del proceso dado que el artículo 52 del citado Capítulo indica *En ningún caso se dejará de nombrar a dos jefes de superior categoría a la del más caracterizado de los acusados o de mayor antigüedad en igualdad de empleos.*

Sin embargo, el tribunal no modificará su composición aplicando el artículo 61 del Título 2 *De los Consejos de Guerra en las plazas o fortalezas sitiadas o bloqueadas* donde se indica: *En las plazas o fortalezas sitiadas o bloqueadas cuando falte Coronel o Teniente Coronel para presidir el Consejo de Guerra Ordinario, lo presidirá el oficial a quien corresponda la sucesión de mando, cualquiera que sea su graduación.*

La solicitud de incompetencia jurisdiccional del Consejo de Guerra formulada por los encausados Generales Goded y Fernández Burriel será desestimada al declarar el Gobierno de la Generalitat *plaza bloqueada* la ciudad de Barcelona a efectos de aplicaciones procesales. Por ello declara competente el citado Consejo de Guerra y *no haber lugar* a la excepción de incompetencia de jurisdicción. Se rechaza, así, la solicitud que formula el general Goded donde alega que debería ser juzgado por la Sala Sexta del Tribunal Supremo de Madrid.[11]

La defensa del General Goded basa su alegación en que las atribuciones que se confieren a la citada Sala Sexta abarcan los delitos militares que se cometen durante el desarrollo de sus cargos las autoridades de guerra que ejercen jurisdicción, como los realizados por el General Goded. Por todo ello considera la defensa que el Consejo de Guerra no está ajustado a derecho por ser competencia exclusiva de la sala sexta del Tribunal Supremo, de superior jerarquía. Estos serán los dos pilares de la defensa de los generales Goded y Burriel. Rechazar la legalidad del mismo tribunal (incompetencia jurisdiccional) y, por otro lado, la incorrecta aplicación del término *plaza sitiada o bloqueada* la cual determina la constitución del Tribunal y sus propias atribuciones. El Tribunal responde a esta solicitud mediante un Considerando en el Auto de procesamiento:

> *CONSIDERANDO asimismo que la declaración de plaza bloqueada, autoriza caso de necesidad la aplicación de los artículos 61,62 y 63 del Código de Justicia Militar y visto el en número 1 del artículo 53 en relación con 656 y como concordantes del Código citado (...) Segundo: que sea vista y fallada esta causa de juicio sumarísimo en Consejo de Guerra de Oficiales Generales con aplicación, si a ello hubiere lugar, de los preceptos de los artículos 61, 62 y 63 aludidos.*
>
> *(Consejo de Guerra a los Generales Goded Llopis y Fernández Burriel. Sumario núm. 52 Auto de 9 de agosto de 1936 firmado por el Fiscal Jurídico-Militar D. Pedro Rodríguez).*

[10] Después de la Guerra Civil será detenido y expulsado del ejército. Rehabilitado, posteriormente, en 1961.

[11] Sala creada por la Constitución de 1931 por Decreto del 11 de mayo englobando las competencias del Consejo Supremo de Guerra y Marina.

En estos términos basa la defensa su recurso en la *carencia de virtualidad* del mismo Decreto de la Generalitat de fecha 3 de agosto de 1936 y, en todo caso, debería acabar en consulta en el Tribunal Supremo y, si fuera necesario, mediante el Tribunal de Garantías Constitucionales, dado que el citado precepto es contrario a las leyes de la República.

Por otro lado, la defensa afirma que aparece en la pieza sumarial una acusación privada que formula en nombre de la Generalitat de Catalunya su procurador.

Efectivamente el Procurador que actúa en nombre de la Generalitat de Catalunya solicita al Tribunal ser informado de todas las actuaciones por parte del Juez Instructor.

Según la defensa no ha lugar la citada actuación según el artículo 343 del CJM donde dispone *En los juicios militares se procederá siempre de oficio o en virtud de querella del Ministerio Fiscal y no se admitirá acción privada.*

Por ello, según la defensa, la acción privada ejercida por el Procurador de la Generalitat de Catalunya no tiene cabida dentro del procedimiento militar que se sigue, solicitando su desestimación dentro de los autos y que el Tribunal disponga como no formulada la citada acusación privada.

En definitiva, la defensa de los generales Goded y Fernández Burriel tendrá tres argumentos básicos: la no aplicación de *plaza bloqueada* a la ciudad de Barcelona, la no aceptación de acusación particular del Procurador de la Generalitat y la incorrecta formación, no ajustada de derecho, de los miembros del Consejo de Guerra. El Tribunal Militar desestima las peticiones de la defensa y solo accede a rechazar la solicitud del Procurador de la Generalitat como acción acusadora privada.

¿Qué sucedió con los miembros del Consejo de Guerra que condenó a muerte por fusilamiento a los generales Goded Llopis y Fernández Burriel en 1939 cuando se les juzgó, también con Consejo de Guerra celebrado el 27 de abril de 1939 una vez finalizada la guerra?

-El presidente del CdG coronel de Infantería Guillermo de la Peña Cusí fue condenado a la pena de muerte, que fue conmutada por la de cadena perpetua y, posteriormente, por la de veinte años de reclusión menor.

Libertad condicional vigilada el 22 de mayo de 1943 según Comisión Central de Examen de Penas conmutadas.[12] Solicita en abril de 1948 la concesión de los beneficios del indulto.

-El vocal coronel de Infantería José Puñet Morales será condenado a 30 años de prisión militar. Su esposa Soledad Arnau Jové recibirá pensión de 2.750 ptas. anuales desde el 17 de julio de 1940.[13]

-El vocal teniente coronel de Infantería Nicolás Martínez Sansón será condenado a 30 años de reclusión. En diciembre de 1943 una resolución firmada por el Generalísimo conmuta la pena a 12 años y un día de reclusión temporal *y que el citado penado sea puesto en prisión atenuada.*

[12] Archivo General Militar de Guadalajara. Caja 306939 Expediente 2929.

[13] BOE Año VI Núm. 232 de fecha 20 de agosto de 1941.

-El vocal teniente coronel de Infantería Carlos Redondo Flores no aparecerá en este Consejo de Guerra. Ascendió a Coronel en noviembre de 1936 y cuando las tropas franquistas llegaban a Barcelona, huyó junto a su esposa y sus hijos a Francia por Prats de Molló siendo destinado al campo de Argelés él y su hijo.

Su mujer e hijas lo fueron al campo Fontenoy-le-Château. Formó parte de la Resistencia fue detenido por la Gestapo y enviado al campo de concentración de Dachau el 28 de agosto de 1944 recibiendo el número 94.269. Falleció el 9 de marzo de 1945 en la sala 2 del bloque 20 del campo de Dachau e incinerado en su crematorio.[14]

-El vocal teniente coronel de Ingenieros Mario Giménez Ruiz condenado a prisión militar perpetua. Autor de la obra *La cuestión de Montjuich.*[15] A su esposa Pilar Blasco Cirera se le concedió pensión de 2.750 ptas. anuales desde el 17 de julio de 1940.

Con anterioridad la pena fue reducida a la de 14 años y 8 meses de reclusión menor. Libertad condicional el 22 de mayo de 1943 según Comisión Central de Examen de Penas conmutadas.[16]

-El vocal teniente coronel de Ingenieros José Combelles Bergós condenado a prisión militar perpetua. Posteriormente será rebajada a 12 años y un día. A su esposa Teresa Renyé Jigo se le concedió pensión de 2.750 ptas. desde el 29 de julio de 1936. El Excmo. General Subsecretario del Ejército informa en mayo de 1942 de la conmutación de la pena de 12 años y un día por la de tres años y un día de presión menor. Libertad condicional el 22 de mayo de 1943 según Comisión Central de Examen de Penas conmutadas.[17]

-El vocal suplente comandante de Infantería Julio Michelena Llull condenado el 9 de agosto de 1939 a la pena de 30 años de prisión.[18] El Generalísimo en resolución fechada el 21 de julio de 1943 conmuta la pena por la de 12 años de reclusión mayor.

-El vocal ponente teniente auditor de Primera Salvador Campos Peñalva. Inicialmente declarado en rebeldía, posteriormente será detenido ingresando en prisión el 2 de mayo de 1939. Condenado, inicialmente a muerte le será conmutada la pena en 1940 por la de 30 años de reclusión militar. En 1947 habrá una nueva conmutación por la de 12 años y un día de reclusión menor.

Un año más tarde, en 1948, se vuelve a conmutar por la de tres años de prisión menor con la accesoria de pérdida de empleo o grado. A su esposa Adelina Guillén Asensio se le concedió pensión de 1.927,08 ptas. desde el 17 de julio de 1940.

Entró en la prisión Modelo el 2 de mayo de 1939 y trasladado el 12 de agosto a la prisión del castillo de Montjuic. Falta documentación privativa de este centro y existen expedientes ilegibles.[19] Fecha libertad condicional: 22 de mayo de 1943.[20]

[14] Información obtenida en foroporlamemoriazamora@gmail.com citando la obra *De Filipines a Dachau. Biografía de Carlos Redondo Flores* de Xavier Bella Redondo biznieto del militar (20/06/2011).
[15] Ed. Gustavo Gili. Barcelona, 1930.
[16] Archivo General Militar de Guadalajara. Caja 306935 Expediente 158.
[17] Archivo General Militar de Guadalajara Caja 301094 Expediente 123295.
[18] Archivo General Militar de Guadalajara Causa 00003/1939 Ref. Archivo 11.272 Fichero 43 Ficha M0190902.
[19] Banc de Memòria Democràtica. banc.memoria.gencat.cat.
[20] Archivo General Militar de Guadalajara Caja 300015 Expediente 1128.

-El juez instructor coronel de Caballería Carlos Caballero Méndez no aparece en posteriores procedimientos de 1939. Existe una Providencia con fecha 10 de agosto de 1936 las 18h según la cual se le nombra juezinstructor en el CdG del general Goded asistido como secretario por el capitán de Infantería Bernardo Castell Medina.[21] Fichado en la Sección Político-Social: fichero 8 núms. C000/1964 a C000/1969.

-El fiscal teniente auditor de Primera Pedro Rodríguez Gómez. Nombrado secretario de la sala VI del Tribunal Supremo a propuesta del ministro de la Guerra Mariano Ruiz Funes en fecha 16 de octubre de 1936. Condenado a muerte.[22] No consta su ejecución ni el resto de su documentación procesal.

-El abogado defensor del general Goded el comandante de Estado Mayor Antonio Aymat Mareca, curiosamente, será condenado el 3 de agosto de 1939 a la pena de doce años y un día de reclusión menor, a pesar de haber realizado una fundada defensa del militar.[23] Consta textualmente en el CdG de 1939 que el acusado *manifestó frases contrarias al Movimiento salvador de España.* En julio de 1940 se le conmuta la pena por la de 6 meses y un día. Sin duda se tuvo en cuenta documentación aportada que demostraba que en 1938 organizó una red de espionaje al servicio del SIPM[24] aportando valiosa información al general de División José Ungría Jiménez[25], oficial que estaba al mando de los servicios secretos del bando sublevado.

En febrero de 1940 le será redimida la pena en su totalidad con el *enterado* del Generalísimo. Permaneció, por lo tanto, un total de seis meses en prisión. Expulsado del ejército, en 1961 será rehabilitado con el grado de coronel. Falleció en 1972. En julio de 2021 el Archivo Nacional de Catalunya recibió documentación personal del comandante Antonio Aymat procedente del Archivo de la Guerra Civil de Salamanca.

Restituyó dicho patrimonio a los titulares legítimos del militar. En 2015 ya se recibió un primer lote documental que fue devuelto a sus descendientes.

-El defensor suplente capitán del Cuerpo de Trenes Antonio Sánchez Bravo no aparece en posteriores procedimientos de 1939. Enviado a Batallones disciplinarios de soldados trabajadores (BDST) fue fichado por la Sección Político-Social (Fichero 60 fichas S0044690 a S0044694).[26]

Como se puede observar ninguno de estos miembros del Consejo de Guerra que procesó y condenó a muerte al general Goded Llopis sufrió la pena capital. El 25 de

[21] Centro Documental de la Memoria Histórica (Fichero PS).

[22] Según documentación publicada por la Unión Progresista de Fiscales (UPF) 21 de enero de 2011.

[23] Archivo General Militar de Guadalajara Caja 301104 Expediente 124015. Causa número 3 Ref. de archivo 11.272. Fichado por la Sección Político-Social Fichero 5 Ficha A0177500 y A0177501.

[24] SIPM: Servicio de Información y Policía Militar. Agencia de inteligencia militar del bando franquista de carácter represivo en las principales ciudades republicanas. La documentación de esta organización se encuentra en el Archivo General Militar de Ávila. Carlos Píriz. Universidad de Santiago de Compostela 17/06/2022.

[25] Formado en la Escuela Superior de Guerra de Madrid y en l'École Supérier de Guerre de París. Fue director de Seguridad en 1939 una vez finalizada la Guerra Civil.

[26] Archivo General Militar de Guadalajara Caja 303952 Expediente 129644. Prisionera de guerra en campo de concentración y batallón Caja 304542 Expediente 5. Existe más información en el Tribunal Militar Territorial 1 de Madrid. Legajo 2981.

septiembre de 1939 el general Franco conmuta las penas aplicadas a la mayoría de los miembros del CdG celebrado contra Goded Llopis y Fernández Burriel. La mayoría de ellos obtuvieron la libertad condicional en 1943 beneficiándose del indulto promulgado por Decreto Ley el 18 de septiembre de 1946 (BOE 353).

Las posibles causas de este hecho las debemos situar, por un lado, en la profunda enemistad y continuos enfrentamientos que caracterizaron la relación personal entre Francisco Franco y el general Goded; y, por otro, aportaciones documentales de los detenidos que demostraban su participación junto a las tropas sublevadas. José Combelles presenta un aval de FE y de las JONS aportando listas de militares *rojos* a fin de atenuar su pena. El abogado Antonio Aymat aporta una carta del general Goded con argumentos favorables. Nicolás Martínez y Mario Giménez aportan una carta de las viudas de oficiales fusilados donde se menciona que ellos dos fueron los únicos que votaron en contra del fusilamiento de los generales Goded Llopis y Fernández Burriel. Michelena Llull presenta una carta de miembros de FE y las JONS que declaran que era adicto al Movimiento.

Despreocupación e indiferencia caracterizaron las decisiones del generalísimo ante cualquier cuestión que comportara el nombre de Goded. No fueron actos de magnanimidad ni de perdón.

Sino desinterés y rencor del dictador ante la proyección de un general al que siempre despreció manteniéndolo lejos de sus planes, incluso después de muerto. La misma viuda de Goded visitó en 1939 el palacio del Pardo solicitando que trasladasen los restos de su marido desde Barcelona hasta Madrid. El mismo Franco le contestó que no había dinero para dicho traslado. Intervino, entonces, el general José Enrique Varela, amigo íntimo de la familia que proporcionó el coste necesario junto a una cuestación popular que se realizó en Palma de Mallorca.[27]

El segundo caso que nos ocupa es el del contraalmirante de la Armada Camilo Molins Carreras[28] general Jefe de la Base Naval de Cartagena en 1936. Disponemos de escasa documentación jurídico-militar. Formó parte de los siguientes buques: fragata Almansa, Corbeta Nautilus, Trasatlántico Isla de Luzón, Crucero auxiliar Rápido y cruceros Alfonso XIII y Lepanto.

Estuvo al mando de un torpedero, el guardacostas Tetuán y el crucero ligero Blas de Lezo todos ellos adquiridos a Francia y al Reino Unido a fin de compensar las derrotas en la guerra de Marruecos y poder ejercer la tarea de vigilancia en las costas norteafricanas.[29]

Ascendió a contraalmirante por Decreto de 23 de octubre de 1934 (D.O. núm. 244). Recibió dos cruces del Mérito Naval con distintivo rojo de 2ª clase[30], Cruz Roja del Mérito

[27] Información obtenida por el autor entrevistando a María del Pilar Goded, hija actualmente fallecida del General Goded.

[28] Ver de José Luis Blanco Lorenzo la obra *Camilo Molins. El trágico destino de un almirante.* Publicada por el autor.

[29] Participó en el desembarco de Alhucemas. Botado en 1922 se hundió en 1932 al chocar con unas piedras de la costa no señalizadas. Como armamento llevaba seis cañones, cuatro ametralladoras, doce tubos lanzatorpedos y un cañón de desembarco. *ANC "El Blas de Lezo". Hemeroteca Digital*

[30] Placa de ocho puntas y sobre ella una cruz con brazos esmaltados en blanco y ancla en esmalte azul.

Naval de 1ª clase pensionada[31], la medalla de la coronación de S.M. Alfonso XIII, Medalla de la Campaña del Rif, la Cruz de San Hermenegildo y en 1935 según D.O número 178 la Placa de San Hermenegildo.[32]

Fue juzgado en CdG dos veces. La primera en 1936 por las autoridades militares de la República, pero la intervención de la oficialidad que se hallaba bajo su mando le defendió declarando a su favor. Entre el 19 y el 20 de julio fueron detenidos los mandos de la Base Naval de Cartagena. Camilo Molins fue sustituido en el cargo por el maquinista auxiliar segundo Manuel Gutiérrez Pérez.

Finalmente fue absuelto pero expulsado de la Armada. Molins Carreras junto a su familia se trasladaron al Gran Hotel de Cartagena donde fueron acogidos por sus dueños. A causa de los frecuentes bombardeos, la familia se trasladó al campo trabajando el contraalmirante como simple hojalatero.

Al finalizar la guerra sufrió un segundo proceso el 15 de abril de 1939 del cual existe copia mecanografiada de la sentencia *por un supuesto delito de rebelión.* Fue condenado en Causa núm. 6/39. Archivada copia certificada de tres folios que incluye la sentencia del CdG celebrado el 15 de abril de 1939.[33]

El juez instructor fue el alférez alumno de Infantería de Marina Lucio Adolfo Abarca Nocito.[34] En ella certifica con fecha 10 de julio de 1941 la legalidad de la copia mecanografiada de la sentencia de 1939. El CdG se reunió en la Penitenciaria Naval de Cartagena para ver y fallar el juicio sumarísimo contra el contraalmirante Molins Carreras por supuesto delito de rebelión militar.

La sentencia menciona en su primer Resultando que *después del ficticio triunfo electoral del febrero de 1936* el acusado mostró una parcialidad acentuadísima a favor del personal obrero del Arsenal dejando a dejar sin curso partes formulados por oficiales *y a cometer otras parcialidades singularísimas.*

El segundo Resultando afirma que cuando las fuerzas del Arsenal se encontraban acuarteladas el contraalmirante, primer jefe de la Dependencia permitía únicamente a las clases subalternas poder salir a su casa, denegando dicho permiso a la oficialidad que también lo habían solicitado.

La mañana del 19 de julio la incertidumbre de los sublevados es mayoritaria, sobre todo al tener conocimiento que la marinería se había amotinado deteniendo a sus jefes y oficiales.

---

[31] Pensionada con el 10% del sueldo correspondiente al empleo en que la obtenga el agraciado. Ley del 15 de julio de 1890 (Gaceta de Madrid número 198)

[32] Distinción militar creada por Fernando VII al terminar la Guerra de la Independencia en 1814. Su primer reglamento se publicó en 1815.

[33] *CERTIFICO: Que en la expresada Causa y a los folios que al margen se expresa, aparecen los escritos que copiados al pie de la letra dicen: SENTENCIA (...) RESULTANDO (incluye cinco) CONSIDERANDO (incluye cuatro)* Hay un sello que indica Juez Tercio de Levante. Cuerpo de Infantería de Marina. Y otro que incluye Archivo Naval de Cartagena. Órgano de Historia y Cultura Naval.

[34] En el BOE núm. 346 página 6991 aparece en la relación de alféreces provisionales de infantería *huérfanos de marinos y militares muertos en campaña o asesinados por los rojos.*

El tercer Resultado relata que en la mañana del 19 de julio de 1936 fue asesinado el teniente de Navío Ángel González López.[35] Ante la exaltación de gran parte de la marinería, la sentencia afirma que el Contraalmirante Carreras *arengó a la tropa prometiendo hacer justicia sin precisar a quien, terminando declarándose adicto al gobierno de Madrid y a la República dando vivas a esta.* Mantuvo conferencias telefónicas con el gobernador Militar de Cartagena y Jefe de los Alcáceres.

El cuarto Resultando describe como Molins recibió la noche del 19 de julio del 36 a las puertas del cuartel a elementos del Frente Popular y Comunistas acompañándolos en una visita de inspección a los Arsenales.

El quinto Resultando narra cómo la mañana del 28 de julio el contraalmirante Molins siguiendo indicaciones de la marinería destituyó a la oficialidad de los barcos, simpatizantes del levantamiento que se hallaban en el Arsenal.[36] El sexto Resultando denuncia la actitud del contraalmirante al facilitar que la aviación se proveyese de bombas para poder bombardear los buques sublevados.

En los Considerandos se presenta al contraalmirante como responsable de *la espantosa tragedia que ha vivido Cartagena bajo el terror de las hordas marxistas.* Por todo ello se le considera culpable del delito de rebelión militar comprendido en el artículo 128, punto 2 del Código Penal de la Marina de Guerra.

Como agravantes incluyen su intervención directa y voluntaria en concepto de autor de los hechos.[37]

Seguidamente la sentencia afirma y corrobora todos los Resultando anteriormente citados. El almirante auditor Militar presente en el CdG disiente de la sentencia de reclusión perpetua dictada por el CdG y solicita elevar recurso al Alto Tribunal de Justicia Militar y que la causa vuelva al Juez Instructor solicitando la pena de muerte.

También se unieron al citado recurso el presidente del Tribunal, el Ponente y un Vocal del CdG. El Consejo Supremo de Justicia Militar revisó la causa condenando, finalmente, a muerte al contraalmirante Molins que sería ejecutado el 23 de junio de 1939 en las instalaciones del Arsenal de Cartagena (Murcia).[38]

---

[35] Testigos de edificios colindantes declararon que el agresor, el fogonero Dionisio Marchante, al identificar al oficial junto al edificio de la Base de Submarinos sin mediar palabra le disparó a quemarropa. Un oficial que estaba de guardia lo persiguió disparándole repetidamente hasta herirlo de gravedad, muriendo horas más tarde. *La verdad. Alzamiento y revolución en 1936.* Luis Miguel Pérez Adán 19/07/2014.

[36] Consultar de Floren Dimas Balsalobre. *Los archivos militares, un reto democrático.* (6/10/2022) Publicado en Infolibre.es y Foro Milicia y Democracia. Oficial del ejército del aire retirado, vocal de la Asociación Civil Milicia y República (ACMYR) y delegado de la Asociación para la memoria histórica AGE (Archivo, Guerra y Exilio) en la región de Murcia.

[37] *FALLAMOS que debemos condenar y condenamos al Contraalmirante Camilo Molins Carreras a la pena de reclusión perpetua con las accesorias que señala el Articulo 44 del citado Código Penal de la Marina de Guerra siéndole de abono la totalidad de prisión preventiva.*

[38] Según información de Benito Sacaluga Rodríguez, Teniente Coronel maquinista que posteriormente también fue fusilado con el *enterado* del Generalísimo, las ejecuciones se realizaban en las instalaciones del Arsenal (Campo de Deportes) o bien en el Muelle del Carbón. Según declara el nieto del Teniente Coronel Sacaluga *una vez muerto su abuelo, con el cadáver en el suelo, desfilaron ante él las fuerzas con destino en el Arsenal. Diario Digital Nueva Tribuna* 25 (04/2019). Artículo de Arturo Maira.

Sus restos fueron depositados en la fosa común del cementerio Los Remedios (Cartagena).[39] Su mujer, Paz Ristori Suárez, que cobraba pensión ordinaria de viudedad, solicitó el 13 de abril de 1978 beneficiarse de la amnistía que comportaba una mejora económica si se consideraba su fallecimiento *en acto de servicio.* Su solicitud fue desestimada según Resolución del Ministerio de Defensa con fecha 4 de diciembre de 1979.

Como se puede deducir sobre lo expuesto en la sentencia los hechos narrados y suposiciones no tienen ninguna validez a efectos judiciales y, mucho menos, en un juicio de oficiales generales. Son meras interpretaciones carentes de justificación y sin aportar testigos presenciales de las acusaciones. En ningún caso una *parcialidad* no especificada ni detallada puede llegar a ser elemento de culpa. En noviembre de 1936, por indicaciones del general Franco, se crearon los Consejos de Guerra Permanentes caracterizados por la celebración de procesos *sumarísimos de urgencia.*

Igual que lo detallado en esta comunicación la defensa podía acceder a los sumarios momentos antes del juicio sin poder presentar nuevos testimonios. En el caso del contraalmirante Molins Carreras no aparece ni un solo testigo ni se menciona, tan solo, quien ofició como abogado defensor.

En muchos CdG aparecen como base argumentativa del fiscal meras insinuaciones, falsas denuncias y conjeturas que no deberían formar parte de una causa judicial por no ser una aportación clara y diáfana de culpabilidad. El eje central de estos CdG se centra en la acusación, por parte de los sublevados, de *rebelión militar* a quienes, en realidad, fueron fieles a su juramento de fidelidad al gobierno legalmente constituido.

Para ello, los alzados en armas intentaron, en todo momento, justificar sus actuaciones ante, según ellos *la situación caótica* del país y la presunta ingobernabilidad de la nación. Sirva de ejemplo cuando en diciembre de 1938 se constituye una Comisión encargada de *demostrar la ilegitimidad de los poderes actuantes en la República Española en 18 de julio de 1936.* Deberá elaborar un Dictamen sobre la situación de ilegitimidad de los poderes actuantes el 18 de julio de 1936.[40]

En sus conclusiones se justifica el golpe de estado por *incurrir el Estado en caso flagrante de desviación de móviles del poder (…) Un Estado puesto al servicio de la violencia y del crimen.* No consideran que sus acciones constituyan actos de rebeldía militar según se expresan en el punto octavo.[41]

Finaliza el citado Dictamen con una frase totalmente elucubradora, falta del mínimo fundamento jurídico justificando, en definitiva, el levantamiento militar.[42]

[39] El Archivo Naval de Cartagena contiene en sus fondos documentales su expediente de prisión naval y en el Archivo Central del Cuartel General de la Armada figura su expediente personal.

[40] Dictamen de la Comisión sobre ilegitimidad de poderes actuantes en 18 de julio de 1936. Publicado por Editora Nacional. Ministerio de la Gobernación

[41] *El Glorioso Alzamiento Nacional, no puede ser calificado, en ningún caso, de rebeldía, en el sentido jurídico penal de esta palabra, representando, por el contrario, una suprema apelación a resortes legales de fuerza que encerraban el medio único de restablecer la moral y el derecho, desconocidos y con reiteración violados.*

[42] *Para apartar al gobierno del Frente Popular de todo comercio moral, motivo suficiente para cancelar su inscripción en el consorcio del mundo civilizado e interdictarle internacionalmente como persona de derecho público.* El 15 de febrero

Este informe que es, a todas luces, de escaso y discutido valor jurídico pretendía, cómo es evidente, buscar una justificación documental que avalase la sublevación militar de 1936. En realidad, lo que el bando franquista llevó a cabo fue un detallado y preciso plan de persecución y represión indiscriminada.

Se aplicaba en el ámbito militar tipologías de delitos que ni el CJM vigente contemplaba como *insinuación, rebelión, incitación o provocación a la rebelión.* Tan solo dar la imagen de ser contrario al levantamiento militar implicaba inmediatamente la detención y posterior juicio sumarísimo. Esta extrema violencia se puede observar en propio contenido de los Bandos de declaración de guerra.[43]

Por lo tanto quien proclamaba el Estado de Guerra se convertía automáticamente en la máxima autoridad civil y militar dejando en situación de rebeldía quienes hasta ese momento eran adversarios.

Iniciada ya la Guerra Civil el 28 de julio de 1936 en Burgos[44] la Junta de Defensa Nacional ratificará el Estado de Guerra en todas las provincias del territorio nacional. Este bando será firmado por la autoridad competente, el general Miguel Cabanellas Presidente de esta Junta al ser el general de División con mayor antigüedad.

El CJM de 1890, base jurisdiccional militar de esta comunicación fue sustituido por la Ley Orgánica 13/1985 donde desaparecerá esa denominación pasando a llamarse Código Penal Militar. En este desaparece el Consejo de Guerra y se aplica el principio de jurisdicción procesal unificada entre civil y militar. La Ley Orgánica 2/1989 determina el sistema judicial militar en tres ámbitos:

1º Sumarios: engloba los delitos de carácter militar, eliminando los procesos "sumarísimos". En los Sumarios se encuentran los delitos tipificados de carácter militar como traición, sedición y rebelión.

2º Diligencias preparatorias: como abandono de destino o residencia y deserción.

3º Contencioso disciplinario: que recurre la imposición de una sanción

Este bando de guerra no fue definitivamente derogado hasta el 27 de diciembre de 2007 en aplicación de la Ley de Memoria Histórica... más de siete décadas después.[45]

Esta Ley de Memoria Históricafue derogada y sustituida el 19 de octubre de 2022 por la Ley de Memoria Democrática entrando en vigor el día 21 del mismo mes.

En su artículo 1.3. entre otras resoluciones, *expresamente se repudia y condena el golpe de estado del 18 de julio de 1936 y la posterior dictadura franquista que se declara ilegal.*

de 1939 el Plena de la Comisión aprueba el contenido del Dictamen. Firmado por el Magistrado del Tribunal Supremo Ildefonso Bellón Gómez es entregado al Ministro de Interior Ramón Serrano Súñer.

43 *El restablecimiento del principio de autoridad exige inexcusablemente que los castigos sean ejemplares, por la seriedad que se impondrán y la rapidez con que se llevarán a cabo, sin titubeos ni vacilaciones. (Bando de Guerra de Emilio Mola promulgado en Pamplona el 19 de julio de 1936).*

44 Publicado el 30 de julio de 1936.

45 45 *DISPOSICIÓN DEROGATORIA. Se declaran expresamente derogados el Bando de Guerra de 28 de julio de 1936 de la Junta de Defensa Nacional aprobado por Decreto número 79, el Bando de 31 de agosto de 1936 y, especialmente, el Decreto del General Franco, número 55, de 1 de noviembre de 1936. (...) las leyes de 1 de marzo de 1940 sobre represión de la masonería y el comunismo (...) la ley de 19 de febrero de 1942 sobre Responsabilidades Políticas. (BOE Núm. 310 de 27 diciembre de 2007 Págs. 53410 a 53416.)* Ley 52/2007 de 26 de diciembre por la que se reconocen

También se declara el día 31 de octubre de cada año como día de recuerdo y homenaje a todas las víctimas del golpe militar, la Guerra y la Dictadura[46].

45 DISPOSICIÓN DEROGATORIA

Se declaran expresamente derogados el Bando de Guerra de 28 de julio de 1936 de la Junta de Defensa Nacional aprobado por Decreto número 79, el Bando de 31 de agosto de 1936 y, especialmente, el Decreto del General Franco, número 55, de 1 de noviembre de 1936. (...) las leyes de 1 de marzo de 1940 sobre represión de la masonería y el comunismo (...)la ley de 19 de febrero de 1942 sobre Responsabilidades Políticas.

(BOE Núm. 310 de 27 diciembre de 2007 Págs. 53410 a 53416)

Ley 52/2007 de 26 de diciembre por la que se reconocen y amplían derechos y se establecen medidas en favor de quienes padecieron persecución o violencia durante la Guerra Civil y la Dictadura.

46 Artículo 4.1

En el bando sublevado se fusiló o asesinó a diez Generales de la República[47]:

Miguel Núñez de Prado y Susbielas	General de División
Antonio Azarola Gresillón	Contraalmirante de la Armada
Miguel Campins Aura	General de Brigada
Manuel Romerales Quintero	General de Brigada
Rogelio Caridad Pira	General de Brigada
Enrique Salcedo Molinuevo	General de División
Domingo Batet Mestres	General de División
José Aranguren Roldán	General de la Guardia Civil
Toribio Martínez Cabrera	General de Brigada
Camilo Molins Carreras	Contraalmirante de la Armada[48]

y amplían derechos y se establecen medidas en favor de quienes padecieron persecución o violencia durante la Guerra Civil y la Dictadura.

[46] Artículo 4.1.

[47] Existe una obra de próxima aparición de los historiadores Joaquín Gil Honduvilla y Jacinto Merino donde se analizan con detalle los diversos CdG en que fueron juzgados, la sentencia aplicada y su posterior fusilamiento. Excepto del feneral de División Miguel Núñez de Prado y Susbielas a quien parece ser le dieron *"paseo"* en su traslado de centro penitenciario y del ya mencionado en esta comunicado Contraalmirante Camilo Molins Carreras.

[48] Pedro Fernández Barbadillo los cuantifica en treinta *Los 30 generales muertos por los rojos en la guerra* Libertad Digital. 26/07/2013 coincide la cantidad con la mencionada por Ramón Salas Larrazábal en *Historia y Vida* Núm. 95 Año IX Págs. 18-28 Barcelona, febrero 1976 Salas los cuantifica en ocho al no incluir el fusilamiento de los dos Contraalmirantes de la Armada Antonio Azarola Gresillón y Camilo Molins Carreras.

Fueron fusilados seis Generales en 1936, uno en 1937 y tres en 1939, una vez finalizada la Guerra Civil. En la zona republicana se fusilaron a quince generales y once de la Armada[49].

[49] Por otro lado, la lista que presentan Miguel del Rey y Carlos Canales en *Generales y mandos de la Guerra Civil.* Ed. EDAF. febrero 2019 Págs. 12-13 No incluyen en la zona republica los tenientes generales Pío López Pozas *y* José Rodríguez Casademunt asesinados los dos en la llamada *Matanza de Paracuellos* en noviembre de 1936 que si aparecen en el listado de Salas Larrazábal.

15.
LAS GUERRAS CIVILES EN ZONA REBELDE: CONFLICTIVIDAD POLÍTICA, ENFRENTAMIENTO Y VIOLENCIA ENTRE FALANGISTAS Y REQUETÉS (1936-1939)

Antonio García Palacios
Universidad Complutense de Madrid

Durante los tres años de guerra y en la larga posguerra, el franquismo trató de proyectar siempre y en todo momento una imagen de unidad ideológica inquebrantable, fundamentada en el principio de una sola España, grande y libre. Si bien es cierto que Franco, contrario a "dejar sin ocupar ninguna parcela de poder independiente fuera de su control"[1], puso todos los medios represivos a su alcance para ello, no lo es menos que ya desde 1936 empezaron a articularse en las entrañas de la zona sublevada dos grandes fuerzas que, aunque antagónicas en sus estamentos teóricos y razón de ser, terminaron encontrándose dentro de la misma trinchera en base a su común deseo de aniquilar la legalidad republicana. Unidos por decreto en abril de 1937 bajo la pomposa denominación de Falange Española Tradicionalista y de las JONS, falangistas y carlistas libraron su propia guerra civil dentro de la retaguardia franquista, llegando a protagonizar constantes alteraciones del orden público cuyas causas, grado de intensidad y repercusiones trataremos de analizar a lo largo de las siguientes páginas.

En palabras de Ismael Saz, "la combinación entre la ausencia de un Estado digno de tal nombre y la existencia de una movilización civil protagonizada por diversas organizaciones dio lugar también en ambos bandos a una situación de *doble poder* que, en cierto modo, condicionaría la vida política de las dos zonas".[2] Son numerosos los libros, artículos o epígrafes de los mismos que a lo largo de las últimas décadas han abordado el paradigmático enfrentamiento entre comunistas y anarquistas, culminante en los famosos sucesos de mayo de 1937 en Cataluña, utilizados en no pocas ocasiones de forma perniciosa para ejemplificar el caos y el desorden imperantes en zona republicana y legitimar la necesidad de un alzamiento que devolviera el orden al país. Menos frecuentes, aunque haberlas haylas, son las investigaciones centradas en las divergencias entre falangistas y tradicionalistas. En cualquier caso, estamos ante trabajos en los que, salvo contadas excepciones, se prioriza la fractura ideológica entre las élites de ambas organizaciones,

---

[1] Thomàs, Joan Maria, "Luchas internas en la zona franquista durante la Guerra Civil", *Contenciosa*, número I, Argentina, 2013.

[2] Saz, Ismael, "Política en zona nacionalista: la configuración de un régimen", *Ayer*, número L, Madrid, 2003, págs. 55-84.

dejando a un lado la violencia a pie de calle, la agresiva propaganda en contra del adversario político que circulaba en las octavillas y panfletos repartidos de manera clandestina o los encendidos y retóricos artículos en defensa de sus respectivos principios rectores que recorrían todo el frente de combate y la retaguardia rebeldes gracias al lanzamiento de periódicos propios como *Siglo Futuro*[3], emblema de la prensa carlista, o *Arriba*, *Azul*, *Falange* o *Nueva España*, órganos de expresión nacionalsindicalista.

Tras el fracaso del golpe de Estado del 18 de julio de 1936 y la consiguiente fragmentación del territorio español, falangistas y carlistas, por entonces representantes de dos alternativas políticas con muy escasa acogida en la esfera pública[4], decidieron empuñar las armas en defensa de la *causa nacional* y en contra de los principios democráticos inspirados por el espíritu republicano de 1931. Es innegable que ambas formaciones compartían su rechazo hacia los valores de la democracia como sistema garante de la soberanía popular, el liberalismo o el marxismo. No obstante, las discrepancias más significativas radicaban en sus propuestas de organización estatal, pero también de la vida social y de las estructuras económicas. De esta forma, la guerra fue vista por unos y otros como el medio necesario para alcanzar un fin. La restauración de la monarquía tradicional, en el caso de los carlistas –cuyas reivindicaciones no diferían en exceso de las que motivaron la fundación del movimiento en el primer tercio del siglo xix–, y la implantación de un modelo nacionalsindicalista de inspiración fascista, en el de los falangistas, en 1936, "un grupúsculo político sin incidencia real"[5] que llegaría a aportar a las filas franquistas la nada desdeñable cifra de 205.173 combatientes.[6]

En vista de las circunstancias, *boinas rojas* y *camisas azules* establecieron una relación con el incipiente régimen franquista que podríamos calificar de "simbiótica". Ambas fuerzas asumieron un peso específico en las labores de reclutamiento de combatientes gracias a su capacidad de movilización, especialmente en el ámbito rural, desempeñando una función en los compases iniciales de la contienda que, de forma progresiva, iría monopolizando el Ejército.[7] Ello permitió la rápida configuración de "milicias políticas" integradas por falangistas y requetés, con una ideología muy marcada y dispuestos para la lucha en primera línea, pero muchas veces carentes de armamento, instrucción y disciplina, circunstancia que se tradujo en un elevado número de deserciones y en enfrentamientos

[3] Ver Agudín Menéndez, José Luis, *El Siglo Futuro. Un diario carlista en tiempos republicanos (1931-1936)*, Zaragoza, Prensas de la Universidad de Zaragoza, 2023.

[4] Celebradas las elecciones a Cortes el 16 de febrero de 1936 –la segunda vuelta fue el 4 de marzo– y tras la composición definitiva de la cámara de representantes con la repetición de comicios el 6 de mayo, el partido de José Antonio Primo de Rivera no consiguió sentar un solo diputado en la misma. El carlismo, agrupado en la Comunión Tradicionalista de Fal Conde, obtuvo 9 escaños. Por entonces, su campo de acción se limitaba a las provincias vascas y navarra, donde había perdido terreno en detrimento del PNV, con el que competía abiertamente en todo lo relacionado con la defensa del foralismo. Además, era un bloque político con importantes disensiones internas entre sectores más conservadores e intransigentes y otros más "aperturistas".

[5] Lazo, Alfonso, *Una familia mal avenida: Falange, Iglesia y Ejército*, Madrid, Síntesis, 2008, pág. 12.

[6] Parejo Fernández, José Antonio, "De puños y pistolas. Violencia falangista y violencias fascistas", *Ayer*, número LXXXVIII, Madrid, 2012, págs. 125-145.

[7] Ver Leira Castiñeira, Francisco Jorge, *Soldados de Franco. Reclutamiento forzoso, experiencia de guerra y desmovilización militar*, Tres Cantos (Madrid), Siglo XXI de España, 2020.

con la autoridad castrense, pese a que "las jefaturas falangistas no tardaron en aceptar la subordinación de sus unidades al mando militar".[8]

Dentro de la documentación conservada, el Cuartel General de Milicias alberga un registro con más de un centenar de notificaciones de deserción individuales o grupales entre mayo de 1937 y abril de 1939. La relación, por tanto, se ciñe a las deserciones que tuvieron lugar en las filas de FET y de las JONS como partido único, excluyendo las que se produjeron con anterioridad al decreto unificador. También quedarían fuera del cómputo global las incluidas en los documentos extraviados o destruidos. La última correspondiente a esta serie data del 19 de abril de 1939 y está firmada por el comandante jefe de la Bandera de Marruecos de FET y de las JONS, quien comunica la deserción del falangista de la 4ª Centuria Mohamed Ben Mohamed Cheriff, ausente en tres listas de ordenanza.[9]

Repasando las cifras, se puede intuir la gravedad del problema de las deserciones en la zona franquista. Veamos un ejemplo concreto. En un documento fechado el 14 de abril de 1937 se presenta una relación de individuos que no volvieron a incorporarse a las banderas Segunda, Tercera y Cuarta, unificadas en la Bandera de Cáceres. De 572 hombres, 227 figuran como "fugado" o "desertor", es decir, el 39,6% de los combatientes, y el resto como "heridos", "inútiles" o "incorporados a la Legión o el Ejército".[10] Como complemento a esta información de tipo cuantitativo, existe un escrito del 9 de septiembre de 1937 remitido por el comandante jefe de la Bandera de Cáceres al general jefe directo de Milicias en el que da cuenta de este asunto:

> Al hacerme cargo de esta Unidad, en el mes de Abril del presente año, y ver el número tan reducido de falangistas que, entonces componían las tres Banderas llamadas SEGUNDA, TERCERA y CUARTA, me extrañó tanto que empecé a investigar las razones acerca de porqué [sic] se hallaban tan diezmadas, pues parecía extraño que hubieran tenido tal cantidad de muertos ó heridos que habían quedado reducidas a un tercio de sus efectivos y algunas menos aún.
>
> Hechas mis averiguaciones, y sin que ninguno de los anteriores Jefes de Bandera me lo ocultara, vine en conocimiento de que en verdad las Unidades habían tenido bastantes bajas entre muertos y heridos en el frente de Carabanchel Bajo, pero mi sorpresa no tuvo límites cuando me dijeron y ya he comprobado que el MAYOR NUMERO DE BAJAS FUE A CAUSA DE LAS DESERCIONES, SIN QUE POR LAS AUTORIDADES DE CACERES SE HAYA HECHO LO MAS MINIMO PARA EVITAR ESTAS. AL CONTRARIO, LAS HAN FOMENTADO, SIENDO EN VERDAD RESPONSABLES DE QUE MUCHOS FALANGISTAS HAYAN DESERTADO

---

8 Rodríguez Jiménez, José Luis, *Historia de Falange Española de las JONS*, Madrid, Alianza Editorial, 2000, pág. 250.

9 AGMAV, Archivo General Militar de Ávila, 5699, 14, 15 y 16.

10 AGMAV, 5699, 14.

PUES EN VEZ DEL CASTIGO MERECIDO LOS PREMIABAN ACOGIENDOLOS MUY PATERNALMENTE.

El relato, muy descriptivo y del cual solo citamos los fragmentos más relevantes, continúa de la siguiente manera:

> Si los falangistas van con permiso, la mayor parte no vuelve a pesar de que en el pase se hace constar la fecha de ida y vuelta y la obligación de presentarse a las Autoridades Militares. Se encuadran en otra unidad ó se están en casa tranquilamente y no hay quien les diga nada. Hay UN CASO reciente. El falangista MANUEL CACEREÑO MARQUEZ, de Almoharín, está enfermo en el hospital de Talavera, le dan el Alta y dice que le firmen la Autorización para incorporarse a la Plana Mayor de la Bandera de Cáceres, se marcha a su pueblo ó a Cáceres, ponemos oficio a las Autoridades dando cuenta de su deserción y HASTA LA FECHA. Otro caso es el del falangista ANTONIO FERNANDEZ CIVANTOS, de Trujillo, va con permiso, tarda en regresar, se ponen oficios y telegramas a las Autoridades Militares y de Falange para su detención y el falangista en cuestión se pasea tranquilamente LUCIENDO LOS GALONES DE SARGENTO, por Sevilla y otros sitios. Otro, el de GERMAN CUSTODIO GARCIA, de Cañaveral, con permiso, le dicen que se incorpore a la Unidad y en VERZ [sic] DE HACERLO, SE VA AL EJERCITO, AL REGIMIENTO DE ARGEL. OTROS MUCHOS VAN A LA LEGION, pero a estos hay que perdonarlos. Los que no tienen perdón ni pueden tenerlo SON AQUELLOS MEDICOS, AQUELLOS JEFES DE CENTURIA Y FALANGE QUE DESERTARON DEL FRENTE Y HOY ESTAN DISFRUTANDO LAS DELICIAS DEL MANDO EN LA RETAGUARDIA CON LA ANUENCIA DE QUIEN DEBIA EVITARLO.

El comandante jefe de la Bandera de Cáceres finaliza su informe concluyendo cómo las deserciones no son más que el resultado de una serie de tratos de favor ante el miedo de determinados jefes falangistas a perder sus puestos por las críticas de sus subordinados y cómo, a su vez, esta inacción retroalimenta el problema:

> LA VERDAD ES QUE LA ACOGIDA TAN CORDIAL HECHA A LOS DESERTORES EN CACERES FUE CAUSA DE EXPEDIENTES QUE COSTARON LOS MANDOS A ALGUNOS JEFES DE BANDERA. TODO ELLO PORQUE LOS FALANGISTAS DESERTORES HABLABAN MAL DE SUS JEFES. EN VEZ DEL CASTIGO QUE SE MERECIAN LOS PREMIABAN, LES DABAN MANDOS DE CONFIANZAS Y ESTA POLÍTICA ES LA QUE INFLUÍA EN EL ÁNIMO DE LOS DEMÁS PARA HUIR COMO COBARDES A REFUGIARSE EN LAS TRINCHERAS DE RETAGUARDIA, A SERVIR DE LAZARILLO O PAJE A SUS JEFES DE ALLA.[11]

[11] Ibídem.

Las quejas vertidas por el comandante jefe de la Bandera de Cáceres derivaron en una investigación cuyos resultados se recogen en un escrito enviado el 17 de septiembre de 1937 por el comandante jefe provincial, responsable de llevar a cabo las averiguaciones oportunas, al general jefe directo de la Milicia Nacional. El escaso tiempo transcurrido entre ambos oficios –el primero, recordemos, estaba fechado el 9 de septiembre– evidencia que la investigación ni fue profunda ni tuvo intención de serlo por las consecuencias indeseables que pudieran derivarse de ella, hecho que se refleja en las conclusiones del jefe provincial quien trata de desmarcarse por completo del problema, explicando las deserciones como consecuencia, primero, de una mala intendencia, y segundo, de una fragmentación política de base –el despotismo de los jefes locales y la negativa a la unificación con requetés y otras fuerzas–:

> De las manifestaciones de individuos que han pertenecido a aquellas Banderas he sacado la deducción que el número de bajas fué [*sic*] producido por muerte o heridos, siendo la mayoria [*sic*] la producida por deserciones, estas deserciones que bajo el punto de vista militar no tienen escusa [sic] de ninguna clase, pués [*sic*] ningún oficial de nuestro Ejercito [*sic*] concibe pueda haber deserciones al frente del enemigo, no obstante y para que V. E. pueda tener conocimiento de las causas que motivaron aquellas bajas he de hacer constar que los individuos pertenecientes a la Bandera que mandaba el Capitán señor Bravo estaban completamente abandonados, pués [*sic*] además de soportar las fatigas propias de la Campaña y la inclemencia del tiempo, pues los hechos que nos ocupan eran en la época más rigurosa del invierno se hallaban completamente desnudos y pésimamente alimentados, desertando la mayoria [*sic*] por los malos tratos recibidos [...].
>
> Esta jefatura que aspiró desde el primer momento a que la unificación sea una realidad se ha encontrado y se encuentra con verdaderas dificultades por parte de aquellos Jefes Locales que quieren seguir la supremacia [*sic*] que hasta ahora tenian [*sic*] en todos los ordenes [*sic*], negandose [*sic*] algunos hasta acatar y cumplir las instrucciones que con fecha 6 de julio ultimo [*sic*] dictó el Jefe que suscribe las que se acompañan a este Informe y que fué [*sic*] remitida a todos los Jefes de Milicias de los pueblos. En algunos con la energia [*sic*] que en estos casos hay que obrar se ha conseguido por completo la Unificación, en otros aún sigue sin poderse resolver por no tener en dichos pueblos un Jefe de Milicias que sea imparcial, de caracter [*sic*] y que reuna [*sic*] ciertas condiciones de mando, la mayoria [*sic*] de los casos es por no querer Falange admitir a las otras organizaciones, Requetés y Milicias Patrióticas, y es que los Jefes Locales estan [*sic*] alentados por el Jefe politico [*sic*], que solo buscó desde el primer momento la masa, del mayor número de Falangistas sin tener en cuenta la calidad y ahora se dá [*sic*] el triste caso de tener que imponer el Jefe que suscribe sanciones a estos Jefes para que entren por el camino recto de la disciplina, labor demasiado ingrata y larga, pués [*sic*] se trata de 223 pueblos que tiene la Provincia, pero que a pesar de ello no desmaya, apesar [*sic*]

> de los sinsabores y solo el perseguir un fin, unificar a todas las Milicias y [sic] ir desenmascarando a los verdaderos indeseables, caciques y Jefes de la vil y repugnante politica [sic] que agobiaba a esta Provincia y que muchos de ellos, como digo antes, son los Jefes Locales.

La dureza con la que eran tratados los milicianos fue también un acicate para el incremento de las deserciones. En este sentido, cabría reseñar el caso de la 2ª Bandera de La Coruña. La deserción de esta unidad de 250 hombres en la primavera de 1937 motivó la apertura de un expediente cuyas conclusiones quedaron recogidas en un informe rubricado por Sotomayor, jerarquía falangista en La Coruña, y Juan Bautista Fuentes, jefe comarcal de Santiago de Compostela:

> El día 12 a raíz de la toma de Sollube, el Comandante Boado (que había podido apreciar un gran cansancio en la fuerza y cierta decadencia moral a causa en parte de aquel cansancio y en parta [*sic*] también por inevitable efecto causado por la enorme cantidad de bajas, entre las que se contaban un gran número de buenos camaradas prestigiados y queridos en la Bandera), se permitió hacer oficiosamente advertencias al Mando de la 5ª Brigada, y este por estimar quizá inoportunas estas advertencias o quizás por otras razones, destituyó al Comandante Boado del mando de la Bandera, nombrando para sustituirle al Capitán Holguin que fué [*sic*] habilitado de Comandante, comenzando de hecho su mando el día 14 de mayo.
>
> Hay que consignar que la destitución de Boado y su sustitución por Holguin produjo mala impresión entre los falangistas pues sentian [*sic*] afecto por Boado y en cambio detestaban a Holguin, quien habituado a mandar fuerzas Coloniales y mercenarias (provenia [*sic*] del Tercio) hacia [*sic*] objeto de malos tratos a los Falangistas e incluso a los Alfereces [*sic*], faltando en todo momento el tacto necesario para hacerse querer de sus subordinados.
>
> Existen datos ciertos que prueban la dureza del mando de Holguin. En más de una ocasión, por faltas cometidas por falangistas, llegó a pegarles con su bastón castigándolos [*sic*] luego a permanecer amarrados a un arbol [*sic*]. En cierta ocasión con motivo de un avance y antes de iniciarse este por los hombres de la Bandera, Holguin dió [*sic*] la órden [*sic*] de avanzar costase lo que costase aconsejando el empleo de las bombas de mano y de los tiros contra los propios camaradas si estos titubeaban, siendo esto altamente depresivo para [la] unidad que se batió siempre con verdadero heroismo [*sic*].
>
> Como resumen puede decirse que el estado actual de la Bandera es deplorable. El agotamiento físico y el moral consiguiente crea una situación delicada, agravada por la actuación de Holguin a quien sin embargo reconocen los Falangistas un valor personal indiscutible. La falta de mandos intermedios da lugar a un distanciamiento moral muy grave entre el Comandante y los falangistas que forman bloque con los cuatro Alfereces [sic] que quedan, con gran quebranto de la moral colectiva y de la disciplina,

> habiendose [sic] llegado aun [*sic*] estado de depresión y de animosidad contra Holguin muy grave. Es necesario hacer constar que a partir del dia [*sic*] en que Holguin tomó el mando de la Bandera han ocurrido numerosas deserciones. Pero también es de justicia reconocer que el Comandante Holguin decidió no cursar los partes por escrito correspondientes –que hubiesen acarreado a los desertores el fusilamiento– a cambio de la promesa dada por el Jefe Provincial de La Coruña de conseguir la reincorporación a la Bandera de los desertores.[12]

Las deserciones en las filas rebeldes contribuyeron por tanto a subrayar la inestabilidad en la zona franquista, sumándose a la problemática escisión entre falangismo y carlismo, que fue cobrando fuerza en los primeros compases de la guerra y que, sin resolverse, siguió latente tras el Decreto de Unificación promulgado el 19 de abril de 1937 –también conocido como Decreto 255–, en virtud del cual se estableció una integración forzosa en FET y de las JONS, pilar sobre el cual Franco deseaba sustentar el edificio ideológico de la España de posguerra.

El propio Franco era consciente del poder de movilización, no solo política y militar sino también social, de falangistas y requetés. Para someter y controlar ambas fuerzas, cuya sombra alargada podría proyectarse en un futuro no muy lejano de manera preocupante, llegando a eclipsar al brazo armado de la emergente dictadura, el Ejército, ejecutó dos movimientos clave. El primero se produjo tras la publicación en el n.º 64 del BOE, fechado el 22 de diciembre de 1936, del Decreto 112, dado en Salamanca dos días antes, en virtud del cual se reglamentaba el servicio de las milicias nacionales y fuerzas auxiliares. A través de esta disposición legal, situaba a las milicias bajo el paraguas del Código de Justicia Militar, subordinaba a sus integrantes al mando de jefes militares y los colocaba bajo la órbita de la Guardia Civil, que levantaría puntualmente atestado de todas sus actividades en retaguardia. Con este golpe de mano, Franco trataba de anular el carácter político de estas unidades y orientarlas única y exclusivamente hacia su desempeño en el frente. El segundo revés que asestó el Generalísimo a nacionalsindicalistas y carlistas fue el ya mencionado Decreto de Unificación, una imposición en toda regla que además hizo aún más profunda la herida abierta en el seno del falangismo, supurante tras el nombramiento de Manuel Hedilla como Jefe Nacional hasta el regreso del "ausente" –en la primavera del 37 aún había camisas viejas que confiaban en la liberación de José Antonio– y la configuración de un bloque opositor encabezado por Sancho Dávila y Rafael Garcerán. Ambas facciones se habían enfrentado arma en mano en las calles de Salamanca los días previos a la publicación del decreto, un choque que Franco utilizó en su favor para justificar la necesidad de un partido unido bajo su mando.[13]

---

[12] Ibídem.

[13] Véase Castilla Martín, Antonio, *El conflicto interno en Falange Española de las JONS y su reflejo en la prensa salmantina (20 de noviembre de 1936-9 de junio de 1937)*, Salamanca, Centro de Estudios Salmantinos (CES), 2022.

Pero ni las disposiciones legales ni las propias autoridades militares y civiles franquistas consiguieron evitar continuos incidentes en retaguardia entre falangistas y requetés de base. Todo lo contrario. Con el transcurso de la guerra, ambos grupos camuflaron con sus aportaciones al frente de combate la animadversión que sentían por sus oponentes políticos, con los que se veían forzados a compartir trinchera al tiempo que se disputaban una posición de privilegio en la España que se levantaría sobre las cenizas de la Segunda República.

Las causas de estos enfrentamientos entre las escuadras de ambos grupos y sus diferentes tipologías, sus repercusiones en la vida social de la retaguardia sublevada –considerada por la historiografía clásica ajena a cualquier crisis de este tipo–, las relaciones entre los integrantes de las milicias y la autoridad civil y militar que se derivaron de los mismos o las reacciones de los organismos represivos del franquismo –fundamentalmente, Ejército, Guardia Civil y Servicio de Información y Policía Militar (SIPM)– son aspectos complicados de rastrear. Desde un primer momento, el Cuartel General del generalísimo hizo todo lo posible por evitar que las fracturas ideológicas trascendieran a la opinión pública. La premisa era impedir que las diferencias entre falangistas y tradicionalistas llegaran a influir de manera negativa en el desarrollo de los combates o, lo que es más importante, a alterar el orden de la retaguardia, un orden que, a la luz de las pruebas documentales obtenidas, podemos afirmar que era cuanto menos cuestionable. En este sentido, Franco impuso una férrea censura de prensa de manera que todo periódico afín a la *causa nacional* no debía ser más que un mero instrumento de propaganda al servicio del Movimiento. En vista de ello, los periódicos publicados en la zona franquista no dan demasiadas pistas de la crisis política entre falangismo y tradicionalismo.

No obstante, la prensa republicana –agrupando también bajo esta denominación periódicos de raíz comunista y anarquista– sí se hizo eco de estas discrepancias, primero, por una cuestión lógica. Explotar las miserias del enemigo y sus disensiones internas elevaba por definición la moral propia. Segundo, porque en verdad se estaba informando de lo que era una realidad incómoda al otro lado de las trincheras. Sin dejar de lado un cierto "tono sensacionalista", lo cierto es que en las páginas de estas publicaciones quedaron plasmados no pocos ejemplos de choques entre elementos falangistas y carlistas, sucesos que en buena parte de los casos son contrastables con la documentación de archivo. De entre los titulares referentes a esta problemática, coincidentes muchos de ellos con el momento de la unificación[14], podríamos destacar los siguientes: "La descomposición de

[14] Las informaciones de este tipo continuaron apareciendo en la posguerra gracias a periódicos que desarrollaban su actividad en el exilio. El 8 de septiembre de 1939, *España Republicana* ofreció a sus lectores la columna "Luchas en el seno del franquismo". El 3 de junio de 1940, este mismo periódico publicó un artículo titulado "Lucha feroz entre falangistas y requetés", al que se sumó otro del 11 de septiembre de ese mismo año, "División en las filas franquistas". Ya en 1943, el 3 de diciembre, *España Popular*, de raíz comunista, sacó a la luz una noticia relativa a la crisis del régimen franquista y con referencias explícitas a Falange Española Auténtica (FEA), el grupo de *camisas azules* que venía operando en la clandestinidad en defensa de los valores genuinos del falangismo. Esta organización había sido mencionada con anterioridad en las páginas de *Octubre*, en concreto en una columna del 31 de enero de 1938: "La descomposición de la retaguardia facciosa".

los facciosos" (*El Luchador*; 21-IV-1937); "Choques entre falangistas y requetés" (*Mundo Obrero*; 21-IV-1937); "Cada vez son más ostensibles las discusiones en el campo faccioso" (*La Voz de Cantabria*; 23-IV-1937); "El antagonismo entre falangistas y requetés se manifiesta en violencias y asesinatos" (*La Libertad*; 22-IV-1937); "Cada día es más enconada la lucha entre falangistas y requetés" (*La Voz del Combatiente*; 27-V-1938).

En cualquier caso, la documentación con más sustancia al respecto es la producida dentro de la propia retaguardia rebelde, frecuentemente, con un carácter reservado, muy reservado o secreto. El Archivo General Militar de Ávila custodia los documentos generados por la Auditoría de Guerra, el Cuartel General del Generalísimo, Milicias, el Ministerio del Ejército o el SIPM. El Servicio Histórico Militar, que contiene el corpus documental incautado por el ejército rebelde a las autoridades republicanas, aporta algún informe de gran valor como el que en 1938 llevó a cabo un agente secreto al servicio del gobierno de Euskadi del que se dice que "mantiene, por razones de su cargo, relaciones frecuentes con facciosos destacados". El documento en sí mismo tiene un significado trascendente porque, además de describir con pelos y señales la conflictividad política en territorio enemigo señala a Fal Conde, líder tradicionalista, como uno de los principales instigadores del golpe de Estado del 18 de julio, junto a Sanjurjo y un tal Antonio Lizarza Iribarren, jefe del Requeté de Navarra. A nuestro juicio, uno de los párrafos de mayor interés es el que se cita a continuación:

> Es de observar que Mola adulaba al Requeté odiándolo, porque este suponía una fuerza que al final de la guerra pediría su premio por medio de Fal Conde y favorecía bajo cuerda a Falange, porque esta era una fuerza que podía exigir menos mañana otro día, porque Falange no intervino en las primeras gestiones del alzamiento sino que se sumó más tarde, y cuando se hicieron ya las últimas gestiones para llevar a cabo la insurrección. En este momento se pone ya de manifiesto el antagonismo existente entre el Requeté y Falange, que ha adquirido las proporciones de un verdadero problema grave al llegar a ser Galange [*sic*] una fuerza grande, engrosada cada día por todo aquel que al principio de la insurrección no tenía un ideal definido y por los que teniéndolo, era precisamente contrario a un ideal de derechas. En una palabra: Falange, constituida al principio de la insurrección por muy pocos idealistas, se ha engrosado con todos los indeseables.[15]

El Archivo Real y General de Navarra custodia el fondo de la Junta Central Carlista de Guerra, con información relevante acerca de incidentes entre falangistas y requetés a lo largo y ancho de la geografía navarra, sucesos de los que también se hacen eco los gobiernos civil y militar de la región. Esta documentación se complementa con otra procedente del Archivo General Militar de Ávila. La caja 23435, carpeta 25, contiene informes de

[15] AGMAV, 70, 9.

altercados en el Baztán o en Caparroso, junto a otros de envergadura en Tafalla y Tudela, localidades en las que la presencia falangista había sido "nula antes de 1936".[16]

Aquellos archivos históricos provinciales que conservan la documentación de sus respectivos gobiernos civiles, en concreto lo referente a orden público, son también una fuente interesante para el estudio de la conflictividad política de la zona franquista sobre el terreno. El de Ávila o el de Salamanca son dos buenos ejemplos. En menor medida, se han localizado también evidencias de estas disensiones en la Fundación Nacional Francisco Franco –aunque en este archivo lo realmente interesante son los boletines de la Dirección General de Seguridad de los años cuarenta, exponentes de una prolongación de las divisiones políticas que se gestan durante la guerra civil– o en el Archivo Histórico del Gobierno Vasco, en concreto en el departamento de Presidencia.

Los enfrentamientos entre falangistas y requetés se remontan al año 1936. Aunque cabe la posibilidad de que pudiera existir un suceso anterior, el primero de ellos con un marcado carácter violento se produjo en una taberna de Tafalla el 27 de diciembre de 1936. La trifulca, que se desencadenó a raíz de unos gritos proferidos por varios tradicionalistas, siete en concreto, los cuales suscitaron el enfado de seis falangistas, dos de ellos afiliados a la Central Obrera Nacional Sindicalista (CONS), no debió ser un asunto menor. Al preceptivo informe de la Guardia Civil se sumó una investigación promovida por la Junta Central Carlista de Guerra, que ya empezaba a observar con inquietud el ascenso falangista.

El altercado desencadenó un conflicto institucional pues, a partir de la instrucción de la Guardia Civil, el gobernador militar de Pamplona decretó la expulsión de la Milicia de los implicados. Días después, los intentos de averiguación llevados a cabo por la Junta Central Carlista de Guerra y las conclusiones que se derivaron de los mismos significaron la no aceptación por parte de la jerarquía tradicionalista de las disposiciones del gobierno militar. Y añade el documento una cuestión clave sobre el proceder de la Guardia Civil, que ya parecía tener un conocimiento exhaustivo de las "fricciones" entre carlistas y falangistas o que, directamente, tenía órdenes de no agriar con su intervención lo que aparentaba ser un conflicto enquistado.

> En atención a que el incidente tuvo lugar entre afiliados a las dos organizaciones que tanto apoyo prestan al Movimiento Nacional, consideraba la Guardia Civil que se debía quitar importancia al incidente, para no excitar los ánimos ó rencores entre las organizaciones y estimándolo así se limitó a hacer una información verbal de los hechos.[17]

En el curso de la investigación, hemos podido constatar que los altercados de orden público protagonizados por *boinas rojas* y *camisas azules* no se circunscribieron a un

[16] Martorell, Manuel, "Navarra 1937-1939: el fiasco de la Unificación", *Príncipe de Viana*, número CCXLIV, Pamplona, 2008, págs. 429-458.
[17] ARGN, Archivo Real y General de Navarra, DFN, Diputación Foral de Navarra, 20309/1.

determinado ámbito geográfico, sino que se produjeron en distintas ciudades de la retaguardia franquista como Ávila, Valladolid, Salamanca, Cádiz, Pamplona o San Sebastián así como en el entorno rural de las provincias de Cáceres, Madrid, Zamora o Navarra.

Tabla 1: *Registro de incidentes entre falangistas y requetés durante la guerra civil*[18]

Fecha	Localización	Signatura	Descripción
Sin especificar Los oficios que comunican los hechos se sitúan entre noviembre de 1936 y enero de 1937.	Unx, Sangüesa y Arguedas (Navarra)	ARGN, DFN, 20301/2	Represión falangista de cualquier manifestación política de tipo tradicionalista.
27 de diciembre de 1936	Tafalla (Navarra)	ARGN, DFN, 20309/1	Incidente en una taberna de la localidad entre falangistas y requetés a raíz de los gritos proferidos por estos últimos.
Sin especificar El oficio del gobernador militar sobre el asunto en cuestión está fechado el 6 de enero de 1937.	Tudela (Navarra)	AGMAV, 23435, 25	Incidentes "desagradables" entre falangistas y requetés "con motivo de haberse autorizado el pase de una a otra Milicia".
6 de enero de 1937	Caparroso (Navarra)	AGMAV, 23435, 25	Incidentes durante la bendición de un banderín requeté.
10 de enero de 1937	Valladolid	AGMAV, 17998, 62	Enfrentamiento entre falangistas y requetés al cruzarse sus desfiles en las calles de Santiago y Duque de la Victoria. El documento habla del "lamentable espectáculo por la condición de los promotores".
21 de febrero de 1937	Villaviciosa de Odón (Madrid)	AGMAV, 17997, 126	Diligencias previas instruidas por la Guardia Civil para esclarecer el enfrentamiento sucedido en la fecha indicada.

[18] Al tratarse de una investigación en curso, la información contenida en la tabla es susceptible de ser ampliada. Los datos presentados son los obtenidos a partir de la documentación localizada a fecha de 1 de noviembre de 2023.

16 de marzo de 1937	Elizondo (Navarra)	ARGN, DFN, 20309, 3	Denuncia formulada por Sinforiano Artajo, capitán de requetés, "contra el proceder observado por varios elementos falangistas".
19 de marzo de 1937	Vadillo de Guareña (Zamora)	AGMAV, 18007, 16	Reyerta entre falangistas y requetés con un herido grave.
Sin especificar El oficio, redactado por el gobernador civil, lleva fecha del 27 de marzo de 1937.	Salamanca	AGMAV, 5647, 19	"Disensiones frecuentes" en los cafés y bares de la ciudad "entre las Milicias de diverso carácter", que degeneran en incidentes "que hasta ahora han podido aislarse".
Sin especificar El oficio referido a las diligencias previas instruidas por la Guardia Civil corresponde al 22 de marzo de 1937.	Alaejos (Valladolid)	AGMAV, 17998, 32	Diligencias previas instruidas por la Guardia Civil para esclarecer el enfrentamiento sucedido en la fecha indicada.
29 de julio de 1937	Artazu (Navarra)	AGMAV, 7887, 2	Existencia de serias discrepancias que se han traducido en disturbios y agresiones.
11, 12 y 13 de septiembre de 1937	San Sebastián	AGMAV, 2907, 8	Enfrentamientos callejeros durante la celebración de la caída de la ciudad.
21 y 22 de octubre de 1937	Salamanca	AGMAV, 17996, 142	Alteraciones del orden público y agresiones entre falangistas y requetés en el transcurso de una manifestación motivada por la toma de Gijón.
Sin especificar En un oficio fechado el 2 de noviembre de 1937, el gobernador militar de Ávila ordena la imposición de una multa de 25 pesetas a los implicados en el suceso.	San Esteban del Valle (Ávila)	AGMAV, 5699, 2	Gritos de protesta y actitud provocadora de un grupo de falangistas tras la interpretación del *Oriamendi*.

23 de diciembre de 1937	Cádiz	AGMAV, 2936, 20	Actitud violenta del delegado del jefe provincial en el cuartel de Pelayos.
27 de febrero de 1938	Ávila	AGMAV, 18006, 7	"Escándalo" ocurrido entre falangistas y requetés en la Plaza de Santa Teresa.
19 de marzo de 1938	Pamplona	AGMAV, 7887, 2	"Discusión que terminó a garrotazos" en el bar Choco de la capital navarra.
Sin especificar El oficio de la Guardia Civil del puesto de Cirauqui lleva fecha del 28 de marzo de 1938.	Mañeru (Navarra)	AGMAV, 23437, 1	"Discusión de carácter político" entre falangistas y requetés en la que tomaron parte un centenar de personas.
19 de abril de 1938	Valladolid	AGMAV, 5699, 23	Incidente en un acto conmemorativo de la unificación.
27 de julio de 1938	Valladolid	AGMAV, 5700, 1	Acción protagonizada por un grupo de requetés contra propaganda falangista en la Estación del Norte.
Sin especificar El oficio con la información instruida enviado por el Juzgado Militar de Cáceres a la Auditoría de Guerra de la VII Región Militar corresponde al 2 de diciembre de 1938.	Torremocha (Cáceres)	AGMAV, 18004, 3	"Sucesos luctuosos" que motivaron la instrucción de una causa criminal contra los falangistas y requetés implicados.
Sin especificar El oficio de la Guardia Civil del puesto de Cirauqui lleva fecha del 8 de diciembre de 1938.	Cascante (Navarra)	AGMAV, 23437, 1	"Ciertos alborotos" entre los jóvenes de la localidad motivados por gritos de índole política.

Los desencadenantes de dichos enfrentamientos no respondieron a un patrón común. Es decir, encontramos altercados por proferir gritos unos y otros hasta llegar a las manos, por arrancar carteles del adversario, por cuestiones de gestión y competencia administrativa, por el orden de interpretación de himnos en actos oficiales o por la simbología en uniformes y edificios de la Milicia. Pese a la unificación, que no hizo más que tratar de transformar, sin éxito, la heterodoxia en ortodoxia, había entre las bases falangistas y tradicionalistas una clara concepción "del otro". En marzo de 1937, un mes antes del decreto unificador, el gobernador civil de Navarra, Modesto Font, envió un escrito al presidente de la Junta Central Carlista de Guerra mostrando su preocupación ante la división palpable entre los milicianos:

> Llegan a veces a este Gobierno General por diferentes conductos noticias mas [sic] o menos concretas que acusan malestar, disidencia o falta de unión y compenetración entre Organizaciones como Falange y Requetés, constituidas en Milicias Nacionales, que tan inestimables servicios vienen prestando a nuestra santa causa de redención de una manera tan heroica y patriotica [sic]. [...] Ruego pues a V. E. que si en la provincia de su mando se hubiesen producido esos antagonismos procure que esas organizaciones a que antes me refiero se den el abrazo de hermanos y en estos instantes supremos no tengan presente otro fin que el de ganar la guerra y con ello la paz material y espiritual que anhelamos para nuestra España.[19]

La guerra significó tanto para falangistas como para requetés una oportunidad de engrosar sus filas con combatientes que, por definición, se convertían en militantes. De esta forma, las labores de reclutamiento se convirtieron también en un punto de desencuentro y discordia entre ambas organizaciones, pese a existir unas instrucciones claras al respecto dadas en el verano de 1936. Prueba de ello son los documentos que muestran irregularidades en el proceso de recluta o, directamente, coacciones para un reclutamiento forzoso. Esto, en ocasiones, motivó la intervención de la justicia militar y como ocurrió en diciembre de 1936, cuando Antonio Torrena, teniente coronel de Caballería, comunicó a la Auditoría de Guerra de la 7ª División el inicio de una investigación a propósito de la recluta forzosa de falangistas en Miranda del Castañar (Salamanca).[20] Otras veces fue la propia FET y de las JONS la que destapó la existencia de oficinas clandestinas de reclutamiento, como la que venía funcionando en Zaragoza en 1938 para proporcionar combatientes a las unidades de requetés. Algunos de estos centros siguieron operando incluso después de la guerra, tal y como se recoge en un informe del 25 de abril de 1939, remitido al día siguiente por la Jefatura Provincial de Madrid al general jefe directo de la Milicia Nacional, en el que se hace constar la actividad irregular de captación llevada a cabo por un tal Perico González Quevedo desde un café ubicado en la calle Alcalá de la capital.[21] No deja de llamar la atención cómo en toda la documentación posterior al decreto de abril de 1937 sigue matizándose la diferencia entre falangistas y tradicionalistas

[19] ARGN, DFN, 20309/4.
[20] AGMAV, 17994, 68.
[21] AGMAV, 5715, 4.

pese a que, en teoría, el objetivo primero de la unificación era disolver y enterrar las diferencias entre ambas organizaciones.

El asunto del reclutamiento generó asimismo malestar en el seno del Ejército –"un Estado dentro del Estado"[22]– que, por una parte, veía comprometida una de sus atribuciones fundamentales, y por otra, asistía como testigo de excepción a la rivalidad enconada entre los dos principales contribuyentes al esfuerzo de guerra rebelde, una fuerza en constante crecimiento, profundamente politizada, pero carente de instrucción y disciplina militar, que podía llegar a comprometer el desarrollo de las operaciones en el frente. En un escrito fechado el 30 de diciembre de 1936, el gobernador militar de Zamora se dirige al general de la 7ª División Orgánica como se expresa a continuación:

> En esta provincia se está intensificando el reclutamiento para el Tercio y Diversas Milicias de Orden Superior, según manifestaciones que me han hecho algunos de los comisionados pero al realizarse aquel, recibo frecuentes quejas de distintos pueblos, en el sentido de que la mayor parte de los comisionados Falangistas, apelan a la violencia y amenaza, pretendiendo alistar toda clase de gentes, manifestando tambien [sic] en algún caso, que solo en esta milicia procede inscribirse, sin que sea admisible apuntarse en otra. Como esto origina cierto revuelo, progresivo en los pueblos de la provincia, se presta a tirantez e incidentes desagradables e inconvenientes entre unas y otras milicias y por el sentido de generalidad que algunos estan [sic] imprimiendo al reclutamiento, en el deseo de hacerse con un número considerable, no se tiene en cuenta lo consignado en oficios de V. E. Sección E. M. de 20 y 24 de septiembre últimos, respecto a informes, antecedentes y significancia de los nuevos afiliados.[23]

Que el problema seguía siendo real bien avanzada la guerra queda patente en escritos como el que hace llegar el gobernador militar de Cáceres al jefe provincial de la Milicia Nacional el 8 de marzo de 1938, breve pero conciso, y centrado en la aclaración de cuestiones que, a priori, deberían darse por sentadas desde abril de 1937:

> Para su conocimiento y efectos consiguientes, y a fin de evitar interpretaciones que puedan darse sobre el reclutamiento en la Falange Española Tradicionalista y de las Jons y Requeté, participo a V. S.:
>
> 1º: que la Falange es única desde el Decreto de Unificación o sea Falange Española Tradicionalista y de las J. O. N. S.
>
> 2º: La recluta por tanto, no puede hacerse ni para Falange, ni para Requeté, se hará por tanto para F. E. T. y de las J. O. N. S.
>
> 3º: El ingreso en la organización de F. E. T. y de las J. O. N. S. corresponde plenamente al Jefe Provincial del Movimiento (Jefe politico [*sic*]).

[22] Cardona, Gabriel, *El poder militar en el franquismo*, Barcelona, Flor del Viento, 2008, pág. 18.
[23] AGMAV, 1209, 20.

Una vez ingresado un individuo en la organización su aceptación en la milicia corresponde de modo absoluto al Jefe Provincial de la Milicia de F. E. T. y de las J. O. N. S.[24]

En ocasiones, nos encontramos frente a una "violencia institucional", frente a situaciones en las que son los propios cargos locales o provinciales, junto a los elementos rasos de la Milicia, los que legitiman, amparan o incluso alientan las actitudes de oposición a la unificación. Una buena muestra de ello es el informe que lleva por título "Nota de parte de los atropellos cometidos por la Jefatura Provincial de Milicias de La Coruña". El escrito, quizá de 1937, pone de manifiesto cómo los jefes local y comarcal hicieron todo lo posible por limitar el número de requetés adscritos a la Milicia, colocándolos bajo la autoridad de mandos falangistas, obligándolos a realizar el juramento de FE y de las JONS –algo prohibido expresamente por el Decreto de Unificación–, privándolos de los permisos solicitados o encarcelándolos sin justificación. La acusación, formulada de manera anónima por un tradicionalista, recoge también la paliza que sufre un alférez requeté a manos de catorce o quince falangistas hallándose en La Coruña con la misión de reclutar efectivos "para cubrir bajas en las Brigadas Navarras".[25]

En el fondo y aunque las disensiones venían de lejos, todo parte de una unificación que no es aceptada ni en el fondo ni en las formas en tanto en cuanto el decreto no tarda en ser visto como una maniobra de Franco dirigida a imponer su autoridad absoluta sobre dos organizaciones con aspiraciones políticas divergentes entre sí y alejadas del proyecto estatal del Caudillo. El *partido único* estaba llamado a ser un instrumento para "el control, encuadramiento y adoctrinamiento de la población".[26]

Este rechazo, que caló en el falangismo, tanto en sus jerarquías como en sus bases, se plasmó en una carta dirigida por Dionisio Ridruejo, entonces jefe territorial de Valladolid, al recién autoproclamado jefe nacional de FET y de las JONS, Francisco Franco, en la que critica abiertamente la actuación del Secretariado o Junta Política en relación al Decreto 255, al tiempo que busca imprimir en el nuevo marco legal el sello falangista y reafirmar el peso específico que el nacionalsindicalismo habría de tener dentro del nuevo régimen. El escrito de Ridruejo, que años después transitaría de la disidencia como "falangista auténtico" a la oposición antifranquista, contiene algunas reivindicaciones muy reveladoras:

El Delegado Territorial que suscribe, haciéndose portavoz del unánime sentir de las Falanges Castellanas, alarmadas en su pureza nacional-sindicalista por la nota del Secretariado Político de Falange Española Tradicionalista de las J. O. N. S., dada la

[24] AGMAV, 7815, 1.
[25] AGMAV, 19226, 18.
[26] Thomàs, Joan Maria, *Franquistas contra franquistas: luchas por el poder en la cúpula del régimen de Franco*, Barcelona, Debate, 2015, pág. 31.

publicidad reciente, cumple su deber de informar al Jefe Nacional del Movimiento, haciéndole patente dicha inquietud y las razones en que se fundamente:

1º. SUBESTIMACION DE LOS VEINTISEIS PUNTOS DEL PROGRAMA NACIONALSINDICALISTA.

El designio expresado por V. E. como Jefe Nacional del Movimiento, en el preámbulo del Decreto nº 255, atribuye a los veintiseis [sic] puntos del Programa Nacional-Sindicalista, la calidad de "Norma Programática del Estado".

Desconociendo resueltamente esto, el Secretariado Político, llega al punto de posponer dicho programa de Estado a la "doctrina de los pensadores tradicionalistas" y de calificar los veintiseis [sic] puntos como simple lema.

Creen justamente las Falanges castellanas que el pensamiento de V. E. ha sido desvirtuado. Es claro que el programa del nuevo Estado, no puede ser degradado a la modesta condición de lema. Es, asimismo, evidente que el Estado no debe alentar ni desenvolver otras teorías políticas de las cristalizadas por los fundadores de Falange Española de las J. O. N. S. en los veintiseis [sic] puntos del programa trazado al nuevo Estado español por la clarividencia de su Jefe.

2º. ALEJAMIENTO DE FALANGE ESPAÑOLA TRADICIONALISTA DE LAS J. O. N. S. DE LAS ACTIVIDADES ESTATALES.

El artículo segundo del Decreto de V. E., ordenaba, en satisfacción a los anhelos nacionales, se diera participación en los "organismos y servicios del Estado, a los componentes de Falange Española Tradicionalista y de las J. O. N. S., para que los impriman rito nuevo".

En oposición a esto, la nota del Secretariado Político pretende situar a Falange en un plano abstracto, de formación de ambiente, captación de anhelos y otros quehaceres no menos imprecisos.

Por la voluntad de su Jefe Nacional, Falange Española Tradicionalista y de las J. O. N. S., no ha de ser solo receptor estático de los anhelos del Pueblo. Su participación directa en los organismos del Estado, ha de cumplir la función de traducir esos anhelos en realidad nacional.

3º. NEGACION DEL NUEVO SENTIDO POLITICO DE FALANGE ESPAÑOLA TRADICIONALISTA Y DE LAS J. O. N. S.

El Decreto de V. E. atribuye a Falange Española Tradicionalista y de las J. O. N. S. el carácter de "única entidad política nacional".

El Secretariado Político niega esta significación cuando advierte que se mantendrán entre las Autoridades del Estado y Falange Española Tradicionalista y de las J. O. N. S. las relaciones anteriores al Decreto, sin modificación sustancial alguna.

No está justificado este criterio. Antes del decreto la posición de las autoridades estatales frente al Movimiento Nacional-Sindicalista, solo podían ser las de una neutralidad benévola. O sea, las mismas que frente a otro partido nacional.

> Desde el trascendental Decreto de V. E. Falange Española Tradicionalista y de las J. O. N. S., se convierte en la entidad política nacional intérprete exclusivo de los exactos anhelos populares. Por consiguiente, la fuerza de las autoridades arrancará de su identificación con esos anhelos del pueblo, de que Falange es órgano fiel –y único– de expresión.
>
> A su vez la antigua neutralidad benévola habrá de ser reemplazada por la más profunda identificación. No habrá garantía plena de esto si dichas autoridades son extrañas –por no formar parte de ella– a la organización política única.[27]

Movidos por un sentimiento de traición a su causa desde el mismo momento de la unificación, la voluntad de un grupo de falangistas de hacer realidad la revolución nacionalsindicalista, algo que ni de lejos entraba en los planes de Franco, favorecería la creación en la clandestinidad de Falange Española Auténtica (FEA), entre cuyos miembros más insignes destacaron Eduardo Ezquer Gabaldón o Emilio Rodríguez Tarduchy.[28]

El sentir falangista con respecto a este asunto fue magníficamente sintetizado por un agente del SIPM:

> Los jefes supremos de F. E. aceptan la unificación, pero sin entusiasmo y entendiéndola siempre no como una integración sino como una absorción del "Requeté" y repudiando el contacto con toda otra organización. Para ellos no hay más que Falange y Revolución Nacionalsindicalista.[29]

Si bien es cierto que el conde de Rodezno y sus adláteres, al menos de puertas hacia fuera, adoptaron una actitud más proclive a la unificación, el sector falcondista y las bases carlistas pronto empezaron a mostrar signos de indignación y rechazo como prueba el manifiesto, probablemente de 1937, firmado por "unos auténticos tradicionalistas":

> Es un hecho probado hasta la saciedad que con esta unificación no alcanzaremos la España tradicional, católica que anhelamos y por la que hemos luchado durante tantos años. La maniobra es clarísima. Bajo la capa de la unificación se esconden los propósitos de quienes con la absorción pretenden ahogar el clamor del Tradicionalismo que exige la implantación de sus principios fundamentales en nuestra España dolorida.[30]

---

[27] CDMH, Centro Documental de la Memoria Histórica, RIDRUEJO 4, 20.

[28] En el CDMH, en concreto en EZQUER 11, 1, existe un diagrama elaborado por la Dirección General de Seguridad, con fecha desconocida, en el que se representan las principales disidencias políticas dentro de la España franquista: falangistas auténticos, carlistas, cedistas, monárquicos, anarquistas, comunistas, sindicalistas o republicanos. Ezquer figura en el documento como "representante de la más abierta rebeldía".

[29] AGMAV, 2906, 6.

[30] AGMAV, 70, 9.

Las divisiones en el seno de FET y de las JONS se prolongaron más allá de la guerra, siendo una constante durante el primer franquismo.[31] La documentación producida por los organismos oficiales competentes no deja dudas al respecto. Mencionemos un par de documentos. Primero, una circular enviada en 1939 por el Ministerio de la Gobernación al gobernador civil de Ávila –suponemos que la circular se hizo extensiva al resto de gobiernos civiles– en la que se insiste en la prohibición de toda actividad política que no sea la de FET y de las JONS, consignando cualquier actuación contraria a la unificación como una traición al Movimiento.[32] Segundo, una nota del Ministerio del Ejército del 19 de diciembre de 1942, avalada por el fiscal jurídico militar de la 1ª Región y el asesor jurídico ministerial, que evidencia una problemática latente, la cual está generando tensión en el seno del Ejército y que reviste gravedad, pues se acompañan instrucciones claras de cómo actuar para evitar males mayores. A lo largo de sus líneas, en las que se llega a acusar a la policía de obrar "con un exceso de celo mal entendido", puede leerse:

> Convendría pues: 1º. Que por el Ministerio de la Gobernación se recomendase a los Delegados de Orden Público eviten en cuanto sea posible causar molestias innecesarias a los elementos afines a la situación, entendiendo por tales aquellos que participaron durante la pasada campaña al lado del Ejército.
>
> 2º. Indicar reservadamente a los Capitanes Generales que cuando reciban atestados o denuncias en ese sentido, procuren no dar órdenes de proceder, a menos que se trate de asuntos notoriamente graves.[33]

Es decir, hay una aceptación táctica del conflicto entre tradicionalistas y falangistas y una orden expresa de no hacer nada salvo que el asunto sea serio "en evitación de ponernos en evidencia en el extranjero".

La España pobre y destruida, asolada por tres interminables años de guerra, se convirtió a partir de 1939 en escenario de una lucha intestina que siguió librándose en las entrañas del nuevo régimen, con varios grupos de poder –a falangistas y requetés habría que sumar a los monárquicos– luchando por mantener sus esencias ideológicas frente a una dictadura de la cual, a su vez, trataban de obtener los mayores privilegios posibles. La amenaza que pudieran representar estas "alternativas políticas" tardó en diluirse el tiempo que Franco necesitó para asumir un control absoluto sobre FET y de las JONS y el Ejército.

---

[31] Pese a que el espectro cronológico del presente estudio se limita al período 1936-1939, hay documentación de archivo que alude a enfrentamientos muy posteriores, por ejemplo, la pelea que tuvo lugar en 1950 en Madrid a la salida de un oficio religioso en la iglesia de los Padres Trinitarios.

[32] AHPAv, Archivo Histórico Provincial de Ávila, GC-083.

[33] AGMAV, 47570, 5.

BIBLIOGRAFÍA

Cardona, Gabriel, *El poder militar en el franquismo*, Barcelona, Flor del Viento, 2008.

Lazo, Alfonso, *Una familia mal avenida: Falange, Iglesia y Ejército*, Madrid, Síntesis, 2008.

Martorell, Manuel, "Navarra 1937-1939: el fiasco de la Unificación", *Príncipe de Viana*, número CCXLIV, Pamplona, 2008, págs. 429-458.

Parejo Fernández, José Antonio, "De puños y pistolas. Violencia falangista y violencias fascistas", *Ayer*, número LXXXVIII, Madrid, 2012, págs. 125-145.

Rodríguez Jiménez, José Luis, *Historia de Falange Española de las JONS*, Madrid, Alianza Editorial, 2000.

Saz, Ismael, "Política en zona nacionalista: la configuración de un régimen", *Ayer*, número L, Madrid, 2003, págs. 55-84.

Thomàs, Joan Maria, *Franquistas contra franquistas: luchas por el poder en la cúpula del régimen de Franco*, Barcelona, Debate, 2015.

Thomàs, Joan Maria, "Luchas internas en la zona franquista durante la Guerra Civil", *Contenciosa*, número I, Argentina, 2013.

FUENTES DE ARCHIVO

Archivo General Militar de Ávila (AGMAV)
Archivo Histórico Provincial de Ávila (AHPAv)
Archivo Real y General de Navarra (ARGN)
Centro Documental de la Memoria Histórica (CDMH)

16.
PRISIONES Y REPRESIÓN EN PAMPLONA (1936-1940)

Lisabe Velasco Zozaya
Universidad Pública de Navarra

No sé a qué partido pertenecería. Es el abuelo de la casada con el hojalatero. Lo mataron en Pamplona o por ahí. Salió de la cárcel de Pamplona y no se sabe dónde están, unos cuantos. Yo de oírles, que los mataron en los fosos de la Ciudadela, en la Vuelta del Castillo. Ahí los fusilaron. Salió de la cárcel de Pamplona, pero no se sabe dónde los mataron. Los familiares no han podido enterarse.
Testimonio de Félix Gochi Terés, en Jimeno Jurío, 2021, pág. 253.

INTRODUCCIÓN

"La guerra ha terminado". Con esta frase cerraba Franco el último parte de guerra emitido el 1 de abril de 1939. Sin embargo, que el conflicto armado tocara su fin no significaba que fuera el final de las hostilidades. En la sociedad que surgía de la guerra, manufacturada e impuesta por quienes la habían causado con su alzamiento, la violencia y la represión eran parte del día a día y, en gran medida, las herramientas de cohesión social más poderosas del recién fundado régimen.[1] Hubo que esperar 40 largos años para que se comenzara a romper el silencio que rodeaba a la represión sufrida por todas las personas calificadas como desafectas por el régimen franquista. A finales del siglo XX, ese inicial susurro se estaba transformando en corriente, dando fruto no solo a movimientos sociales y asociaciones en pro de la memoria histórica, también a una serie de estudios, informes, artículos y monografías dedicadas a la cuestión.[2]

Pese a que la represión letal, en muchos aspectos la más impactante, haya sido también la que ha encontrado mayor espacio en el imaginario colectivo, existen muchos otros

[1] A pesar del deseo del régimen de proyectar una imagen de cohesión y paz social, la violencia impregnó las relaciones sociales de la dictadura y, en caso de existir consenso, se construyó en gran medida a base de represión. Véase Cabana, Ana, "Minar la paz social. Retrato de la conflictividad rural en Galicia durante el franquismo", *Ayer*, volumen 61, número 1, Madrid, 2006, págs. 267-288 y del Arco Blanco, Miguel Ángel, "El secreto del consenso en el régimen franquista: cultura de la victoria, represión y hambre". *Ayer*, volumen 76, número 4, Madrid, 2009, págs. 245-268.

[2] Véase Juliá, Santos (coord.), *Víctimas de la Guerra Civil*, Madrid, Temas de Hoy, 1999; Mir, Conxita, *Vivir es sobrevivir. Justicia, orden y marginación en la Cataluña rural de posguerra*, Lleida, Milenio, 2000; Richards, Michael, *A Time of Silence: Civil War and the Culture of Repression in Franco's Spain, 1936-1945*. Cambridge, Cambridge University Press, 1998; Vega, Santiago, *La política del miedo. El papel de la represión en el franquismo*, Barcelona Crítica, 2011.

medios mediante los cuales el régimen franquista reprimió a la población civil durante y después de la guerra. Tanto por su importancia numérica como por su trascendencia dentro del ideario franquista, el cautiverio ocupa un puesto destacado en este lamentable podio.[3]

Las siguientes páginas ofrecen, por lo tanto, un recorrido desde lo general a lo concreto y de lo estatal a lo local, partiendo de un breve análisis del sistema penitenciario franquista y su significado dentro del aparato represor del régimen, para acercarse después al contexto navarro y pamplonés, culminando con los apartados dedicados en exclusiva a la Prisión Provincial de Pamplona.[4] Sin embargo, previo paso a entrar en el análisis cuantitativo, el propio texto llama a realizar un breve comentario crítico de las fuentes utilizadas para llevar a cabo este trabajo, así como de la metodología que ha guiado la investigación, que es la utilizada por el Fondo Documental de la Memoria Histórica en Navarra (FDMHN).[5]

Fuentes y metodología de la investigación

La principal fuente utilizada en la investigación, así como el punto de partida de la misma, ha sido el padrón municipal de 1940[6], acudiendo a otras fuentes cuando ha sido necesario contrastar la información que este ofrece. Como fuente primaria que es, el padrón presenta algunos problemas y retos propios de estas, como su carácter material y el estado de conservación o su carácter manuscrito, que a su vez presenta el problema agregado del factor humano y los errores y peculiaridades que este puede conllevar, especialmente notorios en los topónimo, abreviaturas y nombres propios. En cuanto a contenido, el problema más relevante es el de la ausencia de información ya que, a pesar de ofrecer información personal de los presos y presas, el padrón omite el motivo por el cual se les encarceló, particularmente importante si se desea analizar el factor político de dichos encarcelamientos. También la clasificación de las profesiones mencionadas en el

[3] Gómez Bravo, Gutmaro, *El exilio interior. Cárcel y represión en la España franquista, 1939-1950*, Madrid, Taurus, 2009.

[4] Teniendo precisamente el cautiverio como eje, este documento pretende recoger los resultados del trabajo realizado en dos procesos distintos: por un lado, la esencia del Trabajo Fin de Máster en Profesorado de Enseñanza Secundaria *Iruñeko gatibualdi zentroak frankismoan zehar; proposamen didaktiko bat* (2022), un análisis de los centros de cautiverio en Pamplona, centrado especialmente en la Prisión Provincial. Por otra parte, los resultados de la investigación realizada mediante una beca de colaboración con la Universidad Pública de Navarra, la cual parte de los datos encontrados en el padrón de 1940 del Archivo Municipal de Pamplona para llevar a cabo un análisis cuantitativo de la población penal de la Prisión Provincial de Pamplona. Los resultados del trabajo con esta última fuente permiten abrir una ventana en una serie temporal y contextual más extensa que encuentra su inicio en 1936.

[5] Majuelo Gil, Emilio et al., "Cuantificar los hechos represivos: explicación y retos de la base de datos del Fondo Documental de la Memoria Histórica en Navarra", *Fondo Documental de la Memoria Histórica en Navarra, memoriapaper(ak)*, volumen 3, Pamplona, 2019.

[6] No existen fondos relativos a la Prisión Provincial de Pamplona (actas de la prisión, juntas de disciplina, comunicaciones con otros organismos, documentación trasladada de otras prisiones menores, etc.) más allá de los expedientes personales de quienes estuvieron allí presos como apunta Juan Carlos García Funes en su tesis doctoral.

padrón ha resultado problemática, debido a la falta de uniformidad en la designación de las profesiones por las distintas fuentes y las colisiones que de esto derivan cuando se trabaja con una base de datos tan amplia como la del FDMHN. La solución dada a este problema se explicará más adelante, en el apartado dedicado a los resultados de la investigación.

La ausencia de información, como ya se ha mencionado, ha hecho necesaria la búsqueda en otras fuentes ya que, siguiendo la hoja de ruta del proceder metodológico del FDMHN, se requiere comprobar que cada nombre introducido en la base de datos tenga asociado al menos un hecho represivo antes de validarlo, es decir, hacerlo visible al público general en el buscador online. Tras cotejar los nombres recogidos en el padrón con los que ya figuraban en la base de datos del FDMHN, se procedió a realizar la misma tarea en otros buscadores (ihr.world, Oroibidea) y en bibliografía especializada.[7] Posteriormente, también se han consultado trabajos y estudios realizados con una metodología similar en distintos puntos del estado para así poder observar si las tendencias aquí reflejadas se repiten en otras partes de la geografía estatal. Estos trabajos se refieren a las prisiones provinciales del País Vasco[8], las cárceles de mujeres en Madrid y Barcelona[9], la Prisión Provincial de Córdoba[10] y la Prisión Central de Mujeres de Segovia.[11] Estas fuentes secundarias, utilizadas para comparar con los resultados de esta investigación, han posibilitado ampliar dichos resultados en los siguientes aspectos: en primer lugar, la cantidad de presos y la tendencia que observamos en las cifras a lo largo de los años, desde 1936 hasta aproximadamente 1940; en segundo lugar, la procedencia de los presos y presas, si esta cambia a lo largo del tiempo y si los datos coinciden entre las distintas provincias. Finalmente, se abordan otros aspectos como, por ejemplo, el sector económico y la profesión, el grado de alfabetización y el género de los reclusos y reclusas.

[7] Herrero Hernan, Hedy, *Entre rejas. Diccionario biográfico Fuerte de San Cristóbal / Ezkaba. Navarra, 1934-1945*, Pamplona, Pamiela, 2020.

[8] Badiola Ariztimuño, Ascensión, *La represión franquista en el País Vasco. Cárceles, campos de concentración y batallones de trabajadores en el comienzo de la posguerra*, Tesis de doctorado, España, Universidad Nacional de Educación a Distancia (UNED), 2015.

[9] Hernández Holgado, Fernando, *La prisión militante: las cárceles franquistas de mujeres de Barcelona y Madrid (1939-1945)*, Tesis de doctorado, Madrid, Universidad Complutense de Madrid, 2011.

[10] Hinojosa Durán, José, "La antigua Prisión Provincial de Cáceres: un edificio posible", *O Pelourinho: Boletin de Relaciones transfronterizas*, número 23, Badajoz, 2019, págs.241-269.

[11] Vega Sombría, Santiago y García Funes, Juan Carlos, "Lucha tras las rejas franquistas: la Prisión Central de Mujeres de Segovia", *Studia historica. Historia contemporánea*, número 29, Salamanca, 2011, págs. 281-314.

PRISIONES Y REPRESIÓN

LAS PRISIONES EN EL CONTEXTO REPRESIVO

La comprensión de la represión franquista en toda su magnitud pasa, necesariamente, por el estudio del cautiverio y el sistema penitenciario como engranajes de la maquinaria represiva del franquismo. La importancia de estos elementos se debe, en parte, al volumen de personas afectadas, tanto presos y presas como sus familiares, pero también se debe al valor simbólico que tuvo dentro del régimen nacionalcatólico.

Pese a que en las últimas décadas hayan proliferado los trabajos sobre el papel del cautiverio en la represión franquista, cabe destacar que el interés de estos trabajos se ha centrado principalmente en los campos de concentración y se ha dado prioridad a los espacios que se convirtieron en el epicentro de la explotación laboral de hombres y mujeres presos como batallones de trabajadores, colonias penitenciarias o destacamentos penales. Como señalan algunos autores, esta carencia en el estudio de los centros de cautiverio podría explicarse por la escasez de fuentes primarias[12], preocupación habitual entre quienes han investigado las prisiones franquistas de la guerra y la posguerra, ya que es frecuente que la documentación generada por las prisiones haya sido destruida o sometida a procesos de purga y eliminación, convirtiéndose en un conjunto fragmentado y disperso.[13] También hay que tener en cuenta la ampliación de las fuentes existentes en las últimas décadas, fruto del proceso de apertura de diversas fuentes de información hasta ahora inaccesibles a los historiadores e historiadoras, sobre todo en archivos militares, penales y penitenciarios.[14] No obstante, en el caso de Navarra hay algunas excepciones a mencionar, como la del fuerte de San Cristóbal, cuya importancia y notoriedad han posibilitado que se haya estudiado más a fondo, a diferencia de lo que ha ocurrido en otros casos.[15]

A pesar de que se haya avanzado en la investigación en esta área, siguen abiertos muchos debates sobre el análisis de las cárceles franquistas, entre ellos los que giran en torno a las cifras de presos. El desacuerdo, que se da sobre todo en torno a quienes fueron encarcelados durante la guerra y la primera posguerra, se debe a la escasez de cifras oficiales de la época. Las cifras provienen, habitualmente, de distintas fuentes como, por ejemplo, las memorias de la Dirección General de Prisiones, la información facilitada por el gobierno español a la Comisión Internacional contra el Régimen de Concentración que visitó el país en 1952 y el *Anuario Estadístico de España*.[16] La fiabilidad de estos datos,

---

[12] Ejemplos recientes de estas preocupaciones en las tesis doctorales de Hernández Holgado, 2011, y García Funes, 2017; también en Rodríguez Teijeiro, Domingo, "Configuración y evolución del sistema penitenciario franquista (1936-1945), *Hispania Nova: Revista de Historia Contemporánea*, número 7, Madrid, 2007.

[13] Rodríguez Teijeiro, Domingo, "Configuración y evolución...

[14] Gómez Bravo, Gutmaro, "El desarrollo penitenciario en el primer franquismo (1939-1945)", *Hispania Nova: Revista de Historia Contemporánea*, número 6, Madrid, 2006.

[15] Véase Sierra, Felix y Alforja, Iñaki, *Fuerte de San Cristóbal, 1938: la gran fuga de las cárceles franquistas*. Pamplona, Pamiela, 2006.

[16] Rodríguez Teijeiro, Domingo, "Configuración y evolución..., pág. 12.

sin embargo, se afianza pasados los primeros momentos de la posguerra y a lo largo de los años 40. De acuerdo a estas fuentes, podemos afirmar que con fecha del 1 de enero de 1940 había en torno a 270.719 presos y presas en el sistema penitenciario franquista, sin contar con otros 92.000 presos y prisioneros en campos de concentración y batallones de trabajadores, sumando en total unos 363.000 presos y presas.[17] Quienes han estudiado esta cuestión en profundidad sostienen que las cifras de cautiverio obtenidas por el régimen franquista superaron con creces a las de otros regímenes autoritarios, como el fascismo italiano, la Francia de Vichy o las cifras dejadas por el Portugal salazarista.[18] Es indispensable, por lo tanto, recuperar la memoria de los hombres y mujeres que sufrieron este tipo de represión para comprender un fenómeno tan complejo como este[19] y, debido a la dimensión que alcanzó el fenómeno del cautiverio durante la dictadura, merece la misma atención que se ha prestado a otros aspectos de la represión franquista.

Como se ha dicho, este fenómeno no se produjo solo en el régimen franquista, ya que casi todos los gobiernos autoritarios de Europa desarrollaron sistemas de control para reprimir a sus enemigos políticos. El problema, por lo tanto, no solo reside en el desconocimiento en torno a la importancia del cautiverio, sino en la relación que se establece entre los encarcelamientos masivos únicamente con la represión ejercida durante la guerra, sin establecer ninguna conexión con la política de consolidación de los regímenes autoritarios.[20] Por otro lado, hay que mencionar que el régimen franquista, a pesar de no ser un caso único en Europa, tiene sus particularidades.[21] En primer lugar, el franquismo no buscó a su enemigo al otro lado de las fronteras de España, encontrándolo, en cambio, dentro de la propia sociedad española. Esto contribuyó, en gran medida, a recrudecer tanto la guerra como la postguerra. El franquismo, en lugar de una amnistía que consideraba "liberal", impuso un perdón comprendido como una redención de los pecados cometidos por aquellos a quienes consideraba sus enemigos y un pago por los daños causados, siendo este el único camino de vuelta a la sociedad para aquellas personas a las que el régimen consideraba como desafectas. El perdón, siempre parcial, se transformaba en un acto de gracia, símbolo de generosidad en forma de indultos cuidadosamente calculados por el estado.[22]

Se observa, por tanto, que el elemento legitimador del poder más destacado en la España franquista fue el religioso. En palabras de Gómez Bravo: "el derecho a penar fue concebido como un derecho divino (...) que quedaba muy lejos del componente

[17] Ibídem, pág. 13; García Funes, Juan Carlos, *Desafectos: batallones de trabajo forzado en el franquismo*, Granada, Comares, 2022, pág. 252.

[18] García Funes, Juan Carlos et al., *Informe sobre centros de detención y espacios de cautividad en Pamplona, 1936-1945*, Pamplona, solicitado por el Instituto Navarro de la Memoria, 2021, pág. 9; Gómez Bravo, Gutmaro y Marco Caballero, Jorge, *La obra del miedo. Violencia y sociedad en la España franquista 1936-1950*, Barcelona, Península, 2011, pág. 77.

[19] Gómez Bravo, Gutmaro, "El desarrollo penitenciario...

[20] Gómez Bravo, Gutmaro, *El exilio interior...*

[21] Cenarro, Ángela, "Matar, vigilar y delatar: la quiebra de la sociedad civil durante la guerra y la posguerra en España (1936-1948)", *Historia Social*, número 44, España, 2002, págs. 65-86.

[22] Gómez Bravo, Gutmaro y Marco Caballero, Jorge, *La obra del miedo...*

racial o estatal de la Alemania nazi, la Italia fascista o la Rusia soviética".[23] Es así como, a diferencia de otros regímenes dictatoriales coetáneos, el franquismo dividió la sociedad entre vencedores y vencidos, afines al régimen y desafectos, moldeando la realidad sociopolítica en torno a esa división.

División que, como no podía ser de otra forma, también tuvo su traducción en el universo penitenciario. Uno de los primeros objetivos a la hora de trazar la normativa franquista era fijar un perfil específico del funcionariado carcelario: se tendrían en cuenta unas características morales e ideológicas vinculadas a experiencias vitales concretas, mostrando predilección por excombatientes, ex prisioneros y, en general, personas afectadas por la represión republicana y también miembros de órdenes religiosas, en cuyas manos se dejaba la gestión de aspectos como la alimentación o puestos de responsabilidad en la Junta de Disciplina de la prisión.[24] Este reparto de responsabilidades, además de garantizar la hostilidad entre funcionariado y cautivos, también aseguraba un lugar privilegiado a la religión.

En relación a la idea de redención antes mencionada, es indispensable hacer referencia al sistema de redención de penas por trabajo que, además de ayudar al alivio de la masificación de las prisiones franquistas, también supuso un rédito económico para el régimen y las empresas afines a este y, en el plano ideológico, fue producto de la fuerte vinculación del régimen a una noción católica del crimen y el castigo, un concepto tan jurídico como doctrinal, fruto de un derecho autoritario en el que "el Estado se impone sobre las personas".[25] Así, el Patronato de Redención de Penas por el Trabajo fue clave en el sistema penitenciario franquista, en cuyo seno residía la idea del "perdón concebido como una redención y expiación de los pecados".[26]

Para llevar esta transformación a cabo, los sublevados hicieron uso de algunos instrumentos "legales", entre los cuales destacan la justicia militar y el sistema penitenciario. Fueron estos, de hecho, dos conceptos que vertebraron la limpieza política que tenía como objetivo el alzamiento militar y el Nuevo Estado franquista de los rebeldes[27], ya que les permitió juzgar y condenar bajo sus propios términos a medida que el sistema penitenciario franquista experimentaba las transformaciones que desembocarían finalmente en la legitimación de todo el régimen. Estas transformaciones incluyeron, por ejemplo, la utilización de legislación heredada de la Segunda República (y que esta, a su vez, heredó de la Restauración)[28], debidamente purgada por los fascistas, en especial en los primeros años de posguerra en los que el régimen se topó con la disonancia entre

[23] Gómez Bravo, Gutmaro, "La política penitenciaria del franquismo y la consolidación del Nuevo Estado", *Anuario de Derecho Penal y Ciencias Penales*, volumen 61, número 1, Madrid, 2008, pág. 166.

[24] Rodríguez Teijeiro, Domingo, "Configuración y evolución...

[25] Gómez Bravo, Gutmaro, "El desarrollo penitenciario..., pág. 14.

[26] Gómez Bravo, Gutmaro, "La política penitenciaria..., pág. 166.

[27] García Funes, Juan Carlos et al., *Informe sobre centros de detención...*

[28] Ibídem; Oliver Olmo, Pedro, *El siglo de los castigos. Prisión y formas carcelarias en la España del siglo XX*, Barcelona, Anthropos, 2013; Rodríguez Teijeiro, Domingo, "Configuración y evolución...

una legislación necesaria para gestionar el sistema penitenciario y un número ingente de presos, suficiente como para amenazar con colapsar el propio sistema.[29]

La ciudad cautiva: espacios de cautividad y evolución de la población penitenciaria en Pamplona (1936-1940)

Incluso en las regiones en las que no hubo frente de guerra, donde el golpe había triunfado desde su inicio, se encuentra el rastro de la represión y la estela que esta deja a su paso. Navarra no fue excepción y, desde las últimas décadas del siglo pasado hasta la actualidad, se han escrito, reeditado y completado obras extensas dedicadas a recoger este pasado reciente, traumático, pero no por ello merecedor del olvido.[30] En Pamplona también, capital de la región, la represión tuvo su macabro eco y el cautiverio fue una de sus muchas formas, tanto intensiva como extensivamente: no solo era ingente la cantidad de prisioneros en la ciudad, sino que los propios espacios de detención plagaban la geografía urbana.[31] Tanto en su forma concentracionaria como penitenciaria, en cuarteles y comisarías e, incluso, en forma de centros improvisados, Pamplona contaba con numerosos centros de detención, algunos de ellos existentes con anterioridad a 1936 y otros creados, o utilizados con tal propósito, a raíz del golpe.[32]

Desde 1907 hasta 2012, año en el que fue derruida, la Prisión Provisional de Pamplona fue, junto con el penal del Fuerte de San Cristóbal, el principal centro de detención de la urbe, trayendo consigo las innovaciones que alumbró el siglo xx en lo que respectaba al diseño y distribución de los centros penitenciarios.[33] Sin embargo, sus 194 celdas no estaban preparadas para acoger a la desproporcionada cantidad de presos que comenzaron a ingresar en ella a partir de 1936. Las detenciones de muchos de estos presos y presas, ingresados en la Prisión Provincial de forma preventiva y sin ninguna garantía, respondían a motivos meramente políticos, ya que el drástico aumento de población penal a partir de 1936 es de todo menos casual. Durante la Guerra Civil y la dictadura, fueron muchos

[29] Debido a la cantidad de personas encarceladas en poco tiempo y a la extensión de las penas, en especial las aplicadas mediante el código de justicia militar, el régimen pronto vio sobrepasada su capacidad de gestionar las prisiones. Además del ya mencionado sistema de redención de penas por trabajo, también vale la pena mencionar los mecanismos de excarcelación y libertad condicional que, si bien no libraban por completo al preso del yugo de su condena, sí que lo sacaba, físicamente, de la prisión. Véase García Funes, Juan Carlos et al., *Informe sobre centros de detención...* y Rodríguez Teijeiro, Domingo, "Configuración y evolución...

[30] Véase AKT (Altaffaylla Kultur Taldea), *Navarra 1936: De la esperanza al terror*, Tafalla, Altaffaylla Kultur Taldea, 2018 (1986) y Jimeno Jurío, José María, *La represión en Navarra (1936-1939): trabajo de campo y archivo (finales de 1974-principios de 1981)*, Pamplona, Pamiela, 2020. El FDMHN ha realizado, y continúa realizando, informes indagando en diversos aspectos de la represión, los cuales están disponibles en su página web https://memoria-oroimena.unavarra.es/informes.

[31] Véase el mapa realizado por el Instituto Navarro de la Memoria y el FDMHN disponible en https://oroibidea.es/cautividad/es/map

[32] García Funes, Juan Carlos et al., *Informe sobre centros de detención...*

[33] Para más información sobre la prisión, véase Mikelarena, Fernando, *Sin piedad. Limpieza política en Navarra, 1936*, Pamplona, Pamiela, 2015 y Oliver Olmo, Pedro, "Pena de muerte y procesos de criminalización (Navarra, siglos XVII-xx)", *Historia Contemporánea*, volumen 26, Bizkaia, 2003, págs. 269-292.

los presos que pasaron por la prisión, tanto comunes como políticos, a la espera de ser enviados a otro centro, a la espera de juicio o para cumplir condena. En no pocos casos, estos presos fueron puestos en libertad tan solo para ser asesinados poco después de ser excarcelados. Esta práctica, la aparente puesta en libertad de los presos para su posterior asesinato, fue habitual en los primeros momentos de la Guerra Civil.[34]

En lo que respecta a la cantidad de presos, según los datos recogidos por el Fondo Documental de la Memoria Histórica en Navarra, al menos 7.356 personas pasaron por la Prisión Provincial de Pamplona a partir de 1936.[35] Los datos del Anuario Estadístico de España recogen un total de 171 presos en la Prisión Provincial para el año 1933, pero, en tan solo tres años, esa cifra se disparó hasta superar los 1.600. Esta tendencia no fue exclusiva de Navarra, sino que la encontramos en todo el país, donde se pasó de un total de unos 12.000 presos en 1934 a más de 90.000 en 1939.[36] El brusco despegue de la cifra, como bien se ha indicado con anterioridad, no es casual.

A pesar de llegar a ser más de 2.000 presos en 1940, a finales de ese mismo año no llegaban a los 900 (815 entre presos políticos y comunes), y a finales de 1945 la cifra descendió hasta los 352. Fue entonces cuando comenzó el descenso en la población penal y, aunque en la década de los 50 la cifra se mantuvo entre los 100 y los 200, la media en la década de los 60 no llegó a 100.[37] Entre todas las personas que estuvieron presas, 425 fueron asesinadas, la mayoría al poco de ser excarceladas, en sacas o falsos desplazamientos. Además, otras 13 personas murieron en el cautiverio tras pasar por la Prisión Provincial de Pamplona, a pesar de que solo 5 murieron en la propia prisión.[38] No está de más mencionar, antes de ahondar en el análisis de la población penal, que, pese a la utilización del dato relativo a las presas y presos políticos en este trabajo, no hay que olvidar el contingente de presos y presas comunes, quienes formaron la mayoría de la población penal una vez transcurridas las primeras décadas de la dictadura.

Como se observa en el Gráfico 1, el aumento entre los años 1933 y 1936 fue notable: de menos de 200 reclusos pasaron a ser en torno a 1.700 y, como muestran los años que siguen, no fue ni una tendencia puntual ni un caso aislado. En el primer año del franquismo y, en particular, en los años de la guerra, los encarcelamientos fueron masivos y el aumento de la cifra desde 1936 hasta 1939 puede explicarse si se tiene en cuenta que, seguramente, la disminución de las ejecuciones, manteniendo el ritmo de detenciones y encarcelamientos, fue lo que provocó un aumento en el número de prisioneros.[39] Hay

[34] García Funes, Juan Carlos et al., *Informe sobre centros de detención…*; Majuelo Gil, Emilio et al., "Víctimas mortales de la represión en Navarra durante la guerra civil y el primer franquismo (1936-1948)", *Fondo Documental de la Memoria Histórica en Navarra, memoriapaper(ak)*, volumen 10, Pamplona, 2021.

[35] García Funes, Juan Carlos et al., *Informe sobre centros de detención…*, pág. 61.

[36] Anuarios Estadístico de España, existencia en 1.º de enero, 1943, consultado 08 de septiembre de 2023, https://www.ine.es/inebaseweb/treeNavigation.do?tn=161311&tns=160602#160602; García Funes, Juan Carlos et al., *Informe sobre centros de detención…*

[37] Ibídem, pág. 47.

[38] Ibídem, pág. 61.

[39] Cristóbal Sánchez, Pablo, "La prisión provincial de Córdoba…

que puntualizar, en cualquier caso, que las cifras aisladas no siempre pueden explicar todas las facetas de una realidad tan compleja y diversa. En este mismo caso, el título del gráfico especifica un dato de gran importancia, ya que sin más información no tenemos forma de saber cuántos presos eran políticos antes de 1936, lo cual, en cualquier caso, no disminuye el evidente aumento en la cifra ni lo convierte en una mera coincidencia.

Gráfico 1: *Población penal de la Prisión Provincial de Pamplona, general (1932-1933) y presas y presos políticos (1936-1940).*

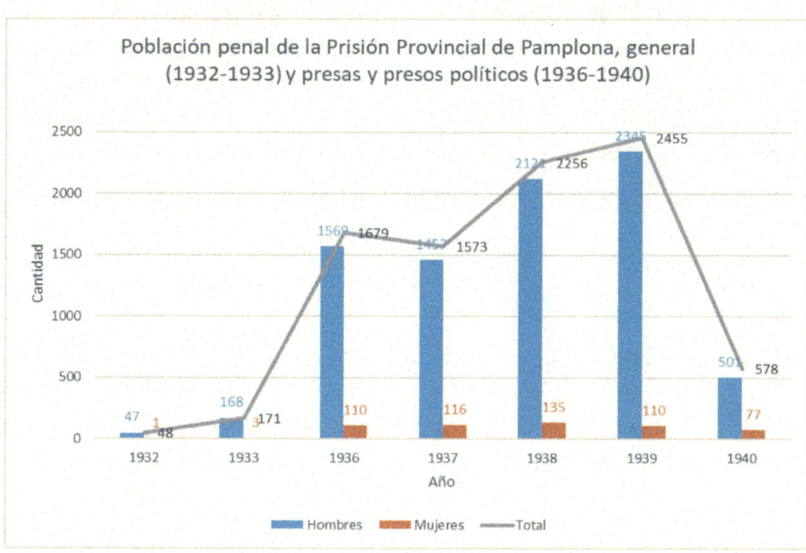

Fuente: Realización propia con los datos del Anuario Estadístico de España, del FDMHN y del padrón municipal de 1940 encontrado en el Archivo Municipal de Pamplona.

En este aspecto, resulta indispensable aclarar que los datos utilizados refieren solo al universo penitenciario que, si bien compuso una parte importante del cautiverio ejercido por el régimen franquista como forma de represión, deja de lado todo lo relacionado con el universo concentracionario, relativo a los campos de concentración y campos de trabajo, entre otros. Aunque los dos aspectos estén relacionados y compartan características, en muchos casos existiendo un intercambio de individuos entre ambos universos, deben analizarse por separado, como ya lo han puntualizado quienes han estudiado este ámbito en mayor profundidad.[40] Pero, de vuelta al universo penitenciario, las cifras relativas a la Prisión Provincial de Pamplona pueden comparase con las encontradas para otros puntos de la geografía para comprender, en primer lugar, el desarrollo de la guerra

[40] García Funes, Juan Carlos, *Desafectos...*

en distintas partes del país y, en segundo lugar, la utilización de las cárceles como forma de represión una vez terminada la guerra.

Para el caso de Euskadi, atendiendo exclusivamente a las prisiones provinciales, encontramos un total de 10.556 presos que ingresaron en estas entre los años 1937 y 1939, el 63% de ellos en 1937. Para finales de 1939, el 70% había salido de prisión[41], por unos u otros medios. En el caso de Córdoba, también encontramos un aumento a partir de 1936, sostenido en el tiempo y duplicándose entre 1937 y 1938, aunque las cifras absolutas sean menores: de 257 a 523.[42] Otras cifras, aunque esporádicas, también ilustran una realidad similar, como la de Cáceres donde, a pesar de carecer de cifras oficiales, existen referencias indirectas que indican una cifra total en torno a los 1.100 prisioneros en 1937 y 2.516 en 1940, muchos de los cuales serían, a todas luces, presos políticos.[43] La misma tendencia la encontramos en prisiones de mujeres como Les Corts, donde el pico de población penal se alcanza en 1939.[44]

ECOS DE LA GUERRA: PRESAS Y PRESOS POLÍTICOS EN LA PRISIÓN PROVINCIAL DE PAMPLONA (1940)

Aunque oficialmente la guerra hubiera terminado en abril de 1939, la hostilidad seguía enraizando en la sociedad de la posguerra, y 1940 se convertía en el preludio de una primera década de dictadura marcada por las dificultades económicas, el hambre y, también, por la represión física de la población. En Pamplona, esa represión estuvo presente en sus múltiples formas y, del mismo modo en el que sucedía en el resto de país, la hostilidad se extendía no solo hacia los y las directamente represaliadas, sino a sus allegados más cercanos.[45]

El cautiverio, como se ha apuntado, también ocupó su espacio en el mapa urbano y entre sus habitantes. Además del penal del Fuerte de San Cristóbal, tristemente conocido por las penosas condiciones de vida sufridas por sus presos, la principal prisión de la ciudad y, en este caso, edificada dentro de la misma, era la Prisión Provincial de Pamplona. Pasada la guerra y la inicial masificación de la prisión, en 1940 seguía ampliamente poblada, con un total de 815 presos y presas, de entre los cuales el 70% seguían siendo lo

[41] Badiola Ariztimuño, Ascensión, *La represión franquista en el País Vasco...*, pág. 63.

[42] Cristóbal Sánchez, Pablo, "La prisión provincial de Córdoba..., pág. 629.

[43] Hinojosa Durán, José, "La antigua Prisión Provincial de Cáceres..., págs. 246, 248.

[44] Hernández Holgado, Fernando, *La prisión militante...*, pág. 127.

[45] Sectores de la sociedad como las mujeres o los niños quedaban particularmente desprotegidos cuando los hombres eran quienes sufrían la mayor parte de la represión letal. Esto se ve reflejado, por ejemplo, en estudios relativos al hambre, la miseria y los pequeños hurtos en el primer franquismo, ya que ser identificado como familiar de "vencido" ponía al sujeto en una situación particularmente peliaguda. Véase Rodríguez Barreira, Óscar, "Lazarillos del caudillo. El hurto como arma de los débiles frente a la autarquía franquista", *Historia Social*, número 72, España, 2012, págs. 65-87 y Gómez Oliver, Miguel y del Arco Blanco, Miguel Ángel, "El estraperlo: forma de resistencia y arma de represión en el primer franquismo", *Studia Histórica, Historia Contemporánea*, número 23, Salamanca, 2005, págs. 179-199.

que podríamos considerar presas y presos políticos[46], es decir, personas encarceladas como forma de represión. Ese 70% correspondía a 578 casos y serán estos lo que, de ahora en adelante, formen la muestra analizada.

La principal disparidad en la población reclusa, y la que llamaba la atención desde el mismo momento de la lectura de la fuente primaria, fue la referente al género. Las cárceles de mujeres ganaron gran notoriedad durante las primeras décadas del franquismo y encontramos ejemplos de ellas a lo largo de toda la geografía, generalmente utilizando estructuras preexistentes o, como sucedía en Navarra, en el caso de carecer de una prisión exclusivamente femenina, reservando un ala para las mujeres.[47] Es por esto que podemos concluir que las mujeres que encontramos en esta investigación, si bien puede que no sean todas, al menos son la gran mayoría de mujeres presas en Pamplona en el año 1940. El número de mujeres en la Prisión Provincial de Pamplona, manifiestamente menor al de hombres, tan solo alcanza el 13% del total de la población reclusa, pero esta circunstancia no es, ni mucho menos, exclusiva de la prisión navarra.

Por ejemplo, en el caso del País Vasco, encontramos prisiones provinciales mixtas en las que las proporciones se mantienen similares como, por ejemplo, la de San Sebastián, en la que las mujeres suman el 11%[48], la de Bilbao con tan solo un 8,5%[49] y la de Álava, con el 6,38%[50], todas por debajo del 13% de internas en Pamplona. En el caso de Barcelona, donde encontramos prisiones masculinas y femeninas, la proporción sigue siendo similar, con 1.184 mujeres en Les Corts en comparación a los 14.509 hombres presos en las distintas cárceles de la ciudad[51], por lo que las mujeres formarían aproximadamente un 8% de la población reclusa de Barcelona en enero de 1940.

En cuanto a la edad de los reclusos y reclusas en Pamplona, la horquilla de edad más poblada es la que va de los 25 a los 34 años, que corresponde al 44,3% de las presas y presos políticos, por lo que destaca la juventud de la población penal ya que el tramo que le sigue en cantidad es el de ente 20 y 24 años, como se refleja en la pirámide poblacional (Gráfico 2). Esta juventud se acusa más en el caso de los hombres que en el de las mujeres.

[46] Esta clasificación responde a la metodología empleada por el FDMHN, mediante la cual se determinan los nombres "validados", es decir, visibles en el buscador web. Este criterio se basa en la demostración de que la persona validada sufriera alguna forma de represión, ya sea mediante documentación, testimonios u otros medios. Este método, si bien garantiza que las personas validadas sufrieran alguna forma de represión, no garantiza que quienes no figuran como validados no la sufrieran, sino que no hay, por el momento, nada que lo garantice.

[47] Hernández Holgado, Fernando, "Cárceles de mujeres del novecientos: una práctica de siglos" en Oliver Olmo, Pedro (coord.), *El siglo de los castigos. Prisión y formas carcelarias en la España del siglo XX*, Barcelona, Anthropos, 2013, págs. 145-187.

[48] Badiola Ariztimuño, Ascensión, *La represión franquista en el País Vasco...*, pág. 133.

[49] Ibídem, pág. 72.

[50] Ibídem, pág. 107.

[51] Hernández Holgado, Fernando, *La prisión militante...*, pág. 63.

Gráfico 2: *Pirámide poblacional de presas y presos políticos de la Prisión Provincial de Pamplona (1940).*

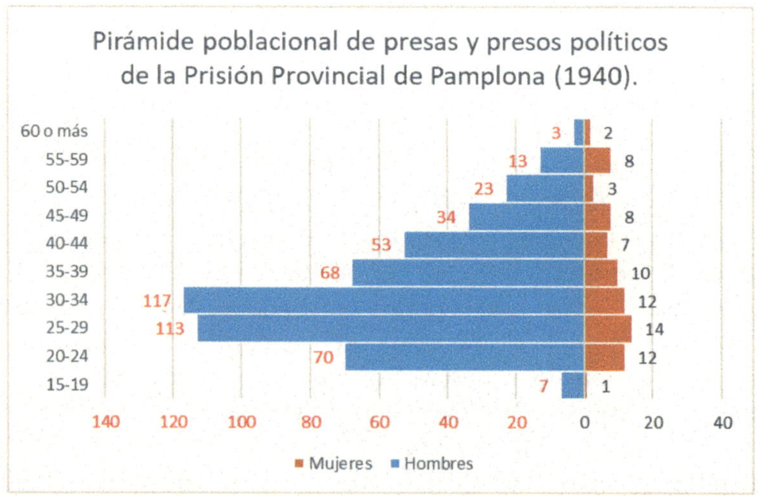

Fuente: Elaboración propia con datos del padrón de 1940 del Archivo Municipal de Pamplona.

Gráfico 3: *Presas y presos políticos de la Prisión Provincial de Pamplona según su provincia (1940)*

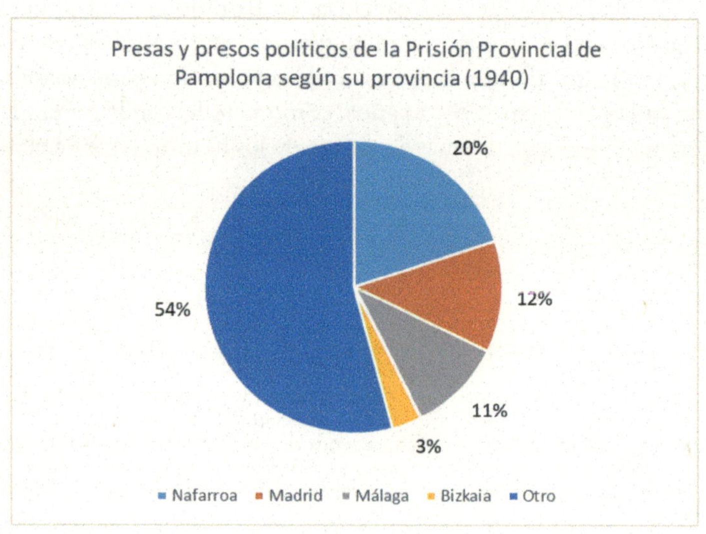

Fuente: Elaboración propia con datos del padrón de 1940 del Archivo Municipal de Pamplona.

A cerca de la procedencia geográfica de los y las presas, tomando el dato de la provincia de residencia, encontramos que casi la mitad de los reclusos y reclusas, el 46%, provienen de cuatro provincias: Navarra (115), Madrid (71), Málaga (60) y Bizkaia (19), siendo Navarra la más representada con el 20% del total. Resulta sorprendente el caso de Málaga, provincia de la que proceden 60 personas y de las cuales 54 son mujeres, convirtiendo Málaga en la provincia que más mujeres registra en este censo, lejos de Navarra, que la sigue con solo 6 mujeres

En otras prisiones del estado, si bien no con el dato exacto que tenemos para la cárcel pamplonesa, pueden detectarse similitudes y diferencias en términos generales, como el caso del País Vasco, en el que, entre los años 1937 y 1939, el 35% de presas y el 54% de presos proceden de las tres provincias vascas[52] o en Córdoba, donde encontramos un 92% de presos cordobeses en 1936, para luego descender al 27% en 1939[53], cifra todavía cercana al 20% de presos y presas navarras en Pamplona.

Gráfico 4: *Alfabetización de las presas y presos políticos de la Prisión Provincial de Pamplona según su género (1940)*

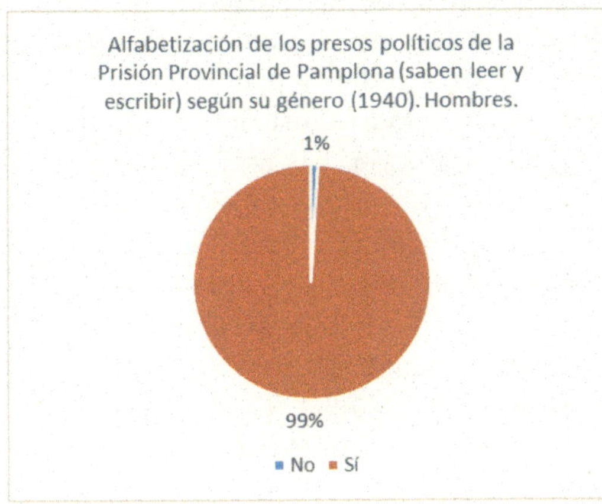

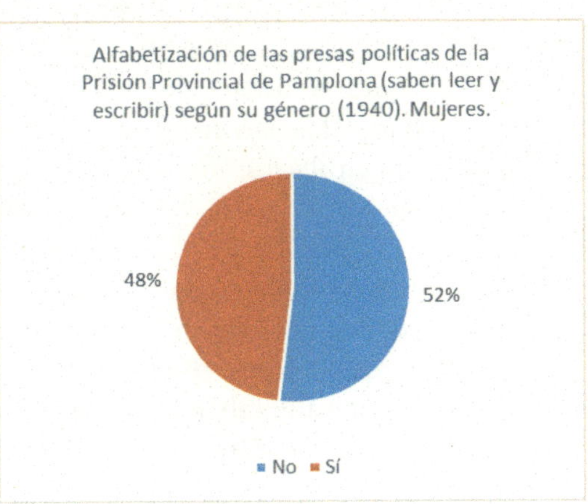

Fuente: Elaboración propia con datos del padrón de 1940 del Archivo Municipal de Pamplona.

La alfabetización, otro elemento clave ofrecido por el padrón, resulta de especial interés al cruzarlo con el género de los presos y presas. Es este el aspecto en el que se observa la mayor disparidad entre géneros ya que, mientras que el 99% de los hombres sabían leer y escribir, en el caso de las mujeres el porcentaje caía al 48%. Es decir, a pesar de formar tan solo el 13% de la población penal, las mujeres componían en 90% de quienes no sabían leer ni escribir. Sin contar con el dato exacto que ofrece el padrón para el caso de

[52] Badiola Ariztimuño, Ascensión, *La represión franquista en el País Vasco...*, pág. 66.
[53] Cristóbal Sánchez, Pablo, "La prisión provincial de Córdoba..., pág. 631.

Pamplona, en estudios dedicados a otras prisiones del estado se encuentran referencias a los elevados niveles de analfabetismo[54] o a clases y talleres, tanto de aprendizaje político como de los niveles más básicos[55], organizados tanto por las propias instituciones penitenciarias como por los presos y, en particular, las presas, lo cual demuestra no solo la presencia del analfabetismo, sino el esfuerzo de las presas por educarse entre sí.

Las profesiones, como se mencionaba en la crítica de la fuente, han supuesto un problema en sí mismas, debido a la variación en su nomenclatura, lo cual ha resultado particularmente complicado en el volcado y procesado de información por la base de datos. Sin embargo, tomando en exclusiva los datos que ofrece el padrón, se puede intuir una población penal dedicada, en su mayoría, a trabajos manuales. De las profesiones más repetidas, tan solo las cuatro primeras (labrador, sus labores, carabinero, jornalero) suman el 45,5% de la población reclusa, destacando el caso de las mujeres, en el que el 89,7% se encuadran en el epígrafe "sus labores".

Otros de los casos mencionados esbozan un panorama similar, tanto en la amplia mayoría de profesiones manuales como en la prevalencia del trabajo doméstico en el caso de las mujeres: en Córdoba, un 47% de la población penal se dedica al sector primario y un 16% al secundario[56]; en Bilbao, el porcentaje de profesiones manuales no estaría por debajo del 43%[57], muy similar a la cifra de Vitoria-Gasteiz, con un 45% de oficios manuales y tan solo un 4% de profesiones que requerían estudios superiores[58] y la de la prisión de San Sebastián en la que, de 1.449 presos, tan solo 43 trabajaban en empleos que requerían titulación universitaria[59], es decir, un escaso 3%. Las mujeres presas en el País Vasco, por su parte, también se dedicaban en su mayoría al trabajo doméstico, con cifras en torno al 70%[60] salvo en el caso de Araba, donde el 42% de "sus labores", sin embargo, se complementa con un 28% de mujeres labradoras, sirvientas u obreras.[61]

El género, una vez más, marca la diferencia en el estado civil de los presos y presas. A diferencia de los hombres, con cifras muy similares de casados y solteros (49% en ambos casos), las mujeres figuraban mayoritariamente como casadas (61%). También el índice de viudedad es destacadamente mayor en ellas que en ellos, con un 16% de viudas frente al 2% de viudos.

Además de las variables contenidas estrictamente en el padrón, el cruce de estas con la base de datos del FDMHN ha permitido extraer nuevas conclusiones, en especial las

[54] Badiola Ariztimuño, Ascensión, *La represión franquista en el País Vasco...*, pág. 135.
[55] Hernández Holgado, Fernando, *La prisión militante...*; Vega Sombría, Santiago y García Funes, Juan Carlos, "Lucha tras las rejas franquistas...
[56] Cristóbal Sánchez, Pablo, "La prisión provincial de Córdoba..., pág. 630.
[57] Badiola Ariztimuño, Ascensión, *La represión franquista en el País Vasco...*, pág. 79.
[58] Ibídem, pág. 110.
[59] Ibídem, pág. 135.
[60] Ibídem, págs. 72, 134.
[61] Ibídem, pág. 107.

referidas a otros hechos represivos sufridos por estas mismas personas y, en el caso de haberla registrado, la militancia política.

En primer lugar, siguiendo el hilo del cautiverio, resulta necesario contabilizar los registros de cautiverio de los 578 casos analizados. Son 51, en total, quienes tienen registrado más de un encarcelamiento; en otras palabras, para el 91% de los reclusos y reclusas el encarcelamiento de 1940 es el único registrado hasta el momento. De entre quienes tiene registrada más de una detención, se cuenta tan solo una mujer y todos, salvo tres, estaban encarcelados por segunda vez, habiendo dos casos con tres encarcelamientos registrados y tan solo uno con cuatro. De este 9% a quien se le registra más de una estancia en prisión, 6 estaban vinculados a algún grupo de militancia, mientras que otros 2 no sufrieron más represión que el encarcelamiento de 1940. Estas 8 personas pertenecían, teniendo en cuenta que cada una podía estar afiliada al mismo tiempo a más de un grupo, a los siguientes partidos y sindicatos: UGT, PSOE, PCE, CNT, JS y UR.

Tabla 1: *Otras formas de represión sufridas por las presas y presos políticos de la Prisión Provincial de Pamplona y el número de veces que se repiten (1940)*

HECHOS REPRESIVOS	
Desplazamientos	7
Otras prácticas represivas	6
Represión económica	4
Depuraciones y represión socio-laboral	2
Cargos públicos destituidos	1
Torturas y agresiones físicas	1

Fuente: Elaboración propia con datos del padrón de 1940 del Archivo Municipal de Pamplona y del FDMHN.

Además del cautiverio, 15 personas tienen registrados otros hechos represivos, siendo 6 de ellos los que pertenecían a algún grupo de militancia y ya acumulaban más de un encierro en prisión. A pesar de que atendiendo a la información disponible hasta la fecha no se contabilice ningún asesinado entre estos 15, se registran los siguientes hechos represivos: represión económica, desplazamientos, depuraciones y represión socio-laboral, torturas y agresiones físicas, cargos públicos destituidos y otras prácticas represivas. Estos hechos represivos son acumulativos, y como refleja la tabla, muestran predilección por los desplazamientos y la represión económica y laboral, especialmente perjudicial no solo para los presos, también para sus familias.

Ejemplo de esta represión múltiple es Juan Cruz Iriarte Lecea[62], ugetista y socialista de Altsasu/Alsasua, padre de cuatro y concejal de la localidad hasta su destitución el 25

[62] La historia de Juan Cruz Iriarte Lecea se encuentra en su ficha personal en FDMHN (Fondo Documental de la Memoria Histórica en Navarra) (2022), *Nombres para el recuerdo. Base de datos*, 2022, consultado 06 de

de julio de 1936. Desde marzo de 1939 hasta su llegada a la prisión pamplonesa, atravesó todo un periplo de campos de concentración, hospitales militares y prisiones a lo largo y ancho de la geografía española. A pesar de abandonar la Prisión Provincial de Pamplona en febrero de 1941, su particular *via crucis* no concluyó allí, ya que todavía sería despedido por un proceso de depuración, mediante el cual también se le negarían los beneficios sociales de la empresa, la Compañía de los Caminos de Hierro del Norte en la que trabajaba como mozo suplementario y, además, también se le impusieron multas como resultado de la apertura de expedientes de responsabilidades políticas. Este es solo un ejemplo de los muchos casos en los que una significación política previa al golpe de esta se tradujo en la acumulación de hechos represivos en la misma persona. El cautiverio, por lo tanto, no existió como método de represión único o aislado del resto, aunque en ocasiones fuese aplicado en exclusividad. Fue, al fin y al cabo, una potente herramienta de represión física y psicológica utilizada por el régimen franquista de forma constante a lo largo de toda la dictadura.

CONCLUSIONES

El encarcelamiento, como se ha explicado a lo largo de estas páginas fue una herramienta represiva de extraordinaria utilidad para el régimen franquista, hecho que se refleja no solo en las cifras de personas encarceladas a partir de 1936, sino en el espacio que ocupa dentro del ideario nacionalcatólico. El franquismo utilizó las cárceles como espacio en el que hacinar, castigar y "reeducar" a esas personas cuyos ideales, por ser contrarios a los del régimen, los convertían en peligrosas. A pesar de que la cifra de presos se fue reduciendo a medida que transcurrían los años, ello no fue sino una respuesta a la necesidad de gestionar y mantener un sistema penitenciario que no podía hacer frente al gran número de personas que el franquismo quería castigar y excluir de la sociedad.

Este trabajo aúna el resultado de dos procesos paralelos de investigación que ponen el foco en los espacios de cautiverio y las personas que fueron internadas en ellos, abriendo una ventana a una serie temporal más larga a través del análisis de los datos referentes al año 1940. Estos datos contribuyen a la recuperación de la memoria de los hombres y las mujeres presas y, a su vez, dibuja con mayor detalle una sección de ese amplio y complejo contexto. Tras recoger la información ofrecida por el padrón municipal, esta se ha completado con la información ofrecida tanto por el FDMHN como por otras fuentes, posibilitando la comparación de los datos de 1940 con los de otros años, así como la obtención de datos que no figuraban en el padrón. El análisis de la información, basada tanto en las variables ofrecidas por la fuente principal como por las fuentes secundarias, ha

septiembre de 2023, https://memoria-oroimena.unavarra.es/. Véase también CDMH, AFD, Caja 477, Expediente A130; ACMN, Legajo 44, orden 2415; Urrizola Hualde, Ricardo, *Consejo de guerra: Navarra bajo la injusticia militar (1936-1940)*, Tafalla, Txalaparta, 2017, págs. 303-304.

culminado en un informe que aborda los principales aspectos, en carácter cuantitativo, en relación a la población reclusa como su género y edad, su origen, nivel de alfabetización, profesión, estado civil, militancia y, de existir, la interacción con otros hechos represivos. Además, siguiendo la metodología utilizada en el FDMHN, se ha decidido dividir los 815 casos recogidos en el padrón entre presos políticos y comunes, como forma de asegurar que los 578 casos llevados a analizar estaban, efectivamente, vinculados a alguna forma de represión con la información de la que se dispone hasta el momento.

Los resultados del análisis muestran una población penal mayoritariamente masculina (87% de hombres frente a 13% de mujeres) y vinculada a profesiones manuales o de baja cualificación, en el caso de las mujeres dominada por el trabajo doméstico. La alfabetización, si bien se muestra ampliamente extendida entre la población masculina, en el caso de las mujeres no llega al 50%; es decir, a pesar de representar a un escaso 13% de la población penal, las mujeres sumaban un 90% de la cifra total de analfabetismo. Otro aspecto dividido por el género es el del estado civil, en el que encontramos que las mujeres, en comparación a los hombres, muestran mayores porcentajes de casadas (61%) y de viudas (16% frente al 2% de los hombres). En cuanto al origen de la población reclusa, el alto porcentaje de población externa a Navarra limita de alguna forma el acceso a la información, ya que el FDMHN recoge los casos de represión sucedidos en Navarra y a personas que residían en Navarra y, además, el traslado de presos suele incurrir en la pérdida de parte de su información personal. La necesidad de continuar con la investigación en este ámbito contextual y geográfico es evidente, por ejemplo, en lo relativo a los grupos de militancia o profesiones de los represaliados. Aunque esta información ya está recogida en la base de datos del FDMHN, es necesario realizar una clasificación más detallada de la misma. A pesar del reto que supone, las propuestas para hacer frente a estos problemas ya están puestas en marcha.

En definitiva, este trabajo es la síntesis de una primera experiencia de investigación y, al mismo tiempo, presenta el análisis de un momento concreto en la Prisión Provincial de Pamplona, como si se tratara de una fotografía de la población penal en 1940. Es decir, este es un trabajo en torno a un año puntual que debería entenderse dentro de una serie para comprender mejor las tendencias generales dadas a lo largo del tiempo. Sin embargo, este estudio permite comprender, a través del análisis cuantitativo, cómo era el conjunto de presas y presos políticos y, aunque todavía es imposible contar la historia de cada individuo, es un avance para preservar la memoria de quienes sufrieron este tipo de represión.

17.
"VALENCIA ROJA": LA VISIÓN DE LA RETAGUARDIA REPUBLICANA EN LA LITERATURA DEL PRIMER FRANQUISMO

José Ricardo March Arnao
Conselleria d'Educació, Universitats i Ocupació. Generalitat Valenciana

INTRODUCCIÓN

El rescate editorial, en octubre de 2015, de la obra inédita de Pío Baroja *Los caprichos de la suerte,* último manuscrito de ficción del autor pendiente de ser dado a la imprenta, permitió concluir la amplia aunque irregular serie de textos dedicados por el novelista vasco a relatar la guerra civil española. La publicación de la narración, de cuyos complejos rescate y reconstrucción ha dado cuenta José-Carlos Mainer en su excelente introducción crítica a la obra[1], supuso dar a conocer al gran público una visión francamente interesante y abundante en detalles sobre la España quebrada por la contienda.

Uno de los aspectos más destacados de esta última novela póstuma de Baroja, que relata las peripecias de la huida de un periodista del país en guerra y su posterior instalación en París, radica en su minuciosa descripción de la vida cotidiana en diferentes escenarios de la retaguardia republicana y, más concretamente, del denominado "terror rojo" practicado en la misma. Así, el narrador relata el paso del protagonista por distintos espacios urbanos y rurales de la zona "leal", con el Madrid cercado por el ejército de Franco como punto de partida, hasta su llegada a Valencia, desde la que, no sin dificultades, consigue marchar en dirección al exilio.

Baroja, que pasó gran parte de la guerra expatriado en Francia, no pudo conocer de primera mano la vida diaria en la Valencia republicana, que, sin embargo, es relatada en *Los caprichos de la suerte* con todo lujo de detalles. Aquello que el autor vasco narra y describe responde a un ingente esfuerzo por documentar de manera precisa la realidad a partir del empleo de materiales y fuentes de diversa índole, un ejercicio casi periodístico que supone una constante en la producción literaria del autor. Así, en el ya citado estudio preliminar a la obra del novelista, Mainer conjetura que parte de las informaciones, en concreto las relacionadas con la actividad desplegada por parte de la Casa de la Cultura, pudieron ser relatadas a Baroja por el intelectual José Moreno Villa en París. Para el

[1] Mainer, José-Carlos. "«Intentar ver en lo que es». La guerra civil en la literatura de Pío Baroja". En Baroja, Pío, *Los caprichos de la suerte.* Madrid, Austral, 2016. Pág. 9-57.

prologuista, otras informaciones, especialmente las relacionadas con la represión, "parecen proceder de fuentes menos escrupulosas"[2] que no son detalladas.

La repetición de determinados tópicos, personajes, visiones particulares sobre la guerra e, incluso, anécdotas, nos permite aventurar que Baroja pudo utilizar, con el objeto de documentarse para la escritura de su novela, uno o varios de los textos testimoniales publicados en torno a la experiencia bélica en Valencia durante los primeros años del franquismo. Se trata de un conjunto de obras dadas a la imprenta entre 1937 y 1942 que circularon con cierta facilidad durante la década inicial de la dictadura, alcanzando buenas cifras de ventas, y que contribuyeron a dibujar en los lectores de varias generaciones una visión dúplice de la Valencia cercada por la guerra y, por extensión, de toda la retaguardia republicana: por un lado, la del "terror rojo" sufrido por militares, religiosos, ciudadanos de ideología derechista y, en menor medida, republicanos de centro; por otro, la de la corrupción moral, la degradación y la escasez material, asociadas, sobre todo, a la instalación en la urbe de los órganos de gobierno de la Segunda República a partir de noviembre de 1936. Ambas visiones se mantendrían vivas en la historiografía y la literatura de creación durante todo el franquismo y cobrarían nueva fuerza durante los años ochenta y noventa del siglo xx gracias a su difusión en las novelas y libros de recuerdos del autor *best-seller* valenciano Fernando Vizcaíno Casas, a quien el estallido de la contienda sorprendió en la ciudad en plena adolescencia.

Relegadas a la oscuridad editorial más allá de sus primeras ediciones y olvidadas hoy en día tanto por el público como por la crítica literaria –excepción hecha, en este último caso, y con matices, del volumen de Joaquín Romero-Marchent–, esta colección de obras se integra en un conjunto de "libros de recuerdos de cautivos y evadidos e la zona republicana" que, según Rodríguez-Puértolas, constituyen un "grupo compacto, bien delimitado y repetitivo"[3] de textos de similar factura y parecido propósito –documentar en primera persona y con abundancia de detalles los supuestos desmanes cometidos en la España republicana–, debidos a autores de orientación política conservadora o ultraconservadora, comprometidos en su mayoría con el golpe de estado de julio de 1936. Para Mainer, estos textos, convertidos en "el manjar literario más prodigado de estos años de hierro", constituyen una "larga procesión penitencial de volúmenes" que "mezclaban las irrecusables realidades, la fantasía mendaz y, a veces, el sadomasoquismo reprimido"[4]. Estudiados desde una perspectiva crítica, los libros que a continuación se reseñan suponen un interesante complemento a la abundante producción historiográfica que ha relatado con detalle el desarrollo de la guerra y su concreción en Valencia.

[2] Ibídem, pág. 49.
[3] Rodríguez-Puértolas, Julio. *Literatura fascista española. 1. Historia.* Akal, Madrid, 1986, págs. 250-251.
[4] Mainer, José-Carlos. *Falange y literatura.* RBA, Madrid, 2013, pág. 130.

Entre la indecisión y la caída: Valencia en guerra (1936-1939)

De acuerdo con la información que podemos extraer, entre otras fuentes, de los diarios del patricio Nicolau Primitiu Gómez Serrano[5], las primeras noticias sobre el golpe de estado iniciado en el protectorado de Marruecos llegaron a Valencia la noche del 17 de julio de 1936. Según el plan trazado por los conspiradores, la asonada habría de ser dirigida en la ciudad desde primera hora del 19 de julio por el general Manuel González Carrasco y el comandante Bartolomé Barba, quienes, encabezando a las tropas destinadas en la plaza y con el apoyo de militantes carlistas, falangistas y, sobre todo, de los simpatizantes de la poderosa Derecha Regional Valenciana, habrían de hacerse rápidamente con la urbe y su región circundante. Sin embargo, las indecisiones entre los conspiradores, la noticia del fracaso del golpe en Barcelona y, sobre todo, la carta dirigida al Gobierno por el líder de la Derecha Regional, Luis Lucia, proclamando su fidelidad al poder establecido, desconcertaron a los golpistas y desbarataron los planes de quienes habían de liderar el alzamiento militar en la capital valenciana.[6]

Siguió entonces un breve período de indecisión en el que las tropas se mantuvieron acuarteladas, al tiempo que se sucedían los acontecimientos: a Valencia se desplazó el presidente de las Cortes, Diego Martínez Barrio, con el objeto de restablecer la legalidad truncada y la autoridad gubernamental; en paralelo se constituyó un Comité Ejecutivo Popular, de orientación sindical y con representación de los partidos del Frente Popular, mientras las organizaciones obreras llamaban insistentemente a la huelga y solicitaban armas para el pueblo. Esta situación de incertidumbre finalizaría entre finales de julio y principios de agosto con el asalto a los cuarteles militares por parte de la población armada y el encarcelamiento de muchos de los elementos implicados en la intentona golpista, que fueron internados en las cárceles de la ciudad o en diversos navíos habilitados como prisiones y fondeados en el puerto valenciano.

En las semanas inmediatamente posteriores al fallido pronunciamiento se produjo un estallido revolucionario que trastocaría por completo la vida en la ciudad y que se manifestó en la colectivización de los negocios y la toma del poder por parte de las organizaciones sindicales. Al mismo tiempo, numerosos grupos armados de incontrolados iniciaron una espiral de violencia, centrada en la destrucción de edificios y efectos religiosos y en la persecución y asesinato de personas de ideología conservadora, una situación que se prolongaría durante meses, tal y como señala Furió:

> Els 'passeigs', que sembraven de cadàvers les cunetes dels camins i carreteres i feren tristement cèlebres alguns llocs d'execució habitual, com el Saler (...) naixien de la situació caòtica en què es vivia en la rereguarda de la zona republicana, en la qual els

[5] Gómez-Serrano, Nicolau Primitiu. *Dietaris 1936*. Estudio preliminar y notas de Emili Casanova y Josep Daniel Climent. Biblioteca Valenciana, Valencia, 2010.

[6] Furió, Antoni. *Història del País Valencià*. Tres i Quatre, Valencia, 2001, pág. 597.

òrgans de govern republicans es veien desbordats pels comités, aquests pels sindicats i aquests per grups armats que actuaven pel seu compte.[7]

Estos episodios de violencia revolucionaria, extinguidos casi totalmente en la ciudad a mediados de 1937, se convertirían en el argumento temático central de la literatura memorialista escrita durante y con posterioridad a la guerra:

> Se desencadenó la ola de sangre, el ansia homicida, el matar por matar. Todos los días, en el Saler, en el Campamento de Paterna, en el río, en los solares y hasta en mitad de la calle, aparecían cadáveres y cadáveres que en muchas ocasiones ni siquiera recibían sepultura. Era el asesinato libre, absoluto dueño de la población. Se sacaba a la gente de sus casas, de las cárceles abarrotadas de la capital y de los pueblos de la provincia. Y se mataba a la gente, sin juicio y sin causa, por el primer grupo de desalmados que se le ocurría cometer un crimen tan repugnante como estos: porque los asesinos procedían alevosamente sabiendo bien que estaba indefenso, porque eran cuatro o cinco contra uno, y porque les constaba que su impunidad era absoluta.[8]

A comienzos de noviembre de 1936 se registró un hecho fundamental en el devenir de la guerra en Valencia: el traslado a la ciudad de la capitalidad de la República, motivado por la cada vez mayor proximidad del ejército franquista a Madrid. Valencia mantendría la condición de sede de los organismos del Estado hasta octubre de 1937 y se convertiría en lugar de refugio para decenas de miles de fugitivos de la zona republicana. La aparente seguridad y tranquilidad que los huidos encontraron en tierras valencianas contribuyó a la conformación del mito por antonomasia de la retaguardia: el "Levante feliz", espacio de abundancia material y relajación de costumbres, lejos de los horrores del frente, que sería ampliamente parodiado en la literatura del franquismo:

> Entonces fue cuando empezó a hablarse en Madrid (...) del 'Levante feliz', remoquete otorgado por los periodistas madrileños a Valencia y su región (...) Efectivamente: Valencia era el lugar ideal para acabar los pocos días que faltaban para el feliz término de la guerra con el total aplastamiento del fascismo".[9]

A partir de la instalación de las instituciones republicanas en Valencia proliferaron en la ciudad diversas "chekas" o cárceles populares de inspiración soviética, dependientes

[7] "Los paseos, que sembraban de cadáveres las cunetas de los caminos y carreteras e hicieron trístemente célebres algunos espacios de ejecución habitual, como el Saler (...) nacían de la situación caótica en que se vivía en la retaguardia de la zona republicana, en la que los órganos de gobierno republicanos se venían desbordados por los comités, estos por los sindicatos y estos por grupos armados que actuaban por su cuenta". Ibídem, pág. 599.

[8] Molero Massa, Luis. *La horda en el 'Levante Feliz'.* Jefatura Provincial de FET y las JONS, Valencia, 1939, pág. 20.

[9] "Araceli, Gabriel". *Valencia 1936.* Talleres editoriales de "El Noticiero", Zaragoza, 1939, pág. 99.

de partidos, sindicatos o agrupaciones diversas, en las que se internó y sometió a tortura a disidentes y adversarios políticos. Por otra parte, a lo largo de esos meses se intensificaron las actividades de la "quinta columna", en la que tomaron parte muy activa algunos de los autores de las obras que citamos en este trabajo. Ambas cuestiones, especialmente la primera de ellas, serían ampliamente tratadas en la literatura testimonial franquista:

> ¡Las chekas! En el otro lado se ha oído hablar de las chekas, y se ha creído lo que se ha creído, que no ha sido todo, ni mucho menos. Pero los que estamos aquí sabemos de sus horrores, porque por ahí hemos visto, por ejemplo, a don Antonio Vayá, al que han tenido cincuenta y dos horas en el cepo; a Carlomarde, al que le han breado el cuerpo a palizas; a Bolívar, que quedará ciego por el desprendimiento de la retina a fuerza de golpes, y a Carlos de Alfaro, y a Golfín, y a Vidaurre..., etc. ¡Centenares de ellos![10]

El recrudecimiento de la guerra tuvo efectos muy importantes en la vida cotidiana en la ciudad: a partir de enero de 1937 se intensificaron los bombardeos hasta convertirse prácticamente en una constante diaria y la llegada de suministros no tardó en resentirse, lo que motivó la instauración de un sistema de racionamiento de alimentos para paliar la escasez. La situación de los habitantes de la ciudad empeoró sustancialmente a partir de la llegada del ejército franquista al Mediterráneo, en abril de 1938, y, sobre todo, desde el final de la batalla del Ebro, ya en los albores de 1939. Quedaban pocos meses para el final. El colapso de la República propició la caída de la ciudad sin apenas resistencia a manos de las tropas del Cuerpo de Ejército de Galicia comandadas por el general Antonio Aranda el 29 de marzo de 1939.

OBRAS Y AUTORES

DETERMINACIÓN DEL CORPUS

El listado de textos literarios que analizamos se halla conformado por seis obras publicadas entre 1937 y 1942: *Soy un fugitivo (Historia de un evadido de Madrid)* (1937), escrita por Joaquín Romero-Marchent; *Valencia roja* (1938), de Salvador Ferrandis Luna; *Valencia 1936* (1939), obra de Enrique García Albors bajo el seudónimo de "Gabriel Araceli"; *La horda en el 'Levante Feliz'* (1939), publicada por Luis Molero Massa; *Nueve versos de gesta* (1940), breve opúsculo de Martín Domínguez Barberá; y *La guerra desde la cárcel* (1942), dada a la imprenta por Francisco Cimadevilla Alonso.

[10] Cimadevilla Alonso, Francisco. *La guerra desde la cárcel.* Ediciones Españolas SA, Madrid, 1942, pág. 81.

Fuera de esta selección quedan libros de similares presupuestos y desarrollo a los citados pero centrados en la represión padecida por colectivos específicos[11], textos que presentan una visión de segunda mano de los hechos ocurridos en Valencia –y que, quizá por ello, abordan tan solo parcialmente los efectos de la guerra en la ciudad–[12] y obras que, pese a su interés, han permanecido inéditas editorialmente. La más significativa de estas últimas es *Viaje a Valencia,* escrita por Diego Hidalgo y Durán, que a día de hoy todavía se mantiene sin publicar. Hidalgo (1886-1961), ministro de la Guerra en diversos gobiernos presididos por Alejandro Lerroux y Ricardo Samper, que se hallaba en Valencia con motivo de la boda de la hija de este último, celebrada el 17 de julio de 1936, elaboró un detallado cuaderno de memorias de cincuenta y siete páginas, disponible en forma de mecanoscrito digitalizado en la página web de la Fundación Maimona[13], en el que relata con agilidad y colorismo los primeros días de la guerra en la ciudad:

> Millones de hombres del pueblo, entre gritos estridentes transitaban por ella, colgado al hombro su fusil o pendiente del cinturón la pistola y centenares de coches y camiones, repletos de gentes luciendo también toda clase de armas, cruzaban veloces, adornados con banderas de todos los colores imaginables y señalados con anagramas variados y difíciles, compuestos por la mayoría de las letras del alfabeto.[14]
>
> La mayoría, algunos dicen que todas las Iglesias y Conventos de Valencia son pasto de las llamas: desde la azotea del Hotel, densas columnas de humo, se alzan verticales hacia el cielo, en esta tarde de julio, en la que el calor axfisiante *(sic)*, no está atenuado por la brisa mediterránea, sino avivado por unas gigantescas llamaradas que comen los muros de unas docenas de edificios artísticos, desparramados por todos los ambitos de la ciudad, repletos de joyas inestimables, convertidos en Fallas por el odio y la bestialidad de un populacho, a cuyos instintos no han sido capaces de poner freno los llamados a velar por el imperio de la ley, y por el prestigio de nuestra cultura y por la dignidad de sus cargos.[15]

Características comunes

Los seis textos escogidos presentan diversas semejanzas que los convierten, en esencia, en integrantes de un mismo *continuum.* Existe un punto de partida común a todos

[11] Es el caso de *Los Jesuitas en el Levante Rojo. Cataluña y Valencia, 1936-1939*, escrita por Miquel Batllori a instancias de sus superiores eclesiásticos y publicada sin el nombre de su autor en 1939. Encontramos un interesante análisis sobre la obra y las circunstancias de su publicación en Raguer, Hilari. "Un señor de Barcelona: Miquel Batllori, s.j.". *Razón y fe,* volumen 247, número 1254, Barcelona, 2003, págs. 381-394.

[12] Como *El humo del país. Exvoto marinero y triunfo del Mediterráneo,* publicado en 1939 por el literato Federico García Sanchiz, que recoge una visión estilizada de Valencia en la que el autor intercala puntualmente reflejos de la contienda.

[13] Fundación Maimona (2018). Archivo Diego Hidalgo y Durán. *Viaje a Valencia.* Recuperado el 18 de septiembre de 2023 de https://archivo.maimona.org/document/136.

[14] Ibídem, pág. 12.

[15] Ibídem, pág. 23.

ellos: la pertenencia de los redactores de las obras a similares estratos sociales y credos ideológicos. Disidentes del régimen republicano, se hallaban, en mayor o menos medida, vinculados al golpe de estado fallido y muchos de ellos hubieron de pasar por la prisión o ingeniárselas para escapar de sus perseguidores como consecuencia de su militancia conservadora. Así, hallamos entre los narradores a un fugitivo de Madrid –Romero-Marchent– que encuentra en Valencia la última estación antes de su huida de la España republicana; a un periodista local encarcelado –Ferrandis Luna– que logra llegar a Roma tras ser liberado; a un bisoño oficial del ejército –García Albors– que pasa un tiempo en los barcos-prisión anclados en el puerto; a un abogado –Molero Massa– que, tras ser cumplir diversas etapas de cautiverio, se convierte en un destacado quintacolumnista; a un joven periodista católico, simpatizante de la Derecha Regional Valenciana –Domínguez–, que acaba la guerra como oficial del ejército de Franco; y, por último, al veterano director de uno de los dos periódicos vespertinos de la ciudad, de signo conservador –Cimadevilla–, quien, tras haber sido identificado como desafecto al régimen, pasa gran parte de la contienda en dos cárceles de la ciudad y una localidad cercana.

Una segunda coincidencia radica en que la gran mayoría de las obras –con la excepción de *Nueve versos de gesta*– son testimonios en primera persona que se autoproclaman relatos reales de lo sucedido en Valencia durante todo o gran parte del período bélico. Así, por ejemplo, la obra de Molero Massa defiende la veracidad de su narración a partir de un largo subtítulo –"Visto y vivido en la revolución roja (Un relato verdad de cuanto ocurrió en la Valencia roja desde el 19 de julio de 1936 al 29 de marzo de 1939)"–, mientras que la de García Albors hace lo propio en un breve proemio, bajo el título "Recuerdos de un testigo":

> Un testigo de los principales sucesos ocurridos en Valencia desde el 18 de julio de 1936 hasta el 1º de agosto del mismo año, relata aquí lo que con sus propios ojos vió.
>
> No lo vió todo, como él hubiera deseado, pero sí lo más importante de lo que en la calle sucedió[16].

En tercer lugar, hallamos en todos los textos, como eje temático fundamental, una detallada descripción de la ciudad marcada por la guerra enfocando sus aspectos negativos, con predilección por el detallismo escabroso. Así, la destrucción de los edificios e imágenes religiosas, el pillaje, la escasez alimentaria y, sobre todo, la persecución y asesinato de personas de ideología derechista son los argumentos más repetidos en los libros analizados:

> Turbas sin nombre invadieron, a sangre y fuego, los Santos Juanes. Ardió todo. En el cielo luminoso de Palomino se hizo la noche cerradas con el humo negro de infinitos

[16] "Araceli, Gabriel". *Valencia 1936*. Talleres editoriales de "El Noticiero", Zaragoza, 1939, pág. 9.

> sacrilegios. El populacho había consumado su obra. ¡Ya estaba en ruinas el más bello de los templos valencianos![17]
>
> Todos los partidos del Frente Popular y todas las organizaciones políticas incautaban, requisaban y controlaban las mejores casas y palacios de la aristocracia valenciana (...) Cualquier comité o cualquier grupo de desalmados se presentaba en el domicilio que había escogido. Y sin razón ni pretexto siquiera, con la fuerza bruta de las pistolas empuñadas, detenían a los moradores en masa y los llevaban al Gobierno Civil, a la Cárcel Modelo o a la Cárcel de Mujeres. ¡Ya estaba deshabitado el piso! Acto seguido colocaban en el balcón y en la puerta el consabido letrero: 'Incautado por tal partido o tal sindical'. Se instalaban en el piso los que efectuaban la detención. Procedían a repartirse el dinero, las alhajas, la vajilla, la cristalería, los cubiertos de plata, los objetos de valor y 'hasta los muebles'. Se quedaban a vivir en el piso o instalaban el comité H o B... y la operación 'revolucionaria' de los representantes del Gobierno legítimo de la República quedaba terminada.[18]

Un cuarto elemento común a las seis narraciones es el de la demonización de la Segunda República como régimen político y social fallido, que los autores dicen ajeno al sentir de "la auténtica España".[19] Los dirigentes de partidos de izquierdas son culpados de los desmanes cometidos en la zona republicana durante la guerra y definidos, por ejemplo, como un "grupo de hombres malvados"[20], una "colección espléndida de granujas"[21] o "comparsas agregados tras la aspiración de comer caliente".[22] También es frecuente observar el recurso de la animalización en la descripción de militares, milicianos u otros protagonistas del bando republicano o su retrato como seres ávidos de sangre:

> Uno de los criminales más activos de Valencia es un inválido de una de nuestras guerras marroquíes. Tiene una parte del cráneo sustituida por una lámina de plata.
>
> (...)
>
> Lo cierto es que este individuo, con su banda, ha sido el más abundante ejecutor de sacerdotes rurales, propietarios y elementos de orden. Conduciendo un camión, el 'Cabeza de plata' llegaba a un pueblo y preguntaba al Comité Ejecutivo Popular:
>
> – ¿Os estorba alguien en este pueblo? Traedlo y lo 'picaremos' (...) Pasados algunos kilómetros desde el pueblo, la 'carga' era 'despachada' en plena carretera, y a lo largo de ella quedaban los bultos, que así se denominan en el infernal lenguaje de los marxistas de Valencia los cadáveres de nuestros mártires[23].

[17] Domínguez Barberá, Martín. *Nueve versos de gesta. Discurso del mantenedor de los LVII Juegos Florales de Valencia.* Tipografía Moderna, Valencia, 1940, pág. 43.
[18] Molero Massa, Luis. *La horda en el 'Levante Feliz'*, pág. 17.
[19] Romero-Marchent. *Soy un fugitivo,* pág. 179.
[20] Ferrandis Luna, Salvador. *Valencia roja,* pág. 88.
[21] Domínguez Barberá, Martín. *Nueve versos de gesta...* págs. 43-44.
[22] Romero-Marchent. *Soy un fugitivo,* pág. 179.
[23] Ferrandis Luna, Salvador. *Valencia roja,* págs. 23-24.

La burla del llamado 'Levante feliz' y de la Valencia de la cultura antifascista –que, si aparece, es reducida a una imagen caricaturesca, cuando no es citada como chabacana o irrelevante– completan el paisaje y paisanaje descrito con profusión de detalles en los textos.

Por último, una semejanza interesante, que hallamos en las obras más próximas a la literatura de creación de entre el corpus seleccionado (*Valencia roja* y *Nueve versos de gesta*) es la búsqueda de referentes medievales como espejo de la Valencia ideal que habría de surgir de la guerra. De esta manera, en ambos títulos, elaborados con una retórica altisonante y barroca, deudora del estilo de la nueva literatura falangista, se sitúa al Cid Campeador, libertador de Valencia en el siglo XI, como uno de los modelos esenciales de la nueva españolidad encarnada por el general Franco. Y se recurre a un evidente paralelismo metafórico: la Valencia violada y golpeada por la guerra, cual las hijas del Cid por los infantes de Carrión, acaba siendo redimida, como ellas, por un caudillo victorioso.

ANÁLISIS DEL CORPUS

La primera obra del conjunto en ser publicada es *Soy un fugitivo*, escrita por el periodista Joaquín Romero-Marchent y Gómez de Avellaneda (1899-1973), redactor jefe de la agencia de prensa Sagitario y, quien, con el tiempo, se convertiría en director del diario *Heraldo de Zamora* y la revista *Radiocinema*, así como en autor de una abundante producción teatral y cinematográfica, en este último caso como guionista.

En el texto de Romero-Marchent la visión que se traza de la Valencia bélica, que puede pasar desapercibida tanto por su brevedad como por la consideración de la ciudad como una estación más en la huida del narrador, es muy importante puesto que sienta las bases del relato que seguirán los demás autores. En el volumen se emplean por primera vez dos recursos que observamos repetidamente en las obras que se publicaron con posterioridad. Por un lado, Romero-Marchent idea una contraposición entre la Valencia tópica y folklórica, rica en luz, color y abundancia, y la Valencia "roja", oscura y en ruinas, una herramienta que se apoya en la apelación a los paisajes y escenas hechos populares por el pintor Joaquín Sorolla:

> La ciudad de los artistas se había convertido en la negación de sí misma. Vimos todas, absolutamente todas las iglesias incendiadas. Únicamente dos, quedaban en pie (...) Si Sorolla hubiese levantado la cabeza, se hubiese vuelto a morir de vergüenza. A Valencia la luminosa, la genial, se le habían fundido los plomos. La ciudad de la luz, en plena mañana agosteña, se había quedado a oscuras...[24]

Por otra parte, el autor, con la intención de ofrecer un contrapunto a sí mismo, respalda su visión y sus juicios de valor mediante el diálogo con un anónimo protector local, testigo de los desmanes ocurridos en la ciudad, un recurso que sirve para dibujar sucintamente

[24] Romero-Marchent. *Soy un fugitivo*, pág. 176.

un escenario de destrucción y muerte. A pesar de que la estancia de Romero-Marchent en Valencia es circunstancial y se limita a las cuarenta y ocho horas necesarias para abandonar, por mar, la zona republicana, el autor no aspira a la parquedad descriptiva. Todo lo contrario. Romero-Marchent trata con especial crudeza los sucesos ocurridos en Valencia durante la contienda haciendo gala, en ocasiones, de un detallismo macabro:

> –No deben ustedes salir de aquí.
> –Pues, ¿qué pasa?
> –Pues pasa que esto es horrible, la barbarie se ha impuesto. Todas las noches se saca de sus casas a cuarenta personas de orden y se las fusila en Malvarrosa.
> (...)
> –¿Y el terror?
> –Campa por sus respetos. El otro día, se ha paseado por Valencia la cabeza de una señorita católica de diez y ocho años, sirviendo de tapón al radiador de un automóvil.
> –¡Qué horror!
> Y cerramos los ojos.[25]

El segundo libro en ser publicado, *Valencia roja*, se debe a la pluma del abogado, periodista y banquero Salvador Ferrandis Luna (c. 1891-1954), quien contó con el apoyo, como prologuista e inspirador, del "charlista" Federico García Sanchiz (1886-1964), figura relevante de la cultura española de posguerra. Ferrandis, que había iniciado su trayectoria política y literaria en las filas del nacionalismo valenciano moderado, colaboró con la dictadura de Primo de Rivera y engrosó el grupo de Acción Española durante los años de la Segunda República. Tras la guerra sería nombrado, entre otros cargos, delegado de Patrimonio Artístico del estado en la región valenciana.

Valencia roja se halla conformada como una suerte de miscelánea literaria en la que su autor defiende, como tesis primordial, un regionalismo tópico subyugado a la españolidad, asunto que observaremos más adelante en otro autor como Domínguez. En lo que respecta a la estructura de la obra, Ferrandis dibuja, en primer lugar, una colección de breves estampas en las que da rienda suelta a un costumbrismo negro a partir del cual expone sus experiencias en la calle y la cárcel durante las primeras semanas de la guerra y su posterior salida de Valencia, ahondando en los lugares comunes ya apuntados por Romero-Marchent:

> A ti, Valencia idolatrada, te ha correspondido el papel tristísimo de presidir con tu nombre, siempre inmaculado, la gestión de ese grupo de hombres malvados que te llevan a tanta desgracia.
>
> ¡Gobierno de Valencia, rusos en Valencia, orientaciones de Valencia; siempre Valencia en todos los periódicos del mundo, en todas las bocas, en todos los idiomas, en todas las radios, Valencia siempre! ¡Qué actualidad tan horrible, tan odiosa, la de nuestra tierra!

[25] Ibídem, págs. 177-181.

> Valencia, que era evocación dulce en los versos de Zorrilla, laboriosidad y luz en los de Llorente, vigor colorista en los lienzos de Sorolla, popularismo alegre en el pentagrama de Giner, flor de naranjo, pomas de oro por todo el mundo, orgullo de trabajo, es ahora –¡Valencia santa!– el nombre profanado que cubre toda una conducta que vive del asesinato, del robo, del crimen[26].

Más adelante, tras realizar un nada velado elogio de la Italia fascista con el que finaliza su relato testimonial, Ferrandis propone un plan de reconstrucción para la ciudad tras la guerra que habrá de ser coronado por un monumento a los mártires. Con todo, el elemento más interesante de esta segunda parte de su obra es la traducción al castellano de dos charlas emitidas por Radio Nacional de España en marzo de 1937, dirigidas, desde Salamanca y en valenciano, a sus conciudadanos. En dichas piezas –o, por emplear el término con el que las define el autor, "llamamientos"– Ferrandis se dirige al obrero medio valenciano culpándole, como autor material, de los desmanes ocurridos en la zona republicana, mediante un tono agresivo y doctrinal:

> Tus tiranos te dieron una pistola, juguete infernal, y te mandaron matar y matar, ¿a quién? Eso no importaba: lo mismo al hombre creador de riqueza, propulsor de industrias y de bienestar que al curita humilde de misa y olla; así al modesto creyente en Dios, como a tu compañero de trabajo; matar en la ciudad, en la huerta, por los caminos y acequias, llenos de hileras de cadáveres –"bultos"– en aquellas madrugadas del verano trágico, y también en estas del invierno valenciano, brillantes en el cielo luminoso, tenebrosas al tronar de las pistolas homicidas.
>
> (...)
>
> Tú has matado porque el Comité o el Sindicato te lo mandaron así; tú has llevado al Saler, a la Malvarrosa, a los caminos, a pobres víctimas, que pronto tendrán en el centro de la ciudad un monumento glorioso de gratitud a su sacrificio (...) ¿Cómo te limpiarás, obrero valenciano, de esa sangre que has derramado?[27].

Valencia 1936, tercera obra del conjunto, es una colección de escritos publicados en la revista "Domingo" y el diario zaragozano "El Noticiero" entre 1937 y 1939 y recopilados en un volumen ese último año. Su autor, el teniente Enrique García Albors (1906-1971) –quien se esconde, probablemente con el objetivo de evitar represalias, tras el seudónimo de "Gabriel Araceli", tomado del protagonista de la primera serie de los *Episodios Nacionales*–, había publicado con anterioridad diversas obras técnicas sobre el ejército.

García Albors, dotado de una prosa ágil que revela la influencia galdosiana, acota el arco temporal de su relato a los veinte meses que pasa en la zona republicana antes de su proyectada evasión de la España republicana, que deja en el aire al final de la narración.

[26] Ferrandis Luna, *Valencia roja,* pág. 88.

[27] Ibídem, págs. 89-90.

Los pasajes más interesantes de su obra son los que dedica al estallido y las primeras semanas de la guerra en Valencia. En estas páginas, que conforman una parte sustancial de su volumen, el autor se detiene en el relato de la quema de iglesias, el asalto a los cuarteles del ejército y la vida en los barcos-prisión, sin escatimar, como sus predecesores, en detalles macabros:

> Asomaron los marinos sus bestiales caras por uno de los escotillones de nuestra bodega –el de popa– para regocijarse con nuestra indiferencia. Se gozaban apuntándonos con sus mosquetones. Sin duda llegaron a pensar en una segunda parte de su 'hazaña' que iba a resultar, para ellos, muy divertida: la caza del fascista en la bodega.
> A la vista de tanto cautivo, uno de ellos, con feroz alegría, exclamó:
> – ¡Aquí sí que hay carne!
> (...)
> – Tú no eres más que un fascista, como todos los que están ahí abajo y deberíamos hacer con ellos lo mismo que hicimos con vuestros compañeros de la Marina: mataros a todos. A ellos los echamos al mar después de muertos para que se los comieran los tiburones.[28]

Tras recobrar la libertad, García Albors, ya integrado en la "quinta columna", varía ligeramente el tono de su texto para centrarse esencialmente en dos asuntos: por un lado, en la exposición de interioridades y aparentes miserias morales del Ejército Popular republicano y sus mandos; por otro, en la explicación de las costumbres y la vida diaria de la población en la retaguardia, marcadas ya por la escasez alimentaria a pesar del auge del mito del "Levante feliz", debido a los periodistas y refugiados madrileños:

> Había escasez de pan, carne y aceite, carbón y leguminosas, pero en los hoteles servían comidas y en las casas particulares aún se podía comer medianamente. En los cafés se servía un brebaje bastante aceptable y se podía asistir a lechería y chocolaterías sin salir demasiado defraudado; en las confiterías, vendían bollos y pan quemados confeccionados con miel en vez de azúcar, pero comestibles.[29]

Precisamente la consideración de Valencia como espacio de abundancia y despreocupación durante la guerra proporciona su título a la obra del abogado vasco Luis Molero Massa (1907-1966) *La horda en el 'Levante Feliz'* (1939). Molero Massa, quien desarrollaría con posterioridad a la guerra una exitosa carrera como comediógrafo, realiza el relato más prolijo y completo de los seleccionados, debido al hecho de que el autor fue el único de todos los escritores citados que pasó íntegramente la guerra en Valencia.

[28] "Araceli, Gabriel", *Valencia 1936*, págs. 65-67.
[29] Ibídem, pág. 97.

Así, de la mano de un estilo detallista y brioso, Molero Massa repasa los pormenores del estallido de la contienda, las incautaciones de comercios y negocios, la violencia de los "paseos" y las "chekas", la vida cotidiana en la ciudad y la cárcel y, como hecho muy relevante, la actividad de la "quinta columna", de la que fue destacado integrante. Como en el caso de los autores precedentes, las páginas más llamativas de su obra son aquellas en las que relata la represión desatada en la retaguardia en las primeras semanas de la guerra, que traslada al lector sin tapujos ni eufemismos:

> Se desencadenó la ola de sangre, el ansia homicida, el matar por matar. Todos los días, en el Saler, en el Campamento de Paterna, en el río, en los solares y hasta en mitad de la calle, aparecían cadáveres y cadáveres que en muchas ocasiones ni siquiera recibían sepultura. Era el asesinato libre, absoluto dueño de la población. Se sacaba a la gente de sus casas, de las cárceles abarrotadas de la capital y de los pueblos de la provincia. Y se mataba a la gente, sin juicio y sin causa, por el primer grupo de desalmados que se le ocurría cometer un crimen tan repugnante como estos: porque los asesinos procedían alevosamente sabiendo bien que estaba indefenso, porque eran cuatro o cinco contra uno, y porque les constaba que su impunidad era absoluta[30].

Nueve versos de gesta (1940), texto íntegro del discurso pronunciado por Martín Domínguez Barberá (1908-1984) con motivo de los LVII Juegos Florales de Valencia, escapa a varias de las características generales apuntadas en el resto de las obras. Su autor, un joven periodista católico, teniente del ejército franquista, desarrolló una importante carrera en la Valencia de la posguerra, en la que llegó a ser concejal del Ayuntamiento y director del influyente periódico conservador *Las Provincias.* Sus críticas a la gestión de las ayudas a Valencia tras la riada de 1957 motivarían su destitución al frente del diario y su caída en el ostracismo.

Domínguez elabora un texto con pretensiones literarias centrado en el repaso histórico a las glorias y esencias valencianas, que, como en el caso de Ferrandis, considera perfectamente compatibles con la nueva España de Franco. La suya no se trata, pues, de una publicación que testimonie la experiencia del autor como cautivo o espectador del horror. Más bien la visión de la ciudad en guerra, descrita con una prosa ampulosa y barroquizante, actúa como subtema a modo de contrapunto trágico para la Valencia ideal pasada, que el autor desea que devenga futura. Domínguez se centra, esencialmente, en el repaso a la violencia antirreligiosa de los primeros momentos de la guerra, estableciendo dos núcleos esenciales: la destrucción del patrimonio sacro y el asesinato de religiosos:

> En Toledo hubo un Alcázar, inexpugnable a la fiera roja. Pues bien...; ¡en Valencia hubo un Alcázar místico, invulnerable a las acometidas infernales! Asesinados sus sacerdotes, pero protegido por los Ángeles y por la sombra de Don Juan de Ribera, esperó la

[30] Molero Massa, *La horda en el 'Levante Feliz',* pág. 20.

> llegada de las Banderas victoriosas para combinar, ante el Tabernáculo, la palma de los Mártires y el lauro de los Héroes; para decirle a España y al mundo que aquí, en medio de las turbulentas aguas rojas, sobresalió siempre una cumbre cimera, inabordable a la crecida del Diluvio, símbolo y testimonio de que la Fe de Valencia no fue jamás vencida ni ahogada[31].

Por último, *La guerra desde la cárcel* (1942) recoge el testimonio del director de "La Correspondencia de Valencia" Francisco Cimadevilla Alonso (1883-1949), que pasó los dos últimos años de la contienda en las prisiones Modelo de Valencia y la de Torrente. Cimadevilla, periodista de largo recorrido y autor diversos ensayos y obras literarias de interés variable, ingresó en la cárcel en el verano de 1937, tras ser localizado en su refugio rural. No sería liberado hasta los compases finales de la guerra.

El libro presenta un formato epistolar que lo convierte en novedoso respecto al resto de referencias tratadas: a partir de un conjunto de cartas dirigidas a un interlocutor denominado "A" (seguramente, el prologuista del libro, Valentín Amorós), el autor narra sus peripecias en la prisión, un espacio que considera lo suficientemente seguro tras los desmanes de los primeros meses de la guerra. Desde ese microcosmos pasa revista, a partir de lo vivido en carnes propias o de lo que le trasladan otros presos, a la experiencia carcelaria, sin que falten en su texto alusiones a la corrupción de las instituciones republicanas:

> Vosotros creéis en la calle que la cárcel está llena de oligarcas. Pues no. Esa es una de las mayores equivocaciones de todos (...) La realidad es muy otra. La realidad es que en la cárcel no están ya los ricos. Si pasó por aquí algún gran terrateniente, algún financiero poderoso, algún industrial de importancia o algún comerciante de relieve, pronto pudieron comprar su libertad, ya que estos enemigos furibundos de los capitalistas no lo son del capital, como lo prueba el hecho de que vendieran a buen precio las libertades, las absoluciones y los pasaportes para trasladarse al extranjero.[32]

[31] Domínguez Barberá, *Nueve versos de gesta,* pág. 53.

[32] Cimadevilla Alonso, Francisco. *La guerra desde la cárcel,* pág. 27.

Cuadro 1: *Producción literaria franquista sobre la Valencia republicana (1937-1942)*

Título	Autor	Lugar y año de edición	Editorial
Soy un fugitivo (Historia de un evadido de Madrid)	Joaquín Romero-Marchent y Gómez de Avellaneda	Valladolid, 1937	Librería Santarén
Valencia roja	Salvador Ferrandis Luna	Burgos, 1938	Editorial Española, SA
Valencia 1936	"Gabriel Araceli" (seudónimo de Enrique García Albors)	Zaragoza, 1939	Talleres editoriales de "El Noticiero"
La horda en el 'Levante feliz'	Luis Molero Massa	Valencia, 1939	Jefatura Provincial de FET y las JONS de Valencia
Nueve versos de gesta. Discurso del mantenedor de los LVII Juegos Florales de Valencia	Martín Domínguez Barberá	Valencia, 1940	Tipografía Moderna
La guerra desde la cárcel	Francisco Cimadevilla Alonso	Madrid, 1942	Ediciones Españolas, SA

CONCLUSIÓN

Entre 1937 y 1942, diversos autores pertenecientes a un mismo universo ideológico católico y conservador dieron a la imprenta una serie de libros en los que describían los desmanes ocurridos en Valencia durante la Guerra Civil. La mayor parte de esas obras de diferente estilo y consideración literaria responden al esquema y propósitos del relato testimonial, elaborado en primera persona, que aspiraba a trasladar de manera veraz la experiencia vivida por sus autores en distintos escenarios de la retaguardia republicana.

Los seis libros analizados contribuyeron a dar forma a un relato de la Valencia bélica, la llamada "Valencia roja", que casaba perfectamente con la voluntad del nuevo régimen franquista de demonizar a la España republicana y sus defensores: los textos de los autores dibujan, con gran detallismo y predilección por el relato escabroso y macabro, una ciudad dominada por el terror y la destrucción, en la que el pillaje y la escasez fueron habituales compañeros de sus habitantes, y en la que la corrupción campaba a sus anchas.

El éxito de la construcción histórica propiciada por estas obras fue indudable, hasta el punto de que sus ecos pueden ser percibidos en infinidad de obras publicadas a lo largo de las últimas nueve décadas.

18.
EL ESCARNIO COMO MEDIDA DE SOMETIMIENTO DE LA POBLACIÓN

Ignacio Fernández de Mata
Universidad de Burgos

Durante la Guerra Civil, muchas mujeres sufrieron torturas públicas que, entre otras cosas, conllevaron el rapado de sus cabellos. Tales humillaciones tuvieron a menudo un carácter colectivo, con desfiles infamantes que acrecentaron la vergüenza y el sufrimiento de las víctimas. Esta violencia sexuada solo se practicó dentro del bando sublevado, a menudo con un carácter ejemplificador, buscando aterrorizar a *los contrarios*. Hemos de desechar la idea de que era una violencia indolora o secundaria, fueron procesos de gran sufrimiento y retorcida maldad. Es un lugar común en la historiografía decir que tales castigos surgieron a imitación de los practicados por el fascismo italiano y el nazismo, sin embargo, este estudio demostrará un origen previo y diferente. Los rapamientos hunden sus raíces en antiguas comprensiones jurídicas que tenían en el escarnio uno de sus elementos principales. Esa burla extraordinariamente humillante, como define María Moliner el escarnio, pertenece a viejos usos consuetudinarios de control social. Modernamente, las viejas prácticas evolucionaron hacia estas formas *políticas* de sometimiento de las mujeres mediante crueles vejaciones.

EL ESCARNIO COMO MEDIDA DE SOMETIMIENTO DE LA POBLACIÓN

El escarnio es un viejo compañero del control social. A lo largo de la historia lo encontramos dentro y fuera del sistema judicial, ya como forma institucionalizada, ya con un poso de tradición que llega a reivindicarse como forma de disciplinamiento consuetudinario. Este texto aborda el uso de las violencias simbólicas y físicas sobre las mujeres con intenciones escarnecedoras durante la Guerra Civil como forma de sometimiento de la población, mostrando génesis, continuidades y cambios en la historia de tales prácticas.

La historia oral de la Guerra Civil está llena de relatos de escarnio sobre paseos infamantes de mujeres, las *pelonas* o *rapadas,* con graves muestras de degradación, maltrato, abusos y crueldad. No fueron, desde luego, las únicas vías de represión, pues no pocas mujeres sufrieron violencia sexual, detenciones arbitrarias, prisión, robos, expropiaciones, asesinatos... Existe, sin embargo, una cierta tendencia a considerar que las mujeres quedaron aparte de las acciones represivas, y que, en todo caso, esta se centró en aspectos simbólicos *indoloros* –como los recortes de cabello–, minusvalorando y menospreciando la carga de violencia sufrida. Son historias difíciles de rastrear y de tratar por la infamia y deshonor que supusieron para las familias afectadas. Se trata de una materia muy sensible y dolorosa, pero también insuficientemente atendida.

REPRESIÓN Y ESCARNIO DE LAS MUJERES POR EL BANDO NACIONAL

Miles de mujeres fueron abusadas, maltratadas, humilladas, escarnecidas en crueles exposiciones públicas que han pasado a la memoria colectiva bajo denominaciones como rapadas o pelonas durante la Guerra Civil española. Esta forma de vejación fue una práctica exclusiva del bando nacionalista, una represión particular a la condición sexual y de género de las mujeres.[1]

Muchas eran represaliadas por su propia actividad e ideas: por haber mostrado públicamente su compromiso con los ideales de liberación e igualdad de la Segunda República, por haberse manifestado a favor del voto femenino, haber participado en sindicatos y partidos políticos, declararse librepensadoras y/o anticlericales, haber accedido a estudios universitarios, ser literatas o artistas, haber desempeñado trabajos con compromiso ideológico de cambio social –caso de muchas maestras–, haber adoptado estéticas a lo *garçonne*... En definitiva, por haber mostrado un perfil de mujer independiente y comprometida, que no se ajustaba o que contradecía los tradicionales roles de género.

Sin embargo, la represión fascista sumó, casi contradictoriamente con aquellas *mujeres libres*, a infinidad de madres, hijas y esposas de hombres ya asesinados "por rojos", así como las de aquellos que no pudieron ser detenidos o se encontraban fugados. En este caso, se trata de mujeres que, en puridad, pudieron no alterar su rol de género familiar, pero que, precisamente por su condición de madres y esposas de los contraventores del viejo orden social, fueron vejadas, conforme a una antigua percepción consuetudinaria, con doble intención: individualmente, asumidas ellas como semilla del mal –de sus hombres *torcidos*–; y, sobre todo, como custodias tradicionales del honor y honra familiar, especialmente de sus hombres. Este último fue, seguramente, el perfil dominante en la represión sobre las mujeres sucedida en ámbitos rurales.

No fue un asunto meramente de varones contra féminas. Muchas mujeres que apoyaban *el movimiento* participaron también en la vejación y sometimiento de las *rojas,* en no

[1] En el bando republicano hubo violencia contra religiosas en algunas zonas, pero siempre fue minoritaria. Estos asesinatos hay que ponerlos en el contexto de la violencia contra el clero, que atendía a otras cuestiones de clase –la Iglesia como enemiga y explotadora del pueblo–. Según cálculos del obispo Antonio Montero, se asesinó a 283 monjas (Julián Casanova, "Tópicos sobre las violaciones de monjas durante la Guerra Civil" en *Infolibre,* 11-III-2023. https://www.infolibre.es/opinion/ideas-propias/topicos-violaciones-monjas-durante-guerra-civil_129_1447494.html), una cifra exigua comparada con las matanzas de clérigos. Se tendió más a sacar a las monjas de sus monasterios que a ensañarse con ellas. La exhibición de momias que se dio en algunos casos tenía que ver con leyendas sobre la supuesta vida depravada del clero. Sobre la Iglesia y la Guerra Civil acúdase a Casanova, Julián, *La Iglesia de Franco,* Madrid, Temas de Hoy, 2001; y Espinosa Maestre, Francisco y García Márquez, José María, *Por la religión y la patria. La Iglesia y el golpe militar de julio de 1936,* Barcelona, Crítica, 2014.

pocas ocasiones mostrando una profunda vesania –sin descartar que alguna se mostrara inclemente como salvaguarda de su propia situación–. Las mujeres vejadoras actuaban movidas por diversos motivos, desde animadversiones personales a fanatismo ideológico/religioso y odio de clase, entremezclados con el posible desagrado de la alteración de los roles de género en aquellos casos así percibidos.

La condición infamante de la represión sufrida por las mujeres hace de esta un asunto delicado y de difícil rastreo, pero, tal y como apuntan las fuentes orales, se practicó con mayor asiduidad de lo que se cree. Han aparecido trabajos importantes y también se han localizado algunas referencias en archivos –caso del Militar de Ávila o el Archivo del Tribunal Militar Territorial Segundo de Sevilla[2]–, sin embargo, lo documentado siempre será inconmensurablemente menor que lo practicado. Obtener información resulta difícil, no solo por las obvias implicaciones humillantes para las afectadas, sino porque, pasado el tiempo, quienes consintieron y/o participaron en semejantes comportamientos, y especialmente sus descendientes, tratan de ocultar conductas tan inhumanas y crueles. Pero, aunque su cuantificación resulta compleja, no hay duda de que este tipo de escarnio tuvo un gran impacto en la población.

Detengámonos en cómo se desarrollaban estas torturas.

Aunque cada caso contiene singularidades propias a la situación personal y al lugar, existen una serie de patrones que resultan reiterativos en estas actuaciones represivas. Hay una parte, que es la que lógicamente más cuesta que aflore, que tiene que ver con asaltos, abusos y violaciones que solían suceder en ámbitos más o menos privados o reservados –el propio hogar, lugares de encarcelamiento, oficinas municipales, cuarteles del ejército, de la Guardia Civil, de Falange o de los Requetés, etc.[3]–. Otra de las características es su condición pública.

En la historia de Lucinda Alonso Nava, del pueblo de Tazones (Asturias), aparece este trasfondo de violencia sexual:

> Era una mujer "muy curiosa", con una melena muy larga. El marido era calificado por terceros como "flojo". Parece que se casaron muy jóvenes porque ella estaba embarazada. Tuvieron dos hijos, el mayor nació en 1930; la menor, en 1933.
>
> Un día, recuerda su hija, apareció en casa rapada. Dijo a los niños que tenía una enfermedad y se le había caído el pelo.
>
> La pasearon públicamente por el pueblo varias veces y le dieron ricino.

---

[2] González Duro, Enrique, *Las rapadas: El franquismo contra la mujer*, Madrid, Siglo XXI, 2012; Osborne, Raquel (ed.), *Mujeres Bajo Sospecha: Memoria y Sexualidad 1930– 1980*, Madrid, Editorial Fundamentos, 2012; Rodríguez Rubio, Paloma, "Violencia sexuada y represión en la guerra civil española y en el franquismo", *Cuadernos republicanos*, número 107, 2021, págs. 90-125; Esteve, Laia Quílez, "'Pelonas' y rapadas: imágenes-trofeo e imágenes-denuncia de la represión de género ejercida durante la Guerra Civil española", *Hispanic Review* volumen 86, número 4, 2018, págs. 487–509, https://www.jstor.org/stable/90025751.

[3] Como muestra el grabado "Cobardes! Asesinos!" de Castelao en *Galiza martir*.

> El marido era de una cuadrilla que todos eran rojos. Tenía un hermano que era militar y que le sacó del camión que le llevaba a fusilar. Lo llevó a Bilbao y lo montó en un barco para Venezuela, donde quedaría para el resto de su vida.
>
> La guardia civil entraba constantemente en la casa de Lucinda, registrándolo y rompiéndolo todo. Los guardias buscaban dinero y/o cartas que hubiera podido enviar el fugado.
>
> A Lucinda, sola, sin su marido, le perseguían por los prados y el monte. La atosigaban… ["¡Qué no le harían a la pobre!"]. Nunca quiso saber nada más de hombres. No se volvió a emparejar".[4]

Otro elemento, posiblemente, el más recordado son los desfiles o paseos infamantes. Estos podían comenzar con el rapado de las mujeres –si no había sucedido ya en los mentados espacios reservados previos–, para discurrir por los ámbitos más simbólicos y concurridos de la localidad. Las procesiones eran planteadas con una cierta teatralidad paralitúrgica en los que podían participar desde una banda de música a un pregonero con su corneta o tambor. En cualquier caso, música o ruido rítmico eran un componente indispensable, y abrían desfile. Seguían las pelonas o rapadas, mujeres de todas las edades, incluso niñas, a quienes ya el barbero local, ya los propios perpetradores, cuando no diligentes mujeres conservadoras, habían rapado sin el menor cuidado. El rapado del pelo –lo que en sí mismo es un acto de afirmación tradicional y de expulsión del colectivo femenino local— solía dejar un mechón que aumentaba el aspecto indigno, en el que a menudo se colocaba un lazo rojo o con los colores de la bandera nacionalista. Las mujeres y muchachas iban insuficientemente vestidas o con la ropa rota y maltratada, lo que aumentaba su desvalimiento y aspecto humillante. Previamente al desfile, les obligaban a beber grandes cantidades de aceite de ricino, poderoso laxante que impedía a las desgraciadas controlar sus esfínteres, por lo que iban ensuciándose y dejando un degradante reguero de heces. El paso de la comitiva era contestado con brutales improperios e insultos, escupitajos, bofetadas y tirones de ropa. También les arrojaban basura o bostas de animales.

En otro testimonio, este de una pelona andaluza, figuran, además del ricino y la presencia de la banda de música, un elemento que, como veremos, entronca con los escarnios del Antiguo Régimen: el paseo "a lomos de burro":

> A esta mujer como a tantas otras mujeres, antes de matarla le dieron un purgante de aceite de ricino. Esto era normal en toda la España liberada. A los detenidos se les daba el purgante de aceite de ricino y después se les mataba o no, pero por lo menos se les hacía expulsar del cuerpo las malas ideas izquierdistas. Pero con esta mujer no quedó la cosa ahí. Después de purgada con un litro completo del repugnante revulsivo, fue montada a lomos de un burro y paseada por las calles del pueblo hasta que el cuerpo del animal brilló intensamente por el efecto de los excrementos de la desgraciada amazona.

[4] Entrevista realizada a sus nietas el día 10 de agosto de 2023, en Madrigalejo del Monte, por Ignacio Fernández de Mata.

La banda de música de la localidad acompañaba con sus alegres notas la infame comitiva. Los niños en su ignorancia, los criminales del pueblo y la chusma populachera disfrutaron con el espectáculo, como hacían los romanos en el circo cuando echaban los cristianos a los leones.[5]

Emiliano Córdoba recoge sintéticamente, a través del testimonio de un fugado, lo sucedido en un pueblo de Burgos:

De la cárcel de "sentenciados a muerte" pude pasar, mediante la intervención de un viejo amigo de casa, a la de destinados a trabajos forzados. Hasta salí un día a arreglar las calles. Por aquellas mismas calles recién arregladas por nuestros camaradas, pasaban días después las viudas y las huérfanas en procesión vergonzosa, con el pelo rapado y la banderita en la cabeza, entre mofas y salivazos...[6]

"Procesión vergonzosa". La expresión popular que designa el desfile infamante acude sabiamente a la terminología religiosa. La disposición de intervinientes, la anuencia colectiva, la presencia del clero... ¿Cómo llamar en lenguaje cotidiano tales manifestaciones? El término es, a su vez, un eco importante de lo que trataremos posteriormente. Nos interesa retenerlo.

El siguiente testimonio presenta mayores detalles de sordidez y crueldad:

La abuela materna de XXX, del pueblo de XXXX (Extremadura), era gitana procedente de Europa del Este –no sabe si Rumanía o Bulgaria–. Llegó a la zona en un carromato con su familia. Parece que vivían de hacer pequeños espectáculos –seguramente, combinados con otros oficios o tareas– porque recuerda que la abuela le decía que llevaban una escalera y una cabra que subía y bajaba por ella, mientras algún hombre tocaba algún instrumento de música y ella bailaba.

Al padre de la muchacha (bisabuelo del informante) lo mataron al empezar la guerra. A la niña (abuela del informante), de unos 9 o 10 años, la raparon. La sacaron en procesión junto a otras chicas y mujeres del pueblo varias veces. Esperaban a que la plaza estuviera llena para hacerlo. Iba uno con un tambor por delante. Les daban aceite de ricino. Les dejaron un mechón al que le ponían un lazo rojo, "por roja". Esto lo recordaba insistentemente de mayor, según cuenta el nieto.

Con su padre asesinado, la niña quedó sola en el mundo, nada más se supo de otros familiares. La *acogió* una mujer del pueblo como sirvienta, explotándola con crudeza, haciéndole pasar mucha hambre. Solía escapar de la casa a robar castañas para comer.

[5] García Gallego, Antonio, *El hombre del saco,* 1978, citado por Sánchez, Pura, *Individuas de dudosa moral: la represión de las mujeres en Andalucía (1936-1958)*, Barcelona, Crítica, 2009, pág. 218.

[6] Córdoba Orejón, Emiliano, *Pensando en Burgos. Estampas a través de la guerra*, Barcelona, Comissariat de Propaganda de la Generalitat de Catalunya, 1938, pág. 33.

Cuando la pillaban, la castigaban con 2 ó 3 días en el calabozo y la devolvían a la casa de la señora. Esta le mantenía el rapado, con lo que vivía en la infamia permanente. De anciana, cuando tenía la mente algo trastornada, les decía a los nietos que le cortaran el pelo, que tenía que llevar el pelo muy corto, que así estaba mal (y se tocaba la cabeza).

Las primeras veces que lo contó, le daba muchísima vergüenza, y XXX le decía que no era a ella a quien debía darle vergüenza... Los efectos del ricino eran lo que más le abochornaba.

"No quería más que casarse para salir de allí".[7]

Esta historia sobrecogedora tiene todos los elementos de vesania, intolerancia, clasismo y crueldad. Por un lado, apunta a claras motivaciones racistas: es un grupo familiar gitano, itinerante, de Europa del Este. Hay un reforzamiento de la idea de subhumanidad que se aplica al *otro*, particularmente al itinerante no sujeto a la vigilancia y control de la comunidad estable. La equiparación de estos gitanos a los rojos trasluce una concepción social que entremezcla clasismo y racismo, posiblemente también fanatismo religioso, que iguala la condición de necesaria sumisión de unos y otros a un concepto jerárquico de sociedad, un concepto de orden que no debe ser alterado. Que la niña sea la única superviviente del grupo familiar puede entenderse como una mínima transigencia con los principios de humanidad, en realidad, falsa, pues sufrirá en sus carnes toda la concepción sociojerárquica de los sublevados.

Desde tales prejuicios, la cría es un germen de maldad, de ajenidad, pero particularmente de mala mujer: gitana. Se la dejará con vida para una suerte de reeducación asumiendo su condición de extrema subalternidad: niña gitana, *salvaje*, cuyo lugar en la sociedad –en el mundo– está en la parte más baja del sistema. La *caridad* que recibe es la de la explotación por una *persona de orden*, quien le enseña a obedecer, a humillarse, a servir, a aceptar la autoridad. Trabaja por nada, pasa hambre constantemente –cuando el hambre inunda una vida, no hay espacio para otras preocupaciones–, y se le confirma una y otra vez su condición de infraser recortándole el pelo insistentemente, hasta el punto de que ella misma asume tal aspecto como *el debido*. Un acto de completa crueldad que cronifica el trauma.

El corte del cabello es uno de los asuntos de mayor impacto para la deconstrucción de la feminidad. Históricamente, a través del cabello se ha construido un lenguaje simbólico en torno a la condición femenina: según el largo, el peinado, su pública contemplación o su ocultamiento se indicaba si era mujer púber, virgen, comprometida, casada... El rapado supone una mutilación de ser y pertenencia. En los desfiles infamantes de las pelonas, se las degrada hasta la deshumanización plena, añadiéndole cuanta humillación e indignidad sea posible para evitar cualquier empatía con la sufriente. Por eso van mal vestidas o semidesnudas, sucias, malolientes, portando carteles infamantes, con lacitos ridiculizadores, además de ser blanco de virulentos ataques, insultos y arrojadizos durante el desfile.

[7] Entrevista realizada al nieto el día 13 de septiembre de 2023, en Burgos, por Ignacio Fernández de Mata.

Que toda esta degradación se produzca públicamente es asunto fundamental a la extensión y duración del castigo. El uso de la vía pública es una evidencia social de la falta de aprecio de la comunidad –que se refuerza en su unidad e identidad excluyente– una exposición clara de la negación y expulsión de quienes son mostradas ya ajenas al grupo. Los desfiles tienen algo de rito de expulsión. La inmensa carga de humillación y crueldad subraya que no hay marcha atrás. Las rapadas jamás volverán a tener la consideración de iguales y respetables. Se las expulsa a través de su cosificación, de su animalización, de su *otreización*. Ya no son del grupo. Ni siquiera son verdaderas mujeres.

Esta concepción muestra la complejidad del rol femenino en la visión *cristianovieja*: sujetos subordinados, de alta carga sexual conflictiva, de afectos e ideas inconsistentes con el orden establecido –de ahí la necesidad de su sometimiento–. Eran, además, responsables de la rectitud moral de sus hogares. Toda una paradoja vital, que concluye en que sin sus hombres estaban perdidas.

Los rapamientos –el nombre más adecuado para estos escarnecimientos públicos– suponen un punto de inflexión en la vida comunitaria. Los actos traumáticos en torno al desfile tienen algo de rito de transición, solo que en este caso funcionan paradójicamente: promueven la expulsión simbólica y también la exclusión real, un marcaje completamente negativo, anticomunidad, que las define como seres que pueden ser violentados, que abre la veda para su explotación y postración, para ser abusadas e irrespetadas con total impunidad durante el período de guerra y primera posguerra. La experiencia de la rapada, desprovista de toda protección, conlleva la imposición de un total extrañamiento, la aplicación de una categoría social degradada, subalterna. Y junto a ella, del resto de su familia.

El pelo llevaba la marca fundamental del oprobio. En algunos casos, como vimos para la niña extremeña, se impedía que volviera a crecer con cortes reiterados que remarcaran la condición sometida de estas mujeres. Es una clara "represión sexuada", plena de simbolismo y sadismo colectivo, donde lo que se castiga es la condición de mujer por sí y como instrumento contra los hombres de la familia. Así se observa en la historia aportada por Raúl Cuenca Álvarez sobre su bisabuela y otras mujeres del pueblo de Arabayona de Mógica, Salamanca. Su bisabuelo, Ruperto Álvarez, era socialista. Tanto él como otros miembros de la Casa del Pueblo se salvaron de ser fusilados porque "el nuevo alcalde y el cura eran buenos" e impidieron que pasara allí lo que ocurría en los pueblos vecinos. Sin embargo, como si se tratara de una suerte de compensación por evitar los asesinatos, no se impidió que raparan a las esposas de aquellos rojos. Catalina García García, mujer de Ruperto, "fue rapada y paseada junto a otras mujeres por los falangistas, formando una procesión en la que todo el mundo se reía de ellas. Mi abuelo nunca olvidó lo que les cantaban: 'Las pelonas están enfadadas porque no les crece el pelo...' Nunca se le olvidó, porque lo recordaba y cantaba incluso cuando tenía Alzheimer. Estuvo presente en la procesión". A Catalina le acompañaron otras mujeres como Esmeralda García Marcos y Obdulia Martín Conde.[8]

[8] Entrevista telefónica a Raúl Cuenca Álvarez el día 13 de noviembre de 2023, por Ignacio Fernández de Mata.

Los estudios que abordan la violencia contra las mujeres durante la Guerra Civil tienden a quedarse en un marco comprensivo y comparativo con la represión que ejerció el nazismo alemán y, sobre todo, el fascismo italiano, de quien se cuenta que importaron los sublevados españoles los paseos infamantes y la ingesta de ricino. Se presupone esta represión como elemento de extensión de la guerra, de ampliación de la violencia dentro de una idea de totalidad bélica que implica a toda la sociedad.[9] Pero cabe preguntarse, ¿cuándo no fue esto así? Siendo indiscutible que existieron paralelismos, puede que incluso imitaciones de ciertos comportamientos represivos y vejatorios –como el uso de aceite de ricino–, estamos ante un tipo de injustificable crueldad que, como veremos, hunde potentemente sus raíces en viejas tradiciones, pautas culturales que en muchos casos tienen elementos comunes a la mayor parte de Europa, pero, además, una sostenida presencia en la historia de España.

EL ESCARNIO Y LOS SISTEMAS DE CONTROL SOCIAL

La vergüenza y la infamia son viejas conocidas de los modelos de control social de todo el mundo. Su presencia en los sistemas judiciales antiguos tenía que ver con la importancia concedida a la imagen personal y familiar –el buen nombre y honor–. La vida social necesita generar redes de cooperación y consensos, un umbral básico de confianza que permita saber qué esperar en cada momento de los integrantes de un grupo y viceversa. La vergüenza –o su amenaza–, es percibida tanto como un estimulador de la cooperación, como un desactivador de comportamientos antisociales. El escarnio que produce esta emoción supone, pues, una profunda contrariedad que puede ser manejada para los intereses colectivos: desde la simple contravención y descrédito de la honra o buen nombre, a la expulsión del grupo, es decir, una suerte de muerte social. El escarnio actuaría, por tanto, como estrategia de disciplinamiento social.

Etólogos, antropólogos y neurohistoriadores otorgan a la vergüenza un valor adaptativo. Quienes son identificados con reacciones y comportamientos vergonzantes, antisociales, son percibidos con desconfianza. Históricamente, la supervivencia se funda en la colaboración entre sujetos que muestran adaptación al grupo, socialmente confiables. La vergüenza, como señalan Landers y Sznycer, actuaría como una suerte selección social.[10] Desde un punto de vista evolutivo, esto ha dejado una profunda impronta en la forma de entender las relaciones sociales, o de cómo el grupo puede inmiscuirse en la vida particular de un sujeto o unidad familiar.

[9] Prada Rodríguez, Julio, "Escarmentar a algunas y disciplinar a las demás. Mujer, violencia y represión sexuada en la retaguardia sublevada", *Historia Social*, número 87, 2017, págs. 67-83.

[10] Landers, Michael and Sznycer, Daniel, "The Evolution of Shame and its Display", *Evolutionary Human Sciences* número 4 – e45, 2022, págs. 1 – 17, aquí, pág. 2, https://doi.org/10.1017/ehs.2022.43.

La vergüenza es emoción de base individual, pero en tensión con la percepción social. Hay un tipo de vergüenza que tiene que ver con el conocimiento público de comportamientos individuales indebidos, lo que en muchos casos provoca una reacción colectiva: el escarnio. Este tiene algo de demanda de vergüenza, pues el escarnio es una burla activa y denigrante, a menudo cruel, que también se incardina en ciertos castigos que pueden alcanzar cotas irreparables, como cuando adquieren la forma de penas infamantes que suponen alteraciones o mutilaciones corporales.

Jurídicamente, la infamia está vinculada al propósito escarnecedor que tienen muchas penas en sistemas judiciales antiguos. Hablamos de castigos de carácter público en los que el reo era expuesto al escarnio colectivo, evidenciándose así su expulsión del sentir común, del ideal cultural como grupo. De esta forma, el escarnio, o su mera amenaza, ha sido un eficaz instrumento de control social, particularmente en sistemas jurídicos premodernos en Europa –anteriores al siglo xviii–, así como en muchas de las sociedades estudiadas por los etnólogos.

No es posible en este texto hacer una revisión histórica de las penas infamantes presentes en textos jurídicos hispanos como la *Lex Visigothorum* –luego adaptada al Fuero Juzgo–, o Las siete Partidas, relacionadas con distintas partes del cuerpo, un interesante material que ha tenido insuficientes aproximaciones de tipo antropológico[11]. Pero sí es importante observar que, tanto en estos códigos antiguos, como en muchos de los fueros locales, el cabello aparece como elemento simbólico de primer orden tanto para hombres como para mujeres –ambos lo llevaban largo–, lo que tiene su reflejo en las afrentas y en las penas impuestas.[12] El *Fuero de Cuenca* –y otros más[13]–, por ejemplo, recoge que aquel que rapara a otro, habrá de recogerle en su casa hasta que su cabello y barba crezcan de nuevo. Así que, tener el cabello corto era signo de deshonra –solo lo tenían los siervos–, por lo que los recortes fueron habituales penas infamantes en la Edad Media. En el caso de las mujeres, existió una consideración particular en lo tocante al cabello. Su largo, recogido o no, cubierto… suponen lecturas sociales, estatus, condición vital. El *Fuero*

[11] Por ejemplo, en una ley de Chindasvinto, la infamia podía ser considerada un castigo equitativo al mal causado, reproduciendo el mal corporal causado como "mesar los cabellos de otro, marcarle en el rostro o en el cuerpo con una correa o un palo, herirle, arrastrarle por la fuerza o por el lodo y meterle en la cárcel o ponerle bajo custodia o encomendar a otro su apresamiento". Bermejo Castrillo, Manuel Ángel, *Responsabilidad civil y delito en el derecho histórico español*, Madrid, Dykinson, 2016, pág. 157.

[12] *Fuero latino de Jaca*, 1064, [15]: "Et si unus ad alium cum pugno percuxerit, uel ad capillos aprehenderit, peitet inde XXV solidos". *Fuero de Santillana del Mar*, 1209, [34]: "De pressa de cabellos de ambas las manos V solidos". *Fuero de Guadalajara* (segundo), [5]: "Qui truxiere por cabellos, peche diez maravedis". *Fuero de Alcalá de Henares*, [104]: "(…) Et quien messare a otro a cavellos con .II. manos, peche II. moravedis; e quien mesare con una mano, peche .I. moravedi". *Fuero de Ledesma*, [24]: "Quien messar cabellos de uizino de Ledesma morador, peche III morauis". Bermejo, op. cit. Aquí, pág. 258.

[13] *Fuero de Cuenca* (for. sist.), [XII, 17]: "De eo qui hominem totonderit. Quicumque alium hominem totonderit, pectet decem aureos, et etiam procuret eum in domo sua ut sibi ipsi, donec barba seu capilli sint conpleti (…)". *Fuero latino de Teruel*, [387]. *Fuero de Zorita de los Canes*, [289], *Fuero de Iznatoraf*, [291]. *Fuero de Alcaraz*, [IV, 70]. *Fuero de Alarcón*, [274]. *Fuero de Béjar*, [372]. *Fuero de Brihuega*, [115]. *Fuero de Albarracín*, p. 473 [235]. *Fuero de Plasencia*, [87]. *Fuero de Úbeda*, [XXX, III, L]. *Fuero de Molina de Aragón*, [XXIII, 1]: "Todo omne que desquilare a otro por fuerça peche cinquenta maravedís". Bermejo Castrillo, Manuel Ángel, *Responsabilidad civil…*, pág. 261.

de Brihuega, por ejemplo, señala [65]: "(...) Tod omme que forzare *manceba en cabello* si fuere alcanzado muera por ello (...)"[14], expresión que nos muestra cómo la consideración de una doncella o virgen está justamente en portar su cabello largo y suelto.[15]

Gunnas Tilander (1905), señala:

> En las *Leyes Visigothorum, decalvare, turpiter, viliter, deformiter decalvare* era la pena de los perjuros (99, 21, 24), de los hechiceros (259, 20), de los cristianos convertidos al hebraísmo (422, 6), de las rameras (157 17), de los sirvientes que acometían un homicidio por orden de sus amos (277, 15; 278, 3), de los blasfemadores de la Santa Trinidad (432, 14), del marido que cometía adulterio con otra mujer casada (168, 19), y de los que se sustraían al servicio militar (375, 14). La *decalvatio* se practicaba también contra varios delitos de los judíos y en algunos otros casos. Era también pena común entre los otros pueblos germánicos. Según el fuero sueco de Uplandia, la mujer casada que cometía adulterio con hombre casado perdía sus rizos, sus orejas y su nariz.[16]

También se penan así delitos de engaño o falsedad, como señala el Fuero de Béjar, añadiéndole al trasquilado el corte de orejas "y ser fostigado por todas las plazas de la villa".[17] Son cortes infamantes, por lo que se favorece el aspecto descuidado del corte "a trechos, sin orden ni arte".[18] También se le llamará a esto "corte a cruces".

Rastrear con cierto detalle los fueros nos permitiría inundar páginas de informaciones sobre rapados, trasquilados, recortes, etc. Este tipo de penas tuvieron una larga presencia en la vida cotidiana de las comunidades medievales peninsulares –se trata de normativas municipales–, proyectándose, igualmente, sobre reglamentaciones posteriores. Muchas de estas consideraciones se incorporaron a las codificaciones canónicas, así como a las penas impuestas por la Inquisición española, culminando en los Autos de fe, en los que tuvieron especial importancia el escarnio de los reos, su exhibición pública, rapados, medio desnudos, portando el sambenito, recibiendo tratos vejatorios y violentos por el público y teniendo que soportarlo sin humillar la cabeza, como vemos representado en el grabado de Goya "No hubo remedio".[19]

Las penas que trasladan textos jurídicos de tanta antigüedad como los citados tienen su reflejo en la cultura popular. La vieja retroalimentación entre la práctica popular y la

[14] Bermejo Castrillo, Manuel Ángel, *Responsabilidad civil...*, pág. 244.

[15] "Moza en cabello. Significa lo mismo que doncella o virgen. Es phrase antigua, que oy se conserva en Vizcaya, Astúrias, Galicia, y otras Províncias Septentrionales de España, con tal rigor, que la muger que no es tal virgen, aunque no esté casada, no puede andar con el cabello suelto, sino recogido con alguna cinta, o cubierta la cabeza con alguna toca. Latín. Passis crinibus virgo. FUER. DE VIZC. tit. 12. de las prescripciones, l. 4. Denunciando contra ellos, que siendo mozas en cabello, las desfloraron, y que se proceda contra ellos". RAE, *Diccionario de Autoridades*, Tomo II, 1729.

[16] Tilander, Gunner, "Origen y evolución del verbo esquilar", AFA XIV-XV. 1936/1937, págs. 328 y 329.

[17] Martín Lázaro, Antonio, *Fuero de Béjar*, Madrid, 1925, § 540, citado por Tilander, Gunner, "Origen y evolución...", pág. 331.

[18] Tilander, Gunner, "Origen y evolución...", 333.

[19] Nº 24 de la serie *Los Caprichos*, 1798-1798.

regulación jurídica está en la base de la aceptación general de castigos y escarnios que han continuado durante siglos dentro del sistema judicial, pero también como formas de justicia informal o popular, a veces de mayor longevidad que los propios códigos jurídicos, llegando hasta el siglo xx, caso de las cencerradas.[20]

LO CONSUETUDINARIO

Más allá de codificación normativa o de la actuación institucionalizada de jueces, magistrados y tribunales, encontramos un modelo de informalidad jurídica que se muestra a través de reacciones *espontáneas* colectivas –castigos escarnecedores– por medio de las cuales la comunidad trata de defender sus intereses y de reconducir comportamientos que entiende desviados o contrarios a la moral aceptada.

Para los miembros de la comunidad, estos castigos escarnecedores tienen un sentido jurídico. Podemos sospechar que algunas de sus manifestaciones hunden sus raíces en las viejas penas infamantes como eco de un valor antiguamente institucionalizado, lo que contribuiría a su percepción legal. Así, para la mayor parte de las comunidades rurales y urbanas de Edad Moderna, estas medidas pertenecen a una tradición de valor jurídico real, aun cuando no estén recogidas en los códigos vigentes al ser prácticas de tipo consuetudinario. Incluso pueden entenderlas como una primera instancia de la escala jurídica, la que atendería lo más contiguo y cercano y que no suele, no debe, ser atendida por un magistrado –ajeno al grupo–. La comunidad asume que está perfectamente legitimada para actuar con carácter admonitorio, reprobatorio o punitivo ante comportamientos o acciones que contravenían los principios morales locales, el modelo social, los valores más inmediatos.

El poder de la comunidad es el del escarnio, que representa la aceptación o la expulsión simbólica del grupo. Su actuación se basa en el efecto inmediato de la burla, la imprecación y vergüenza, lo que puede suponer una deconstrucción del valor vecino/a, de las relaciones sociales y económicas, del deseo de intercambiar parientes/esposos, de la depreciación del valor laboral de un hombre o una mujer.

Durante siglos, la mayor parte de las tensiones, conflictos y crímenes se han solucionado mediante fórmulas de justicia popular. Solo cuando esta no resultaba efectiva o alguno de los afectados se mostraba disconforme con el resultado, se acudía a la justicia del rey. La justicia popular puede manifestarse bajo aspectos sumamente informales, como ya se ha señalado, sin la presencia de una clara autoridad o magistrado o, también, bajo *autoridades* burlescas que, resultando efectivas en sus pronunciamientos y exigencias, reducen la carga oprobiosa, quedando en un estado prejudicial que todo el mundo

[20] Esta interpenetración o retroalimentación encaja en el concepto de "interlegalidad" desarrollado en Santos, Boaventura de Sousa, "Law: A Map of Misreading: Toward a Postmodern Conception of Law", *Journal of Law and Society*, volumen 14, número 3, 1987, págs. 279-302, aquí pág. 298.

entiende positivo frente a la judicialización plena.[21] En líneas generales, sus formas de actuación responden, en principio, al deseo comunitario de restauración del orden, de resolución de conflictos. La amenaza de un cierto menoscabo del honor es mejor que otras afrentas o penas de carácter más duradero o de mayor complejidad jurídica.

Dentro de este modelo de justicia informal encontramos el complejo de las cencerradas: rituales populares presentes en toda Europa bajo distintas denominaciones –charivari, rough music, katezmusik, scampannati, etc.– todas las cuales hacen referencia al ruido ensordecedor que se produce en estos actos colectivos que castigan algún tipo de comportamiento indebido a ojos de la comunidad.[22] E. P. Thompson escribió un magnífico estudio que recogía diversas modalidades de cencerrada en Gran Bretaña y Europa.[23] Otro tanto hizo Caro Baroja para el caso de las practicadas en España.[24] Natalie Zemon Davis estudió el charivari francés de forma muy sugerente, ampliando su marco operacional.[25]

Las cencerradas más conocidas son las que se practicaban a los viudos que se volvían a casar o al viudo que se casaba con una mujer mucho más joven que él, aunque su modelo de actuación solía abarcar otros casos. En líneas generales, las cencerradas conllevaban castigos simbólicos contra formas de matrimonio indeseadas por alguna razón de orden moral o por poner en riesgo bienes o futuras herencias –desde el punto de vista de los hijos–. Concernidos por la alteración del mercado matrimonial que suponía la intromisión de *viejos,* competidores desleales desde su mejor situación económica, solían ser los jóvenes del lugar los que llevaban a cabo la cencerrada, que consistía en irrumpir en la boda con cencerros, tumbos, latas, cacerolas, arruinando la ceremonia nupcial con ruidos ensordecedres y asediando a los contrayentes, que habitualmente eran paseados de forma infamante por las calles mientras se les cantaban coplas de escarnio y se les decían versos injuriosos. Muchos de estos desfiles tenían un aire paralitúrgico con sahumerios pestilentes de gallinaza y presencia de peleles, mientras se obligaba a los contrayentes a caminar bajo palios vergonzantes, portando cuernos en la cabeza, vestidos con ropas ridículas o montados de espaldas en un burro. Si los desposados se refugiaban en la casa, esta solía sufrir apedreamientos y daños. La única manera de acabar con este ataque infernal era avenirse a pagar las cantidades que exigían los mozos en dineros o en bienes alimenticios, principalmente vino.

---

[21] Una parte de nuestro proyecto se centra en máscaras y figuras como el obispillo de San Nicolás, los reyes de Navidad o el rey paxaro que actuaban, justamente, como voces paródicas de la comunidad, con pleno sentido carnavalesco y escarnecedor, para exigir cumplimientos de viejos acuerdos, pagos de derechos, ejercicios jurisdiccionales o corrección de comportamientos. Durante la Edad Media y Moderna, sus intervenciones fueron de plena efectividad, lo que evitaba enfrentamientos mayores y una judicialización que todas las partes entienden inconveniente.

[22] En España también reciben otros nombres, según regiones o épocas, como tumbonadas, matracas, vito, pandorga, rondas de mozos o mojingas.

[23] Thompson, E. P. "La cencerrada", en *Costumbres en común,* Barcelona, Crítica, págs. 520-594.

[24] Caro Baroja, Julio, "El charivari en España", en *Temas castizos,* Madrid, Istmo, 1980.

[25] Davis, Natalie Zemon, "Las razones del mal gobierno", en *Sociedad y cultura en la Francia Moderna,* Barcelona, Crítica, 1993, págs. 83-112.

Las cencerradas también se daban a la mujer adúltera y al marido consentidor, claramente por alteración de los roles de género. Esta situación solía suponer el paseo en burro, ser fustigados, recibir desprecios públicos mediante insultos, coplas aceradas y gestos que invocan los cuernos. Este modelo de cencerrada está presente en toda Europa. Un ejemplo conocido aparece representado en la base del mapa de Joris Hoefnagel "Vista de Sevilla desde el Aljarafe", del tomo V del *Civitates orbis terrarum*, (1598).[26] También los maridos que abandonaban a su esposa por otra más joven o que la maltrataban en exceso eran objeto de cencerradas, como recoge Julian Pitt-Rivers para Andalucía en época contemporánea, en las que el contraventor podía recibir, además, una dura paliza.[27]

Muchas de estas actuaciones tenían la noche como marco, lo que, entre otras cosas, facilitaba el anonimato de estas actuaciones. Objeto de otras cencerradas eran también los curas amancebados y brujas[28], pero también protestas de tipo político –que es de donde proceden las actuales caceroladas–. En el Trienio Liberal, por ejemplo, fue común importunar a políticos moderados y militares *dándoles la noche*, esto es, la matraca con cantos como *El Trágala*.[29] Como señala Carlos Gil Andrés:

> [L]a cultura popular proporciona un repertorio de acciones ritualizadas que regulan y canalizan la hostilidad y la violencia, subrayan los rasgos de identidad local y refuerzan las pautas de conducta, los valores morales y la solidaridad comunitaria: instrumentos musicales, ruidos estridentes, formas teatrales de castigo, sátiras, insultos públicos o el mismo fuego purificador, son elementos de censura popular que proceden de las festividades y celebraciones anuales, los actos de carnaval, las cencerradas, las rondas de mozos y otras ocasiones que permiten la crítica política y social.[30]

Estas formas burlescas, escarnecedoras, podían degenerar en violencias y batallas locales, particularmente cuando la mocedad andaba de por medio. Sin embargo, la mayoría de estas algaradas ruidosas tenía como principal preocupación el reordenamiento social. Los castigos y humillaciones tenían el fin de la restauración del orden, de control, particularmente si respondían a intereses de la propia comunidad. Estas prácticas serían posteriormente prohibidas –siglo XIX–, pero un mínimo rastreo por la prensa histórica muestra que se mantuvieron vigentes hasta bien entrado el siglo XX.

---

[26] El *Civitates orbis terrarum* fue un proyecto coordinado por Georg Braun y Frans Hogenbert. El primer tomo se publicó en 1572; el sexto, y último, volumen, en 1617, todos ellos editados en Amberes y Colonia.

[27] En esta zona las cencerradas recibían el nombre de "Vito". Pitt-Rivers, Julian A., *Un pueblo de la sierra: Grazalema*, Madrid, Alianza Editorial, 1989.

[28] Mantecón Movellán, Tomás A., "Cencerradas, cultura moral campesina y disciplinamiento social en la España del Antiguo Régimen", *Mundo Agrario*, volumen 14, número 27, diciembre 2013.

[29] Luis de la Cruz, "¿De aquellas cencerradas estas caceroladas?" en *Eldiario.es*, 29-III-2020, https://www.eldiario.es/madrid/somos/malasana/de-aquellas-cencerradas-estas-caceroladas_1_6413678.html.

[30] Gil Andrés, Carlos, *Echarse a la calle. Amotinados, huelguistas y revolucionarios (La Rioja, 1890-1936)*, Zaragoza, Prensas Universitarias de Zaragoza, 2000, págs. 434-435.

CUANDO LO CONSUETUDINARIO PASA A SER POLÍTICO

Los mimbres de la tradición jurídico-institucional y jurídico-popular comenzaron a soltar amarras de los enfoques restaurativos al producirse la irrupción de la política moderna, en el siglo xix. El proceso de construcción del Estado-Nación y las consiguientes luchas entre liberales y conservadores supone la irrupción de identidades políticas que, dada la naturaleza conflictiva del siglo entre modernidad y tradicionalismo, acaba generando identidades excluyentes llenas de belicosidad y crueldad.

Por un lado, esto puede suponer la ruptura de la idea unitaria de comunidad –en puridad, siempre irreal o imaginada–, en subcomunidades que se identificarían a través de las lealtades políticas. Por otro, el contexto nacional, de constantes pronunciamientos y guerras que buscan ocupar el territorio, la presencia de extraños que *toman* la población, contrarios ideológicos que se saben en *zona liberal* o *zona carlista*, provocará que las actuaciones represivas carezcan de todo control o limitación, desatándose formas de escarnio de particular crueldad. En tales casos, las subcomunidades políticas locales suelen tener un papel incitador a la violencia y a la represión.

Veamos algunas informaciones que, partiendo de viejos escarnios comunitarios, adquieren crudeza en sus formas represivas produciendo devastación personal por razones políticas, particularmente a partir de la Década Ominosa, desarrollado por quienes se reconocían primero como absolutistas y luego carlistas.

> Al restablecerse en España el régimen absolutista se inició una época de frenesí realista y clerical, que dejó muy atrás á los excesos revolucionarios que presenció la nación vecina en 1793. Con justicia ha pasado á la historia el tristísimo periodo de crueldades que siguió á la intervención francesa con el nombre de *el terror blanco.* Ningún exceso ni atropello grave habían debido lamentar los absolutistas durante el periodo constitucional; por esto apareció más inconcebible la horrorosa serie de crueldades y violencias á que se entregaron una vez dueños de la situación, merced a oprobioso auxilio del extranjero. España se convirtió en teatro de horrores de tal naturaleza que su descripción sería imposible por lo repugnante. Declarados, por decreto de 1º de Octubre de 1823, nulos y de ningún valor todos los actos del gobierno constitucional, de cualquier otra especie que fuesen, introdújose en el gobierno y en la administración el desorden más espantoso; siendo desobedecidas con frecuencia las reales órdenes por los capitanes generales de provincias y dominando cada representante de la autoridad en su jurisdicción como un régulo sin freno. Riego fue ejecutado el 7 de Noviembre en una altísima horca, que se levantó en la plaza de la Cebada de Madrid; los liberales que no consiguieron fugarse al extranjero, sufrieron todo género de vejaciones y martirios. En los pueblos de corto vecindario, como en las ciudades más importantes, se apaleaba públicamente á cuantos habían pertenecido a la milicia nacional, llegando á veces la barbarie hasta el extremo de arrancarles á puñados las patillas y el bigote y pasearlos montados en asnos y con un

> cencerro al cuello: algunas veces esta calle de la amargura terminaba en una horrible muerte. Las mujeres que habían manifestado opiniones liberales ó que pertenecían á familias caracterizadas en este sentido, eran expuestas á la vergüenza de un modo aun más indecoroso, rapado el cabello y emplumadas. La sociedad española, como dice perfectamente un autor, retrogradó entonces muchos siglos en el camino de la civilización: retrocedió á los más bárbaros tiempos de la edad media.[31]

Como vemos, topamos con algunas de los elementos vistas hasta ahora: castigos, martirios y humillaciones públicas –torturas– que, en el caso de los hombres, paseados en asnos con un cencerro al cuello, suponían la deconstrucción de su masculinidad, de nuevo vinculada al vello facial, arrancándoles las patillas y bigotes, símbolos de virilidad en la época. En el caso de las mujeres, se las exponía y paseaba públicamente de idéntica manera –en asnos, con burlas y ruido–, con pleno ejercicio de desfeminización al raparlas, y deshumanización y animalización al emplumarlas.

En la primera guerra carlista, el general Zumalacárregui toma Villafranca, Navarra, en noviembre de 1834, después de que la localidad opusiera fuerte resistencia. Una vez que se hizo con la población tras veinticuatro horas de asedio, sacrificó a los hombres capturados en varios puntos de la localidad "con la mayor barbarie", y las mujeres de ellos que los auxiliaron "fueron rapadas, emplumadas y paseadas [...] sobre borricos desnudas de medio cuerpo".[32]

Entre las colecciones del Museo Zumalacárregui, en Ormaiztegui, Guipúzcoa, encontramos una grabado que lleva por título "Los facciosos empluman a una mujer". El suceso está ubicado en Vera de Bidasoa, Navarra. La obra es de 1842 y el tema retratado de 1834. Las notas aportadas señalan: "Autografiado. Los carlistas condenaron a Josefa Garbizu a raparle la cabeza y pasearla por todo Bera, emplumada encima de un burro, ejecutando lo mismo con Manuela Etxegoien, de Irun, y con otra de la vecindad de Goizueta, imputándoles ser espías".[33]

El grabado muestra a Josefa Garbizu paseada por Vera sobre un asno conducido por un niño –el animal va con la cabeza y las orejas gachas, como si compartiera con su jinete la humillación–. A su izquierda, conminándola, camina un alguacil con la vara

[31] De Vera González, Enrique, *Pi y Margall y la política contemporánea*, Barcelona, Tipografía La Academia, de Evaristo Ullastres, 1886, págs. 24-25.

[32] Gloria Martínez Dorado, "Estado y acción colectiva: España y la primera guerra carlista", Tesis doctoral, Universidad Complutense de Madrid, 2017, pág. 214 (Información obtenida del Archivo General de Navarra, Papeles Inventario Yanguas, Legajo 34/60Cita 19, Guerra). Véase también Pérez Galdós, Benito, *Zumalacárregui. Episodios Nacionales, volumen V*, donde cuenta cómo el general carlista ordenó apalear a las mujeres de los cristinos, jaleado por las de los carlistas, durante esta toma.

[33] La descripción de la ficha recoge que la ilustración pertenece al "Panorama español, cronica contemporanea. Obra pintoresca [...] destinada a esponer todos los acontecimientos politicos desde octubre de 1832 hasta nuestros dias; con los retratos de los personajes que han figurado durante la revolucion [...] y las principales acciones y escaramuzas de la Guerra Civil". https://www.zumalakarregimuseoa.eus/es/actividades/investigacion-y-documentacion/galeria-de-imagenes-la-mujer-vasca-en-la-vision-de-los-ilustradores-del-siglo-xix/...en-la-guerra-y-los-enfrentamientos../los-facciosos-empluman-a-una-mujer/view.

en alto, amenazándola con el puño. A su derecha, un niño la increpa y parece dirigirse a golpearla –o al burro–. Detrás, el pregonero tocando una campana, seguido de una multitud, algunos notables locales mirando el desfile y las tropas carlistas en un tercer plano como espectadores y avaladores del acto. La mujer va tocada con un paño que oculta las plumas pegadas sobre su despoblada cabeza. A lo retratado, el grabado trae unas notas complementarias que informan de otras dos mujeres en situación similar en Irún y Goizueta.

Desfile, ruido, vejación y torturas, deshumanización, regodeo popular, satisfacción del poder fáctico conservador y de los ocupantes carlistas.

Similar a la anterior es la noticia sucedida en julio de 1874, en Tolosa, durante el mes de julio de 1874: tercera guerra carlista. La localidad es ocupada a comienzos de 1874 instalándose un clima de delaciones y venganzas. El 24 de julio, tres mujeres del pueblo fueron emplumadas por una turba al filo del mediodía.

> Desnudas desde la cintura para arriba, cortado el cabello y afeitada la cabeza, les habían untado de miel, cubriéndolas por completo de plumas. Tres monstruos parecían, no tres seres humanos. Montadas en burros y con una pandereta en la mano, que para mayor escarnio les obligaban a tocar, marchaban entre bayonetas en medio de aquella procesión, recibiendo los insultos y los denuestos de una muchedumbre [...]. Las acompañaba el pregonero, el cual, al ritmo del tamboril, leía en cada esquina la condena infamante: su único crimen era tener parientes en las filas liberales. Dos eran esposas de migueletes de esta provincia, y la tercera madre de otros tres individuos pertenecientes a este mismo cuerpo. Terminado el acto, y a pesar de los gritos que pedían su apaleamiento y posterior fusilamiento, fueron subidas a un carro y conducidas bajo protección hasta las inmediaciones de Vitoria, donde, según indica la noticia, llegaron en el más lamentable estado.[34]

Se reitera la puesta en escena: marchan en procesión, "entre bayonetas", –son, pues, las tropas carlistas quienes lo propician-; acompañadas por el ruido del pregonero, que marca el ritmo de llamada con su tamboril y lee repetidamente la condena; ellas mismas han de hacer ruido burlesco sobre sí con panderetas. Van montadas en burro, emplumadas, "tres monstruos": se cumple su completa deshumanización.

Pío Baroja, hijo de un voluntario liberal, Serafín Baroja, escribía en "Los carlistas y el tormento", que aquellos "emplumaban a las mujeres, paseándolas en tal guisa por las calles y campos [...]".[35]

[34] "Las mujeres emplumadas", *Microhistoria Alavesa*, https://microhistoriaalavesa.com/2018/01/16/las-mujeres-emplumadas/ con fuente en *La Época* (6-VIII-1874).

[35] Pío Baroja, "Los carlistas y el convento" en *Vida Nueva*, 18 –XII-1898.

CONCLUSIONES

Los rapamientos de mujeres durante la Guerra Civil fueron torturas públicas llenas de escarnio, humillación, maltratos y violencia practicadas por los sublevados. Responden a una violencia sexuada contra las mujeres en su doble condición de sujetos con ideología contraria a los roles tradicionales de género y/o como objetos que encarnan el honor familiar, receptoras de castigos destinados a sus hombres –padres, maridos e hijos– y a los colectivos a los que pertenecieran o con los que simpatizaran.

Ciertas características de los rapamientos los emparentan con penas infamantes de sistemas jurídicos que arrancan de la Alta Edad Media y con prácticas consuetudinarias informales de disciplinamiento social con las que las propias comunidades castigaban comportamientos indebidos y otras amenazas a la moral vigente. Los elementos coincidentes con esa tradición jurídica formal e informal residen en la afirmación de la comunidad, el valor simbólico del cabello, en la asunción de las mujeres como depositarias de la honra del grupo, el escarnio público a través de los rapados y los paseos infamantes –que son experiencias violentas en cuanto a su carga simbólica oprobiosa por la degradación del aspecto, la vejación del cuerpo, la presencia de ruido/ritmos percutidos o música lacerante, pero también por los ataques que reciben las rapadas de la población al momento del desfile–.

La vieja pretensión de restauración del orden social que podía subyacer en prácticas consuetudinarias como las cencerradas no oculta que había en ellas un componente violento que podía descontrolarse, máxime al estar protagonizadas por enardecidos mozos y sometidas a sus inesperados caprichos. Sin embargo, en líneas generales, estos castigos ruidosos y vergonzantes se producían en aplicación de un criterio común. Eran, por así decirlo, la voz de la comunidad, que se autoprotegía contra deslealtades, desajustes, inmoralidades, violencias arbitrarias, quiebras del orden social. Los excesos juveniles daban lugar a conflictos que, si los afrentados así lo consideraban, podían terminar en manos de la Justicia –cosa que de ninguna manera podía plantearse en 1936-1939[36]–. En tales casos, se trataba de descontroles o excesos vinculados a la mocedad, no a la comunidad en pleno.[37]

En este trabajo he tratado de mostrar que estas prácticas consuetudinarias de disciplinamiento social configuran un claro precedente de los castigos y torturas que vemos durante los siglos XIX y XX, pero con una gran diferencia: en los últimos domina una absoluta negación y expulsión del otro, lo que confiere mayor afán vengativo y vejatorio por parte de los perpetradores. Ya no se trata de la restauración del orden social, no al menos de uno que permita la heterogeneidad ideológica. Son ataques al diferente, al

[36] Ruiz Astiz, Javier, "Haciendo algaradas y músicas": rondas nocturnas y carnavales en la Navarra moderna", *Revista Internacional de Estudios Vascos*, volumen 57, número 1, 2012, págs. 90-126.

[37] Tampoco olvidemos que, aunque algunas de las viejas prácticas, muchas de inspiración carnavalesca, puedan parecernos de alta violencia o ser bromas excesivamente pesadas en la actualidad, responden a épocas que tenían umbrales de aceptación de la violencia mucho más altos que en el presente.

rival, al enemigo. Para los absolutistas/carlistas no hay transigencia posible, se trata de identidades excluyentes; también para los sublevados de 1936.

Nathalie Zemon Davis estudió cómo en la Europa post-Reforma las llamadas "abadías del mal gobierno" en las que se organizaba la mocedad francesa podían ser usadas para hostigar –o ir más allá–, a los *otros* religiosos.[38] Son nuevas identidades religiosas que no asumen la posibilidad de convivencia con otro credo que el suyo, y que en el contexto político centroeuropeo de la Reforma y Contrarreforma suponen la creación de territorios de relativa homogeneidad ideológico-religiosa. Tanto las abadías juveniles como las muchedumbres enfervorecidas que atacaban a comunidades vecinas creían estar en su pleno derecho de actuar como una suerte de autoridad judicial para acabar con los lugares de culto ajenos, símbolos o personas de la fe contraria.[39]

En España, dada la férrea vigilancia y control de la ortodoxia católica de entonces, no se dieron, de forma destacada, cambios religiosos que propiciaron nuevas identidades en liza en el siglo xvi. Podría decirse que no hay un antecedente directo de identidades religiosas intransigentes que actuaran como precedentes de los rapamientos posteriores, lo que en sí mismo es matizable dada la omnipresencia de la religión en esta época.

Cuando sí encontraremos en pleno ejercicio en España las *lógicas* de exclusión total será en el xix con la irrupción de las nuevas identidades políticas –sintéticamente, liberales y conservadores–. *Lógicas* presentes, fundamentalmente, en el campo absolutista/carlista, a través, sí, del pilar del catolicismo, que aportaba la vieja y sagrada intolerancia de la fe romana, acrecentada ahora ante las evidencias revolucionarias de la Modernidad que pretendían acabar con su tradicional hegemonía. Una de las características del absolutismo decimonónico fue su negativa a aceptar las transformaciones político-sociales del siglo –constitucionalismo y parlamentarismo, liberalismo, laicismo, movimientos obreros, etc.–. El absolutismo, basado en una identidad religiosa de tipo providencialista, tardó mucho en aceptar el sistema liberal de representación, la propia monarquía constitucional, como demuestran las guerras carlistas.

El escarnio feroz que se dio sobre las mujeres liberales por parte de los carlistas sí es un claro precedente de los rapamientos franquistas. Ambos compartieron el elemento fanático de la fe revelada, de la convicción de una posesión absoluta de la verdad en la construcción de sus identidades políticas. Sus postulados sociales se basaban en los dictámenes de la Iglesia y el respeto a una idea de autoridad y orden tradicionales, clasistas, sexistas y jerárquicos. De esta forma, las propuestas alteradoras de ese orden –en un caso, el liberalismo; en el otro el republicanismo demócrata y revolucionario– no tenían cabida en un imaginario de pretendido y perpetuo inmovilismo de fundamentos sagrados.

---

[38] Davis, Nathalie Zemon, "Los ritos de la violencia", en Thompson, E.P. – Davis, Natalie Zemon, *La formación histórica de la cacerolada*, Madrid, Libros corrientes, 2018, 163-215.

[39] Véase también a Schindler, Norbert, "Los guardianes del desorden. Rituales de la cultura juvenil en los albores de la era moderna", en Ago, Renata y Crouzet-Pavan, Élisabeth, et al. *Historia de los jóvenes,* Madrid, Taurus, 1996, págs. 303-363.

Desde su dogmático punto de vista, no había cabida para quienes propugnaban el fin del orden tal cual Dios lo quería.

Esta consideración fanático-religiosa –muy presente en la justificación de la Guerra Civil como Cruzada o en el marcaje de propios y ajenos[40]–, tuvo hondas consecuencias de tipo psicológicosocial. Su *lógica* sacro-irrefutable les permite desproblematizar sus actuaciones, reforzar estereotipos y actuar con crueldad desprejuiciada, pudiendo llegar a percibir el escarnio y tortura como algo *necesario* y *divertido* –lo que encaja con el afán por convertir los rapamientos en actos burlescos–.

En definitiva, su dogmatismo generó una distorsión cognitiva que lleva a justificar los rapamientos, a verlos como un asunto menor y no una tortura crudelísima, participando en ellos despreocupadamente.

Esta liberación de responsabilidades permitió aflorar el *sadismo cotidiano:* ejercicio del poder y la sumisión por parte de gente común que siente placer al causar daño a otros.[41] Algo que, según señalan numerosos estudios psicológicos, es una cuestión muy frecuente socialmente.[42]

Existieron, pues, unas raíces, un sustrato cultural de escarnio en el que los rapamientos del XIX y el XX se apoyaron para reutilizar estructuras, símbolos, usos, expresiones, objetos y animales con una diferente e intensa carga de torturas, abusos e infamias. Sin embargo, la invocación y uso del escarnio ya no se corresponde con un intento de disciplinamiento social, ahora se trata de la plena deshumanización. De la destrucción del otro, de la supresión de ellas.

---

[40] La Iglesia contribuyó eficazmente a deshumanizar y *otreizar* a los enemigos. En su pastoral *Las dos ciudades,* del 30 de diciembre de 1936, el cardenal Pla i Deniel calificaba a la ciudad de Dios como cristiana y española; la otra, como pagana y extranjera. Fernández de Mata, Ignacio, *Lloros vueltos puños. El conflicto de los 'desaparecidos' y vencidos de la Guerra Civil española,* Granada, Comares, 2016.

[41] Buckels, Erin E., Jones, Daniel N. y Paulhus, Delroy L., "Behavioral Confirmation of Everyday Sadism", *Psychological Science* volumen 24, número 11, 2013, págs. 2201-2209; Shaw, Julia, *Hacer el mal,* Barcelona, Planeta, 2019; Fernández de Mata, Ignacio, "Ni rito ni tradición", págs.79-100; y "El maltrato estudiantil y sus; sustratos culturales", págs. 145-202, en Fernández de Mata, I. (ed.), *Las novatadas. El maltrato como diversión.* Sevilla, McGraw-Hill, 2021.

[42] Quiles del Castillo, María Nieves; Morales Domínguez, José Francisco; Fernández Arregui, Saulo; y Morera Bello, María Dolores, *Psicología de la maldad. Como todos podemos ser Caín*, Sanz y Torres, S.L., 2019; Avilés Martínez, José María, *Bullying, el maltrato entre iguales*, Salamanca, Amaru, 2006.

19.
LA DEVASTACIÓN DE LAS COFRADÍAS PENITENCIALES DE HUELVA DURANTE LA GUERRA CIVIL ESPAÑOLA

Rocío Calvo Lázaro
Universidad de Sevilla

INTRODUCCIÓN

La ciudad de Huelva cuenta hoy día con una rica y extensa Semana Santa que está considerada como Fiestas de Interés Turístico Nacional de Andalucía desde 2003. Existen un total de 27 hermandades de penitencia, comenzando la Semana Mayor el Viernes de Dolores y culminando el Domingo de Resurrección, siendo 25 las que discurren por la Carrera Oficial entre el Domingo de Ramos y el Viernes Santo.

Los orígenes de la Semana Santa onubense se remontan al siglo XVI cuando se fundan las primeras cofradías penitenciales, el Santo Entierro, la Vera Cruz y el Nazareno. En el siglo XVIII se fundaría la de los Judíos, en el XIX la de San Francisco, y a principios del siglo XX lo harían Pasión, Buena Muerte y Oración en el Huerto, contando Huelva hasta 1936 con 8 hermandades penitenciales. Durante la posguerra se fundarían numerosas hermandades hasta la actualidad, en la que a día de hoy se siguen creando nuevas corporaciones, estando más vivo que nunca el sentir cofrade de la ciudad.

Huelva vive actualmente su mejor momento en cuanto a la Semana Santa se refiere, aunque ciertamente las dos primeras décadas del siglo XX fueron un tiempo de esplendor en el que el interés por las hermandades creció, tanto en patrimonio como en nómina de cofradías. Así pues, como acabamos de describir, en ese tiempo se fundaron hasta 3 corporaciones, y el patrimonio de las hermandades en aquellos años se engrandeció. Se adquirieron numerosos bordados de gran calidad en forma de mantos, sayas y palios de artistas de renombre como Juan Manuel Rodríguez Ojeda o las hermanas Antúnez, entre otros, siendo la influencia sevillana del arte sacro muy notable en Huelva.

Sin embargo, estos años de auge confrontaron con el adverso ambiente político que se empezaba a notar en la ciudad, y que fue común al resto del país, en el que se vivieron fuertes extremismos, de firmes posturas anticlericales frente a los más fehacientes católicos, haciéndose cada vez más tangible el enfrentamiento entre parte de la sociedad y la iglesia.

LA SEGUNDA REPÚBLICA EN EL CONTEXTO DE LAS COFRADÍAS

En Huelva, durante el primer tercio del siglo XX era frecuente entre los ciudadanos un claro sentimiento de apatía y de indiferencia con respecto a la religión.[1]

La proclamación de la Segunda República en España, el 14 de abril de 1931, dio lugar a que se agudizaran las relaciones hostiles de la iglesia contra el nuevo poder establecido.

Ya desde el siglo XIX se palpaba en el país una división de los españoles en dos bandos en un enfrentamiento que cada vez más parecía irreconciliable. Por un lado, estaban los católicos, defensores de la Iglesia y de su status tradicional y por otro quienes exaltaban la independencia absoluta del Estado de toda influencia eclesiástica o religiosa.

Para las "izquierdas", liberales o republicanas, obreras o burguesas, el anticlericalismo ideológico constituía en cierto modo una de sus señas de identidad. No hay que olvidar que los grandes movimientos políticos del siglo XIX, se mostraron partidarios de la separación total de poderes entre la Iglesia y el Estado. De este modo, en Huelva el 1 de mayo de 1931, los sindicatos expusieron públicamente sus demandas en la plaza de la República (antes y en la actualidad de la Merced). La UGT hizo entrega al gobernador civil de un escrito en el que se contenían sus reivindicaciones, siendo una de ellas la separación inmediata de la Iglesia y el Estado.

Cabe destacar de otro modo que la Iglesia tras la desamortización fue distanciándose cada vez más del sentir de las clases más modestas de la sociedad, permaneciendo apegada a las estructuras del Estado monárquico, que designaba a sus prelados y costeaba sus escasos medios económicos.[2]

Aquellos años fueron difíciles para el común de los españoles por el contexto social, el clima de elevada inseguridad, la difícil situación económica –entre otros motivos– que propiciaron que el panorama que se vivía en el país fuera cada vez más violento. A comienzos de mayo de 1931 se produjo la "quema de conventos", a raíz de la cual fueron atacados e incendiados aproximadamente un centenar de edificios religiosos en Madrid, Valencia, Alicante, Sevilla, Cádiz y Málaga. En la provincia de Huelva no hay noticias de que se produjeran incidentes similares a los registrados en otros puntos del país.[3]

Estos ataques a la Iglesia supusieron un claro aviso a los cofrades. La situación constituía un motivo disuasorio para que se tomaran medidas de prevención y no se consideraba segura la salida de las cofradías durante la Semana Santa.[4] Esto dio lugar a que, al año siguiente, el arzobispo de Sevilla, argumentando que existía un ambiente hostil contra la Iglesia, indicara que se sumaba a la postura de las hermandades de Huelva, que habían

---

[1] Carrasco, Manuel Jesús, "La diócesis de Huelva (1953-1993)" en Sánchez, José (coord.), *Historia de las diócesis españolas. Sevilla, Huelva, Jerez, Cádiz y Ceuta, Vol. 10*. Sevilla, Cajasur, 2002, pág. 534.

[2] Álvarez, Leandro y Ruiz, José Leonardo, "Huelva durante la segunda República: partidos, elecciones y comportamiento político (1931-1936)", *Huelva en su Historia*, número 3, Huelva, Universidad de Huelva, 1990, págs. 614-626.

[3] Álvarez, Leandro y Ruiz, José Leonardo, "Huelva durante la segunda República...", pág. 626

[4] Recio, Juan Pedro, *Las cofradías de Sevilla en la II República*, Sevilla, Abec, 2011, pág. 135.

decidido no sacar sus pasos a la calle durante la Semana Santa, replegándose los cultos al interior de los templos. Concretamente en 1932, 1933, 1934 y 1936, no hubo desfile procesional de ninguna de las 8 cofradías onubenses.[5]

Además, para mayor crispación de los ánimos de los católicos, hay que añadir que el Jueves y Viernes Santo fueron declarados por el Gobierno republicano como días laborales y, aunque la mayoría de los puestos públicos tuvieron que abrir, los comercios del centro de Huelva cerraron en estas jornadas como de costumbre.

> Ayer, Viernes Santo, se trabajó en casi todos los talleres de la población, funcionando las Casas de Banca. El comercio, guardando la tradición, cerró sus puertas durante todo el día, haciendo fiestas.[6]

Juan Pedro Recio Letama, que ha estudiado el tema en el caso de Sevilla, concluye que la persecución religiosa, el miedo, la falta de ambiente y respeto religioso, el clima de inseguridad o razones económicas no fueron los únicos detonantes para que las cofradías no salieran, sino que también fue motivo el boicot al régimen republicano por parte de la derecha monárquica, muy arraigada a las hermandades, un desafío al gobierno democráticamente elegido en 1931.[7]

En aquellos años en los que no se realizaron las acostumbradas procesiones, se generalizó la exposición de imágenes en besamanos y besapiés y se intensificaron los cultos en el interior de los templos. En consecuencia, en Huelva, el Domingo de Ramos de 1932 se celebró "el tradicional acto de besapiés al Nazareno (que) resultó brillantísimo, recorriendo la imagen en procesión, las naves del templo, siendo llevada en parihuela por entusiastas cofrades y cantándose el "Miserere" a gran orquesta. En la parroquia de San Pedro, dio comienzo un quinario a Jesús de la Pasión, con capilla musical".[8]

Por su parte, el Miércoles Santo, la hermandad de San Francisco sustituyó su salida procesional por un besamanos a la Virgen del Mayor Dolor.

> Anoche se celebró en la iglesia de San Francisco el piadoso acto de besamano de la Santísima Virgen del Mayor Dolor y Traspaso de la popular Cofradía del Cristo de la Expiración. A la citada iglesia acudieron muchísimos fieles y actuó durante el solemne acto religioso una escogida orquesta, de la que formaban parte los notables cantores señores Castañón y Díaz Garrido. Se hizo el rezo del santo rosario y el ejercicio de los siete dolores de la Santísima Virgen.[9]

---

[5] Fernández, Jesús, *Huelva Cofrade. Historia de la Semana Santa de Huelva y su provincia,* Sevilla, Tartessos, tomos II, 1997-1998, págs. 277-283.

[6] AMH, Archivo Municipal Huelva, *La Provincia*, 31-III-1934.

[7] Recio, Juan Pedro, *Las cofradías de Sevilla en la II República,* pág. 133.

[8] AMH, *La Provincia*, 22-III-1932.

[9] AMH, *Diario de Huelva*, 24-III-1932.

Por último, el Viernes Santo, la hermandad del Santo Entierro realizó su tradicional acto del Descendimiento de la Cruz en el interior de la parroquia de San Pedro.

> Ayer tarde se celebró en la Mayor de San Pedro el piadoso acto del "Descendimiento del Señor de la Cruz". La ceremonia religiosa del Descendimiento del Señor revistió (un gran lucimiento) por lo que representaba el acto en sí y por la devoción con que asistieron los fieles, sino porque a ella se sumaron todas las personas católicas de Huelva. Tal era la aglomeración que había en San Pedro, que no se cabía materialmente. Tras la procesión claustral, en la que se cantó el Miserere y ejercicio del Viacrucis, terminaron los solemnes cultos.[10]

Estos actos alternativos, con todo, no consiguieron paliar la decepción de los cofrades de no realizar sus estaciones de penitencia, pero sin duda lograron dar testimonio de fe, dejando patente el porqué de la existencia de estas asociaciones religiosas en torno a unas imágenes.[11]

LA GUERRA CIVIL EN HUELVA

El 17 de julio de 1936 se produjo una sublevación militar dirigida contra el Gobierno constitucional de la Segunda República, surgido de las elecciones generales de febrero de aquel año. Este golpe de estado tuvo lugar en Melilla y fue extendido al protectorado de Marruecos y al día siguiente a la mayor parte del territorio español. El golpe fue secundado en muchas comunidades autónomas; en cambio, fue un fracaso en otras por lo que detonó en una guerra civil que duró casi 3 años.[12]

El 18 de julio quedó declarado el alzamiento en toda la provincia de Huelva desde la una de la madrugada, cuando comenzó un intenso tiroteo que continuó durante dos noches. Empezó entonces un nuevo período más encarnizado aún dentro de aquella época de persecución religiosa, que se había prolongado durante varios años. Pese a ser un periodo muy corto dentro de la historia local onubense, pues tan solo duró diez días, hasta el 29 de julio, es sin duda el más duro de ella, cargado de vandalismos y de toda clase de sacrilegios.[13]

Aquellos días que transcurrieron entre el 18 de julio y la entrada en cada pueblo de las tropas nacionales fue llamada por la propaganda franquista como "días rojos", manteniendo las autoridades republicanas un precario control de la situación.[14]

---

[10] AMH, *Diario de Huelva*, 26-III-1932. El añadido nuestro obedece a que se saltaron un renglón.

[11] Recio, Juan Pedro, *Las cofradías de Sevilla en la II República*, pág. 183.

[12] Recio, Juan Pedro, *Las cofradías de Sevilla en la II República*, pág. 329.

[13] Ordoñez, Juan, *La apostasía de las masas y la persecución religiosa en la provincia de Huelva 1931-1936*, Madrid, Consejo Superior de Investigaciones científicas. Instituto Enrique Flórez. Madrid, 1968, pág. 46.

[14] Feria, Pedro, *La represión económica en Huelva durante la Guerra Civil y la posguerra*. Huelva, Diputación de Huelva, 2016, pág. 58.

Desde días antes del Alzamiento Nacional se notaba el nerviosismo y movimientos de agitación. Iban llegando los milicianos de los pueblos a la capital ansiosos de información y armas y recibiendo instrucciones más o menos secretas sobre futuros objetivos. Menudeaban los atropellos y asaltos a edificios particulares. Algunas iglesias de la provincia habían sido saqueadas e incendiadas[15] como las de Rociana, Bollullos Par del Condado, La Palma del Condado, Escacena del Campo, Paterna del Campo, Manzanilla, Villalba del Alcor, Villarrasa, Niebla, San Juan del Puerto, Moguer, Palos de la Frontera y la Rábida, entre muchos otros pueblos que sufrieron las consecuencias posteriormente.

A pesar de que todos los organismos oficiales de Huelva, Ayuntamiento, Gobierno Civil y Diputación Provincial, permanecieron fieles a la República, pronto quedó muy aislada de la zona leal, a merced de las poderosas fuerzas de Queipo de Llano que ya controlaba Sevilla. El 19 de julio, tras la deserción de buena parte de la Guardia Civil de Huelva al bando rebelde tras la "batalla" de La Pañoleta, la provincia quedó en un estado de vulnerabilidad.

Desde Sevilla partieron en los días siguientes poderosas columnas militares con la misión de tomar Huelva, y frente a estas, el Gobierno Civil republicano solo podía oponer milicias civiles sin preparación militar y apenas armadas.

Varios días después del alzamiento, refugiados que escapaban de las zonas controladas por los golpistas traían rumores de los acontecimientos que estaban sucediendo en aquellos lugares: asesinatos en masa, violaciones, saqueos, etc. Estos rumores, avivados por las charlas de Queipo de Llano en Unión Radio de Sevilla, hicieron que los ánimos se caldeasen, y algunos descontrolados dieron salida a su ira asesinando sacerdotes, personas de derechas y propietarios, a los que veían como los responsables visibles del golpe. En la tarde del lunes 20 grupos de exaltados y radicales ideológicos comenzaron los asaltos e incendios de iglesias, conventos y casas particulares. Junto a esas muchedumbres enfurecidas proliferaron delincuentes comunes que aprovecharon el caos para ejercer el pillaje.

Desde el Gobierno Civil se dieron órdenes para acabar con estos hechos, pero solo los carabineros respondieron a ellas protegiendo edificios religiosos y civiles como la parroquia de la Concepción o la empresa de Damas. Guardia Civil y Policía se negaron a intervenir porque decían ser recibidos con hostilidad.

Cabe destacar que tanto las autoridades republicanas como las direcciones de partidos políticos y sindicatos por lo general se desmarcaron y condenaron estos desórdenes y trataron de impedir en la medida de lo posible los saqueos y los ataques físicos contra personas y propiedades con ideología de derechas. Las autoridades provinciales emitieron un comunicado dirigido a los pueblos de la provincia en el que se pedía mantener la calma, ordenando a los alcaldes y las organizaciones obreras que evitaran atentados contra personas, incendios o sabotajes.[16]

[15] Ibídem, pág. 51. Espinosa, Francisco, *La Guerra Civil en Huelva*, pág. 139.

[16] Feria, Pedro, *La represión económica...* pág. 61. Espinosa, Francisco, *La Guerra Civil en Huelva*, Huelva, Diputación Provincial de Huelva, 1996, pág. 139.

La inseguridad pública trajo como inmediata consecuencia la total suspensión de la vida económica local, en los días que transcurrieron hasta el 29 de julio en que entraron en la ciudad las fuerzas del ejército. En este periodo no subsistió otra manifestación de la vida económica que la referente a la alimentación. En las primeras horas de cada mañana renacía una calma relativa después del constante y generalizado tiroteo nocturno, que a veces se reproducía también por las tardes; la gente no significada por "derechismo" u otros motivos, acudían al mercado y algunas tiendas, yendo de un lado para otro en busca de lo indispensable, que no siempre hallaba y desde medio día o antes, solo las patrullas armadas, a pie o en coches y camiones, pululaban por las calles, notándose la presencia de muchos elementos forasteros.

No cabe hablar de deficiencias en estas manifestaciones, pues, como queda dicho, la alimentación era la única y no llegó a tener organización ninguna, pues se vivió de las existencias, y muchas familias por no pertenecer a las organizaciones obreras, nada alcanzaban, pues no la despachaban con dinero y no les daban los vales, valiéndose muchos de personas caritativas que tenían víveres o podían procurárselos.[17]

Durante la guerra civil española, once días después del golpe militar, Huelva fue ocupada por el ejército sublevado contra la Segunda República el 29 de julio de 1936, cuando a las 11 horas de la mañana de ese día el capitán Gumersindo Valera Paz comunicó la ocupación definitiva de la capital onubense a las autoridades de Sevilla.[18] En los días sucesivos, la provincia sucumbió rápidamente a las tropas rebeldes, y a lo largo de agosto y septiembre, lo hizo el resto de los pueblos de la provincia.

Destrozos realizados a los templos de Huelva

La llamada "quema de conventos" sufrida en Sevilla en 1931 fue el detonante para que la mayoría de las corporaciones hispalenses emprendieran medidas de prevención, retirando las imágenes de los templos y trasladándolas a domicilios particulares o lugares seguros de manera secreta, tomándose también fuertes medidas de protección dentro de los templos.[19] En Huelva esta práctica no se estiló, debido en parte a que no se sufrieron consecuencias relevantes tras la proclamación de la Segunda República. Quizás el que no hubiera precedentes como en la capital andaluza cogió de imprevisto a la mayoría de las hermandades onubenses, que apenas sin tiempo de reacción no pudieron retirar ni ocultar sus imágenes y su patrimonio del interior de los templos, a excepción de algunos casos puntuales como la patrona de Huelva, la Virgen de la Cinta, que fue felizmente escondida y salvada.

La parroquia de la Purísima Concepción era el templo más céntrico de Huelva, y por esta razón se la consideraba más segura y a cubierto de atentados, por lo que fue elegida

[17] AMH, 570. Resumen de los hechos ocurridos en el término municipal de Huelva durante la Guerra Civil.
[18] Espinosa, Francisco, *La Guerra Civil en Huelva*, pág. 151.
[19] Recio, Juan Pedro, *Las cofradías de Sevilla en la II República*, págs. 91 y 92.

para depositar en él imágenes, como las de la hermandad de la Oración en el Huerto, ornamentos sagrados, joyas, mantos y muchas obras de arte. Sin embargo, la destrucción sacrílega que se cebó con casi todos los templos de Huelva comenzó precisamente por esta parroquia, que fue saqueada e incendiada a la una de tarde del 20 de julio por cuadrillas de hombres, mujeres y niños.[20]

Hubo el día anterior un intento de incendiarla, pero el fuego pudo ser apagado por el párroco, don Juan Manuel Romero Bernal, quien hizo frente a unos cuantos desconocidos que intentaban empezar el incendio por la puerta lateral.[21]

El incendio provocó el hundimiento completo de la techumbre y daños de consideración en el pavimento. Tan solo quedaron en pie los muros exteriores y las columnas de la parte central, descarnadas y calcinadas por el fuego.

Fueron destruidos el retablo del altar mayor con sus medallones, de estilo renacentista, y los del Pilar y las Angustias, que eran auténticas joyas del barroco, en la parroquia se contaban hasta dieciocho altares.

Desaparecieron las imágenes de San Cristóbal y Santa Leonor, tallas de madera, del siglo xvi; San José con el Niño, talla de madera de un metro de alto con estofado, San Isidoro, San Andrés y los cuatro Evangelistas, tallados en madera, de autores desconocidos.[22] Los cuadros artísticos eran muchos; destacaban por su antigüedad y mérito dos que procedían del convento de los Mínimos franciscanos, de la calle Puerto, llamado convento de la Victoria, atribuidos a Zurbarán que eran dos de 1 x 1,5 m representando a San Francisco y a San Bruno, y otro cuadro de San Francisco de Paula de autor desconocido, además de un paño de palio y un terno completo con capa publial, estampado.

De la riquísima orfebrería que conservaba el tesoro parroquial, posiblemente el mejor de toda la ciudad, solo algunos copones, cálices y vasos sagrados pudieron ser salvados por el arrojo del párroco. Las mismas sepulturas antiguas existentes en la capilla del Sagrario fueron profanadas.[23]

La Concepción albergaba en su interior hasta tres hermandades penitenciales de las cuales desaparecieron sus imágenes y gran parte de su basto patrimonio sacro. La hermandad de la Vera Cruz perdió a sus imágenes titulares, el Cristo de la Vera Cruz del siglo xvi y la Virgen de los Dolores del siglo xviii. La hermandad del Nazareno a su imagen cristífera, conocido popularmente como el Señor de Huelva por ser la imagen más devocional de la ciudad, del siglo xvi, la Virgen de la Amargura y San Juan Evangelista del siglo xviii y xix respectivamente. Y la hermandad de la Oración en el Huerto, que perdió al Señor y al Ángel Confortador, obras recientes de 1923 de Joaquín Bilbao y de su discípulo Enrique Pérez Comendador.

---

[20] AMH, 570. Resumen de los hechos ocurridos en el término municipal de Huelva durante la Guerra Civil. Ordoñez, Juan, *La apostasía de las masas*... pág. 53.

[21] Ibídem, págs. 51-52.

[22] AMH, Legajo 570. Resumen de los hechos ocurridos en el término municipal de Huelva durante la Guerra Civil.

[23] Ordoñez, Juan, *La apostasía de las masas*... pág. 53.

El incendio alcanzó también a la casa rectoral aneja al templo, pereciendo todo el mobiliario, ropas y enseres del párroco.

El párroco de la Concepción, don José Manuel Romero Bernal, escribió una carta al cardenal de Sevilla el 8 de agosto de 1936, tras la destrucción del templo, dando numerosos detalles de todo cuanto sucedió.

> Apenadísimo y lleno de dolor y tristeza por lo que hemos visto en esta capital, y al ver nuestra amada Parroquia de la Concepción y otras Iglesias de aquí quemadas y casi destruidas, escribo esta carta…
>
> Ya en la noche del domingo *19* de julio intentaron las hordas rojas incendiar este templo y pude evitarlo tocando yo mismo las campanas a media noche y acudió la guardia civil y de asalto, y entre todos sofocamos el conato de incendio en las puertas.
>
> Me prometieron que no se quemaría el templo porque ellos (los guardias) montarían para impedirlo, una centinela; pero al día siguiente, lunes 20, a eso de la una de la tarde, atacaron de nuevo, a pretexto falso, de que desde la Iglesia se había disparado contra los escopeteros rojos. Todos los ruegos y razones para que desistieran de tan sacrilegio intento, fueron inútiles, comenzaron a disparar y a rociar gasolina y prender fuego por ambas puertas y por la casa rectoral. En medio de amenazas y de mil peligros de fuego y tiroteo, saqué en seguida el Santísimo que lo tenía en mi casa desde unos días antes y lo trasladé a una casa vecina de toda confianza donde consumí.
>
> Pude igualmente sacar todos los vasos sagrados, una buena custodia y alguna ropa que ya tenía a salvo. Lo demás fue imposible y casi me quedo asfixiado al intentar retirar del archivo los libros más corrientes y algunos ornamentos…[24]

El día 21 de julio, hacia las diez y cuarto de la mañana, irrumpieron en la parroquia Mayor de San Pedro. La proximidad de muchas viviendas y la cercanía al cuartel de la Policía, hizo que evitaran el incendio, pero no que fuera saqueada.

Forzaron las puertas y destruyeron los retablos, dejando tan solo una tercera parte del altar mayor ya que por sus dimensiones no pudieron destrozarlo en su totalidad. Destruyeron todas las imágenes, el órgano y los bancos; a la par, levantaron casi la totalidad de su solería de mármol, teniendo la cruel idea de ir golpeando el centro de cada losa con un martillo de hierro, hasta hacerla pedazos. Del mismo modo profanaron sepulturas seculares, esparciendo sus huesos por las estancias. Destrozaron los legajos, los libros del archivo parroquial y de la biblioteca y quemaron todos los ornamentos sagrados, destrozaron los vasos y objetos del culto, sin que fuera posible aprovechar ni restaurar nada de cuanto existía.[25]

---

[24] ADH, Archivo Diocesano Huelva, Gobierno, Huelva la Concepción, 1920-1938, varios, carta del párroco don José Manuel Romero, de la Concepción al cardenal, 8 agosto 1936.

[25] Ordoñez, Juan, *La apostasía de las masas*… pág. 52.

Destruyeron la cristalería y puertas, derrumbándose tabiques, tribuna, así como las verjas de hierro y pila bautismal. Los altares y objetos de culto y muebles con las imágenes fueron quemados fuera del edificio.[26]

En esta parroquia se encontraban tres hermandades penitenciales, todas fueron destruidas. De la hermandad más antigua de Huelva, el Santo Entierro, cuyos primeros datos se remontan al siglo XVI fueron destruidas las imágenes de la Virgen de las Angustias con Jesús sobre su regazo, que era un altorrelieve de madera y estofado obra de Francisco de la Gándara de 1605, el Cristo Yacente, de madera, tamaño natural, del siglo XVII, y la Virgen de la Soledad, datable del siglo XVI. De igual modo fueron destruidos todos los enseres y pasos de las hermandades, como la urna para el cuerpo del Señor yacente, de caoba y cristal, ropas de las imágenes, mantos y sayas de terciopelo y tisú bordados en oro, varales de palio de plata, insignias de plata, estandartes bordados en oro, resplandores de plata de los pasos, etc.[27]

Asimismo, destrozaron al Señor de Pasión de la hermandad de Pasión, del siglo XVIII y el Cristo de la Buena Muerte de la hermandad del mismo nombre, obra reciente de los talleres de Olot.

Además, entre las obras que fueron destruidas estaban el Cristo de Saltés de candelero del siglo XVII, con su retablo de estilo románico, de la hermandad gremial de Saltés. El Señor de la Columna de barro, del siglo XVI. El Cristo de la Jurada, crucifijo del siglo XVII. La imagen de Santa Ana con imagen de la Virgen. La Virgen del Carmen con el Niño Jesús, ambas de madera y estofado. La imagen de San Blas. Dos pinturas en tabla de 60 x 50 cm, representando al Niño Jesús dormido y otra sentado, que aunque de autores desconocidos se les atribuía cierto valor histórico-artístico. Así como treinta y cuatro lienzos, algunos de ellos de grandes dimensiones, y todo el ajuar litúrgico. Vasos sagrados y objetos de plata y oro, ornamentos y tejidos. Arqueta de plata repujada de 30 x 25 cm del siglo XVIII (servía de ostensorio en el Monumento del Jueves Santo).[28] La custodia de plata labrada para procesión del Santísimo Corpus Christi, regalo de la reina Isabel II, fue arrojada al suelo desde el porche y solo se salvaron algunos pedazos sin valor. También se perdió la urna o templete de plata repujada y dorada en su mayor parte, de 45 x 25 cm realizada en Los Ángeles, (USA), y donada a la parroquia en 1744 para guardar al Señor en el Monumento del Jueves Santo.[29]

Solo se salvó de la destrucción una imagen del Niño Jesús de Praga, llamado popularmente como "el Porterito", que fue hallada con leves desperfectos entre los escombros.[30]

[26] AMH, 570. Resumen de los hechos ocurridos en el término municipal de Huelva durante la Guerra Civil.

[27] APSPH, Archivo Parroquial San Pedro Huelva, Informe detallado de los destrozos ocasionados a la parroquia de San Pedro, escrito por Julio de Guzmán López, sin fecha.

[28] AMH, 570. Resumen de los hechos ocurridos en el término municipal de Huelva durante la Guerra Civil.

[29] AGAS, Archivo General Arzobispado Sevilla, IV, inventarios, 16977, administración general, inventarios Huelva nº 118, parroquia de San Pedro, 10 agosto 1933.

[30] Arrarás, Joaquín, (dir.), *Historia de la Cruzada Española, II Andalucía*. Madrid, Ediciones Españolas, S.A., 1941, pág. 296.

La iglesia de San Francisco fue expoliada y destrozada el 21 de julio. Destruyeron el altar mayor con seis lienzos de Pacheco y parcialmente un altorrelieve con la Presentación del Niño Dios, obra de Martínez Montañés, que representaba la Purificación de la Santísima Virgen, con figuras a tamaño natural, y cuatro lienzos firmados por Pacheco.[31]

Desapareció también una escultura de San Francisco de Asís, una cruz antiquísima sobre la que había pintado un Cristo, un lienzo que representaba el Santo Sepulcro, una copia del Cristo del Cachorro de Sevilla, propiedad de Manuel Siurot, así como muchas otras obras de arte.[32]

En esta iglesia se encontraba la hermandad de San Francisco, destruyeron todas sus imágenes titulares, el Cristo de la Expiración del siglo xvii, la Virgen del Mayor Dolor y San Juan Evangelista, ambas del xviii, y el Señor del Gran Poder, imagen reciente de los talleres del Olot del Arte Cristiano.

Deterioraron los pavimentos y enlucidos de la mampostería y destruyeron totalmente los altares, retablos, objetos de culto y muebles los cuales fueron quemados fuera del edificio al mismo tiempo que las imágenes.[33]

El convento de las Monjas Religiosas Agustinas fue también saqueado, profanado y quemado, siendo destruidas todas las imágenes y objetos de culto. El 21 de julio, hacia el mediodía, las religiosas observaron humo que salía de la puerta de la iglesia. Arrojaron gran cantidad de cubos de agua hasta sofocarlo. Tras esto, asaltaron la casa y las obligaron a salir.[34] La Guardia Civil actuó en defensa y salvaguarda de las Monjas, quienes fueron conducidas a la Comandancia, y por aquella actuación fueron amonestados por el gobernador civil, puesto que estimó que la conducta de los guardias fue imprudente y provocadora.[35]

Del convento y la iglesia solo quedaron los muros, tras el hundimiento de la techumbre de la iglesia, del convento y demás dependencias, además fue arruinado gran parte del entarimado. Destruyeron casi el total de las puertas, ventanas, objetos de culto, ropas y muebles en el saqueo que precedió al incendio. Desaparecieron tres retablos con grandes medallones de estilo barroco, así como la Virgen de la Consolación perteneciente a la hermandad de la Buena Muerte, cuyo Cristo se encontraba en la parroquia de San Pedro.[36] El cementerio interior de las religiosas fue profanado.[37]

La ermita de la Virgen de la Cinta fue también asaltada ese mismo día y destruida la imagen de la Virgen pintada al fresco que se hallaba en el altar mayor, ante la cual oró Cristóbal Colón, y una reja de hierro repujado, joya en su género del siglo xvi.

---

[31] AMH, 570. Resumen de los hechos ocurridos en el término municipal de Huelva durante la Guerra Civil.
[32] Arrarás, Joaquín, (dir.), *Historia de la Cruzada Española,* pág. 296.
[33] AMH, 570. Resumen de los hechos ocurridos en el término municipal de Huelva durante la Guerra Civil.
[34] Ordoñez, Juan, *La apostasía de las masas…* pág. 57.
[35] Arrarás, Joaquín, (dir.), *Historia de la Cruzada Española* págs. 296-297.
[36] AMH, 570. Resumen de los hechos ocurridos en el término municipal de Huelva durante la Guerra Civil.
[37] Ordoñez, Juan, *La apostasía de las masas…* pág. 57.

Quedaron destruidos los retablos, imágenes, muebles y objetos de culto que fueron quemados fuera del templo y sufrió deterioro el pavimento y los muros del edificio.[38]

La imagen de la Virgen Chiquita, patrona y alcaldesa perpetua de la ciudad, obra de Benito de Hita y Castillo, fue salvada por doña Soledad Montagut, doña Elena Ubié y don Luis y Santiago Montagut. Estas personas considerando inminentes el asalto al santuario y su destrucción, sacaron la imagen de la Virgen, la envolvieron en unas sábanas y la trasladaron a un pajar en el que la escondieron, pero no considerando el lugar lo suficientemente seguro, enterraron a la venerada imagen en el centro de un viñedo.

La carreta de plata que poseía la hermandad del Rocío fue quemada también. Esta carreta, cuyo valor se cifraba en 40.000 pesetas, había sido costeada con aportaciones muy modestas de fieles devotos.

Sufrieron de igual modo el saqueo e incendio las siguientes iglesias: parroquia del Sagrado Corazón de Jesús, convento de Teresianas, iglesia de la Milagrosa, Colegio del Sagrado Corazón de Jesús, capillas de las Hermanitas de la Cruz, Colegio de los Padres Maristas, convento de las Adoratrices, capilla del Asilo de Ancianos y el humilladero de la Virgen de la Cinta, así como numerosos edificios públicos y domicilios particulares.[39]

La iglesia de la Merced fue la única de toda la ciudad de Huelva que no sufrió los estragos de la Guerra Civil. Este hecho se debió a que la iglesia se cerró al culto en 1936. La Diputación Provincial a instigación del director facultativo del Hospital Provincial, planeaba el proyecto de destruir la iglesia de la Merced, templo anejo al recinto hospitalario. En el acta de la sesión de 8 de abril de 1936 aparece el acuerdo de abrir una suscripción pública una vez recabados los oportunos permisos del gobernador civil y del alcalde de la ciudad para la ampliación del Hospital. En la sesión de 27 de mayo se plantea de nuevo el proyecto de reforma donde se ideó la posibilidad de convertir la iglesia en sala de enfermos con doble piso a base de un entarimado interior, convirtiéndose en dos amplios salones superpuestos. Cabe señalar que las viguetas para el entresuelo ya estuvieron en los últimos días del Frente Popular hacinadas en el interior del templo, por lo que la ampliación del Hospital era algo casi inminente.[40]

Por este motivo la iglesia de la Merced no fue asaltada ni saqueada entre el 20 y 21 de julio cuando fueron destruidos todos los templos y conventos de la ciudad, conservándose de ese modo todas las imágenes y patrimonio de la hermandad de los Judíos que tenía su sede allí.

Asimismo, también se cuenta que la salvación del templo pudo deberse del mismo modo a la intercesión del médico, y por aquel entonces jefe de servicio de cirugía del Hospital Provincial, Francisco Vázquez Limón. El testimonio oral de un testigo de la época que ha trascendido hasta nuestros días y que se halla recogido en varios blogs en internet, decía que cuando la turba se dirigía hacia la Merced, el doctor puso una sábana

[38] AMH, 570. Resumen de los hechos ocurridos en el término municipal de Huelva durante la Guerra Civil.
[39] Arrarás, Joaquín, (dir.), *Historia de la Cruzada Española*, pág. 297.
[40] Ordoñez, Juan, *La apostasía de las masas*... pág. 43.

en la puerta del templo y escribió "Hospital de Sangre", por lo que cuando llegaron desistieron de su propósito y se alejaron, salvándose el templo y todo su patrimonio de la destrucción.[41]

Sancho D' Herbe, en su obra *Historia del Hospital Provincial de Huelva* aclara que al iniciarse la contienda el 18 de julio, la corporación propietaria del hospital como primera medida cambia el nombre a dicho centro, colocándose en su fachada un gran letrero en que decía "Hospital de Sangre". El autor no aclara que este letrero lo pusiera Vázquez Limón ni que lo hiciera para salvaguardar el patrimonio de la iglesia, por lo que desconocemos si en realidad se trata de una leyenda.[42]

CONCLUSIONES

El estallido de la guerra civil española en Huelva y provincia trajo como consecuencia la destrucción y quema de numerosos templos religiosos, lo que supuso la pérdida parcial o completa del patrimonio artístico sacro que había sido adquirido a lo largo de los siglos, perdiéndose para siempre obras de arte de primer nivel. También ha supuesto cuantiosas lagunas de conocimiento, al desconocerse en muchas ocasiones el patrimonio existente, ya que no han llegado hasta nuestros días documentación gráfica que atestigüen la existencia del patrimonio o documentación escrita que en su mayoría se perdió en los archivos.

En Huelva capital la destrucción fue masiva ya que se destrozaron y/o quemaron todos los templos de la ciudad a excepción de la Merced por los motivos que anteriormente hemos mencionado. Esto supuso la pérdida no solo del patrimonio artístico sacro sino también la identidad de los onubenses que se reflejaban en aquel valioso patrimonio al que les profesaban gran devoción.

De las ocho hermandades penitenciales que había en la ciudad, siete perdieron a sus imágenes titulares y gran parte de su patrimonio, salvándose únicamente la de los Judíos por hallarse en el interior del templo de la Merced.

La guerra supuso un punto de inflexión en la evolución de la Semana Santa onubense, obligando a las hermandades afectadas a renacer de sus cenizas y recomponerse a la vez que se fundaron nuevas hermandades, especialmente entre los años 40 y 50 del pasado siglo xx.

Gracias a los esfuerzos y la gran labor realizada a lo largo de estos años por parte de todas las hermandades, la Semana Santa onubense vive a día de hoy el momento más álgido de su historia.

[41] Testimonio oral recogido en la hermandad de los Judíos.

[42] Sancho, Rafael, *Historia del Hospital Provincial de Huelva*, Huelva. Universidad de Huelva, 2013, pág. 101.

EL ÁMBITO BÉLICO

20.
MISIVAS DESDE LA TRINCHERA: TESTIMONIOS DE DOLOR Y ESPERANZA EN LA GUERRA CIVIL DE 1936-1939

Jorge Chauca García
Universidad de Málaga

INTRODUCCIÓN

El género epistolar refleja mejor que la documentación oficial el ámbito privado del combatiente, es una fuente privilegiada de conocimiento histórico.[1] La dimensión íntima del soldado escapaba de la censura, por más que esta se aplicara a las cartas que partían del frente. Las relaciones familiares y, en este caso, entre jóvenes en armas y sus novias en retaguardia evidencian el sufrimiento compartido de una generación, dolor preñado igualmente de esperanzas personales. La correspondencia epistolar, de carácter inédito, entre dos combatientes de ambos bandos en conflicto pone de manifiesto más allá del noviazgo la realidad de los frentes de batalla y de la guerra en general. También se traslucen sus valores y la vida cotidiana como protagonista colectivo. La fortuna fue desigual para uno y otro, el testigo nacional se convirtió en caído, mientras que el actor republicano sobrevivió a la contienda no sin muchas peripecias de por medio tras la tragedia bélica.

La documentación empleada no se ha obtenido por el clásico cauce del historiador, esto es, gracias a la consulta archivística, sino por una doble vía alternativa. En primer lugar, los documentos textuales e iconográficos del protagonista nacional que pereció en la contienda fratricida fueron donación de María Teresa Castellano Luna, alumna del Aula de Mayores de 55 de la Universidad de Málaga. La novia del caído fue la tía materna de la discente, gracias a sus recuerdos pudimos complementar tan rica e inédita documentación privada. En segundo lugar y para el siguiente protagonista, el archivo privado del autor, pues se trata de su abuelo materno, cuya documentación original fue legado familiar y gozó, además, del testimonio oral complementario de la esposa del combatiente republicano superviviente, así como de su hija mayor, madre del autor. En ambos casos, se analizan cartas y postales remitidas entre las parejas, así como documentos oficiales de las autoridades políticas y militares de sendos bandos en contienda acerca de la trayectoria de los soldados.

En definitiva, documentación inédita por ser parte integrante de un archivo particular y de carácter privado por consistir fundamentalmente en correspondencia epistolar,

[1] Mestre Sanchis, A., "La carta, fuente de conocimiento histórico", *Revista de Historia Moderna*, número 18, Alicante, 2000, págs. 111-132.

si bien también cuenta con documentos de índole militar y política. Desde un archivo familiar epistolar se puede rastrear la vida cotidiana durante la guerra tanto en los frentes como en la retaguardia.[2] Historias de vida, método de investigación cualitativa[3], para la comprensión individual y proyección colectiva de una joven generación que se vio envuelta en la vorágine de una cruel guerra entre vicisitudes de todo tipo y divergentes salidas personales. Las historias de vida contempladas se presentan como un espacio de reflexión gracias a los testimonios escritos y orales[4], desde ambas miradas de la guerra.

EL CAÍDO Y SU MEMORIA

Isabel Luna Martínez, natural de la localidad cordobesa de Fernán Núñez, era la destinataria de la correspondencia epistolar analizada, merced a su condición de novia de Antonio Fernández Jurado, médico militar. Ella nació en 1911 y él era seis años mayor. Se hicieron novios en el primer curso que la joven de 17 años ejerció de maestra en La Rambla. Las cuatro hermanas estudiaron en Las Escolapias y la carrera en la Escuela Normal de Córdoba, institución educativa encargada de la formación de maestros de escuela; mientras que los dos hermanos varones se dedicaron al campo.

Nunca se casó a pesar de los pretendientes que tuvo posteriormente, guardó el recuerdo y conservó cuidadosamente los testimonios de su amor hasta la muerte. La microhistoria de vida tenía su parte de tragedia, pero también de amor incondicional que bien pudiera ser novelado. Antonio era de La Rambla, igualmente en Córdoba, allí se conocieron cuando Isabel fue destinada como maestra. Con el tiempo, Antonio se mudó a Puente Genil. La documentación permaneció intacta, no así la narración de Isabel a su sobrina, quien no leyó las cartas hasta el fallecimiento de su tía en 2004. Antonia Rafaela Luna Martínez, hermana de Isabel, y madre de la alumna donadora, nació en 1914, realizó el servicio social de la mujer en FET y de las JONS entre octubre de 1938 y marzo de 1939, según la hoja de servicios. Finalizado y firmado en Córdoba el 1º de abril de 1939, fin de la guerra. Por su parte, la tarjeta de la Delegación Provincial de Auxilio Social con data 31 de marzo de 1939 (III Año Triunfal o Año de la Victoria, según documento), certificaba que había cumplido con su deber nacional. Fijaba su edad en 21 años, lo cual supone un baile de cuatro años con la partida de nacimiento, algo común por entonces.

Los relatos familiares recordaban que cuando las tropas de Franco entraron en Puente Genil, lo vivieron con esperanza tras las hostilidades y la batalla de Espejo. Varios familiares se salvaron milagrosamente de aquellos terribles sucesos. Los habían sacado a la calle para fusilarlos, pero coincidió con la entrada de las tropas nacionales. Abuelo,

[2] Fortuny, Natalia, "Cartas a Lola. Archivos familiares, memorias de guerra y una foto", *Kamchatka. Revista de análisis cultural*, número 18, Valencia, 2021, págs. 33-54.

[3] Chárriez Cordero, Mayra, "Historias de vida: una metodología de investigación cualitativa", *Revista Griot*, vol. 5, número 1, San Juan de Puerto Rico, 2012, págs. 50-67.

[4] Sarabia, Bernabé, "Historias de vida", *Reis*, número 29, Madrid, 1985, págs. 165-186.

tíos y primos pudieron así salvar sus vidas. No fue el caso de aquellos que llevaron a los colegios del pueblo, que sí fueron fusilados. Una masacre en tandas, los cuerpos de los asesinados se amontonaban unos encima de otros. Entre ellos el padre de una amiga de la entrevistada, que se hizo el muerto, según les relataba. No podía respirar por la sangre y el peso de los que caían sobre él. Posteriormente, José Fernández fue alcalde de la localidad durante muchos años. Tras la intensa represión republicana, la toma de Puente Genil en agosto de 1936 por las tropas nacionales fue percibida por muchos como una liberación después del efímero pero agudo drama vivido.[5] Puente Genil fue un escenario meridional de la guerra, que quedó en pinza desde Sevilla y Córdoba. Lo breve de la lucha, entre julio y agosto del 36, aparentemente lo hace secundario, pero el dramatismo de los acontecimientos erige a la localidad en exponente de las crueldades bélicas y de retaguardia.[6]

La documentación epistolar penetra en la intrahistoria, da voz triste y descarnada a un tiempo terrible.[7] Desde la localidad cordobesa de La Carlota se dirigió un oficio de pésame oficial fechado el 23 de septiembre de 1938 (III Año Triunfal) a la Señorita Isabel Luna, residente en la localidad de Ochavillo del Río, municipio de Fuente Palmera (Córdoba). El remitente, Manuel Zafra, iniciaba la triste misiva declarando que sentía ser él el transmisor de tan triste noticia, pero estaba obligado como militar y en cuanto asistente del finado, su llorado teniente Antonio Fernández, novio de la receptora. Cumplía los deseos del oficial, quien así le había insistido en vida. Se encontraba por la población cordobesa de paso para la entrega de la ropa y demás enseres personales a los padres del fallecido, momento que aprovechó para escribirle. Comunicaba con solemnidad remarcada textualmente y desde un gran sentimiento de desazón que el 10 de septiembre inmediatamente anterior, "entregó su vida, por Dios y por la Patria, siendo un héroe, más, de la Santa Cruzada". Esta sucinta frase encierra todo el ideario del bando nacional en contienda, sus dos pilares básicos, herederos de la alianza trono y altar de Antiguo Régimen, en un ejercicio de continuidad histórica. La guerra como Cruzada y el heroico combatiente, imaginarios espiritual y político de la nueva España y referentes del tiempo nuevo en difícil gestación. Terminaba comunicándole que el hermano del caído saldría en cualquier momento en busca del cadáver, pues era deseo de la familia enterrarlo en Puente Genil. Del mismo modo, el asistente marcharía pronto al frente, motivo por el cual se ofrecía en la dirección de La Carlota que indicaba al pie de la carta. Incluía una frase ológrafa en el texto mecanografiado, para advertirle que adjuntaba la devolución de una carta que no puedo leer su novio.

Isabel Luna contestó al asistente el 26 de septiembre, le informaba que el hermano de su novio le había escrito en parecidos términos de consuelo acerca de su "inolvidable

[5] Entrevista realizada a María Teresa Castellano Luna el día 19 de mayo de 2021, en Málaga, de 16:00 a 17:00 horas, por Jorge Chauca García.

[6] Véase Almeda Estrada, Víctor, *Los años ocultos. Puente Genil, 1936-1945*, Córdoba, Ediciones Depapel, 2012.

[7] Cazorla Sánchez, Antonio, *Cartas a Franco de los españoles de a pie (1936-1945)*, Barcelona, RBA Libros, 2014, pág. 9.

teniente". Zafra le respondió, aún desde La Carlota, el 29 del corriente. Daba respuesta a varias preguntas de la desconsolada novia sobre las circunstancias de la muerte. Le insistía que murió como un héroe, "cara al enemigo, pero una bala criminal, porque no puede decirse otra cosa", por ser explosiva, le destruyó el cráneo el día 9 a las cuatro de la tarde. Cayó de espaldas mortalmente herido sin poder pronunciar palabra alguna, en sus propios brazos fue trasladado al hospital del Vallés Oriental. En Villalba fue asistido por los médicos durante doce horas hasta las 4 de la madrugada del día siguiente, cuando falleció en presencia de una hermana y el mismo asistente, siempre "sin pronunciar palabra". Se comunicó el deceso a sus familiares y se le dio sepultura el día 12 en la localidad tarraconense de Batea. De lo que sigue ya le había informado. Recogió todas sus pertenencias, como le había encomendado repetidamente en vida, pues su relación era estrecha y no solamente por ser su asistente, sino demostrada cuando con anterioridad fue herido él mismo. En sus propias palabras: "no era yo un inferior ni él un superior, éramos dos hermanos, y como tales sentíamos las cosas de uno como las de otro", en una declaración de abierta camaradería al más puro estilo falangista, fraguada además en los rigores y dolor de la guerra. Explicada la sincera amistad, le reconocía que se imaginara en qué estado de ánimo salía para incorporarse al frente al día siguiente, 30 de septiembre, con un "vacío tan grande". Finalizaba con el oportuno ofrecimiento, podría comunicarse con él en las mismas señas de su novio, pero a su nombre.

En todas las comunicaciones se enfatizaban las ideas-fuerza del bando franquista. Los asuntos menores de índole familiar encontraban igualmente cabida, en una combinación de lo público y privado, político y cotidiano. El combatiente caído pasaría a engrosar el testamento patrio, la nómina de "nuestros mejores".[8]

Un par de misivas del teniente Fernández a su novia, la primera de 1936 y la segunda de 1938[9], además de muy profusas en aspectos bélicos de los teatros de operaciones cordobés y catalán respectivamente, eran explícitas en su contenido sentimental, siempre dentro de los límites de la más absoluta corrección de estilo y fondo. Proporcionan numerosas informaciones militares y acerca de las estrategias de organización falangista en la provincia de Córdoba, en línea con un inicial optimismo, y en el frente de Cataluña, insertada entre la cruel batalla del Ebro y la campaña catalana por Barcelona, cuyas palabras encierran un mayor sosiego frente al primigenio ímpetu. La distancia que separa en la actitud del protagonista el idealismo y confianza en la pronta victoria del curtido veterano tras una prolongada guerra.

Desde la sierra de Córdoba y bajo un doble encabezamiento acorde a la naturaleza del bando nacional, esto es, bajo membrete impreso de la Congregación de Ermitaños de San Pablo en el Desierto de Nuestra Señora de Belén, y presidido por la subrayada

---

[8] Baisotti, Pablo A., *¡Presentes! Mitificación y culto en la España de Franco, 1933-1943*, Madrid, Editorial Y, 2018, pág. 110.

[9] Archivo Privado Jorge Chauca García (APJCG), II República Española y Guerra Civil (1936-1939), Documentos públicos y privados franquistas.

frase manuscrita F.E. (Falange Española) ¡Arriba España! se dirigía a su "queridísima Isabelita" en uno de los escasos momentos de sosiego. La carta estaba fechada el día 9 de septiembre. Su escritura le proporcionaba por encima de la necesaria comunicación del noviazgo, la "confortable expansión de mi espíritu", aunque gran parte de su contenido era de neto alcance político más que privado.

Destacaba el teniente que Puente Genil había sido un pueblo muy castigado por la "furia marxista", motivo por el cual se permitía escribir a su novia un pequeño relato de sus arriesgadas andanzas. Valga recordar que ambos se encontraban vinculados a la localidad cordobesa, por lo que sus palabras cobraban interés compartido. Combates de "la gesta más heroica que registra la Historia de España, en lo que va de siglo: el aplastamiento del marxismo destructor y desmoralizador". Estas palabras de inicio atestiguan fielmente el espíritu que recorre toda la epístola, la firme convicción ideológica de la lucha. De hecho, contemplan el carácter religioso y de regeneración que otorgaba a la guerra e incluía la transposición de un verso del cancionero fascista italiano sobre el bolchevismo destructor, huelga recordar la importante presencia italiana de camisas negras integrantes del Cuerpo de Tropas Voluntarias. El referente fascista obró más por la fuerza de las circunstancias que por los resultados de su intervención.[10]

Por su puesto, el alegato a la continuidad de una gloriosa Historia, base legitimadora clásica en el pensamiento joseantoniano, estuvo presente en el franquismo desde un principio. Con anterioridad, los puntos iniciales de la Falange ya contemplaban desde 1933 a España como "una realidad histórica" con misiones universales.[11] La gloria imperial del siglo XVI sería recuperada con el renacimiento espiritual y político que traía consigo el 18 de julio del 36.[12] Sin duda alguna, se trataba de un soldado-político, en servicio de la España heroica y mártir, heredera y restauradora de la Guerra de la Independencia.[13] Plenamente convencido como falangista de la justa causa de la guerra y de total adhesión al bando franquista. Enumeraba los ultrajes y fusilamientos de sacerdotes cometidos por los republicanos ya vencidos y las destrucciones de todo tipo sufridas por la localidad. Al tiempo que sus padecimientos y privaciones brotan, con un lenguaje poético, como correspondía a su procedencia ideológica.

El relato es minucioso y relevante para reconstruir el inicio de la guerra en Puente Genil. Al anochecer del día 18 de julio se puso incondicionalmente bajo las órdenes del comandante militar de la localidad cordobesa. Su intención era inequívoca, continuar en su servicio a la España "legendaria de siempre", pero ya en la coyuntura bélica "con más fe, con más bríos que nunca, y que indiscutiblemente la hará ser la España grande,

[10] Coverdale, John F., *La intervención fascista en la Guerra Civil española*, Madrid, Alianza Editorial, 1979, pág. 356.

[11] Primo de Rivera, José Antonio, *Obras completas*, Madrid, Delegación Nacional de la Sección Femenina de F.E.T. y de las J.O.N.S., 1954, pág. 85.

[12] Pérez Núñez, J., *Los rastros del Imperio. El ideario del Régimen en las películas de ficción del primer franquismo (1939-1951)*, Bilbao, Libros del Jata, 2018, pág. 22.

[13] Alares López, Gustavo, *Políticas del pasado en la España franquista (1939-1964). Historia, nacionalismo y* dictadura, Madrid, Marcial Pons, 2017, págs. 317-318.

única y fuerte". La invocación falangista al lema trinitario engarzaba perfectamente en la tradición hispánica y católica. Durante cinco días fueron dueños de la situación, pero "la canalla marxista" (subrayado por el teniente) pidió auxilio a la "Málaga risueña y pintoresca". En sus propias palabras, llegaron cerca de 1.500 "rojos" en su socorro, lo que hizo desequilibrar la situación. Resistieron con heroísmo durante tres días, pero como sus armas eran inferiores por entonces y con el afán de salvar vidas inocentes y evitar ultrajes a las mujeres, entre otras canalladas que aventuraba serían capaces, iniciaron la retirada barridos por su fulisería y bombardeos. Caminando junto a otros compañeros durante cuatro días, consiguió alcanzar las afueras de la población, privados de alimento y agua. Casi desfallecidos y con la garganta seca, se ocultaban de día en las copas de los olivos, mientras avanzaban de noche por precaución a ser fatalmente sorprendidos. Mantuvo su fe en la medalla de la Virgen del Pilar prendida en su pecho y que él mismo había pasado por su manto en una visita a Zaragoza, junto al patriotismo manifestaba el otro basamento de sus creencias más personales, que recuerda al Sagrado Corazón requeté. Como estaba convencido de haber salvado la vida en la escapada gracias a la divina protección mariana, prometió visitar de nuevo la basílica yendo a pie en acción de gracias, una vez que las convulsas circunstancias lo permitieran.

Su destino era Estepa, tomada por las fuerzas nacionales, pero ya en sus inmediaciones le salieron al paso un grupo de diez o doce "rojos salvajes", provistos de hoces, hachas y armas de fuego. Cayeron prisioneros al final de tan arriesgada peripecia, que emulaba el ansia por escribir de las aventuras de su camarada generacional Rafael Sánchez Mazas: "Ahora daría un brazo por podértelo contar horas y horas y me cuesta mucho escribir, aunque te escribo al vuelo, como loco, porque sin escribir no podría".[14] Le quitaron cuanto llevaba encima, dinero, objetos diversos y hasta unas cartas de su novia, antes de ser trasladados al comité revolucionario más próximo en Herrera, municipio sevillano a mitad de camino entre Puente Genil y Estepa. Llegaron al pueblo en camión custodiado por otro grupo igual en número. El recibimiento causó profunda impresión en el cautivo, pues la muchedumbre intentó hacerse con él. Tras varios esfuerzos en contra, fueron presentados ante los miembros del comité, quienes barajaron su fusilamiento. Tras dos días en aquella localidad, fueron trasladados de vuelta a Puente Genil, "para que aquella canalla (Dios los haya perdonado)" decidiera sobre sus vidas. El trayecto de regreso desde las cuatro y media de la mañana fue terrorífico. El compendio de atrocidades incluyó varias paradas, en la primera presenciaron el fusilamiento de dos curas de Puente Genil, en la siguiente rociaron de gasolina un montón de cadáveres para que ardieran en macabra pira, y en la última sufrieron el simulacro de su fusilamiento.

Al llegar a Puente Genil pasó por la misma puerta de su casa y pudo ver a su familia en los balcones, cabe hacerse una idea de la angustia experimentada. No obstante, confesaba como consuelo que supuso no volvería a verla. En el comité local fue recibido con mayor dureza y crueldad, le propinaron patadas y puñetazos en el rostro, además de

[14] Sánchez Mazas, Rafael, *La vida nueva de Pedrito de Andía*, Barcelona, Planeta, 1975, pág. 244.

insultos soeces que no reproducía. Acordaron dar un salvoconducto a su compañero y dejarlo en libertad, mientras que él sería recluido en prisión. Conducido a los calabozos, se sorprendió al comprobar que simulaban el traslado para ser fusilados cruelmente en plena calle, incluso en muchos casos presenciados por sus mismos familiares, pues "los bichos rojos se complacían en hacerlo a la misma puerta de sus domicilios".

El teniente secuenciaba en etapas a modo de capítulos su dramático itinerario, descrito en ocho cuartillas apaisadas, enumeradas, con excelente letra, corrección gramatical y riqueza de vocabulario; además de dotadas de un enfoque muy comprensivo por didáctico. Llegada al calabozo era el siguiente episodio. Los guardias le interrogaron sobre el paradero de una ametralladora que tuvo en su poder durante la resistencia inicial. Ante su negativa, si bien en un principio no le maltrataron de palabra o de obra, más tarde sí lo hicieron con suma crueldad y ensañamiento, "faltos de corazón". En consecuencia, a causa de las "caricias" no pudo andar durante varios días. En un nuevo interrogatorio al alba del siguiente y por la misma negativa, recibió nuevamente dolorosos azotes de vergajo o látigo de verga de toro seca y retorcida. Por último de sus suplicios, le ataron las manos atrás y en tal disposición fue conducido al río para fusilarle. Su testimonio no solo es vivencial por razones obvias del momento, sino también una narración novelada de gran impacto en el lector por apelar a la microhistoria de las emociones:

> Llegó el momento –me dije–. Me encomendé a Dios Nuestro Señor y me dispuse a esperar la muerte, con serenidad, con esa envidiable serenidad que se tiene al morir por defender una causa justa, con esa elevación moral de hallar la muerte por ideales tan nobles como son defender a la Madre Patria de la terrible plaga roja de Mosén.

Pero antes de que se ordenase abrir fuego, el "criminal grupo" le dirigió las siguientes palabras que recogía en su literalidad: "si dices donde está la pistola ametralladora antes de seis horas, no te matamos". Prometió hacerlo y fue devuelto al calabozo, donde se agolpaban treinta y dos personas. Ganó un tiempo precioso. El primero de agosto amaneció brillante y despejado, como el mejor de los augurios. Día en que la "triunfante columna del glorioso comandante Castejón" inició su entrada en Puente Genil, precedida de tres aviones nacionales que bombardearon los alrededores de la prisión, "sin duda, por hallarse izada en todos sus balcones la odiosa y repugnante bandera roja", se escribía desde la mirada del teniente cautivo. El comandante de la Legión Antonio Castejón Espinosa, nacido en Manila en 1896 y por ende compañero generacional, había recibido órdenes del general Queipo de Llano de tomar varias localidades andaluzas para liberar de presión a Sevilla y Córdoba. Sus expeditivos métodos se habían probado con éxito en Sevilla y se repetirían en Extremadura bajo las órdenes del teniente coronel Yagüe.

El pánico y la desmoralización se apoderaron de los guardianes, quienes acudieron prestos al teléfono vociferando al comité de manera apremiante que las tropas enemigas entraban en el pueblo y la aviación bombardeaba la cárcel. Preguntaban qué hacer con los prisioneros. Así describía el teniente Fernández lo sucedido a continuación: "con paso sigiloso y con la cobardía que caracteriza a toda esa gentuza, se dirigen a las mirillas de nuestro calabozo y hacen nutrido fuego, sobre el indefenso montón de carne humana que formamos al arrojarnos al suelo". El relato de la abigarrada masacre es espeluznante, pero un testimonio de primera mano merece ser rescatado para comprender el dolor de la guerra.

> Un virtuoso Señor murió del primer tiro. Otro le hirieron de tanta consideración, que su paquete intestinal fue despedido, llegando a rociarse sobre mi cuerpo, cuyo Señor se me abrazó diciéndome lo que jamás podré olvidar: "Antoñito, esta canalla me ha matado, quítame las gafas, que ya no veo [...] extiéndeme esta pierna que me duele mucho". Fue un momento de verdadera emoción; la emoción tristísima que produce, cuando se hacen recomendaciones de índole familiar por una persona que se ve morir. Lo vi tan pálido, tan sudoroso; gotas de sudor del tamaño de las uvas, que al igual que su sangre de mártir rociaron mi cuerpo. Descanse en paz.

El episodio conmovió al protagonista del relato. Pero al menos tuvo la oportunidad de la palabra, él no la tendrá dos años después. El cuerpo del desfallecido y pronto cadáver se mantuvo encima del suyo de veinte a treinta minutos, posiblemente salvándole la vida. A continuación, decidió salir de la prisión, tan solo cuatro de los treinta y dos sobrevivieron, el resto fue criminalmente masacrado. Ensangrentado, se dirigió a su casa por calles apartadas para evitar el peligro. De camino, en cuantas calles encontró abiertas se le negó el paso por temor a la venganza que sufrirían en caso de descubrir que le habían ocultado, nada más y nada menos que el asesinato de todos, incluso mujeres y niños. Con sus "amenazas infames, coartaron la hidalguía y hospitalidad que siempre caracterizó a los buenos españoles".

El último apartado secuenciado se iniciaba con un "¡Por fin!". La llegada a su casa no pudo ser más impresionante. Su familia exhalaba gritos de pena y alegría a un tiempo, mientras que él, preso de una extrema excitación, gritaba sumido en un profundo llanto de rabia, dolor y desesperación. Tras descansar unos días fue a Córdoba "a continuar mis servicios por Dios y por España". Sin duda, aquella dramática experiencia le supuso un afianzamiento en sus ya de por sí firmes convicciones. Se desplazó a La Rambla, de donde era natural, para ver a la familia. En su solar natal organizó un grupo de falangistas que al presente era numeroso, lo cual le llenaba de satisfacción. Allí recibió la visita de unos compañeros de Fernán Núñez, pueblo de su novia, a los cuales les dio una carta para ella que ya suponía recibida. El día 3 de septiembre del corriente partió de Córdoba destacado a Las Ermitas, en las faldas de Sierra Morena y a unos quince kilómetros de la capital. En aquel paraje encontró paz y sosiego. Tranquilidad quebrada por el atronador ruido de fusilería, cañones y bombardeo del día 5. Contraste feliz, pues se debía a la toma de Cerro Muriano por el "ejército salvador" y el subsiguiente repliegue del enemigo.

Finalizaba la carta abandonando el relato de su extraordinaria y arriesgada aventura personal para escribir unas palabras relativas a la fuerte relación que los unía. Se acordaba mucho de ella, "a todas horas", y más en los momentos de gran peligro vividos. En varias ocasiones pasó por su pueblo, pero siempre la precipitación de las marchas le imposibilitó un encuentro. Le mandaba una estampa de la Virgen de Belén, Patrona de Palma del Río de gran devoción romera, regalo de un ermitaño para ella. También tenía un rosario en espera de ocasión para su envío o entrega en persona. Añadía: "Y ya me parece que está bien, pues más que una carta parecen mis memorias". Desde que estaba en el campo o en el frente, según terminología militar, le confesaba que no había escrito a nadie salvo a ella: "¡Te mereces eso y más!", concluía. Le apuntaba al final su dirección por si tenía ganas de escribirle (Antonio Fernández Jurado, Cuartel de Falange Española, Córdoba, Jefe del Destacamento de Las Ermitas), como así hizo, fruto de un verdadero amor en tiempos de guerra. Se despedía protocolariamente: "Y para despedirme te envío la expresión de mi sincero cariño". Firmaba Antonio, a secas, como correspondía a una relación de noviazgo. En un último añadido en lápiz y no en tinta, indicaba que acababa de recibir un oficio para salir enseguida a una avanzadilla, por lo cual debía escribirle al Hotel San Lorenzo en Córdoba.

La minuciosa narración de su resistencia, huida, captura y liberación se encuadra al principio de la contienda, sus palabras mostraban la doble visión de la retaguardia y el frente. La segunda carta objeto de descripción y análisis lo hace al final de la guerra y próxima su muerte en combate. Desde el frente de Cataluña escribía a su "queridísima Isabelita" el 8 de agosto de 1938 una misiva de apenas dos cuartillas apaisadas, sin membrete, pero igual corrección en forma y fondo. En la distancia se mostraba más cariñoso y nostálgico, casi desesperado por la separación, por lo cual el oportuno parte de guerra con detallada información era ajeno a su contenido, mucho más íntimo y vivencial.

El 7 de agosto a las diez de la noche llegó finalmente a su destino en la ilerdense Figuerola de Orcau, tras cenar y descansar algo a las once de la mañana subió a las posiciones. Se presentó al comandante, quien lejos de estar descontento por su tardanza tras un dificultoso viaje, se mostró amable y le invitó a comer ávido de sus impresiones sobre la retaguardia, "¡qué bien se está por ahí! ¡Y que bien estoy yo cuando estoy cerda de ti!", exclamaba interrumpiendo la narración. Es más, compensaba la pena de la separación la alegría de sus encuentros. Durante el viaje sus pensamientos estaban con ella. Cuando se despidieron, llegó a la estación justo cuando llegaba el tren. Posteriormente, a las doce se encontró con un amigo en Puente Genil y compartieron una apresurada cerveza y comida en su casa, pues partía en el autobús tras un breve permiso. Aquel mismo día a las siete de la tarde estaba ya en Sevilla, donde permaneció un par de días mientras se firmaban las listas de embarque en la capitanía militar, tiempo que podía haber aprovechado en una visita, aunque hubiera sido de horas, de saberlo con antelación. Desde la capital hispalense emprendió lo que llamaba "la vuelta a España". Llegó a Zaragoza cansado y abatido, descansó algo y tras un nuevo encuentro con un amigo de armas tomaron unas cervezas "para olvidar las penas". No debía preocuparse por dicho esparcimiento, pues "¡te quiero demasiado, para prometerte una cosa y no cumplirla!". Se alojó en el lugar acostumbrado, todo permanecía igual gracias al esmero de su antiguo asistente durante la ausencia: "la misma terraza, las mismas vistas, pero quien no está igual soy yo que estoy insoportable, ¡y todo porque te quiero!".

Sus compañeros y superiores le felicitaron por su ascenso, que si bien publicado en el Boletín Oficial no había llegado la comunicación oficial de secretaría de guerra a la División, y hasta que así fuera no se daba por aludido. Le rogaba una muy pronta contestación, pues en un tiempo no podrían comunicarse por causa de fuerza mayor. Sin duda la ofensiva catalana suponía un intervalo imperativo. Suponía que de su hermano tendría ya noticias. Finalizaba con recuerdos para sus hermanos, sobrinos "y para ti todo el cariño de tu Antonio".

En definitiva, las cartas son un claro exponente de los ideales del bando nacional, no siendo necesaria censura alguna, pues más bien eran paradigmáticas de la nueva sociedad en construcción y los pilares que la sustentaban en lo público y en lo privado. Las emociones son constantes en la relación epistolar y la dotan de una gran sinceridad y autenticidad no solo en lo interpersonal, sino también en las reflexiones a la destinataria sobre la marcha de la guerra.

EL EXILIADO RETORNADO

Pudiera parecer que el soldado republicano se sitúa en el polo opuesto al falangista, pero no es así, al menos en el caso objeto de estudio. Antonio Faustino García Navarrete, nacido en 1917, natural de Málaga de padre granadino y madre almeriense, estudió bachillerato en el acreditado Colegio de San Estanislao de Kostka, centro educativo jesuita que también tuvo por alumno a Ortega y Gasset. Al estallar la guerra era novel estudiante de Medicina en la Universidad de Granada, residente del prestigioso Real Colegio Mayor jesuítico San Bartolomé y Santiago. De familia netamente conservadora y de profunda religiosidad, pero todos vecinos de territorios bajo dominio republicano hasta el fin de la contienda, es decir, condicionados por circunstancias políticas. Sus convicciones eran familiar y personalmente de la derecha monárquica. Su padre, Antonio García Martínez, maestro del malacitano Grupo Escolar Bergamín, era propietario de varios inmuebles.

Al inicio de la guerra, el hijo de una de sus inquilinas de Calle Rafaela y el casero de su finca La Chorrera, situada entre el camino de Suárez y el Monte Coronado, fueron a apresar a padre e hijo en compañía de otros sujetos en un camión en línea con el tristemente conocido como paseíllo. El motivo, según el relato familiar transmitido, era librarse de una deuda adquirida para la compra de aperos de labranza. Llegados a su casa, sita en la Plaza de Bailén, su mujer Leonor Navarrete Sánchez les dijo para retenerles que por favor no se los llevaran e invocó las veces que les había quitado el hambre. Les entregó dinero en metálico y una radio. Esa misma noche, por precaución ambos Antonios se fueron a dormir a una pensión en La Alameda malagueña. Al día siguiente partieron en un barco hacia la provincia de Almería, en busca de refugio en un cortijo de Taberno propiedad de la familia materna. Allí permanecieron hasta que el estudiante Antonio fue movilizado, condición imprescindible para encontrar protección de su familia en el pueblo. Entre tanto, llegaron milicianos de Almería a la localidad y se hicieron los dueños de la situación, quisieron vivir en la casa del que después sería su suegro, Ginés Pérez Sánchez, quien se negó por albergar en ella cuatro hijas solteras, una de ellas María Sabina Pérez Fábrega, que sería su novia y posteriormente esposa. Sin embargo, sí tuvo que alojar muy a su pesar a una refugiada por imposición de los milicianos. Quienes quisieron que María Sabina, que tenía un coche Renault deportivo de color rojo y carné de conducir, hiciera de su chofer. Su padre no consintió que su hija asumiera dicha tarea entre hombres. El automóvil quedó incautado y además le obligaron a pagar la gasolina de todos sus desplazamientos, finalmente los milicianos rojos los desprendieron a la rambla por el lugar conocido como la Terrera, de pronunciada altura.

Otro episodio es relevante para comprender la actitud de rechazo del joven de 19 años Antonio respecto a la República. Su amigo de izquierdas José el de Leontino, cuyo padre era capitán, narraba lo siguiente: Antonio, que no se callaba ni en público ni en privado, esto es, hombre de carácter, estando reunido con un grupo de amigos en la casa de uno de ellos por la noche, de ambas ideologías en armonía pero que repudiaban los excesos y crímenes cometidos por los milicianos llegados de Almería, continuó despotricando de la situación una vez concluyó la reunión, ante lo cual José le dijo que por favor guardara silencio en la calle por su seguridad.

Por último, otros incidentes ayudan a explicar el posicionamiento de Antonio contrario a sus conmilitones republicanos, es decir, a comprender su posición forzada por las circunstancias y no por sus principios. Al empezar la guerra, Catalina Fábrega Rubio, su futura suegra, hizo trozos catorce jamones para que no cayeran en manos de los milicianos. Además, la misma impidió que su hermano junto con otros vecinos fuera llevado de paseíllo, posiblemente por el camino de Vélez Rubio como habitual zona de fusilamiento. Se puso delante del camión y enérgicamente se dirigió a los milicianos diciendo que a su hermano no se lo llevaban, el resto de mujeres tras ella secundaron su valiente y arriesgada protesta, según relataban a la entrevistada su madre María Sabina y tía María de la Piedad, hermana de Antonio. Una escena digna de la Fuenteovejuna de Lope de Vega.

Un cura se refugió en el Taberno y permaneció en la chimenea de una vivienda escondido durante toda la guerra, al salir sus facultades mentales estaban mermadas. Un caso de topo nacional que huía de la represión republicana. Los cortijeros de La Balsa de Don Manuel, propiedad de la esposa de Ginés Pérez, le advirtieron que se escondiera allí porque los milicianos iban en su busca, pero finalmente le ayudaron a subirse a la copa de un frondoso árbol como refugio para no ser apresado en el registro del cortijo. Según relataba Encarnación, otra de las hijas de Ginés, los milicianos en busca de la complicidad de los cortijeros les arengaron diciendo que las tierras de los amos ahora serían suyas, un ejemplo de uso político interesado y colectivización al sur de España. Todos estos sucesos ilustran el contexto del pueblo y su realidad social y política durante aquellos amargos y difíciles años, además del posicionamiento de Antonio durante y después de la guerra. Dicha localidad, por su aislamiento, fue un relevante foco de refugio. Varias personas notables buscaron allí seguridad, como la cantante de ópera Laura Nieto Oliver, soprano natural de Vélez-Rubio casada con un médico de Huércal-Overa que falleció durante el conflicto. Habitó en la misma calle de la residencia de María, en un ejemplo más de sociabilidad local cruzada.

Respecto a la relación entre Antonio y María Sabina, nacida en 1915 (un año y medio mayor que él) y fallecida en 2008, se conocieron durante su refugio almeriense, aunque resulta muy probable que se remontara a la infancia, pues ambas madres eran del Taberno. Movilizado Antonio como camillero por su incipiente y abortada formación sanitaria, recorrió el frente del Ebro y estuvo acantonado en el municipio barcelonés de Rubí, entre otros escenarios. Herido en el brazo derecho, tuvo que escribir con la zurda, lo cual se reflejó en la correspondencia con María Sabina, práctica que como experiencia quiso inculcar en su hija Leonor. Disfrutó de un permiso en el pueblo y por lo que pudiera pasar a su vuelta al campo de batalla, decidió casarse con su novia. Era juez de paz de la localidad Ginés, padre de la novia, quien los casó ante la obvia ausencia de sacerdote. Una anécdota se intercala, el novio llevó el día del Entierro de la Sardina, dentro de las fiestas de Máscaras, a su novia al cortijo donde su familia se refugiaba, su padre lo puso en conocimiento de su consuegro y este dijo que ya se quedara allí, uno reaccionó con honorabilidad y otro con orgullo. Los esfuerzos que tuvieron que asumir por la guerra provocaron el aborto de un primer hijo varón al levantar un lebrillo, estando sin las comodidades anteriores, aunque siempre contaron para su subsistencia con la fidelidad de sus cortijeros y apoyo del pueblo. Al finalizar la guerra se desposaron canónicamente en la Iglesia de los Mártires de Málaga, cabe recordar que a la vuelta familiar a Málaga todas las propiedades de su padre estaban ocupadas y se alojaron en un piso en Calle Compañía mientras se resolvía la justa devolución.

Estando en el verano de 1936 en Almería, tras finalizar el primer curso de medicina en la Universidad granadina, fue llamado a filas y no tuvo más remedio que personarse ante la amenaza de represalias a su familia. Sin convicción, se integró en una unidad motorizada sanitaria. En 1938, con veintiún años, estaba agregado al tercer centro de instrucción y reserva de sanidad militar de Barcelona, según cartilla militar de la República Española, específicamente en una compañía de transporte motorizada con el grado de soldado. Combatió en el sector nororiental peninsular y retaguardia en Rubí (Cataluña). Al finalizar la contienda cruzó los Pirineos camino de un campo de internamiento en el sur de Francia como refugiado, desde el cual pudo volver gracias a la documentación exculpatoria y recomendaciones de la nueva España acopiados por su suegro Ginés Pérez.

Ginés contaba con dos sobrinos caídos del bando nacional, hijos de su hermano Antonio. Uno torturado previamente con saña continuada y finalmente asesinado, el maestro nacional de carismática simpatía Ramón Pérez Molina, "vilmente asesinado por las hordas marxistas el 18 de marzo de 1939, a los 34 años de edad", de mala fortuna en las postrimerías del final de la guerra. Dejó viuda a doña Ramona Gómez de la Cuesta y una hija huérfana, Conchita. Y Antonio Pérez Molina, estudiante de veterinaria en Córdoba, quien "murió gloriosamente en La Muela [Zaragoza] el 2 de febrero de 1938 [preámbulo de la batalla del Ebro], siendo teniente de la 1ª Bandera de Falange de Vizcaya, a los 24 años de edad". La tarjeta necrológica, con fotografías de los difuntos con una cruz divisoria y flanqueadas por las banderas nacional y falangista, dejaba constancia de la aflicción de su prometida, la señorita Luisa Rodríguez Lubián y familia. Ambos muertos "por Dios y por España". Un mártir de la Cruzada y un caído en acción de guerra eran potentes padrinos, de intermediación exitosa asegurada.

El médico de Ronda C. Durán del Pozo dejó testimonio en un informe el terrible proceder en estos casos: "fuimos obligados en los primeros tiempos de la dominación roja de esta ciudad a ir por las mañanas al depósito judicial para reconocer los cadáveres de las víctimas brutalmente asesinadas en diversos lugares de las afueras". Posteriormente prescindieron de testigos, pero la crueldad continuó, apuntaba que "los cadáveres tenían señales de haber sido arrastrados en vida y después ametrallados con tiros de escopetas de caza y cargadas con postas".[15] Así sucedió con un par de sacerdotes, uno de ellos había sido su profesor en el Colegio Salesiano de Utrera, arrastrados y ametrallados como Ramón.

Además de los mártires, varias familiares del joven soldado Antonio fueron refugiados, por ejemplo, Andrés Pérez Molina, quien fue vicario general de Almería y había perfeccionado su formación eclesiástica becado en la Universidad Gregoriana de la Roma de Mussolini. O también Juan Jiménez, quien le ayudaba a oficiar misa a escondidas en Huércal-Overa, donde había ejercido el sacerdote, y que huyó de sí mismo de Almería a Málaga para no delatar a su vecino y asesino de su hermano. Se ocupó de su sobrino huérfano y compró la malagueña finca de El Candado por 800.000 pesetas de la época. Había estudiado Derecho con el asesor jurídico del califa de Marruecos, aunque no ejerció.

Evidentemente, todos estos vínculos de notoriedad y la condición de cautivos debieron ser de gran utilidad para conseguir la liberación del campo de concentración de Antonio y su regreso libre a la España de Franco. Junto al aval de la Falange local del Taberno consiguió su vuelta sin represalia alguna. Desde la localidad almeriense el jefe local falangista cursó un oficio al camarada jefe de Falange de Villanueva y Geltrú fechado el 11 de abril de 1939, consignado como Año de la Victoria y con los consabidos lemas de rigor y vivas al generalísimo. Le rogaba que con la mayor urgencia posible practicara cuantas gestiones creyera precisas para averiguar la existencia y actual paradero de Antonio García Navarrete, que a la sazón prestaba servicio militar como sanitario en la sección de Rayos

[15] Sande Bustamante, Mercedes de, *Cuando España se volvió color de barro. Documentos históricos de la Guerra Civil*, Salamanca, Kadmos, 2013, pág. 52.

X. Igualmente, la urgente comunicación de noticias recabadas al respecto "por tratarse de un camarada". Las conexiones de su suegro consiguieron dicho escrito, que evidencia además el caos del fin de la guerra en la España nororiental y lo problemático que resultaba localizar a alguien en aquel masivo desplazamiento de refugiados republicanos más allá de los Pirineos, incluso averiguar si seguía vivo o no era tarea ardua.

De vuelta y como estaba en posición del título completo de Bachiller pudo estudiar magisterio en un mínimo de tres meses, cuando lo normal eran tres años, desde cuarto de bachiller (de los 14 a los 17 años de edad, como vimos más arriba en el caso de Isabel). Trabajó de maestro como su padre y lo hizo en Chilches (Málaga), siendo una época de recuerdo muy feliz y alejada del recurrente tópico de la depuración de posguerra, siendo él además un excombatiente republicano no encontró problema alguno al respecto. Finalmente concluyó sus estudios de medicina en 1947, según certifica su título oficial, con treinta años y en la mitad de tiempo recuperado tras tantas vicisitudes y sacrificios, gracias al apoyo financiero de su padre y ayuda de sus suegros. Ejerció como médico general y de niños, especialidad que remató en Granada como puericultor. Eso sí, realizó un servicio militar en Sevilla de tres años con acreditada buena conducta y adhesión al Régimen del 18 de julio.[16]

La relación epistolar con su novia[17], María Sabina Pérez Fábrega, estuvo prácticamente desprovista de información de tipo militar, tanto por su falta de convicción política respecto del bando en el cual combatía, como por censura establecida desde Barcelona en relación a información sensible. Tarjetas postales netamente privadas y casi siempre encabezadas por María o el más cariñoso Mariquilla, cursadas por Huércal-Overa al Taberno (Almería) y donde el contenido político estaba ausente por completo, al contrario que el deseo de retorno. Tan solo se puede computar el obligado impreso de motivos republicanos, que reproducían la rica cartelería propagandística de guerra. Elogio del ejercicio físico del combatiente, acerca de la futura amenaza del fascismo en Europa y su preludio español, del servicio de hospitales y la vital función de la mujer así como exaltación del trabajo femenino en retaguardia en catalán (comisión de auxilio femenino, sección de hospitales del ministerio de Defensa, sobre ayuda a huérfanos de guerra, soldados y obreros), texto de arengas del presidente de gobierno Juan Negrín sobre la independencia española y rechazo de la injerencia (subsecretaría de propaganda), del primer aniversario del comisariado de guerra (octubre 36-octubre 37) y sobre la necesaria producción industrial y agrícola de retaguardia para el curso de la guerra (Ejército del Centro, Estado Mayor). Tarjetas postales de campaña con sus correspondientes sellos alusivos a la República Española, personajes históricos o al ayuntamiento de Barcelona.

Discurso e imagen se combinan en la construcción de un relato en sellos y tarjetas postales, iniciativa de ambos contendientes para la propaganda iconográfica en el frente.[18] La propaganda política abusó del material gráfico en toda su extensa tipología.

[16] Entrevista realizada a Leonor García Pérez el día 24 de septiembre de 2023, en Málaga, de 10:00 a 12:00 horas, por Jorge Chauca García.

[17] APJCG, II República Española y Guerra Civil (1936-1939), Documentos públicos y privados republicanos.

[18] Zenobi, Laura, *La construcción del mito de Franco. De jefe de la Legión a Caudillo de España*, Madrid, Cátedra, 2011, pág. 305.

Son once postales en total[19], diez enviadas por Antonio a María Sabina, y una última felicitación por el nacimiento de la hija del soldado, Leonorcita –la entrevistada Leonor García Pérez–, enviada por Ramón Pérez el 7 de diciembre de 1938 a su tío Ginés Pérez en Taberno. Como vimos, Ramón sería asesinado cruelmente tres meses después (marzo de 1939), muerte fruto del odio y especialmente inútil a tenor de la fecha. Se dirigía sin dilación a sus queridísimos tíos y primas en contestación a la previa que había recibido comunicándole el aumento de la familia, con sus mejores deseos para María y la recién nacida. Asimismo, les informaba que había recibido recientemente una carta de Antonio, quien se encontraba bien. Si bien le contestó, repetiría la misiva de enhorabuena. Finalizaba con abrazos para los abuelos y toda la familia. Efectivamente, Antonio le escribió el 1 de noviembre de 1938 y así lo comunicó a María el día siguiente, desconociendo el alumbramiento de su hija.

Por las diez tarjetas postales de Antonio sabemos que envió numerosas cartas a las que alude repetidamente, pero desgraciadamente no se han conservado. El marco cronológico abarca desde el 6 de noviembre de 1937 hasta el 2 de noviembre de 1938, casualmente la fecha de nacimiento de su hija mayor que él desconocía por el momento y próximo el fin de la guerra. Por otra parte, tanto en este caso como en el anterior, tenemos testimonios de ambos combatientes, pero no de sus parejas. El cruce de miradas queda incompleto por la ausencia femenina, si bien puede rastrearse en las contestaciones de los varones. Dichas cartas prolijamente citadas debieron perderse en el cataclismo bélico, mientras que las primeras fueron cuidadosamente conservadas en la retaguardia en sendos casos.

La primera postal de Antonio fue remitida desde Barcelona el 6 de noviembre de 1937, en una letra cursiva rápida, escueta y afectuosa: "Para la más finica del mundo de quien la quiera más también y que pronto estará con su Mariquilla". Siempre firmará con un cercano Antonio y abrazos. Las primeras postales son especialmente afectivas, reflejo de cierto optimismo inicial. La segunda, en buena letra redonda, está datada el 13 de diciembre del mismo año en la turolense Alcalá de la Selva y es digna de atención por los datos que proporciona acerca del trayecto seguido por una caravana militar por el Levante republicano. El 12 anterior salieron de Puzol (Valencia), pasaron por Segorbe en la misma provincia y llegaron a Mora de Rubielos (Teruel), en cuya estación estuvieron parados un buen rato hasta que se reunieron los 30 coches que formaban la caravana. El itinerario siguió hasta la Vega, un barrio de Alcalá de la Selva, allí permanecieron en un hospital en espera de órdenes. En cuanto supiera el destino informaría. Confesaba que el viaje había sido "estupendo", pero con mucha nieve y frío. No obstante, tenían "cama buena y comida abundante". Instaba a María que le siguiera escribiendo a Barcelona a la misma dirección, pues desde allí le remitirían oportunamente las cartas.

La tercera fue remitida ya desde Barcelona un 27 de abril de 1938. La letra se resiente por la herida sufrida en el brazo derecho en el intervalo y propende a una economía del

[19] Véase Júdez Hervás, Eloy Vicente, *Cartas desde el frente. Memorias de un soldado sanitario. Guerra Civil 1936-1939*, Madrid, Punto Rojo, 2020.

lenguaje. Sin embargo, resulta meritorio el esfuerzo por escribir con la izquierda a toda costa y mantener vivo el lazo comunicativo entre un gran deseo de regreso y sentimiento de añoranza. Su apretado y extenso contenido comenzaba recordando que ya eran seis o siete las veces que le había escrito y que se cumplían 24 días desde que tuvo el accidente (3 de abril), día que recordaba pues fue el mismo en que calló herido el hermano de un paisano malagueño del cual ya habían hablado en otras cartas. Estaba algo mejorado, pues el dolor remitía, pero no así la mucha molestia. Quería informarse de las cartas que llegaban a destino, él recibió la última el día 17 con normalidad. Un aspecto merece ser destacado, intentaba siempre suavizar los acontecimientos para no preocupar en exceso a María. La herida de guerra del brazo pasa por accidente y no la de su compañero de armas, posiblemente ambas fueron resultado de una acción de guerra, pero no dramatizaba, muy al contrario, siempre manifestaba que estaba bien o "estupendamente" para tranquilizarla. Una vez concluido el conflicto no quiso hablar de la guerra ni bien ni mal y optó por el silencio de unos trágicos episodios vividos como camillero en tantos frentes. Décadas después, su viuda quiso tramitar una pensión por herido de guerra, pero resultó incompatible con la que percibía del Colegio Médico malacitano.

La cuarta postal, fechada el 25 de mayo siguiente desde Rubí (Barcelona), mostraba una mejoría en la letra paralela a su recuperación y a la nueva habilidad adquirida por fuerza de necesidad. Desde el día 13 no había recibido carta de María. En 12 días se quitaría el yeso del brazo y podría escribir con la diestra. Antes de despedirse con recuerdos para todos y un abrazo, se interesaba por su padre, con quien mantenía una muy estrecha relación paterno-filial, como también con su madre. La siguiente misiva, también sellada en Rubí un 13 de agosto del año en curso mantiene la recuperación de su letra. Le advertía que le escribía una tarjeta y no una carta, pues "estoy hecho un gandul y no tengo ganas de escribir". No era la primera vez que manifestaba un claro signo de desánimo. Sin novedad alguna, todo "estupendamente". La última carta recibida era del 27, es decir, había tardado 16 días en llegar del Taberno a Rubí. Acababa de cobrar, por lo cual no debía preocuparse María, pues no había olvidado el encargo de un lazo, aspecto tan cotidiano que pareciera extemporáneo a la guerra, pero sitúa lo cotidiano en su trasfondo. Cerraba con recuerdos a sus padres y hermanas.

La sexta postal (Barcelona, 21 de agosto de 1938), con una letra muy mejorada, se abría con la noticia de haber cobrado el mes de julio, de modo que la pérdida que le había notificado por carta no importaba, puesto que disfrutaba de un nuevo cobro. Le solicitaba otra muestra del lazo, pues había perdido la enviada en la cartera. La postrera carta recibida era de fecha 27, por lo cual hacía cerca de un mes que no sabía nada de casa. Se encontraba con el consabido tranquilizador "estupendamente pues por aquí se pasa muy bien", rezumaba ironía en este caso. Le pedía las novedades del pueblo y la dirección de Diego el Chorrero. La finca del padre en Málaga era La Chorrera, sin duda algo quería solucionar en la distancia, asumiendo una responsabilidad familiar desde el frente de batalla. Cuando al final de la guerra vuelvan a Málaga, su padre Antonio vendió dicha finca que asociaba a sucesos desagradables. Había dejado en manos de Antonio el practicante gestiones de cuidado de su patrimonio en ausencia. Tal preocupación aflora cuando de entre los recuerdos a todos singularizó a su padre. Finalizaba con la promesa de enviarle en unos días una fotografía de cuerpo entero.

En la siguiente comunicación, enviada desde Rubí el 29 de agosto subsiguiente, con data en números arábigos y latinos, cosa que no será la única vez, participaba a Mariquilla que desde mañana día 30 iba al pabellón de reeducación funcional del hospital de Barcelona para un tratamiento con masajes eléctricos. Ello suponía desplazarse diariamente a Barcelona por la mañana y volver a Rubí por la tarde, gestión que había solucionado según le informó en carta del 23 anterior. La octava postal, recuperada su letra habitual precedente a la herida, fechada en Rubí el sábado 3 de septiembre, se interesaba como era su nostálgica costumbre por las cartas recibidas. Las últimas eran del 9, 12 y 16, de modo que las había recibido juntas las tres como las anteriores. Seguía yendo al hospital en Barcelona para recibir las corrientes eléctricas y masajes en el brazo, "lo tengo estupendamente", aseveraba. El lunes 5 se haría la fotografía prometida, y en cuanto la tuviera la enviaría por esta misma vía. Les habían dado un paquete de 20 cigarrillos de 1´60, de manera que "estoy contentísimo", manifestaba. Una anécdota puede traerse a colación, su querido padre le pilló fumando y le ofreció un puro en su despacho como escarmiento. Desde entonces, los regalaba a su progenitor.

La novena tarjeta postal (Rubí, 12 de septiembre de 1938), muestra el contexto de inestabilidad coincidente con la batalla del Ebro. La última misiva recibida era del 27 anterior. Había llegado una orden de traslado "a no se sabe donde", pero presumiblemente a los Pirineos, Seo de Urgel (Lérida) o Ripoll (Gerona). En consecuencia, él le seguiría escribiendo, pero María no debía hacerlo hasta que le indicara la dirección inmediatamente la supiera. Escribía: "por lo que se ve vamos a un sitio mejor [...] Salimos todos de modo que cuando sepa por qué ha sido te lo diré, aunque parece ser que vamos allí a descansar". La incertidumbre era total y se acompañaba de sus habituales tranquilizadoras palabras. Finalizaba, "desde luego no me escribas hasta que te lo diga. Un abrazo, Antonio".

La décima y última postal, con fecha 2 de noviembre de 1938, apenas cinco meses antes de la finalización de la guerra y en el preámbulo de la decisiva campaña de Cataluña, fue remitida desde el Instituto Pedro Mata en Reus (Tarragona), bello hospital de estilo modernista. Como siempre repasaba la última carta de María recibida, lo fue el 20, es decir, habían pasado 13 días y le rogaba que le escribiese "todo lo que puedas", al menos cada tres días. Un estado de angustia personal por la difícil coyuntura, por más que con la mejor de las intenciones insistiera "por aquí estoy como siempre, lo paso estupendamente". Quería saber si recibía todas sus cartas y los días que tardaban en llegar. Era consciente del estado dramático de los acontecimientos. Igualmente, le rogaba que le mantuviera al corriente de todo, pues los sucesos podían precipitarse y experimentar cambios radicales. Él se comprometía a escribirle muy a menudo, pues disponía de mucho tiempo, ocultando su desazón. El día anterior 1 de noviembre había escrito a Ramón, primo de María, quien dirigió una postal a la familia el 7 de diciembre posterior felicitándoles por el nacimiento de Leonor. El 2 de noviembre, día de la última postal de Antonio, había venido al mundo, convulso, su hija.

CONCLUSIÓN

Dos jóvenes dedicados a la medicina, de suerte dispar, actitudes militantes diferentes en dos ejércitos regulares y destinos opuestos, incluso en sendas trincheras del frente catalán. Pero ambos ejemplifican con sus testimonios privados la sufrida coyuntura de una generación al estilo orteguiano y los valores en algún caso, representaciones e imaginarios de los bandos en guerra desde 1936 hasta 1939. Más que vencedor y vencido, un caído y un exiliado. Uno y otro convulsionados en su vida y muerte por un gran sufrimiento físico y moral.

Antonio Fernández Jurado murió en 1938 por sus ideales falangistas en combate con 33 años, mientras que Antonio García Navarrete falleció en 1958 víctima de un accidente de tráfico con 41 años, secuela de su afición motorística legataria de la guerra, así como su repudio de las judías en conserva por su hartazgo bélico. Los dos Antonios reflejan las vidas paralelas plutarquianas, mientras el soldado nacional se despidió de la vida en el Vallés Oriental, el combatiente republicano escribía a su novia desde la retaguardia barcelonesa del Vallés Occidental. Ambos terminaron en una Cataluña desgarrada. Frentes encontrados, vidas convergentes. Paralelismos que se proyectaron en Isabel y María, pues tanto novia como mujer rehusaron proposiciones matrimoniales tras el fallecimiento de sus respectivas parejas, en un alarde de amor eterno. Los cuatro merecedores de todo respeto.

Como se escribiera en el pórtico de las fratricidas guerras decimonónicas: "ambos han sido un esfuerzo estéril y doloroso como las convulsiones del loco. Ni soldado ni amante, ni la gloria ni el amor".[20]

[20] Pérez Galdós, Benito, *Un voluntario realista*, Madrid, Librería de los Sucesores de Hernando, 1923, pág. 257.

21.
CARTAS DESDE EL FRENTE AL COMPAÑERO JOAN VILA SOLÉ

Noli Cabezas
Universitat de Barcelona
Montserrat Nicolau Bargalló
Instituto de Educación Secundaria Bernat el Ferrer

INTRODUCCIÓN

El estudio que presentamos tiene por objeto analizar e interpretar desde un punto de vista histórico la correspondencia desde el frente de Enric Vila Sánchez a su padre, Joan Vila Solé. La documentación pertenece al fondo personal Miquel Ferrer Sanxís[1] (Fondo FP (12), carpetas 1 y 2), depositado en el Pavelló de la República en Barcelona.

Miquel Ferrer Sanxís fue un editor catalán que se exilió con su familia a México una vez terminada la Guerra Civil, y cuya esposa era tía del soldado objeto de nuestro estudio. Desconocemos de qué manera la correspondencia conservada por el padre del combatiente llegó hasta él, pero sí sabemos que el fondo Miquel Ferrer fue depositado en el Pavelló de la República a inicios del año 2009 y que a partir del mismo se han publicado diferentes estudios y libros como el de Miquel-Àngel Velasco[2], hecho que da más importancia a que nadie antes haya encontrado o utilizado las cartas de Enric para su estudio.

El conjunto del fondo encontrado está formado por 76 documentos: 73 cartas, 45 sobres, 2 tarjetas postales y 1 fotografía tipo carné que podría corresponder al padre de Enric. Cabe destacar que la mayoría de cartas estaban dentro del sobre correspondiente, apareciendo en gran parte de ellos la palabra censura, o bien una "C" mayúscula que interpretamos también como una marca de la misma. Los sobres que no aparecen marcados, ni por matasellos ni por las marcas de censura, creemos que se debe a que fueron entregados de manera personal a la familia de Enric. De los sobres también hemos podido obtener información gracias al matasellos de estos, gran parte de ellos aparecen marcados con: La Cava-Tortosa; uno con el sello de Nalec, primer municipio donde Enric se establece, y los últimos, de diciembre de 1938, aparecen marcados con "correo de campaña".

Ya es conocido que la correspondencia durante la guerra se convirtió en una necesidad. A través de las cartas, los soldados mantenían alto su estado de ánimo y tenían un motivo por el que seguir luchando: acabar pronto con el conflicto para reencontrarse con sus seres queridos.

---

[1] http://hdl.handle.net/2445/17203 (8-XI-2023)

[2] Velasco, M. À. (2012). *Fons Miquel Ferrer i Sanxis (1939-1989)*. Editorial Afers.

Enric Vila Sánchez nació el 23 de noviembre de 1920 en Sant Boi de Llobregat (Vilaboi), hijo de Joan Vila Solé, natural del mismo municipio y de profesión jornalero, y de Antonia Sánchez Santaclara, natural de Gavà[3]. En el archivo histórico de Sant Boi se encuentra tanto su expediente de alistamiento como su expediente de prófugo[4], hecho que nos confirma que nunca se recibió el certificado de defunción de Enric, puesto que fue llamado al reemplazo el 24 de enero de 1940. Cabe decir que los avisos no aparecen firmados ni por el padre ni por ningún otro familiar. Al no presentarse al acto de la Clasificación y declaración de soldados, fue incluido en un edicto de búsqueda aparecido en el Boletín Oficial.

El 9 de diciembre de 1937, Enric Vila firmó el acuse de recibo de la comunicación mediante la cual fue informado de la inscripción militar de todos los nacidos en el año 1920 (Quinta del Biberón, se considera que fueron movilizados unos 30.000 jóvenes que contaban con apenas 17 o 18 años en el momento que fueron llamados al reemplazo de 1941).[5] Como bien es conocido, gran parte de esta quinta luchó en la Batalla del Ebro, el combate más duro de la guerra civil española, fueron llamados a filas de uno y otro bando y de manera forzosa, sin haber realizado la instrucción militar, puesto que les tocaba hacerla en 1941. Fueron enviados a la guerra sin tener reconocido aún el derecho a voto. Él quedó inscrito bajo el número de alistamiento 74, consultado su expediente individual[6], sabemos que Enric era un joven de 17 años, de 173 cm, de profesión mecánico, de estado civil soltero, con el pelo castaño, ojos marrones, sin ninguna seña particular y que pasó el reconocimiento médico el 24 de abril de 1938, pocos días antes de incorporarse al frente, el día 28 del mismo mes fue requerido a presentarse en la Caja de Reclutamiento de Barcelona a la que había estado destinado, debía llevar una manta, calzado, plato y cubierto en buen estado.

Con él partieron otros jóvenes de Vilaboi (Sant Boi de Llobregat) como Pau Yofre, Avel·lí Amigó y su compañero de quinta y de batallón, Joan Busanya, del cual hemos podido consultar su expediente individual[7], lo que nos ha permitido saber que contaba con 18 años en el momento de su alistamiento.

OBJETIVOS

Los objetivos que nos hemos fijado para la realización de esta investigación son varios: en primer lugar, reconstruir la vida cotidiana de Enric en el frente a través de la

[3] Partida de nacimiento consultada en el Registro Civil de Sant Boi de Llobregat, de la cual disponemos de copia.
[4] AHMSBL: 08.02. Quintes. Allistaments. Lleves forçoses (expedients generals i individuals).
[5] El 12 de abril de 1938, el Ministerio de Defensa Nacional ordenó la movilización de la quinta de 1941; Gaceta de la República, 13 de abril de 1938 (https://www.boe.es/diario_gazeta/comun/pdf.php?p=1938/04/13/pdfs/GRP-1938-103.pdf) 6-IX-2023; 14 de abril aparece en el DOGC https://dogc.gencat.cat/.content/continguts/serveis/republica/1938/19380104.pdf, 6-IX-2023
[6] AHMSBL: 08.02. Quintes. Allistaments. Lleves forçoses (expedients generals i individuals).
[7] AHMSBL: 08.02. Quintes. Allistaments. Lleves forçoses (expedients generals i individuals).

correspondencia enviada a su padre, y profundizar en sus sentimientos y pensamientos, y en las condiciones en las que se encontraba en su día a día.

El segundo de los objetivos marcados es conocer los movimientos de Enric en el frente a través de la información que ofrece a sus padres a través de las cartas. A raíz de trabajar este objetivo se han podido reconstruir algunos de los aspectos de la vida en la retaguardia en Sant Boi de Llobregat, Gavà y Barcelona, a través de los comentarios de Enric a las cartas de respuesta que recibe de su padre.

La finalidad última que perseguimos es reparar la memoria del combatiente Enric Vila Sánchez y las de aquellos compañeros que hemos ido localizando gracias a las cartas de Enric y la ayuda de Carles Serret, del Archivo Histórico Municipal de Sant Boi de Llobregat.

METODOLOGÍA

Para la realización de esta investigación hemos utilizado la correspondencia de Enric Vila Sánchez, compuesta, como hemos referido con anterioridad, por 76 documentos (73 cartas, 45 sobres, 2 postales y una fotografía). Hemos contrastado datos obtenidos de la correspondencia con bibliografía relacionada, consultas en diferentes registros civiles y archivos, como el archivo militar de Ávila, el archivo histórico municipal de Sant Boi de Llobregat y el fondo sobre Guerra Civil del Pavelló de la República.

El estudio se organiza en dos partes: la primera parte corresponde al análisis de la correspondencia desde el punto de vista de Enric, su día a día; la segunda parte corresponde al análisis militar de la documentación, se traza el recorrido geográfico del combatiente gracias a la información que se obtiene de sus cartas y de la documentación consultada en el Archivo Militar de Ávila, y algunas consultas a las hemerotecas de *Treball*, *La Vanguardia* y de prensa local.

Para la primera parte, se ordenó el material cronológicamente del más antiguo al más actual después de una primera lectura de las cartas tal y como las encontramos y que nos permitieron un primer acercamiento al personaje. Hicimos las correspondientes consultas al registro de PARES y *Tots els Noms*[8], donde no encontramos rastro del combatiente; en el registro de combatientes.es[9] aparece la fecha de su defunción, pero nos dimos cuenta en seguida que no existe una correlación entre la fecha de su nacimiento y muerte.

Una vez ordenados cronológicamente los documentos, procedimos al vaciado del contenido de cada uno de ellos. La lectura de las cartas presentó ciertas dificultades debido al estado de conservación de algunas de ellas, especialmente las escritas a lápiz, y también debido a algunos problemas con la caligrafía, especialmente cuando escribía algunos nombres propios. En el proceso de vaciado, prácticamente una transcripción

8 https://www.totselsnoms.org/ (5-VII-2023)

9 https://www.combatientes.es (5-VII-2023)

literal, subrayamos aquellos nombres propios, lugares y aspectos más relevantes para trazar el perfil vital y el recorrido militar del combatiente en el frente, al que él se refiere con la expresión "aquí dalt" (aquí arriba). Hemos contrastado la información con bibliografía especializada y diversas consultas al Registro Civil de Santa Coloma de Cervelló y Sant Boi de Llobregat, así como también al Archivo Histórico de Sant Boi, al Archivo Militar de Ávila y Archivo Comarcal del Bages.

Para la segunda parte, que corresponde al trazado del recorrido militar de Enric durante el tiempo que permaneció en el frente, registramos todos los lugares en los que estuvo desde el momento en que partió de su pueblo natal, Sant Boi de Llobregat, hasta que murió en Cervera. Para establecer los movimientos de Enric, hemos contrastado la información que aparece en su correspondencia, incluyendo los sobres, con la documentación conservada sobre los frentes del Este y del Ebro en el Archivo Militar de Ávila y bibliografía especializada.[10]

El conflicto entre 1938 y 1939 después de la caída del frente de Aragón

Desde aproximadamente la mitad de 1937 el ejército franquista era quien lideraba en cierta manera el conflicto, siendo quien llevaba la iniciativa en las ofensivas para hacerse con los diferentes territorios. El ejército popular intentó renovarse para intentar fortalecerse, pero cualquier intento ya fue en vano, aunque lo intentaron con la ofensiva de Teruel. Esta ofensiva consistió en recuperar la ciudad, y así fue el 8 de enero de 1938, y esta acción generó cierta euforia, puesto que puso de manifiesto la capacidad del ejército republicano de poder reconquistar una capital, aunque fuese de provincias.

La euforia duró poco, quizás no contaron con la rápida organización de las tropas franquistas que empezaron en el mismo instante que perdieron Teruel, su ofensiva para recuperar la zona. El 22 de febrero de 1938 el ejército franquista volvió a hacerse con el control de la ciudad y planteó una ofensiva para llegar a Lérida y Valencia. Ante estos movimientos de tropas franquistas y la movilización de los combatientes republicanos, existe una clara relación, las nuevas movilizaciones fueron destinadas a estas zonas para intentar frenar el avance franquista, que contaba con una gran superioridad de hombres y armas. El 15 de abril las tropas franquistas llegaron hasta Vinaroz, dando por cumplidos sus objetivos: dividir el territorio republicano y aislar Cataluña, este gran avance del ejército de Franco contrasta con la retirada del ejército republicano.

Durante los meses de abril y diciembre de 1938 se llevó a cabo una gran batalla, que, aunque después ha quedado eclipsada por la Batalla del Ebro, no podemos restarle importancia y además, coincide con la movilización cronológica y geográfica de nuestro combatiente. La batalla del Segre-Noguera fue muy importante por diversas razones, la primera, por su extensión geográfica, una línea de aproximadamente 300 quilómetros

[10] Hurtado, V., Segura, A., & Villarroya i Font, J. (2010). Atles de la Guerra Civil a Catalunya.

que iban desde la frontera francesa hasta la desembocadura del río Segre-Mequinenza, y la segunda, porque era la puerta de entrada a territorio catalán. Si el ejército republicano era capaz de mantener el control de esta zona implicaría la consolidación de la resistencia; si, por el contrario, eran las tropas franquistas las que se hacían con el control de este frente, podrían entrar en territorio catalán y continuar avanzando en la contienda. Durante esta batalla las tropas republicanas consiguieron hacerse con territorios como Balaguer, Serós, Tremp, etc. que, aunque implicaron un crecimiento de optimismo, no se transformaron en avances.

Cabe decir que el 3 de abril de 1938 cayó la ciudad de Lérida, la primera de las 4 capitales catalanas, y se ejerció sobre esa zona una gran represión social y económica.

En julio de 1938 empezó la que es considerada la gran batalla de la Guerra Civil, la más larga y sangrienta, es a causa de este episodio que los jóvenes de 17 años fueron llamados a la movilización, conocidos como la Quinta del Biberón, entre ellos, Enric y muchos de sus compañeros. El gobierno republicano albergaba la esperanza de enlazar la Guerra Civil con el más que probable conflicto europeo, y que de esta manera los aliados, y sobre todo Francia, ayudaran a la República española. Las primeras semanas de esta ofensiva se decantaron a favor de los republicanos que llegaron hasta Villalba de los Arcos, pero ante estas noticias, Franco decidió cambiar su estrategia, dejando la ofensiva de Valencia para más adelante y enviando las tropas a la zona del Ebro.

Después de algo más de cien días y 6 ofensivas, el 16 de noviembre de 1938 se puso punto final a la Batalla del Ebro, las tropas franquistas recuperaron sus posiciones. El ejército republicano salió especialmente damnificado de esta batalla, con más de veinte mil muertos y unos cincuenta mil heridos, perder esta batalla dejaba prácticamente sin opciones a las tropas republicanas de cualquier posibilidad de reorganizar una nueva resistencia.

Finalizada la Batalla del Ebro, el siguiente objetivo sería Cataluña, Franco dio la orden de atacarla el 26 de noviembre de 1938, finalmente lo hizo el 23 de diciembre. Tarragona cayó el 15 de enero de 1939, el 26 Barcelona y solo dos semanas más tarde la victoria franquista fue definitiva en territorio catalán.

La función de la correspondencia

Para todos aquellos que estuvieron tanto en el frente de guerra como en la retaguardia, el correo fue el único medio de comunicación que tuvieron para mantenerse en contacto con sus familiares. A su vez, la correspondencia también fue el único medio para mantener la moral alta de los soldados y, por esta razón, siempre se intentó a ambos lados del conflicto que el sistema de correo fuese y se mantuviese efectivo.

En general, los textos que escribían los soldados obedecían a un patrón común: empezaban con una alusión a su estado de salud, para tranquilizar a sus familiares;

seguían con una petición de envío de paquetes con ropa, comida, tabaco, jabón o papel y sobres para seguir escribiendo, y acababan con un recuerdo para amigos y el deseo de un pronto reencuentro.

Todas estas cartas pasaban por una estricta censura militar, que se encargaba de que los soldados no escribieran mucho más de lo recomendable sobre su situación, por lo que el contenido de las cartas resultaba muy recurrente.

Aunque con retrasos y dificultades, el correo funcionó y cumplió su función. Con los paquetes que se enviaban hubo más problemas, ya que muchos de ellos quedaban retenidos y nunca llegaban a su destinatario.

La correspondencia de Enric no escapa a este patrón común, pero una lectura atenta nos revela un sinfín de detalles que nos permiten configurar un perfil muy personal de su figura.

PARTE I. ANÁLISIS DE LA CORRESPONDENCIA DESDE EL FRENTE

Enric se dirige a sus padres con fórmulas estereotipadas de saludo y despedida. El autor empieza la carta explicando cómo está de salud para tranquilizar a su familia: "Queridos padres, ¡salud! Tengo que decirles que disfruto de un perfecto estado de salud igual que deseo sea la de ustedes al recibo de la presente" y se despide con un recuerdo a familiares y compañeros, y un abrazo a sus padres: "Den recuerdos a los familiares y a todos los que pregunten por mí, y reciban un abrazo de su hijo que nunca les olvida". Estas fórmulas presentan algunas pequeñas variaciones a lo largo de la correspondencia, especialmente a partir del 21 de agosto de 1938, cuando figura en primer lugar el interés por saber si habían llegado sus cartas o comunicar que había recibido las suyas, coincidiendo probablemente con un momento de mayor dificultad en la circulación del correo. También en el caso de la despedida, en muchas de las cartas suele tener un recuerdo especial hacia sus primas de Sant Boi de Llobregat.

En cuanto al estilo, el autor siempre se dirige a sus padres utilizando el tratamiento de vos[11], una forma entre el tú y el usted, que a la vez indica respeto y proximidad, y que en la traducción hemos optado por asimilar al trato de usted. Este tipo de tratamiento contrasta con el uso de expresiones y giros muy coloquiales, incluso a veces vulgares.

El recurso a los vocativos, los saltos y repeticiones en la exposición de las ideas, el recurso a verbos del decir o *verba dicendi* nos hablan de una escritura tal cual, cercana a la oralidad y sin miramientos. Son cartas escritas para ser leídas en voz alta, hecho que con toda probabilidad ocurría porque sabemos por el mismo autor que la madre casi no sabía leer "y os prometo que cuando vuelva os enseñaré a leer y escribir porque ya veo que es muy triste no saber escribir" (13-IX-1938) y en otro momento se muestra

[11] En España se dejó de usar el "vos" en el siglo XVI, siendo considerado incluso incorrecto. Esta forma se usa actualmente en diferentes lugares de América Latina (principalmente Argentina, Uruguay y algunos países centroamericanos), en lugar de tú, para hablarle directamente a una persona.

contento de ver que "la madre me escribe y que la letra es suya" (16-VII-1938). Por este motivo, muchas de las cartas que Enric dirige a su padre también contienen algún pequeño fragmento escrito en letras mayúsculas dirigidas expresamente a ella, escritas en un estilo mucho más sencillo.

Las cartas, escritas todas en catalán a excepción de una, presentan una caligrafía impecable y muchas faltas de ortografía. Debemos tener en cuenta que, con suerte, Enric tan solo pudo aprender catalán en la escuela durante unos pocos años de su vida escolar, durante la Segunda República (1931-1939), cuando se derogó la Ley Moyano de 1857,[12] que a la vez que estableció la escolarización obligatoria, también implicó "la castellanización académica generalizada", según afirma David Pujol i Fabrelles en su tesis doctoral[13]. A pesar de las prohibiciones, el catalán seguía siendo la lengua del pueblo y es en esta lengua que Enric se dirige a sus padres para contarles sus condiciones de vida en el frente, sus recuerdos, sus preocupaciones, sus aficiones, sus sueños... Las cartas de Enric son, en definitiva, el relato del paso a la edad adulta de un joven mecánico, hijo de jornaleros, que fue llamado a filas con tan solo diecisiete años y que murió a punto de cumplir los diecinueve, después de dieciocho meses en el frente. En este relato observamos una clara diferenciación en los temas que trata cuando se piensa o se dirige al padre (tabaco, gestiones, informaciones de la retaguardia...) y cuando piensa o se dirige a la madre (recuerdos, anécdotas juntos, comida...). Estos cambios vienen marcados, en muchas ocasiones, nombrando al destinatario en medio del texto, como cuando se dirige a su madre con un "Madre, esto va para usted sola" (26-IX-1938) y le pide que le teja un pasamontañas para no pasar frío, o cuando se dirige al padre con un "y ahora me dirijo a usted, Padre" (17-VII-1938) y le pide disculpas por no haberle enviado ningún cigarro.

El primer bloque de cartas, de mayo a septiembre, tienen un tono confiado y combativo, como en la carta de 24 de junio de 1938 cuando dice "la guerra terminará pronto, pero para que esto pase, todos debemos hacer caso al Gobierno: ¡resistir!, vosotros desde la retaguardia y nosotros desde el frente." Enric ha hecho la instrucción y en mayo se encuentra ya en el frente de batalla, sueña con ingresar en la aviación y hacerse novio de su prima Montserrat. En sus cartas abundan las anécdotas, especialmente cuando quiere hacer reír a su madre, como en la carta de 10 de julio, en la que le pregunta cómo está sin poder regañarle como cuando discutían porque dejaba los libros encima de la mesa y ella le decía que los echaría al fuego.

Enric se esfuerza por mostrar que las condiciones de vida en el frente son buenas para no preocupar a sus padres, por un lado, y para evitar la censura, por otro. Son muy recurrentes los comentarios a la comida, al hecho de que come bien, que está engordando y

[12] Ley Moyano de 1857. La primera ley educativa integral y racional en España fue la Ley de Instrucción Pública de 1857, conocida como Ley Moyano, que intentó solucionar el grave problema de analfabetismo que sufría el país.

[13] David Pujol i Fabrellas: La repressió del català a l'escola. Tres-cents anys de lluita i resistència (1715-2018). Editorial Gavarres y Institut d'Estudis Catalans. 2022. Citado en: https://www.horanova.cat/noticia/206089/el-catala-a-lescola-300-anys-de-resistencia

que no le falta nada. En la carta de 3 de julio de 1938 cuenta que no hagan caso de lo que digan porque "de comida no nos falta comida, pero ahora no comemos garbanzos, sino judías pintas y patatas, carne congelada" y que el día de San Juan se comió tres conejos con un compañero de Barcelona. Sigue hablando de la carne rusa (congelada) y se imagina la cara de su madre diciendo que ella de esa carne no come porque desconoce su origen. En la época, comer carne era señal de una buena alimentación y el mismo Enric, en carta de 16 de junio, envía parte de su sueldo a sus padres para que compren carne, puesto que sabe que no lo han hecho desde que él partió hacia el frente. El 5 de julio de 1938 explica que "hemos comido bacalao a la *llauna* y una sopa de tomillo que los ángeles cantaban y ahora cada día nos dan sopa de tomillo, judías fritas y carne rusa." Sobre las lentejas, Enric cuenta en carta de 16 de julio de 1938 que cuando estaba en casa decía "no quiero, metéoslas donde os quepan" y que ahora las come sin rechistar día y noche durante días seguidos. También añade en esa misma carta que "a la hora del desayuno es cuando más disfruto porque nos dan leche y café, y hago una sopa donde meto casi todo el chusco de pan". Podemos deducir que la dieta de los soldados era más variada cuando estaban asentados en algún lugar concreto, puesto que podían disfrutar de alimentos frescos. En la carta de 5 de agosto de 1938, cuando ya se encuentra de operaciones en el frente (lo explicita en la carta de 2 de agosto de 1938), Enric hace gala de su ironía comparando sus "estupendas" comidas a base de sardinas, queso y un chusco de pan, con las ensaladas que imagina que prepara su madre con productos del huerto familiar y conejos criados en casa. A partir de este momento, y hasta mediados de septiembre, Enric incluye en sus peticiones de envío de paquetes productos frescos y, aunque "los tomates habían llegado un poco chafados, se los había comido igualmente, y que los pimientos sí que estaban cojonudos", según escribe en carta de 26 de septiembre de 1938.

En la carta del 18 de mayo de 1938, Enric se despide a la manera habitual con una mención especial hacia su prima Montserrat "la nariz arremangada" y quiere saber si tiene novio. En la carta de 11 de junio de 1938 dice sentirse muy contento de saber por alguna de las cartas de sus padres que su prima no tiene novio (no menciona su nombre, pero deducimos que es Montserrat) y apunta que la buscará cuando la guerra termine. Posteriormente, el 5 de julio de 1938, Enric demostrará su preocupación por ella y su familia porque ha leído en el periódico que el día anterior por la mañana aparatos fascistas dejaron caer sobre Gavá unas cincuenta bombas, causando destrozos y víctimas. Aunque él mismo se tranquiliza, puesto que los bombardeos fueron de mañana y en la fábrica trabajaban de noche. En esta misma carta, Enric da respuesta a una preocupación de su padre sobre los peligros de andar con mujeres, a lo que él responde que "ya fue una vez a Tárrega donde había mujerzuelas, que para mí eran todo menos mujeres". Obtenida la dirección postal de Montserrat, le escribe el 9 de julio de 1938. En la carta de 17 de julio de 1938 se muestra ansioso por no haber obtenido todavía respuesta de Montserrat a su carta del 9 de julio de 1938 porque "le decía que el día que yo fuese a Vilaboi (Sant Boi de Llobregat) iríamos juntos al cine y a otros sitios y también una especie de declaración amorosa." No es hasta la carta del 20 de julio de 1938 que tenemos constancia de la negativa de Montserrat a tener novio alegando que todavía era demasiado joven. Ya no vuelve a mencionar a Montserrat hasta que, en la carta de 30 de octubre de 1938, hace referencia al hecho de que sus padres han entregado una foto suya a la prima, de lo que él se alegra.

En la carta de 5 de junio de 1938, Enric pide a sus padres que realicen un par de gestiones para poder solicitar su ingreso en el cuerpo de aviación: la primera, en el ayuntamiento de Sant Boi de Llobregat, donde deben pedir la partida de nacimiento, y la segunda, obtener un aval sindical. Por lo que cuenta en la siguiente carta, de 11 de junio de 1938, el teniente ayudante del comandante del batallón le comunica que la documentación llegó demasiado tarde, pero él no se rinde y en la carta de 13 de junio de 1938, la única que escribe en castellano, manda a sus padres las instrucciones para gestionar directamente en la Subsecretaría del Aire, en Barcelona, su ingreso en la aviación, tal como le indicaron sus superiores. En las cartas de 16, 20, 22, 23, 24 de junio de 1938 insiste en saber qué pasos han dado en lo que se refiere a la instancia, hasta que en la del 25 constata que los padres hicieron la gestión, aunque a él el capitán no le haya comunicado nada. Insiste en la carta de 26 de junio de 1938 para que el padre vuelva a Barcelona, en esta ocasión a Jefatura de Armamento de las Fuerzas del Aire "a ver si te hacen más caso" y vuelve a preguntar por la gestión en la carta de 28 de junio de 1938. Deducimos que la petición le fue denegada. Pero Enric no se rinde y en la carta de 4 de julio de 1938 vuelve a la carga y explica que ha hecho una nueva instancia para ingresar en el cuerpo de aviación y pide a sus padres que repitan las gestiones para conseguir la partida de nacimiento y el aval sindical y "les pido que vayan deprisa para que no se me pase el plazo de inscripción que es el 13 o 14 de julio". Finalmente, en la carta de 16 de julio de 1938 agradece al padre que haya hecho todo lo posible por la instancia, pero que ya ve "que no hay manera".

Después de dos meses en el frente, Enric se muestra contento ante la posibilidad de que le den un permiso, como refleja en la carta de 25 de junio de 1938 "aunque no se lo tomen demasiado en serio porque podría pasar cualquier contratiempo", por la perspectiva de entrar en la aviación, el sueño de un futuro junto a la prima Montserrat y la confianza en un final próximo de la guerra, como refleja en la carta de 24 de junio de 1938, cuando recuerda la celebración en familia de la festividad de San Juan comiendo pollos y añade que "la primera fiesta que celebraremos será el final de la guerra y eso será pronto".

El tabaco, un tema recurrente a lo largo de toda la correspondencia con su padre, es quizá el elemento que más pistas nos da sobre la evolución de Enric en el frente. Al principio, el soldado va enviando a su padre gran parte del tabaco que le dan en el frente (no todo porque sabe que abren los paquetes y lo requisan), en un gesto de aprecio hacia él, puesto que es un producto difícil de conseguir y que a su vez nos permite deducir que él todavía no fuma o lo hace con moderación: "He adjuntado un cigarro con la carta, que quizá no le llegue, Padre, pero si lo hace que me avise porque intentaré ponerle un cigarro cada dos o tres cartas" (10-VII-1938). En cambio, a final de septiembre es Enric quien agradece al padre que le mande tabaco aun sin pedírselo "porque fumo más que una chimenea y ya soy maestro en liar cigarros a mano, y qué le voy a hacer si el vicio me lo ha enseñado la guerra" (26-IX-1938). A partir de este momento, la petición de envío de tabaco, papel de fumar y un encendedor es un tema recurrente. Al ser el tabaco un producto escaso, tanto en el frente como en la retaguardia, Enric le cuenta a su padre cómo le han dicho que puede obtenerlo "cogiendo dos maderas planas y poniendo la hoja del tabaco en una y la otra encima como un peso y dejando que fermente" (06-XI-1938), y le invita a probarlo y que espera que le mande una bolsita. Igual que con el tabaco, Enric también se aficiona cada vez más a la bebida, aunque no les acostumbran a dar vino, sino agua. Así, en la carta de 9 de octubre de 1938, habla del líquido (vino de jerez) que le han enviado los padres dentro de la cantimplora que les pidió, con el comentario de "no debéis preocuparos porque no me hará daño, que para mí tomar un litro de vino no es problema."

A los seis meses de su estancia en el frente de guerra, a partir de octubre, Enric ya ha recibido varios golpes y así lo refleja en su carta del 5 de octubre de 1938 cuando dice, a raíz de un comentario de sus padres sobre las aventuras que está viviendo, que "las ganas de pasar aventuras las perdió el 27 de mayo de 1938 cuando fue enviado al frente, cerca de Balaguer (Lérida), donde vio desaparecer al hermano de un compañero" y que ya entonces vio "que las cosas no eran tan bonitas como las pintaban." Y en la carta de 6 de octubre de 1938, cuando explica que dos compañeros suyos de Vilaboi ya no volverán: Avel·lí Amigó, que está muerto, y el hijo del exalcalde del pueblo, a quien no hemos podido identificar, por traidor, al haberse pasado al bando franquista. Enric ha vivido en primera persona la muerte y la traición, y recordemos también que ha fracasado en su empeño por ingresar en la aviación o ser novio de su prima Montserrat.

Ante la pronta llegada del invierno, Enric empieza a preocuparse por que sus padres le manden ropa de abrigo: una manta, unos guantes, un pasamontañas de lana, unos pantalones de terciopelo, un par de zapatos, una cazadora de piel. Insiste e insiste en esta necesidad una y otra vez. Y para ayudar a sus padres a costear estos encargos, Enric envía una parte o la totalidad de su sueldo de 300 pesetas mensuales a través de giro postal. Estos giros postales, que al principio son de pequeñas cantidades, a medida que pasan los meses, se hacen cada vez más cuantiosos. Es en la carta de 6 de noviembre de 1938 cuando escribe "he pensado enviarles todas las pesetas que cobre cada mes, menos 100, o sea que enviaré 200, y si no las tienen que hacer servir, me las guardan, y cuando vuelva y la guerra esté acabada, según las pesetas que haya, nos compraremos un vestido para cada uno".

La guerra ha cambiado definitivamente al joven Enric, física y mentalmente, y así lo manifiesta en su carta de 12 de octubre de 1938, cuando dice "creo que he crecido siete u ocho centímetros y el día que vuelva a casa igual no me reconocéis. También mi personalidad ha cambiado y me gustaría que Madre me viera y me tirara del bigote como dijo que haría".

En noviembre, las cartas son breves y hace uso de las postales de campaña, puesto que hay escasez de papel. Incluso en algunas, como la de 22 de noviembre de 1938, utiliza el papel de tal modo que, doblándolo convenientemente en cuatro partes, sirve a la vez de sobre. En esta misma carta, Enric explica que ha estado hospitalizado desde el día 17 por unas fiebres de las que no acaba de recuperarse completamente, puesto que, en la carta siguiente, de 1 de diciembre de 1938, dice sentir todavía dolor de estómago, y en la siguiente, de 5 de diciembre de 1938, cuenta que ha vuelto a recaer.

Parece que obtuvo un permiso para ir a casa después de su estancia en el hospital, porque así lo comenta en su carta de 16 de diciembre de 1938, cuando ya se ha reincorporado en el frente, al cabo de once días desde su última carta. El tono de estas cartas es mucho más melancólico: Enric parece haber pasado unos días en casa, el tiempo en Lérida es muy frío y con mucha niebla, y necesita urgentemente ropa de abrigo. Se acerca la Navidad y en la carta de 23 de diciembre de 1938 dice oír el ruido de la aviación fascista mientras escribe, y expresa un solo deseo, "que se acabe la maldita guerra para poder estar todos juntos otra vez", un deseo que repite en la carta del 25 de diciembre de 1938 para "poder celebrar de nuevo todos una Navidad".

En la última carta, de 1 de enero de 1939, Enric dice haber perdido todo: manta, mochila, plato, cuchara e incluso la cazadora de piel, como una metáfora de la pérdida de la guerra. También pide a su padre que no le vuelva a escribir porque va a estar en paradero desconocido. A partir de este momento no hay rastro de Enric, solo que fue encontrado muerto en los alrededores de Cervera (Lérida) a causa de un accidente de camión, según consta en el acta de su defunción de 9 de octubre de 1939[14]. ¿Qué fue de Enric durante los nueve meses desde que escribió su última carta hasta el día de su muerte?

Parte II. Análisis de la correspondencia desde el punto de vista militar

Recordemos que Enric se incorporó a realizar la instrucción militar el 3 de mayo de 1938 en un municipio de Lérida[15], en un primer momento pensamos que se trataba de Pujalt, donde se encuentra el Memorial del campo de entrenamiento del XVIII cuerpo del ejército. Pero en su carta del 12 de mayo de 1938 detalla el viaje de la siguiente manera: "Salimos el día 28 hacia la caja de reclutamiento, de allí hacia el cuartel Karl Marx (Barcelona) y de allí hacia la estación donde cogimos el tren de la compañía M.Z.A.N, comenzó de nuevo a llover y en la estación intentamos dormir en el suelo, a las 5 de la mañana salimos de la estación en dirección Tàrrega, allí pudimos dormir un poco más, después caminamos unos 30-40 km, llegamos a un pueblo más abajo de Nalech, donde comimos y sobre las 8 o las 9 de la noche empezamos a caminar hasta llegar a Nalech[16]". Estas líneas nos hacen pensar que Enric no fue al campo de entrenamiento, aunque es

[14] Oficina del Registro Civil de Cervera, disponemos del acta literal de defunción.

[15] Consultando el Memorial del Ejército Popular de Pujalt sabemos que allí se encontraba el campo de entrenamiento del XVIII Cuerpo del Ejército Popular de la República (https://www.exercitpopular.org/) (29-IX-2023)

[16] "Descobert un aeròdrom secret de la República a Nalec, el municipi més petit de l'Urgell, en 3/24 (TV3): https://www.ccma.cat/324/descobert-un-aerodrom-secret-de-la-republica-a-nalec-el-municipi-mes-petit-de-lurgell/noticia/3227299/ (9-VII-2023)

cierto que es complejo saberlo con seguridad porque en las cartas no da mucha información sobre sus movimientos y la información obtenida de la correspondencia no se ha podido contrastar.

En esta misma carta, Enric ofrece a sus padres sus datos de contacto: 18 cuerpo del ejército, 60 división, 224a Brigada Mixta, Grupo de información y observación del 1r Batallón[17].

Esta información nos permitirá saber a lo largo de los meses si existen cambios en su adscripción, aparece siempre vinculado al mismo cuerpo, división y brigada, únicamente aparecen cambios en la compañía y batallón.

Consultando su expediente individual encontramos una nota en la cual aparecen sus datos: 18 cuerpo del ejército, 60 división, 224 Brigada Mixta, 533 batallón, Grupo de observación. Esta nota tenía como misión preguntar por Enric, en la misma leemos "hace como cosa de 19 días que no sabemos nada". A nosotras nos sirve para conocer una adscripción nueva de Enric.

En la siguiente carta, fechada del 14 de mayo de 1938, explica que el grupo de Observación e Información está formado por 7 jóvenes, 5 de Sant Boi y 2 de Barcelona, hace también referencia al sargento de su división, del cual dice que es buena gente, lo mismo que el comisario, el teniente y el capitán.

Si situamos la llegada de Enric al frente con el contexto del desarrollo de la guerra, sabemos que un mes antes de su llegada a la provincia de Lérida, se está dando un avance de las tropas franquistas, durante los días 3 y 4 de abril de 1938 fue bombardeada de nuevo, cabe recordar los atroces bombardeos del 2 de noviembre de 1937, cuando la ciudad fue bombardea sin ser el principal objetivo, la finalidad era atacar la Electro-Química de Flix[18], pero al encontrarse totalmente cubierta de nubes y niebla, la escuadrilla se dirigió hacia el segundo objetivo, Lérida. Este bombardeo dejó más de 200 muertos y 700 heridos[19]. Estos bombardeos de 1938 quedan, pues, englobados dentro de la ofensiva de los ejércitos franquistas por hacerse con el control de la ciudad. Las tropas nacionales accedieron a Lérida, Balaguer y Tremp en abril de 1938, pero se pudieron mantener las zonas de las líneas de los ríos Noguera Pallaresa, Segre y Ebro, hasta julio de 1938, momento en que se inició la Batalla del Ebro, conflicto que trabajaremos un poco más adelante y en relación con el análisis de las cartas de Enric.

El 18 de mayo de 1938 Enric explica a sus padres que ha cambiado de ubicación, pero no sabe con exactitud hacia donde se dirigen, en las cartas posteriores del mismo mes no hace ninguna referencia geográfica del lugar donde se encuentran. Recordemos que la primera está sellada en el pueblo de Nalec y la del 4 de junio aparece con el matasellos

[17] AHMSBL

[18] Los obreros de la Electro-Química de Flix pidieron la intervención de la Generalitat en la industria como una intervención de utilidad pública y de urgentísima conveniencia para el mantenimiento de la legalidad republicana, fue nombrado Delegado de la Generalitat el señor Victorià Pèrez i Aguilà. Barcelona, 28 de agosto de 1936. DOGC núm. 258, Miercoles 9 de septiembre de 1936; pág. 1381

[19] Gesalí, D. (2013). La guerra aèria a Catalunya, 1936-1939. Rafael Dalmau. Pág. 383.

de La Cava-Tortosa, con lo cual deducimos que se han desplazado hacia el sur, aproximándose al Frente del Ebro.

Las cartas de mes de mayo acaban si dar más pistas sobre su nuevo paradero ni sobre el conflicto bélico, si aporta información sobre un combatiente de su misma quinta y movilizado junto con Enric que ha sido herido, se trata de Santiago Esteve Roura, del cual hemos podido consultar su ficha en Archivo Histórico de Sant Boi[20]. La información que hemos obtenido en esta primera aproximación es que nació en Santa Coloma de Cervelló (Pinedes del Llobregat), el 12 de enero de 1920, militante de la CNT e igual que Enric perteneciente a la quinta de 1941. Aparece descrito de la siguiente manera: pelo negro, cejas pobladas, ojos pardos, nariz recta, barba redonda, boca regular, color moreno, frente estrecha, aire marcial y sin señas particulares. Con una estatura de 172,5 cm; sabe leer y escribir, de oficio constructor de calefacciones y de estado soltero. En su expediente podemos encontrar un documento fechado a 17 de septiembre de 1938 mediante el cual se informa al padre que fue herido en combate y que se pierde su rastro en mayo de 1938, pero gracias a la correspondencia de Enric sabemos que en junio aún está en el frente y que fue herido en una mano, parece ser que de manera superficial. Se ha encontrado también un documento emitido el 25 de agosto de 1939, por el Tribunal Permanente de Justicia Militar del XVIII Cuerpo del Ejército, a través del cual se pide información sobre los antecedentes políticos y sociales "del inculpado Santiago Esteve Roura" con la mayor brevedad posible; anotado al margen aparece escrito "lleva 1941" (quinta 1941), "CNT". En la respuesta emitida encontramos la siguiente información: "según consta en el expediente individual de quintas, este compañero consta como afiliado en la C.N.T., no constando en esta Secretaria ninguna nota desfavorable en su contra. En cuanto a su actuación política y sindical, nada se ha observado en su actuación y actividad, tal vez debido a su corta edad. Preguntado a los vecinos de los familiares de dicho compañero por la conducta del mismo, todos han coincidido en apreciar que se trata de buena persona y de un perfecto antifascista, puesto que antes de incorporarse a filas anhelaba en gran manera que "llamaran a su reemplazo". El último documento que se ha encontrado sobre Santiago Esteve es su expediente de realistamiento franquista, esto nos confirma que Santiago fue herido en el frente, pero sobrevivió, aunque todo indica que se convirtió en un prófugo del ejército republicano, puesto que no se tenían noticias de él y se le dio por desaparecido. En su expediente aparece destinado a servicios auxiliares en primera revisión y todo indica que se debe a la herida que sufrió en el frente, por la cual sabemos que perdió un dedo; en la segunda revisión aparece la siguiente información: defecto físico resulta padecer perdida del dedo medio de la mano izquierda, quedando esta inutilizada para el trabajo. Siendo el resultado del reconocimiento facultativo: servicios auxiliares, comprendido en la letra F número 167 del grupo III; 16 de febrero de 1942.

[20] https://www.santboi.cat/arxiuhistoric/Memorial.html (5-VII-2023)

Nuevamente, en una carta de junio de 1938, concretamente la del día 16, Enric explica a sus padres que es sabedor de la llamada a realizar la instrucción de la quinta de 1942. Un día después, el 17 de junio les explica a sus padres que está de descanso después de las operaciones que han hecho en el frente. Además, a través de esta carta sabemos que en el frente reciben la publicación de *Treball* porque el mismo dice: "que no os extrañe que os diga esto del frente, ya que el diario *(Treball)* ya lo lleva escrito". Estas breves líneas nos ofrecen información sobre las publicaciones que recibían en el frente y como Enric era consciente de la información que podía transmitir en sus cartas, evitando así que estás no llegaran a su familia por la censura. En la carta del 20 del mismo mes podemos volver a situar a Enric en la zona de Lérida, puesto que explica a su padre que fue a Tàrrega a comprar cosas que necesitaba. Unos días después, Enric comunicó a sus padres que abandonaban el pueblo donde estaban y que no sabe si volverán, pero pueden escribirle a la misma dirección porque eso no cambiará. Información que el mismo desmiente en la carta del 3 de julio cuando informa a su padre que "todavía no se ha movido del pueblo en el que estaba" y que "para llamar debe caminar 15 km hasta llegar a Tàrrega".

Enric, está al corriente de lo que sucede en el frente de Levante, ya que en su carta del 4 de julio de 1938 le pregunta a su padre si tiene noticias de la prima Montserrat y su familia después de los bombardeos sobre las ciudades de Castelldefels, Garraf, Gavà y Vilaboi. Estos bombardeos se produjeron el 1 de julio de 1938 a las 22:41 h[21] causando víctimas y daños. Comenta al padre que les proponga ir a Pinedes de Llobregat (Santa Coloma de Cervelló) donde hay menos riesgo de ser bombardeados. En el caso de Gavà, donde Enric también tiene familia, fue la aviación italiana, 5 trimotores "Savoia 81" la encargada del bombardeo, lanzaron 25 bombas causando 10 muertos y 25 heridos, destruyendo también algunos edificios.[22] Sobre el bombardeo de Vilaboi, Enric cree que sus padres se encontraban trabajando, si aún lo seguían haciendo de noche, en la fábrica de las Sedes.[23] En su carta también hace referencia a un refugio antiaéreo que empezaron a

[21] "Segueix la dura batalla de Llevant", en Treball, 2-VII-1938; Any III, Núm 610, pág.1 (http://arxiutreball.cat/) Consultada 29/IX/2023

[22] "Segeuix lluitant-se intensament al front de Llevant", Revista Treball, 5-VII-1938, Año III, núm 612, pág. 1 (http://arxiutreball.cat/) Consultada 29/IX/2023

[23] La fábrica a la que hace referencia Enric como "Les Sedes" fue la fábrica Can Dubler, instalada al sur de Sant Boi en el año 1919 (Carretera de Santa Cruz de Calafell, km 9) dedicada a la actividad textil, más tarde, diversificó su producción e introdujo una sección alimenticia para fabricar cubos de sopa deshidratada para Malta Kneipp y el Grupo Tex-Tom. Al inicio de la Guerra Civil sus propietarios abandonaron la empresa dejándola a cargo de los empleados y fue reconocida como una empresa colectivizada, en el DOGC núm. 239, del miércoles 26 de agosto 1936, pág. 1202, encontramos la Orden mediante la cual los obreros de César Dúbler, solicitan la intervención de la industria al estimar que su intervención seria de gran utilidad pública y de urgentísima conveniencia para el mantenimiento de la legalidad republicana, se resolvió y se designó como delegado de la Generalitat de Catalunya al señor Antoni Matas i Serra (24 de agosto de 1936). Durante el transcurso del conflicto bélico, Can Dubler se dedicó de manera exclusiva a la producción de sopa, por lo que no faltó suministró al ser declarado producto alimentario de primera necesidad. La actividad textil sí se vio afectada al no recibirse primeras materias. Consultado en: Laura García Martínez, "Can Dubler, memòries de seda i text-ton" en El Llobregat (24-VIII-2023) https://www.elllobregat.com/noticia/21348/cultura/can-dubler-memries-de-seda-i-tex-ton-en-el-museo-de-sant-boi.html

construir poco antes de su partida al Frente y que "ahora debe ser bastante útil, principalmente el día 1 de este mes algunas personas ya han debido hacerlo servir".

Durante gran parte de la correspondencia de julio, Enric no ofrece muchos más detalles de su actividad en el frente, si sabemos que construyó un refugio, ya que el mismo lo dice en una de sus cartas "me preguntáis si he perdido el machete, tengo que deciros que había que hacer un agujero, o sea un refugio, y como no tenía nada más para hacerlo usé el machete" (12-VII-1938). Sin poder confirmar si ha cambiado de ubicación o no, sabemos que continúa en la provincia de Lérida porque el mismo dice "en el pueblo en el que estamos es uno de los pueblos que más aceite hay de las contradas de Lérida" (16/07/1938). Y, seguidamente, hace una puntualización sobre su dirección, explica que allí donde antes aparecía 1.er Batallón ahora deben poner 893 batallón.

También gracias a la carta que envió a sus padres el día 18, sabemos cómo conmemoraron el 19 de julio en el frente, ya que les transcribe de manera literal todo el programa que seguirán: pruebas de piscina, carreras pedestres, concurso de bicicletas, diferentes juegos como romper la olla, carreras de sacos, partidos de futbol, etc. También baile, desfile militar y un "rancho extraordinario" para las tropas; la parte política también tendrá su espacio con el mitin del Frente Popular. Esta celebración tiene como objetivo levantar los ánimos de las tropas del frente y avivar la fe en la victoria del ejército republicano, finalidad que parece que se consigue en el caso de Enric. La carta posterior a la celebración de los actos le transmite a su familia "yo en primer lugar y con motivo del segundo aniversario de la guerra contra el fascismo cruel, estoy un poco emocionado. (...) Acabamos de jurar la bandera". Y seguidamente añade: "yo creo que aquí en casa también habréis hecho alguna pequeña fiesta para conmemorar el segundo aniversario" (20-VII-1938).

Las novedades sobre el frente y los movimientos de Enric aparecen registrados en la carta del 2 de agosto de 1938. Comenta a sus padres que ha abandonado la provincia de Lérida y se ha desplazado hacia Tarragona "para hacer correr a los fascistas", que han atravesado el Ebro y que se encuentra muy cerca de las tierras de Aragón. Enfatiza que se encontraban de operaciones, y por eso no ha podido escribir antes, esta carta fue iniciada el 31 de julio, pero no la pudo acabar hasta dos días después. Siete días más tarde, Enric comenta a su padre que "no hace muchos días atravesaron el Ebro, tomando 7 u 8 pueblos y que ahora está en tierras de Aragón". Al contrastar las fechas de los movimientos de Enric y los del ejército, sabemos que estas primeras semanas fueron favorables a las tropas republicanas, que fueron capaces de hacerse con el control de diferentes territorios.[24]

Asimismo, en la carta del 16 de agosto de 1938 nos da información sobre la ubicación de algunos batallones en el frente "los compañeros de Vilaboi estamos en tierras de Aragón y los de Pinedes se encuentran en el Pirineo".

Contrastando parte de esta información con la encontrada en su expediente, aparece una nota fechada el 10 de agosto de 1938 donde los padres habían pedido información

[24] Archivo General Militar de Avila, M. 1447, 1/1

sobre su hijo "V.S. se digne a informarnos acerca del estado en que pueda hallarse el mencionado soldado, puesto que se carece de noticias del mismo hace aproximadamente un mes. En el caso de figurar como muerto o desaparecido, le rogamos tenga la bondad de remitir a este Ayuntamiento el certificado básico de defunción (...)". Esta petición coincide con los movimientos de Enric en el frente que hemos citado en las líneas anteriores. En la nota aparece anotado en lápiz "sus padres ya han recibido carta". Analizando la correspondencia vemos que Enric comenta con su padre que no le puede escribir siempre que quiere, que intenta enviar una carta cada 4 o 5 días, quizás en ese lapso de tiempo las cartas de Enric tardaron más en llegar y sus padres se preocuparon. En otra carta del 21 de agosto de 1938, Enric les explica que les ha escrito 5 o 6 cartas que quizá no les han llegado todavía o bien se ha perdido, que es consciente que pasan mucha ansiedad y que hace todos los posibles para escribir de manera frecuente; una nueva referencia sobre la tardanza en la recepción de cartas aparece el 24 de agosto, cuando vuelve a decir que "haré todo lo posible por escribiros cada semana".

La siguiente referencia sobre su posición en el frente la encontramos el 4 de setiembre de 1938, cuando específica: Frente del Ebro, tanto en el encabezado de la carta como en la firma. Ahora es él quien expone que está preocupado porque no ha recibido carta de los padres y cree que pueden estar enfermos o les ha sucedido alguna cosa, finalmente se autoconvence que no tiene noticias de ellos porque están muy ocupados trabajando. El día 13 del mismo mes, Enric escribe a sus padres "en el sitio donde nos encontramos ahora parece el paraíso porque no nos falta de nada (...) estamos en el país del arroz, con esto vosotros ya comprenderéis lo que os quiero decir (...) también fuimos a un pueblo cerca del río Ebro"; nuevamente Enric ofrece a sus padres información de sus movimientos en el frente de una manera algo encubierta, haciendo referencia a la gastronomía y productos típicos del sur de Cataluña, arroz y aceite, concretamente de la zona del Ebro. Esta carta también tiene un interés particular al ser la única donde Enric explica en que consiste su misión en el frente: "ah, decidle a madre que los partes de guerra que yo hago solamente son para entregar al mando de batalla, después van a la brigada y que de la brigada ya no sé dónde van, pero que esto está dentro de los servicios de información, que no se piense que estoy en unas oficinas, pero que estoy mejor que los que escriben desde las oficinas".

En la carta del 5 de octubre de 1938 Enric menciona el pueblo de Almenar (Lérida), donde perdió su peine, este pequeño detalle nos vuelve a permitir dibujar un nuevo escenario su trayectoria en el frente; aunque en este caso, la carta aparece firmada con Frente del Ebro.

Desde esta última referencia geográfica hasta que encontramos la siguiente ha transcurrido algo más de un mes, siendo la carta del 12 de noviembre de 1938 la cual nos permitirá situarlo de nuevo en la sierra de *Cavalls* (Serra de Cavalls) y la sierra de *Pándols* (Serra de Pàndols), en el frente del Ebro, pero que el no escucha prácticamente ningún disparo, ofrece esta información a los padres para tranquilizarlos puesto que sabe que las noticias que llegan del frente del Ebro no son muy esperanzadoras.

Los siguientes movimientos de Enric son más difíciles de situar geográficamente puesto que da muy poca información o hace alguna referencia confusa sobre el lugar en el que se encuentran. Sabemos de su paso por un hospital de Sangre a causa de unas fiebres y en la carta del 16 de diciembre de 1938 explica a sus padres que han vuelto a la provincia de Lérida "donde hace un poco de frío: (...) el viaje que hice para venir a la provincia de Lérida junto con el batallón al que pertenezco, pasamos cerca de casa, pasamos por Gavà (...). Contrastada esta información con la encontrada en el AGMAV sabemos que: "las fuerzas de la 60 división una vez relevadas se embarcarán en la zona la Ampolla - l'Ametlla en ferrocarril para ser trasladadas donde quedarán a disposición del ejército del Este[25]. Este movimiento coincide con el que hace Enric en el momento en que las fuerzas del ejército republicano se están replegando ante el avance de la guerra.

Su última carta fue escrita en la provincia de Lérida y la última información de la que disponemos de Enric es que falleció en Cervera diez meses después de su última carta conservada.

CONCLUSIONES

El estudio y análisis de la correspondencia del soldado Enric Vila Sánchez nos ha permitido restituir su memoria, ya que hasta el momento en que encontramos sus cartas su nombre no formaba parte de la historia de la Guerra Civil y hubiera quedado como un expediente de reclutamiento más.

Asimismo, aunque censuradas, la lectura atenta de las cartas nos da numerosísimos detalles sobre la vida de un soldado corriente en el frente y de su familia en la retaguardia. Y más allá de esto, nos presentan la cruda historia del paso a la edad adulta de un joven de la Quinta del Biberón: su inquietud ante el retraso al recibir las cartas de la familia; anhelo de progreso al intentar sin éxito ingresar en la aviación; sus desengaños, amorosos con la prima Montserrat e ideológicos ante la traición a la República por parte de algunos compañeros. Hasta su desesperación final al ver que lo ha perdido todo y desaparecer.

En una lectura militar de las cartas, concluimos que la información que ofrece sobre su papel en el frente es mínima para evitar la censura de las cartas. Aun así, prestando atención a los pequeños detalles contenidos en las mismas y en los sobres también conservados, hemos podido trazar su recorrido y su presencia en los diferentes escenarios de la guerra en el frente del Ebro y del Este, así como la retirada. Las cartas son el testimonio de los estados de ánimo de las tropas republicanas movilizadas, que oscilan entre la euforia y el desengaño, reflejo de lo que sucede en todos los que creyeron en la República.

Los interrogantes que se abren sobre el paradero y la actividad de Enric, desde la última carta de 1 de enero de 1939 hasta su muerte el 9 de octubre del mismo año, serán

[25] AGMAV, C. 603, 20/76

objeto de estudio a través de la consulta de los censos de los campos de prisioneros y la prensa local. Esta investigación nos puede permitir cerrar el ciclo vital de Enric.

Las múltiples referencias que hace Enric de sus compañeros, interesándose por su estado, tanto si están en el frente como en la retaguardia, nos ha abierto nuevas líneas de investigación, puesto que hemos conseguido los expedientes de reclutamiento de algunos de los combatientes que salieron con Enric hacia el frente, a través del Archivo Histórico Municipal de Sant Boi de Llobregat.

22.
GUERRA ACORAZADA EN ESPAÑA: EL EMPLEO DEL CARRO DE COMBATE DURANTE LA GUERRA CIVIL (1936-1939)

Alberto Guerrero Martín
Universidad Nacional de Educación a Distancia

INTRODUCCIÓN

Al comienzo de la Guerra Civil, la situación respecto a los carros de combate era bastante precaria. Las únicas unidades de carros eran dos regimientos creados en 1931 que contaban cada uno con cinco obsoletos *Renault FT-17* de manufactura francesa. Existían también cuatro carros *Trubia* de producción nacional y seis *Schneider CA-1* franceses, los cuales habían llegado a principios de la década de 1920 junto con los *Renault FT-17*, destinados para su empleo en Marruecos. A este material había que sumar una serie de blindados diseminados por la geografía española, cuyo estado operativo no era óptimo, especialmente en el caso de los carros franceses, los cuales ya superaban los quince años de servicio. Ante este situación, alemanes, italianos y soviéticos reconocieron la necesidad de asistir a sus respectivos aliados mediante la provisión de carros de combate y blindados. Los alemanes realizaron cinco envíos y los italianos un número mayor entre agosto de 1936 y diciembre de 1938. De manera similar, la Unión Soviética contribuyó con algunos de los carros más avanzados y potentes de la época. Para contrarrestar esta desventaja, el bando sublevado recurrió a la captura de los potentes carros soviéticos, aunque también se hicieron con otros modelos, como los *Renault FT-17* con cañón vendidos por Polonia, varios *Trubia/Landesa Naval* y blindados soviéticos *BA-6*. La captura de estos carros en condiciones operativas favorables permitió a las fuerzas sublevadas equipar sus unidades de carros de un material más potente que el proporcionado por alemanes e italianos. De esta manera, gracias a la eficiente labor de los parques y maestranzas de artillería, se logró poner en funcionamiento unos carros de primera calidad.[1]

Hasta el momento, los trabajos sobre carros de combate en el contexto español han estado predominantemente orientados hacia aspectos técnicos y de material. Esta tendencia se evidencia en obras como las desarrolladas por Francisco Fernández Mateos, *Carros de combate y vehículos acorazados en la historia de España*; Francisco Marín, *Blindados y carros de combate españoles 1906-1939*; Javier de Mazarrasa y F. Javier Aguilar, *Vehículos blindados del ejército español*. Dichas obras, junto con otras publicaciones que abordan la

[1] Molina, Lucas, "Tanques y blindados en la Guerra Civil española", *Revista de Historia Militar*, n.º I Extraordinario, 2022, págs. 103-104.

temática, han conformado el *corpus* de conocimientos previos.[2] Existen también una serie de artículos aparecidos en la *Revista de Historia Militar* que, aunque también abordan aspectos técnicos y materiales, hacen asimismo un análisis de su empleo en los distintos frentes de la Guerra Civil. Sin embargo, no existían apenas estudios sobre la opinión de los militares españoles acerca de la introducción del carro de combate, a excepción de las contribuciones de Alberto Guerrero y José Vicente Herrero.[3] Cabe destacar de manera particular el trabajo de Anthony J. Candil, *Tank combat in Spain. Armored Warfare During the Spanish Civil War 1936-1939*, que es hasta la fecha el estudio más importante sobre el uso de los carros de combate en la Guerra Civil.

El objetivo de este trabajo es el del análisis de las fuerzas acorazadas durante la Guerra Civil y qué lecciones sacaron las naciones implicadas del empleo de los carros de combate en el teatro de operaciones español. En cuanto a su división, en primer lugar, se hará un sucinto acercamiento a la llegada del carro de combate a España. A continuación, se analizará su actuación en las operaciones de Marruecos. Por último, se estudiará su uso durante la Guerra Civil, los distintos tipos recibidos de Alemania, Italia y la Unión Soviética y las lecciones extraídas de su utilización en el conflicto.

EL CARRO DE COMBATE EN ESPAÑA

La idea de blindar vehículos movidos por un motor de explosión había aparecido ya en España en 1909, motivada por los combates en el norte de África.[4] En este conflicto se hizo patente la necesidad de proteger los convoyes de avituallamiento y los blocaos, así como poder realizar rápidas incursiones contra el enemigo.[5] Ramón Jiménez Bonilla, veterano de la guerra de Cuba, presentó ante el Ministerio de Guerra un proyecto de vehículo blindado armado con cañones y ametralladoras para ser usado en esta guerra. Como novedad contaba con un ingenioso sistema que podía hacer que el enemigo se electrocutase al entrar en contacto son el vehículo, ya que su blindaje estaba conectado

[2] Aunque la nómina es más extensa, también se pueden destacar los siguientes: Albert, F. C., *Carros de combate y vehículos blindados de la guerra 1936-1939*, Barcelona, Borras, 1980, y Mortera, Artemio, *Los medios blindados en la Guerra Civil española. Teatro de operaciones del Norte 36/37*, Valladolid, AF Editores, 2007. Véase también: Herrero, José Vicente, *The Spanish Military and Warfare from 1899 to the Civil War*, Cham, Palgrave Mcmillan, 2017, págs. 265-291.

[3] Guerrero, Alberto, "La Colección Bibliográfica Militar y el debate sobre la mecanización y motorización 1928-1936", *Revista Universitaria de Historia Militar*, vol. 3, nº. 6, 2014, págs. 174-188; Guerrero, Alberto, "El desarrollo del carro de combate en el ejército español hasta la Guerra Civil (motorización y mecanización del ejército)", en Gajate, María y González, Laura (eds.), *Guerra y tecnología. Interacción desde la antigüedad al presente,* Madrid, Fundación Ramón Areces, 2017, págs. 453-479; Guerrero, Alberto, Análisis y trascendencia de la Colección Bibliográfica Militar (1928-1936), Madrid, Ministerio de Defensa, 2019; Herrero, José Vicente, *The Spanish Military...* Los epígrafes 1 y 2 de este trabajo son fruto de un TFM llevado a cabo por el autor en 2022 como parte del máster en Pensamiento Estratégico y Seguridad Global de la Universidad de Granada.

[4] Martín, Raúl J., "Nacimiento de las fuerzas acorazadas en España", *Revista de Historia Militar,* N.º Extraordinario 1, 2022, págs. 26-27.

[5] Mazarrasa, Javier y Aguilar, Francisco Javier, *Vehículos blindados del ejército español,* Madrid, Editorial San Martín, 1980, pág. 4.

a una batería eléctrica. Sin embargo, este proyecto no llegó a prosperar. Asimismo, cabe resaltar la figura del teniente coronel Emilio Gil Álvaro, quien también concibió un vehículo blindado desplazado por "rodillos helicoidales". No obstante, tampoco levantó mucho interés, pero sí quedó claro para el Estado Mayor (EM) la necesidad de contar con vehículos blindados para ser usados en el norte de África.[6]

La necesidad de hacerse con carros de combate es anterior a la conclusión de la Gran Guerra. El 22 de octubre de 1918, el agregado militar en París, coronel Juan García Benítez, informó de que el Gobierno francés había dado su aprobación a la entrega de un carro de combate ligero *Renault.* En marzo de 1919, fue aprobada su compra por el Gobierno español y en junio de ese año ya fue sometido a las pertinentes pruebas en el campo de entrenamiento de Carabanchel. Dado que estas fueron satisfactorias, se ordenó la adquisición de diez *Renault* más. Se intentó también adquirir carros de combate tanto en Gran Bretaña como Estados Unidos, pero los esfuerzos resultaron infructuosos.[7] Posteriormente, entre 1921 y 1922, se compraron otros carros franceses, los *Schneider* y *Saint Chamond M-21.* En enero de 1922, llegaron los diez *Renault* y el 9 de marzo se creó en la Escuela Central de Tiro la Compañía de Carros Ligeros del Ejército español, a cuyo mando estaba el capitán Vicente Valero de Bernabé y Casañez.[8]

"Escasa, corta y nada complicada es la historia del carro de combate en España", escribía García Albors en 1933. También señalaba cómo antes de 1926 se proyectó crear un carro de fabricación nacional "que reuniese o recopilase lo más saliente de cada modelo extranjero entonces existente". Para este cometido se encargó al entonces capitán de Artillería Carlos Ruiz de Toledo que viajase a diversos países para recopilar las novedades más importantes en cuanto a la construcción de carros de combate con el objetivo de ser adoptadas para fabricar un carro de combate nacional. Fue este capitán el encargado de desarrollar en 1926 en la Fábrica de Trubia el primer carro de combate español, el *Trubia.* Se fabricaron cuatro unidades de este prototipo y fue, en palabras de García Albors, "un ensayo que, aunque susceptible de mejoras, señalaba un camino a seguir, constituyendo una demostración de lo que se puede conseguir en materia de carros en nuestro país". Destacaba García Albors que en cuanto a carros pesados no se había hecho nada en España, ya que los *Schneider* y *Saint Chamond,* si bien eran carros medios, se habían considerado como pesados. Opinaba que no convenía su desarrollo en el país por su elevado coste y por la topografía española, que dificultaría su empleo.[9]

En 1926, el general Primo de Rivera reorganizó el Arma de Infantería y se proyectó un grupo de carros de combate que nunca llegó a prosperar.[10] Para Puell de la Villa la

[6] Herrero, José Vicente, *The Spanish Military...*, pág. 266.

[7] Ibídem, págs. 266-267. El decreto señalaba la compra de ocho carros de asalto con ametralladoras *Hotschkiss* y dos con cañones de 37 mm por la suma de 530 400 francos (Diario Oficial del Ministerio de la Guerra -DOMG- 13 de agosto de 1919, n.º 180).

[8] Facenda, Fernando, "100 años de las unidades acorazadas españolas", *Memorial de Caballería,* N.º. 93, 2022, pág. 120.

[9] García Albors, Enrique, *Carros de combate,* Toledo, Rodríguez y Comp.ª, 1933, págs. 526-528.

[10] DOMG, 24 de noviembre de 1926, n.º 265 y *Gaceta de Madrid* -GM- 31 de diciembre de 1926, n.º 1/1927.

razón hay que buscarla en los recelos todavía existentes hacia los carros de combate.[11] Cabe destacar que, hasta ese momento, la única experiencia en el ámbito de los carros de combate se limitaba a las operaciones llevadas a cabo en Marruecos, y esta no había resultado del todo satisfactoria. Por su parte, Navajas Zubeldia lo achaca a la penuria de material.[12] Con la llegada de la República no se observa un marcado interés por el desarrollo de los carros de combate, a pesar de la creación de dos regimientos, cada uno con dos batallones de carros ligeros, que finalmente no fueron dotados de material.[13]

En los años treinta las cosas comenzaron a cambiar al menos sobre el papel y la motorización y mecanización comenzaron a tener mayor número de defensores, como por ejemplo el general Ángel Rodríguez del Barrio, tal y como quedó patente en la memoria que redactó tras las maniobras del Pisuerga del año 1932. Dos años después se dio un giro "extremadamente brusco" cuando se pensó en crear una división motorizada. Es más, en junio de 1935 se planteó una motorización progresiva del ejército "de acuerdo con los créditos disponibles".[14] No obstante, no pasaron de meros proyectos y el problema económico estuvo muy presente. Así, al estallar la Guerra Civil se disponía solo de trece *Renault*, cuatro *Trubia* y seis *Schneider*, por lo que ambos bandos tuvieron que recurrir a la compra de material extranjero.[15]

La guerra de Marruecos. La primera experiencia en el empleo de carros de combate (1922-1926)

El desastre de Annual en 1921 fue sin duda un poderoso revulsivo para el Ejército español, deseoso de sobreponerse a tan amarga y humillante derrota frente a los rifeños. En 1922 se destinaron varios de los *Renault* a Marruecos, con los que se formó una compañía que tomó parte en los combates ese mismo año. En 1926 fue repatriada y junto con el resto de los carros adquiridos fueron agregados a la Tercera Sección de la Escuela Central de Tiro, "sirviendo allí de escuela y actuando en los distintos cursos de perfeccionamiento que en aquel centro se han dado".[16] Documentos oficiales señalan que fueron once carros *Renault FT-17* y once camiones plataformas los destinados a Marruecos en el vapor *Sorolla*.[17] También se utilizaron los carros *Schneider* y *Saint Chamond*, empleándose seis unidades de cada uno de estos dos modelos. Aunque eran carros medios, se utilizaron

[11] Puell, Fernando, *Historia del ejército en España*, Madrid, Alianza Editorial, págs. 179-180.
[12] Navajas Zubeldia, Carlos, *Ejército, Estado y Sociedad en España*, Logroño, Instituto de Estudios Riojanos, 1991, pág. 167.
[13] GM, 25 de mayo de 1931, artículo 3.º, n.º 146.
[14] García Albors, Enrique, *Carros de combate*...págs. 221-222.
[15] Guerrero, Alberto, "El desarrollo del carro de combate...", pág. 462.
[16] García Albors, Enrique, *Carros de combate*..., pág. 35.
[17] AGMM, Archivo Militar General de Madrid, legajo 293, carpeta 6, nota de la Comandancia General de Melilla, 12 de marzo de 1922.

como pesados, organizándose en una batería perteneciente a Artillería.[18] Fueron también repatriados en 1926, asignándose a la Escuela Central de Tiro. Como se comprueba, los carros pesados fueron asignados al cuerpo de Artillería y los ligeros a Infantería.[19]

La primera experiencia bélica del arma acorazada en España fue Marruecos y esto fue fundamental para entender el posterior desarrollo del carro de combate, así como las controversias y el debate surgido en torno a su uso. Su empleo en Marruecos fue diverso. Según indicaba García Albors, tuvieron una vida bastante precaria.[20] Como es lógico, la geografía del norte de África no era el lugar más indicado para el empleo de estos ingenios bélicos. Era una región de clima hostil e ideal para un tipo de guerra irregular para el que no estaba preparado el Ejército español. Era un territorio en el que no se combatía solo contra un ejército, "sino contra todo, pues es enemigo el clima, el suelo, las mujeres, los niños, la vegetación, etc.".[21]

Tradicionalmente se ha considerado su bautismo de fuego el 18 de marzo de 1922 en la zona de Drius, perdiéndose dos de ellos en los combates de Ambar y Tuguntz. El capitán Fernández Mateos indica que la precaria instrucción de las tripulaciones, la dificultad del terreno y una serie de limitaciones técnicas de los carros posibilitaron que los rifeños destruyesen dos de ellos y matasen a varios tripulantes. Esto motivó que en un primer momento se relegaran a misiones de escasa importancia, cosa que cambió con el tiempo, pues fueron utilizados en numerosos combates, destacando su participación en el desembarco de Alhucemas, si bien no en sus primeras acciones.[22] Sin embargo, parece ser que realmente la primera acción de carros de combate en Marruecos se produjo el 14 de marzo de 1922 y estuvo protagonizada por los *Schneider* de la batería de carros de Artillería, que tenían la misión de acompañar a la infantería en la conquista de Sbuch Sba. Si bien la misión se culminó con éxito, tres de estos carros sufrieron averías y un cuarto se averió en mitad de los combates.[23]

Otras fuentes hablan de tres carros los perdidos en los combates de Ambar y Tuguntz, pero lo importante es constatar que aún no estaban listos para su empleo, de ahí que se solicitase al jefe de la unidad un informe de la Escuela Central de Tiro en el que se indicaba la imposibilidad de emplear de inmediato los carros de combate por no estar preparados para ello.[24] Como se ha afirmado anteriormente, este primer revés no fue

[18] Los *Saint Chamond* tenían como particularidad que combinaban un sistema de orugas y ruedas, para así poder desplazarse sobre ruedas en terrenos favorables para ello, con lo que se ahorraban ser transportados en camiones plataforma. No obstante, su desempeño fue un fracaso y fueron enviados a Madrid. En cuanto a los *Schneider*, fueron destinados a la Comandancia de Melilla, bajo el nombre de Grupo de Carros de Asalto de Artillería, pero después "volvieron a su original denominación de batería": Facenda, Fernando. "100 años de...", págs. 121-122.

[19] Herrero, José Vicente. *The Spanish Military*..., págs. 268-269.

[20] García Albors, Enrique. *Carros de combate*..., págs. 531-532.

[21] Capaz, Oswaldo, *Modalidades de la guerra de montaña en Marruecos*, Marruecos, Alta Comisaría de la República Española en Marruecos, 1931, pág. 7.

[22] Fernández Mateos, Francisco, *Carros de combate y vehículos acorazados en la historia de España*, Madrid, Servicio de Publicaciones del EME, 1986, págs. 10-11.

[23] Herrero, José Vicente. *The Spanish Military*..., pág. 269.

[24] AGMM, legajo 293, carpeta 6, material de Artillería.

impedimento para seguir utilizando los carros de combate, ya que los partes de combate posteriores reflejan cómo la unidad de carros ligeros mejoró en su instrucción, elevándose su moral y desplegó un más que eficiente uso del fuego gracias a sus magníficos oficiales, entre los que se encontraba el teniente José Guarner, hermano del capitán Vicente Guarner.[25] Prueba de ello es que en 1923 el tripulante de carros sargento Mariano García Esteban fue el primer laureado de la unidad de carros de combate, "por su distinguida actuación en Melilla, y muy especialmente por su intervención en los combates que tuvieron lugar en la región de Tafersit, desde el 28 de mayo al 7 de junio de 1923, en los que se comportó brillantemente".[26]

Si bien fueron usados en pequeña escala y en un terreno y en un tipo de guerra nada aptos para el correcto empleo de los carros de combate, son un claro ejemplo de cómo el Ejército español supo adaptarse e incorporar los ingenios bélicos más modernos en busca de su victoria en Marruecos. De la conveniencia o no de su uso en Marruecos, tenemos varios testimonios, como son los casos de los generales Manuel Goded y Francisco Franco, entre otros. En el caso de Goded, señalaba lo siguiente en cuanto al empleo de los carros de combate en Marruecos:

> El empleo de los carros de combate es muy restringido en nuestra zona de Marruecos, pues no resisten la prueba de las fuertes pendientes de terreno tan difícil. En el combate su uso es muy eventual, más conviene no privarse de ellos, pues pueden prestar excelentes servicios en la protección de carreteras, en la constitución de un frente eventual, en el apoyo del avance de la infantería cuando el terreno lo permita. El empleo táctico de los carros en el avance para la ruptura, como en la guerra europea, no lo permite la batalla marroquí ni el terreno, y sobre todo ha de tenerse muy presente el no utilizar los carros aislados, sino siempre en íntimo enlace con la infantería, pues de otro modo pueden ser fácil presa de los astutos guerrilleros marroquíes, cual ocurrió a alguno de nuestros camiones blindados en la retirada de Xauen.[27]

Goded era consciente de que las dificultades del terreno y la forma de luchar del rifeño no eran las mejores para el empleo de los carros, pero defendía no prescindir de ellos, aunque se opone a su utilización de manera aislada, pues como ocurre hasta hoy en día, sobre todo en zonas urbanas, como se ha visto en la actual guerra de Ucrania, pueden ser presa fácil del enemigo. Y era consciente también de la necesidad de su empleo en masa, como pone de relieve en su actuación tras el desembarco de Alhucemas, propiciando el avance de la harca de Varela.

En cuanto a las opiniones de Franco respecto al uso del carro de combate en Marruecos, dejó algunos juicios interesantes en su obra *Diario de una bandera*, que conviene

[25] AGMM, legajo 14, carpeta 4.
[26] DOMG, 30 de abril de 1925, n.º 96.
[27] Goded, Manuel, *Marruecos. Las etapas de la pacificación*, Madrid, CIAP, 1932, pág. 68.

reseñar. En primer lugar, describe su empleo en los combates ya referidos de Ambar y Tuguntz. Así, explica cómo los carros que iban adelantados unos 800 metros de las guerrillas legionarias fueron rodeados por los rifeños, quienes lanzaron piedras sobre ellos; "furiosos, tratan de luchar con el nuevo elemento de combate; buscan el ángulo muerto de sus ametralladoras, pero inútilmente muchos caen acribillados por sus fuegos". También describe cómo uno de los carros sufre la interrupción de su ametralladora, lo que no le resulta extraño, pues el día anterior fueron "desempacadas y colocadas en los carros, y el personal que debiera estar muy práctico en su conocimiento, no parece estarlo". Los rifeños, "escarmentados de su primer ataque contra los tanques" se ocultaron en las barrancadas hasta que pudieron replegarse.[28]

Relata Franco que el enemigo era muy numeroso, produciéndose duros combates, por lo que algunos tripulantes de los carros los abandonaron. Esta operación de Ambar y el desempeño de los carros y las pérdidas de algunos, provocaron diversos comentarios: "Los tanques han fracasado, se oye decir, los tanques no sirven para Marruecos, no son apropiados para este terreno. Suposiciones todas hechas sin más conocimiento que los relatos poco verídicos que se hicieron de su actuación". Y es que para Franco los carros de asalto eran "de gran aplicación en esta guerra" y esperaba que el tiempo le diese la razón. Añadía también que, si bien los carros de combate utilizados por el Ejército español en Marruecos estaban superados por los que se hallaban en servicio en otros países, la causa de su poca eficacia en estos primeros combates era de diversa índole.[29]

Franco enumeraba una serie de medidas que en su opinión mejorarían la eficacia de su empleo en Marruecos. En primer lugar, era necesario dotar a los carros de doble ametralladora, como ocurría en otros ejércitos, ya que aseguraba que no se quedasen sin armamento ante algún imprevisto. En segundo lugar, se tenía que mejorar la instrucción de las tripulaciones hasta hacerla perfecta. Además, en una guerra como la de Marruecos, los carros de combate deberían prestarse apoyo mutuo. En los periodos de instrucción había que "practicar sus ejercicios en combinación con aquellas tropas con las que habían de sostener enlace en el combate". Por último, señalaba que la falta de gasolina había sido muy pequeña, pero aun así esta había sido consideraba la causa de la pérdida de los carros. Sin embargo, esto lo único que evidenciaba era la escasa preparación de las tripulaciones y por ello no debían "sentenciarse estas unidades al fracaso".[30]

A pesar del terreno y del tipo de guerra, se percibe entre algunos militares la necesidad de la utilización de carros de combate, aunque otros lo veían como poco idóneo para una guerra que era básicamente irregular, algo que los franceses también constataron. Probablemente eran más indicados para un teatro de operaciones como el del norte de Marruecos los camiones blindados, como indicó el entonces capitán José Díaz de Villegas en un artículo aparecido en 1927 en *La Guerra y su Preparación*

[28] Franco, Francisco, *Diario de una bandera*, Madrid, Doncel, 1976, pág. 102.

[29] Ibídem, pág. 103.

[30] Ibídem, págs. 103-104. Ver también: Herrero, José Vicente, *The Spanish Military...*, Cham, Palgrave Macmillan.

bajo el título de "Modalidades de los principios fundamentales del arte de la guerra al ser aplicados a la nuestra de Marruecos". En el mismo manifestaba que el carro de combate, "sin negarle en algunos casos utilidad", no era tan necesario en esta guerra como en la regular.[31]

Díaz de Villegas escribía también que el carro de asalto era "pobre en movilidad" y con un escaso radio de acción. Entre otros aspectos negativos mencionaba además el de las dificultades para su transporte, "porque exige a la vía marítima o la ferroviaria, o cuanto menos, carreteras cuidadas para sus camiones-plataformas, por lo que tantísimo sufren estos en Marruecos". Consideraba que no se podía más que coincidir con lo defendido por los franceses, quienes señalaban que en general, el papel de los carros "en la guerra colonial será muy limitado, porque el adversario no tiene un armamento tan perfeccionado como en Europa". Sin embargo, sí creía que el camión blindado tenía más utilidad en esta guerra irregular, "por su rapidez, suficiente movilidad, dentro de lo exigible, y facilidad de locomoción".[32]

En definitiva, el primer uso de los carros de combate se dio en una guerra colonial para la que no estaban preparados. Tuvo defensores, como fueron Franco o Goded, pero hubo muchos fallos iniciales que reforzaron las ideas de aquellos que se oponían a su uso en Marruecos. Cierto es que no era una oposición radical, porque casi todos veían utilidad a esta nueva arma, pero también señalaban muchas pegas a su empleo. Todo esto no hizo más que confirmar las ideas de una "mayor subordinación de los carros a la infantería", tal y como pasaba en Francia. Por otro lado, este último país tuvo unas experiencias similares a las españolas en cuanto al uso del carro en Marruecos, y sería injusto criticar a los oficiales españoles que comandaron las unidades de carros, porque a pesar de los iniciales descalabros supieron recuperarse.[33]

EL CARRO DE COMBATE DURANTE LA GUERRA CIVIL

A comienzos de 1931, el arma acorazada española estaba compuesta por el Grupo de Carros de Combate de Infantería, formado por dos compañías de carros. En total había 13 carros *Renault FT-17*. También existían seis *Schneider CA-1* que permanecieron en estado de semiabandono hasta el comienzo de la Guerra Civil cuando se tuvieron que poner en funcionamiento de manera apresurada.[34] Bajo el mandato de Manuel Azaña como ministro de Guerra, el decreto de 25 de mayo de 1931, que reorganizó al Ejército,

[31] Díaz de Villegas, José, "Modalidades de los principios fundamentales del arte de la guerra al ser aplicados a la nuestra de Marruecos", *La Guerra y su Preparación*, n.º 5, 1927, págs. 436-437.
[32] Ibídem, pág. 437.
[33] Herrero, José Vicente, *The Spanish Military...*, págs. 270-271.
[34] Martín, Raúl J., "Nacimiento de las fuerzas acorazadas en España", *Revista de Historia Militar*, n.º Extraordinario 1, 2022, págs. 54-55.

dispuso la formación de "dos regimientos, de dos batallones, de carros ligeros de combate y un batallón de ametralladoras, a cargo, ambos del Arma de Infantería".[35]

Se creaban de este modo el Regimiento de Carros Ligeros de Combate n.º 1, con sede en Madrid, y el n.º 2, cuya base estaba en Zaragoza. Se proyectó que tuvieran 67 carros por regimiento, pero la realidad fue mucho más modesta debido al número escaso de carros de combate *Renault* con los que se contaba. Así, cada regimiento tenía cinco de estos carros y los tres restantes se destinaron a la Escuela Central de Tiro para servir en tareas de instrucción.[36] Este material, más unos pocos carros *Trubia* de fabricación nacional, era todo lo que había en España al comienzo de la Guerra Civil.[37] La razón de esta escasez de medios se puede ver en el preámbulo del decreto anteriormente señalado, en el que se indicaba que "no podía contarse desde el tiempo de paz con todo el material de guerra moderno necesario para la movilización, porque es complicado y costoso y se perfecciona de continuo".[38] Alpert opina que Azaña estaba más preocupado por los problemas políticos del Ejército que por los técnicos.[39] Por su parte, Payne destaca que Azaña no mostró un especial interés por los carros de combate debido a que pensaba que España no participaría en un conflicto bélico importante.[40] Según Candil, no existía en la época intención por crear una gran fuerza de carros de combate "bajo el control operativo de un único comandante", como defendían teóricos de la guerra mecanizada como el británico John Frederick Charles Fuller o el alemán Heinz Guderian.[41]

El parque acorazado se componía de los vehículos ya mencionados, en no muy buenas condiciones algunos, más una serie de blindados. A estos se añadieron los carros llegados de Alemania, Italia y la Unión Soviética y otros provenientes de Polonia. En cuanto a los que había en España en julio de 1936, se sabe que un *Schneider* participó en los combates en Madrid ese mismo mes, otro estuvo en Toledo, en el asedio del Alcázar, y un tercero fue utilizado en la ofensiva republicana sobre Sigüenza, en Guadalajara. Respecto a los ligeros *Renault* del Regimiento n.º 1, se enviaron en primer lugar a la Sierra de Guadarrama, para ser desplegados después en Andalucía. De este modelo llegaron varios más procedentes de Polonia.[42]

Fue, sin duda, el material acorazado entregado a ambos contendientes por sus aliados respectivos el más importante y constituyó un campo de pruebas "de primera magnitud" para estos ingenios bélicos. De este material, el más destacado fue el proveniente de la

[35] DOMG, 26 de mayo de 1931, n.º 114.
[36] Martín, Raúl J., "Nacimiento de las...", pág. 56.
[37] En 1929 se compró a Italia un carro ligero *Fiat 3000*, que era una versión mejorada del *Renault FT-17*. No obstante, las pruebas no fueron satisfactorias y se relegó la idea de comprar más unidades: Fernández Mateos, Francisco, *Carros de combate*..., pág. 16.
[38] DOMG, 26 de mayo de 1931, n.º 114.
[39] Alpert, Michael, *La reforma militar de Azaña*, Granada, Comares, 2008, pág. 191.
[40] Payne, Stanley G., *Los militares y la política en la España contemporánea*, Madrid: Sarpe, 1986, pág. 285.
[41] Candil, Anthony J., *Tank combat in Spain. Armored Warfare During the Spanish Civil War 1936-1939*, Havertown, Casamate Publishers, 2021, pág. 35.
[42] Infiesta, José Luis, "El empleo de los carros de combate en la guerra de España", *Revista de Historia Militar*, n.º 78, 1995, págs. 149-145.

Unión Soviética, que suministró dos tipos de carros de combate que estuvieron muy por encima de los recibidos por el bando sublevado desde Alemania e Italia. Como señala Molina, su calidad, rapidez y potencia de fuego eran tan superiores que obligaron a los sublevados a plantearse una serie de alternativas para poder enfrentarse a ellos que fueron desde solicitar unos carros más potentes a italianos y alemanes, aunque estos se negaron, a intentar modificar los carros existentes para que llevasen un armamento más potente. No obstante, finalmente se optó por una solución mucho más sencilla, pero más eficaz: la captura de carros de combate al bando republicano para utilizarlos en las unidades del ejército sublevado. Esta práctica fue una constante, llegándose a pagar a los soldados por ello. Así, por sorprenderte que parezca, "el mejor y más importante suministrador de medios blindados al bando sublevado fue el propio Stalin, ... sin pretenderlo".[43]

Como se ha señalado previamente, el Regimiento de Carros Ligeros n.º 1 fue enviado a Guadarrama, donde uno de los carros fue destruido, aunque también se desplegaron en Extremadura para frenar el avance de las columnas sublevadas en dirección a Madrid. Los *Renault* del Regimiento de Carros Ligeros n.º 2, con sede en Zaragoza, se incorporaron en agosto de 1936 a la columna del coronel García Escámez en su avance hacia Buitrago, en Madrid. Poco después, tres de ellos volvieron a Zaragoza y participaron en el avance sublevado contra San Sebastián.[44] Como es lógico, este anticuado y escaso material acorazado en manos de ambos bandos no podía ser determinante al comienzo de la guerra. En 1934 el general Emilio Mola se lamentaba de lo anticuado de estos carros y no exageraba cuando indicaba que "no sirven ya ni para exhibirlos en las paradas y desfiles, de asmáticos que están los pobrecitos".[45]

LOS CARROS DE COMBATE EN AMBOS CONTENDIENTES

Según Candil, aunque las fuerzas blindadas presentes en España al comienzo de la Guerra Civil eran insignificantes, los sublevados se percataron pronto de que incluso en pequeñas cantidades los carros de combate podían dar una importante ventaja. De este modo, indica que el teniente coronel Juan Yagüe, al mando de la columna que avanzaba hacia Madrid, escribió al teniente coronel Francisco Franco Salgado-Araujo, a la sazón ayudante del campo del general Franco, para decirle que "media docena de tanques serían muy útiles a sus tropas. Ahorrarían bajas en la ocupación de pueblos y pequeñas ciudades y proporcionarían más velocidad en el envolvimiento de posiciones enemigas".[46]

El 28 de agosto de 1936 llegó al puerto de Vigo el vapor español *Ebro* con material de guerra italiano, entre el que se encontraban cinco carros ligeros *Fiat Ansaldo CV. 33/35*,

[43] Molina, Lucas, "Tanques y blindados...", págs. 61-62.
[44] Ibídem, pág. 67.
[45] Mola, Emilio, *El pasado, Azaña y el porvenir: la tragedia de nuestras instituciones militares*, Madrid, Librería Bergua, pág. 232.
[46] Candil, Anthony J., *Tank combat in Spain...*, pág. 63.

representando así el primer material blindado que se incorporaba al bando sublevado.[47] Eran carros de tres toneladas muy veloces, escasamente blindados y armados solamente con ametralladoras, que habían tenido una buena actuación en la guerra de Abisinia, pero que se mostraron claramente inferiores a los carros del adversario. El 7 octubre de 1936 llegaron diez más, tres de ellos lanzallamas, así como personal técnico, cañones de 65 mm y otro material. Con este equipo y los carros llegados en agosto se formó en Cáceres el *Raggruppamento italo-spagnolo di carri e artigleria*, que quedó encuadrado en la Legión. Pocos días después, Franco "apremió" a Mola para organizar unidades de carros nacionales, "así como baterías de acompañamiento y contracarro", creándose así la Compañía de Carros Ligeros de Asalto bajo el mando del capitán de Artillería Guillermo Vidal-Cuadras. Esta unidad participó en la toma de la localidad madrileña de Navalcarnero, en octubre, y por distinguido comportamiento se le concedió el sobrenombre de "Navalcarnero". Los carros italianos se enfrentaron por primera vez a los soviéticos en la localidad toledana de Seseña y participaron en los combates habidos en la Ciudad Universitaria, en Madrid. En diciembre de ese año llegaron otros 20 carros del mismo modelo, organizándose así una nueva unidad acorazada italiana asignada al *Corpo di Truppe Volontario* (CVT). Entre enero y febrero de 1937 se entregaron otros 24 *Fiat*, formándose el 17 de febrero el *Raggruppamento Reparti Specializzati*, cuyo nombre fue sustituido en octubre por el de *Raggrupamento Carristi*. Entre marzo y abril del mismo año se entregaron 36 *Fiat* más. Las unidades blindadas italianas participaron también en los combates de Málaga, en la ofensiva sobre Bilbao y Santander, en la batalla de Guadalajara y en las ofensivas de Aragón, Valencia, Ebro y Cataluña.[48]

En cuanto a la operación de Guadalajara, estaba planeada para que los carros *Fiat* y un elevado número de tropas motorizadas realizara una "gran penetración", pero el "factor atmosférico" hizo que fracasara, ya que la lluvia obligó a los carros italianos a limitar su marcha a las carreteras, "pues de lo contrario corrían el peligro de enterrarse en el barro, cosa que ocurrió con alguno".[49] Según Fernández Mateos, en esta batalla una sola compañía de *T-26B* soviéticos frenó el avance de los carros italianos, "consiguiendo un gran éxito táctico".[50] Como indica Candil, los carros italianos nunca fueron rival para los soviéticos, además no se emplearon en masa, sino como acompañamiento de la infantería, distribuidos a lo largo de las divisiones de infantería del CVT. A diferencia de los alemanes, que integraron carros rusos capturados en las unidades sublevadas,

[47] Como destaca Infiesta, ha sido un error común el creer que los primeros carros de combate llegados a España durante la Guerra Civil fueron los soviéticos *T-26B*, cuando la realidad es que desde finales de agosto ya estaban en España las tanquetas *Fiat Ansaldo*: Infiesta, José Luis, "La unidad italiana de carros-artillería, los *T-26* soviéticos y la batalla de Seseña", *Revista de Historia Militar*, 2000, n.º 89, pág. 155.

[48] Molina, Lucas, "Tanques y blindados...", págs. 95-99. Al final de la guerra, el *Raggrupamento Carristi* del CVT participó en el avance sobre Aranjuez, Albacete y Alicante: Fernández Mateos, Francisco, *Carros de combate...*, pág. 30.

[49] Meléndez, A., "Apuntes para la historia de las unidades de infantería de carros de combate del Ejército español", *Ejército*, n.º 312, 1966, pág. 28.

[50] Fernández Mateos, Francisco, *Carros de combate...*, pág. 34.

los italianos no lo hicieron y solo ocasionalmente solicitaron el uso de algún vehículo soviético capturado. En total, entre el 26 de agosto de 1936 y noviembre-diciembre de 1938, cuando llegaron los últimos envíos de carros de combate *Fiat Ansaldo*, la Italia de Mussolini entregó 155 carros de este modelo.[51]

En octubre de 1936 el bando sublevado empezó también a recibir carros de combate de Alemania. Fue iniciativa del agregado militar alemán ante Franco, teniente coronel Walter Warlimont, ante el escaso y deplorable material acorazado en servicio. Así, propuso a Berlín el envío de carros de combate y técnicos para apoyar el esfuerzo bélico de las tropas sublevadas. De este modo se creó una unidad al mando de Wilhelm Ritter von Thoma denominada *Panzer-Gruppe Thoma* integrada inicialmente por 270 hombres y 41 carros de combate *Panzerkamfwagen I Ausf. A*, además de otro material. Este carro era también muy ligero, de 5, 5 toneladas, escasamente blindado y armado únicamente con dos ametralladoras de 7,92 mm de calibre, con lo que tampoco era rival para los más potentes y mejor armados carros *T-26* y *BT-5* soviéticos. A pesar de contar Alemania con carros más potentes, solo enviaron este modelo y una versión con un motor más potente, el *Panzerkamfwagen I Ausf. B*. En noviembre llegaron 21 carros de este último modelo. En 1937 se entregaron otros diez carros más a través de la Legión Cóndor, sumando 72 los entregados por esta unidad, mientras que el resto de los recibidos se hicieron en dos entregas más a través de la empresa intermediaria HISMA Ltda., suministrándose 30 en el primer envío y 20 en el segundo.[52] Con las primeras entregas de carros alemanes se creó en la localidad cacereña de Castillo de Herguijuela un Batallón de Carros, de tres compañías, que tomó parte en los avances sobre Madrid.[53]

El Batallón de Carros del Ejército sublevado con sus "negrillos", como eran conocidos los *Panzer* debido a su color gris oscuro, participó en la ofensiva sobre Madrid de noviembre-diciembre de 1936, en la batalla del Jarama en febrero de 1937 y en la ofensiva sobre Guadalajara. Como destaca Molina, fue en la campaña de Vizcaya donde desempeñaron un papel más importante. Asimismo, participó el batallón al completo en la batalla de Brunete, desplegando también una sección de carros *T-26B* capturados. Este hecho representó el punto de partida de "una verdadera organización paralela que el Ejército de Franco iba a preparar con abundantes capturas de material acorazado y blindado hasta el final de la guerra". La 3.ª Compañía de *Panzer* tomó también parte en la ofensiva de Santander, mientras que la 1.ª y 2.ª, junto a la sección de carros soviéticos fueron enviadas al frente de Aragón. El batallón pasó a denominarse desde el 1 de octubre de 1937 Primer Batallón de Carros de Combate y contó además con carros *T-26B* y algunos *Renault*, capturados estos últimos a los republicanos en el norte y que habían sido suministrados por Polonia meses atrás. Fueron enviados a socorrer Teruel y en febrero de 1938 se convirtió en Bandera de Carros de Combate de la Legión. En la ofensiva hacia el

[51] Candil, Anthony J., *Tank combat in Spain...*, pág. 45.
[52] Molina, Lucas, "Tanques y blindados...", págs. 71-73.
[53] Meléndez, A., "Apuntes para la historia...", pág. 28.

Mediterráneo estuvieron implicados todos los carros de combate del bando sublevado, con la excepción de los desplegados con el Ejército del Sur. Como es lógico, también estuvieron presentes en la batalla del Ebro y en la ofensiva sobre Cataluña.[54] A diferencia de italianos y soviéticos, que rotaban sus tropas, sobre todo a nivel de batallón y superior, los alemanes solían mantener a su personal en España durante toda la guerra.[55]

En cuanto a la ayuda soviética, Viñas indica que dos acontecimientos externos empujaron a Stalin a tomar esta decisión. Por un lado, la precaria situación militar de los republicanos. Por otro, el creciente apoyo a Franco de alemanes e italianos, "que no solo no cesó con la entrada en vigor del acuerdo de no intervención, sino que se acrecentó". El 27 de septiembre el Comisariado para la Defensa comunicó a Stalin que estaban listos para ser entregados a la República un centenar de carros de combate ("la mitad de ellos de forma inmediata"), 387 especialistas, 30 aviones, "sin ametralladoras", además de sus tripulaciones y otro material de guerra. Unas entregas que superaban a las iniciales de alemanes e italianos, quizá porque Stalin "pretendiese poner a los republicanos en condiciones de compensar la superioridad de material moderno que ya habían recibido los sublevados".[56] El 12 de octubre de 1936 arribó en Cartagena el buque *Komsomol* con una primera entrega de 50 carros *T-26B*, además de 51 "voluntarios" especialistas en carros de combate y unos cuarenta blindados. Mientras tanto, el agregado militar soviético, Kombrig Vladimir Gorev, había empezado a organizar la creación de un centro de entrenamiento en Archena, Murcia.[57] Esta localidad reunía unas buenas condiciones para ello, pues contaba con una estación de ferrocarril próxima, estaba en un valle protegido por montañas y cercano a una carretera nacional, además de disponer de un hospital militar. Ya el 29 de septiembre, el coronel Rafael Sánchez Paredes se había desplazado al municipio para buscar y preparar las instalaciones para la futura Escuela de Tanques.[58]

Los *T-26B* soviéticos eran más pesados que los carros del bando sublevado y tenían un blindaje de 16 mm. Además de estar armados con dos ametralladoras de 7,62 mm, contaban con un cañón de 45 mm, algo de lo que carecían los carros adversarios. El coronel Semion Krivosheim organizó la primera compañía de quince carros de combate con personal enteramente soviético. Con los carros restantes formó otras dos compañías también con tripulantes soviéticos y otra de blindados con personal mixto. Su segundo al mando era el capitán Paul Arman, quien mandó la primera compañía en el contraataque de Seseña, donde se enfrentaron por vez primera carros soviéticos e italianos. En su camino hacia Madrid, el bando sublevado disponía de columnas de "gran valor militar, pero de efectivos algo reducidos". Su avance dejaba los flancos desguarnecidos, lo que

[54] Molina, Lucas, "Tanques y blindados...", págs. 75-87.
[55] Candil, Anthony, J., *Tank combat in Spain*..., pág. 51.
[56] Viñas, Ángel, "La decisión de Stalin de ayudar a la República: un aspecto controvertido en la historiografía de la Guerra Civil", *Historia y Política*, n.º 16, 2006, págs. 81-88.
[57] Zaloga, Steven J., "Soviet Tank Operations in the Spanish Civil War", *The Journal of Slavic Military Studies*, n.º 12, 1999, pág, 135.
[58] Medina, Manuel Alberto, "Archena 1931-1945: Segunda República, Guerra Civil y primeros años de posguerra", Tesis doctoral, Universidad de Murcia, 2017, págs. 497-498.

aprovecharon los republicanos para lanzar un contraataque contra su flanco derecho, utilizando los recién llegados *T-26B* soviéticos. La madrugada del 29 de octubre, tras una breve preparación artillera e intervención de la aviación, los quince carros avanzaron, pero el adversario no hizo acto de presencia y la infantería que debía seguirlos tampoco. Sintiéndose aislados y temerosos de un contraataque, decidieron regresar por la tarde, momento en el que hizo su aparición el enemigo. En el combate se perdieron tres carros soviéticos y dos italianos. Incluso los asesores soviéticos lo reconocieron. Uno de los *T-26B* fue destruido por soldados marroquíes con botellas de gasolina, antecedente de los cócteles Molotov, otro por el fuego de un cañón de 75/17 y el restante por la unidad de Carros-Artillería italiana.[59]

En noviembre de 1936 se recibieron otros 56 *T-26B*, además de 150 especialistas soviéticos. Con este material se formó una brigada de carros al mando del general Dimitri Pavlov. Se llegaron a suministrar durante la Guerra Civil un total de 281 *T-26B*. A partir de 1937 arribaron también de la Unión Soviética los carros *BT-5*, de 11,5 toneladas y armados con un cañón de 45 mm, como los *T-26B*. En total se recibieron 50 unidades de este modelo, que fue "quizás el carro más importante de los enviados por la Unión Soviética". No obstante, fue también "el peor empleado de todos ellos, y el que pasaría sin pena ni gloria" por la guerra. A pesar de que los sublevados capturaron algunos, no se formó si quiera una sección con ellos, manteniéndose cuatro en la compañía de depósito de la Bandera de Carros de Combate de la Legión y uno en la Agrupación de Carros de Combate del Ejército del Sur.[60]

Los soviéticos, más que los militares republicanos, organizaron las fuerzas blindadas del Ejército Popular de la República. En este sentido, Candil defiende la idea de que "no solo el empleo táctico, sino también la organización e incluso la administración de las unidades blindadas" estaba bajo el control de los asesores soviéticos.[61] Durante el mes de julio de 1937 se desarrolló la batalla de Brunete, primera ofensiva republicana en la que se utilizó un número importante de carros de combate. Sin embargo, no se pudo aprovechar la superioridad del material soviético debido a un insuficiente adiestramiento de las tripulaciones.[62] El 13 de octubre de 1937, en Fuentes de Ebro, se experimentó la doctrina soviética de transportar fusileros sobre los carros. Enrique Líster atravesó las líneas enemigas llevando diez soldados sobre cada carro. Sin embargo, las posiciones sublevadas eran muy sólidas y los disparos de la artillería hicieron fracasar esta acción.[63] El objetivo era pasar con los carros a toda velocidad por las líneas del adversario para

[59] Infiesta, José Luis, "La unidad italiana...", págs. 162-169. La pérdida de los carros rusos, como se ha visto, no se debió a la acción de los *Fiat* italianos, sino a un deficiente empleo de los *T-26B*, que actuaron aislados de la infantería: Fernández Mateos, Francisco, *Carros de combate...*, pág. 28.

[60] Molina, Lucas, "Tanques y blindados...", págs. 113-122. La Agrupación de Carros de Combate del Ejército del Sur fue creada a finales de 1938 y estaba integrada por material capturado a los republicanos, como carros *T-26B* y blindados también de procedencia soviética: Fernández Mateos, Francisco, *Carros de combate...*, págs. 36-37.

[61] Candil, Anthony J., *Tank combat in Spain...*, pág. 72.

[62] Ibídem, pág. 108.

[63] Meléndez, A., "Apuntes para la historia...", pág. 29.

luego descender de estos una vez en la retaguardia del enemigo. La acción se saldó con la pérdida de veinte carros de los modelos *BT-5* y *T-26B*.[64] El empleo precipitado de los *BT-5* tuvo funestas consecuencias, pues las pérdidas de este modelo fueron elevadas. Fernández Mateos opina que los "mandos soviéticos estaban más interesados en ver las posibilidades de los carros de combate, que en el desarrollo de las operaciones".[65]

Los carros soviéticos fueron muy superiores a los del bando sublevado. Hasta el final de la contienda, se entregaron 281 *T-26B* y 50 *BT-5*, dotados de un cañón de 45 mm en contraste con los del adversario, armados solo con ametralladoras. Además, se recibieron 60 blindados de la Unión Soviética, 40 de los cuales del modelo *BA-6/BA-3* portaban también un cañón de este calibre. Por su parte, Polonia vendió a la República 64 carros ligeros *Renault FT-17* y en Bilbao se construyeron 18 carros *Trubia-Naval*. En total, a lo largo de la guerra se recibieron o fabricaron 425 carros de combate y unos 600 blindados de ruedas.[66] En cuanto al bando sublevado, las cifras fueron menores, ya que a los escasos carros que poseían al principio del conflicto hay que sumar 122 *Panzer I Ausf. A* y *B* y 155 *Fiat Ansaldo CV.33/35*, además de unos 53 blindados de ruedas. Al final de la Guerra Civil, el Ejército de Franco había capturado 178 carros de combate republicanos. De ellos, 98 *T-26B* fueron utilizados eficazmente en combate. Otros 30 estaban prácticamente destruidos y 50 necesitaron importantes reparaciones. Además, entre mayo y julio de 1939 el Gobierno francés devolvió a España catorce *T-26B* abandonados por el Ejército republicano en su huida a Francia tras la ofensiva sobre Cataluña.[67]

LECCIONES DE LA GUERRA CIVIL

La guerra civil española, aunque fuese a pequeña escala, fue el primer escenario en el que se enfrentaron carros de combate. Los países que suministraron este tipo de armas a cada uno de los contendientes tenían sus propias teorías sobre su empleo. Los alemanes aún no habían desarrollado plenamente su doctrina, mientras que los soviéticos ya estaban elaborando conceptos sobre la "batalla profunda" a través de acciones ofensivas.[68] Por su parte, los italianos estaban "comprometidos" con su doctrina de la "guerra *celere*", que

[64] Molina, Lucas, "Tanques y blindados...", pág. 122.

[65] Fernández Mateos, Francisco, *Carros de combate...*, pág. 34.

[66] Molina, Lucas, "Tanques y blindados...", págs. 102-131. De procedencia paraguaya, la República también contó con un carro *Vickers*: Candil, Anthony, J., *Tank combat in Spain...*, pág. 200. Este carro estaba armado con un cañón de 47 mm y una ametralladora de 7,65 mm: Fernández Mateos, Francisco: *Carros de* combate..., pág. 23.

[67] Molina, Lucas, "Tanques y blindados...", pág. 101. Además, en el bando sublevado se construyó en 1938 un prototipo de carro de combate diseñado por el comandante de Artillería Félix Verdeja, denominado *Verdeja*. No pasó de ser más que un prototipo que no siquiera tuvo éxito en la inmediata posguerra, aunque se pensó hacer una mejora del mismo y se llegó a construir con este prototipo la primera pieza autopropulsada fabricada en España y dotada de un cañón de 75 mm: Fernández Mateos, Francisco: *Carros de combate...*, pág. 26.

[68] Para un completo estudio de los verdaderos orígenes de la doctrina acorazada alemana véase: Johnson, Ian Ona, "Ernst Volckheim, Heinz Guderian, and the Origins of German Armored Doctrine", *The Journal of Military History*, n.º 1, 2023, págs. 145-168.

había sido experimentada en Abisina frente a un enemigo más débil. No obstante, Candil destaca que estas ideas se probaron en España en contadas ocasiones y que los carros de combate fueron solo "armas tácticas usadas normalmente en apoyo de operaciones ofensivas o para reforzar defensas". Además, no se puede olvidar el hecho de que muchos oficiales alemanes, italianos y soviéticos que estuvieron en la Guerra Civil participaron también en la Segunda Guerra Mundial.[69]

Los italianos, quedaron mediatizados por el relativo éxito de sus pequeñas y rápidas unidades y por la victoria final de Franco, lo que no hizo más que reafirmar sus doctrinas, como se evidenció después en la Segunda Guerra Mundial. En cuanto a los alemanes, los informes remitidos por el teniente coronel Von Thoma los empujaron a acelerar la construcción de carros de combate armados con cañones. No obstante, quizá también la victoria franquista produjo una falsa sensación de seguridad, pues al comenzar la Operación Barbarroja en 1941 había más carros *Panzer I* y *II* que el mejor armado *Panzer IV*.[70] Candil también apunta que fueron dos las principales conclusiones sacadas por los alemanes de la Guerra Civil. En primer lugar, que los carros soviéticos eran mejor que los propios e italianos tanto en la ofensiva como en la defensiva. En segundo lugar, que no se podían extraer lecciones concluyentes sobre tácticas basadas en la experiencia de la guerra española, ya que se utilizaron pocos vehículos y el terreno en España no era el ideal para el correcto uso de los carros de combate, algo que no sucedía en las llanuras del norte de Europa. Tanto los carros alemanes como los soviéticos se subordinaron a la acción de la infantería y se trataron principalmente "como armas pesadas de infantería".[71]

La cuestión del terreno era uno de los problemas aducidos por aquellos que durante el período de entreguerras recelaban de una completa motorización y mecanización del Ejército español. De hecho, en 1933, dentro de la Colección Bibliográfica de Vicente Rojo y Emilio Alamán, se llevó a cabo la traducción de *Operaciones entre fuerzas mecanizadas* de J. F. C. Fuller. En el prólogo redactado por el autor para la edición española, se destacó que "de haber elaborado el libro para el Ejército español, lo habría hecho de manera distinta por la peculiar topografía del país, en todo diferente a la de Reino Unido".[72]

En cuanto a la experiencia soviética, Candil señala que ningún otro ejército europeo prestó tanta atención a las lecciones de la Guerra Civil como lo hizo el Ejército Rojo. No obstante, parece que sus conclusiones no fueron las correctas y cometieron el error de considerar la guerra en España como un "escenario válido" para una futura guerra europea. Y aquí entra de nuevo en juego el terreno montañoso español, en nada comparable al de la Europa del Este, aunque también destaca este autor que los carros de combate alemanes avanzaron en dos ocasiones a través de las colinas de las Ardenas y también por los Balcanes, incluyendo la invasión de Grecia en 1941.[73] Las lecciones de

[69] Candil, Anthony, J., *Tank combat in Spain...*, págs. 159-160.
[70] Ibídem, pág. 166.
[71] Ibídem, pág. 166.
[72] Guerrero, Alberto, "La Colección Bibliográfica Militar...", pág. 182.
[73] Candil, Anthony J., *Tank combat in Spain...*, pág. 171.

esta contienda fueron recogidas por el Ejército Rojo en un estudio cuya primera entrega apareció publicado en 1938 en *Voenny Mysl* en 1938 y en una versión ampliada en 1939. En él se recalcaba que las lecciones de la Guerra Civil fueron importantes, ya que todas las armas modernas se habían usado en el conflicto y las lecciones de su uso absorbidas por los modernos ejércitos europeos. Se destacaron tácticas específicas del conflicto, como la necesidad de apoyo de los carros de combate a los ataques de infantería, la importancia de la coordinación entre los carros, la infantería y la artillería, y la vulnerabilidad de los carros ante las armas contracarro si fallaba esta coordinación. El manual fue muy cauteloso en cuanto a sacar conclusiones referentes a la "batalla en profundidad", ya que en España no hubo experiencias con el uso de abundantes formaciones de carros. La guerra también resaltó la durabilidad de los carros de combate diseñados durante los años treinta, pero no se dio el requerido apoyo técnico para seguir mejorándolos por la "inercia de los ministerios industriales debido al paralizante efecto de las purgas, así como a la inacción y complacencia del Ejército", con lo que en 1941 la mayor parte de los carros soviéticos eran del modelo *T-26* y *BT*.[74]

En un artículo sobre el empleo de los carros de combate en la Guerra Civil, Candil señaló una serie de lecciones extraídas de su uso en España: 1) Los carros de combate no debían usarse en pequeños grupos por tripulaciones no expertas, y sus comandantes precisaban de una mejor "comprensión táctica de las capacidades de los carros". 2) Ser precavido a la hora de extraer lecciones. 3) La guerra acorazada era costosa y no todos podían seguir su ritmo. 4) Adecuada cooperación entre infantería y carros de combate. En este punto, Candil destaca que gracias a esto se podría haber evitado la pérdida de muchos carros de combate. 5) Los carros de combate eran vulnerables a las armas contracarro. En este sentido, indica que cuando no podían despejar el camino para la infantería se los utilizaba como cañones de asalto, pero al acompañar a la infantería y colocarse de costado, "para proporcionar apoyo de fuego, los hizo más vulnerables a los cañones contracarro". Por ejemplo, en Brunete el Ejército sublevado utilizó más adecuadamente sus carros al emplearlos en estrecha cooperación con la infantería.[75]

Lo observado anteriormente parece indicar que el bando sublevado adoptó una estrategia más eficiente en el empleo de los carros de combate y, siguiendo las teorías alemanas e italianas, procuró utilizarlos junto a "agrupaciones mixtas de carros/infantería motorizada". También hicieron un uso más extensivo de las armas contracarro. Por su parte, el Ejército republicano hizo un empleo deficiente de sus medios acorazados, "unas veces por motivos meramente políticos y otras por seguir las opiniones de los asesores soviéticos". En consecuencia, las unidades de carros republicanas se vieron convertidas en "almacenes de material para los sublevados".[76]

---

[74] Zaloga, Steven J., "Soviet Tank Operations...", págs. 152-153.
[75] Candil, Anthony J., "Armored Warfare during the Spanish Civil War (1936-1939): The Experience Reconsidered", *ARMOR*, 2020, págs. 97-98.
[76] Fernández Mateos, Francisco, *Carros de combate...*, pág. 38.

CONCLUSIONES

El interés del Ejército español por los carros de combate se originó durante la Gran Guerra, con la intención de emplearlos en el norte de África, lo que refleja también que en España se estaba al tanto de todas las innovaciones tecnológicas aplicadas al ámbito militar que pudieran ser utilizadas en la guerra de Marruecos. Fue en este contexto donde los carros de combate españoles comprados a Francia tuvieron su primera experiencia bélica.

Durante el período de entreguerras, tanto en España como en los países de su entorno, se suscitó un intenso debate sobre la viabilidad de motorizar y mecanizar los ejércitos. A pesar de que los militares españoles estaban al tanto de las experiencias extranjeras en cuanto a carros de combate, las teorías más vanguardistas no eran comprendidas por la mayoría. No obstante, este fenómeno no era exclusivo de España, ya que las teorías de profetas del arma acorazada, como Charles de Gaulle, Fuller, Basil Liddell Hart y Guderian, tampoco eran plenamente entendidas en su totalidad. Esto explica en parte que en España no existiese un pensamiento militar oficial sobre la mecanización y motorización de los ejércitos antes de las Guerra Civil, ya que la doctrina y los reglamentos sobre carros de combate seguían prácticamente lo hecho en Francia, país vencedor en la Gran Guerra.

Al inicio de la Guerra Civil, y a lo largo de la misma, ningún país contaba con una doctrina clara sobre el empleo de los carros de combate. Existían una serie de visionarios, como los mencionados previamente, que abogaban por su empleo en masa y de manera independiente de la infantería. En Francia, el coronel De Gaulle publicó en 1934 *Vers l'Armée de métier*, pero sus avanzadas ideas de crear un ejército profesional con un fuerte componente blindado no fueron entendidas en un país donde sus máximos dirigentes militares, como Pétain y Weygand, permanecían anclados en las tácticas de la Gran Guerra.[77]

La Guerra Civil no fue más que un banco de pruebas en una época donde la doctrina sobre el carro de combate seguía sin estar clara. Fueron sobre todo los alemanes los que sacaron conclusiones pertinentes, mientras que los soviéticos, a pesar de su empeño y el envío de expertos como Krivosheim o Georgui Zhukov, no hicieron un buen uso de sus magníficos medios acorazados.[78] La supuesta superioridad del Ejército Popular de la República no fue tal y el bando sublevado supo aprovechar las capturas hechas a su adversario, integrando una considerable cantidad de carros soviéticos de notable calidad. Los italianos, a pesar de la ineficacia de sus carros, organizaron útiles unidades que cooperaron con la infantería y formaron unidades veloces conforme a su concepto de la "guerra *celere*". Además, el hábil empleo de los cañones contracarro por parte del Ejército de Franco fue también clave a la hora de destruir los carros republicanos.[79] En España

[77] Alpert, Michael, *La reforma militar...*, pág. 36.
[78] Ibídem, pág. 38.
[79] Infiesta, José Luis, "El empleo de los carros...", págs. 204-205.

se utilizó por vez primera el "cóctel Molotov" y se realizó el primer uso generalizado de armamento contracarro, como el destacado *Rheinmetall* de 37 mm *Pak 35/36* alemán y la copia rusa, el *Modelo 1932* de 45 mm. Además, la Legión Cóndor hizo un notable uso del magnífico cañón antiaéreo 88/56 mm *Flak 18*, utilizado para funciones contracarro y de artillería.[80]

[80] Candil, Anthony J., *Tank combat in Spain...*, págs. 127-129.

23.
EL HAMBRE: UN ARMA PARA LA *GUERRA TOTAL*

Alba Nueda Lozano
Universidad de Castilla-La Mancha

"No tenemos otra obligación que gritar, gritar hasta enronquecer, para que nos oigan en el último rincón del mundo. Como sea, con la pluma, con el pincel, con el lápiz, con la palabra, pero gritar tan fuerte que nuestro eco quede vibrando en el aire eternamente. Esta es nuestra misión".
Santiago Ontañón

INTRODUCCIÓN

"Ni un hogar sin lumbre, ni un español sin pan" era el eslogan impreso en los papeles que envolvían el pan blanco bombardeado por los sublevaos sobre las calles de la hambrienta Madrid. Este conocido episodio sirve como testimonio para percibir hasta qué punto los alimentos, su calidad y la accesibilidad se convirtieron en un factor fundamental para el desarrollo de la guerra y las estrategias implicadas en la misma. La guerra civil española alcanzó un sentido de *guerra total* en la que frente y retaguardia se mimetizaron para dar lugar a una realidad bélica en la que los fusiles, la propaganda y los vagones de harina componían elementos esenciales para la lucha.

Si bien el concepto de *guerra total* fue teorizado de forma oficial por el general Erich von Ludendroff en 1935, ya había aparecido durante el desarrollo de la Primera Guerra Mundial. Este viene a definir un tipo de guerra en el que todos los medios disponibles son objeto bélico, incluyendo también las condiciones morales. Es decir, se trata de un patrón en el que las barreras son "ilimitadas" y se fuerza una totalidad dicotómica que genera relaciones de enfrentamiento antagónico.[1] En este nuevo modelo de guerra, el conflicto subordina a la política puesto que trasciende los frentes. En él todos los recursos militares, económicos y humanos están volcados a la victoria y por lo tanto se convierten, a la vez, objeto de destrucción para el adversario. Es decir, este modelo implica la subordinación total de todos los sujetos y objetos a la guerra. Vinculado como cruz de la cara, la guerra total solo puede dar lugar a una *victoria total* que implicaría la destrucción del vencido en una visión extrema y totalitaria sin cabida a la negociación.[2]

---

[1] Canto-Sperber, Monique, *Le bien, la guerre et la terreur: Pour une morale internationale,* Paris, Plon, 2005.

[2] Kreibohm, Patricia E., "La Primera Guerra Mundial, una contienda d transición entre la guerra instituiconalizada y la guerra total", *Relaciones internacionales,* 49, 2015, págs. 149-167; Clausewitz, Karl von, *De la Guerra,*

En este contexto en el que la guerra ocupaba todos los espacios físicos, simbólicos y emocionales de la cotidianeidad de la población española, todos los recursos del país y de sus efectivos –tanto en sentido material como moral– eran fundamentales para obtener la victoria por la que se luchaba en el campo de batalla y en la fábrica. En este sentido, investigaciones como las realizadas y publicadas por Michael Seidman o más recientemente Ainhoa Campos, entre otros, han demostrado cómo el aprovisionamiento a la población civil y militar y sus problemas derivados tuvieron una incidencia de enorme relevancia en el resultado final de la guerra civil pues determinaron, en gran medida, la implicación social y el estado moral de la población. Desde los primeros días, los problemas de escasez y desabastecimiento en las grandes capitales como Madrid y Barcelona ocuparon los titulares de la prensa, sin embargo, la carestía afectó a todo el territorio republicano y determinó en gran medida la experiencia y la memoria de la guerra.

Este texto se propone analizar de qué forma la escasez republicana fue instrumentalizada por parte de la prensa y de los mandos franquistas para convertirla en un arma de enorme capacidad para lograr objetivos de desmoralización y de ataque físico a la sociedad republicana. Para ello se ha acudido a fuentes primarias como informes diplomáticos procedentes del *Foreign Office* Británico depositados en *The National Archives* (Londres, Reino Unido), los del *Centre des Archives diplomatiques du ministère des Affaires étrangères* (La Courneuve, Francia), la documentación militar depositada en el Archivo General Militar de Ávila y la prensa tanto sublevada como republicana. Para ello se divide en dos planos: el primero analiza el valor ideológico y propagandístico de la imagen de la "miseria roja" construido desde los servicios de prensa de los mandos franquistas; el segundo atiende fundamentalmente a las formas de ataque directo y sabotaje de los servicios de abastecimiento republicanos, así como de otras formas de ataque de la comida y con la comida.

ABASTECER AL PUEBLO: UN PROBLEMA PERMANENTE

Desde el inicio de la guerra, las autoridades de ambos bandos comprendieron la trascendencia de esa cuestión tanto dentro de sus territorios leales, como en un sentido de propaganda y contrapropaganda con el enemigo, hasta convertirlo en un arma más para la guerra. Por su parte, los gobernantes republicanos intentaron concienciar a la población civil de la importancia de su nuevo papel. Los carteles propagandísticos versaban: "¡Abastecimiento en el frente! Debe ser el grito de la retaguardia" y todo el sistema de comunicación de la República intentó movilizar a los trabajadores y dirigir sus esfuerzos a la nueva economía de guerra y, en sentido último, a la victoria. El suministro al soldado heroico y la colaboración comunitaria se convirtieron en el discurso oficial de la República para con sus ciudadanos. Sin embargo, la categoría vital del acceso a los

Buenos Aires, Agebe, 2005, págs., 289-292.

alimentos y recursos básicos se convirtió también en el hilo conductor del discurso propagandístico en el exterior.

Tras las primeras semanas de la guerra, la progresiva reconstrucción del Estado llevó consigo una reformulación de los deberes de cada uno de los territorios que configuraban el bando republicano. La quiebra del sistema mercantil y comercial y la movilización de población desde las regiones ocupadas tuvieron como consecuencia importantes modificaciones demográficas y económicas, principalmente para las zonas que quedaban lejos de la línea de fuego.

La construcción progresiva del sistema de abastecimiento atendió a una dinámica interna presente durante toda la guerra en el bando republicano. Esta consistió en confrontar las tensiones entre el deseo de autonomía y revolución social y el afán centralizador e intervencionista del Estado que alcanzó sus cotas más altas con la llegada de Juan Negrín a la presidencia del gobierno.[3] La gestión de los suministros no fue una excepción en esta tendencia. Así, se avanzó desde la gestión local o por distritos a través de los comités y sindicatos, a la teórica monopolización de la gestión por parte del Estado; primero a través de la Comisión Nacional de Abastecimientos (CNA), después por la Dirección General de Abastecimientos (DGA), para finalmente integrar el sistema de suministro civil y militar a través de la Intendencia Militar, que obtuvo competencias plenas sobre la población civil y la creación de las Jefaturas Administrativas Comarcales Militares dependientes de la Comisión central de Intendencia en 1938, cuando la derrota republicana era ya una evidencia palpable. El sistema de abastecimiento republicano estuvo en constante remodelación y modificación sin llegar en ningún caso a ser efectiva y operante.[4]

El ánimo y la euforia inicial materializado en las calles y en los envíos masivos de alimentos y productos básicos desde las provincias de retaguardia a la vanguardia pronto empezaron a convertirse en preocupación. Las derrotas de la República, la evidencia de la prolongación de la guerra *sine die*, así como otras circunstancias como la contracción productiva a partir del segundo año de la guerra o las limitaciones de importación impuestas por el Pacto de No Intervención y los ataques comerciales entre ambos bandos provocaron que los vecinos y las autoridades de las provincias de retaguardia empezaran a orientar la mirada a sus estómagos.[5] La voluntad de colaboración se transformó en necesidad por cubrir sus propias necesidades. Así pues, los consejeros municipales de Albacete denunciaban en febrero de 1937 que se enviaba la mejor harina, mientras era la de peor calidad la que quedaba para abastecer a la provincia[6] y en 1938 los cuerpos de

[3] Bernecker Walther L. y Brinkmann, Sören, *Memorias divididas. Guerra civil y franquismo en la sociedad y la política españolas (1936-2008)*, Abada, Madrid, 2009, pág.46.

[4] Decreto de la Presidencia del Consejo de Ministros del 25 de junio de 1938, *Gaceta de la República*, 30 de junio de 1938.

[5] *Vid.:* Campos Posada, Ainhoa, "Madrid o "la capital del espectro": la utilización del hambre como arma de guerra y posguerra por el franquismo", en Arco Blanco, Miguel Ángel del (ed.), *Los "años del hambre". Historia y memoria de la posguerra franquista*, Madrid, Marcial Pons, 2020, págs.81-100.

[6] Barciela, Carlos, "Producción y política cerealística durante la guerra civil española (1936-1939)" en Anes, Gonzalo, Rojo, Luis Ángel y Tedde, Pedro (eds.), *Historia económica y pensamiento social: estudios en homenaje a*

seguridad debían acompañar a las autoridades competentes para la adquisición de las reses destinados al sacrificio debido a las resistencias violentas de los ganaderos.[7] En los meses finales del conflicto, el agotamiento y la falta de medios habían erosionado ya la convicción política y para muchos el único deseo era el final, como para un ganadero de la provincia que afirmaba "me da igual unos que otros, solo quiero que esto acabe".[8]

A la altura de septiembre de 1936, algunos alimentos básicos escaseaban ya por las calles de Albacete y en noviembre el abastecimiento se elevaba como uno de los problemas de mayor preocupación. Como en otros lugares, productos necesarios para la alimentación de la época, como el azúcar o la leche líquida, quedaron reservados a los enfermos, lactantes y las embarazadas.[9] Sin duda, los problemas de desabastecimiento fueron compartidos por todo el territorio republicano, aunque con diferente incidencia. Las grandes ciudades como Barcelona y Madrid pronto adoptaron la medida de controlar y restringir el acceso a los productos básicos a través de la implantación de cartillas de racionamiento. Esta medida fue extendiéndose por todas las administraciones provinciales hasta que finalmente el gobierno central decretó el 5 de marzo de 1937 el racionamiento de productos de comer, beber y arder mediante cartillas familiares.[10] Sin embargo, el establecimiento de las tarjetas en muchas provincias se demoró durante meses. Tanto en la ciudad de Albacete como en sus pueblos, así como en otras provincias, pasaron meses hasta la circulación de estos documentos ya que, según afirman las autoridades, no se disponía de papel para imprimir los cupones ni de capacidad para realizar censos fiables.[11]

LA MISERIA COMO PROPAGANDA POLÍTICA

Los informes del *Foreign Office* confirman cómo los grupos paramilitares de jóvenes falangistas cuidaban el orden en los mercados con mano de hierro.[12] Sin embargo, se ha demostrado cómo, al menos hasta los momentos finales de la guerra, el bando nacionalista disfrutó de una política de distribución alimentaria operativa. Esto se debía a que el factor entre población abastecida y la capacidad de producción –con la colaboración

Diego Mateo del Peral, Alianza, Madrid, 1983, págs. 665-666; Alía Miranda, Francisco, "La revolución y sus principales problemas económicos durante la guerra civil española (193-1939)", *Cuadernos de Historia de España*, 85-86 2012, págs. 19-32.

7 Resumen del Consejo Municipal publicado en: *Defensor de Albacete*, 2 de febrero de 1937, pág. 2.

8 "Denuncia a Celestino Martínez Marti por desafección u hostilidad al Régimen legítimo", Archivo Histórico Provincial de Albacete (AHPAB), Jurisdicciones Especiales, TEP, Jurado de Urgencia, Caja 18883, leg. 1.

9 Vázquez, Matilde y Valero, Javier, *La guerra civil en Madrid*, Tebas, Madrid, 1978, págs. 320-322; *El Diario de Albacete*,2 de diciembre de 1937, pág. 1.

10 Decreto de la Presidencia del Consejo de Ministros del 5 de marzo de 1937, *Gaceta de la República*, 7 de marzo de 1937.

11 Boletín Oficial de la Provincia de Albacete (BOPAB), 4 de abril de 1937; Valls, María, "El abastecimiento en la retaguardia republicana. El caso de Granada, 1936-1939", *Revista del CEHGR*, 25 (2013), pág.224; Actas Municipales de Albacete: Sesión ordinaria celebrada el 22 de marzo de 1937, págs. 26-27 y Sesión ordinaria celebrada el día 7 de abril de 1937, págs. 33-34.

12 The National Archives (TNA), Foreign Office (FO) 371/26899, l. 150: "Economic Situation on Spain", 1938.

inestimable de la asistencia exterior– permitieron mantener una proporción sostenible entre la satisfacción de las necesidades propias y las obligaciones de exportación con sus aliados.[13]

Pese a ello, durante los meses de contienda e incluso durante los primeros tiempos del régimen tras el fin de la guerra, se produjo una instrumentalización ideológica de la imagen de las colas que tan conflictivas habían sido para la República. Las colas a las puertas de los comedores de Auxilio Social fueron explotadas en favor del discurso del Nuevo Régimen. Bajo el lema "Por la Patria, el Pan y la Justicia" los locales de Auxilio de Invierno, convertido posteriormente en Auxilio Social, fueron plagando las localidades que caían en manos rebeldes y dotando de materialidad el discurso de "paz, pan y justicia" que dominó la narrativa de la victoria durante toda la contienda.

Una mirada hacia las numerosas publicaciones de los sublevados permite comprender el valor que la "lucha contra la miseria" tuvo en el proceso de conquista y en el establecimiento de los nuevos mandos y valores en España. Para ejemplificarlo, puede ser tomado el caso de la revista *Fotos: Semanario Gráfico de Reportajes*. Este semanario intentaba ocupar el espacio de la prensa gráfica anterior a la guerra, principalmente de *Mundo Gráfico*, por lo que su formato era similar. Esta característica hizo que *Fotos* disfrutase de una recepción amplia, llegando a ser una de las publicaciones más leídas de la cadena de prensa del Movimiento durante la guerra y los primeros años de la dictadura. Su contenido, esencialmente material fotográfico, se centró en la vida en la retaguardia. De este modo se intentaba crear vínculos de proximidad con quienes vivían la cotidianidad de la guerra. Por ello se centraba en imágenes de las sonrientes mujeres de Auxilio Social, las colas ante los comedores y despensas, los repartos de leche y, en esencia, la presencia de las organizaciones de encuadramiento del régimen en la vida diaria, así como en su trascendencia por su labor social para con los más desfavorecidos. Al mismo tiempo, servían para denunciar la situación de miseria creada por el "Terror Rojo" y la bondad caritativa de las organizaciones nacionalistas que se materializaba en la imagen mesiánica del Caudillo y de la Nueva España.

Auxilio Social fue durante la guerra y los primeros años de la dictadura el instrumento más activo de la política asistencial del franquismo. Inspirada en el *Winterhilfe* alemán, sus fondos provenían de la propia Falange, pero también de la colaboración ciudadana bajo la recaudación de iniciativas como el *Día del Plato Único* y el *Lunes sin Postre*. Estos eran impuestos indirectos de carácter patriótico como las suscripciones a la *Ficha Azul*.[14] Este tipo de restricciones alimentarias, copiadas del modelo de participación indirecta

[13] TNA, FO 371/23169, l. 209 y ss.: "Copy of the report by Mr. Shumate, Robert Benson's local agent and the company's agent, on the economic situation in Spain".

[14] Corner, Paul, "Italian fascism. Whatever Happened to dictatorship?", *Journal of Modern History, 74* 2002, págs. 325-351; Orduña Prada, Mónica, *El Auxilio Social. La etapa fundacional y los primeros años,* Madrid: Escuela Libre, 1996, págs. 24-26; Cenarro Laguna, Ángela, *La Sonrisa de Falange: Auxilio Social en la guerra civil y la posguerra.* Barcelona, Crítica, 2005, pág. 16.

de la Alemania nazi (*Eintopf*)[15] fue establecido en Sevilla desde noviembre de 1936.[16] La puesta en funcionamiento del *Día del Plato Único*, así como el *Lunes sin Postre* –instalado a partir de julio de 1937[17]– se justificó en clave solidaria, católica y patriótica. Así, se integró en el cuadro de colaboración obligada para las acciones benéficas del nuevo Estado católico y moderno y para contribuir a la utopía sublevada: "no quede ningún ciudadano sin alimento diario y recoja en su seno a los huérfanos para hacer de ellos hombres amantes de Dios y de su Patria".[18]

La instalación de estos días de limitación, sin embargo, fue atendida por la propaganda republicana como una evidencia de la escasez nacionalista que servía de baza y justificante para las restricciones que el territorio republicano estaba sufriendo. La revista *La Voz*, en sus espacios dedicados a las declaraciones de los evadidos recogía: "El hambre se queda para los de abajo. La auténtica y pobre España dominada por las cinco flechas del fascismo pasa hambre. Eso del plato único –ya se ve– no es más que un pretexto para racionar, con fines falsamente patrióticos, la comida es corta y escasa".[19] Junto a estas medidas, también se establecieron otras restricciones obligadas como la prohibición de comer carne de vaca los miércoles y los viernes, una norma que inicialmente se aplicaría solo sobre la población civil y que tuvo que ser ampliada a partir de enero de 1938 también al cuerpo de militares.[20]

Por su parte, a través del sacrificio –teóricamente voluntario– se contribuía a la asistencia de todos los hijos de la Patria y, al mismo tiempo, se lanzaba una falsa imagen de fraternidad para con los "hermanos" que habían quedado subyugados y condenados al "Terror Rojo" y sus consecuencias, entre las que el hambre era la más destacada. A la vez, el carácter oficial, voluntario y ungido de la católica virtud de la caridad cristiana (adecuación a las circunstancias a pesar de tener recursos, solidaridad con el frente y los desposeídos...) servía para emitir una adulterada fotografía de normalidad que contrastaba fuertemente con el caos republicano. Estas colectas a favor de la Causa Nacional también fueron instrumentalizadas a modo de propaganda dirigida a la población civil republicana.

Durante los últimos meses de la guerra, la mayoría de los fondos recaudados que eran canalizados por Auxilio Social se dedicaron a la preparación de la atención a las *Poblaciones Liberadas*. Por ello, tras los batallones de liberación el protagonismo de las

[15] Höffer-Mehlmer, Markus, *Modernisierung und Sozialarbeit in Spanien*, Europäischer Hochulverglag, 2009, pág. 61.

[16] Creación de las Juntas Provinciales de Beneficencia: Boletín Oficial del Estado (BOE), 3 de noviembre de 1936 y BOE 12 de noviembre de 1936.

[17] En el Art.3 de la Orden de 16 de julio de 1937 se establecía que a partir del mes de agosto se creaba el Día Semanal sin postre.

[18] BOE, 3 de septiembre de 1936.

[19] *La Voz*, 9 de enero de 1937.

[20] Archivo General Militar de Ávila (AGMAV), 2318, 35, 33 "Carne. Orden para que los miércoles y viernes no se coma carne de vaca en las unidades militares como está dispuesto a la población civil", Burgos, 17 de enero de 1938.

ocupaciones caía sobre los camiones de Auxilio Social.[21] En este sentido, incluso en las celebraciones de los *XXV años de Paz,* cuando la presencia de Auxilio Social era ya anecdótica, se ensalzaba su labor como la materialización de la "generosidad del pueblo para la formación de importantes convoyes que estuvieron presentes en la liberación de todas las capitales y ciudades importantes".[22]

Imagen 1. Reparto de comida por Auxilio Social (ca. 1938) Biblioteca Nacional de España: GC-CAJA/21/5

El discurso de los militares rebeldes se centró de forma reiterativa en la imagen del "Madrid hambriento". Este espacio se convirtió en el símbolo de miseria con mayor cobertura y el objetivo al que enviar los cristianos sentimientos de caridad y compasión del Nuevo Régimen. Una compasión que no limitaría la destructiva acción de la represión franquista. Sin embargo, en las últimas semanas de la contienda, los periódicos y las organizaciones sublevadas se movilizaron para despertar la solidaridad del pueblo español para con sus hermanos "martirizados por las hordas marxistas".

[21] Los investigadores españoles han documentado y confirmado cómo Auxilio Social y su estructura asistencial fue uno de los pilares de la construcción del ambiente de apoyo, o al menos, consentimiento del régimen, así como de adoctrinamiento, control y vigilancia. Vid: Conde-Caballero, David, Rivero, Borja y Mariano Juárez, Lorenzo (eds.), *Vidas sin pan. El hambre en la memoria de la posguerra* española, Granada, Comares, 2023; Arco Blanco, Miguel Ángel del (ed.), *Los "años del hambre" historia y memoria de la posguerra franquista,* Madrid, Marcial Pons, 2020; Arco Blanco, Miguel Ángel del, Fuentes, Carlos, Hernández Burgos, Claudio y Marco, Jorge, (eds.), *No solo miedo. Actitudes políticas y opinión popular bajo la dictadura franquista (1936-1977)*, Granada, Comares, 2013.

[22] Auxilio Social: "XXV Años de Paz", *Boletín nº 3,* enero-diciembre 1964, p. 80.

Desde inicios de 1939, los preparativos de la toma de Madrid monopolizaron la acción de las organizaciones de Auxilio y de asistencia social franquista. Como recoge Ainhoa Campos, el diario ABC hacía saber que el pueblo bilbaíno se preparaba para la conquista de la capital enviando 200 toneladas de galletas. Los camiones de Auxilio Social llenaban las calles de pan blanco y asociaban el fin de la guerra con el fin del hambre, un matrimonio conceptual que tendría corto recorrido.

Junto a la glorificación de la asistencia social franquista, los aliados de la guerra también eran retratados como colaboradores humanitarios. Así, *La Voz de España* anunciaba desde San Sebastián cómo solidariamente el gobierno alemán había puesto a disposición del general Franco (quien en su mística labor social lo repartiría como agente dirigente de esta labor) grandes cantidades de trigo, harina y azúcar por valor de medio millón de oro, así como cinco mil trajes de caballero que se entregarían a los necesitados de Barcelona. El periódico falangista expresaba de forma lisonjera su agradecimiento por la colaboración alemana en la "gigantesca tarea de restauración material y moral que la zona había sufrido durante la dominación roja".[23]

FORZAR LA ESCASEZ, ATACAR LA COMIDA

A pesar de las dificultades que pudieran vivir en la zona controlada por los rebeldes, los mandos militares del bando sublevado –y la población de ambos espacios– eran conscientes de que la retaguardia republicana sufría una situación cada vez más grave. La escasez se profundizaba de forma vertiginosa y esta coyuntura fue bien aprovechada por los sublevados tanto en guerra como en posguerra. Se sabe que, en el frente, cuando ambos ejércitos estaban muy próximos, el general Queipo de Llano anunciaba por megafonía el menú de las tropas sublevadas. En la misma línea, por ejemplo, las emisoras nacionalistas solían detallar los menús de los restaurantes populares para que los oyentes republicanos se desmoralizasen o incluso cambiasen de bando.[24]

En el mismo sentido, es más que conocido el episodio del bombardeo de pan blanco sobre las calles de Madrid. Esta fue una nueva estrategia de guerra total que dio más que buenos resultados. El hambre provocaba el agotamiento y el hastío de la población y este fue un gesto de propaganda cubierto de falsa generosidad que implicaba un mensaje implícito claro: en la zona rebelde no solo no se pasa hambre, sino que sobra el pan y quieren entregarlo a sus condenados hermanos españoles. Estos *alimentos caídos del cielo* iban envueltos en bolsas con mensajes muy directos: "No nos importa lo que penséis, nos basta saber que sufrís y sois españoles", "En la España *Nacional Una, Grande y Libre* no

[23] Archive Dipolomatique Misitere des affaires etrangeres (ADMAE), Z .240-I-sd-6, 225.Espage, Diplomatie Paris, 10 février 1939.

[24] Seidman, Michael, *A ras de suelo. Historia social de la República durante la guerra civil*, Madrid, Alianza Editorial, 2003, pág. 112; Ibídem, *La victoria nacional. La eficacia contrarrevolucionaria en la guerra civil*, Madrid, Alianza Editorial, 2012, pág. 119.

hay un hogar sin lumbre ni una familia sin pan", "Todo es mentira en las propagandas rojas: este es el pan de cada día en la España de Franco", "Mientras vuestros gobernantes explotan las cosechas y malgastan el oro en propagandas con que prolongar vuestra agonía, la España Nacional siente la angustia que padecéis y os envía una muestra de su recuerdo". Evidentemente, las autoridades republicanas quedaron consternadas y, a pesar de que el periódico *ABC* de Madrid insistía en que los panes rebeldes fueron rechazados por los madrileños, es evidente que para muchos el estómago ganó sobre la convicción política.

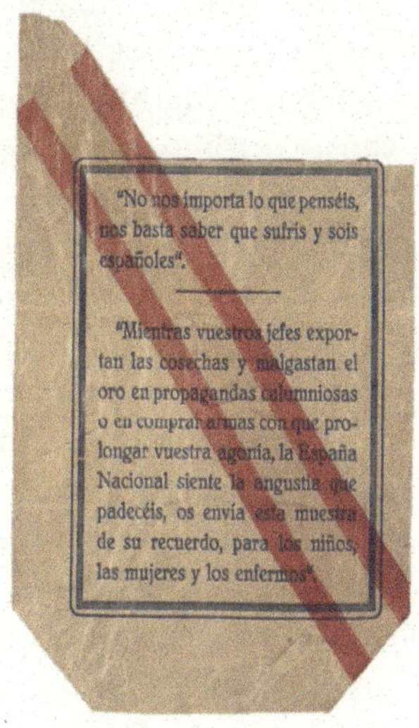

Imagen 2. Consignas en bolsas de pan bombardeas. Fuente: Museo Virtual de la guerra civil española

En su sentido de *guerra total,* durante la contienda civil, la limitación de acceso a los recursos del otro bando fue un arma de guerra fundamental, controlada y organizada como otra de las estrategias de combate. El hambre no solo fue un relato a favor de una causa o un instrumento útil para la construcción de las narrativas de la caridad del Estado cristiano, sino que fue, junto con los bombardeos aéreos, otra forma de imponer el terror y el sufrimiento sobre las poblaciones civiles del bando contrario. Este fue uno de los puntos fundamentales de la labor del Servicio de Inteligencia y Policía Militar (SIPM) y de la diplomacia sublevada. Tanto las fronteras como los puertos estaban plagados de quintacolumnistas y de agentes del SIPM que informaban de la llegada detallada de barcos y camiones cargados de alimentos.[25] De hecho, una lectura del progreso cronológico de los informes de los servicios de inteligencia franquista demuestra cómo se produjo un claro viraje en torno al grueso de la información sobre los cargamentos que cruzaban

[25] AGMAV, C. 2920,16, "SISP-IRUN: Sabotaje de envío de leche condensada a Cataluña desde Francia", 1939; AGMAV, C. 2899, 28, "Resumen de víveres pasados por la frontera pirenaica a la zona roja septiembre 1938".

la frontera. Si en inicio eran las armas y los convoyes de materiales bélicos estratégicos los focos de mayor interés, este se fue ampliando a la entrada de víveres y de recursos de tratamiento médico, que fueron objeto de informes cada vez más explícitos y abundantes en cantidad, calidad y procedencia.[26]

El servicio de inteligencia también fue el encargado de analizar, intervenir y evitar en la medida de lo posible las capacidades de abastecimiento de la República. Entre las principales funciones de sus agentes estuvo la negociación (o más bien contra-negociación) con el objetivo de evitar la venta de grano desde Europa del Este y América a la República. Por ejemplo, entre marzo y abril de 1938, los responsables del Ministerio de Asuntos Exteriores enviaron a sus representantes a Bucarest para impedir el transporte de trigo a *zona roja* por los barcos del Servicio Marítimo Rumano, tratando con el Ministro General Antonescu. De hecho, consiguieron paralizar el viaje del barco *Caparti*, aunque el *Ardeal* zarpó hacia la península tras cargar el trigo en Braila. Entre sus medios de negociación incluyeron la amenaza del ataque de los barcos por fuerzas tanto españolas como italianas.[27] Por su parte, en el marco de colaboración e implicación italiana para con los sublevados españoles, su servicio de inteligencia, el *Ufficio Informazioni* del *Corpo Turppe Volontarie* también mediaba por los rebeldes para impedir la intervención del gobierno inglés en favor de la República en la compra de 200.000 toneladas de grano rumano, con el objetivo de paralizar así la adquisición de uno de los elementos alimenticios más fundamentales para el mantenimiento de la población civil. [28]

Del mismo modo, desde las cúpulas de Burgos se lanzaron poderosos mensajes de contrapropaganda dirigidos a evitar los envíos de víveres en concepto de ayuda humanitaria a la zona leal a la República. Los periódicos nacionalistas advertían a quienes enviasen paquetes de alimentos a familiares o amigos que, más que una ayuda, sería un gran problema para sus destinatarios. Según el comunicado oficial emitido desde Salamanca "Los rojos registraron los domicilios de los destinatarios y requisaron confesadamente los productos alimenticios y pudieron demostrar mediante documentos que se habían adherido al movimiento revolucionario". Los que suministran los alimentos también podían ser perseguidos "por el delito de ayudar a la desmoralización de la retaguardia", ya que, según el comunicado, "los rojos consideran que el hecho de pedir alimentos en el extranjero crea un estado de opinión desfavorable a las causas de la República".[29]

Así mismo, los mensajes no se limitaban a aterrorizar a los familiares y amigos que querían colaborar al bienestar de los republicanos. Las autoridades de Burgos emprendieron campañas violentas de acusación contra los comités, las agencias de asistencia e incluso

[26] AGMAV, C. 336, 20/7-9; id., C. 2920; C. 2949; 2950; 2899, 2318.

[27] AGMAV, C. 2869, 42, "Informe del representante en Bucarest de las gestiones para impedir el transporte de trigo por barcos rumanos", 1938.

[28] AGMAV, C. 2950, C. 37, "Ufficio Informazioni Corpo Turppe Volontarie a la Jefatura del S.I.P.M, Burgos: Rifornimenti allá Spagna rossa", 16 de noviembre de 1938.

[29] ADMAE, Z .240-I-sd-6, 213-215. Secretarie Gerant les Services de l'Ambassade de France a Saint Jean de Luz. Envois de colins de vivres dans la zone oriental de l'Espagne.

el gobierno francés. Afirmaban que con su actitud laxa de *laissez faire* (no-intervención atenuada) solo contribuían a la prolongación de la guerra y del sufrimiento civil. El 18 de julio de 1938 el periódico *Unidad* (San Sebastián) encabezaba su portada con un editorial titulado "Ya es suficiente". Extremadamente violento, la línea editorial acusaba a Francia de contribuir "a la prolongación de la guerra. Por culpa de Francia única y exclusivamente hay ciudades españolas totalmente devastadas.... No lo olvidemos". La conclusión era aún más agitadora: "No, no y no. Los españoles que todavía pretenden pasar por Francia para otra cosa que no sea vomitar sus repugnantes crímenes sobre las cabezas de los franceses no son españoles". Los sublevados exigían represalias contra los españoles que cruzasen la frontera en búsqueda de víveres. De hecho, el texto era tan agresivo que el servicio de Diplomacia de San Juan de Luz acusó a los sublevados de "agitadamente galófobos", hasta el punto de llevar a que el jefe del Gabinete Diplomático de San Sebastián se dirigiese a protestar por el tono del artículo.[30] Esta fue una línea de opinión extendida entre la prensa franquista que tachaba el humanitarismo, fundamentalmente galo, de "cínica patraña" que solo contribuía a dar continuidad a la tragedia de la guerra.[31]

Sin embargo, aprovechar la escasez no se limitó a la propaganda o a la obstrucción por medio de la destrucción sistemática de infraestructuras. La necesidad fue un sentimiento conocido y aprovechado de las formas más duras y cruentas. En enero de 1939, el general jefe del 2º Cuerpo del Ejército comunicó al coronel jefe de la 102 División (Cabeza de Buey, Badajoz) por medio de un telegrama calificado como "muy reservado" que con la autorización del jefe de servicios de veterinaria se había dispuesto conveniente que el ganado con muermo fuese conducido al frente, arreado hacia la zona enemiga y registrando todas esas cabezas como sacrificadas.[32] La ingesta de carne infectada con muermo podría tener consecuencias gravísimas para la población incluyendo la muerte.

Atacar la comida y con la comida se convirtió en un arma más al servicio de la guerra, con un valor incalculable y con consecuencias directas para la población civil. Si bien fueron los ataques aéreos contra ciudades el medio de ofensiva más operativo tanto a nivel material como moral, el ataque a los puestos estratégicos de la logística de abastecimiento estuvo a la orden del día. Según los informes del servicio de inteligencia, junto con los depósitos de armas y los puestos administrativos de las Brigadas Internacionales, los almacenes de comida, las granjas y las fábricas de alimentos fueron los *puntos calientes* para la dirección de las bombas en los ataques a la provincia de Albacete.[33]

La Sección de Información del Estado Mayor del Aire rebelde indicaba que entre los objetivos principales de bombardeo en la zona estaban en primer lugar el parque

[30] AMDAE, z. 235-I-Espagne-Presse, 122-123. "La galophobie dans la presse nationaliste", San Juan de Luz, 20 juin 1938.

[31] Alía Miranda, Francisco, La *otra cara de la guerra. Solidaridad y humanitarismo en la guerra civil española (1936-1939),* Madrid, Sílex, 2020, pág. 54.

[32] AGMAV, C. 1952, l. 32, Cuartel General del 2º Cuerpo del Ejército, "Telegrama. Orden para que se desplace el ganado con muermo", 2 de enero de 1939.

[33] AGMAV, C .2126, 33, "Estado Mayor del Aire. Albacete Grupo E-252 Región aérea V. El 28 de octubre de 1938. Referencia Ejercito del Centro".

automovilístico y en segundo el depósito de víveres de las brigadas, por delante del almacén de armas, el Estado Mayor o el cuartel de artillería. Entre los objetivos secundarios, pero de "interés prioritario", los mandos militares señalaban que debían bombardearse los depósitos de intendencia civiles y los servicios sanitarios.

La experiencia destructiva de la guerra sobre las poblaciones civiles provocó que la sociedad republicana fuese absorbiendo la convicción de que la batalla no solo se libraba en el frente o en el trabajo, sino de que una victoria sublevada pondría en peligro sus vidas incluso después del final de la guerra. Desde el Comité Francés por la Paz Civil y Religiosa en España, una organización poco sospechosa de ser pro-republicana, alentaron sobre esta realidad. En abril de 1938, un año antes del final de la contienda llamaban la atención sobre ello:

> Respecto a este último punto [refiriéndose a las represalias masivas de vencedores sobre vencidos], quienes tienen en cuenta determinadas condiciones psicológicas, en particular la persuasión en la que efectivamente se encuentran (con razón o sin ella) las poblaciones republicanas de que el triunfo de Salamanca iría acompañado de un exterminio total de los "rojos" y sospechosos, experimentan una ansiedad extrema en al final de la violencia y destrucción que podría correr el riesgo en el área de gobierno si el general Franco, supuestamente victorioso, exigiera una rendición pura y simple y sin condiciones, para que ningún factor de apaciguamiento psicológico no se oponga a equilibrar las órdenes de exterminio de que hablamos y que podría empujar a las masas vencidas a la peor desesperación.

CONCLUSIONES

El problema del acceso a los suministros y el abastecimiento del frente, pero, sobre todo, de la población civil se reveló desde el inicio del conflicto como una dificultad de enorme profundidad y calado. Por ello, las autoridades de ambos bandos comprendieron la importancia de crear una red de abastecimiento eficaz para poder mantener el orden social y la colaboración y fidelidad de la población civil, ya que en ello se sustentaba parte de la legitimidad del gobierno y, sobre todo, de ello dependía el estado moral de la población de retaguardia que era también el brazo productor de la República. La crisis de suministros fue un problema compartido por todo el territorio del gobierno republicano ya que la quiebra del entramado de transportes, de los mercados nacionales y la incapacidad de importación tuvieron repercusiones en la práctica totalidad del bloque gubernamental, aunque la incidencia del desabastecimiento tuvo gravedad variable en cada uno de los territorios. El gobierno central se esforzó en conseguir gestionar este problema que fue agravándose de forma insoslayable. La profusa regulación normativa, los constantes cambios administrativos y las mutaciones institucionales y de competencias provocaron un estado de inestabilidad continua que, lejos de lograr solucionar los problemas evidentes, agravó las dificultades y profundizó las grietas de enfrentamiento entre las distintas autoridades competentes.

Las formas de destrucción como el ataque a los barcos mercantes, los puestos de intendencia o directamente la intoxicación de los alimentos buscaban forzar el desgaste y la rendición del bando republicano por medio de la imposición del terror, el dominio del miedo y el bombardeo a la moral de los civiles. Varios son los investigadores que han apuntado que en el sedimento de las motivaciones rebeldes no estaba solo la victoria, sino que en él yacía una voluntad de *limpieza* e incluso *exterminio* de la población republicana.[34]

En este sentido, el culto a la violencia y la legitimación de las posturas de exterminio han sido analizadas desde la perspectiva comparada como una realidad extendida durante la época de entreguerras europeas. Estos análisis han determinado que se trata de uno de los factores comunes de las culturas políticas de los años treinta, avivado, además, por el contexto de guerra civil y por la trayectoria conflictiva de la experiencia de la Segunda República.[35]

Desde la perspectiva sublevada era útil articular que aquella "República del pueblo" les había condenado y la miseria extrema era, según los franquistas, una muestra elocuente de la *barbarie roja.* Los medios franquistas informaban: "Perros, gatos y otros animales han servido de alimento al vecindario madrileño, mientras los jefes rojos se dan pantagruélicas comidas en las checas y se mataban entre sí tras disputarse a tiros los camiones de víveres".[36] Frente a ello, el retrato de la pacífica y boyante zona nacionalista, colmada de gracia bajo el manto protector de Franco, contrastaba líricamente con aquel panorama de caos revolucionario y destructor que, tal y como construía la narrativa sublevada, era el fruto de la voluntad y egoísmo de sus dirigentes.[37] Sin embargo, la consigna de *pan y paz* pronto viviría un divorcio dialéctico y la boyante *España de Franco* nunca llegó a la mesa de los millones de españoles que quedaron sumidos en una profunda hambruna que se prolongaría más de una década y cuyas consecuencias físicas y traumáticas se han mantenido casi hasta la actualidad.

---

[34] El carácter de exterminio de la guerra civil ha sido uno de los puntos de debate historiográficos activos en los últimos años. *Vid.:* Aróstegui, Julio, Marco, Jorge y Gómez, Gutmaro (coords.), "De genocidios, holocaustos y exterminios. Sobre los procesos represivos en España durante la guerra civil y la dictadura", *Hispania Nova,* Dossier, 10, 2012. Mientras renombrados investigadores como Paul Preston no dudan en señalar la voluntad aniquiladora de los militares sublevados (Preston, Paul, *El Holocausto Español: odio y exterminio en la guerra civil y después,* Barcelona, Debate, 2011) otros como Julius Ruiz niegan este carácter en la violencia represiva del franquismo (Ruiz, Julius, *La justicia de Franco: la represión en Madrid tras la guerra civil,* Barcelona, RBA Libros, 2012).

[35] Rey Reguillo, Fernando del y Álvarez, Manuel (eds.), *Políticas del odio. Violencia y crisis en las democracias de entreguerras,* Madrid, Tecnos, 2017; Mazower, Mark, *La Europa Negra. Desde la Gran Guerra hasta la caída del Comunismo,* Barcelona, Ediciones B, 2001; Traverso, Enzo, "Interpretar el fascismo. Notas sobre George L. Mosse, Zevev Sternhell y Emilio Gentile", *Ayer,* 60 2005, págs. 222-258; Paul Preston: *El holocausto español...*

[36] *La Hoja Oficial del Lunes* (A Coruña), 29 de marzo de 1937.

[37] Martínez Pereda, Lucio, *El pan y la cruz. Hambre y Auxilio Social durante el primer franquismo en Galicia,* Madrid, Biblioteca Nueva, 2017, págs. 86-88.

24.
EL DESPLIEGUE DE LA INTELIGENCIA MILITAR SOVIÉTICA EN LA GUERRA DE ESPAÑA (1936-1939) DESDE LAS FUENTES RUSAS

Daniel Estévez Pérez
Universidad de las Palmas de Gran Canaria

INTRODUCCIÓN

Cuando Europa cerró la puerta a la República española, negándole el derecho de armarse y defenderse contra el fallido golpe de estado del 18 de julio de 1936, el 'girasol ruso', como escribió el poeta Miguel Hernández, tornó la vista a España. La URSS, por entonces, se dividía entre seguir su política exterior de acercamiento a las potencias occidentales como Francia y Reino Unido, o mantenerse en la vanguardia de la defensa del proletariado internacional ayudando a la República. Finalmente se unieron al 'Pacto de No Intervención', pero Stalin y el Politburó no abandonaron a los españoles. El 23 de octubre de 1936, Iván Maisky, representante soviético en el comité de dicho pacto, avisaba de que la Unión Soviética se desentendería de las responsabilidades contraídas si no se tomaban medidas contra las violaciones del mismo por Alemania e Italia.[1] Mientras, los primeros vapores soviéticos (denominados *Ygreks*[2]), cargados con ayuda militar, ya estaban arribando los puertos republicanos.

La ayuda soviética a España puede definirse como un poliedro. La República contó con apoyo humanitario, diplomático, político, económico y militar del País de los Soviet. Una ayuda sobre la que muchos historiadores estamos de acuerdo en afirmar que no ha sido profundamente estudiada, condicionada en buena medida por las restricciones en el acceso documental.[3] Una parte de las publicaciones han estado implicadas en el debate sobre qué bando recibió mayor y mejor ayuda. De ahí a que los historiadores se hayan interesado en cuantificar y cualificar la Operación X[4], en cuanto a la calidad del armamento, su precio o el número de voluntarios. Sin embargo, muy poco sabemos del

---

[1] Carta del Representante de la URSS en el Comité de No Intervención en los Asuntos de España al presidente del Comité, Plymouth. Londres, 23 de octubre de 1936 en Solntsev Alexey, *Dokumenty vneshney politiki SSSR. T. XIX. 1 yanvarya- 31dekabrya 1936 g.*, Moscú, Politizdat, 1974, págs. 513-514.

[2] Nombre en clave dado por los soviéticos a los buques enviados con la ayuda militar que se denominaban con una "y".

[3] Puigsech, Josep, "De la ideología al pragmatismo, el papel de los soviéticos en la Guerra Civil" en Folguera, Pilar (coords), *Pensar con la historia desde el siglo XXI: actas del XII Congreso de la Asociación de Historia Contemporánea*, Madrid, Universidad Autónoma de Madrid, 2015, págs. 4799-4802.

[4] Denominación que las oficinas del Comisariado del Pueblo de Defensa de la URSS (NKO) dieron a la ayuda militar que prestarían a España.

organismo que llevó el peso de la operación y quienes eran los que la integraron. Otra parte de la historiografía, influenciada por la Guerra Fría, se ha enconado en la discusión sobre posibles intromisiones en la política republicana, hasta el punto de plantear la posibilidad que la URSS hubiera intentado exportar las 'purgas'[5] a España. Es en este terreno donde se han producido las más feroces discusiones, cometido muchas confusiones y fundados muchos mitos que los investigadores han tenido que desenredar a partir de 1991.

Tras el desplome de la URSS, se permitió el libre acceso a la documentación soviética por parte de los investigadores occidentales. Esto supuso un aumento en la rigurosidad de las publicaciones, que hasta la fecha solo habían podido servirse de memorias, periódicos de la época y algún que otro documento oficial. La apertura ha pasado por altibajos hasta la actualidad, cuyo acceso está vetado para foráneos a la Federación Rusa. Las fuentes primarias de origen ruso, por ende, están restringidas y la presente comunicación estaría condenada al fracaso de no ser por dos vías documentales. La primera surge de un convenio entre España y la Federación Rusa por la cual el Archivo Militar Estatal Ruso (RGVA) cede parte de sus fondos relacionados con la Operación X y que, en la actualidad, se encuentran depositados en el Centro Documental de la Memoria Histórica (CDMH) de Salamanca. La segunda es la publicación de colecciones documentales por el propio RGVA pertenecientes al Departamento de Inteligencia Militar del Ejército Rojo (RU) que, desde 2019, se vienen publicando en tomos y su acceso es libre desde la página web de la entidad.[6] Ambas fuentes de documentación nos han permitido descubrir la importante relación que la inteligencia militar soviética tuvo con la Guerra Civil española. Mucho más que el mismísimo NKVD y en igual o superior medida que el propio *Komintern*. En los archivos, encontramos cartas, telegramas, planos, fotografías e informes que hemos intentado complementar con la documentación existente en otros archivos como el fondo Paulina i Adelina Abramson (AGE) del Arxiu Nacional de Catalunya, también de procedencia rusa, junto con memorias y periódicos de la época.

Como hemos avanzado, el papel prácticamente desconocido del RU se explica porque este ha pasado desapercibido en las investigaciones occidentales. Una de las razones de esto se debe a la oscura fama del NKVD y de su sucesor, el KGB, que ha eclipsado a la historiografía. De hecho, no sería hasta principios del presente siglo cuando las menciones a este departamento del Ejército Rojo se han hecho con mayor fundamento.[7] Para el caso de la Guerra Civil Española, se ha tenido que esperar a la década de 2010 para que aparecieran publicaciones que han impulsado las investigaciones centradas en los servicios de inteligencia e información. Nos referimos a trabajos como *El caso Orlov* de

---

5 En la segunda mitad de la década de 1930 se desataron olas represivas en la URSS que buscaban, según los organismos soviéticos, eliminar posibles saboteadores o quintacolumnistas que atentaran contra la unión.

6 https://rgvarchive.ru/ellib (Consultado el 18 de agosto de 2023).

7 Nos referimos a Rybalkin, Yuri, *Stalin y España*, Madrid, Marcial Pons, 2007. Véase también Kowalsky, Daniel, *La Unión Soviética y La Guerra Civil Española: Una Revisión Crítica*, Barcelona, Crítica, 2003 y Schauff, Frank, *La victoria frustrada: la Unión Soviética, la Internacional Comunista y la Guerra Civil española*, Barcelona, Debate, 2008.

Boris Volodarsky[8] que constituye todo un referente en cuanto al estudio de los servicios de inteligencia soviéticos, aunque se centra más en las actividades del NKVD. En el campo del espionaje republicano, debemos destacar también las investigaciones de Hernán Rodríguez[9] o Fernando Puell.[10]

La presente comunicación pretende también seguir explorando en esta dirección, intentando despejar cuál fue la labor del departamento de inteligencia del Ejército Rojo a partir del uso de fuentes rusas. Ahondando en la estructura de su despliegue a ambos lados del frente y reconociendo someramente el perfil de los agentes que Moscú seleccionó para hacer frente a las tropas rebeldes que pretendían acabar con el legítimo estado republicano español. Para ello, abordaremos la cuestión a partir de las fuentes rusas disponibles: depositadas en España o publicadas por organismos rusos.

EL *RAZVEDUPR*

Escribía Viktor Suvurov –un agente de la inteligencia militar que desertó a Occidente a finales del siglo pasado– que la palabra *razvedka* en ruso se utiliza para definir lo que en castellano sería "inteligencia", pero incluye también otros términos como 'reconocimiento', 'vigilancia' así como toda actividad relacionada con obtener información y procesarla sobre el enemigo.[11] El espionaje militar no fue un invento del siglo xx, de hecho, podemos encontrar numerosos ejemplos a lo largo de los siglos. No obstante, tras la Primera Guerra Mundial, se observa como poco a poco los estados europeos incorporarían estos servicios a sus gobiernos o ejércitos. En el caso soviético no fue distinto. Tras la revolución de octubre de 1917, que llevó a los bolcheviques al poder, la reacción de las potencias occidentales, entonces inmersas en la guerra contra el Imperio Alemán, se hizo notar estallando así la guerra civil rusa. Los comunistas rusos se encontraban en dos frentes: por un lado, debían proteger la revolución y por otro defenderse del Ejército Blanco. Para el primero crearon, a finales de 1917, la *Chekά* cuyo principal objetivo era luchar contra los contrarrevolucionarios y el sabotaje.[12] Este organismo irá evolucionando al compás de los senderos que la URSS iría tomando, reorganizándose bajo distintos nombres hasta su absorción en 1934 por el Comisariado para Asuntos Internos (NKVD). Con los 'enemigos del pueblo' bajo vigilancia y persecución, el Ejército Rojo (RKKA)

[8] Volodarsky, Boris, *El caso Orlov: Los servicios secretos soviéticos en la Guerra Civil Española*, Barcelona, Grupo Planeta, 2013.

[9] Rodríguez, Hernán, *Una derrota prevista. El espiobaje militar republicano en la Guerra Civil española (1936-1939)*, Granada, Comares Historia, 2012; "El espionaje militar republicano durante la Guerra Civil Española", *Diacronie*, número XXVIII, 4, 2016, URL: http://journals.openedition.org/diacronie/4686.

[10] Puell, Fernando, "La actuación de los servicios de inteligencia ante la batalla del Ebro", *Rúbrica Contemporánea*, número VIII, Barcelona, 2019, págs. 23-34.

[11] Suvurov, Viktor, *Soviet Military Intelligence*, Glasgow, Collins, 1986, pág. 20.

[12] Archivo Central del FSB de Rusia, Actas de las reuniones de la comisión, colegio y presidium de la Cheka. Reunión de la Comisión 7 de diciembre de 1917 (1ra reunión organizativa), 1, 1, 1 pág. 150. Consultado en: http://docs.historyrussia.org/ru/nodes/45461 (5 marzo de 2022).

podía centrarse en defenderse de los blancos y sus aliados. La creación de los primeros destacamentos del RKKA vino acompañado del establecimiento de pequeños grupos dedicados a la inteligencia que, en un principio, no contaban con la coordinación de ninguna institución. Solo con el desarrollo de un ejército regular empezaron a subordinarse estructuralmente, pero seguían sin tener una única organización que coordinara sus acciones.[13] De hecho, en el verano de 1918, operaban tres agencias distintas en el terreno de la inteligencia militar: el Departamento de Estadísticas Militares del Estado Mayor General, la unidad de inteligencia del Consejo Militar Revolucionario y la unidad de inteligencia del Comisariado de Guerra del Pueblo.[14] No tenían liderazgo común ni cooperación, tampoco se unificaban ni sistematizaba las informaciones de las agencias, de forma que las acciones fueron fragmentadas y descoordinadas. A finales de 1918, el Consejo Militar se restructuró y subordinó estas instituciones bajo uno de sus departamentos: el *Registrupr* o Departamento de Registro.

El 4 de abril de 1921 el *Registrupr* dio paso a la denominada Dirección de Inteligencia (*Razvedupr*) del Cuartel General del RKKA o en sus siglas RU. Una vez acabada la guerra civil rusa, tanto la Cheká como la inteligencia militar se enfrentaban a nuevos retos, a un nuevo espacio de acción.[15] En un país en "paz", la inteligencia militar tendría que adaptar sus actividades y objetivos. Los años veinte fueron difíciles y convulsos en el *Razvedupr*. El radio de acción se trasladaba al exterior. Países fronterizos como Finlandia, Polonia, Estonia y Letonia ocupaban los nuevos objetivos de los soviéticos como también Inglaterra, Francia o Alemania, o más exóticos como India, Afganistán, Japón o China.[16] Para ello se sirvieron de los miles de extranjeros que pidieron asilo en el País de los Soviets y que se unieron luego al RKKA. Muchos fueron reclutados por el RU que, después de un específico entrenamiento, los enviaba a sus países de origen como agentes. También el *Komintern* y los partidos comunistas se convirtieron en espacios donde captar agentes o cubrir sus operaciones como tapadera.[17]

Esta primera etapa de la inteligencia militar soviética tras el fin de la guerra civil, se caracterizó por el trabajo en las denominadas posiciones ilegales. Es decir, sin la protección de la inmunidad diplomática y bajo su propia responsabilidad, de forma que podían ser juzgados como traidores. Esto se debía a que Occidente había negado el reconocimiento diplomático a la URSS, por lo que a sus agentes no les quedaba más remedio que 'jugársela'. Por otro lado, financiar estas actividades de inteligencia y espionaje en el extranjero salía caro a una república recién creada, cuyos territorios se encontraban devastados por la guerra civil y sin apenas divisas. El mantenimiento del aparato extranjero se llegó a

[13] Suvurov, Viktor, *Soviet Military...*, pág. 20.
[14] Kolpakidi, Alexander, *Imperiya GRU,* Moscú, Olma Press, 2001, págs. 29-30.
[15] Guénrij YAGODA, "VChK-GPU. Istoricheskaya rol i zadachi" citado en Makarov, Vladimir, *Bol'shevistskiy ostrakizm. Presledovaniye politicheskikh protivnikov v 1921-1923 gg,* Moscú, Russkii Put, 2010, págs. 194-197.
[16] RGVA, f.4, opág. 14, d. 56, págs. 180-182 aparece en VV. AA, *Istochnik dokumenta: Reforma v Krasnoy Armii. 1923-1938 gg.*, San Petersburgo, Ed. Letniy sad, 2006, págs. 311-320.
[17] Suvurov, Viktor, *Soviet Military...*, págs. 27-28.

sufragar con la venta de joyas, obras de arte y pieles en el extranjero.[18] Esta situación cambiaría a finales de la década de 1920 por dos razones: la creación de un nuevo plan quinquenal y por la salida del ostracismo diplomático al que occidente había sometido a la URSS. El nuevo plan económico se proponía convertir a la Unión en una potencia militar, lo que suponía que los agentes del RU debían afanarse en conseguir todo tipo de secretos de la industria militar occidental y para ello se invertirían más recursos.[19] Por otro lado, el establecimiento de relaciones diplomáticas con países europeos, con la consiguiente creación de embajadas y consulados por todo el mundo, supuso la constitución de posiciones legales del RU o 'residencias' que operarían, bajo inmunidad diplomática, conjuntamente con los ilegales.[20]

A partir del estudio de los trabajos de Kolpakidi, Suvurov y Volodarsky ya citados y las fuentes primarias[21], hemos podido reconstruir un esquema básico de cómo se estructuraría la inteligencia militar soviética en el exterior durante el periodo de entreguerras. Esta organización no era un modelo sólido, dependería de la situación, importancia y necesidades del país en el que se desplegaba. En el caso de España, como desarrollaremos, el escenario de guerra civil e intervención extranjera vendrá devenido de unas características propias que lo harán distinto de aquellos despliegues que se hicieron en la época en países como Reino Unido, Francia o Japón. No obstante, quizás el más semejante podría ser la red del RU en China, tanto durante la Primera Guerra Civil (1927-1937) como en la segunda guerra sino-japonesa (1937-1945). De hecho, sería muy interesante, en una línea de historia comparada, la investigación de ambos despliegues que se desarrollaron a los extremos opuestos de la URSS.

En la década de 1930, cuando se disponía de relaciones diplomáticas, la embajada era la matriz principal de la inteligencia soviética en el estado en el que se encontraba. Junto con el embajador, el resto de miembros de la expedición diplomática solían ser agentes del RU o del NKVD, los denominados *rezident*, que realizaban trabajo diplomático al mismo tiempo que establecían redes de inteligencia e informaban a sus respectivos jefes en Moscú (el 'Centro'). La comunicación pasaba por un grupo de radio operadores y cifradores dependientes de sus respectivas agencias. La división de los distintos tipos de agentes del RU puede establecerse entre los que realizaban actividades operativas (reclutar y dirigir agentes), el personal técnico (grupo de radio operadores y cifradores encargados de mantener la información con Moscú) y personal encargado de la seguridad, chófer, guardaespaldas, etc. El *rezident*, normalmente era un agente con experiencia y actuaba

[18] Kolpakidi, Alexander, *Imperiya GRU...*, pág. 56.

[19] Suvurov, Viktor, *Soviet Military...*, pág. 33.

[20] Kolpakidi, Alexander, *Imperiya GRU...*, págs. 57-59.

[21] Al respecto, pueden ser útiles al lector las siguientes publicaciones: Raymond, Leonard, *Secret soldiers of the revolution: Soviet military intelligence, 1918-1933*, Connecticut, Greenwood, 1999; Haslam, Jonathan, *Near and Distant Neighbors: A New History of Soviet Intelligence*, Nueva York, Macmillan, 2015. Para este apartado también se ha consultado la investigación de Whaley, Burton, *Soviet clandestine communication nets: Notes for a history of the structures of the intelligence services of the USSR*, Defense Technical Information Center, AD0705606, 1969. URL: https://apps.dtic.mil/sti/citations/AD0705606 (Consultado el 10/08/2023).

como jefe de todos los agentes y reclutas del país en el que se encontraba. Este solía contar con un adjunto que le sustituía en su ausencia y se encargaba de tareas como dirigir la red de *ilegales* en el país. Subordinados a estos, encontramos distintos agentes operacionales que ostentarían distintos cargos de importancia menor como tapadera y cuyas funciones varían según las necesidades: dirigir otras redes de agentes, participar directamente en operaciones, etc. Normalmente solían tener rango de mayores, capitanes o tenientes-coroneles. Esta estructura se copiaba en una escala menor en los consulados o delegaciones diplomáticas, dándose el caso de que quedaban dependientes a la jefatura del *rezident* principal de la embajada, a no ser que el Centro dictara lo contrario.

Por último, los *ilegales*, son mucho más difícil de rastrear. El agente ilegal podría ser cualquier sujeto: tanto un ciudadano del país, un extranjero o un ciudadano soviético. En algunos casos, el reclutado trabaja en una empresa u organismo público sensible para la inteligencia militar. En otros, el propio agente formaba una empresa privada o el estado soviético creaba una delegación comercial bajo la cual se daba cobertura algunos de sus espías. Ejemplos de esto último son la *All-Russian Co-operative Society* (ARCOS) establecida en 1920 en Londres, *Amtorg Trading Corporation* en Nueva York en 1924 o el Sovhispan en la década de 1970 en España[22], de las cuales hay sobradas evidencias que sirvieron de cobertura para actividades de espionaje.

Ahora bien, durante la Guerra Civil Española, ¿operó el RU bajo este esquema? ¿Cuál fue su distribución? ¿Quiénes eran sus miembros?

EL *RAZVEDUPR* EN LAS REPRESENTACIONES DIPLOMÁTICAS EN ESPAÑA

Cuando en el verano de 1936 la República española y el Gobierno Soviético acercaron posturas, no existía representación oficial soviética en suelo español. De hecho, España era uno de los pocos países que, a la altura de la década de 1930, no habían establecido relaciones. No habría sido por intentos, ya que los soviéticos habían realizado varios acercamientos desde la dictadura de Primo de Rivera (1923-1930) sin ningún éxito, salvo un tratado para la compra de petróleo soviético.[23] La guerra cambió el panorama y, a finales de agosto, el embajador Rosenberg presentaba sus credenciales ante Azaña en Madrid. Le acompañaba un cuerpo diplomático, formado por agregados comerciales, militares y sus adjuntos. Casi todos eran miembros del RU y algunos del NKVD. Constituían una especie de avanzadilla que debía explorar el terreno –es decir, la situación

[22] Respecto al Sovhipan destacar el artículo de Irina Yányshev y Santiago de Luxán, "Sovhispan: a collaboration model between Spain and the USSR in the Canary Islands (1967-1991)", *Investigaciones de Historia Económica*, Número XVII, Salamanca, 2021, págs. 1-13. URL: http://dialnet.unirioja.es/servlet/articulo?codigo=7937651 (consultado el 10/08/2023).

[23] Para las relaciones hispano-soviéticas anteriores a 1936 véase Kowalsky, Daniel, *La Unión Soviética…*, págs. 13-18 y Garrido, Magdalena, "Las relaciones culturales hispano-soviéticas (1931-1939)", *Ayer*, número LXXIV, Valencia, págs. 191-217.

de la República–, ya que por entonces el Politburó no tenía una respuesta clara a las peticiones de auxilio. Moscú demoró su decisión porque necesitaban de informadores fiables y directos sobre el terreno.

La historiografía ha demostrado la categoría que Marcel Rosemberg y Anton-Ovseenko tenían como diplomáticos, manifestando de esta manera la importancia que para Moscú tenía el conflicto español. Sin embargo, se ha pasado por alto al resto de miembros de las representaciones diplomáticas, llegando el caso de afirmar que muchos de ellos eran inexpertos y descuidados, y que habían sido elegidos al azar. Las informaciones a las que hemos accedido demuestran lo contrario. La gran mayoría eran experimentados agentes con una amplia experiencia bélica, habiendo participado desde la primera guerra mundial a la guerra civil rusa. Los informes que se remitían a Moscú, indican que, en la embajada de Madrid, estaba un tal Vladimir Gorev cuyo cargo era el de agregado militar y, siguiendo la estructura antes desarrollada, jefe de los agentes del RU en España.[24] Gorev, que firmaba sus informes en España como Sancho, había nacido en Bielorrusia y con apenas diecisiete años se había unido al RKKA durante la guerra civil rusa. Pese a que en un inicio trabajó para la *Chekà*, el RU lo reclutaría enviándolo como asesor militar en China entre 1925-1927 y más tarde como ilegal en EE. UU. a principios de la década de 1930.[25] Su secretario era Iósif Ratner, que también había trabajado en el exterior, concretamente en Alemania.[26] El adjunto de Gorev era David Lvovich, un polaco cuya carrera como agente le había llevado a países como Alemania, Austria, Polonia yTurquía, hasta ser cónsul en la República de Transcaucásia.[27] Quizás el único que no contaba con experiencia en el exterior era su asistente, Mámsurov, más conocido como Xanti, un experto en labores guerrilleras y de sabotaje. Por otro lado, la delegación comercial del Comisariado del Pueblo de Comercio Interior y Exterior de la URSS, estaba formado por Arthur Stashevsky, que en los años de dificultad había conseguido importantes divisas a partir de la venta de pieles que financiaron las actividades en el extranjero del RU. E Iván Vinarov, cuyo historial de servicios pasaba desde China como ilegal a llevar una importante red de espionaje en Austria que se extendía por casi toda Europa central y del este.[28] Como guinda a la embajada, se incorporarían los miembros del Departamento Especial SPEKO, encargados de las comunicaciones y la criptografía, con el fin de descodificar y captar informaciones sublevadas. Uno de ellos era Bruno Wendt, nacido en Alemania, había ganado experiencia en la *Kaiserliche Marine* y en la marina mercante alemana como radioperador. Reclutado por el RU en 1929, tras lo cual consiguió establecer una

[24] Tanto su puesto como el personal a su disposición aparecen descritos en RGVA, 35082, 1, 191, 537-536 en CDMH, Incorporados 1927, 1.

[25] Abramson, Adelina y Abramson, Paulina, *Mosaico Roto*, Madrid, Compañía Literaria, 1994, págs. 228-229; Schauff, Frank, *La victoria frustrada*..., pág. 202.

[26] Kolpakidi, Alexander; Kochik, Valery; Alekseev, Alexander, *Entsiklopediya voyennoy razvedki. 1918-1945 gg*. Moscú, Kuchkovo Pole, 2012, págs. 645-646.

[27] Kolpakidi, Alexander, *Imperiya GRU*..., pág. 220.

[28] Ibídem, pág. 177.

conexión radiofónica ilegal entre Tokio y Moscú.[29] El propio jefe del RU por entonces, Uritsky, lo designó como radioperador personal de Gorev.

A mediados de septiembre, el reputado periodista Ilya Ehrenburg estaba en Barcelona.[30] Allí conoció a importantes miembros de la *Generalitat* y los principales líderes anarquistas, quienes le convencieron de la peculiaridad catalana que ya había reconocido el Gobierno de la República con el estatuto de autonomía de 1932. Gorev también informó a Moscú sin ocultar la extraordinaria fuerza que los anarquistas tenían en Cataluña y del Partido Socialista Unificado de Cataluña (PSUC) el cual consideraba un posible ejemplo de una futura unificación entre el Partido Comunista (PCE) y el socialista (PSOE).[31] Así, convencidos de la importancia económica y militar de esta región, los soviéticos establecerían un consulado a principios de octubre en Barcelona.[32] Esta nueva sede supuso la creación de una subestación del RU que operaría en un frente complejo donde los anarquistas tenían mayor presencia. El puesto del agregado comercial lo ocupó Iván Kuzmin que, hasta la llegada del secretario de Gorev en Madrid, Ratner, como agregado militar, sería el jefe de la subestación en Barcelona.[33] Un tal Ivan Filipenko, cuyo nombre real era Iván Chusov, era el secretario del consulado. Chusov había sido reclutado por el RU entre 1924 y 1925 trabajando siempre en posiciones legales, primero en China (1926-1927) como asesor militar y luego como secretario del agregado militar en la embajada de la URSS en Japón (1927-1929), por lo que su puesto en España no le era desconocido.[34] La documentación, por ahora, no arroja más datos de otros miembros del consulado que estuvieran en nómina del RU, a los que habría que añadir los especialistas en comunicaciones y los agentes del NKVD.

La tercera representación diplomática que los soviéticos establecieron en España se encontraba en un frente muy sensible y complicado, formada por tres realidades políticas y económicas diferenciadas: el frente norte. El llamado "consulado" de Bilbao, establecido a finales de octubre de 1936[35], ha generado cierta controversia ya que nunca ha quedado del todo claro cuál era la situación real de esta representación y su "cónsul", Iósif Tumanov. Muchos autores han señalado que era un cónsul real, mientras otros directamente señalan que no era un diplomático profesional sino un agente del RU. La realidad era que Tumanov había sido enviado como parte de la embajada soviética a Madrid como miembro del Comisariado del Pueblo de Asuntos Exteriores y hasta el momento no hay evidencia alguna que lo relacione con la inteligencia militar. Una vez en la capital, fue

---

[29] Schauff, Frank, *La victoria frustrada*..., pág. 202.

[30] RGVA, 33987, 3, 852, pág. 150.

[31] Documento 16 (Fuente anónima 2) citado en Habeck, Mary; Radosh, Ronald; Sevostianov, Grigory (eds.), *España traicionada. Stalin y la guerra civil*, Barcelona, Planeta, 2002, págs. 96-102.

[32] Sobre el consulado soviético en Barcelona véase Farràs, Josep, "Los pasos de la diplomacia soviética para establecer el consulado de la URSS en Barcelona", *Ayer*, número LXXXVI, Valencia, 2012, págs. 169-195

[33] Volodarsky, Boris, *Stalin's Agent. The life and death of Alexander Orlov*, Oxford, Oxford Press, 2015, pág. 171.

[34] ANC, AGE, 615, 140; RGVA, 35082, 1, 147, págs. 250-247; Kolpakidi, Alexander et al, *Entsiklopediya voyennoy*..., pág. 835.

[35] Euskadi Roja, Año IV, nº 53, 31 de octubre de 1936, pág. 1

destinado a Bilbao como representante diplomático con amplios poderes (*polpred*), pero no como cónsul, pese que se presentó como tal ante el *lehendakari* Aguirre (un gesto diplomático por el cual los soviéticos buscaban reconocer la particularidad vasca tras la obtención del estatuto de autonomía el 1 de octubre de 1936). Por lo que es más preciso hablar de una delegación diplomática más que un consulado. Tumanov no marchó solo a Bilbao, le acompañó uno de los agregados comerciales de Madrid, Vinarov y su cifrador personal llamado Bauman de origen nórdico[36] como miembros del RU. Junto con este se encontraba el general Janson (cuyo nombre real era Kirill Ivanovich Janson), el cual haría de agregado militar y jefe de los asesores militares de la zona. Janson era letón y en su llegada a España tenía el cargo de comandante de brigada o *kombrig* en la jerga militar soviética. En su juventud había custodiado el instituto Smolny, sede de los bolcheviques durante la Revolución de Octubre. Cuando la URSS e Italia retomaron las relaciones, fue enviado como agregado militar de la embajada en Roma. Sería en España cuando es reclutado como miembro del RU en mayo de 1937.[37] El equipo de Bilbao era pequeño y experimentado, no obstante, las diferencias entre los miembros de la delegación y los escasos éxitos cosechados en el norte, empujó la llegada desde Madrid de Vladimir Gorev que ha de situarse a finales de abril de 1937 y no en mayo como han señalado algunos historiadores.[38] El cargo de Gorev en el norte no acaba por definirse en la documentación, sin embargo, a partir de las funciones que realizó, podemos afirmar que ejerció como jefe de los asesores y consejeros soviéticos desplegados en el frente.

La colaboración entre soviéticos y españoles fue necesaria. Estas relaciones marcaron la capacidad de actividad de los agentes del RU. Así, por ejemplo, el marco de acción en Madrid y Valencia fue mucho mayor que en Bilbao donde los soviéticos siempre fueron tratados con cierto recelo. De hecho, el propio *lehendakari* no ocultó su antipatía hacia los comunistas llegando a considerarlos "mongólicos".[39] En Barcelona, ocurría tanto igual con los anarquistas. Los soviéticos encontraron todo tipo de pegas a la hora de llevar a cabo sus actividades y no fue hasta los hechos de mayo de 1937[40], donde la balanza de fuerzas se equilibró. Tampoco contaban con muchos adeptos entre el Gobierno, uno de ellos el propio Indalecio Prieto (ministro de Marina y Aire y luego ministro de Defensa)

[36] EAH-AHE, Fondo Archivo Histórico del Gobierno Vasco, Departamento de Presidencia, 09, Informe Brusiloff, Paudillac, 4 de julio de 1938, págs. 80-82; Documento 56 (Fuente anónima 16) en Radosh, Ronald, et al, *España traicionada...*, pág. 337.

[37] Kolpakidi, Alexander et al, *Entsiklopediya voyennoy...*, pág. 880; Volodarsky, Boris, *Stalin's Agent...*, págs. 223, 612; S.A, *Bortsy Latvii v* Ispanii. 1936-1939, Riga, Instituto de Historia del Partido Comunista de Letonia, Publicaciones Liesma, 1970, pág. 531.

[38] RGVA, 35082, 1, 191, págs. 44-39 en CDMH, Incorporados 198, 2, págs. 44-39. En Guillermo Tabernilla y Julen Lezamiz, *Los soviéticos en el Gobierno Provisional de Euzkadi*, Bilbao, Beta III Milenio, pág. 26, señalan que Gorev llegaría en mayo de 1937 y que tras esto el frente norte acabaría por derrumbarse.

[39] Azaña, Manuel, *Memorias políticas y de guerra 1937-1939*, Barcelona, Crítica, 1997, pág. 258.

[40] Nos referimos a una serie de enfrentamientos ocurridos dentro del bando republicano entre el 3 y el 8 de mayo de 1937 en diversas localidades de Cataluña y la ciudad de Barcelona. Se produjo el enfrentamiento de grupos anarquistas y del POUM contra el PSUC, la *Generalitat* y el Gobierno central.

quien, en sus memorias, se jactó de entorpecer muchas propuestas soviéticas para evitar la hegemonía comunista.[41]

Con los miembros de la Komintern, las Brigadas Internacionales (BI) y las delegaciones del PCE la colaboración fue mucho más estrecha, aunque no siempre cordiales. En Bilbao, por ejemplo, sabemos que el personal auxiliar y de protección de la delegación lo proporcionaba el Partido Comunista de Euzkadi[42], en Barcelona algunos alemanes fueron seleccionados como guardaespaldas o como agentes operativos. Sin embargo, la colaboración no siempre dependía del carnet del partido. En el "Informe Brusiloff" se pueden hallar ejemplos de cómo los soviéticos obtenían información confidencial de la presidencia vasca a partir de miembros de partidos republicanos o socialistas que bien accedían por objeciones, cercanía ideológica o mediante sobornos.[43] Es por ello que, entre los documentos que el RGVA guarda, podemos hallar cartas y telegramas de alto secreto entre las máximas autoridades republicanas.[44] En otros casos, se reclutaba a un sujeto que facilitaba toda tarea de información proporcionando documentos o manteniendo al tanto a los soviéticos, pero que conservaba su posición política para no levantar sospecha. Un ejemplo de esto fue la 'doble militancia' del jefe de los servicios de información del Estado Mayor del Ejército, Estrada Manchón.[45]

Al otro lado de la alambrada, los soviéticos también desplegaron redes de *ilegales*. Este trabajo se desarrolló en cooperación con el PCE. El partido proporcionaba agentes que eran enviados tras las líneas enemigas bajo distintas tapaderas (periodistas, agentes de negocios, etc.) o de aquellos que habían quedado atrapados bajo dominio rebelde por distintas razones. Una de las zonas de mayor interés para los soviéticos era Andalucía. Desde noviembre de 1936 se había dado instrucciones para la creación de redes en Granada, Algeciras y Sevilla ya que eran estos territorios zonas de gran actividad por parte de italianos y alemanes.[46] Estas redes comenzaron a funcionar a pleno rendimiento a principios de 1937, sin embargo, tenemos dudas de quién ejercía la dirección de las mismas dentro del RU. Las cartas, estaban dirigidas a un tal "Juan". [47] Por lo que hemos podido comprobar, el pseudónimo Juan era el nombre con el que el secretario del agregado militar de la embajada, Ratner, firmaba sus informes.[48] Sin embargo, la escasa experiencia de Ratner en materia de inteligencia y su sobrecargada labor en España como secretario de Gorev, asesor del III Cuerpo del frente centro, asistente del general Asencio y más tarde agregado militar en Cataluña, nos hace dudar de que estuviera al frente de

[41] Prieto, Indalecio, *Convulsiones de España*, México, Oasis, 1967, págs. 65-67.
[42] EAH-AHE, Fondo Archivo Histórico del Gobierno Vasco, Departamento de Presidencia, 09, Informe Brusiloff..., págs. 85-86.
[43] Ibídem, págs. 55-59.
[44] Un buen ejemplo de esto es la correspondencia entre Llano de la Encomienda y el *lehendakari* Aguirre en RGVA, 35082, 1, 306, págs. 4, 5, 6, 7–9.
[45] RGVA, 35082, 1, 298, págs. 9-21.
[46] RGVA, 35082, 1, 275, págs. 17-18.
[47] RGVA, 35082, 1, 176, págs. 200-291 en CDMH, Incorporados 1927, 1.
[48] RGVA, 33987, 3a, 1015, pág. 139.

las redes de ilegales. A principios de 1937, en uno de los vapores cargados de armamento soviético, llegó a España Evgueni Sigismundovich Yolk. Este había sido enviado como agente ilegal en tareas especiales y como corresponsal del Agencia de Telégrafos de la Unión Soviética (TASS).[49] Yolk, como muchos miembros del RU, era letón. Graduado en el Instituto de Lenguas Orientales de Leningrado, fue enviado en 1925 a China como intérprete de un grupo de asesores soviéticos. En 1932 pasa a disposición del RU en el lejano oriente ruso hasta que en 1936 es enviado a España.[50] Yolk usaría los pseudónimos "E. Iogann", "E. Ioganson" que, una vez en España, se pudieron haber castellanizado a "Juan". Otro argumento que podría apoyar esta teoría era que su intérprete fue María Fortus, una agente del NKVD. María, que había sido reclutada en 1919 por la *Cheká*, se casó con Ramón Casanellas Lluch, un anarquista español exiliado en Rusia tras participar en el asesinato del presidente del Congreso, Eduardo Rato, en 1921. Ambos regresaron a España a finales de la década de 1920, por lo que se la puede considerar la primera agente ilegal soviética en España. Durante la Guerra Civil siguió trabajando para el NKVD y ayudando al RU, concretamente como traductora y *reclutadora* de ilegales.[51]

LOS GRUPOS EN EL FRENTE Y LA RETAGUARDIA

La avanzadilla de agentes del RU que suministró suficiente información a Moscú sobre la realidad política, económica y militar del España, permitió que desde el comité organizador de la Operación X se pudiera presentar el 14 de septiembre de 1936 un memorándum de la operación. Este comité contó con la colaboración tanto del NKVD y su sección de exterior. Para coordinarla se crearía el Departamento Especial X dentro de la sección exterior del RU. A la cabeza estaría Kliment Voroshílov, apodado el *Director* (como aparece en la documentación), como último responsable al frente del NKO, lo que remarca el carácter puramente militar de la Operación X y evidencia el desinterés soviético en convertir la República en un satélite.

Entre septiembre y octubre de 1936 comenzó a formarse el grupo de asesores militares soviéticos. Los candidatos se elegían en las direcciones generales y los órganos del personal del Comisariado de Defensa. Debían de cumplir una serie de condiciones como ser miembro partido comunista, estar soltero o tener una familia pequeña con pocos hijos y especialmente tener buen estado de salud.[52] Además, pasaban por un curso de formación preciso sobre las especificidades y la situación político-militar de España y recomendaciones prácticas sobre las tácticas a emplear. Para que en caso de que fueran detenidos en su viaje a España o cayeran en manos rebeldes, la documentación identificativa que portaban

[49] RGVA, 35082, 1, 331, págs. 2-11.
[50] Kolpakidi, Alexander et al, Entsiklopediya voyennoy..., pág.370; Kolpakidi, Alexander, *Imperya GRU*..., pág. 131.
[51] Rybalkin, Yuri, *Stalin y España* ..., pág. 230; Volodarsky, Boris, *Stalin's Agent*..., pág. 217, 603.
[52] K.I. Kadechin, *Eventos Españoles,* 24/12/1987, ff. 2 en ANC, 615, 99.

estaba falsificada llegando a usar pasaportes de otros estados europeos neutrales (Suiza y los países nórdicos), limítrofes con la URSS (Letonia, Lituania, Polonia, Finlandia)[53] o haciéndose pasar como refugiados o apátridas mediante el pasaporte Nansen.[54]

La estructura estaba altamente jerarquizada de forma piramidal. Al frente de la Operación X en España, los soviéticos elegirían Jan Berzin como jefe de los asesores soviéticos (GVS).[55] Berzin había sido una figura importantísima en el desarrollo del RU. De origen letón y nacido como Kyuzis Peteris, tras la revolución de octubre de 1917 pasó a formar parte del NKVD hasta que en 1919 se une al RKKA y un año más tarde al RU.[56] Entre 1921 a 1924 sería adjunto del jefe, hasta que finalmente en abril de 1924, por recomendación de su inmediato superior, es elegido para dirigir la inteligencia militar. Bajo su liderazgo, el RU conseguiría importantes logros coincidiendo con la expansión de las redes de agentes por todo el globo hasta el punto de sobrepasar al NKVD en cuestiones de espionaje.[57] Berzin llegó a Madrid en octubre de 1936, instalándose en el famoso Hotel Palace. A él se le supeditaría todos los consejeros, instructores, agregados y asesores enviados por Moscú. Contaría con el comandante de división Grigory Shtern, a veces confundido con el jefe militar de las BI, Manfred Stern (general Kléber), bajo el pseudónimo de Sebastián y que, tras el regreso de Berzin a Moscú en mayo de 1937, se convertiría en GVS.

La actividad del asesor militar jefe era compleja, diversa y siempre bajo el estricto escrutinio de Moscú. Por un lado, debía organizar todo lo concerniente al despliegue humano que la Operación X traía aparejado: informar a Moscú, destinar a los asesores que llegaban por todos los frentes, limar las asperezas formadas entre ellos, solicitar más personal y equipos, expedir y solicitar permisos, etc. Por otro lado, como asesor militar, los GVS debían proponer medidas, presionar a los distintos ministerios para su ejecución, proponer planes operacionales en los EM, nombramientos, reuniones con los gabinetes gubernamentales, etc. Estas tareas no se mantenían independientes con las labores que la cédula del RU en España llevaba a cabo, de hecho, la práctica totalidad de los agentes de la inteligencia militar en España actuaron como asesores, consejeros e instructores. De sus actividades, el GVS, informaba a Moscú.

Después del asesor militar jefe, los soviéticos se vertebraron en grupos bajo el mando de un líder. Estos grupos se dividía en función de los frentes y de las líneas de trabajo propias de la operación que desempeñaban. Por la documentación de archivo sabemos que estos no siempre estuvieron liderados o formados totalmente por miembros del RU. De hecho, la gran mayoría de los consejeros y asesores procedían de las distintas ramas del

[53] Orlov, Alexander, y Gazur, Edward, *The March of Time Reminiscences,* Londres, St. Ermin's Press, pág. 224-225.

[54] Los pasaportes Nansen fueron documentos de viaje desde 1922 hasta 1938, emitidos por la Sociedad de Naciones a los refugiados apátridas denominados así por su promotor, el estadista noruego y explorador polar Fridtjof Nansen.

[55] Estas siglas devienen del ruso *Glavnyy Voyennyy Sovetnik,* cuya traducción literal al castellano es "asesor militar jefe".

[56] Kolpakidi, Alexander, *Imperya GRU...*, pág. 132.

[57] Suvurov, Viktor, *Soviet Military...*, pág. 34.

RKKA. Sin embargo, podemos observar que en la totalidad de los casos era los miembros de la inteligencia militar quienes ocupaban los cargos de mayor importancia. Por ejemplo, el jefe del grupo de asesores del frente norte, el general Janson, fue reclutado por el RU estando en España y acabaría siendo relevado de su cargo por Gorev a finales de abril de 1937. En Asturias, un tal Lavedan, estaba al frente del grupo que operaba asesorando en la zona.[58] En Cataluña, el consejero del Estado Mayor (Mokrusov, conocido por Saturnino) y el asesor del *Conseller* de Defensa de la *Generalitat* (Chusov alias Iván Pilipenko) quedaban supeditados a Yushkevich (firmaba sus informes como Horace), el asesor principal del gobierno catalán.[59] Todos formaban parte del grupo Leonidov, cuyo jefe era el propio Yushkevich y su radio de acción se extendía en los territorios republicanos de Aragón y Cataluña. Este estaba integrado por más miembros del RU y del RKKA, por ejemplo, los asesores que trabajaban en la división Hubert y la Karl Marx, entre otros.

En Madrid ocurrió igual. Conscientes del símbolo político, de resistencia y soberanía republicana, se concentró innumerables efectivos y armamentos. Los soviéticos, a sabiendas, apoyaron a ultranza la defensa de la ciudad aun cuando el propio gobierno republicano la daba por perdida. Cuando las tropas rebeldes se proponían tomar la capital, los miembros de la Operación X que allí se encontraban se dividieron en tres grupos denominados por el nombre de su jefe.[60] El grupo de Gorev estaba formado por los ya mencionados Ratner y Mamsurov. Gorev trabajaba en el cuartel general de Miaja y en la Junta de Defensa. Ratner asesoraba a las distintas unidades que defendían la ciudad mientras que Mamsurov estuvo a cargo de la fortificación de la urbe y de minar sus puentes y accesos. El segundo grupo, denominado Kulik, lo formaban cuatro consejeros que se distribuyeron entre las distintas brigadas y unidades del frente cuyo trabajo perseguía coordinar la defensa, aunque en algunas ocasiones actuaron en sustitución de los jefes militares, por deserción o falta de los mismos.[61] En Albacete, el grupo Meretskov y Simonov, formado por estos junto con Tsyurpa y Pavlov, trabajaban en la formación de las cinco brigadas (III, IV, V, VI, II) que más tarde entrarían en combate entre las calles de Madrid. A estos hay que añadir los asesores individuales asignados al general Casado y Asensio que también pertenecían al RU.

Con la marcha del Gobierno de la República de Madrid hacia Valencia, parte del aparato militar soviético, incluido el equipo del GVS, también se trasladó a esta ciudad en noviembre de 1936. Dentro de este equipo se encontraba el ayudante de Berzin, Shtern que aparte de Sebastián también usaba el nombre en clave Grigorovich. Shtern había tenido una actuación destacada durante la guerra civil rusa, como comisario militar de varias unidades del RKKA llegando a formar parte del Consejo Militar Revolucionario desde mayo de 1924. Su ingreso en el *Razdevupr* se produjo en junio de

[58] RGVA, 33987, 3, 1015, págs. 138-141.
[59] RGVA, 35082, 1, 147, págs. 250-247.
[60] RGVA, 35082, 1, 275, págs. 2-10.
[61] Ibídem.

1929, tras lo cual estuvo trabajando en las oficinas del NKO en asignaciones especiales. Su estancia en España se dividió en dos periodos, el primero entre enero y septiembre de 1937 (algunos autores lo sitúan ya en España en octubre de 1936), y el segundo a partir noviembre de 1937 hasta abril de 1938. Durante este periodo, estuvo al frente del grupo Grigorovich. En el verano de 1937, justo antes de ser nombrado GVS en sucesión de Berzin, el aparato estaba compuesto por siete instructores, cuatro cifradores, nueve radioperadores y más de veinte intérpretes, además del personal de oficina. Las tareas del grupo pueden dividirse en dos líneas de acción a grosso modo: información, operaciones y sabotaje. Para las labores de información este grupo contaba con el nutrido equipo de radioperadores y cifradores, entre los que estaba Wilheim Klibik y su ayudante Yuri Bekman como instructores del Décimo Departamento (técnicos especialistas) del RU, así como Fedor Shishkin director de los cifradores soviéticos en España.[62] Junto con la labor del personal técnico, se incluyeron otros agentes especialistas en trabajos operativos e información, entre ellos Afanasi Pshenichnikov alias Zende. Este mantenía una estrecha colaboración con el Servicio de Investigación Militar republicano liderado por Estrada, actuando a modo de enlace informativo entre este organismo y el EM del GVS.[63] En este trabajo le sucedería Mijáil Isaev a partir de noviembre de 1937 como jefe de dicho EM.

Las labores de sabotaje estuvieron bajo la dirección de Jadzhi-Umar Mamsurov líder del grupo Xanti. Las guerrillas habían comenzado a operar en otoño de 1936 tras los rápidos avances rebeldes en Andalucía y Extremadura que habían dejado atrapados en su territorio a milicianos y republicanos. Destacamentos pequeños y dispersos intentaban hacer frente a las unidades rebeldes con escaso éxito, sentando precedente de cómo se iba a llevar la guerra en el sur.[64] A partir de la llegada de los asesores soviéticos estas unidades comenzaron a cobrar más fuerza hasta la creación, a principios de 1937, del XIV Cuerpo de Ejército Guerrillero. Los miembros del RU insistieron a Largo Caballero en el desarrollo de esta línea de combate ya que muchos de ellos habían comprobado su efectividad durante la guerra civil rusa y la guerra polaco-soviética (1919-1921). De hecho, Górev y los asesores en Albacete, Meretskov y Símonov, incluyeron la creación de unidades de guerrillas durante las medidas urgentes para la creación del Ejército Popular de la República.[65] Berzin eligió a Mámsurov como líder de un grupo de asesores especialistas en actividades subversivas y sabotaje. Miembro de la Sección A (inteligencia activa) del RU, previamente trabajó como consejero de Durruti en los días que estuvo este en Madrid

[62] RGVA, 35082, 1, 147, págs. 250-247

[63] RGVA, 35082, 1, 167, Materiales de Agentes en España, julio-septiembre de 1937 en CDMH, Incorporados 1924, 1.

[64] Jaritonenkov, Grigori, "Po fashistskim tylam", en S.A, *Vmesti i patriotami Ispanii*, Kiev, Editorial de la Literatura Política, 1976, págs. 235-236; RGVA, 35082, 1, 275, págs. 17-18.

[65] Yuri RYBALKIN: *Stalin y España...*, pág. 80; Rodríguez, Hernán, "Las Guerrillas En El Ejército Popular de La República (1936-1939)", *Cuadernos de Historia Contemporánea*, número XXXIII, Madrid, 1 de diciembre 2011, pág. 243.

hasta su fallecimiento en noviembre de 1936.[66] Después de esto, hasta su salida de España el 27 octubre 1937, Mámsurov dirigió la instrucción de unidades guerrilleras como los destacamentos que operaban en zona rebelde. La *Casa Roja*, una masía al noroeste de Barcelona, era como llamaban al centro de capacitación de guerrilleros.[67] El grupo Xanti contó con personal cualificado y experimentado. Entre ellos podemos destacar a Kristofor Salnins, que comenzó su andadura en la inteligencia militar en 1920 cuando, haciéndose pasar por un hombre de negocios alemán, operó en Harbin, China. Estuvo implicado en la compra de armas y actividades subversivas en Alemania y Bulgaria. En 1927 volvería como ilegal a China donde un joven Vinarov sería su asistente. Ambos dirigirían un grupo de guerrilleros que operarían tras las unidades de Chiang Kai-shek durante el enfrentamiento fronterizo sino-soviético de noviembre de 1929. A principios de la década de 1930, Salnins estuvo en distintos países de Europa central y del este. En 1935 es enviado como jefe de la inteligencia militar del Ejército del Cáucaso de la Bandera Roja. Una vez en España, en junio de 1937, bajo el alias de Gregorio y Víctor Hugo, asesoraría al jefe de EM Antonio Cordón García y dirigiría el grupo Xanti tras la marcha de Mámsurov.[68]

Sava Draganov Kontrov, otro especialista del Departamento A, conocido por sus compañeros como Andrei Emiliev. Reclutado por el RU en 1930, sus primeros trabajos fueron como ilegal en Europa en las distintas residencias que Vinarov dirigía. En 1935 trabajaría en la Escuela de Inteligencia del RKKA y en febrero de 1936 pasaría al Departamento A, tras lo cual sería elegido como asesor del XIV Cuerpo de Guerrilleros.[69] En 1937, los soviéticos se habían propuesto eliminar a Franco. Por parte del RU, se decidió enviar Grigori Semiónov junto a otro operativo dirigido por Ellie Bronina para tal fin. Sin embargo, Semiónov prefirió centrar su actividad en la creación de un grupo guerrillero que realizó varios exitosos actos de sabotajes.[70] Semiónov, también había tenido experiencia en el exterior en países como Alemania, China y Manchuria durante la década de 1920 donde llegó a conocer al futuro agregado comercial de la Embajada soviética en España, Arthur Stashevshky, y a Kristofor Salnins. En la Segunda Guerra Mundial, muchos miembros del grupo Xanti, como Sprogris, Parshina, Stárinov, etc., tuvieron una participación muy destacada. Otros no sobrevivieron a España, pereciendo en medio de operaciones.

A parte de estos grupos operativos, los soviéticos también se dividieron por ramas militares. Así, los especialistas en artillería estaban liderados por Voronov, que no pertenecía al RU y que trabajaba tanto para el jefe de artillería del Ejército como con el

66 Abramson, Adelina y Abramson, Paulina, *Mosaico Roto...*, pág. 168; RGVA, 35082, 1, 275, págs. 6-7; 41131, 1, 26, págs. 17–24.
67 Abramson, Adelina y Abramson, Paulina, *Mosaico Roto...*, pág. 254.
68 Ibídem, pág. 348; Kolpakidi, Alexander, *Imperiya GRU...*, pág. 254; Volodarsky, Boris, *Stalin's Agent...*, págs. 164, 615.
69 Kolpakidi, Alexander, *Imperiya GRU...*, pág. 280; Volodarsky, Boris, *Stalin's Agent...*, pág. 606.
70 Boris, *Stalin's Agent...*, págs. 205-206, 231.

jefe del frente centro. En la aviación, la llegada de Smushkevich acabó por configurar el liderazgo entre los asesores de esta materia. En la marina republicana, en cambio, el asesor principal Nikolai Kuznetsov y su ayudante, Nikolai Annin, trabajaban para la inteligencia naval.[71] Por otro lado, algunos jefes de las Brigadas Internacionales estaban en nómina del *Razdevupr*, véase el caso del General Kléber (Manfred Stern) que coincidió con Gorev en EE. UU como ilegal a principios de 1930[72] o el general Walter, comandante de la XIV BI y de la XXXV División, cuyo nombre real era Karol Swierczewski.[73] De hecho, este último, tras su marcha de España, escribiría varios informes al RU proponiendo mejoras en el trabajo de los asesores como que aprendieran español.[74] El Comisariado General, liderado por Julio Álvarez del Vayo, contó con la ayuda de Ivan Nesterenko que también trabajaba como asesor político en el Ministerio de Guerra. Nesterenko, que llegó a España en octubre de 1936, había entrado en el RU en 1930 después de trabajar en varios departamentos políticos de unidades del Ejército Rojo. Es más, acompañó a Berzin cuando le destinaron en el Cáucaso a finales de la década de 1920.[75] Al regresar a Moscú, su reemplazo también sería por otro miembro de la inteligencia militar, Dmitri Kolesnikov, uno de los últimos miembros de la Operación X en salir de España a principios de 1939.

CONCLUSIONES

La inteligencia militar soviética ha pasado prácticamente desapercibida dentro de la literatura que ha tratado el conflicto bélico español. Por lo que hemos podido comprobar, el RU, en un principio, distribuyó a sus agentes como lo acostumbraba hacer en la década de 1930. Las representaciones diplomáticas se convirtieron en puntos clave, sin embargo, el grado de acción de los soviéticos estuvo determinado por el nivel de predisposición a ayudar de los españoles. A esto había que añadir que llegaron a un país en guerra que había solicitado su presencia como la de técnicos y asesores que lo harían más tarde bajo la Operación X.

El despliegue de estos últimos, posiblemente inspirado en la experiencia China, estaba jerarquizado en una estructura piramidal en cuya cúspide estaba el asesor militar jefe. Distribuidos en grupos bajo la dirección de un líder, los soviéticos se dividieron en zonas de acción que incluía tanto frentes como retaguardia. Así, por ejemplo, la zona centro comprendía el frente centro y sur como sus respectivas retaguardias. Más claro

[71] ANC, AGE, 615, 140; RGVA, 33987, 3a,1015, págs. 138-141; 35082, 1, 275, pág. 34.

[72] Kolpakidi, Alexander, *Imperiya GRU...*, pág. 279.

[73] Ibídem, pág. 255.

[74] RGVA, 35082, 1, 95, págs. 35-58 y 33987, 3, 1149, págs. 211-239 citados en Radosh, Ronald, et al, *España traicionada...*, págs. 512-540, 558-580.

[75] Cherusev, Nikolai y Cherusev, Yuri, *Rasstrelyannaya elita RKKA (komandiry 1-go i 2-go, komkory, komdiv i im ravnyye). 1937-1941 gg*, Moscú, Kuchkovo Pole, 2012, págs. 356-357.

era el denominado frente aragonés, donde el radio de acción añadía también Cataluña. O el frente norte, en el cual la matriz estaba formada por tres grupos distribuidos entre Asturias, Santander y Vizcaya.

Como hemos desarrollado, los agentes del RU ocuparon los cargos más importantes, pero también estuvieron en escalafones intermedios. Eran sujetos contrastados y experimentados, la mayoría había trabajado en el exterior (China, Alemania, Austria, Francia, etc.) y participado en algún conflicto bélico. Muchos ya se conocían antes de llegar a España, coincidencia que no sería una decisión tomada al azar por Moscú. Sin embargo, el RU no perseguía los mismos objetivos que en países como Alemania, Reino Unido o Francia. Tanto la estructura del RU como la de la Operación X quedaron supeditadas bajo un mismo fin: auxiliar y asesorar al ejército republicano. La obtención de armas, el diseño de operaciones, la organización del ejército, la formación de unidades, la puesta en marcha de una industria de guerra, el apoyo a los servicios de información como el sabotaje directo al enemigo con grupos guerrilleros tenía un objetivo principal: ayudar a ganar la guerra. Pero también les sirvió para prepararse para el futuro que, a finales de 1939, amenazaba a Europa.

25.
"MILICIANO GUARANÍ". BRIGADISTAS PARAGUAYOS EN LA GUERRA CIVIL ESPAÑOLA: HISTORIA, MEMORIA Y FUENTES PARA LA INVESTIGACIÓN

Eduardo Tamayo Belda
Universidad Autónoma de Madrid

INTRODUCCIÓN

La Guerra Civil Española de 1936 a 1939 fue un conflicto a menudo interpretado en clave *interna*, como un fenómeno esencialmente de tipo *nacional*, por lo mucho que marcó al país, al Estado, y a su sociedad en la segunda mitad de la pasada centuria; sin embargo, resulta obvio que sus circunstancias, sus características y su contexto político se enmarcaron y hundieron sus raíces en elementos más amplios que aquellos que circunscriben el enfrentamiento al territorio español. Por muchos motivos, la Guerra Civil Española fue un conflicto que tuvo evidentes aspectos internacionales y rasgos de naturaleza transnacional[1]; así, desde la importancia del auge de los fascismos –y los antifascismos– en la sublevación militar que dio lugar a su estallido, pasando por la relevancia en el resultado bélico de los apoyos u omisión de ayuda de organizaciones y terceras potencias a los bandos contendientes, o por las consecuencias geopolíticas que tuvo para España la victoria de un bando concreto en la antesala de la Segunda Guerra Mundial, pensar la Guerra Civil Española en clave transnacional se hace casi necesario para comprender algunas de sus dimensiones, como la que aquí se propone analizar.

La dimensión internacional o transnacional de la Guerra Civil Española ha sido señalada y ampliamente estudiada en los últimos años: *internacional* no solo por los apoyos exteriores explícitos a ambos bandos, sino también por la reacción del sistema de seguridad internacional del periodo, por las omisiones exteriores de ayuda al régimen democrático y la *no intervención* de algunos actores clave, y por el valor transnacional con que se interpretó el conflicto en muchos ámbitos sociales y políticos de buena parte del mundo.[2] El mismo desarrollo de la guerra habría sido muy diferente y no habría podido sostenerse como sucedió sin los recursos, armas, apoyos políticos, combatientes

[1] Se entiende aquí por *naturaleza transnacional* –como el *antifascismo* o el *internacionalismo*– no solo aquello que ocurre en varias naciones o varios estados-nación simultáneamente, sino aquel fenómeno que surge o es pensado e investigado *con y a través de* las naciones y también de la propia noción de *nación*; es decir, como un fenómeno que se produce cuando se presta atención "a lo que vive *contra*, *entre* y *a través de* las naciones". Saunier, Pierre-Yves, *La historia transnacional*, Zaragoza, Universidad de Zaragoza, 2021, págs. 13-32.

[2] Casanova, Julián, *República y guerra civil*, Barcelona/Madrid, Crítica/Marcial Pons, 2019, págs. 261-290.

voluntarios o estrategias y tácticas militares extranjeras, lo que lleva a considerar que, en cierto modo, "se trató de una guerra internacional".[3]

Sin embargo, a pesar de los muchos estudios al respecto, aún quedan *rincones* de aquel conflicto por ser abordados en clave histórica, y uno de estos es la relación entre Paraguay (su Estado y su sociedad) y la Guerra Civil Española (sus bandos enfrentados, sus culturas políticas, sus identidades ideológicas, o sus aspectos sociales). Dentro de unas relaciones hispano-paraguayas hasta la fecha relativamente poco estudiadas, desde 2023 se dispone ya de un estado de la cuestión al que remitirse para situar y contextualizar los vínculos entre estos dos países y sus sociedades en un marco histórico amplio, que abarca buena parte de los siglos XIX y XX.[4]

En el contexto de esas relaciones históricas, la Guerra Civil Española fue escenario de uno más de esos nexos hispano-paraguayos: la participación de un reducido grupo de hombres de origen paraguayo o venidos del Paraguay en la contienda española. El presente texto se constituye en un ejercicio por condensar las fuentes y bibliografía existentes sobre la participación de milicianos paraguayos en la Guerra Civil, particularmente la de aquellos que combatieron como brigadistas en las filas republicanas, entendiendo asimismo esta participación en un marco histórico transnacional que permita explicar las decisiones de los actores, sus condicionantes, y las características del lugar y del periodo que les tocó habitar.

El objetivo principal del trabajo es recoger las fuentes y bibliografía disponibles a la fecha, contrastarlas con las últimas fuentes accesibles sobre la participación de brigadistas paraguayos en la Guerra Civil Española y hacer el ejercicio de clarificar los nombres, pertenencias partidarias, adscripciones político-ideológicas, fechas relevantes, etc. que permitan consolidar la producción y las fuentes sobre la materia. Además, se pretende aportar el contexto histórico necesario del fenómeno que permita su abordaje en clave histórica, conectada con el escenario global, así como suscitar la relevancia que los actos de este reducido grupo de personas debieran tener –y no tienen– en la memoria democrática tanto en España como en Paraguay. Con ello, se espera coadyuvar a un proceso de exploración más organizado e interconectado, que hasta la fecha casi no se ha producido entre los diferentes materiales publicados, perjudicando en parte el propio desarrollo colectivo de la investigación sobre el asunto.

DIMENSIONAR EL OBJETO DE ESTUDIO: ¿CUÁNTOS BRIGADISTAS PARAGUAYOS HUBO?

Antes de entrar en materia de historia, memoria y fuentes sobre los brigadistas paraguayos que combatieron en la Guerra Civil, es preciso dimensionar el fenómeno analizado: las

[3] Viñas, Ángel (ed.), *En el combate por la Historia. La República, la Guerra Civil, el Franquismo*, Barcelona, Pasado y Presente, 2020, pág. 252.

[4] Tamayo Belda, Eduardo, "Historia e investigación de las relaciones entre España y Paraguay: un estado de la cuestión", en Tamayo Belda, Eduardo (ed.), *Vínculos culturales entre España y Paraguay desde la historia y la literatura*, Madrid, Ediciones Universidad Autónoma de Madrid, 2023, págs. 9-72.

cifras de mayor consenso historiográfico indican una participación en el bando republicano de entre 35.000[5] y 40.000[6] combatientes extranjeros encuadrados en las Brigadas Internacionales, aunque nunca más de 15.000 o 18.000 simultáneamente (según la fuente); pertenecían a unas cincuenta nacionalidades (cincuenta y tres según varias fuentes). De esos 35.000 a 40.000 combatientes, apenas alrededor de una veintena de hombres eran de nacionalidad paraguaya o tenían un vínculo con el país lo suficientemente estrecho en el momento del conflicto como para aparecer en las estadísticas identificado con la etiqueta *"Paraguay"* o *"paraguayo"*. Un grupo de veinte personas entre un conjunto de 35.000-40.000 es un número *desestimable* en términos estadísticos (corresponde aproximadamente al 0,05%), y supone un origen paraguayo solo en uno de cada 2.000 brigadistas que participaron en la guerra.

Aunque las cifras iniciales de brigadistas han sido matizadas y reducidas, en lo que concierne a los voluntarios latinoamericanos esta dinámica se ha invertido: el estudio de Gerold Baumann recogía en 2009 un total de 2.435 brigadistas latinoamericanos, más del doble de los señalados en la obra de Andreu Castells de 1974.[7] El intercambio de cartas entre ambos desde 1974 a 1977 –conservado en el CEDOBI[8]– es una excelente fuente para entender la complejidad del estudio de los voluntarios de América Latina en la Guerra Civil Española. Especialmente relevantes son las diferencias del caso argentino (540 de Baumann frente a 94 según Castells), Cuba (1.100 frente a 136), o Colombia (Castells no los cita, pero según Baumann "sin duda había algunos").[9]

En el caso paraguayo este incremento no se da: si Castells señalaba un total de 22 voluntarios paraguayos en 1974, Baumann habla en 2009 de una "estimación" de 20 (y solo 15 "localizados por el autor"), pero únicamente ofrece nombres de un puñado de ellos. De esta *guerra de cifras* ya hablaremos en detalle en el apartado dedicado a las fuentes y bibliografía sobre el caso paraguayo. Una última consideración estadística: si contrastamos esa supuesta veintena de brigadistas paraguayos –que con respecto al total de brigadistas rondaba el 0,05%– con los cerca de 3.000 participantes latinoamericanos del lado republicano que estima Baumann[10], se infiere que tan solo el 0,67% de los brigadistas eran paraguayos; uno de cada ciento cincuenta (solo de los voluntarios latinoamericanos,

---

[5] Casanova, Julián, *Europa contra Europa 1914-1945*, Barcelona, Planeta, 2011, pág. 21; Lefebvre, Michel y Skoutelsky, Rémi, *Las Brigadas Internacionales. Imágenes recuperadas*, Barcelona, Lunwerg, 2007, pág 5; Eiroa San Francisco, Matilde, "Brigadas Internacionales. La solidaridad de la izquierda", en Viñas, Ángel, *En el combate...*, pág. 272; Requena Gallego, Manuel, "Las Brigadas Internacionales: una aproximación historiográfica", *Ayer*, número 56, 2004, pág. 26; y Baumann, Gino, *Los voluntarios latinoamericanos en la Guerra Civil Española*, Cuenca, Universidad de Castilla-La Mancha, 2009, pág. 18.

[6] Jesús González de Miguel lo fija en torno a esta cifra, en: Fuertes Zapatero, Ana y Cadilla Baz, María (coords.), *Las Brigadas Internacionales*, Salamanca, Comunicación Social, 2013, pág. 53; también se cifró de manera parecida en Aróstegui, Julio, *La Guerra Civil, 1936-1939. La ruptura democrática*, Madrid, Historia 16, 1997, pág. 42.

[7] Castells, Andreu, *Las Brigadas Internacionales de la guerra de España*, Barcelona, Ariel, 1974.

[8] Centro de Estudios y Documentación de las Brigadas Internacionales (Albacete, España); agradezco al equipo de este Centro, muy especialmente a Carmen García, haberme facilitado la documentación sobre los casos paraguayos de que disponían.

[9] Baumann, Gino, *Los voluntarios latinoamericanos...*, págs. 34-35.

[10] Baumann, Gino, *Los voluntarios latinoamericanos...*, pág. 35.

ni siquiera se cuentan los estadounidenses). Un número escaso teniendo en cuenta que hablamos de voluntarios de apenas una veintena de países, y valorando también que la relación cultural e histórica que unía al Paraguay con España era apreciable, sobre todo después de los flujos migratorios que desde 1870 a 1930 habían aumentado los nexos comerciales y los vínculos culturales entre ambos países, así como la cantidad de españoles –y sus descendientes– en Paraguay.[11]

Sin embargo, descartar el caso de estudio por su reducida muestra respecto del total también supone o equivale a despreciar la participación de todo un país; esto invisibilizaría la vinculación de toda la sociedad paraguaya con un conflicto que marcó, junto con la Segunda Guerra Mundial, el destino histórico del enfrentamiento global al fascismo en el siglo XX. Ahí es nada. Por eso, en este trabajo, el objetivo es también organizar y sistematizar las fuentes y bibliografía disponibles, para favorecer con ello la claridad de los estudios posteriores en la materia y, así, procurar una mayor visibilización de la participación paraguaya en este conflicto bélico civil que, no obstante, tuvo importantes atributos transnacionales.

Cuando el gobierno español del presidente Juan Negrín se vio forzado a aceptar la retirada de la guerra de las Brigadas Internacionales, se dirigió así[12] a los voluntarios extranjeros:

> España no olvidará a los que cayeron en los campos de batalla ni a los que luchan todavía en ellos; pero estoy seguro de no equivocarme si digo que sus propios países se sentirán orgullosos de ellos, y será esa la más alta recompensa moral que pudieran recibir.[13]

Los brigadistas paraguayos han tardado mucho en ser reconocidos en su país –no fue en vida de ellos–, y tampoco hoy podemos afirmar que el recuerdo público sea intenso, en absoluto; es más bien un recuerdo desde la historia académica –como este propio texto–, o desde la memoria de algunos sectores de la izquierda comprometidos con la memoria histórica. Los pocos brigadistas paraguayos que sobrevivieron a la guerra, a los campos de refugiados en Francia y a la guerra mundial, tardarían en saber que en España no se olvidó su esfuerzo por combatir la sublevación militar antidemocrática de 1936, ni su sacrificio en los campos de batalla. La memoria de este reducido grupo de combatientes es todavía hoy, a pesar de todo, casi tan tenue en España como en Paraguay. A continuación, se analiza el contexto histórico paraguayo, para después abordar en profundidad las fuentes sobre los brigadistas de esta nacionalidad.

---

[11] Azcona Pastor, José Manuel, y Del Prado Higuera, Cristina, *Paraguay, destino migratorio (1776-1970)*, Salamanca, Universidad de Salamanca, 2022; Morales Raya, Eva, *La emigración catalana al Paraguay entre finales del XIX y principios del XX; Sociedad, cultura, política*, Tesis Doctoral, Barcelona, Universitat de Barcelona, 2015; Webb, Philip D., *O Paraguai como destino atípico da inmigración española: o caso dos galegos (1850-1960)*, Tesis Doctoral, Santiago de Compostela, Universidade de Santiago de Compostela, 2022.

[12] No confundir con el famoso discurso de despedida pronunciado por Negrín en Les Masies el 25 de octubre de 1938.

[13] *Boletín del Comisario* (Madrid), 24-IX-1938, pág. 5.

El contexto histórico y el reclutamiento de brigadistas en Paraguay

Las décadas de los años veinte y treinta de la pasada centuria fueron el escenario del surgimiento y desarrollo de una doctrina ideológica que ganó espacio político y adeptos entre ciertos colectivos y perfiles sociales en muchas regiones del mundo: el fascismo.[14] La expansión de esta nueva doctrina ideológica se produjo en el contexto global del auge de la política de masas, del debilitamiento de los sistemas democráticos en algunas potencias, y del desgaste internacional del liberalismo; el fascismo tuvo también su recorrido en Paraguay.[15]

Sin este fenómeno ideológico, que fue una innovación política aunque su naturaleza revolucionaria se viera contenida por algunos de sus rasgos ultraconservadores, no se puede explicar el contexto geopolítico de entreguerras ni tampoco las culturas políticas nacionales e internacionales del periodo. El auge del fascismo significó –casi de manera proporcional– la prosperidad del antifascismo, y aquellos voluntarios fueron, en la expresión recordada con ironía por Bernard Knox, unos auténticos "antifascistas prematuros".[16] Como también ocurrió con la influencia y los apoyos al propio fascismo, la expresión de rechazo *–antifascismo–* hacia aquella nueva doctrina ultranacionalista desde posiciones ideológicas marxistas, liberales e incluso conservadoras, tuvo también carácter transnacional.[17]

América Latina asistió durante los años treinta a una oleada de dictaduras que mixturaron la tradición política conservadora del siglo XIX con el fascismo en esta región; la mayoría de estos regímenes fueron militares, establecieron instituciones autoritarias con fuerte personalización del liderazgo y tuvieron sistemas de gobierno basados en las legislaturas de tipo orgánico-estatistas inspiradas en los modelos corporativistas del Estado, mayoritariamente con sistemas de partido único o hegemónico. La primera ola de democratización –iniciada en el siglo XIX y acabada en los años veinte– tuvo su *ola inversa* en el periodo de entreguerras, y América Latina fue parte integral de la coyuntura global tendente al desarrollo del corporativismo.[18]

La sociedad y las instituciones de la República del Paraguay no fueron ajenos a este proceso autoritario y corporativista, aunque no puede obviarse la importancia que tuvo

[14] Para un abordaje de las causas que dieron origen y apoyo internacional al fascismo, se recomienda: Sternhell, Zeev, Sznajder, Mario y Asheri, Maia, *El nacimiento de la ideología fascista*, Madrid, Siglo XXI, 2016.

[15] Para contextualizar el fascismo en Paraguay se recomiendan la obra de Alfredo Seiferheld titulada *Nazismo y fascismo en el Paraguay: Los años de la guerra 1936-1945* (publicada originalmente en dos tomos en 1985 y 1986), y el reciente trabajo de David Velázquez Seiferheld titulado *Los orígenes del fascismo en el Paraguay: desde la crisis del liberalismo a la Constitución de 1940*, capítulo en la obra colectiva *Fascismos iberoamericanos* (Alianza, 2022), págs. 201-234. Se citan completas después.

[16] Knox, Bernard, "Premature Antifascist", *Antioch Review*, número 57, 1999, págs. 133-149.

[17] Al hablar de *antifascismo* lo hacemos, por tanto, como un fenómeno que surge, que se desarrolla o que se identifica en los actores y agentes de la historia que enarbolaron aquellas ideas como un proceso de reflexión que centró su atención en la discusión de la propia nación o sobre su propia condición nacional concreta, así como en la relación de esta con otras condiciones nacionales, siguiendo la obra antes citada: Saunier, Pierre-Yves, *La historia transnacional...*

[18] Costa Pinto, António, *América Latina en la era del fascismo*, Granada, Comares, 2023, pág. 99.

para el país el hecho de que su periodo de entreguerras –mundiales– finalizara de manera *prematura*, pues la Guerra del Chaco contra Bolivia entre 1932 y 1935 –resuelta definitivamente con el tratado de paz y límites de 1938– había alterado algunos de los elementos político-ideológicos en el país a la altura de 1935: este conflicto provocó algunos extraños *compañeros de cama* en la política interna paraguaya durante esta época, con apoyo inicial de una parte de la izquierda de corte marxista al nuevo modelo político-estatal nacionalista y corporativista. Además, esta disputa territorial supuso uno de los mayores fracasos del sistema internacional de seguridad del periodo y el definitivo abandono del Paraguay de la Sociedad de Naciones en febrero de 1935, tras la disconformidad con las decisiones de la Comisión mediadora entre Paraguay y Bolivia.[19]

La Guerra del Chaco había exacerbado los principios y apoyos nacionalistas en Paraguay, y acabado este conflicto bélico –aunque en plenas negociaciones del tratado de límites–, un conato de revolución política en febrero de 1936 llevó al presidente a dimitir; los sublevados proclamaron presidente al militar Rafael Franco –de ideología profundamente nacionalista–, que encabezaría un gobierno con perfiles políticos muy dispares, a los que solo unía el antiliberalismo (no incluyó, inicialmente, ni militares ni excombatientes, que habían sido los dos grupos que más apoyaron su proclamación).[20] Después de más de tres décadas de gobiernos liberales, 1936 marcó un antes y un después en la vida política paraguaya, iniciándose un cambio de régimen en el país; en opinión de uno de los principales estudiosos de los partidos políticos paraguayos del periodo, 1936 significó "el fin de hecho del Estado liberal que nace en 1870 y el comienzo de los gobiernos autoritarios y militaristas en el Paraguay".[21]

El sentimiento nacional paraguayo exacerbado por la Guerra del Chaco impregnó también la principal organización política de oposición al Partido Liberal, la Asociación Nacional Republicana o Partido Colorado. Este partido aprobó en 1934 un nuevo ideario que refundaba sus principios ideológicos, apartándolos del liberalismo político y estableciendo una esencia nacional con caracteres específicos; el principal ideólogo de esta transformación fue Juan Natalicio González, que imbuyó al partido de antiliberalismo y de un nacionalismo a ultranza. Natalicio González fue considerado por algunos intelectuales contemporáneos suyos como el introductor de las ideas totalitarias en el Paraguay, incluyendo el fascismo, aunque pasado el tiempo González intentó marcar distancia con esta ideología[22] –nunca admitió que bajo aquellas ideas se ocultaba el nazi-fascismo[23]–, y

[19] Scavone Yegros, Ricardo y Brezzo, Liliana M., *Historia de las Relaciones Internacionales del Paraguay*, Asunción, El Lector, 2010, págs. 124-128.

[20] Scavone Yegros, Ricardo, "Guerra internacional y confrontaciones políticas (1920-1954)", en Telesca, Ignacio (coord.), *Nueva Historia del Paraguay*, Buenos Aires, Sudamericana, 2020, págs. 271-274.

[21] Fuentes Armadans, Claudio, *La maldición del legionario*, Asunción, Tiempo de Historia, 2016, pág. 113.

[22] Velázquez Seiferheld, David, "Los orígenes del fascismo en el Paraguay: desde la crisis del liberalismo a la Constitución de 1940", en De Lima, Gabriela y Pereira, Leandro (eds.), *Fascismos iberoamericanos*, Madrid, Alianza, 2022, págs. 214-215.

[23] Seiferheld, Alfredo, *Nazismo y fascismo en el Paraguay: Los años de la guerra*, Asunción, Servilibro, 2016, págs. 54-55.

algunas investigaciones recientes tratan de matizar la posición dominante que considera a Natalicio González como un ideólogo fascista o autoritario.

El nacionalismo –y el antiliberalismo– fue el principio ideológico que unió inicialmente al movimiento *febrerista*[24] (denominado así por el mes en que se produjo la revolución), y el nuevo gobierno nacional-febrerista tuvo un programa vago, con principios muy primarios de la política (como su Decreto Ley número 152 que proclamaba un "contenido político [...] de la revolución libertadora"); sin embargo, muy pronto pudo observarse la clara identificación del nuevo régimen paraguayo de 1936 con la ola autoritaria global de los años treinta.[25] Con todo, no era un régimen exclusivamente militar: el gobierno de Rafael Franco incluía figuras políticas intelectuales como la de Juan Stefanich –ministro de Exteriores–, que proclamaba la necesidad de una "democracia solidaria" basada en una visión "orgánica de la sociedad".[26] Aquel gobierno estaba conformado por una élite muy dispar y en buena medida políticamente contradictoria; de hecho el propio Stefanich rechazó posteriormente el corporativismo autoritario.[27] Con todo, el programa de reformas del coronel Franco estaban siendo interpretadas en el exterior como un acercamiento a las ideas del Estado totalitario, como refleja un profundo análisis de la situación del país publicado en Cuba en el *Diario de la Marina*, titulado *Paraguay, fascista.*[28]

A pesar de las contradicciones y vaivenes políticos del gobierno de Rafael Franco, debe señalarse el carácter esencialmente anticomunista de su régimen, como evidencia su Decreto número 5484, en el que se declara "punible toda actividad destinada a propagar, defender o implantar el comunismo en el Paraguay", en la consideración –entre otras– de que esta ideología era "contraria a los fundamentos básicos de la nacionalidad por su carácter internacional".[29] En un escenario global polarizado en torno a tres nodos ideológicos –liberalismo, fascismo y comunismo–, el gobierno paraguayo erigido frente al liberalismo rechazó en su legislación cualquier tipo de acercamiento al nodo marxista, quedando el camino expedito a la ideología nacionalista y a la aproximación hacia los principios y actores geopolíticos del fascismo.

De hecho, en Paraguay se había fundado una sección del *Fascio* italiano en marzo de 1928, que no aspiraba a participar en las elecciones sino a congregar y fortalecer a la comunidad italiana en el país, promoviendo el apoyo a Mussolini como instrumento diplomático para lograr adhesiones internacionales al fascismo. Con la misma finalidad, desde 1927 algunos activistas alemanes del NSDAP habían comenzado a organizar a los simpatizantes del nacionalsocialismo en Paraguay, coordinando acciones dirigidas a organizar al colectivo germano en el país.[30]

---

[24] Céspedes Ruffinelli, Roberto, *El Febrerismo: del movimiento al partido, 1936-1951*, Asunción, Arandurã, 2013.

[25] Costa Pinto, António, *América Latina en...*, pág. 45.

[26] Caballero Campos, Herib, *Juan Stefanich: Canciller de la Revolución*, Asunción, El Lector, 2011.

[27] Lewis, Paul, *The Politics of Exile: Paraguay's Febrerista Party*, Chapell Hill (NC), University of North Carolina Press, 1968.

[28] *Diario de la Marina* (La Habana), 21-VI-1936, pág. 1.

[29] Gobierno de la República del Paraguay, Decreto número 5484, Asunción, del 7 de octubre de 1936.

[30] Velázquez Seiferheld, David, "Los orígenes del..., págs. 208-210.

Aunque desde 1923 hubo tentativas y una primera organización comunista en Paraguay, el Partido Comunista Paraguayo (PCP) fue fundado e incorporado a la Comintern en 1928, y en los años treinta estaba en desarrollo en el país.[31] Aunque se establece la eclosión del comunismo organizado en Paraguay en 1923 y su refundación de 1928, historiográficamente se considera su fundación formal en 1933, con la reorganización de la etapa con Óscar Creydt al mando (uno de los referentes históricos del comunismo paraguayo, y el principal teórico del Partido).[32]

Fue también decisivo en la formación y evolución del PCP el denominado *Movimiento del Nuevo Ideario Nacional* (1929), proclamado por un grupo de jovencísimos estudiantes algunos de izquierdas, otros antiliberales, grupo que irrumpió en el escenario social y político paraguayo con enorme ímpetu; el movimiento tuvo también apoyo de sindicalistas y obreros, entre los que ya aparece uno de los brigadistas paraguayos que combatirán en la guerra de España, Perfecto Ibarra,[33] a quien el propio Creydt tuvo en altísima consideración –"muy honesto, muy ligado a las masas, muy inteligente y heroico, hombre independiente no seguidor de nadie"– vinculándolo al Partido ya desde la importante reorganización de 1933.[34]

Las huelgas y la conflictividad obrera de 1936, coincidiendo –tras la revolución de febrero– con un intensivo proceso de organización de los trabajadores paraguayos en los meses de marzo y abril, cristalizarían en la fundación de la Confederación Nacional de Trabajadores (CNT), renombrada en 1939 como Confederación de Trabajadores del Paraguay (CTP). En este proceso jugó un papel muy relevante el PCP, mucho más activo políticamente y fortalecido socialmente tras su reorganización. La mayor presencia e intervención estatal en los conflictos laborales a partir de 1936 –diferente de la etapa con gobiernos liberales– no pudo frenar, sin embargo, la conflictividad laboral en Paraguay; hubo un incremento de la protesta social, y los intentos del Estado de controlar los sindicatos condujo a episodios de represión de los trabajadores.[35]

En este contexto, al que debe añadirse la experiencia militar, política y social de la guerra contra Bolivia –que exacerbó los sentimientos nacionalistas en Paraguay–, se va a fraguar el estímulo y la iniciativa de partida de los brigadistas paraguayos a España, así como la imagen de la Guerra Civil Española en la sociedad paraguaya del momento. No obstante, en ese estímulo fue especialmente relevante el papel del Partido Comunista Paraguayo (PCP).

A mediados de los años treinta, los partidos y organizaciones comunistas eran algunos de los grupos más comprometidos internacionalmente con la lucha antifascista a nivel global y con la conformación de *frentes populares* en el ámbito nacional, y la guerra de

[31] Bonzi, Antonio, *Proceso histórico del Partido Comunista Paraguayo*, Asunción, Arandurã, 2001, págs. 35-43.

[32] Lachi, Marcello y Coronel, Jorge, "El Partido Comunista…, pág. 186.

[33] Bonzi, Antonio, *Proceso histórico del…*, págs. 36-37.

[34] Creydt, Óscar, *Formación Histórica de la Nación Paraguaya*, Asunción, Servilibro, 2010, pág. 204.

[35] Castells, Carlos, "Intervención estatal, reacción patronal y resistencia sindical; la conflictividad obrera en el Paraguay, 1931-1947", *Estudios Paraguayos*, volumen XLI, número 1, 2023, págs. 88-105.

España fue un escenario muy proclive a ese relato.[36] Aunque los combatientes extranjeros que lucharon del lado republicano se alistaron en las brigadas voluntariamente, y a pesar de que los soviéticos no enviaron fuerzas de infantería propias –como sí hicieron alemanes o italianos–, las primeras unidades de las Brigadas Internacionales –que se conformaron en octubre y entraron en combate en noviembre de 1936– lo hicieron a iniciativa de la Comintern, y sus líderes fueron, con escasas excepciones, militantes comunistas (las fuerzas integradas por aquellos primeros voluntarios fueron decisivas para evitar el paso del fascismo durante la defensa de Madrid).[37]

Esa excitación antifascista transnacional por la Guerra Civil Española, y la consecuente movilización internacional en buena parte auspiciada por los partidos comunistas, también se produjeron en el caso del Paraguay; de hecho, algunos de los combatientes paraguayos en la guerra española, como Perfecto Ibarra, José Delgado, Víctor Martínez o Emiliano Paiva, fueron comunistas. Las investigaciones sobre el comunismo en este país y sobre el PCP del período anterior a 1950 son aún incipientes.[38] En consideración de Carlos Castells, la bibliografía sobre el comunismo paraguayo de aquellas décadas ha tenido un desarrollo historiográfico apropiado desde hace poco tiempo, "esperándose una probable y necesaria expansión", así como sucede con la bibliografía sobre el movimiento obrero paraguayo de aquel periodo, todavía escasa.[39]

Además de las investigaciones de Carlos Castells[40], y entre algunos otros aportes recientes también relevantes, pueden destacarse trabajos como el de Marcello Lachi y Jorge Coronel sobre el PCP y la revolución en Paraguay[41], el de Víctor y de Lazar Jeifets sobre la Comintern y el PCP[42], o el de Charles Quevedo y Lorena Soler sobre el origen del PCP, el comunismo internacional y la Guerra del Chaco[43] (o investigadores, como Mariano

[36] Textos contemporáneos de Gueorgui Dimitrov –a la sazón secretario general del Comité Ejecutivo de la Internacional Comunista– o de Lev Trotsky –por entonces ya exiliado, pero todavía leído y escuchado entre muchos comunistas–, demuestran la importancia que los referentes del comunismo le dieron a la guerra entre la República Española y el fascismo sublevado, así como a la revolución interna del régimen republicano. Dimitrov, Gueorgui, *Obras escogidas, 1*, Madrid, Akal, 1977, págs. 723-760; Trotsky, Lev, *La revolución española, 1930-1939. Selección de escritos*, Madrid, Diario Público, 2011, págs. 149-230.

[37] Bolloten, Burnett, *La Guerra Civil Española. Revolución y contrarrevolución*, Madrid, Alianza, 2015, págs. 205 y 462.

[38] Una obra que puede utilizarse como base para el estudio sobre el PCP ya fue citada: Bonzi, Antonio, *Proceso histórico del...*. No obstante, en opinión de Carlos Castells, en materia de investigaciones académicas sobre la cuestión destaca el trabajo –todavía inédito– de Eduardo Bogado Tabacman, que reconstruye la historia del PCP desde los orígenes del partido hasta la Guerra del Chaco. Castells, Carlos, "Intervención estatal, reacción..., pág. 68.

[39] Castells, Carlos, "Intervención estatal, reacción..., págs. 66-68.

[40] Castells, Carlos, *Entre Sísifo y Anteo: movimiento obrero, comunismo y autoritarismo militar en Paraguay (1931-1947)*, Tesis Doctoral, Rosario, Universidad Nacional de Rosario, 2021; Castells, Carlos, "Obreros comunistas, comunistas obreros: el Partido Comunista y el movimiento obrero en Paraguay (1930-1947)", *Cuadernos CIESAL*, número 21, 2022, págs. 1-24.

[41] Lachi, Marcello y Coronel, Jorge, "El Partido Comunista y la revolución en Paraguay", en Lachi, Marcello y Carbone, Rocco (orgs.), *100 años de golpes y revoluciones*, Asunción, Arandurã, 2018, págs. 179-196.

[42] Jeifets, Víctor y Jeifets, Lazar, "La Comintern y el Partido Comunista del Paraguay, una historia de desencuentros", *Izquierdas*, número 45, 2019, págs. 160-184.

[43] Quevedo, Charles y Soler, Lorena, "El primer Partido Comunista del Paraguay, la Internacional Comunista y la guerra del Chaco", *Avances del Cesor*, volumen XVII, número 22, 2020, págs. 105-125.

Damián Montero, que están desarrollando el análisis del PCP durante la Guerra Fría). Debe añadirse un artículo de Víctor Augusto Piemonte sobre las prácticas políticas del Partido Comunista Argentino ante la Guerra Civil Española, por ser Argentina uno de los puntos de salida hacia España de los combatientes paraguayos.[44] Y no solo por eso: según Óscar Creydt, el estímulo inicial para la llamada al combate lo hizo un comunista argentino, Humberto del Solar (o Humberto Solaro), que viajó al Paraguay a pedir hombres con experiencia en la Guerra del Chaco para combatir en España y dar cumplimiento a la consigna internacional de Stalin de apoyar la lucha contra los sublevados.[45] Según Martínez y Vera, su presencia en Asunción fue en junio de 1937.[46] También parece que estuvo vinculado al reclutamiento republicano en Paraguay el inmigrante español Antonio González Riobóo (catedrático de Derecho vinculado al PCP y a la ANR).[47]

No obstante, en Paraguay no hubo reclutamiento abierto, lo que sin duda dificultó la captación de brigadistas[48], motivo por el cual –coincidiendo con la apreciación de Alberto Federico Ovejero en un texto de divulgación sobre el tema[49]– sin la participación del PCP el traslado de paraguayos a España habría sido probablemente menor; Ovejero elige muy bien el término al señalar que las relaciones internacionales del comunismo "aceitaron" la participación (lo que tuvo su reflejo en el caso paraguayo). No obstante, el PCP estuvo en esta época muy vinculado al Partido Comunista Argentino –bajo el mando del estalinista Victorio Codovilla–, tan estrechamente ligado que "hasta podríamos decir directamente bajo su tutelaje".[50]

Iniciada la guerra en España, en Paraguay hubo apoyos a ambos bandos, y la propia colonia española en el país estaba dividida: en general, las clases humildes estaban con la República y las familias adineradas con los sublevados. En territorio paraguayo, los sectores progresistas y la representación oficial se movieron para conseguir apoyos: el encargado de la Legación española en Asunción estaba en favor de la República, en el Centre Catalá se recogió comida para la España republicana y los republicanos intentaron reclutar oficiales paraguayos para el Ejército Popular (aunque formalmente Paraguay no lo impedía, pesaba sobre los oficiales que aceptasen la amenaza de pérdida de la nacionalidad paraguaya).[51]

Figuras representativas de la sociedad paraguaya manifestaron una activa solidaridad con el régimen democrático español, incluyendo la conformación de un Comité de Ayuda a la España Republicana, y el llamamiento de la Confederación de Trabajadores

---

[44] Piemonte, Víctor Augusto, "Las prácticas políticas del Partido Comunista de la Argentina ante la Guerra Civil española y su relación con la Internacional Comunista", *Historia Contemporánea*, número 52, 2016, págs. 179-209.

[45] Creydt, Óscar, *Formación Histórica de*..., pág. 204.

[46] Martínez, Víctor M. y Vera, Tomás, *Milicianos paraguayos en la España republicana y en la lucha contra la ocupación nazi de Francia*, Asunción, QR Producciones Gráficas, 2002, pág. 31.

[47] Montero, Mariano Damián, "¿Compañero de ruta o infiltrado de alto rango? El enigma de González Riobó y el Partido Comunista Paraguayo", *Última Hora - Correo Semanal*, 25-XII-2021.

[48] Baumann, Gino, *Los voluntarios latinoamericanos*..., pág. 142.

[49] Ovejero, Alberto Federico, "Antifascismo e internacionalismo: brigadistas comunistas paraguayos combatiendo en Europa (1936-1945)", *Adelante!*, 09-V-2020. Nota: el diario *Adelante!* es el órgano de prensa oficial del PCP.

[50] Lachi, Marcello y Coronel, Jorge, "El Partido Comunista..., pág. 186.

[51] Baumann, Gino, *Los voluntarios latinoamericanos*..., pág. 142.

del Paraguay para estimular la lucha popular contra el fascismo; mientras los partidos tradicionales –colorado y liberal– mantuvieron un silencio convenido, los comunistas sí llamaron a la solidaridad activa con la lucha del pueblo español en defensa del régimen republicano y del sistema democrático.[52] El diario paraguayo *La Hora*, fundado por excombatientes de la Guerra del Chaco en junio de 1936[53], se hacía eco del enfrentamiento en España, y hacían notar en sus páginas el enfrentamiento ideológico que se abría, y la negativa de la derecha española –que identificaban con los sublevados– a aceptar los resultados democráticos:

> (...); debiéramos recordar que no se alteró la legalidad cuando en la situación anterior las urnas fueron favorables a las derechas, para llegar a la conclusión de que en el momento actual se ha provocado un movimiento subversivo para obtener por la fuerza lo que no se pudo alcanzar en el terreno legal.[54]

No obstante, ese apoyo inicial de parte de la sociedad paraguaya a los republicanos fue languideciendo a medida que la guerra tocaba su fin, desmoralizados por las derrotas y, sobre todo, porque la colonia española republicana había quedado "expuesta por las contribuciones que han aportado a la causa, que fueron enormes con relación a su capacidad económica".[55] Con todo, varios continuaron ayudando a compatriotas y familiares en España y en los campos de internamiento franceses, apoyándoles política o económicamente para salir de Europa.

Hubo también apoyo al bando fascista: en agosto de 1938, invitado por el Ateneo Paraguayo, pasó por Asunción Federico García Sanchiz, célebre *charlista* español, militante carlista, simpatizante y propagandista de la causa sublevada.[56] Acabada la guerra, la representación de Falange en Paraguay celebró en Villarrica una "Misa de la Victoria y un Te Deum con motivo de la feliz terminación de la guerra", actos organizados por el vicecónsul español en esta localidad, José Guillén.[57] Y en el primer libro del joven Hugo Rodríguez Alcalá, *Estampas de la Guerra* (publicado en 1939), un poema de 1938 titulado *España en Teruel* rezaba así:

> Al fin vendrá la paz. Por las mañanas, resonará la voz de las campanas,
> como un canto tranquilo de alegría, y reinando la calma en las conciencias,
> florecerá el adormecido ingenio y este será un gran siglo de armonía de luz y poesía,
> que abriera Franco y cerrara un genio. Sigue luchando por tu Dios, España, (...) [58]

[52] Bonzi, Antonio, *Proceso histórico del...*, pág. 93.
[53] Crichigno, Juan, *Diarios del Paraguay*, Asunción, Centro Gráfico/Abc Color, 2010, págs. 383-384.
[54] *La Hora* (Asunción), 29-VII-1936, pág. 1.
[55] Dalla-Corte Caballero, Gabriela, *De España a Francia...*, pág. 175.
[56] *El Orden* (Villarrica), 13-VIII-1938, pág. 1.
[57] *El Pueblo* (Villarrica), 13-IV-1939, pág. 1.
[58] Rodríguez Alcalá, Hugo, *Estampas de la guerra*, Asunción, Cándido Zamphirópolos, 1939.

En Madrid –y a pesar de que el país no rompió relaciones diplomáticas con la España republicana–, las dependencias y pisos utilizados por la Legación paraguaya sirvieron para proteger a más de trescientos españoles y españolas afines a los sublevados durante la guerra.[59] Según un informe de diciembre de 1937 del propio encargado de negocios paraguayo en Madrid –Jesús Angulo Jovellanos–, estas tareas de asilo constituyeron una "actuación lucidísima" de la Legación paraguaya, siendo la razón principal que este esgrimió ante su Canciller en Asunción "sustentar los principios tradicionales del derecho de asilo". No obstante, en el *capítulo I* de dicho informe, Angulo Jovellanos hace referencia a la respuesta del Gobierno republicano ante la sublevación fascista –sin referencia alguna a dicha rebelión militar– como "tamaña máquina de terror montada contra la población indefensa e impotente"; estas palabras dejan entrever una clara posición parcial ante el conflicto, o poco observadora de la coyuntura en su conjunto.[60]

Las motivaciones para la participación de brigadistas paraguayos se pueden encontrar en buena parte de las fuentes y la bibliografía disponible, pero pueden sintetizarse en la carta que enviaron desde el frente –en noviembre de 1937– a sus compatriotas de la Asociación Nacional de Excombatientes de la Guerra del Chaco (ANEC); el documento fue redactado por Aparicio Gutiérrez –aunque el texto tuvo la aprobación de todos ellos– y en este se afirmaba que "el triunfo de la causa española es el triunfo de la paz, de la democracia y del derecho de los pueblos a disponer libremente de sus destinos, (...) luchando en el frente de la Democracia y la Paz, contribuyendo al triunfo de la causa del pueblo español que es la causa de toda la humanidad".[61]

Participar en la contienda española no era una cuestión baladí; algunos de ellos, como Paiva, se habían opuesto por motivos ideológicos a la guerra contra Bolivia, participando en los *Comités Contra la Guerra* paraguayos creados en ciudades fronterizas argentinas[62] (en los que también participó el propio Creydt[63]); otros, por contra, como Martínez o Duarte, integraron la oficialidad del ejército paraguayo.[64] Pero todos ellos terminaron combatiendo al fascismo en las trincheras de la Guerra Civil Española, y compartiendo barracas al acabar la contienda en los campos de internamiento de las localidades francesas de Argelès-sur-Mer y Gurs.

Los brigadistas paraguayos combatieron por la España republicana por diferentes motivos: convicción ideológica, por dinero, por orientación o sugestión del PCP, o por lo complicada que resultaba la vida política para los izquierdistas en el Paraguay de finales de

---

[59] Moral Roncal, Antonio M., *Diplomacia, humanitarismo y espionaje en la Guerra Civil española*, Madrid, Biblioteca Nueva, 2008, págs. 282-295; Rubio, Javier, *Asilos y canjes durante la guerra civil española*, Barcelona, Planeta, 1979, págs. 71-73.

[60] Archivo del Ministerio de Relaciones Exteriores de Paraguay, Memoria de la Legación del Paraguay en Madrid, desde el 19 de octubre de 1936 al 15 de diciembre de 1937.

[61] Martínez, Víctor M. y Vera, Tomás, *Milicianos paraguayos en...*, págs. 60-66.

[62] Dalla-Corte Caballero, Gabriela, *De España a Francia. Brigadistas paraguayos a través de la fotografía*, Barcelona, Universitat de Barcelona, 2016, pág. 21.

[63] Creydt, Óscar, *Formación Histórica de...*, págs. 159-160.

[64] Martínez, Víctor M. y Vera, Tomás, *Milicianos paraguayos en...*, pág. 35.

los años treinta. Todas esas razones estuvieron en el conjunto de los voluntarios –incluso de manera simultánea–, pero no cabe duda de su vocación ideológica antifascista, como un ejercicio de responsabilidad personal para contribuir al compromiso transnacional, en lo que se entendió –y el tiempo les dio la razón– como un momento histórico. Durante la batalla de Teruel –a finales de 1937–, uno de ellos, Aparicio Gutiérrez, afirmaba en una carta enviada desde el frente que "es algo emocionante e inolvidable mi debut: es hermoso luchar contra el fascismo".[65]

Ese rasgo transnacional del antifascismo se mantuvo hasta el final de la guerra, en los campos de internamiento en territorio francés: en Gurs, los paraguayos Martínez, Vera y Paiva se fotografiaron, entre otros, con brigadistas italianos, "para demostrar la unión internacional contra el fascismo".[66] También se fotografiaron con un miliciano boliviano[67], Ricardo Valle Closa (o Cloza), alias *Gastón del Mar* (en una efigie muy simbólica, considerando que hasta apenas unos años antes los países de origen de aquellos hombres habían librado una guerra por el control del territorio disputado entre ambos estados); son imágenes que representan el fuerte vínculo internacionalista y la lucha transnacional de la que se sintieron parte estos voluntarios.

Paiva, que según recogen varias fuentes y testimonios era conocido y fue recordado entre sus camaradas por su carácter, su humanidad y por rasgos "indígenas" paraguayos[68], es el nombre que más se repite en la bibliografía, en gran medida porque el cargo que llegó a ostentar provocó que fuese mencionado en muchas fuentes y conocido por muchos milicianos. Emiliano Paiva, de hecho, tuvo amistad con el propio Andreu Castells, como este mismo afirma a otro de los referentes de estas investigaciones, Gino Baumann, en una carta de 1975 conservada en el CEDOBI: "solo tuve amistad con un 'indio' paragüeño, Emilio Païva"[69] (sic), afirmó Castells a Baumann. De haber sobrevivido Paiva, aquel estrecho vínculo con Castells habría permitido un conocimiento histórico de la participación paraguaya mucho más profuso y meticuloso.

Paiva tenía además una fuerte personalidad y, lo más importante, un claro espíritu político de vocación internacionalista, que se evidenció también acabada la guerra, en el campo de Gurs, con la gestión de los permisos dados a los médicos del personal sanitario internacional de las Brigadas para salir de Francia y dirigirse a China; varios de estos permisos fueron concedidos directamente por Paiva a criterio personal y en contra de la opinión de su propio superior, André Marty –diputado comunista francés, encargado de organizar las Brigadas Internacionales por la Comintern–, cuando aquellos médicos fueron necesarios en China ante el avance japonés.[70]

[65] Carta del 24 de diciembre de 1937, en Baumann, Gino, *Los voluntarios latinoamericanos...*, págs. 144-145.
[66] Dalla-Corte Caballero, Gabriela, *De España a Francia...*, págs. 141-142.
[67] Dalla-Corte Caballero, Gabriela, *De España a Francia...*, págs. 157 y 165.
[68] Brasó, Carles, *Los médicos errantes. De las Brigadas Internacionales y la revolución china a la guerra fría*, Barcelona, Crítica, 2022, pág. 82.
[69] CEDOBI, carta de Andreu Castells a Gerold Baumann, fechada el 7 de julio de 1975.
[70] Brasó, Carles, *Los médicos errantes...*, págs. 116-122.

La decisión de Paiva se debió seguramente al contacto que tuvo con el brigadista chino Ling Ching Sin (o Siu) –también Lin Jishi según la fuente–, cuyo nombre real era Xie Weijin; con él se fotografiaron en varias ocasiones[71] y le ayudaron a publicar *Noticias de China*, un boletín lanzado en Gurs que editaban los brigadistas chinos –incluido Xie Weijin– con el apoyo y colaboración de algunos voluntarios extranjeros, y que contó con la participación de un brigadista paraguayo en el equipo de redacción.[72] Su lectura permitió a los brigadistas paraguayos conocer de primera mano el transcurso del frente chino contra Japón; la emergencia antifascista en Oriente determinó a Paiva a tomar esa decisión a pesar de la negativa de sus superiores, una determinación que estaba en su mano como jefe del comité comunista del campo de Gurs, argumento que apoyan las afirmaciones del doctor polaco Szmul Mosze Flato.[73]

Considero también relevante recoger aquí la opinión de Óscar Creydt, en 1985, sobre sus compatriotas brigadistas; es poco lo que dice Creydt sobre ellos, pero es valioso por el origen de la fuente –voz autorizada del comunismo paraguayo–, aunque al ser declaraciones de 1985 las circunstancias políticas hubieran podido hacer mella su propósito: Creydt se refiere a Perfecto Ibarra como "el héroe", una consideración no solo por el papel previo de Ibarra en el PCP, sino sobre todo por su muerte en combate en la batalla del Ebro; a Emiliano Paiva lo recordará como alguien "que se convirtió en un gran dirigente en Europa, y en contacto con los acontecimientos creció y se convirtió en un líder", poniendo en valor no su actividad militar, sino su actitud política; sin embargo, en cuanto a Víctor Martínez, sin siquiera mencionar su nombre, Creydt le refiere como "otro que vino casado con una española y se quedó en Rosario, completamente oportunista"[74] (la española era la miliciana Adela E. Dueñas Guerrero[75]). La opinión de Óscar Creydt refleja bien la idiosincrasia comunista del periodo: enorgullecimiento ante el caído por los ideales, gran respeto por el valor de la lealtad al Partido, y rechazo y arrinconamiento de quienes no pudieron, no quisieron o no supieron continuar en el mismo *frente* ideológico (o que no lo hicieron con igual brío y trataron de recomponer sus vidas en formas más relajadas en cuanto a la actividad política). Lo cierto, no obstante, es que Víctor Martínez nunca cesó en sus empeños activistas; si bien ya no por las armas, Martínez continuó durante toda su vida la labor cívica activa para apoyar la lucha antidictatorial frente al stronismo desde Argentina y en pro de los derechos humanos y de la difusión de denuncias por represión.[76]

---

[71] Dalla-Corte Caballero, Gabriela, *De España a Francia…*, págs. 169-171.
[72] Tsou, Hwei-Ru y Tsou, Len, *Los brigadistas chinos en la Guerra Civil*, Madrid, Catarata, 2013, págs. 153 y 213.
[73] Brasó, Carles, *Los médicos errantes…*, págs. 118-119.
[74] Creydt, Óscar, *Formación Histórica de…*, págs. 204-206.
[75] Sobre Adela Dueñas, Víctor Martínez y el exilio de ambos en Argentina: Dalla-Corte Caballero, Gabriela, "Adela Dueñas, una mujer republicana entre la Guerra Civil española y el exilio", *Estudios del ISHiR*, número 17, 2017, págs. 104-125.
[76] Martínez, Víctor M. y Vera, Tomás, *Milicianos paraguayos en…*, pág. 141.

FUENTES Y BIBLIOGRAFÍA DISPONIBLES SOBRE LOS BRIGADISTAS PARAGUAYOS

Junto con la contextualización histórica del fenómeno, el otro motivo y objetivo principal de este trabajo es clarificar las fuentes y la bibliografía sobre los brigadistas paraguayos, en la certeza de que la situación actual no es la idónea por las discrepancias, errores, confusiones e incluso datos contradictorios de que se dispone. Algunos ejemplos dan cuenta de estos desajustes: en la obra de Castells (1974), se indica que participaron 22 brigadistas paraguayos –para llegar a esa cifra Castells cita a José García[77]–, señalando que hubo 3 fallecidos, 2 desaparecidos, apresados o desertores, 8 heridos recuperables y 17 supervivientes al acabar la guerra.[78] Sin embargo, en la obra de Baumann antes mencionada (2009), este cita 15 localizados por el autor y hace una estimación de 20, y por si esto fuera poco indica que según Castells son 17, no 22 (probablemente confundiendo este dato con la cifra de Castells para supervivientes)[79]. De hecho, en otra página, Baumann –citando a Castells– habla de 28.[80]

Todas estas contradicciones en el excelente trabajo de Baumann sobre los voluntarios latinoamericanos dan cuenta de la dificultad en la investigación del caso paraguayo. En realidad, los propios datos de Castells estaban construidos sobre recuentos realizados durante la guerra que, como él mismo confesó a Baumann en una carta de 1977, "el asunto es muy confuso y es posible que no exista ninguna relación verídica y fiable, incluso ni en Moscú", e indica que "en mi calidad de responsable de la sección de 'Efectivos', (...) y a pesar de las listas generales de que dispuse, nunca pude llegar a una tabulación fiable al máximo".[81]

Pero por si esta discrepancia de cifras pudiera parecer cosa menor, hay más problemas: en la obra de Lefebvre y Skoutelsky aparece una fotografía de Emiliano Paiva, pero no es ni siquiera nombrado, solo indica "los mandos de las brigadas en el campo de confinamiento", e identifica al aviador comunista brasileño José Gay da Cucha, pero no a Paiva.[82] Un Paiva a quien, por cierto, en muchas fuentes se identifica como Emilio en lugar de Emiliano (incluido Baumann, que usa ambas fórmulas). Y aún hay más: en la reciente y voluminosa obra del historiador Giles Tremlett sobre las Brigadas Internacionales (2020), este refiere solo 2 brigadistas paraguayos[83]: uno seguro es Paiva porque lo menciona en otra página[84] (aunque lo cita como Emilio); del otro no se menciona el nombre. Esta falla no desmerece el excelente trabajo de Tremlett, pero complica, sin

[77] García, José, *Ispania Narodnogo Fronta*, Moscú, Akademia Nauk SSSR, 1957, pág. 57.
[78] Castells, Andreu, *Las Brigadas Internacionales...*, págs. 380 y 382.
[79] Baumann, Gino, *Los voluntarios latinoamericanos...*, pág. 34.
[80] Baumann, Gino, *Los voluntarios latinoamericanos...*, pág. 140.
[81] CEDOBI, carta de Andreu Castells a Gerold Baumann, fechada el 9 de julio de 1977.
[82] Lefebvre, Michel y Skoutelsky, Rémi, *Las Brigadas Internacionales...*, pág. 180.
[83] Tremlett, Giles, *Las Brigadas Internacionales. Fascismo, libertad y la Guerra Civil Española*, Barcelona, Penguin Random House, 2020, págs. 704-705.
[84] Tremlett, Giles, *Las Brigadas Internacionales...*, pág. 448.

duda, el caso paraguayo, cuya participación puede verse invisibilizada en otros trabajos que empleen esta obra, por desconocimiento de las fuentes y la bibliografía al respecto.

Las dos obras fundamentales para conocer la participación de brigadistas paraguayos en la Guerra Civil Española son la obra memorística de Víctor Martínez y Tomás Vera (dos de los brigadistas), publicada en 2002[85], y la obra escrita por la historiadora argentina Gabriela Dalla-Corte Caballero –fallecida en 2017[86]–, publicada en 2016, que es a la fecha el mejor trabajo sobre la cuestión.[87] Por razón de espacio, no me centro en relatar aquello que se cuenta en esas obras, pues no es ese el fin de este texto: solo detallaré, brevemente, su naturaleza, al objeto de ayudar al lector a entender el tipo de fuente de que se trata, y cómo y cuándo fue elaborada.

La obra de Martínez y Vera fue manuscrita por Víctor Martínez en 1969, al regresar a Argentina después de haber visitado Moscú junto con su esposa Adela Dueñas, y de haberse encontrado, de regreso, con Tomás Vera en París (donde este residía desde que acabó la Segunda Guerra Mundial); esa obra fue, después, mecanografiada por el propio Martínez en 1980 –desconozco, a la fecha, si con altercaciones respecto del original–, y fue entregada por Martínez a su camarada y amigo de toda la vida, Alfonso Guerra, poco antes de fallecer el primero, en 1983, con encargo de editarla. Fue publicada en 2002 con la colaboración de los familiares de Víctor Martínez (especialmente de su hija Mariadela Martínez Dueñas[88]). En el prólogo, se señala que estas memorias "constituyen testimonios conmovedores de un periodo de dramática lucha por la libertad en tierras de España", y creo que, de manera muy resumida, puede ser una definición válida, aunque la obra tiene mucho más de descripción, de análisis, y de fino detalle de lo que puede llegar a encerrar la expresión *testimonios conmovedores*.[89]

En esta obra, Martínez y Vera decidieron omitir el nombre de Vicente Durá Campos, que, como ellos, había sobrevivido a la guerra, y en 1969 vivía en Paraguay (ellos residían en Rosario y en París); con ello, protegían su identidad en un contexto político en Paraguay poco comprensivo con los izquierdistas. De hecho, ese anticomunismo furibundo del stronismo dejó mella: Vicente Durá escribió una larguísima autobiografía que quedó inédita, escrita en cinco o seis tomos (según refiere a quien suscribe la nieta de Vicente), texto que actualmente conserva una de sus hijas; esos documentos, llegado el caso,

[85] Martínez, Víctor M. y Vera, Tomás, *Milicianos paraguayos en…*

[86] Aprovecho aquí para agradecer al sociólogo paraguayo Roberto L. Céspedes Ruffinelli que me hiciera llegar una copia de sus conversaciones –por email– con Gabriela acerca de los brigadistas paraguayos, y que han podido sacarme de algunas dudas al respecto de su investigación, que por razón de espacio no son incorporadas en este trabajo.

[87] No en vano la obra sobre las Brigadas editada por el CEDOBI en 2019 citaba a Dalla-Corte como referencia para el caso paraguayo: Sánchez Sánchez, Isidro (coord.), *Las Brigadas Internacionales, 80 años después*, Albacete, CEDOBI, 2019, pág. 261.

[88] En enero de 2013 Mariadela Martínez Dueñas entregó también, en su nombre y de sus hermanos Luis Carlos y Vilma Tania, más de treinta imágenes de los brigadistas paraguayos y copias de documentos de diversa índole para el Museo de las Memorias de Asunción, para que quedaran accesibles a investigadores y a la sociedad paraguaya en general. Hago constar mi más especial y afectuoso agradecimiento a María Stella Cáceres y a Martín Almada por haberme facilitado acceso a esta documentación.

[89] Martínez, Víctor M. y Vera, Tomás, *Milicianos paraguayos en…*, pág. 9.

ayudarán de manera fundamental a continuar desentrañando la historia de aquel grupo de combatientes paraguayos. Por desgracia, las heridas dejadas por la dictadura –cuando ser *comunista* constituía una mácula social casi insalvable–, hacen que esos documentos continúen, aún a día de hoy, en la más estricta intimidad familiar.

No obstante, Vicente Durá, en sus últimos años, sí se mostró más abierto a exponer sus ideas y lo que había sido su vida, o al menos parte de ella: en 1982 publicó la obra *Entre brumas seniles*, libro presentado ese mismo año en el Centro Cultural Juan de Salazar por Enrique Marés Lind –como consta en archivo[90]–, miembro de una familia de comerciantes catalanes afincada en Paraguay que –según afirma Pedro Gamarra Doldán– llegaron a ser, tanto Enrique como su padre Pedro Marés Inglés, representantes de la República Española en el exilio. En alguna base de datos aparece el nombre *"Asunción"* como uno de los posibles milicianos: no se trata de un brigadista paraguayo, este podría corresponder a Marino Asunción –paraguayo que luchó del lado sublevado en la Legión Extranjera franquista[91]–, o en su defecto a la hermana o a la madre de Vicente Durá Campos, ambas llamadas así: la madre, Asunción Campos Illán (de 52 años), la hermana, Asunción Durá Campos (22 años y con una hija pequeña), y el padre, Vicente Durá López (52 años), viajaron en el *Stanbrook*.[92] En 1988, Vicente Durá Campos publicó un poemario titulado *Evocando Huellas*, en el que un pasaje titulado *Pepito, a mi hermano* recuerda a José Durá Campos (su hermano mayor), muerto en el campo de Gurs en 1939.[93]

Por su parte, la obra de Gabriela Dalla-Corte Caballero es un trabajo académico científico al uso, con un minucioso esfuerzo por contextualizar los aspectos concretos sobre los que discurre la obra. Lo capital en este caso es que el trabajo de Dalla-Corte se construye sobre una fuente primaria principal y sustancial para conocer y explicar la experiencia y motivaciones de los brigadistas paraguayos (que se agrega a las memorias de Martínez y Vera publicadas en 2002). La fuente sobre la que Dalla-Corte edificó su trabajo de 2016 fue un álbum de fotos y textos que el mismo Víctor Martínez había realizado en su ciudad, Rosario, al regresar de la guerra; en este documento, Martínez recoge el testimonio gráfico sobre su experiencia en la guerra de España y en Francia, así como la de sus compañeros y otros milicianos –acervo compuesto por fotografías realizadas con su propia cámara–, con imágenes de la contienda, pies de foto explicativos y otros documentos. Este material está hoy custodiado y puede consultarse en el Museo de la Memoria de la ciudad de Rosario, y fue la base del trabajo de Gabriela Dalla-Corte.

Parafraseando a su prologuista, coincido plenamente con que la obra de Dalla-Corte es una "*pequeña-gran* historia gráfica" que constituye un aporte "excepcional" a la historiografía de las Brigadas Internacionales; este es "un libro que documenta la historia

[90] Archivo del Centro Cultural de España Juan de Salazar, Serie Actos Culturales, Presentaciones, Caja 001 / 3.4 (1980-1982), documento del 9 de junio de 1982.
[91] Baumann, Gino, *Los voluntarios latinoamericanos...*, pág. 141.
[92] Los pasajeros del buque *Stanbrook* (salió de Alicante el 28 de marzo de 1939 con destino a Orán) está disponible en internet.
[93] Durá Campos, Vicente, *Evocando huellas*, Asunción, Editorial Arte Nuevo, 1988, págs. 60-61.

de las personas y no la de los acontecimientos".[94] No obstante, el trabajo de Gabriela incorpora una nutrida bibliografía, con cerca de ciento cincuenta fuentes secundarias, que aportan el marco, los datos y la visión holística que podía faltar en el frente, consolidando historiográficamente el contexto de participación de los brigadistas paraguayos. De Gabriela Dalla-Corte se puede leer también una publicación en portugués, en coautoría con Marco Antônio Machado.[95]

Se dispone de otras seis fuentes o plataformas que deben ser tenidas en cuenta en la investigación sobre los brigadistas paraguayos: en primer lugar, cabe destacarse la disponibilidad de los archivos de la Unión Soviética relativos a las Brigadas Internacionales –actualmente bajo custodia de la Federación Rusa–, y que pueden ser consultados por internet[96] (aunque tras el inicio de la invasión rusa de Ucrania el acceso está limitado). Otra de las fuentes corresponde a los fondos del *Centro de Estudios y Documentación de las Brigadas Internacionales*[97] (CEDOBI), establecido en Albacete (ciudad castellano-manchega donde estuvo el cuartel general de las Brigadas Internacionales durante la guerra), que contiene los fondos del archivo de Gino Baumann, y a quienes agradezco haberme facilitado información sobre el caso paraguayo (con cartas y documentos que no ha lugar a explicar aquí).

También puede consultarse digitalmente la base de datos del proyecto de investigación *Memoria Histórica Brigades Internacionals* de la Universitat de Barcelona[98] (SIDBRINT), con fichas de varios brigadistas paraguayos y personas relacionadas con estos. Otra plataforma en línea es el *Diccionario Biográfico de las Izquierdas Latinoamericanas*, perteneciente al *Centro de Documentación e Investigación de la Cultura de Izquierdas*[99] (DeDInCI), en el que el investigador argentino Mariano Damián Montero –que ya fue citado en este trabajo– ha incluido algunas breves reseñas bibliográficas de algunos de estos brigadistas. En 2019, el productor paraguayo Jorge Pérez Paiva[100] (Universidad del Norte, Paraguay), familia del brigadista Paiva, realizó junto con quien suscribe un documental audiovisual titulado *Españoles y paraguayos en la vorágine de la Guerra Civil Española*, sobre brigadistas paraguayos y republicanos españoles exiliados en Paraguay, con entrevistas a descendientes[101], entre ellos a Alberto Paiva, a quien debo agradecer la información dada, devolver el afecto y reconocer la entrega a la investigación del paradero de Emiliano y de la historia

[94] Dalla-Corte Caballero, Gabriela, *De España a Francia...*, pág. 10.

[95] Machado Lima Pereira, Marco Antônio y Dalla-Corte Caballero, Gabriela, "Cruzando fronteiras; as experiências de guerra dos voluntários paraguaios e brasileiros durante o conflito civil espanhol (1936-1939) retratadas no álbum fotográfico de Víctor Martínez", en Gutiérrez, Horacio, Urquidi, Vivian, Nepomuceno, Margarida y Coan Lago, Mayra (orgs.), *A Guerra Civil Espanhola e a América Latina*, São Paulo, Terceira Margem, 2018, págs. 69-92.

[96] Página web de los archivos rusos: http://sovdoc.rusarchives.ru/ (consultado: 01-XI-2023).

[97] Página web del CEDOBI: https://cedobi.iealbacetenses.com/ (consultado: 01-XI-2023).

[98] Página web del proyecto SIDBRINT: https://sidbrint.ub.edu/ca (consultado: 01-XI-2023).

[99] Página web del Diccionario Biográfico del CeDInCI: https://diccionario.cedinci.org/ (consultado: 01-XI-2023).

[100] Sin el trabajo y el esfuerzo de Jorge Pérez Paiva y la colaboración y apoyo de UniNorte este trabajo no habría sido posible.

[101] Proyectado en Asunción en el Centro Cultural *Juan de Salazar* (21 de febrero de 2020), y en el Auditorio del *Amba'y* de la UniNorte (27 de febrero de 2020); fue presentado también en Madrid en la librería Traficantes de Sueños (7 de marzo de 2020).

del resto de milicianos paraguayos. Por último, debe destacarse también la *Asociación de Amigos de las Brigadas Internacionales*[102] (AABI), sita en el sur de Madrid, por el apoyo, los datos y la atención a esta investigación; la AABI constituye un punto de encuentro fundamental para investigadores de las Brigadas Internacionales.

Existe un grupo de brigadistas paraguayos relativamente bien identificado gracias a las fuentes y a la bibliografía; sin embargo, otros están todavía invisibilizados, pues en las Brigadas muchos combatientes se incorporaron desde otros países, viajaron con pasaportes extranjeros, o se sumaron ya en España (llegando de manera clandestina o porque residían allí al iniciar la guerra); en el caso paraguayo, combatientes como Lucas Nemo Canabarro (o Canbararro, según la fuente), veterano de la Guerra del Chaco que se incorporó desde el contingente brasileño, Joaquín Fernández Subisa (o Subiza) –paraguayo residente en Formosa–, o los casos de Juan Seguí Menedes (o Méndez) y José María García Giménez (o Jiménez) –que aparecen en los archivos rusos de la Comintern pero no en la bibliografía–, no están aclarados; de hecho, como advierte Ovejero, que también los menciona, no sabemos si son nombres falsos o de clandestinidad[103], en cuyo caso podrían corresponder con brigadistas de los ya identificados.

Quiero hacer una breve mención del brigadista Ramón Prieto Bernier: nacido en España en 1904, Ramón pasó su infancia y primera juventud en Asunción (su padre fue agregado militar en la Legación española), e inició pronto su militancia política en el anarquismo, siguiendo la estela del escritor y periodista español Rafael Barrett, anarquista, que se había trasladado en 1904 a Paraguay (Barrett murió muy joven, en 1910). La militancia política de Prieto le obligó a emigrar de Paraguay, y acabó simpatizando también con las propuestas internacionalistas del comunismo (afiliándose al partido en Brasil). Combatió en España junto con sus camaradas brasileños en las Brigadas, y tras la guerra regresó a América, afincándose en Argentina.[104]

Puede argumentarse que Ramón Prieto no era paraguayo de nacimiento, pero conoció el país desde niño. Decía el novelista austríaco Rainer Maria Rilke que "la verdadera patria es la infancia"; sin duda, al brigadista Prieto Bernier *lo forjaron* Paraguay y los textos de Barrett. De hecho, no fue el único; como consta en las fichas de *Biografía de Militante* del Partido Comunista de España de brigadistas paraguayos como Paiva o Martínez –consultables en los archivos rusos[105]–, sus primeros intereses y acercamientos al movimiento proletario se produjeron en los años veinte gracias –entre otras lecturas– a los textos que Rafael Barrett había publicado durante sus años en el país. No deja de ser paradójica la relación entre la decisión de aquellos brigadistas de combatir en España y su ideología, nacida de la pluma

[102] Página web de la AABI: https://www.brigadasinternacionales.org/ (consultado: 01-XI-2023).

[103] Ovejero, Alberto Federico, "Antifascismo e internacionalismo...

[104] Ramón Prieto aparece en algunas fuentes y bases de datos, y sobre su biografía se recomienda: Ariza, Guillermo, "Ramón Prieto Bernier, una vida legendaria, consciente y militante", en *Visión Desarrollista*, 27-III-2020 (disponible en red).

[105] Archivos rusos de las Brigadas Internacionales, Caso 628, Archivos personales de voluntarios de la brigada paraguaya.

de un anarquista español emigrado; y es que, en Paraguay, Barrett dejó *plantada* en sus libros la *semilla* antifascista, antes de que Franco o Hitler hubieran aprendido a disparar.

Con base en todo lo anterior, ha sido elaborada la Tabla 1, que puede consultarse al final de este trabajo; en ella se recogen los nombres de los brigadistas detectados –y algunos motes, pseudónimos, errores o nombres falsos–, incluyendo las fuentes, bases de datos o bibliografía en que estos aparecen. Asimismo, esta tabla también incorpora los nombres de otras personas no combatientes que tuvieron vinculación con los brigadistas, y que aparecen en fuentes y en bibliografía. Lamento si ha quedado sin localizar alguna otra persona con vinculación, que seguro la hubo.

HISTORIA Y MEMORIA ANTIFASCISTA DE LOS BRIGADISTAS PARAGUAYOS

En 1937, el periodista y escritor antifascista holandés Nico Rost cubrió la guerra española, y en una entrevista con un comisario político alemán de las Brigadas Internacionales este le expresó que, tal y como estaba recogido en la declaración de principios de su sección, "todos tenemos un único objetivo: la aniquilación del fascismo", y a la pregunta de Rost sobre cómo empezaron a organizarse en los primeros meses de guerra, el brigadista contestó:

> ¿Sabes por qué vinieron los primeros brigadistas, verdad? Movidos por una profunda indignación por la ayuda prestada a Franco, principalmente de los gobiernos fascistas de Alemania, Italia y Portugal. Los trabajadores en estos y otros países sentían que era *indecente* que el apoyo de sus gobiernos permitiera a los rebeldes matar a mujeres y niños del pueblo español… Vinieron aquí para borrar esa *indecencia*, para que no recayera sobre su pueblo.[106]

Los actos individuales tienen a veces esa extraña capacidad de *expiar* crímenes pasados o de *reparar* acciones colectivas infames cometidas por amplios sectores de una comunidad y por el Estado o el Gobierno que la dirigieron; eso es lo que *hace* la historia, construye un relato que, aún discutible, permite seguir adelante sin obligarte a dejar de mirar atrás. Resulta significativo que el poeta paraguayo Vicente Lamas Carísimo, en su *Canción del miliciano guaraní* (1952) –poema dedicado al brigadista paraguayo José Aparicio Gutiérrez, aunque pueden interpretarse como unas palabras consagradas al recuerdo de todos ellos–, decidiera acabar como sigue:

> Miliciano guaraní, miliciano de la raza,
> has saldado tú la deuda que debíamos a España;
> Don Quijote no está solo en los campos de La Mancha.[107]

[106] Rost, Nico, *Reportajes antifascistas*, Aquí, ContraEscritura, 2020, págs. 68-69.
[107] Dalla-Corte Caballero, Gabriela, *De España a Francia…*, pág. 18.

España correspondió, aunque tarde –respetando su idiosincrasia–, en enero de 1996, con un Real Decreto[108] –a petición unánime de las Cortes– para que les fuera concedida la nacionalidad española a todos los veteranos de las Brigadas Internacionales. El Decreto concedió a los brigadistas la "nacionalidad española por carta de naturaleza", según aparece recogido en el BOE[109], en virtud de ser "de justicia reconocer la labor en pro de la libertad y de la democracia llevada a cabo por los voluntarios integrantes de las Brigadas Internacionales durante la guerra española de 1936 a 1939". En el debate parlamentario del 28 de noviembre de 1995 que posibilitó aquel Real Decreto, un diputado alegó: "que al menos tengan el derecho formal de llamar *patria* a lo que tienen en un lugar preferente de su corazón".[110]

Con ello, según afirma el historiador Giles Tremlett, "se cumplía la promesa hecha por el presidente Negrín en 1938" para aquellos *antifascistas prematuros* venidos de todas partes del mundo.[111] Pero ningún brigadista paraguayo vivía ya en enero de 1996 (de los localizados a la fecha); el último en morir, Tomás Vera, falleció unos meses antes, en marzo de 1995. Para el reconocimiento de los voluntarios del Paraguay, aquel Real Decreto español no llegó a tiempo. De hecho, Vicente Durá Campos llegó a tener la nacionalidad española –tenía abuelos españoles emigrados al Paraguay–, obtenida cuando ya residía en España, antes de comenzar la guerra; al acabar el conflicto abandonó el país con pasaporte paraguayo, y nunca la recuperó.[112]

En 2007, la Ley 52/2007 española, de 26 de diciembre, conocida popularmente como *Ley de Memoria Democrática*, permitió reabrir la cuestión; entre otras actividades, en 2008 se realizó un encuentro entre familiares de los brigadistas y también hubo grabaciones a los descendientes. En aquel encuentro estuvo el antropólogo paraguayo Guillermo *Mito* Sequera, que había conocido a Tomás Vera en Francia, en 1975 (tras dos años de búsqueda); le realizó una entrevista en su domicilio de la ciudad de Rennes y le visitó varias veces más adelante, trabando amistad. *Mito* Sequera supo de Tomás Vera y del resto de brigadistas paraguayos por sus correligionarios comunistas –Sequera adhirió al PCP en 1970, en clandestinidad–, y afirma que durante bastante tiempo a Vera lo habían dado por muerto en algún campo de concentración.[113]

Podría pensarse que el poema de Vicente Lamas –*Canción del miliciano guaraní*–, al hacer referencia a una *deuda histórica* de naturaleza cultural o idiomática, lo hacía en un sentido cuasi colonial, como una *deuda* histórica en cuanto *civilización*. Yo prefiero imaginar que no fue así, y que Vicente Lamas entendía, cuando escribió el poema en 1952, que en aquella guerra de España todo el mundo –incluida la sociedad paraguaya– se

[108] Real Decreto 39/1996, del 19 de enero de 1996.
[109] Boletín Oficial del Estado, número 56, del 5 de marzo de 1996, págs. 8579-8580.
[110] Diario de Sesiones, Congreso de los Diputados, Pleno y Diputación Permanente, número 186, del 28 de noviembre de 1995, págs. 9873-9878.
[111] Tremlett, Giles, *Las Brigadas Internacionales...*, pág. 565.
[112] Conversación (12.11.2023) con Verónica Durá Machuca, nieta de Vicente Durá Campos.
[113] Conversación con Guillermo *Mito* Sequera (20.03.2020), antropólogo y músico paraguayo.

había *jugado* mucho. Creo que Lamas entendió que ni su gobierno ni su país hicieron lo necesario contra la barbarie fascista que atenazaba a un régimen democrático en España (un país con el que Paraguay estaba unido por estrechos vínculos históricos); y creo que entendía también que fue aquel puñado de idealistas, una o dos decenas de voluntarios, quienes acudieron a España a borrar esa *indecencia* de su gobierno, para que aquella no recayera sobre el pueblo paraguayo. Pienso, además, que así lo entendían aquellos voluntarios, que en su carta de noviembre de 1937 afirmaban que "tenemos la firme convicción de interpretar los más caros sentimientos de nuestro querido pueblo al luchar en el frente de la democracia y la paz"[114]; luchaban ellos, pero entendían que aquella era también la lucha de su propio pueblo, el paraguayo, al que representaban en España. Y por eso aquel poema de Vicente Lamas da título a este capítulo: *miliciano guaraní.*

Pienso que así lo entendieron quienes, como Lamas, conocieron aquel pasado de sus compatriotas; lo atestigua la decisión de los familiares y amigos de estos, que eligieron las siguientes palabras de Bonzi para prologar la obra que recogió las memorias de Víctor Martínez y Tomás Vera en 2002:

> Hasta hoy no se ha rendido el homenaje que se merecen estos nueve seres humanos excepcionales, compatriotas que imbuidos de superiores ideales de solidaridad se han jugado la vida, dejándola en lejanos campos de batalla donde se jugaba la suerte del mundo: esclavitud o libertad; democracia u opresión; o sea, la suerte de nuestra propia patria paraguaya.[115]

Al Estado paraguayo aún le corresponde cumplir adecuadamente esa tarea; también al Estado español, aunque ya en menor medida tras aquel *tardío* Real Decreto de enero de 1996. No obstante, sirvan las palabras de este trabajo para ayudar a conceder a los brigadistas paraguayos la *carta de naturaleza española* –aunque sea modesta e historiográfica– que el Estado español no alcanzó a concederles en vida, en la seguridad de que la lucha antifascista en España estuvo también, para aquellos *milicianos guaranís*, en un lugar preferente de su corazón.

[114] Martínez, Víctor M. y Vera, Tomás, *Milicianos paraguayos en…*, pág. 64.
[115] Bonzi, Antonio, *Proceso histórico del…*, pág. 95; Martínez, Víctor M. y Vera, Tomás, *Milicianos paraguayos en…*, pág. 33.

Tabla 1: *Brigadistas paraguayos en la Guerra Civil Española (1936-1939), y otras personas con vinculación paraguaya que aparecen en las fuentes y bibliografía sobre la cuestión.* (Elaborada por Eduardo Tamayo Belda a partir de fuentes y bibliografía, noviembre 2023)

BRIGADISTAS PARAGUAYOS		FUENTES							
NOMBRE REAL (*alias / nombre de Partido*)	NOMBRE FALSO / * ERROR	A	B	C	D	E	F	G	H
Félix Emiliano PAIVA PALACIOS (*Marco*)	* A veces figura como *Emilio Paiva*	•	•	•	•	•		•	•
Víctor Manuel MARTÍNEZ RAMÍREZ (*Joel*)	Doroteo FERNÁNDEZ R.	-	•	•	•	•		•	•
Tomás VERA [—] (*Petiso*)		-	•	•	•	•		•	•
José DURÁ CAMPOS		-	•	•	•	•	•	•	•
José Aparicio GUTIÉRREZ [—]	Demetrio GONZÁLEZ R.	-	•	•	•	•		•	•
Perfecto IBARRA [—]	Ramón IGLESIAS	-	•	•	•	•	•	•	•
José María DELGADO [—]		-	•	•	•	•	•	•	•
Lucio Facundo DUARTE MIRANDA	Lucio QUARTA MIRANDA	-	•	•	•	•	•	•	•
Vicente DURÁ CAMPOS		-		•	•	•	•	•	•
Ramón PRIETO BERNIER		-			•	•		•	•
Joaquín FERNÁNDEZ SUBISA	* Quizá Subiza (no Subisa)	-						•	•
Juan SEGUÍ MENEDES	* Quizá Méndez (no Menedes)	-				•		•	•
José María GARCÍA GIMÉNEZ	* Quizá Jiménez (no Giménez)	-						•	•
Lucas NEMO CANABARRO	* Quizá Canbararro o Canbarraro	-			•			•	
Juan GUTIÉRREZ FERNÁNDEZ	* Quizá FERNÁNDEZ GORTHY	-						•	
[—] FERNÁNDEZ GORTHY		-			•			•	
Lucio FAGUSTO	* Quizá Lucio Facundo DUARTE M.	-			•			•	
[—] ROURA [—]		-			•	•		•	
OTRAS PERSONAS VINCULADAS A LOS BRIGADISTAS PARAGUAYOS									
Vicente LAMAS CARÍSMO	Poeta paraguayo que escribió *Canción del miliciano guaraní*								
Vicente DURÁ LÓPEZ	Padre de Vicente Durá Campos								
Asunción CAMPOS ILLÁN	Madre de Vicente Durá Campos								
Asunción DURÁ CAMPOS	Hermana pequeña de Vicente Durá Campos (salió con pasaporte rumano)								
Adela Estanislaa DUEÑAS GUERRERO	Esposa española de V. Martínez, republicana, viajaron juntos a Paraguay								
Jesús NESTOSA REPULLER	Español residente en Asunción cuyo padre era de la Cancillería; combatió por los sublevados, cayó en Fuentes del Ebro en 1937 (Baumann, pág. 141)								
Marino ¿MERINO? ASUNCIÓN	Paraguayo, según Baumann, estuvo en la Legión Extranjera, con el bando franquista (pág. 141), pero también le califica de "comunista" (pág. 219)								

LEYENDA (fuentes y bases de datos)

A – Andreu Castells (1974)

D – Martínez & Vera (2002)

B – Gerold Baumann (2009)

C – Gabriela Dalla-Corte (2016)

E – Fondos del CEDOBI (en línea)

F – Diccionario CeDInCI (en línea)

G – Base datos SIDBRINT (en línea)

H – Archivos de la URSS sobre BBII

• Mención al brigadista, ya sea en listados o en el desarrollo del texto.

- Andreu Castells no señaló nombres concretos salvo uno (E. Paiva).

26.
EL SOCORRO BLANCO, LA RED *HATACA* Y LA FALANGE CLANDESTINA. LA QUINTA COLUMNA EN ALMERÍA

Antonio Ramírez Navarro
Universidad de Almería

> "Pocas veces una simple frase ha costado más vidas. Cada vez que a los milicianos se les presentaba un caso de duda, cuando no había pruebas concretas contra un sospechoso, o cuando el inculpado creía haber desbaratado los cargos que se le hacían, el recuerdo de la amenaza de Mola fallaba en su daño y 'por si era de la quinta columna' se votaba invariablemente por la prisión o el fusilamiento. Ha sido la frase más cara que se ha dicho en España".
>
> Manuel Chaves Nogales

La expresión quinta columna fue acuñada por el general Emilio Mola para designar la ayuda que esperaba encontrar en el interior de Madrid cuando sus cuatro columnas alcanzaran la capital. El periódico comunista *Mundo Obrero* la divulgó por medio de un artículo de la *Pasionaria*, publicado en primera página el 3 de octubre de 1936: "Cuatro columnas dijo el traidor Mola que lanzaría sobre Madrid, pero que la 'quinta' sería la que comenzaría la ofensiva. La 'quinta' es la que está dentro de Madrid, la que a pesar de las medidas tomadas se mueve en la oscuridad... a este enemigo hay que aplastar inmediatamente".[1] Desde entonces, la eliminación de la quinta columna se convirtió en una de las prioridades de los comités revolucionarios y de las instituciones republicanas.

En la persecución del quintacolumnismo se encuentra también la clave de muchos de los crímenes cometidos en el bando republicano. En Almería, la represión contra los quintacolumnistas, ese ejército de las sombras que intentaba minar la resistencia republicana desde dentro de su propia retaguardia, llevó a que derechistas y católicos, seriamente amenazados, se organizaran apoyándose unos a otros como forma de supervivencia y en espera de que amainara la represión.[2] Su comportamiento no había sido precisamente heroico en el momento del alzamiento. De los quinientos falangistas comprometidos para apoyar a los militares sublevados, solo se presentaron a la hora de la verdad treinta. El teniente coronel Huertas Topete, al mando del batallón de ametralladoras, vaciló durante tres días antes de sumarse a la sublevación. Almería fue la última capital andaluza

[1] Ruiz, Julius, *El Terror Rojo*, Barcelona, Espasa, 2012, pág. 216.
[2] Ramírez Navarro, Antonio, *Anarquistas y comunistas en la formación del movimiento obrero almeriense*, Almería, Universidad de Almería, 2015, págs. 298-307.

en proclamar el estado de guerra, lo que dio tiempo a las organizaciones obreras para repartir armas entre sus afiliados y desplazar a cientos de mineros del valle del Andarax y de la sierra de los Filabres para la defensa de la ciudad. En la madrugada del 21 de julio, los militares salieron del cuartel de la Misericordia y tomaron varios puntos estratégicos, aunque fracasaron en su intento de ocupar el Gobierno Civil, donde se había concentrado la resistencia republicana. Esa misma tarde se rindieron cuando llegó al puerto almeriense el buque de guerra *Lepanto* y amenazó con cañonearlos.

Al día siguiente los católicos pudieron contemplar horrorizados como ardía la mayoría de las iglesias de la ciudad. Durante las primeras semanas de la guerra, falangistas, religiosos y burgueses acomodados sospechosos de simpatizar con el golpe comenzaron a ser detenidos y enviados a las prisiones improvisadas que estaba organizando en la ciudad el Comité Central Antifascista. El colapso de las instituciones republicanas tras la defección de buena parte de sus fuerzas armadas y de orden público permitió que el autoproclamado comité revolucionario, con representación de las organizaciones marxistas y anarquistas del Frente Popular, se hiciera con todo el poder y pusiera en marcha el temible comité de presos, principal encargado de la represión contra los desafectos. Los colegios de las *Adoratrices* y la *Salle* y los barcos prisión *Astoy Mendi* y *Capitán Segarra* se llenaron de derechistas aterrorizados en espera de unos juicios que en numerosas ocasiones no se produjeron porque los detenidos fueron 'sacados' y asesinados durante el verano y el otoño sangrientos de 1936.

Buena parte de la represión republicana en Almería tuvo un marcado carácter anticlerical. Fueron asesinados los obispos de Almería y Guadix y unos cien religiosos, a los que habría que sumar las más de 85 víctimas mortales pertenecientes a los partidos confesionales Acción Popular y Comunión Tradicionalista. El feroz anticlericalismo de marxistas y anarquistas, ampliamente divulgado por la prensa internacional conservadora, se convirtió también en un problema para la causa republicana por servir de baza propagandística, especialmente en el extranjero, a los franquistas.

Ante la magnitud de la amenaza que pendía sobre sus cabezas, los derechistas comenzaron a organizarse de forma clandestina durante los primeros meses de la guerra. A diferencia de otras localidades donde hubo una continuidad entre la derrota de los sublevados y la organización de la quinta columna, en Almería los quintacolumnistas crearon su red de apoyo mutuo en respuesta a la represión republicana. Sus actividades consistían básicamente en transmitir información al bando franquista y boicotear la recluta de hombres para el ejército republicano, como en Macael, donde llegó a producirse un motín de madres que se negaban a que sus hijos fuesen incorporados al frente.[3] También distribuían dinero, víveres y ropa entre los que estaban ocultos y amparaban a los perseguidos por la policía republicana. Los emboscados consiguieron que algunos derechistas se pudieran pasar a la otra zona a través de Sierra Nevada, donde quedó estabilizado el

[3] Rodríguez López, Sofía y Rodríguez Barreira, Óscar, "La Quinta Columna y la Guerra Civil en Andalucía", *Andalucía en la Historia*, número 46, 2014, págs. 72-77.

frente durante buena parte de la guerra. Especialmente curioso fue el caso de la localidad alpujarreña de Paterna del Río. Según una nota secreta del Servicio de Información y Policía Militar (SIPM), redactada a finales de 1938, el espionaje franquista consideraba que el pueblo estaba completamente del lado de los sublevados a pesar de los más de dos años transcurridos en zona roja. Numerosos desertores del ejército republicano se concentraron allí para, gracias a la intervención de los agentes franquistas, pasarse al otro bando. La nota finalizaba afirmando que "todos los pueblos deben ser Paternas".[4]

Las actividades de los quintacolumnistas se concretaron en la organización del denominado Socorro Blanco, puesto en marcha en Almería por Carmen Góngora, católica tradicionalista que había estado al frente del Sindicato de la Aguja. Fue el asesinato de su hermano en la playa de la Garrofa lo que la llevó a encabezar la incipiente red de ayuda a los simpatizantes del bando franquista.[5] Los integrantes del Socorro Blanco recaudaban dinero para los emboscados y conseguían liberar a presos mediante el soborno de algunos dirigentes republicanos. Contaban con personas de confianza entre los funcionarios de prisiones y difundían los partes de guerra de la zona nacional.[6] Algunas de las mujeres que formaban parte de la organización tenían relaciones familiares con la Falange clandestina en distintas localidades granadinas y en Cartagena. La presencia femenina fue esencial en la organización quintacolumnista, como puso de manifiesto el secretario provincial del PCE, Juan García Maturana, en la asamblea celebrada en febrero de 1938, en la que recordó que las mujeres "también trabajan mucho" por la quinta columna y por lo tanto, había que "detenerlas y encarcelarlas".[7]

Una de sus principales actividades fue dar apoyo a los religiosos escondidos. Aunque de facto la actividad religiosa estuvo prohibida durante la guerra –una de las primeras medidas del Gobierno Giral fue la supresión del culto católico y el cierre de iglesias-[8] en Almería existió, a lo largo de toda la contienda, una red de capillas ocultas en las que se celebraba la eucaristía con asiduidad. Un ejemplo fue el domicilio de Isabel Moya, donde estuvieron escondidos el vicario general Rafael Ortega Barrios y el sacerdote José Cañizares. En el domicilio de Carmen Góngora ocurrió algo similar. Curas disfrazados de milicianos encontraron refugio, se celebraban misas y se fabricaban hostias, repartidas entre los católicos de la ciudad gracias a monjas que se hacían pasar por criadas. Por lo que se refiere a la provincia, hay constancia de que al menos en Vélez Blanco, Antas y Purchena hubo capillas clandestinas. En Urrácal llegaron a juntarse cinco sacerdotes escondidos y se celebraron misas, bautizos y matrimonios, lo que sin duda se realizó con la aquiescencia de las autoridades locales del Frente Popular.[9] En Canjáyar un grupo de

[4] Archivo General Militar de Ávila, (AGMAV), C 2943, 22.

[5] Martín del Rey, Bernardo, *Ofrendas del cautiverio*, Almería, La Independencia, 1939, p. 276.

[6] Rodríguez López, Sofía, *Quintacolumnistas. Las Mujeres del 36 en la clandestinidad almeriense*, Almería, Instituto de Estudios Almerienses, 2008, pág. 42.

[7] *Diario de Almería*, 2-III-1938.

[8] Tusell, Javier, "La Iglesia y la guerra civil", en *La Guerra Civil Española, Vol 13*, Barcelona, Folio, 1996, pág. 10.

[9] Causa General, 1164, exp. 3-232.

fieles logró poner a salvo la reliquia de la Santa Cruz e incluso celebró una vigilia en el domicilio donde fue escondida el 26 de julio de 1936. En Velefique el párroco oficiaba la eucaristía en su casa avisando a las personas de confianza.

LA PRENSA REPUBLICANA, CONTRA LA QUINTA COLUMNA

Las primeras referencias a la detención de quintacolumnistas aparecen en la prensa almeriense en marzo de 1937. El gobernador civil, el socialista Gabriel Morón, comunicó a los periodistas que había ordenado el encarcelamiento del alcalde de Felix por "complacencias de carácter faccioso" y por "lanzar públicamente versiones completamente absurdas" sobre la marcha de la guerra. "El Alcalde parece es hombre débil y como las autoridades es necesario que tengan carácter, le voy a enseñar a ese hombre a ser Alcalde, teniéndolo un poco tiempo en la cárcel. (...) Hay que defender la República con entusiasmo, y el que no lo haga es un traidor".[10] Como expresa Morón, el celo perseguidor no debía limitarse solo a los que de una forma activa favorecían los intereses de la causa franquista.[11] Así, en el *Diario de Almería*, el radio Norte del Partido Comunista coloca en su punto de mira "a los individuos que creen que es un mérito no haberse metido en nada. Estos son enemigos nuestros por eso precisamente, por no haberse metido nunca en nada, por bailar al son que tocan (...) Málaga, Badajoz, San Sebastián, Bilbao, etc. etc. Allí también había muchos que 'no se habían metido en nada' y que han sabido dar cientos y cientos de nombres a los fascistas para que estos cazasen a los que sí se habían dedicado a defender su tierra, su pan y su libertad".[12] El poeta Miguel Hernández, miliciano de la cultura en el frente de Jaén, había levantado también su voz contra los que optaban por la pasividad: "La austeridad y la hombría que impone la guerra a que nos han llevado los traidores extranjerizantes, los enemigos de España y su raza, exigen a gritos depuración y desinfección de las ciudades de retaguardia. El que cree que la victoria es cosa de los demás y no suya debe recibir el duro castigo que se da a los fascistas".[13]

Los comunistas ampliaron la lista de los quintacolumnistas sumando a los que no se presentaban a los requerimientos del Gobierno, a los que se proveían de certificados médicos para eludir el frente, a los médicos que se prestaban a hacer esos certificados, a los comerciantes que elevaban el precio de los productos o a los compradores que, dispuestos a pagar lo que se les pedía, contribuían al alza de los precios. Los quintacolumnistas hacían todo lo posible por evitar la movilización y el envío de reclutas al frente.[14] El comité

[10] *Diario de Almería*, 3-III-1937.

[11] Ramírez Navarro, Antonio, *El optimismo de los desesperados. Historia del PCE en Almería (1922-1939)*, Almería, Universidad de Almería, 2016, págs. 172-180.

[12] *Diario de Almería*, 28-VII-1937.

[13] Hernández, Miguel, "Defensa de Madrid. Madrid y las ciudades de retaguardia", *Al ataque*, nº 2, 16-I-1937, en *Crónicas de la Guerra Civil*, Madrid, Público, 2009, pág. 26.

[14] Ramírez Navarro, Antonio, *Aunque nos espere el dolor y la muerte. Historia del movimiento libertario en Almería*, Almería, Universidad de Almería, 2018, págs. 185-189.

peninsular de la FAI se lamentaba en un informe de que "personalidades ultrarrevolucionarias de la retaguardia hacen lo imposible por eludir sus obligaciones militares al ser llamados sus remplazos" y calculaba que un treinta por ciento de las levas lo lograba gracias a conseguir destinos en puestos auxiliares de la retaguardia o en la industria de guerra, lo que suponía una grave desmoralización para los combatientes.[15]

La quinta columna creció durante el mandato del gobernador comunista Vicente Talens (julio de 1937 a abril de 1938), aprovechando que disminuyó la represión sobre los desafectos.[16] A pesar de su fama de "blando", Talens reaccionó a los requerimientos de la prensa anunciando ante los periodistas que la policía había detenido a treinta personas, sorprendidas en una reunión clandestina, a las que se les ocuparon algunos planos.[17] A finales de noviembre de 1937 se produjeron nuevas detenciones de quintacolumnistas en el Ejército y entre la población civil, lo que sembró la alarma entre los antifascistas. En diciembre, el *Diario de Almería* tras señalar que "los enemigos del Régimen se encuentran enquistados en todas partes", se hizo eco de la detención del jefe de prisiones de la provincia.[18] Esta situación llevó al comisario político de la comandancia de Almería, el militante anarquista Rafael Juliá, a montar su propio servicio de contraespionaje con policías y soldados que le pasaban información sobre cualquier tipo de comentario que hicieran los militares que se incorporaban al cuartel almeriense procedentes de otras plazas. Según Juliá, dentro de la propia comandancia se habían detectado elementos del Socorro Blanco.[19]

En la prensa anarquista, la nómina de los presuntos quintacolumnistas podía incluir niños y así, un artículo aparecido en el órgano de la CNT, *Emancipación*, describía a un libertario adoctrinando a un tierno infante: "El niño que come alguna golosina vanagloriándose de ello para despertar la envidia de los demás niños con quienes no quiere compartirla es fascista. El mismo niño que valiéndose de su fuerza física superior a la de otro niño le golpea o maltrata, es fascista". No solo eso, para ser un buen antifascista, "si tienes fuerza de voluntad y eres inteligente, debes renunciar a las golosinas hasta que otros niños puedan tenerlas".[20]

En su primer número, el diario *Emancipación* afirmaba sin rodeos: "El emboscado es un animal dañino al que hay que eliminar cuanto antes", aunque reconocía la dificultad de acabar con el problema puesto que la mayor parte de los quintacolumnistas "se escudan tras un carnet sindical o político, hacen gala de un revolucionarismo exagerado, no sentido, y hablan pestes de los facciosos". Los anarquistas recordaban con nostalgia los primeros días de la guerra cuando "los fascistas eran descubiertos por docenas (...)

[15] "Informe del comité peninsular de la FAI al pleno de regionales del movimiento libertario sobre la dirección de la guerra y las rectificaciones a que obliga la experiencia", http://laverdaddeantoniovidalarabi.blogspot.com.es/2012/

[16] Ramírez Navarro, Antonio, *La fuerza de los débiles. Vida, prisiones y muerte de Vicente Talens Inglá (1892-1940)*, Almería, Instituto de Estudios Almerienses, 2012, págs. 87-98.

[17] *¡Adelante!*, 29-VII-1937.

[18] *Diario de Almería*, 9-XII-1937.

[19] Fundación Anselmo Lorenzo, Fondo de Amsterdam, 3B, 8.

[20] *Emancipación*, 24-X-1937.

Pero, a medida que se fue imponiendo un legalismo incongruente y relevando en sus funciones a las Organizaciones obreras, fueron saliendo a la calle esos elementos facciosos y enlazando sus núcleos para emprender la ofensiva contra la España antifascista".[21] Dos días después volvía a la carga solicitando una "revisión escrupulosa" de los ficheros de las organizaciones sindicales y políticas. "Almería está pidiendo a gritos una limpieza ejemplar. Con escobas de hierro, manipuladas por manos férreas. El sentimentalismo, en los momentos actuales es la negación del orden".[22] El periódico arremetía contra los formalismos republicanos: "Hay que acabar con la blandura de los jueces. Menos procesos costosos e inútiles y más acción". Como el lector avezado sabía lo que significaba la palabra acción, el autor anónimo se vio obligado a añadir: "Yo no pido que se asesine aquí, en nuestra retaguardia leal, a todos aquellos elementos extraños a nuestro campo. Eso, no". El autor denunciaba que cada vez que sonaban las alarmas, los emboscados aprovechaban para disparar desde las azoteas sembrando el pánico entre la población.[23]

Días después el diario insistía con un artículo de título inequívoco, "Hay que fusilar", y se mostraba extrañamente comprensivo con los crímenes franquistas: "Es estúpido anatemizar al fascismo por los bárbaros métodos que emplea. Si nuestros adversarios fusilan a nuestros compañeros y hacen de la persecución una norma, no hacen más que cumplir con su deber de clase". El periodista anónimo no tenía dudas: "El humanismo es un prejuicio actualmente contraproducente. Constituye un factor negativo. Yo no protesto cuando leo las informaciones que nos hacen de los crímenes de la zona facciosa. Protesto sí, de esta imbécil sumisión a una legalidad idiota que se rinde entre nosotros".[24]

El malagueño Santana Calero, también desde las páginas del diario anarquista, hizo un canto a la testosterona y a la venganza en una columna titulada "A los crímenes de la aviación facciosa repliquemos como antifascistas y como machos". El líder libertario señala que "ni un momento más podemos permitir que nuestra venganza y nuestra dignidad de machos sea sacrificada al egoísmo de los países pseudodemocráticos (...) Hay que ser machos, camaradas". Santana explica que en Málaga cada bombardeo de la aviación franquista iba seguido de "la eliminación rápida de quienes en nuestra retaguardia gozan con los crímenes facciosos" y propone: "Por cada muerto nuestro, cien de ellos. Por cada edificio nuestro arrasado, cien de ellos. Y por cada hermano antifascista que fusilan en la retaguardia facciosa, cien de ellos que estén entre nosotros. (...) A la barbarie hay que responder, con cerebro, testículos y con virilidad".[25] A pesar de estas incitaciones a la violencia, según el dirigente anarquista Manuel Pérez a Santana "le horrorizaba ver una gota de sangre" por lo que "pedía que no le enviaran al frente".[26]

---

[21] *Emancipación*, 5-X-1937.
[22] *Emancipación*, 7-X-1937.
[23] Ibídem.
[24] *Emancipación*, 19-XII-1937.
[25] *Emancipación*, 1-II-1938.
[26] Pérez, Manuel, *30 años de lucha. Mi actuación como militante de la CNT y anarquista español*, Vitoria, Asociación Isaac Puente, 2012, pág. 203.

En octubre fueron detenidos en Cuevas del Almanzora 52 desafectos que contaban con sus correspondientes carnés antifascistas,[27] aunque unas semanas después *Emancipación* se escandalizaba por el hecho de que ya estuviesen en libertad.[28] A comienzos de ese mismo mes, las fuerzas políticas representadas en el Frente Popular acordaron "proceder enérgica y rápidamente contra los fascistas enquistados en nuestros medios". La decisión fue elevada al gobernador que "prometió calurosamente iniciar una limpieza a fondo de nuestra retaguardia, aprovechando eficazmente todos los medios a su alcance". Un par de semanas después *Emancipación* se desesperaba ante lo que consideraba pasividad de Talens: "El tiempo ha transcurrido y no se ve, por parte alguna, solución al problema. Ni siquiera se advierte el intento".[29]

A comienzos de enero de 1938 *Emancipación* pedía la creación de una comisión del Frente Popular que se encargara de depurar todas las organizaciones. Días después el comunista *Diario de Almería* se sumaba a la propuesta y reconocía que no se había conseguido desarticular la quinta columna. Muy al contrario, el rotativo denunciaba "el atrevimiento descarado de los enemigos encubiertos en nuestra retaguardia".[30]

La prensa republicana, con su insistencia en la omnipresencia de la quinta columna, contribuyó a fomentar lo que en teoría estaba intentando evitar, la desmoralización de la retaguardia por la masiva infiltración de los franquistas. La reiteración obsesiva sobre la difusión del espionaje enemigo y la insistencia en la pasividad de las autoridades republicanas llevó a una especie de delirio paranoide que multiplicó el número de fascistas imaginarios y con ello el miedo de la población a la derrota final. La propia prensa ironizaba con que la quinta columna era lo más parecido a Dios, puesto que, según decían, estaba en todas partes. Muchos derechistas y católicos moderados que, aunque simpatizaran secretamente con los franquistas, no tenían conexión alguna con la quinta columna, acabaron dando con sus huesos en la cárcel víctimas del ambiente de sospecha generalizada.

En el informe elaborado en marzo de 1938 por la Agrupación Socialista almeriense y firmado por el enviado para la unidad con los comunistas Antonio Fernández Quer, se afirma que "en varias ocasiones han aparecido pasquines subversivos en los sitios céntricos de la capital y en las visitas que nos hace la aviación facciosa suena algún paqueo.[31] Esto unido a las pequeñas cosas que de vez en cuando se descubren, nos ha hecho formar la convinción (sic) que exista una fuerte quinta columna. A esta amenaza se une el hecho de la poca confianza que merece la mayoría de las fuerzas de Asalto entre los cuales hay 400 de los antiguos guardias civiles".[32]

[27] *Emancipación*, 12-X-1937.
[28] *Emancipación*, 24-X-1937.
[29] *Emancipación*, 19-X-1937.
[30] *Diario de Almería*, 11-I-1938.
[31] Disparos de francotiradores fascistas.
[32] Fernández Quer, Antonio, *Informe al comité ejecutivo del PSOE, 29-3-1938*, Alcalá de Henares, Fundación Pablo Iglesias, Archivo Histórico de Moscú, 13-43.

Según este informe, destinado a la ejecutiva socialista, los quintacolumnistas campaban a sus anchas y las fuerzas políticas del Frente Popular, incluidas las marxistas, estaban infiltradas por espías. La Falange habría tenido como jefe a un joven de 19 años, Filiberto Chulia, que habría estado intentando escapar a Gibraltar. En la madrugada del 8 de marzo aparecieron pasquines falangistas realizados en imprenta con el yugo y las flechas, en los que se invitaba a la juventud a levantarse "contra el Gobierno rojo que nos oprime". El hecho dio lugar a un editorial del diario socialista *Yunque* que además de mostrar su indignación, parecía extender las sospechas a otras fuerzas del Frente Popular: "Los pasquines y panfletos, que son deshonra de nuestra provincia, exigen una rápida explicación, seguros de que cuando ella se dé, no somos nosotros los que hemos de salir perjudicados". El columnista Juan Narváez fue más lejos y propuso: "Nuestro lema debe ser que todo traidor que caiga en nuestro poder, fusilarle, así habría temor en las filas facciosas". Narváez sugirió que los presos del campo de concentración de El Ingenio "que más bien podíamos llamar casa de recreo", fuesen enviados al frente.[33]

El 17 de marzo, al sonar las sirenas que anunciaban un bombardeo aéreo, mientras el pueblo atemorizado corría a esconderse en los refugios, hubo un tiroteo desde cuarenta o cincuenta azoteas que se prolongó durante cinco minutos. El PSOE aseguraba que la red facciosa estaba dirigida desde el viceconsulado de Argentina por el responsable de la oficina, Leopoldo Romero, propietario de unas minas de azufre en Almería. Los que querían pasarse al bando franquista conseguían en esa sede diplomática pasaportes, documentación e incluso la nacionalidad argentina. Según el informe, Pulpí era uno de los centros de la quinta columna almeriense y hasta ese pueblo llegaban con cierta frecuencia coches oficiales desde Valencia, donde "elementos facciosos y caciques antiguos" se habían infiltrado en el Ejército republicano. En las conclusiones, los socialistas se lamentaban del prurito democrático de los que no querían actuar con contundencia frente a la quinta columna por no perjudicar la imagen exterior de la República:

"En nuestra guerra, el enemigo de nuestra retaguardia funciona, se mueve y está en contacto con las zonas rebeldes; y no es precisamente falta de capacidad de las organizaciones encargadas de reprimirlo, ya que no se ignora quiénes son, dónde están y qué hacen las organizaciones de esta secta facciosa. Se sabe todo esto y no se hace nada, al parecer, al objeto de que vean 'las naciones democráticas' que en España no se fusila, que hay pocos detenidos y por tanto pocos campos de trabajo".[34]

La represión hacia los simpatizantes franquistas aumentó en abril de 1938 al asumir el Gobierno Civil el socialista Eustaquio Cañas, un 'duro' que, en sus memorias, dejó clara su actitud frente al problema: "Cuando me posesioné del cargo de Gobernador Civil de Almería, pude escuchar con estupefacción, la noche de mi llegada, disparos por las calles. Eran, se me dijo, los de la quinta columna. A las 24 horas, se habían acabado

[33] *Yunque*, 10-III-1938.
[34] Ferández Quer, Antonio, *Informe al comité...*

los disparos. ¿Medidas? Las que creí necesarias, sin tener que salirme para adoptarlas, de las prerrogativas que la Ley me concedía".[35]

Entre esas medidas destacó el envío de numerosos derechistas al tristemente célebre campo de concentración de Turón, en la Alpujarra granadina. Quizás se acabaron los disparos, pero a pesar de la represión ejercida contra los simpatizantes facciosos, no se pudo impedir el incremento de la quinta columna. El número de los que consideraban que la guerra estaba perdida e intentaban hacer méritos de cara a los que se perfilaban como vencedores no dejó de aumentar. La propia prensa comunista reconoció que eran las victorias franquistas lo que les daba alas. Así, un editorial de *Diario de Almería*, después de señalar que "los disolventes y perturbadores elementos de la quinta columna" están "enquistados como una tara", reconoce que ha sido después de la pérdida de Teruel, cuando han vuelto a dar "señales de vida en nuestra capital".[36]

Los simpatizantes franquistas llegaron a estar tan organizados que Cañas recibió un telegrama cifrado anunciándole un posible levantamiento faccioso en la provincia. Efectivamente, los quintacolumnistas apoyados en un grupo de carabineros desafectos y tras haber establecido contacto con la base naval de Cartagena, habían acariciado un plan para tomar los lugares estratégicos de la ciudad. Cuando Cañas intentó reunir a todas las fuerzas de orden público de que disponía, y según su propio relato, el comisario de policía le dijo que no tenía agentes disponibles porque estaban recuperando botes de leche condensada vacíos, de acuerdo con el programa de reciclaje de materiales puesto en marcha por el Gobierno republicano.

El complot de los quintacolumnistas se desinfló sin que mediara la intervención del gobernador, pero Cañas se siguió quejando de la enorme descoordinación que existía entre las fuerzas de orden público que, además de estar a sus órdenes, dependían también de sus propias direcciones generales. Los carabineros y la policía de puertos y fronteras, del Ministerio de Hacienda, la Guardia de Asalto, casi desconectada de la policía secreta, del director general de Seguridad y la policía judicial, de la fiscalía de la Audiencia. Además, había que contar con el Servicio de Inteligencia Militar (SIM) encargado de las labores de contraespionaje,[37] con sede en la calle Navarro Rodrigo, en la vivienda expropiada al médico Alférez Lirola. Después se trasladó al cortijo de Fisher en Huércal, conocido también como Las Mascaranas, sede en la actualidad del ayuntamiento. Allí fueron conducidos los quintacolumnistas almerienses para ser interrogados y en algunos casos torturados.

La descoordinación y en muchos casos la rivalidad entre los distintos cuerpos llevaba a que el orden público no estuviese garantizado, lo que fue aprovechado por los franquistas. El gobernador no sospechaba que, mientras se quejaba de las infiltraciones de los

---

[35] Cañas, Eustaquio, *Marzo de 1939. El último mes. Notas históricas sobre los últimos momentos de la guerra civil de España, consignadas por un testigo presencial*, París, inédito, 1948, pág. 2.
[36] *Diario de Almería*, 10-III-1938.
[37] Ibídem, p. 10.

derechistas, estaba siendo espiado por su propia servidumbre, que pasaba información sobre su vida privada a la quinta columna.[38] También el secretario del Gobierno Civil durante el periodo de Talens, Tomás Montero, había sido un puntual informante de la organización clandestina, aunque al llegar Cañas fue detenido, interrogado por el SIM y encarcelado en El Ingenio.[39]

La red *Hataca* toma el relevo

A pesar de que se recibieron denuncias contra Carmen Góngora a comienzos de 1938, no será hasta el mes de junio cuando se produzca su detención y encarcelamiento. Sin embargo, las autoridades republicanas no consiguieron descabezar a la quinta columna almeriense. Manuel Fernández Aramburu, funcionario de Hacienda que había trabajado estrechamente con Góngora, conectó a la quinta columna almeriense con el SIPM, a cuyas órdenes se puso, y pasó a encabezar la denominada red *Hataca*,[40] encargada de espiar los centros militares republicanos y establecer contacto con la quinta columna de Cartagena, fuertemente organizada y decisiva a la hora se conseguir que la escuadra republicana abandonara el puerto tras el golpe del coronel Casado el 5 de marzo de 1939.[41]

Desde 1937 los quintacolumnistas habían estado pasando información bastante exacta al ejército franquista sobre las instalaciones militares rojas al objeto de facilitar los bombardeos aéreos. En septiembre, según nota del estado mayor del aire, dirigida a la región aérea del sur, se hace constar la llegada de aviones al aeródromo de Tabernas, la instalación de ametralladoras antiaéreas en la Escuela de Artes y Oficios y en un chalet del barrio del Zapillo, la ubicación del cuartel general del ejército republicano en la barriada virgitana de Alcaudique, y la situación de la comandancia militar de Almería en el chalet de González Egea.[42] A título de ejemplo, el médico Cristóbal López Rodríguez fue contactado por la Guardia Civil de Granada para que suministrara información de interés para el ejército franquista y así lo estuvo haciendo hasta la redada de marzo de 1938 en la que resultó detenido.[43]

Fernández Aramburu creó una estructura basada en tres ramas fundamentales: información de guerra, socorro blanco y milicias. A la cabeza de cada una de estas actividades figuraban sus 'lugartenientes' Manuel Mendizábal Villalba (ingeniero que jugaría un

[38] Causa General de Almería, 1157, exp. 1, folio 508.
[39] Causa General, 1161, exp. 1, folio 10, folios 17-19.
[40] Quirosa-Cheyrouze, Rafael, "El final de la Guerra Civil en Almería, marzo 1939", en *Andalucía en la Historia* número 5, 2004, págs. 27-31.
[41] Egea, Pedro María, "Una guerra invisible. La base naval de Cartagena y la Quinta Columna", en *La aventura de la Historia*, nº 301, noviembre de 2023, págs. 46-54.
[42] Archivo Histórico del Ejército del Aire (AHEA), R 037, N 338.
[43] Causa General, 1161, exp. 1, folio 7.

papel estelar en la transformación agraria de Almería durante el franquismo), Manuel Rodríguez Jerez y Manuel Trujillo respectivamente.

La quinta columna realizaba también una labor de entorpecimiento y espionaje de la censura militar sobre la correspondencia de los combatientes republicanos, gracias a tener infiltrado a un soldado falangista llamado José Antonio Franco Franco que, quizás por tener un nombre tan comprometedor, fue investigado, tachado de desafecto y apartado de sus funciones de censor tras ser recabados los correspondientes informes de su pueblo de procedencia, Tíjola.[44]

Entre las estrategias desarrolladas por los quintacolumnistas almerienses, figuraron las de acaparar la moneda fraccionaria para dificultar las transacciones comerciales, sembrar bulos, fomentar el derrotismo e intentar convencer a los campesinos para que plantaran lo mínimo posible puesto que finalmente el gobierno republicano acabaría requisando las cosechas. Este último bulo se vio favorecido por la frecuencia con que los agricultores fueron víctimas de abusos. García Maturana entonó al mea culpa ante la asamblea provincial comunista de marzo de 1937 por "los atropellos que se han cometido con el pequeño propietario y campesino por elementos irresponsables. Ha habido Comités que han robado al campesino todo el modesto alimento que tenía para el año".[45]

A medida que la guerra avanzó fue creciendo el número de quintacolumnistas hasta llegar a unos quinientos en la capital almeriense.[46] Tanto en Almería como en otras zonas de la España republicana, ese incremento vino determinado por la evolución del conflicto bélico. Los bombardeos, que tanto minaban la moral de la población republicana, jugaron a favor de la quinta columna al extender el pánico, aunque el diario comunista asegurara que "los bárbaros alemanes y 'maricas' italianos que siembran desde el aire la destrucción, no lograrán imponérsenos con el método del terror". En el mismo editorial el periódico pedía que los almerienses recordaran continuamente "las risotadas canallas, salvajes de esos miserables de la 'quinta columna' cuando se enteran de que su aviación causó víctimas, muchas víctimas en nuestra retaguardia".[47]

Los servicios médicos contaron también con numerosos quintacolumnistas que, a través de los correspondientes certificados falsos, lograron evitar la movilización de afectos a la causa nacional. Ese fue el caso del director del manicomio provincial, José Arigo. El prestigioso psiquiatra Luis Valenciano, que fue movilizado como teniente médico,[48] se encargó también de la dirección del centro y prestó algunos servicios a la quinta columna.[49] A medida que avanzaba la guerra, el psiquiátrico se fue llenando de soldados

[44] Causa General de Almería, 1157, exp. 1, folio 558.
[45] Resoluciones aprobadas por la Asamblea del Partido celebrada en el local de la Casa Marxista el día 14 de marzo de 1937, Centro Documental de la Memoria Histórica de Salamanca, E 32/21 1, folio 192.
[46] Rodríguez Barreira, Óscar, *Miserias del poder. Los poderes locales y el nuevo Estado franquista 1936-1951*, Valencia, Universitat de València, 2013, pág. 69.
[47] *Diario de Almería*, 19-III-1938.
[48] Cerón González, Cesáreo, *Luis Valenciano, psiquiatra*, Murcia, Universidad de Murcia, 1996, pág. 43.
[49] Causa General de Almería, 1157, exp. 1, folio 527.

que, acabada la lucha, pudieron regresar tranquilamente a sus casas sin que mostraran dolencia mental alguna.[50]

En el otoño de 1938, el principal monumento de Almería, la Alcazaba construida durante el periodo califal, estuvo a punto de ser destruida por la aviación franquista a sugerencia de la quinta columna. Góngora había ofrecido a Fernández Aramburu la colaboración de Rodríguez Mendo, un personaje de antecedentes izquierdistas desencantado con la política republicana. Su colaboración pasaba por la instalación de una radio con la que se podría contactar con los sublevados. Aunque hizo creer al jefe de la quinta columna almeriense que había logrado el objetivo, la Emisora-Mendo nunca existió. No se llegó a aclarar del todo si Rodríguez Mendo era un agente doble o simplemente alguien que ideó una patraña para hacer méritos, pero el montaje pudo tener graves consecuencias. Los quintacolumnistas estaban convencidos de que en la fortaleza existía un radiogoniómetro capaz de detectar las señales de radio y así lo hicieron saber a la aviación franquista para que lo bombardeara. Al parecer, el radiogoniómetro tampoco existía. Finalmente, Rodríguez Mendo fue descubierto y aseguró que había actuado por su cuenta, sin ninguna conexión con la inteligencia republicana. Los quintacolumnistas acabaron instalando una emisora de radio en el pueblo de Cantoria, que consiguió enlazar con Radio Málaga y con el SIPM.[51]

El éxito de la red *Hataca* contribuyó a su abrupto final a manos del contraespionaje republicano. La proliferación de colaboradores, en un momento en el que se vislumbraba cercana la victoria franquista, complicó el trabajo clandestino, obligado por fuerza a la discreción y al secreto. El SIM en Almería estuvo dirigido por Eduardo Rodríguez Canepa, masón y militante de Izquierda Republicana, afiliado finalmente al PSOE. Tocaba el violín en el céntrico café Colón, donde se hacía pasar por derechista para conseguir información sobre los quintacolumnistas almerienses. En diciembre de 1938 Fernández Aramburu fue detenido y llevado a la sede del SIM. Los hombres de Rodríguez Canepa lo interrogaron y lo torturaron. Después fue trasladado a Baza (Granada) y condenado a muerte por el Tribunal de Alta Traición, Espionaje y Derrotismo. La sentencia no llegó a ser ejecutada porque se vivían las últimas semanas de la guerra.[52]

La desarticulación final de la red *Hataca* se debió a la detención de un grupo de evadidos que estaban intentando alcanzar la zona nacional a través del municipio granadino de Mecina Bombarón. Llevaban documentación dirigida al SIPM y, tras ser golpeados, acabaron confesando los nombres de los integrantes de la red en Almería. El contraespionaje republicano fue deteniendo a todos los componentes, con la excepción del maestro falangista Manuel Trujillo que pudo escapar y esconderse en la sierra hasta la finalización de la guerra. Según la declaración de Pilar Martínez Fernández a la Causa General, su

[50] González Duro, Enrique, *Los psiquiatras de Franco*, Barcelona, Península, 2010.

[51] Píriz, Carlos, En zona roja. *La Quinta Columna en la Guerra Civil Española*, Granada, Comares, 2022, págs. 185-187.

[52] Laguna Reyes, Alberto, Vargas Márquez, Antonio, "La Quinta Columna en Almería: el capítulo inédito de nuestro libro", (guerraenmadrid.net).

hermano Antonio fue torturado y asesinado por el SIM por negarse a revelar el paradero de Trujillo, con el que el contraespionaje republicano estaba especialmente obsesionado.[53]

La Falange clandestina, liderada por Fernando Brea Melgarejo y organizada en centurias desde finales de 1938, tomó el relevo de la desarticulada red *Hataca*. Su papel, en los agónicos últimos meses de gobierno republicano, se limitó a organizarse de cara a la entrega del poder a las esperadas tropas franquistas. Lograron incluso mantener sus reuniones presuntamente clandestinas sin apenas ser molestados por unas autoridades republicanas que se sabían vencidas. El alcalde comunista Manuel Alférez y el concejal Hernández Ledesma tenían conocimiento de las reuniones de Falange en casa de un conocido derechista, pero no interpusieron denuncia alguna.[54] Acabada la guerra, Brea avaló a Alférez, que le había sacado de la cárcel, lo que no impidió que el alcalde fuese fusilado. Pero fue tanta la insistencia del falangista que acabó siendo juzgado por los franquistas, aunque resultó finalmente absuelto.

Tanto las organizaciones anarquistas, como las comunistas y socialistas se habían convertido desde comienzos de la guerra en un refugio para los derechistas que querían contar con el aval revolucionario que les librara de la persecución. Libertarios y comunistas, con una afiliación débil antes de la guerra, recibieron una militancia de aluvión que multiplicó sus organizaciones y su grado de influencia. Chaves Nogales dio cuenta del extraño fenómeno en el prólogo de *A sangre y fuego*: "Vi entonces convertirse en comunistas fervorosos a muchos reaccionarios y en anarquistas terribles a muchos burgueses acomodados. La guerra y el miedo lo justificaban todo". Creció también una enorme burocracia que, en ocasiones, sirvió de refugio a los que intentaban eludir su incorporación al frente o camuflar su pasado derechista. Según Chaves, "los teorizantes de los partidos proletarios se aplicaban encarnizadamente a organizar lo que ellos llamaban el nuevo orden revolucionario, es decir, la edificación socialista. Desinteresados de las contingencias de la guerra y dando por descartada desde luego la victoria final, creaban a retaguardia de tan inconsciente ejército una burocracia formidable encargada de socializar o colectivizar la vida entera del país. Los consejos obreros, los comités de abastecimiento, las juntas de inquilinos, las directivas de sindicatos y, sobre todo, la augusta función del control –¡maravillosa invención esta del control revolucionario!– eran la vasta selva en la que se refugiaban los fracasados del frente, los emboscados de todas las guerras".[55]

Y fue precisamente la FAI la que concitó más críticas de las fuerzas del Frente Popular por la facilidad con la que algunos emboscados habían conseguido hacerse con las credenciales ácratas, de ahí que se acuñara la expresión popular 'failangistas' para designar a los seguidores de un grupo político en el que los desafectos ocultaban su pasado disfrazándose de extremistas revolucionarios. Entre los miles de militantes que acudieron raudos a hacerse con el preciado carné, se colaron numerosos derechistas. El periodista polaco

[53] Causa General, 1161, exp. 1, folio 10.
[54] Archivo del Juzgado Togado Territorial (Jutoter) número 23 de Almería, sumarias 19.164 y 10.204.
[55] Chaves Nogales, Manuel, *A sangre y...*, págs. 28 y 152-153.

Ksawery Pruszynski, que visitó Almería durante los primeros meses de la guerra, aseguró haber asistido al mitin de un "Robespierre almeriense" provisto del pañuelo rojinegro de los anarquistas que, según le contaron, había sido policía en tiempos de la monarquía.[56] En Serón, el secretario del Ayuntamiento y del comité revolucionario, Pedro Villaescusa, aprovechó su situación privilegiada para dar de alta en la CNT a personas de orden.[57] En algunos pueblos, los emboscados llegaron incluso a hacerse con la alcaldía. Fue el caso de Vélez Blanco, donde Francisco Martínez Llamas llegó a primer edil gracias a su carné de la CNT a pesar de haber sido interventor de la candidatura contrarrevolucionaria en 1936. En Purchena, Cano Navío, otro agricultor convertido en alcalde con su correspondiente credencial cenetista, no solo no fue represaliado a la llegada de los franquistas, sino que recibió un nuevo cargo político. En Níjar, el exmilitante de Izquierda Republicana, Manuel Montoya Blanes, después de ser amenazado por el comité revolucionario, fundó el Partido Sindicalista en la localidad con la intención de proteger a derechistas.[58] El alcalde cenetista de Canjáyar, Emilio Navarrete, había estado afiliado a Falange antes de la guerra y en Bacares Manuel Zaguirre pasó directamente de la directiva de CNT a ocupar un cargo como delegado local de las juventudes de Falange cuando acabó la guerra.[59] En Lúcar el derechista Eloy Castillo Requena consiguió ser nombrado tesorero de la CNT. Aprovechó su paso por el anarquismo para participar en la quema del archivo municipal con el objetivo de "no pagar un débito que injustamente debía".[60] También eran de derechas el vicetesorero Benito Sánchez y el contador Rafael Navarro, por lo que el sindicato se convirtió en un auténtico refugio para los franquistas del pueblo. Algunos asumieron el cambio de ideología con todas las consecuencias. En Velefique, el derechista Juan Pérez Corral se afilió a la CNT y, armado con una escopeta, participó en la detención del cura del pueblo.[61] Clementina Martínez Galera, gracias a un carné de la CNT conseguido en Granollers, pudo convertirse en enlace de una red de derechistas huidos a la sierra que hacía las veces de socorro blanco en Urrácal y Purchena.[62]

Cuando la guerra se precipitaba hacia su final, el golpe de Casado trajo aparejada la persecución y el encarcelamiento de dirigentes comunistas, a los que se acabó poniendo en libertad en la madrugada del 28 de marzo, el mismo día en que la quinta columna se levantó en Almería. Los falangistas se hicieron con el control en espera de que llegaran las tropas de Franco y los presos derechistas del campo de concentración de El Ingenio fueron liberados. El nuevo poder constituyó una junta de gobierno provisional formada por Joaquín López, gobernador civil, Eduardo López Quesada, alcalde, y Antonio Cuesta

[56] Pruszynski, Ksawery, *En la España roja*, Alba, Barcelona, 2006, pág. 151.

[57] Torreblanca Martínez, Juan, *Minería y conflictividad social en la cuenca minera de Serón-Bacares (Almería)*, Almería, Universidad de Almería, 2011, pág. 798.

[58] Jutoter número 23, sumaria 28.484/39.

[59] Archivo Histórico Provincial de Almería (AHPA), Tribunal de Responsabilidades Políticas, 3834/63.

[60] AHPA, TRP, 3834/65.

[61] Jutoter número 23, sumaria 28.894/39.

[62] Rodríguez, Sofía, *Quintacolumnistas*..., pág. 48.

Moyano, comandante militar.[63] El 29 salía a la calle el periódico *Nueva España*, órgano de la Falange que, como proclamaba orgullosamente en su única página, se había adelantado por primera vez en la España nacionalista a la entrada de las tropas franquistas aprovechando que "los rojos" habían abandonado la ciudad.

Al igual que sucedería décadas después durante la Transición, en la que se disparó el número de antifranquistas sobrevenidos, el final de la Guerra Civil supuso una auténtica competición entre los derechistas por exhibir sus estigmas de mártires de la cruzada y llenar los currículos de estancias más o menos prolongadas en las prisiones y en los campos de concentración de los rojos. El historial quintacolumnista pasó a ser uno de los principales méritos para sentar plaza en los puestos directivos de la administración provincial franquista. Mientras, una de las verdaderas protagonistas, Carmen Góngora, por su condición de mujer y tradicionalista, quedaba relegada a la categoría de símbolo de lucha sin que su liderazgo en los tiempos más duros de la guerra fuese recompensado con ninguna de las prebendas que con tanta alegría se derramaron entre los presuntos luchadores antirrepublicanos.

Los que habían sido víctimas se convirtieron pronto en verdugos y acabaron jugando un papel fundamental en la represión franquista que siguió a la victoria del bando nacional. Informantes privilegiados, los quintacolumnistas almerienses se convirtieron en el núcleo de la delegación provincial de Información e Investigación de FET-JONS y contribuyeron a identificar y delatar a muchos de los dirigentes republicanos que acabaron en el paredón. Unos 375 fueron fusilados durante los primeros años de la posguerra, a los que se suman los centenares que murieron en las prisiones, especialmente en la del Ingenio, víctimas del hambre, las enfermedades y la miseria.

La quinta columna jugó en Almería un papel que fue más allá del simple valor testimonial. No fue decisiva pero sí contribuyó de forma eficaz a la desmoralización de la retaguardia, facilitó información esencial a la aviación nacionalista y, en definitiva, contribuyó de manera en nada desdeñable al triunfo final de las armas franquistas.

[63] *Nueva España*, 29-III-1939.

27.
PROSTITUCIÓN Y GUERRA CIVIL ESPAÑOLA

Francisco Martínez Hoyos
Doctor en Historia por la UB

Eros y Tanatos, la fuerza de la vida y la de la muerte. Nada mejor que un conflicto bélico para comprobar como ambas interactúan. En las contiendas, las pulsiones sexuales están aún más a flor de piel que de costumbre. Seguramente por la cercanía del peligro a morir, tal como apuntó un artículo de prensa en los inicios de la Guerra Civil Española: "El hombre siente mayores ansias de posesión carnal cuanto mayores son los peligros de verse arrebatada la vida".[1] Para Margaret MacMillan, el sexo, en medio de unas circunstancias bélicas, puede constituir una afirmación de vida. La historiadora canadiense cita el caso de un soldado estadounidense de la Segunda Guerra Mundial, que explicó por qué, durante una contienda, las restricciones morales de los tiempos de paz acaban por perder su sentido: "Desde el punto de vista de la mayoría de la gente, lo que hacíamos era inmoral, pero éramos jóvenes y podíamos morir mañana mismo". Según MacMillan, el contacto íntimo con otro ser humano no deja de poseer su importancia aunque se produzca a cambio de una retribución.[2]

Lo sexual, de acuerdo con lo que sugieren diversas fuentes, se convierte entonces en una obsesión, seguramente cómo antídoto ante la proximidad del peligro. Un seminarista vasco evocaba, indignado, la relajación del ambiente moral en la Guerra de España. Cada vez que las tropas entraban en un pueblo, la primera pregunta era por la dirección de las casas de prostitución: "No he pasado en la vida mayor vergüenza que en Huesca, donde un oficial me dirigió esa pregunta". Otros colegas suyos constaban la misma "continuada tendencia a lo lúbrico", expresada en "ademanes, palabras, deseos, pensamientos". En la jerga de los soldados, "limpiar el fusil" era sinónimo de hacer el acto sexual[3].

Sea por lo que sea, el caso es que, donde hay tropas, surgen también las prostitutas, que acuden ante la concentración de clientes potenciales. Ir al burdel, afirma un soldado alemán en 1940, durante la ocupación de Francia, es algo que "los soldados hacen con frecuencia".[4]

---

[1] "Consejos a los camaradas que luchan contra el fascismo", *Heraldo de Castellón*, 24-X-1936. El autor del artículo firma como "Racionalista".

[2] MacMillan, Margaret, *La guerra. Cómo nos han marcado los conflictos*, Madrid, Turner, 2021, págs. 190-191.

[3] Casas Rabasa, Santiago, "La experiencia de los seminaristas vascos en los frentes de batalla durante la guerra civil española", *Spagna contemporanea* nº 32, 2007, págs. 169-172.

[4] Moutier, Marie (Comp.), *Cartas de la Wehrmacht. La Segunda Guerra Mundial contada por los soldados*, Barcelona, Crítica, 2015, pág. 104.

La demanda generaba la oferta. Eso es lo que sucedía, por ejemplo, en Barcelona, tal como nos contaría en un libro testimonial Eulalio Ferrer, un exiliado republicano que triunfaría en México como empresario: "decenas de jovenzuelas que se situaban a la misma entrada del cuartel Carlos Marx, ofreciéndose por un miserable chusco –nuestro pan diario de provisión– y la vileza de los oficiales que no solo lo aceptaban, sino que se ufanaban de ello con cinismo y cobardía".[5]

Para los hombres, el prostíbulo implica un rito de camaradería masculina con el que afirman y reafirman su concepto de virilidad, muchas veces unido al consumo inmoderado de alcohol, como evidencian las quejas contra los hombres que llegaban ebrios a los burdeles.[6] El sexo mercenario es algo de lo que se habla, en la intimidad de los amigos, como de una distracción obvia que se practica, por ejemplo, al término de una buena comida. Se trata de una transgresión, pero está claro que existe una benevolencia social detrás de la infracción de la norma. Observamos este tipo de praxis en la correspondencia de Ramon Pallejà, un soldado catalán destacado en Bogarre, un pueblecito de Granada, con su amigo Josep Izquierdo.

Pallejà, entre 1937 y 1938, se hallaba en un lugar remoto que le desagradaba, entre otros motivos porque no había mujeres. Al escribir a Izquierdo, le expresa con un tono de complicidad las ganas de que ambos vuelvan a ir juntos a "ca la Pepa", es decir, a un prostíbulo. Tal vez se refiera al famoso establecimiento de este nombre que existía en Tarrasa. En otro momento, de la misma manera desenvuelta, le dice a su colega que, si le hacen tarjetas de racionamiento para ir al prostíbulo, consiga al menos media docena porque con una no irá a ninguna parte. Está hablando, como es obvio, de un lugar que debe conocer bien puesto que da los nombres de algunas chicas. Piensa acudir allí en cuanto tenga ocasión porque, según sus propias palabras, estará hambriento de sexo. Todo indica que ha pasado por un largo periodo de abstinencia forzada.[7]

Contamos, por tanto, con una vía de acceso a la mentalidad del consumidor de prostitución, convencido de practicar una actividad lúdica legítima. Este cliente, al ser también un soldado, nos permite iniciar el acercamiento a la Guerra Civil desde una perspectiva más íntima. ¿Cómo se relaciona el sexo mercenario con el desarrollo de una contienda? La historiografía nos aporta valiosos estudios sobre muy diversas circunstancias en todo tipo de guerras, con lo que descubrimos un lado de los conflictos que poco tiene que ver con las tradicionales narrativas heroicas. No es lo mismo, por ejemplo, un relato centrado en el desembarco de Normandía que otro centrado en las relaciones de intimidad mercenaria entre las tropas norteamericanas y las mujeres francesas. Tras la Liberación, sin ir más lejos, en la ciudad de El Havre no se podía ir a ningún sitio sin tropezar con un estadounidense junto a una prostituta local. Según Mary Louise Roberts, las relaciones sexuales contribuyeron a configurar las relaciones entre Estados Unidos

[5] Ferrer, Eulalio, *Entre alambradas*, Barcelona, Grijalbo, 1988, pág. 66.

[6] Marco, Jorge, *Paraísos en el Infierno. Drogas y guerra civil española*, Granada, Comares, 2021, pág. 59.

[7] Cartas de Ramón Pallejà a Josep Izquierdo, 26 de noviembre de 1937-25 de enero de 1938. Archivo Nacional de Cataluña, Fondo Família Viguer i Miralles, ANC1-1091-T-16.

y Francia. Para esta última, la presencia militar extranjera significó la liberación de la ocupación alemana pero también una prueba de su declive como potencia internacional.[8]

Poco antes, bajo la Ocupación, los nazis habían diseñado un sistema de prostíbulos por toda Francia, destinados a satisfacer las necesidades sexuales de sus soldados. Tenían diversas razones para actuar así. Por un lado, trataban de impedir la extensión de las enfermedades venéreas. Por otro, procuraban evitar una excesiva confraternización con la población local que podía traducirse en una influencia política no deseada. De esta forma, al menos en teoría, los alemanes solo se relacionarían íntimamente con las mujeres franceses a través de los burdeles oficiales. Las prostitutas que no trabajaran en ellos serían perseguidas y podrían acabar en un campo de internamiento. Tenían, de esta forma, un poderoso incentivo para trabajar en las casas de lenocinio bajo control del germano. Para el Tercer Reich, Francia se había convertido en un gigantesco espacio lúdico donde sus tropas podían recuperarse de las penalidades del frente ruso. El sexo constituía un esparcimiento más, uno de los frutos de la victoria que los nazis creían merecer sin atisbo de duda.[9]

¿Qué decir del caso español, durante las hostilidades de 1936-39? El tema no ha sido, aún, suficientemente explotado, por más que ya dispongamos de trabajados valiosos. ¿Cómo actuaron los dos bandos? El conflicto fue una especie de laboratorio que nos permite comprobar como la identidad de género convive, en ocasiones de forma contradictoria, con otras identidades, como la política o la religiosa. Así, los izquierdistas o los católicos conservadores, al afirmar su masculinidad, no siempre se mostraban coherentes con los principios que aseguraban defender. Por otro lado, las circunstancias bélicas crearon situaciones de complicada gestión, en la que entraban en juego intereses difíciles de conciliar. La lucha contra las enfermedades venéreas, por ejemplo, podía implicar que no se tuvieran en cuenta los derechos individuales.

La prostitución puede considerarse violencia en sí misma, por la forma en que las privaciones económicas fuerzan a las mujeres a vender su cuerpo, pero también un oficio con un plus de peligrosidad por las posibilidades de que los clientes, en lugar de limitarse a la transacción, utilicen la fuerza de distintas formas. Por ejemplo, para armar un espectáculo. Como el fuerte escándalo que Manuel Romón Corporales, de 26 años, provocó en una casa de lenocinio de León. La policía tuvo que detenerle.[10]

Todo podía ser peor. A principios de 1937, en un prostíbulo de Vigo, tuvo lugar un asesinato. Según un periódico local, Justo Fernández, de 19 años, discutió violentamente con su novia, Aurora Pintos y le disparó con un revolver, para fugarse de inmediato a continuación. La joven, bañada en sangre, falleció poco después de su ingreso en el hospital.[11]

---

[8] Roberts, Mary Louise, *What soldiers do. Sex and the American GI in World War France*, Chicago/Londres, The University of Chicago, 2013, pág. 4.

[9] Meinen, Insa, *Wehrmacht et prostitution sous l'Occupation (1940-1945)*, París, Payot, 2006, págs. 7-18.

[10] *Proa*, 6-IV-1937.

[11] *El Compostelano*, 7-I-1937.

Los militares protagonizaron en los burdeles frecuentes actos de violencia contra las mujeres. Una agresión especialmente brutal tuvo lugar en Talavera, cuando un oficial de la Legión le rompió varios huesos de la cara a una prostituta al golpearla con su pistola. A su vez, abofeteó reiteradamente a otra profesional. Al marcharse, los hombres se llevaron, a modo de trofeo, algunas prendas de sus víctimas.[12]

Había que contar, por otro lado, con el estigma social. A las prostitutas se las señalaba de un modo cruel. Así, Encarnación Ros Sánchez, de dieciséis años, fue detenida por hallarse en un burdel. La noticia, sin ningún respeto hacia la intimidad de la afectada, apareció en un periódico local. Podemos imaginar la forma en que esta exposición mediática contribuyó a hundir su reputación.[13]

La situación de estas mujeres era un círculo vicioso. Se metían en la prostitución para huir de la miseria pero su nuevo oficio no les permitía más que una supervivencia precaria. A los pocos meses de iniciarse la guerra, solo en Barcelona el número de meretrices se incrementó en un 40 % por la llegada de jóvenes emigrantes, procedentes de zonas como Murcia, que buscaban huir del subdesarrollo. En sus lugares de origen, estas trabajadoras se veían sin recursos cuando se terminaban ocupaciones temporales como la vendimia. ¿Qué podían hacer entonces? No tenían muchas alternativas. Si no se dedicaban al servicio doméstico, la otra posibilidad era el trabajo sexual. Entre tanto, su situación se veía complicada con la irrupción de nuevas jóvenes que les disputaban los recursos[14].

¿Cuántas prostitutas se vieron obligadas a dejar a sus hijos en la beneficencia por carecer de medios para su mantenimiento? Fijémonos en el caso de Julia García López. Poco después de que finalizara la contienda, en junio de 1939, solicitó que su hijo de diez años, que debía ser ilegítimo por la coincidencia de los dos apellidos, entrara en la Casa Provincial del Niño, en Murcia. Esgrimió sus penurias económicas y la imposibilidad de atender a la educación del pequeño, "toda vez que se dedica a la prostitución para obtener medios con que vivir". Su situación, por lo que sabemos, debió ser en extremo precaria. Era analfabeta, puesto que la documentación especifica que no sabía firmar. Su expediente incluye un certificado firmado por Enrique Fernández Crespo, Médico Clínico del Dispensario Oficial Antivenéreo. El plan era que ella, en cuento resolviera sus aprietos, procediera a recoger a la criatura.[15]

---

[12] Díaz Díaz, Benito. "Sobrevivir en tiempos difíciles: vida cotidiana y cultura popular en Castilla-La Mancha", en Alía Miranda, Francisco; Valle Calzado, Ángel Ramón del (Coordinadores), *La Guerra Civil en Castilla-La Mancha, 70 años después*, Cuenca, Servicio de Publicaciones de la Universidad de Castilla-La Mancha, 2008, pág. 712.

[13] *El Liberal*, 15-I-1937.

[14] Martínez Hoyos, Francisco, "Marte y Venus: las prostitutas de la Guerra civil española", *La Razón Histórica* nº 31, 2015, págs. 57-63.

[15] Expediente de solicitud de ingreso en la Casa Provincial del Niño de Vicente García López, de 10 años. Archivo General Región de Murcia, DIP, 6804/305.

ENTRE LA CAMA Y LA NACIÓN

En los dos bandos, el sexo se convirtió en una cuestión política. En el lado republicano se partió de un convencimiento: la privacidad de los soldados amenazaba con interferir en el proyecto público de vencer a las fuerzas antidemocráticas. En esto, nada había nuevo. Ya durante la Primera Guerra Mundial, los franceses se habían esforzado por combatir la prostitución al entender que cuestionaba la imagen que pretendían dar de su país como nación fuerte, purificada y casta. En medio de un terrible conflicto, nada que implicara desmoralización podía ser tolerado.[16]

En España se plantearon las cosas de una forma similar, por lo que publicaron llamamientos a que las tropas ejercitaran la abstinencia, de forma que no se derrocharan unas energías que la colectividad nacional necesitaba para superar un momento de crisis. Puesto que el cuerpo de los soldados era una herramienta bélica, había que poner mucho cuidado en no estropearla si se quería ganar la contienda. El título de un artículo de prensa del momento, "La salud es un arma", de cuenta de este tipo de mentalidad. A su vez, el poeta Miguel Hernández pidió a los hombres que volvían del frente que fueran comedidos en su descanso, ni pasarse de la raya en el alcohol, el tabaco o en su "condición masculina", en alusión a los que acudían a los prostíbulos.[17]

Comprobamos este carácter público de lo privado de diversas maneras. En Ciudad Real, José Serrano, Gobernador Civil de la provincia, hizo cerrar prostíbulos y cabarets. No podía admitir que, mientras tantos hombres morían en el campo de batalla, otros se dedicaran a perder en francachelas "un tiempo que es muy necesario emplear en cosas de bastante más importancia".[18]

Vayamos ahora a un texto titulado "Consejos a los camaradas que luchan contra el fascismo", donde se plantea abiertamente que la entrega al placer sexual supone desviar un tiempo que se necesita para asegurar el triunfo de la Revolución. Es preciso, por tanto, que los combatientes controlen su lujuria. Por otro lado, en consonancia con las ideas eugenésicas de la época, el autor advierte de los resultados desastrosos que se pueden derivar si, como fruto de las "expansiones fisiológicas", hay descendencia. La criatura resultante, desde esta perspectiva, sufrirá inevitables taras que condicionaran su vida para siempre, víctima del estrés que han causado en su progenitor unas experiencias tan traumáticas como las que se derivan de una situación de violencia generalizada: "Se puede engendrar un hijo y que ese hijo, al ser concebido bajo las tétricas y horripilantes visiones de la guerra que lleve grabadas el padre en la retira, ha de resultar un ente desgraciado, huraño, sombrío, misántropo en fin".[19]

---

[16] Le Naour, Jean-Yves, *Misères et tourments de la chair durant la Grande Guerre. Les moeurs sexuelles des Français, 1914-1918*, París, Aubier, 2002, págs. 156-158.
[17] Marco, *Paraísos en el Infierno*, pág. 69.
[18] Díaz Díaz, "Sobrevivir en tiempos difíciles: vida cotidiana y cultura popular en Castilla-La Mancha", pág. 711.
[19] "Consejos a los camaradas que luchan contra el fascismo", *Heraldo de Castellón*, 24-X-1936.

En una línea similar, Antonio Uría, Cabo de Artillería de la Armada, publicó una crítica contra el auge, en los barcos republicanos, de la pornografía. Las novelas de esta índole, con gran aceptación, constituían un "sedante ficticio", es decir, un sucedáneo de los placeres que los marineros dejaban en tierra. Según Uría, el ambiente en los barcos estaba impregnado hasta lo indecible de tensión sexual. Era urgente, por tanto, buscar una solución a semejante estado de cosas, contrario a los intereses de una patria que por entonces se hallaba en peligro: "Tratar de poner un remedio eficacísimo a esta fiebre amorfa que predomina en las dotaciones y tratar poco a poco de infiltrar en el ánimo de ellas, el espíritu de reserva, de abstención".

Como acabamos de comprobar, la moral puritana no era patrimonio exclusivo de los franquistas sino una ideología transversal presente en ambos bandos. Uría, como antídoto para los desórdenes del deseo, proponía la constitución de hogares felices en los que la familia, "sana", estuviera al servicio del Estado y ayudara a eliminar la podredumbre propagada por los burdeles.

En lugar de dedicarse mirar publicaciones escandalosas, los marineros debían utilizar su tiempo libre para consagrarse al estudio y perfeccionar así sus "conocimientos intelectivos". Ese era el camino para merecer, en el futuro, el título de "cabeza de familia" y aportar una contribución a la salud de la raza, como elemento "educado y productor".

El resultado de esta operación de higiene social sería que, en adelante, los hombres serían verdaderos hombres en lugar de "idiotas, locos e invertidos".[20] Uría defendía así una imagen de la virilidad, en la que lo masculino se asociaba con la responsabilidad sexual y la hegemonía en el seno de la unidad doméstica. Su enfoque, además de patriarcal, tampoco está exento de una evidente homofobia, patente en la referencia peyorativa a los "invertidos". El homosexual, a su juicio, no es un hombre verdadero.

Desde esta perspectiva, los "lupanares" constituían una amenaza a erradicar. Es por eso que, en la prensa republicana, se multiplican las advertencias contra la prostitución, una "plaga" que se equipara, por su peligro, con las balas enemigas. Las enfermedades de trasmisión sexual producían bajas y, si se deseaba que no continuaran entorpeciendo el esfuerzo de guerra, había que desempeñar una vigilancia especial sobre todo tipo de "hetairas". Eso implicaba limpiar los frentes de batalla pero también los burdeles de los centros urbanos, "verdaderos focos de infección".

¿Qué hacer para luchar contra este problema de salud pública? A alguien no le pareció mala idea limitar los permisos a casos de auténtica necesidad, ya que, de otro modo, los beneficiarios aprovecharían la ocasión para una visita al barrio chino que tendría, con toda probabilidad, resultados desastrosos. Se evitarían, por este procedimiento, espectáculos deplorables que se habían vuelto cotidianos, los que ofrecían los soldados y milicianos que frecuentaban los burdeles en grandes grupos.[21]

---

[20] Uría, Antonio, "Pornografía en los barcos", *El Liberal*, 26-XI-1936.
[21] "Consejos a los camaradas que luchan contra el fascismo", *Heraldo de Castellón*, 24-X-1936.

Los dos bandos tenían buenas razones para inquietarse ante la proliferación de las enfermedades venéreas. En algunas unidades republicanas, su presencia había llegado a provocar más bajas que el enfrentamiento con las tropas insurrectas. A su vez, entre los franquistas, el problema no era menor. En sus unidades situadas en la provincia de Badajoz, en febrero de 1938, este tipo de dolencias resultaban más comunes en las heridas o las muertes. Además, como señala Michael Seidman, su incidencia generaba una fuente de complicaciones para el ejército, al llevar aparejada por lo general una hospitalización más prolongada.[22]

Para concienciar a la población de la amenaza, la propaganda republicana, a diferencia de la franquista, utilizó diversos recursos: carteles, panfletos, cómics... En muchos casos, su enfoque adolecía de una orientación paternalista. Se acostumbraban, por ejemplo, a presentar a los soldados como víctimas inocentes y a las prostitutas como únicos agentes de transmisión. "Una mujer con venéreo puede ocasionar la desgracia de cien familias", leemos bajo una imagen siniestra destinada a provocar temor.[23] Carolina Rodríguez, en su estudio sobre la cartelística republicana antivenérea, concluye que este tipo de productos visuales "se caracteriza por presentar a la prostituta como un símbolo de infección y degeneración". De acuerdo con prejuicios sexistas, la mujer es una fuerza destructiva que seduce al incauto soldado. Nos encontramos, pues, ante la persistencia "de paradigmas conservadores sobre la prostitución, la mujer y la epidemiología de las enfermedades venéreas".[24]

Por otro lado, las autoridades obligaron a las prostitutas a pasar por controles sanitarios. Veamos, por ejemplo, el anuncio que se publicó en un periódico andaluz, donde se avisaba que habría consecuencias desagradables para todas aquellas que no cumplieran la orden:

> Por la presente se pone en conocimiento de las dueñas de las casas de prostitución, así como a sus pupilas y huéspedes, que a partir del sábado próximo, día 23, del actual, habrán de presentarse todas ellas los martes y sábados a las doce de la mañana en el Dispensario Antivenéreo del Instituto provincial de Higiene, para ser reconocidas, advirtiendo que de no presentarse serán sancionadas severamente, aparte de la grave responsabilidad en que incurrirían las dueñas de la casa a que pertenezcan, por el incumplimiento de esta orden.[25]

Tales reconocimientos, en la práctica, no debieron de servir de mucho. Las prostitutas con cartilla sanitaria la pasaban a sus compañeras enfermas para que no perdieran la oportunidad de trabajar. Otra solución hubiera sido poner el foco en la demanda y no

[22] Seidman, Michael, *A ras de suelo. Historia social de la República durante la guerra civil*, Madrid, Alianza, 2003, pág. 168.

[23] Venceslao Pueyo, Marta; Trallero y Genera, *Mar, Putas, República y Revolución*, Barcelona, Virus editorial, 2021, págs. 112-116.

[24] Rodríguez Tsouroukdissian, Carolina, "Carteles antivenéreos de la guerra civil española: imágenes de la prostituta en tiempos de conflicto y revolución social", *Ciberletras* nº 42, agosto de 2019, pág. 116.

[25] "A las dueñas de prostíbulos", *Diario de Almería*, 17-I-1937.

en la oferta, pero se descartó un reparto masivo de condones porque eso suponía una inversión fuera del alcance de las precarias finanzas del ejército republicano. No obstante, si se distribuyeron folletos.

Las prostitutas eran señaladas como agentes infecciosos, pero también como espías al servicio del fascismo. Los soldados tenían que ser precavidos para no dejar escapar información militar sensible mientras estaban con una de ellas en estado de embriaguez. Evitarían de esta forma que los planes del ejército cayeran en malas manos con resultados catastróficos. De esta forma, los republicanos incidían en el viejo tópico que asociaba a las prostitutas con el enemigo, tal como habían hecho los franceses durante la Gran Guerra, al presentar a las trabajadoras sexuales como aliadas de los alemanes. De esta óptica, los burdeles no serían otra cosa que refugios de agentes enemigos.[26]

TIEMPO DE REVOLUCIÓN

En la España republicana, la prostitución fue un problema de salud pública, como hemos visto, pero también una lacra social que había que erradicar dentro del contexto revolucionario que entonces se vivía. ¿En qué medida afectó a la regulación del sexo venal la situación de convulsión política y derrumbe de la autoridad del Estado? Rusia ya había pasado por esa experiencia en 1917, con las revoluciones de febrero y octubre. Con la situación de anarquía, la incidencia de las enfermedades venéreas, que ya era alta, se extendió sin control hasta alcanzar en Petrogrado proporciones epidémicas. Las nuevas autoridades derogaron la normativa zarista, criticada, entre otras razones, por interferir en las libertades de las prostitutas. Sin embargo, pese a los cambios, en las políticas de la administración se dieron llamativas continuidades con el pasado: la discriminación hacia las trabajadoras sexuales, a las que no dejó de señalarse como una amenaza para el orden social, y el paternalismo respecto a los pacientes de enfermedades venéreas. Parece que el acceso al poder de los bolcheviques, contra lo que pudiera pensarse, no significó una política liberalizadora. Así, en 1918, observamos como un soviet reimplanta los exámenes médicos obligatorios. Los funcionarios de la URRS, en los años veinte, se guiaban aún por viejos estereotipos sobre las prostitutas por más que el marxismo oficial las definiera como víctimas inocentes del sistema capitalista.[27]

En España, el desquiciamiento de la sociedad tradicional hizo que cambiaran, aunque fuera fugazmente, muchos roles de género. Las milicianas acudieron al frente a combatir, durante un breve tiempo, hasta que se ordenó su retirada. Se decía que practicaban la prostitución y trasmitían enfermedades, a la vez que constituían un estorbo. Su sitio debía

[26] Marco, *Paraísos en el Infierno*, pág. 71. Le Naour, *Misères et tourments de la chair durant la Grande Guerre*, págs. 162-165.

[27] Hearne, Siobhán, "Public Health and Prostitution in Revolutionary Petrograd, 1917-1918", *The English Historical Review* 137 (588), diciembre de 2022, págs. 1402-1428.

estar en la retaguardia, con labores propias de su sexo. Como señalan Marta Venceslao y Mar Trallero en su importante libro, "pasaron de ser heroínas de guerra a ser despreciadas por los propios partidos, sindicatos y organizaciones de izquierda que las habían respaldado tiempo atrás".[28]

Una miliciana anarquista, Casilda Hernáez, combatiente en los frentes de Aragón y del País Vasco, cuestionó con dureza en sus memorias las acusaciones contra sus compañeras. Era sencillamente mentira que las mujeres fueran al frente para acostarse con los milicianos. Ahora bien: sí se habían dado relaciones entre hombres y mujeres, sin que mediara el dinero de por medio, porque eso era lo normal cuando ambos sexos convivían.[29]

Lo más probable es que todo fuera una generalización abusiva a partir de algunos casos. Sí parece demostrado que algunas prostitutas se unieron a las milicianas, bien por interés material, bien por convencimiento político. ¿Por qué no iban a incorporarse sinceramente a la lucha social, como hacían las mujeres de otros oficios? Lo que no resulta plausible, en cualquier caso, es dar una imagen de absoluto desenfreno sexual entre las combatientes republicanas. Ana Martínez Rus, en su estudio sobre las milicianas, tiene razón cuando dice que caer en este tópico equivaldría a pretender que todos sus compañeros eran delincuentes solo porque algunos habían estado en prisión.[30]

Sí está claro, en cambio, que las autoridades, a la hora de "limpiar" el frente, no hicieron demasiadas distinciones. Pero separar los rumores y los hechos comprobados no siempre resulta fácil. Se dice, por ejemplo, que Durruti, desde Aragón, expulsó a una partida de trabajadoras sexuales en un camión precintado con dirección a Barcelona. Esto parece, en principio, cierto, porque contamos con la confirmación de Émilienne Morin, la compañera del líder anarquista. El problema empieza cuando se va más allá y se asegura que el dirigente libertario hizo fusilar a varias prostitutas. Con la misma seguridad, unos lo afirman y otros lo niegan. Probablemente tenga razón el historiador Eladio Romero cuando asegura que se trata de un rumor infundado.[31]

El clima revolucionario alentó iniciativas novedosas que planteaban una clara ruptura con el pasado. La organización anarquista Mujeres Libres promovió los famosos liberatorios de prostitución, centros destinados a proporcionar a las prostitutas atención psicológica y formación, de manera que pudieran dirigir su vida hacia otro tipo de ocupación y pudieran valerse por sí mismas, sin tener que depender de un hombre. Como ha señalado Martha A. Ackelsberg, Mujeres Libres prestó una especial atención a las causas que originaban el comercio sexual, sobre todo a la explotación política y económica de la mujer. Había que eliminar, por tanto, un problema que no era asunto exclusivo de las

[28] Venceslao Pueyo; Trallero y Genera, *Putas, República y Revolución*, pág. 74.

[29] Citado en Berger Mulattieri, Gonzalo, *Les Milícies Antifeixistes de Catalunya, 21 de juliol-31 de desembre de 1936*, Tesis doctoral, Universitat de Barcelona, 2017, pág. 73.

[30] Martínez Rus, Ana, *Milicianas. Mujeres republicanas combatientes*, Madrid, Los Libros de la Catarata, 2018, pág. 12.

[31] Romero, Eladio, *El ejemplo de la columna Durruti. De milicianos libertarios a soldados del ejército popular de la República*, Beta III Milenio, 2017 (Ebook).

meretrices sino que concernía a todos los seres humanos con independencia de su sexo. La prostitución, desde esta óptica, constituía la mayor de las esclavitudes. Acabar con ella debía ser una prioridad.[32] Se daría así un paso imprescindible para la destrucción de la sociedad capitalista. El éxito de los liberatorios, sin embargo, resultó bastante limitado. En medio de la guerra, las autoridades prefirieron dirigir sus escasos recursos hacia otros objetivos, como las campañas contra las enfermedades venéreas. Por otro lado, ¿hasta qué punto el obstáculo radicó en la exigua financiación? Algunos indicios apuntan a que no todas las prostitutas estaban conformes con todo aquello.

Las circunstancias provocaron un desfase entre los ideales y la realidad. Encontramos, por un lado, militantes libertarios que cerraron prostíbulos, en nombre de una aspiración regeneradora, sin demasiada atención a los que las mujeres deseaban. En ocasiones, los proxenetas acabaron ejecutados. Pero, por otro lado, también se planteó la necesidad de un cierto pragmatismo. Los mismos que deseaban acabar con el comercio del sexo se dieron cuenta de que, si eran demasiado radicales, las afectadas acabarían sin trabajo y condenadas al hambre. Se habló entonces de un oficio que cumplía una "función social" y que necesitaba una dignificación.[33] De ahí que ciertos burdeles se colectivizaran en lugar de clausurarse. Incluso se planteó, por lo que parece, la creación en Barcelona de un "sindicato del amor", con vistas a defender los derechos de sus integrantes. Su existencia, en cualquier caso, debió ser fugaz. Los periódicos anarquistas se encargaron de ridiculizar rápidamente la idea.

Muchos habían imaginado que la prostitución se acabaría con el capitalismo. La práctica desmentía esta convicción, a la vista de la infinidad de milicianos que visitaban los burdeles con el mismo entusiasmo que los burgueses. La prensa anarquista clamó contra esta contradicción dolorosa, impropia de auténticos revolucionarios. ¿Cómo era posible que las mismas personas que arriesgaban su vida en el frente, en favor de la causa, se comportaran, en la retaguardia, como unos depravados? No resultaba de extrañar que, entre las mujeres, se comentara que los socialistas, los comunistas o los anarquistas solo lo eran de cintura para arriba.[34]

En el bando franquista

A partir del 18 de julio de 1936, la rebelión armada significó, en las zonas que controlaban los golpistas, la destrucción de todas las reformas que había implementado de la República desde su aparición. En el ámbito de la prostitución, el comportamiento no fue diferente. Así, el gobernador civil de La Rioja, Emilio Bellod, publicó un anuncio

[32] Ackelsberg, Martha A, *Free Women of Spain. Anarchism and the Struggle fort the Emancipation of Women.* Oakland. AK Press, 2005, pág. 169.
[33] Venceslao Pueyo; Trallero y Genera, *Putas, República y Revolución*, 2021, pág. 89.
[34] Venceslao Pueyo; Trallero y Genera, *Putas, República y Revolución*, 2021, pág. 91

en el que utilizaba la vieja táctica de culpar al régimen anterior. Los últimos gobiernos, a su juicio, habían establecido unas disposiciones que significaban un doble peligro, tanto para la salud pública como para la moralidad. Esa normativa, por tanto, quedaba derogada de inmediato y sustituida por la reglamentación previa. Cualquier comportamiento trasgresor sería castigado. De igual manera, los que explotaran la prostitución clandestina tampoco quedarían impunes.[35]

Los insurrectos, al igual que sus oponentes, también politizaron la sexualidad, aunque con fines muy diversos. Según el psiquiatra Antonio Vallejo-Nágera, la educación sexual debía estar al servicio de los intereses raciales. Si se quería evitar que el pueblo degenerara irremediablemente, había que impartirle una formación adecuada en este campo. Semejante responsabilidad debía estar en manos de los dirigentes políticos, que actuarían con el asesoramiento de sociólogos, pedagogos y biólogos.

La lucha contra la prostitución, para Vallejo-Nágera, tenía que enfocarse, por un lado, a través de una adecuada distribución del trabajo femenino, unida a un aumento del nivel cultural de las mujeres. Una vez alcanzada la "moralización del medio ambiente, los burdeles se extinguirían. Por otra parte, el psiquiatra culpa de su existencia al mal comportamiento masculino, en concreto a la propensión de los hombres al donjuanismo. Dispuesto a desincentivar este tipo de actuación, propone que los hijos naturales sean obligatoriamente reconocidos. Con vistas a frenar la promiscuidad de los españoles, sugiere la represión: "Los delitos contra el honor de la mujer no se penan en España, causa de que abunden los donjuanes". Las medidas de fuerza, sin embargo, no bastan: es necesario un cambio de paradigma ideológico por el que dejen de admirarse "los héroes de taberna y de lupanar".[36] Solo así podrá abordarse, en términos serios, la educación sexual del pueblo.

Si este fuera el único texto de Vallejo-Nágera que conociéramos, nos parecería, tal vez, hasta innovador por esa forma en que incide en la responsabilidad masculina. Sin embargo, en 1937, había publicado un libro, *Eugenesia de la Hispanidad y Regeneración de la Raza*, donde afirmaba que más de la mitad de las prostitutas profesionales poseían una deficiente capacidad mental. Aunque sostenía que en el ejercicio de su profesión incidían complejas circunstancias ambientales, en la práctica sostenía un determinismo genético. Las prostitutas lo eran por nacimiento, sin que tuvieran importancia factores como la pobreza, el alcoholismo de los padres o los malos tratos en la infancia. En iguales circunstancias, había que mujeres que no escogían el mal camino.

Nada de esto suena científico. Como tampoco nos lo parece la teoría conspiratoria con la que el polémico psiquiatra trataba de justificar el aumento en España de la prostitución. ¡La culpa la tenían los comunistas! Su organización se dedicaba a difundir a escala internacional, con una estrategia fríamente preparada, "la depravación y el libertinaje".[37]

[35] "Gobierno Civil de la Provincia", *La Rioja*, 15-VIII-1936.

[36] Vallejo-Nágera, Dr., "Política racial y educación sexual", *El Diario de Ávila*, 12-I-1938.

[37] Bandrés, Javier; Zubieta, Eva; Llavona, Rafael, "Mujeres extraviadas: psicología y prostitución en la España de posguerra", *Universitas Psychologica*, vol. 13, núm. 5, octubre-diciembre de 2014, p. 1671.

El discurso era una cosa. Los hechos, otra distinta. En la práctica, el denominado bando "nacional" toleró la prostitución de una forma desconcertante, sobre todo si tenemos en cuenta que pretendía pasar por paladín de una moral puritana. Encontramos por ello algunas historias llamativas. En Burgos, a finales de 1936, el gobernador civil impuso una multa a la dueña de una casa de lenocinio, Luisa Royo. La cantidad, 2.000 pesetas, era muy alta para la época. ¿Se debió la sanción al sexo que se practicaba en su establecimiento? De ninguna manera. Lo que se pretendió castigar fue el hecho de que allí se permitiera "la pignoración o venta de objetos robados".[38]

La prostitución, para muchos, parecía un pecadillo sin demasiada importancia. Esa es la impresión que también nos transmite otra noticia, esta acerca de un sargento de infantería, José Pampín Carnota, al que le robaron en un prostíbulo de Cáceres 128 pesetas y diversas fotografías. Un juez de la capital extremeña solicitó a las autoridades civiles y militares, así como a los agentes de la policía judicial, que procedieran a la búsqueda de los bienes sustraídos.[39] Lo importante del caso, en consecuencia, es que un dinero ha cambiado de manos, no que un militar estuviera en un establecimiento de dudosa reputación.

Este mismo espíritu de dejar hacer, por una cuestión de puro pragmatismo, se manifiesta en el rumor que circulo en abril de 1938. El cardenal Gomá estaba escandalizado porque le habían dicho que alguien, al parecer algún general, había pedido que se establecieran "casas de prostitución en los frentes". Para el arzobispo de Toledo, se trataba de una cuestión grave. Por eso escribió a Gregorio Modrego, el futuro arzobispo de Barcelona, y le pidió que averiguara lo que hubiera detrás del proyecto. En el caso de que se tratara de algo real, había que impedir su materialización.[40]

La preocupación del primado de España evidencia como la Iglesia y el Ejército, aunque apoyaran la misma causa, respondían a distintas lógicas. Un mismo problema, el de la prostitución, podía tratarse desde el ámbito de la moral o como un inconveniente ante el que había que mirar a otro lado, al tratarse de un mal menor con el que debía transigirse.

Ese fue el caso de la presencia en España de mujeres marroquíes para ponerse al servicio de las tropas musulmanas que luchaban con Franco. Llegaban a la península con la excusa de solventar "asuntos personales" y aparecían, sospechosamente, en grupo. Como la mujer que, en marzo de 1937, solicitó ir a Getafe con ocho compañeras. Las autoridades sabían los verdaderos motivos de esta clase de peticiones, pero preferían cerrar los ojos. Necesitaban proporcionar a sus aliados un esparcimiento que les ayudara a superar la nostalgia de su país y el miedo a la muerte.

En ocasiones, la prostitución era un oficio complementario al de cantante y bailarina. Otras veces, se trataba de una ocupación a tiempo completo. Se formaron así prostíbulos especializados en atender a las tropas "moras". Uno de estos burdeles era el que dirigía,

---

[38] *Diario de Burgos*, 28-XII-1936.

[39] *Boletín oficial de la provincia de Cáceres*, 2-I-1939.

[40] Andrés-Gallego, José; Pazos, Antón M. (eds.), *Archivo Gomá. Documentos de la Guerra Civil*, vol. 10 (Abril-Junio de 1938), Madrid, Consejo Superior de Investigaciones Científicas, 2006, pág. 50.

en Arroyomolinos (Madrid), una tal Yubida ben Mohamed Chaui.[41] ¿Por qué esta especialización en una clientela concreta? ¿Resultaba inconcebible que las mujeres españolas tuvieran tratos sexuales con unos infieles racialmente inferiores? Pudo ser así en parte, pero también se dieron motivos ajenos al racismo. Según una antigua prostituta, a los "moros" nadie los quería atender en vistas de su comportamiento prepotente: "venían acostumbrados a la carta blanca que les dieron y querían hacer lo que les daba la gana".[42]

Otros extranjeros que luchaban en España, los alemanes de la Legión Condor, se hallaban en una situación muy diferente. Para ellos, las casas de prostitución tenían que ser las más exclusivas. Eso sucedía en Burgos, donde monopolizaban el prostíbulo de más categoría. Algo similar pasaba en Sevilla, donde requisaron un par de establecimientos y los reservaron para su única atención. Buscaban, con esta política, evitar el peligro de las enfermedades venéreas, prefigurando así su actuación en la Segunda Guerra Mundial.[43]

Otro asunto era la exagerada disciplina que implantaron, que no debía propiciar un sexo demasiado excitante. La organización, en efecto, se parecía a una cadena fabril, a juzgar por un testimonio de la época, que describe un ambiente frío y robótico, más propio de un cuartel que de una Casa de Venus: "Los hombres acudían en correcta formación; y si el local estaba completo, se alineaban en fila de a uno junto a la puerta, en la calle, esperando pacientemente la voz de mando del suboficial".[44]

Mientras tanto, la prensa de los sublevados utilizaba la referencia infamante al sexo mercenario para denigrar a las mujeres que combatían como milicianas en el lado republicano. Según un texto del Heraldo de Zamora, el Ejército rojo no era más que una "amalgama de pistoleros y prostitutas".[45]

La República, desde esta óptica, representaba la inmoralidad sexual y, por tanto, una amenaza para las familias católicas. Esta es la idea que trasmite *El Diario de Ávila* al presentar, en términos apocalípticos, lo que había sucedido en Madrid durante las elecciones de febrero de 1936: "mujeres rameras y sin vergüenza, montadas camionetas por las vías principales de la capital de la República, hacían galas de su inmoralidad y daban gritos impúdicos de ¡abajo las mujeres decentes!".

El Frente Popular, por tanto, no se limitaba al insulto, el robo y el asesinato. Representaba algo todavía peor, la "violación y profanación de madres, esposas, hijas". Como podemos comprobar, se expresa aquí una concepción de la moral sexual en la que el honor masculino depende de la castidad femenina. La transgresión, en consecuencia, implica una amenaza para el orden patriarcal al poner el riesgo el valor sacrosanto de la pureza. Puesto que el gobierno republicano ha consentido tales ofensas a los sentimientos

[41] Madariaga, Mº Rosa de, *Los moros que tajo Franco... La intervención de tropas coloniales en la guerra civil española,* Barcelona, Martínez Roca, 2002, págs. 284-286.
[42] Guereña, Jean-Louis, *La prostitución en la España contemporánea*, Madrid, Marcial Pons, 2003, págs. 413-414.
[43] Guereña, *La prostitución en la España contemporánea*, pág. 414.
[44] Vázquez García, Francisco; Moreno Mengíbar, Andrés, *Poder y prostitución en Sevilla (Siglos XIV al XX),* Secretariado de Publicaciones de la Universidad de Sevilla, 1998, pág. 321.
[45] *Heraldo de Zamora*, 10-VIII-1936.

religiosos, nada puede estar más justificado que un levantamiento que pretende "estrangular" a ese "enemigo asqueroso y repugnante".[46]

Se trata de un recurso propagandístico conocido, que se basa en dar por hecha la jerarquía que sitúa al hombre como protector de la mujer. Para soliviantar al público masculino y excitar su belicosidad, hay que convencerlo que un enemigo cruel se cierne sobre "sus" mujeres. En definitiva, es el mismo tipo de argumentación que utiliza *La Marsellesa*, en el contexto de la Revolución de 1789, cuando advierte a los franceses que unos feroces soldados se aproximan para degollar a sus hijos y esposas.

EPÍLOGO

El mundo de la prostitución, como hemos intentado mostrar, suscita durante la Guerra Civil discursos encontrados que oscilan entre el pragmatismo y la utopía. En la zona franquista se opta, hipócritamente, por ocultar el problema y dejar que los soldados tengan desahogos sexuales que sirven, entre otras cosas, para garantizar la virtud de las mujeres "decentes". En la zona republicana, en cambio, el tema se trata abiertamente y se produce un intenso debate. Unos se contentan con poner bajo control las enfermedades venéreas. Otros van más allá y sueñan con abolir el amor mercenario.

Lo sexual es inseparable de lo político porque afecta no solo a los planes para ganar la guerra sino que incide sobre el modelo de sociedad que ambos bandos tratan de construir. Se generan así situaciones contradictorias que los diversos agentes intentan gestionar a su modo. Así, entre los republicanos, los proyectos para abolir la prostitución colisionan con la presencia de una masculinidad conservadora, que convive en un equilibrio de funambulista con ideales revolucionarios sobre la reorganización del país. Los franquistas, mientras tanto, practican una moral laxa aunque profesen valores rigoristas.

Falta aún mucho que investigar y sería deseable encontrar nuevas fuentes que nos permitieran conocer las voces de las trabajadoras sexuales, saber qué pensaban y cómo sentían. Por eso, no nos resistimos a concluir con un caso impactante, el de Rosa, una prostituta de Granada que, en diciembre de 1936, iba borracha cuando la detuvieron dos guardias y un falangista, no por ejercer su profesión sino por dar escándalo. La muchacha, indignada, se resistió y lanzó una especie de maldición sobre aquellos hombres: "¡ojalá vuestras mujeres y vuestras hijas acaben en los sitios en los que yo vivo!"[47]. Sus palabras, profundamente descarnadas, reflejan uno de tantos dramas que se esconden tras el llamado, frívolamente, "oficio más antiguo del mundo".

[46] *El Diario de Ávila*, 12-III-1937.

[47] Sánchez, Pura, *Individuas de dudosa moral. La represión de las mujeres en Andalucía (1936-1958)*, Barcelona, Crítica, 2009, pág. 73.

28.
EL SERVICIO DE INFORMACIÓN Y POLICÍA MILITAR EN LA GUERRA CIVIL ESPAÑOLA: EL CASO DEL EJÉRCITO DEL LEVANTE

Javier Rodríguez Abengózar
Universidad Rey Juan Carlos

LOS SERVICIOS DE INFORMACIÓN SUBLEVADOS EN LA GUERRA CIVIL

Durante la Guerra Civil española, los servicios de información de ambos bandos desarrollaron una importante labor en el mismo alcanzando, con el tiempo, un elevado desarrollo orgánico y normativo propios de un enfrentamiento contemporáneo.[1] Sin embargo, esta tarea se hizo partiendo muchas veces desde la improvisación y la inexperiencia en los primeros momentos del conflicto debido los reducidos conocimientos previos a la guerra en esta materia entre la oficialidad y el Ejército (a pesar de algunos avances que se hicieron durante el reinado de Alfonso XIII y la Segunda República).[2] Esto hizo que fuesen necesarias distintas reestructuraciones y modificaciones de estos servicios antes de funcionar a pleno rendimiento y obtener una mayor eficacia en su actividad.

Pocos meses antes del inicio de la guerra, el 9 de octubre de 1935, el Ministerio de Guerra había aprobado el *Reglamento para el Servicio de Información en Campaña*. No obstante, esta normativa era poca conocida y todavía no se había puesto práctica salvo en unos pocos ejercicios militares, lo que hacía que no hubiese apenas formación entre la oficialidad para su puesta en práctica. Ambos bandos utilizaron durante el enfrentamiento este reglamento con distintas modificaciones para adaptarlo a sus necesidades y a su organización de las pequeñas y grandes unidades.[3]

En el caso de los sublevados, la cuestión de la información no fue tenida en cuenta durante la conspiración militar, o había sido "semiignorada", ya que se esperaba un golpe de poca duración debido a la rápida ocupación de Madrid. El transcurso de los

[1] Sobre la actividad y el desarrollo de los servicios de información sublevados durante el conflicto se pueden consultar los estudios de Núñez de Prado Clavell, Sara, *Servicio de información y propaganda en la Guerra Civil*, Madrid, Universidad Complutense, 1992; Heiberg, Morten y Ros Agudo, Manuel, *La trama oculta de la Guerra Civil*, Barcelona, Crítica, 2006; Barruso Bares, Pedro, "La guerra del comandante Troncoso. Terrorismo y espionaje en Francia durante la Guerra Civil Española", *Diacronie*, 28, 4, 2016.

[2] Acerca de esta cuestión resultan de interés las obras de Castillo Jiménez, Juan Ramón, *Los servicios de información e inteligencia bajo mando militar en el protectorado español en Marruecos*, Ceuta, Instituto de Estudios Ceutíes, 2016; Paniagua López, Javier, "La red de servicios secretos españoles durante la Guerra del Rif (1921-1927): los servicios especiales reservados dirigidos por Ricardo Ruiz Orsatti", *Historia contemporánea*, 57, 2017, págs. 491-521; y Rodríguez Velasco, Hernán, *Una derrota prevista. El espionaje militar republicano en la Guerra Civil española (1936-1939)*, Granada, Comares, 2017.

[3] Archivo General Militar de Ávila [AGMAV], C.27457,1.

acontecimientos y el alargamiento de la guerra hizo que pronto los sublevados necesitasen información del frente en su avance a la capital. De esta forma, durante las primeras semanas de la guerra, la actividad informativa se hizo en "función de las necesidades de cada frente según la actitud ofensiva o defensiva enemigo, de las atenciones que le dedicaban los Mandos y, en todo caso, del esfuerzo personal de algunos Jefes y oficiales con más dotes de afición que de entrenamiento".[4] Así, la improvisación fue constante durante la primera fase del conflicto por la falta de conocimientos, medios y organización interna.

Los mandos sublevados empezaron a poner orden en esta cuestión en los siguientes meses. De esta forma, el 21 de agosto de 1936, el general Mola dio orden de constituir las correspondientes segundas secciones y organismos informativos en las unidades bajo su mando en el Ejército del Norte y dictó directrices para su funcionamiento. Estas mismas disposiciones también fueron adaptadas por el Ejército del Sur como por otras unidades. Sin embargo, esta labor se hacía de forma descentralizada y descoordinada sin que la información fluyese de forma adecuada. No fue hasta el 7 de octubre cuando Franco dio órdenes para el funcionamiento del Servicio de Información, instruyendo la creación de los organismos adecuados, y la centralización de toda la labor en la Segunda Sección de su Estado Mayor.[5]

Por otra parte, el 14 de septiembre de 1936, el general de División Miguel Cabanellas, al frente de la Junta de Defensa Nacional, ordenó al coronel de Infantería Salvador Múgica Buhigas que constituyese y organizase una oficina que "con carácter reservado entienda en todos los asuntos referentes a espionaje y contraespionaje en todo el territorio dependiente de esta Junta".[6] Este nuevo organismo era el Servicio de Información Militar (SIM) y su cometido iba mucho más allá de la simple información de contacto del frente de combate.[7] En los siguientes meses, el SIM fue aumentando sus funciones y extendiendo sus redes. Sin embargo, desde el primer momento tuvo importantes dificultades de presupuesto, material y personal. Asimismo, la propia tendencia a la descentralización de los sublevados fue un problema constante junto con los cambios en la dirección de este servicio y el enfrentamiento con otras organizaciones dedicadas a esta labor. Durante el mandato del coronel Múgica, se sentaron las bases de funcionamiento del SIM y se empezaron a conformar las redes de espionaje y contraespionaje a través de las experiencias y los contactos de las Secciones de Servicios Especiales de la época republicana.[8] Posteriormente, con la jefatura del comandante Escartín, se establecieron diversos agentes en el extranjero, especialmente, en Francia para controlar la llegada del

[4] Cores Fernández de Cañete, Antonio, "El servicio de información", *Ejército*, 9, 1940, págs. 5-12.

[5] AGMAV,C.1217,4; AGMAV,C.1263,40 y AGMAV,C.1217,34.

[6] AGMAV,C.2917,21.

[7] La constitución del SIM coincidió con la conformación del Servicio de Información de la Frontera Nordeste de España (SIFNE) por catalanistas y monárquicos, bajo los auspicios del general Mola y el conde de los Andes, y con la actividad informativa de la Junta Central Carlista de Guerra desde San Juan de Luz y la Villa Nacho Enea.

[8] AGMAV,C.2917,21.

armamento.[9] Sin embargo, la revolución en la actividad informativa comenzó cuando el coronel José Ungría fue nombrado dirigente del SIM en mayo de 1937. Desde ese momento, se inició el proceso de reforma y centralización de estos servicios y se dio prioridad a la información que pudiese ser de utilidad para ganar la guerra[10].

De esta forma, el 30 de septiembre de 1937, el SIM fue transformado en el Servicio de Información y Policía Militar (SIPM). Este nuevo organismo tenía en un primer momento a su cargo el empleo de agentes especiales de investigación militar en territorio republicano o en el extranjero, el Servicio de Vigilancia, Seguridad y Orden Público en la zona de vanguardia de los Ejércitos y el servicio de contraespionaje y antiextremismo con agentes propios en la zona de vanguardia, en las regiones fronterizas y en los centros o lugares que pudieran tener un interés militar determinado.[11] Así, el SIPM se convertía en el servicio informativo principal de los sublevados y el coronel Ungría consolidaba su posición al frente de esta labor, especialmente, tras la absorción de otras organizaciones rivales como el SIFNE.[12]

En la primavera de 1938, el SIPM quedó totalmente constituido con la aprobación del reglamento del servicio. De este modo, el SIPM reorganizó las estructuras y redes existentes en la retaguardia sublevada, el frente de combate, el extranjero y la zona republicana. Toda la información que este servicio obtenía a través de sus agentes convergía en Burgos en el despacho del dirigente del SIPM. Esta información no solo tenía un carácter militar, sino que también incluía asuntos políticos, económicos, sociales, internacionales, armamentísticos, propagandísticos, etc.[13]

En los últimos meses del conflicto, el SIPM tenía cientos de hombres a su cargo y una fuerte presencia en todas las Grandes Unidades y Ejércitos de Operaciones a través de Secciones SIPM de Ejército. De este modo, este organismo contaba con agentes a lo largo de toda la zona de vanguardia del frente de combate. Además, este servicio tenía desplegados unidades para las labores de control de la población y contraespionaje en todas las provincias controladas por los sublevados y también en algunas de las grandes ciudades y zonas fronterizas por medio de las secciones regionales, las redes provinciales, los destacamentos especiales y a las subcentrales del Norte y de Cataluña. Asimismo, también había informadores en todos los cuarteles y dependencias militares para vigilar la lealtad de las fuerzas militares. En el extranjero, el SIPM estableció agentes y colaboradores en Francia, en Marruecos y en otros tantos países europeos que le permitía acceder a información internacional y mantener los canales de comunicación con los grupos

---

[9] AGMAV,C.2973,2. Sobre la cuestión del armamento republicano es de gran valor el reciente estudio de Íñiguez Campos, Miguel, *Armas para la República. Contrabando y corrupción, julio de 1936-mayo de 1937*, Crítica, Barcelona, 2022.

[10] AGMAV,C.2917,21.

[11] AGMAV,C.5764,1.

[12] AGMAV,C.2966,31 y AGMAV,C.2917,22.

[13] AGMAV,C.27456,5.

afectos de la retaguardia gubernamental.[14] De este modo, el SIPM también se hizo con el control de las organizaciones de la quinta columna establecidas en la zona republicana.[15]

Con todo ello, el Servicio de Información y Policía Militar tuvo un papel destacado en las etapas finales de la guerra, especialmente, en momentos como la ocupación de Cataluña, la conspiración junto con la quinta columna de Madrid en el desmoronamiento de la retaguardia republicana y, finalmente, en la Ofensiva Final y el proceso de ocupación de toda la zona gubernamental en marzo de 1939.[16] En esta labor, el SIPM se enfrentó a la conquista de un ingente territorio muy poblado entre el centro peninsular y el Levante. No obstante, la labor de este servicio no finalizó tras la victoria sublevada, sino que continuó en los siguientes meses con otras actividades relacionadas con la vigilancia, el orden público, la investigación de delitos y antecedentes político-sociales y otras labores de represión. En cualquier caso, en septiembre de 1939, el SIPM fue desmovilizado por sorpresa a pesar de sus valiosos servicios dando paso a una nueva etapa en las organizaciones de espionaje y contraespionaje franquistas.[17]

La creación de la sección SIPM del Ejército del Levante

El Ejército del Levante fue creado el 24 de noviembre de 1938 bajo los auspicios del general de división Luis Orgaz Yoldi.[18] La constitución de este nuevo Ejército de Operaciones se debía a la necesidad de continuar y enfocar la ofensiva sublevada en la región del este de España tras la paralización de la Ofensiva del Levante que consiguió ocupar Castellón y dividir en dos la zona republicana.[19] Con ello, se pretendía reducir el frente al que debía atender el Ejército del Norte, que en este momento estaba realizando los preparativos para la Campaña de Cataluña, y redistribuir y concentrar las tropas dispuestas en este sector en previsión de un posible derrumbamiento de las filas republicanas.[20]

Con la conformación de esta gran unidad, también se debía organizar la nueva Sección del Servicio de Información y Policía Militar del Ejército del Levante que iba a estar al

[14] Acerca del proceso de organización y funcionamiento de los servicios de información sublevados durante la Guerra Civil española ver Rodríguez Abengózar, Javier, *Información para ganar la guerra: los servicios militares de información sublevados en la guerra civil española*, Madrid, Universidad Rey Juan Carlos, 2022.

[15] Sobre la quinta columna y su relación con el Servicio de Información y Policía Militar resulta de interés la reciente obra de Píriz, Carlos, *En zona roja*, Granada, Comares, 2022.

[16] Acerca de la ocupación de Madrid resulta de gran valor la investigación de Pérez-Olivares García, Alejandro, *La victoria bajo control: ocupación, orden público y orden social del Madrid franquista (1936-1948)*, Madrid, Universidad Complutense, 2017.

[17] AGMAV,C.27459,8.

[18] En un primer momento, este Ejercito de Operaciones fue conformado por el Cuerpo de Ejército de Castilla, el Cuerpo de Ejército de Galicia y la Agrupación de Divisiones de Enlace. Posteriormente, se asignaron los Cuerpos de Ejército de Aragón y Urgel de cara a la Ofensiva Final.

[19] No obstante, hay que tener en cuenta que dicha ofensiva se había visto paralizada por el inicio de la batalla del Ebro y la fuerte resistencia encontrada alrededor de la Línea XYZ en torno a Sagunto.

[20] *DECRETO nombrando Jefe del Ejército de Levante al General de División D. Luis Orgaz Yoldi* (*BOE*, 154, 1 de diciembre de 1938).

cargo de las actividades de esta entidad siguiendo lo establecido en el reglamento del SIPM. El 23 de diciembre de 1938, se dieron los primeros pasos en esta dirección. No obstante, no fue hasta el 16 de enero de 1939 cuando se constituyó formalmente bajo la dirección del comandante de Estado Mayor José Ruiz Fornells, aunque solo durante las 2 primeras semanas de vida de este organismo.[21] En este periodo, el comandante Fornells reorganizó, orientó y puso en marcha dentro de lo posible las distintas actividades reglamentarias del SIPM en esta nueva Sección. Posteriormente, hasta la disolución del servicio, el SIPM en la región del Levante estuvo a cargo del teniente coronel León Sanz Cano.[22]

La Sección del Ejército del Levante fue creada con la cesión de 5 sectores o comandancias de Policía Militar que anteriormente estaban a cargo de su homóloga del Ejército del Norte. Estos sectores se encontraban "desconectados y poco orientados" debido a que habían sido los últimos en ser creados por el Ejército del Norte y por la mayor atención que requería el frente en la región catalana donde se estaban realizando importantes avances en las operaciones militares. De este modo, se daba la situación de que algunos de estos sectores no tenían oficiales del SIPM a cargo de sus actividades, siendo suplida su jefatura por jefes que no pertenecían servicio y "que hacían con lo que podían con muy buena voluntad, pero sin orientación definida".[23]

Así, los sectores 8-N, 9-N, 10-N, 11-N y 12-N del Ejército del Norte pasaron a convertirse en los sectores de Policía Militar L.-1 (Castellón), L.-2 (Onda), L.-3 (Mora de Rubielos), L.-4 (Santa Eulalia) y L.-5 (Ojos Negros) del Ejército del Levante.[24] En lo que respecta al límite definitivo para la actuación de las Secciones SIPM de ambos Ejércitos de Operaciones quedó establecido en torno al Barranco de la Cenia, el Barranco de Mongrones, el río Matarraña, Beceite, Valderrobles, la Fresneda, Valjunquera, Valdealgorfa, Alcañiz, Hijar, Albalate del Arzobispo, Lecera, Belchite, Villanueva de Huerva y Cariñena hasta llegar, marcando la división al incluirse en el Ejército del Norte, a la Almunia de Doña Godina. Por otro lado, en lo que corresponde al límite con la actividad de la Sección SIPM del Ejército del Centro quedó demarcado siguiendo el curso del río Gallo desde su desembocadura en el Tajo hasta la ciudad de Molina de Aragón. La sede de la Sección SIPM quedó establecida en la ciudad de Calatayud hasta junio de 1939 cuando se trasladó a Valencia.[25]

[21] AGMAV,C.2917,25.

[22] AGMAV,C.2988,5.

[23] AGMAV,C.2988,5.

[24] La delimitación y extensión de los distintos sectores de Policía Militar del Ejército del Levante se puede consultar en AGMAV,C.2917,24.

[25] AGMAV,C.2917,24 y AGMAV,C.2917,25.

Tabla 1. Disposición y organización de los sectores de la Policía Militar de la Sección SIPM del Ejército del Levante en enero de 1939

Sector del Ejército del Levante	Cabecera	Jefe
L.-1	Castellón	Capitán de la Guardia Civil Juan Parra Fernández
L.-2	Onda	Capitán de Infantería Joaquín Cañada
L.-3	Mora de Rubielos	Teniente Joaquín Santos Bugallo
L.-4	Cella	Teniente Luis Castro Samaniego
L.-5	Ojos Negros	Capitán de Caballería González Ejulve

Tabla de elaboración propia (AGMAV,C.2917,24)

Por otra parte, se planteó la posibilidad de establecer un grupo destacado del SIPM con cabecera en Santa Eulalia con el fin de combatir con mayor efectividad el intenso espionaje republicano en la zona. Sin embargo, este proyecto fue desechado optando por la configuración en los 5 sectores mencionados.[26] En lo que respecta a las redes provinciales de Castellón, Teruel y Soria adscritas a esta Sección SIPM, hubo un retraso en su creación debido a "la falta de elementos y hasta de oficiales para mandarlas". Con el tiempo, se fueron conformando y comenzaron a funcionar, aunque "no con la intensidad que hubiera sido de desear" por la falta de medios y la resistencia de algunas de las autoridades militares de la zona.[27]

La nueva Sección SIPM del Ejército del Levante se constituyó también con una parte del personal, material y recursos que anteriormente pertenecían al Ejército del Norte. Asimismo, recibió también los principales documentos, expedientes y ficheros que pudiesen ser de interés para la entidad como información del enemigo, mapas del territorio, boletines de información, fotografías y planos de las fortificaciones republicanas, mapas de carreteras, propaganda y censura, informes sobre prisioneros, visitas de periodistas, normativas propias del SIPM sobre contrabando, propaganda, espionaje[28]… Sin embargo, fue a nivel de personal donde la Sección SIPM del Ejército del Levante encontró su principal problema para desarrollar su labor, ya que la cantidad de elementos adscritos a esta organización era reducida para todo el frente que tenían asignado. Por ejemplo, en la propia sede de la Sección en Calatayud, en un primer momento no se disponía de los 3 o 4 oficiales necesarios para dirigir los negociados de los que estaba compuesta, por lo que tuvieron que ser cubiertos de manera improvisada. El segundo jefe de la Sección, el capitán de la Guardia Civil Francisco Vigueras, se encontraba hospitalizado en Zaragoza,

[26] AGMAV,C.2917,24

[27] AGMAV,C.2988,5.

[28] AGMAV,C.27415,1.

por lo que no pudo llegar a asumir sus labores en este momento. En su lugar, como segundo jefe fue asignado el teniente auxiliar de Estado Mayor Joaquín Maldonado (que aun así tardó un mes en unirse). Del mismo modo, también se incorporaron los alféreces de complemento Rafael Moreno Tortajada y Eduardo García Cordetllat. No obstante, tras la ocupación de Valencia, Maldonado pasó a la administración civil de la ciudad del Turia, retornado el capitán Vigueras a la segunda jefatura de la Sección e incorporándose también como personal el comandante Clemente Macias al haber desaparecido el sector de Policía Militar del que era responsable.[29]

En un primer momento, se asignaron los batallones de orden público n.º 333, 346 y 347 y las compañías 10.ª y 14.ª de la Guardia Civil a la Sección SIPM del Ejército del Levante.[30] No obstante, las unidades de la Guardia Civil fueron retiradas y enviadas a Barcelona antes de iniciarse la ocupación de Valencia por lo que tuvieron que ser sustituidas por otras fuerzas provenientes de los Cuerpos de Ejército de Galicia y Castilla que no disponían de formación en materia de orden público ni podían emular las funciones del cuerpo armado. Poco antes de la Ofensiva Final, se adscribió la 52.ª compañía de la Guardia Civil para establecer controles de acceso y salida exclusivamente en la ciudad de Valencia. Por tanto, esta Sección disponía de escasa fuerza para desempeñar todas las funciones establecidas en el reglamento del SIPM en una zona de vanguardia y un frente de combate tan extenso.[31]

Esto se reflejó en un informe enviado a la Jefatura del SIPM en Burgos el 15 de febrero de 1939 donde se alertaba de la incapacidad de la Sección SIPM del Ejército del Levante para llevar a cabo sus labores por la falta de personal. En este documento, se solicitaba el nombramiento de oficiales como el comandante de caballería Clemente Macías para el sector L.-3, la incorporación de otros elementos como Maldonado o Moreno Tortajada y la llegada de nuevos refuerzos. Asimismo, el SIPM del Levante avisaba también de la acuciante falta de material y de vehículos de transporte existente en la organización. De este modo, había sectores como el L.-3, el L.-4 y el L.-5 que no contaban con ningún coche o camión para los desplazamientos de sus efectivos. También la falta recursos económicos era elevada como desprende dicho informe.[32]

[29] AGMAV,C.2988,5.
[30] AGMAV,C.2917,24.
[31] AGMAV,C.2988,5.
[32] AGMAV,C.2917,24.

Tabla 2. Unidades de Orden Público y Guardia Civil adscritas a los sectores de la Policía Militar de la Sección SIPM del Ejército del Levante en enero de 1939

Sectores de Policía Militar del Ejército del Levante	Batallones de Orden Público asignados	Compañías de la Guardia Civil adscritas
L.-1	1.ª y 2.ª compañías del batallón de guarnición n.º 346	Una sección de la 10.ª compañía de la Guardia Civil.
L.-2	3.ª y 4.ª compañías del batallón de guarnición n.º 346	Una sección de la 10.ª compañía de la Guardia Civil
L.-3	1.ª y 2.ª compañías del batallón de guarnición n.º 333	Una sección de la 10.ª compañía de la Guardia Civil
L.-4	3.ª y 4.ª compañías del batallón de guarnición n.º 333	Dos secciones de la 14.ª compañía de la Guardia Civil.
L.-5	El batallón de guarnición n.º 357 al completo	Una sección de la 14.ª compañía de la Guardia Civil

Tabla de elaboración propia (AGMAV,C.2917,24)

Esta falta de personal, material y recursos dificultaron la efectividad de las tareas que debía realizar el Servicio de Información y Policía Militar en la región. No obstante, con el tiempo los sectores llegaron a funcionar "con absoluta normalidad" gracias a "la buena voluntad y gran espíritu de todos[33]". En lo que respecta a la actividad del grupo A desplegado en los distintos sectores de Policía Militar se realizó con personal de los batallones de orden público y las fuerzas de la Guardia Civil hasta el traslado de estas últimas. Asimismo, también se recibió el apoyo de otras unidades regulares ante la falta de elementos suficientes para realizar todas las funciones previstas. Dentro de las labores realizadas por el grupo A se encontraban los servicios de vigilancia de día, los servicios de vigilancia de noche y el Orden Público en las poblaciones situadas en la zona de vanguardia. De este modo, se establecían puestos fijos y patrullas volantes, se protegían vías de comunicación o infraestructuras críticas, se inspeccionaba la zona de vanguardia, se controlaban los posibles pasos existentes en el frente impidiendo la infiltración de guerrilleros o agentes republicanos, se hacía un seguimiento de la circulación, se repartían salvoconductos, se aseguraba el orden público y la protección de edificios oficiales, etc.[34]

Por otra parte, en lo relativo a la conformación de las redes del grupo B, estas se fueron desplegando por los distintos sectores de Policía Militar prestando "grandes servicios", entre ellos, el descubrimiento de distintas actuaciones de espionaje republicanas. De este modo, se detuvo a distintos agentes del Servicio de Información Especial Periférico (SIEP) que se habían introducido en la zona sublevada en las cercanías de Daroca. Tras

[33] AGMAV,C.2988,5.

[34] AGMAV,C.2988,5.y AGMAV,C.27456,5.

el interrogatorio, se descubrió una importante trama de espionaje. Del mismo modo, también se consiguió descubrir la infiltración de guerrilleros republicanos en la provincia de Castellón que formaban parte de otra red de espionaje.[35] La zona donde mayor actividad hubo en este sentido fue el sector L.-4 donde hubo un importante enfrentamiento entre los agentes del SIPM dirigidos por el capitán Luis Castro Samaniego y el SIEP en torno a la provincia Teruel. Por tanto, en dicha región la actividad subversiva fue muy elevada debido al terreno escarpado que permitía infiltraciones con mayor facilidad. De este modo, en esta región fueron detenidos a finales de 1938 25 supuestos integrantes de una red de espionaje republicano. No obstante, se produjeron otras tantas desarticulaciones en los siguientes meses que obligaron al SIPM a establecer servicios especiales y a combatir de forma activa a los guerrilleros republicanos en la región.[36] Por ejemplo, entre los detenidos se encontraba el célebre agente del SIEP Ramón Rufat Llop que llegó a infiltrarse hasta Zaragoza.[37]

En lo que respecta al grupo C, este no se pudo conformar como establecía el reglamento de esta organización en los sectores de Policía Militar dependientes de la Sección SIPM del Ejército del Levante debido a que el general Orgaz consideró que no era oportuno extraer unidades de choque o regulares para ello. En su lugar, se utilizó personal de los batallones de orden público y elementos afectos para realizar esta labor.[38] Sin embargo, el grupo C en general tuvo un escaso rendimiento durante la guerra en todos los frentes debido al escaso interés de las autoridades franquistas y la falta de personal y medios (a diferencia de los guerrilleros republicanos).[39]

Finalmente, en lo que respecta a la relación con la quinta columna, la Sección SIPM del Ejército del Levante no recibió el mando, el contacto o el enlace con las organizaciones que se habían conformado en la región del Valencia, Cuenca, Albacete y Murcia. En el caso de Valencia, dichos grupos se estaban reorganizando nuevamente por medio de la labor del capitán de la Guardia Civil Rodrigo Arellano Requena al frente del Negociado de Información y Espionaje de la Sección SIPM del Ejército del Norte. En este momento, los principales grupos de la quinta columna de Valencia se encontraban dirigidos por Francisco Salt Gómez y José Gilabert, entre otros.[40]

De este modo, el control de estas organizaciones siguió dependiendo del Ejército del Norte ante el temor de que se generasen dudas, confusiones o actuaciones equivocadas por el cambio. Así, la comunicación con estos grupos y la infiltración o salida de agentes se siguieron realizando por los pasos existentes en el frente del sector L.-5. No obstante, aunque se dio la posibilidad a la Sección SIPM del Ejército del Levante de

[35] AGMAV,C.2988,5.
[36] AGMAV,C.2874,6.
[37] Sobre su luca como agente republicano resultán de interés sus memorias Rufat Llop, Ramón, *En las prisiones de España*, Zaragoza, Fundación Bernardo de Aladrén, 1990 y Rufat Llop, Ramón, *Espions de la République : mémoires d'un agent secret pendant la guerre d'Espagne*, París, Allia, 2003.
[38] AGMAV,C.2988,5.
[39] AGMAV,C.2499,27; AGMAV,C.27456,5 y AGMAV,C.2922,9.
[40] AGMAV,C.2964,1.

establecer sus propios agentes y realizar nuevas actuaciones, el final de la guerra impidió esta posibilidad.[41] En cualquier caso, a pesar de que la dirección de estos grupos siguió dependiendo de la Sección SIPM del Ejército del Norte, su homologa del Levante era informada de todos los datos considerados relevantes para sus propias operaciones. De este modo, por ejemplo, el 17 de enero la Sección SIPM del Ejército del Levante recibió un informe muy detallado de 3 agentes provenientes de Valencia a través de la Sección SIPM del Ejército del Norte.[42]

La ocupación de la región valenciana en la Ofensiva Final

El 9 de marzo de 1939, la Sección SIPM del Ejército del Levante recibió distintas órdenes de cara a la preparación de la Ofensiva Final y la ocupación de todo el territorio republicano restante. De esta forma, se dictaron instrucciones sobre los servicios de información u orden público que se iban a erigir en los principales pueblos, los puestos de control en las carreteras que se pretendían establecer, las rutas y vías por las que se iba a dar el avance o los procedimientos que se seguirían para la elaboración de los ficheros informativos, las investigaciones, las detenciones de todos los elementos contrarios o la instauración de juntas gestoras formadas por afectos a los sublevados (especialmente los pertenecientes a FET de las JONS) en todas las localidades conquistadas. También se dieron distintas órdenes para la custodia de los edificios oficiales, la recuperación de documentos y material, y la protección de las principales infraestructuras. El plan previsto por la Sección SIPM del Levante en un primer momento pasaba por ocupar en primer lugar Salvacañete, Santa Cruz de Noya, Chelva, Villar del Arzobispo, Liria y Valencia. A continuación, en una segunda fase, se procedería a entrar en Motilla de Palancar, Utiel, Requena, Chiva y Silla. Seguidamente, si la resistencia seguía siendo reducida, serían tomadas La Roda, Albacete, Almansa, Alcoy y Denia. En cuarto lugar, se avanzaría sobre Hellín, Jumilla, Novelda y Alicante. Y, finalmente, se tenía previsto realizar un último movimiento sobre Murcia y Cartagena, que nunca se llegó a practicarse, pues tanto Alicante como Murcia fueron tomadas en su lugar por el Ejército del Centro.[43]

Días después, el 16 el marzo de 1939, debido a la prolongación del frente asignado al Ejército del Levante para la Ofensiva Final, se produjo una reforma en los sectores de Policía Militar adscritos a los Ejércitos del Centro y del Levante. De este modo el sector C.-1 y una parte del sector C.-2 del Ejército del Centro fueron trasladados junto con todas sus fuerzas, elementos y actividades a la Sección SIPM del Ejército del Levante conformando un nuevo sector: el L.-6. Asimismo, el límite entre ambas Secciones SIPM también fue modificado estableciéndose en Riaza (perteneciente al Ejército del Centro),

[41] AGMAV,C. 2872,4.
[42] AGMAV,C. 2914,16.
[43] AGMAV,C.2917,24.

la carretera de Riaza a Peñalba de la Sierra y el Puerto de la Quesera. El sector L.-6 fue establecido por el este por Molina de Aragón y el río Gallo y por el oeste por el límite con el Ejército del Centro. Su cabecera quedó ubicada en Sigüenza y disponía de un batallón de orden público para las actividades del SIPM.[44]

Con el inicio de la Ofensiva Final y el derrumbamiento del frente republicano, el Ejército del Levante y las fuerzas del SIPM no encontraron grandes dificultades o problemas a la hora de ocupar los principales pueblos o ciudades. No obstante, la falta de vehículos de transporte hizo que el avance fuese lento en ocasiones debido al extenso territorio que se pretendía controlar en tan poco tiempo y las numerosas labores que debía efectuar el SIPM con un reducido personal a pesar de la falta de oposición. El día 29, los elementos de la quinta columna de Valencia salieron de sus escondites y se hicieron con el control de algunas de las principales poblaciones de la región levantina, incluidas Valencia y Alicante.[45] Un día después, el 30 de marzo, las fuerzas sublevadas entraron en dichas ciudades tomando su control sin dificultades. El éxodo de refugiados republicanos que se había dirigido a los puertos del Levante para intentar salir de España quedó interrumpido a pesar de su desesperación por el bloqueo de la flota franquista. El 31 de marzo, Murcia y Cartagena, cayeron en manos de los insurrectos, mientras los refugiados que se agolpaban en los muelles de Alicante fueron detenidos.

De inmediato, un equipo de la Sección SIPM del Ejército del Levante se estableció en la calle Sorní n.º 7, en Valencia, donde anteriormente se había ubicado el Servicio de Investigación Militar republicano. Esto se debía al interés en recuperar toda la documentación de esta organización y por la utilidad de las instalaciones que se encontraron. De este modo el teniente coronel Sanz y el capitán Rodrigo Arellano Requena instalaron sus despachos en este edificio desde el propio 30 de marzo. No obstante, una representación del servicio se mantuvo en Calatayud junto con los archivos y ficheros de la organización mientras se consolidaba la situación en la región.[46]

El 4 de abril, los sectores de Policía Militar ya se habían desplegado y extendido para ocupar toda la zona de actuación del Ejército del Levante. De este modo, el sector L.-1 tenía su cabecera en Torrente, el sector L.-2 en Paterna, el sector L.-3 en Altura, el sector L.-4 en Cuenca, el sector L.-5 en Priego y el sector L.-6 en Guadalajara. Poco después, a mediados de abril, estos sectores de Policía Militar fueron reformulados y reducidos a 4. Así se hizo coincidir el territorio asignado a cada sector de Policía Militar con el ocupado por los Cuerpos de Ejército de la región: Galicia (sector L.-1), Castilla (sector L.-2), Aragón (sector L.-3) y Urgel (sector L.-4). La cabecera de estos sectores se encontraba situada en Burjasot, Requena, Cuenca y Guadalajara respectivamente. En apenas unos días, el 9 de abril, el SIPM del Levante había establecido servicios en más de 65 localidades y ciudades. Asimismo, se habían realizado más de 360 detenciones. Junto a esto,

[44] AGMAV,C.2988,5 y AGMAV,C.2917,24.
[45] AGMAV,C.2901,2, AGMAV,C.2872,4 y AGMAV,C.2964,2..
[46] AGMAV,C.2988,5.

se habían recuperado importantes cantidades de armamento, dinero, documentación, víveres, combustible o parte del patrimonio artístico.[47]

Sin embargo, la principal labor y preocupación del SIPM Levante era la ocupación de la ciudad de Valencia. Para ello se constituyó un Equipo Especial dirigido por el alférez Eduardo García Cordellat a comienzos de abril de 1939. Este era auxiliado por otro agente que actuaba como secretario para las tareas burocráticas. Este equipo pretendía funcionar con agentes de elevadas capacidades y elementos afectos de la quinta columna valenciana que se pretendía reorganizar y reorientar. Su objetivo principal era "descubrir e informar a las autoridades correspondientes de la existencia y actividades, dentro de la zona de su demarcación, de todo elemento extremista, de fuerte significación roja, pertenecientes a Sectas o a redes de espionaje rojo o de potencias extranjeras, como asimismo de los militares del extinguido Ejército rojo que por su graduación o actuación sea de un marcado interés su localización y presencia ante la Autoridad". Asimismo, también pretendía dedicarse al "hallazgo o captura de individuos que hayan cometido asesinatos, robos y denuncias o delaciones contra personas de significación derechista, o se hayan dedicado al saqueo y pillaje durante la dominación marxista". Un objetivo de especial interés para este equipo era la captura de todos los agentes o colaboradores de los servicios de información republicanos, es decir, del Servicio de Investigación Militar, (SIM), el Departamento Especial de Información del Estado (DEDIDE) o el SIEP[48].

El Equipo Especial de Valencia desarrolló su actividad en la zona de la capital y en las barriadas y arrabales de su término municipal. Asimismo, también actuó en las poblaciones limítrofes siempre que fuese necesario para ampliar sus labores de investigación o detenciones. Para ello, debía informar y colaborar con el sector de Policía Militar correspondiente. En lo que respecta a la ciudad de Valencia, esta quedó dividida en 6 sectores con el fin de facilitar la actividad del equipo y distribuir las tareas. De este modo, al frente de cada sector había un jefe del sector encargado de coordinar al resto de agentes, enlaces y confidentes.[49]

Esta organización estuvo compuesta por un lado por la Brigada Especial de Policía. Por otro lado, por la Secretaría que incluía las secciones de Fichero y Archivo; Registro, correspondencia y personal; y Administración, caja, contabilidad y Suministros. Asimismo, el equipo disponía de un parque de automóviles con 3 vehículos y motoristas de enlace. Una de sus funciones principales era también la adquisición, recuperación y clasificación de documentos y de la información obtenida, por lo que buena parte de su estructura se dedicaba a esta labor. De especial relevancia era la Brigada Especial de Policía que era el cuerpo de acción del SIPM en la ciudad, debido a que los agentes e informadores debían actuar con discreción para evitar ser detectados. Por tanto, era esta unidad quien

[47] AGMAV,C.2917,24.
[48] AGMAV,C.2988,3.
[49] La división de la ciudad de Valencia en los 6 sectores se puede observar en AGMAV,M.1808,12; AGMAV,M.1808,13; AGMAV,M.1808,14; AGMAV,M.1808,15; AGMAV,M.1820,1 y AGMAV,M.1820,2.

se encargaba de los registros, detenciones o persecuciones cuando los agentes ya habían realizado las investigaciones oportunas.[50]

A pesar de esta detallada organización, todo parece indicar que el Equipo Especial de Valencia no cumplió con los objetivos por lo que finalmente fue suprimido y reorganizado dentro de la estructura del Destacamento Especial de Valencia (DEV) tras el traslado de la jefatura de la Sección SIPM a la capital el 1 de junio de 1939.[51]

LA CONFORMACIÓN DE LA III SECCIÓN REGIONAL DEL SIPM Y EL DESTACAMENTO ESPECIAL DE VALENCIA

Tras el final de la Guerra Civil, empezó una nueva fase en la actividad del Servicio de Información y Policía Militar. La Sección SIPM del Ejército del Levante se enfrentaba a la tarea de controlar una zona extensa, ampliamente poblada (de un marcado perfil izquierdista para los mandos del SIPM), donde se encontraba una buena parte de las fuerzas republicanas desmovilizadas y que había albergado las instituciones gubernamentales hasta el momento. Sin embargo, el número de efectivos para realizar esta labor, al igual que los medios y recursos, eran escasos. En este momento, ya se estaba planteando la posibilidad de desmovilizar una parte de las fuerzas militares involucradas en el conflicto por el elevado coste que suponía mantenerlas. Entre ellas, también se incluían los batallones de orden público afectos al SIPM, lo que reducía aún más el personal de esta organización. No obstante, las labores del SIPM eran ingentes en este momento. Entre ellas se encontraban el contraespionaje, el espionaje, el orden público, el antiextremismo, la seguridad, la recuperación de documentos y objetos, la clasificación de archivos, la investigación de antecedentes, el fichaje, la búsqueda y detención de sospechosos, los interrogatorios, el apoyo a la actividad judicial, etc.

Ante esta situación, la jefatura de la Sección SIPM tuvo que conformar grupos de agentes en cada uno de los 4 sectores de Policía Militar que tenía a su cargo para que actuasen de forma autónoma. Para ello, los antiguos elementos quintacolumnistas fueron imprescindibles. Asimismo, se crearon redes de informadores en los principales pueblos, infraestructuras, fábricas, centros públicos, etc. Para realizar las detenciones se utilizó a las fuerzas de la Guardia Civil u ocupación desplegados en los principales pueblos. De este modo, para el 30 de abril, el SIPM del Levante había establecido sus servicios en más de 120 localidades y realizado más de 817 detenciones. Entre ellos, había más de 200 sospechosos de pertenecer a los servicios de información gubernamentales. Asimismo, se habían recuperado importantes archivos republicanos de toda clase.[52]

[50] AGMAV,C.2988,3.
[51] AGMAV,C.2988,5.
[52] AGMAV,C.2872,4.

El 1 de junio de 1939, la Sección SIPM del Ejército del Levante se estableció definitivamente en Valencia. Tras la supresión del Equipo Especial de esta ciudad tras su reorganización su labor fue asumida por el Destacamento Especial de Valencia. Esta unidad había sido creada en marzo de 1939 a propuesta del teniente coronel Antonio Cores Fernández de Cañete al cargo de la Subcentral del SIPM en Cataluña en ese momento. Su actividad, fue simultánea junto con la del propio Equipo Especial de Valencia (dependiente de la Sección SIPM del Ejército del Levante) y se extendió desde abril a septiembre. Este grupo estaba conformado por personal de la Sección SIPM del Ejército del Norte con el objetivo principal de reorganizar a los agentes y colaboradores de las redes quintacolumnistas del Levante que habían estado dirigidas por este organismo (por tanto, nació de forma independiente a la jefatura de la Sección SIPM del Ejército del Levante).[53] La jefatura de este organismo fue asumida por el capitán Arellano Requena que había estado al frente de la relación con los grupos quintacolumnistas desde la Sección SIPM del Ejército del Norte.

En lo que respecta a la organización del Destacamento Especial de Valencia esta también sufrió diversas modificaciones debido a las circunstancias sobre el terreno. Esto hizo que el DEV no actuase siempre de acuerdo con el reglamento del SIPM por la falta de personal y por la falta de entendimiento con la policía gubernativa, lo que llevó a que actuasen al margen de los cauces con el fin de lograr una supuesta mayor eficacia en sus labores. De este modo, por ejemplo, tras la reorganización se establecieron diversas secciones o negociados de Secretaría General, Investigación y Policía Militar (junto con la Brigada Especial de Policía), Investigación, Administración y personal, Parque Móvil e Información y Recuperación. También se establecieron enlaces con las organizaciones quintacolumnistas, la jefatura de la Sección SIPM del Levante y con las redes de la ciudad de Valencia y de la provincia de este servicio.[54]

La actividad del Destacamento Especial de Valencia fue ingente en este periodo consiguiendo movilizar a los agentes y colaboradores de los grupos quintacolumnistas y aprovechando sus contactos y experiencia para crear redes informativas destinadas al espionaje, el contraespionaje y el antiextremismo. Además, se realizaron un total de 5.010 informes destinados a la justicia militar o a las autoridades franquistas. También se elaboraron fichas sobre 1.610 posibles agentes o colaboradores de los servicios de información gubernamentales gracias a la importante documentación que se obtuvo de las instituciones de la República que se habían establecido en la ciudad (por ejemplo, de la Escuela Popular de Guerra, la base de los servicios de información republicanos, la sede del Comisariado Político, la Comandancia General de Retaguardia ...). Con todo ello, se produjeron 1.109 detenciones por parte de la policía militar: 842 por asesinato, 220 por haber pertenecido o colaborado con el SIM republicano y 47 por haber formado

[53] Esta entidad surge de forma semejante al Destacamento Especial de Cataluña (DEC), el Destacamento Especial de Madrid (DEM) y el Destacamento Especial de Cartagena (DECg).

[54] AGMAV,C.2959,4 y AGMAV,C.2988,5.

parte del SIEP. Del mismo modo, también se recuperaron importantes cantidades de documentos, dinero, material y recursos, obras artísticas, etc. Asimismo, unos 780 efectivos del Destacamento Especial de Valencia también participaron en el despliegue de seguridad que se estableció para el desfile de la victoria que se celebró en esta ciudad el 3 de mayo de 1939.[55] Por el éxito en la organización de este evento, el capitán Arellano Requena fue felicitado por el propio coronel Ungría.[56]

En el verano de 1939, con la desmovilización del Ejército del Levante, los organismos del Servicio de Información y Policía Militar de esta Gran Unidad fueron reconvertidos en la Sección SIPM de la III Región Militar. Con ello, una vez asegurada y estabilizada la situación para el nuevo régimen tras los primeros meses de la posguerra, se pretendía avanzar en su reconversión siguiendo lo establecido en el reglamento de funcionamiento de este organismo. De este modo, se pusieron en funcionamiento las redes provinciales de Castellón, Valencia, Alicante, Albacete y Murcia que iban a depender de esta Sección Regional.[57] Al frente de este organismo iba a seguir el teniente coronel León Sanz Cano.[58] Al mismo tiempo, los destacamentos especiales de Valencia y Cartagena continuaron su labor bajo su dirección, aunque iniciaron su reorganización para conformar las redes provinciales anteriormente mencionadas.[59]

Sin embargo, mientras se producía esta transición, en septiembre de 1939 el SIPM fue desmovilizado por sorpresa mientras que el coronel Ungría fue cesado de la dirección de los servicios de información civiles y militares franquistas.[60] De esta forma, se abría una etapa de reconfiguración en las organizaciones dedicadas a esta labor y se finalizaba con el centralismo del SIPM. Durante el proceso de desmovilización, una parte del personal de este organismo pasó a depender de los nuevos servicios que se crearon para atender a las funciones de espionaje, contraespionaje, antiextremismo u orden público. No obstante, a partir de este momento se iban a disgregar las funciones en distintos organismos, tendiendo hacia la duplicidad en las labores y a la competición por el personal, el presupuesto y por la predominancia sin que existiese una comunicación actividad entre ellas.[61] En lo que respecta a la Sección SIPM de la III Región Militar, esta pasó a depender de la Segunda Sección bis que se conformó en el Estado Mayor del Cuerpo de Ejército del Turia asumiendo las funciones de contraespionaje y antiextremismo.[62] Entre ellos, se encontraban, por ejemplo, el capitán Arellano Requena, que se encargó

55 AGMAV,C.2959,4.
56 AGMAV,C.2987,3.
57 Un informe de la actividad de estas redes provinciales hasta septiembre de 1939 se puede consultar en AGMAV,C.2988,5.
58 AGMAV,C.2988,5.
59 AGMAV,C.2959,4 y AGMAV,C.2959,1.
60 AGMAV, C.2962.
61 Entre ellos se encuentran el Alto Estado Mayor (AEM), la Segunda Sección del Estado Mayor del Ejército, las Segundas Secciones bis de los Cuerpos de Ejército, de las Capitanías Generales y de las Fuerzas Militares de Marruecos, el Servicio de Información Personal, el Servicio de Información de la Guardia Civil, la Delegación Nacional de Información e Investigación de FET, etc.
62 AGMAV,C.27459,8 y AGMAV,C.27457,3.

del tercer negociado de este organismo, junto con todos los elementos de la Guardia Civil adscritos a este servicio en dicha región.[63]

Del mismo modo, otros tantos agentes y colaboradores (entre ellos muchos integrantes de la quinta columna valenciana) pasaron a formar parte de la policía o los cuerpos de seguridad del Estado franquista (por ejemplo, en la Brigada Político-Social).[64] Mientras se producía este proceso, también se produjo la entrega de recompensas militares y medallas a los elementos que habían formado parte de esta organización, especialmente, a los referidos quintacolumnistas. Este proceso se alargó durante los siguientes años coincidiendo con el desmantelamiento de esta organización y despertó algunos conflictos a la hora de certificar la validez y la autenticidad de los méritos alegados por estos antiguos elementos del SIPM. Esto se debía a las dificultades encontradas a la hora de reconstruir los servicios prestados por la quinta columna por la detención de muchos de sus integrantes, la falta de documentación existente por la naturaleza clandestina de estas organizaciones, el incumplimiento de los requisitos establecidos o la falta de personal.[65] Por otra parte, también hubo recompensas de carácter civil como el acceso a la administración pública y el funcionariado, el ascenso en las filas de FET de las JONS o en la organización sindical, el aumento de la influencia de estos antiguos agentes del SIPM en la vida social de la región y otras tantas remuneraciones laborales u económicas que se lograron gracias a su participación o colaboración con este servicio.[66]

Años después, en los años 60, algunos de los agentes y colaboradores de las organizaciones quintacolumnistas que estuvieron a disposición del Servicio de Información y Policía Militar en la región del Levante intentaron reagruparse. De este modo, conformaron la "Hermandad de la quinta columna del Levante" que iba a quedar encuadrada dentro en la Delegación Nacional de Asociaciones del Movimiento en el Servicio de Asociaciones de Antiguos Combatientes. Su objetivo principal era reivindicar "el espíritu y las personas que en el propio corazón del enemigo combatieron por la libertad y la dignidad de la Patria Español a directamente enlazadas con los Servicios de Información y Policía Militar del Ejército del Norte en la Guerra de Liberación". Entre ellos se encontraban algunos de los principales mandos de la quinta columna en Valencia como Francisco Salt Gómez (Rvdo. Estanislao de Algima), Carlos Torres Murciano, José Guardiola Ramos... Sin embargo, a pesar de la intención de intentar recomponer los lazos y usar esta plataforma para dar a conocer "la firme resolución de buscar el peligro que movió a quienes, en la "resistencia" pusieron sus vidas por aquellos ideales luchando en el propio corazón del enemigo", parece que no tuvieron éxito en esta tarea.[67]

[63] AGMAV,C.2964,21.

[64] Sobre esta cuestión resulta de interés la obra de Alcántara, Pablo, *La Secreta de Franco: La Brigada Político-Social durante la dictadura*. Madrid, Espasa Calpe, 2021.

[65] AGMAV,C.2964,1; AGMAV,C.2964,5; AGMAV,C.2901,1 y AGMAV,C.2901,2.

[66] Un ejemplo de ello se puede observar en las memorias de Tarín Iglesias, Manuel, *Los años rojos. Un testimonio capital sobre la Quinta Columna en zona republicana durante la Guerra Civil*, Barcelona, Planeta, 1985.

[67] AGMAV,C.2963,13 y AGMAV,C.27457,3.

CONCLUSIONES

La Sección del Servicio de Información y Policía del Ejército del Levante tuvo una intensa actividad a pesar del escaso tiempo en la que se había constituido. El amplío territorio que controlaba esta entidad se encontraba en una difícil situación debido a la escasez de fuerzas y energías de las que disponía la Sección SIPM del Ejército del Norte que estaba enfocada en la conquista de Cataluña. Es por eso por lo que los mandos franquistas separaron los sectores de Policía Militar y algunas de sus mandos y fuerzas para configurar la Sección SIPM del Ejército del Levante con el fin de dar un impulso a las actividades subversivas, seguridad y orden público en la región frente a la labor de los servicios de información republicanos. De este modo, esta organización actuó de forma similar y con los mismos procedimientos que su homóloga norteña recibiendo incluso una cierta supervisión en las primeras etapas.

La Sección SIPM del Ejército del Levante apenas tuvo cerca de 3 meses para reorganizarse antes de que el desmoronamiento de la resistencia republicana hiciese que fuera necesario ocupar rápidamente la región de Valencia y el Levante. Por tanto, se actuó en muchas ocasiones desde la improvisación ante los acontecimientos. La negativa de la Sección SIPM del Ejército del Norte de ceder sus contactos y relaciones con las organizaciones quintacolumnistas que operaban en la región este de España hizo que no se pudiera realizar el espionaje en profundidad que se esperaba. Tampoco fue posible crear una red de agentes y colaboradores propios debido a la rapidez con la que finalizó el conflicto. Asimismo, el SIPM del Levante siempre estuvo falto de recursos, vehículos y personal para enfrentarse a todas las labores requeridas y a la intensa actividad de las organizaciones republicanas en la zona.

La Ofensiva Final en marzo de 1939 hizo que el SIPM del Levante tuviese que enfrentarse a la difícil tarea de ocupar la región valenciana que estaba densamente poblada, donde se habían refugiado parte de las fuerzas republicanas en descomposición y donde había organismos e instituciones civiles y militares gubernamentales. Para la ocupación de la capital, que se hizo rápidamente gracias al auxilio de la quinta columna de Valencia, se prestó una especial atención atendiendo a las experiencias de Barcelona. Para ello se configuró el Equipo Especial de Valencia dependiente de la Sección SIPM del Ejército del Levante con el fin de asumir la dirección de los elementos quinta columnistas e iniciar las primeras operaciones. Sin embargo, parece que este grupo no funcionó cómo se había previsto ni cumplió todos los objetivos por lo que fue disuelto discretamente a las pocas semanas.

En su lugar, los elementos y fuerzas afectos al SIPM en la capital del Turia fueron reorganizados en el Destacamento Especial de Valencia que había sido creado por iniciativa de la Sección SIPM del Ejército del Norte. Este Destacamento Especial, dirigido por el capitán Rodrigo Arellano Requena, tuvo más éxito en su labor realizando una importante actividad represiva en la ciudad como elaboración de informes, detenciones, interrogatorios, recuperación de documentos, creación de un archivo y fichero… Su labor estuvo dirigida especialmente a la caza y captura de todos los posibles agentes y colaboradores de los servicios de información republicanos, entre otras tantas cuestiones. Al igual que sucedió con otras organizaciones dependientes del SIPM en el verano de 1939, el Destacamento Especial de Valencia tuvo algunos enfrentamientos y choques con otros servicios dedicados a la seguridad, el orden público y la actividad judicial debido a la intensa competencia que surgió entre estas organizaciones. Todo ello hizo que aumentase la tensión de algunos sectores civiles y militares contra el SIPM, lo que influyó en su desaparición.

Por otra parte, la actividad de los sectores de Policía Militar dependientes de la Sección SIPM del Ejército del Levante también fue elevada, desplegándose distintos equipos, agentes y redes en los pueblos y ciudades de las regiones a cargo de este organismo con el fin de cumplir con sus funciones. Con la supresión del Ejército del Levante, los sectores de Policía Militar se transformaron en las redes provinciales continuando con su labor reglamentaria e iniciando una nueva fase. No obstante, al producirse la orden que puso fin al SIPM, esta intensa actividad dio paso a la desmovilización de esta organización. No obstante, muchos de los oficiales, agentes, colaboradores y personal del SIPM pasaron a integrarse en otros servicios de información u orden público, por lo que sus experiencias y actividades mantuvieron un elevado continuismo en una región de gran importancia para las autoridades franquistas, no solo por su elevada población o importancia económica, sino por la existencia de una población que no se consideraba en muchos casos leales al nuevo régimen y que debía ser controlada.

29.
LA SEGUNDA REPÚBLICA Y LA DIFICULTAD ANGUSTIOSA DE CONSEGUIR ARMAMENTO (1936-1937)

José Manuel Azcona Pastor
Miguel Íñiguez Campos
Universidad Rey Juan Carlos

INTRODUCCIÓN

Para analizar los suministros bélicos que consiguió la República por vías no soviéticas partimos de una premisa: la condición necesaria, pero no suficiente, para ganar una guerra radica en las armas que un ejército dispone frente al otro. Lógicamente, en la victoria final también inciden otros factores como la estrategia, la habilidad táctica y el disponer de hombres que sepan manejar el armamento. Ahora bien, estos factores no pueden disociarse de las armas disponibles.

Muchos historiadores han subrayado, y subrayan, hasta la saciedad, la ingenuidad e incompetencia de los republicanos en la gestión de las finanzas y en sus compras de armamento en el extranjero.[1] En nuestra modesta opinión, olvidan tres factores claves: 1) si se dispone de recursos económicos suficientes, pero no se encuentran vendedores, de poco sirven estos recursos; 2) tener recursos no implica que la banca franco-británica y estadounidense facilite sus movimientos y 3) las guerras pueden financiarse a crédito, como hicieron los sublevados en gran medida.

Estudios posteriores, rigurosos y basados sobre fuentes primarias ubicadas en diferentes archivos, tanto españoles como extranjeros, apuntaron en dirección contraria:[2] con

[1] Hay muchas obras al respecto, como una pequeña muestra, consúltese: Sanchís, Miguel, *Alas rojas sobre España*, Madrid, Publicaciones Españolas, 1956; Salas Larrazábal, Ramón, *Historia del Ejército Popular de la República* (4 tomos), Madrid, Editora Nacional, 1973 (reeditada por la Esfera de los Libros en 2006); Salas Larrazábal, Jesús, *La guerra de España desde el Aire: dos ejércitos y sus cazas frente a frente*, Barcelona, Ariel, 1969; Salas Larrazábal, Jesús, *Intervención extranjera en la guerra de España*, Madrid, Editora Nacional, 1974; Molina Franco Lucas y Permuy López, Rafael, *Importación de armas en la Guerra Civil española: discrepancias historiográficas con Ángel Viñas*, Valladolid, Galland Books, 2016.

[2] Southworth, Herbert, *El mito de la cruzada de Franco*, París, Ruedo Ibérico, 1963; Thomas, Hugh, *La guerra civil española*, París, Ruedo Ibérico, 1967; Jackson, Gabriel, *The Spanish Republic and the Civil War, 1931-1939*, Princeton, Princeton University Press, 1972; Howson, Gerald, "Los armamentos: asuntos ocultos a tratar" en Preston, Paul (ed.), *La República Asediada. Hostilidad internacional y conflictos internos durante la Guerra Civil*, Barcelona, Ediciones Península, 1999, págs. 375-415; Howson, Gerald, *Armas para España. La historia no contada de la Guerra Civil española*, Barcelona, Ediciones Península, 2000; Viñas, Ángel, *Las armas y el oro. Palancas de la guerra, mitos del franquismo*, Barcelona, Pasado&Presente, 2013; Viñas, Ángel, "Armas y hombres para España. Los apoyos exteriores en la guerra civil" en Fuentes Quintana, Enrique (dir.), *Economía y economistas españoles en la Guerra Civil*, Galaxia Gutenberg, Barcelona, 2008, págs. 339-419; Azcona Pastor, José Manuel,

el paso de los años y la aparición de nuevas investigaciones, se reveló la exageración de algunas de las afirmaciones de la historiografía tradicional, lo que obligó a sus autores a matizarlas un tanto; por otro, se observó que los republicanos en raras y contadas ocasiones consiguieron más de una fracción de lo que necesitaban y, cuando lo lograron, sufrieron largos retrasos y unos costes elevados, tanto en el terreno económico como a nivel físico y moral. Es precisamente en esta línea en donde se profundiza en el presente capítulo.

Antes de comenzar a analizar las dificultades endógenas y exógenas republicanas a la hora de conseguir armamento, merece la pena detenerse unos instantes en el propio golpe de Estado que derivó en la guerra. Si el presidente de la República, Manuel Azaña, y/o el presidente del gobierno, su amigo Santiago Casares Quiroga, hubieran tomado las medidas pertinentes o correctas contra los militares conspiradores y promotores del golpe de Estado, es muy plausible que el golpe no hubiera llegado a producirse o, en caso de hacerlo, hubiese sido sofocado por el gobierno con rapidez.

En la historia contemporánea de España existen un gran número de casos de golpes de Estado que fueron frustrados antes de comenzar o que acabaron en fracaso. Otros, no obstante, triunfaron. El que se produjo entre los días 17 y 18 de julio ni fracasó plenamente, ni triunfó totalmente, es decir, ni el gobierno logró reducir del todo a los sublevados ni estos lograron imponerse claramente a las autoridades republicanas, creando, así, una situación de empate técnico y de difícil solución con los recursos militares existentes en la España de la época. No quedaba más remedio que dirigirse al exterior en busca de ayuda militar para tratar de desequilibrar la balanza.

LAS PETICIONES DE AYUDA AL EXTERIOR DE AMBOS BANDOS

Como se ha demostrado recientemente con pruebas sólidas, los conspiradores/sublevados tomaron la delantera al gobierno republicano en esta carrera por obtener ayuda militar del exterior: quince días antes de que se iniciara el golpe de Estado, es decir, el 1 de julio de 1936, miembros de la trama civil del mismo liderados por Pedro Sainz Rodríguez, hombre de confianza de Calvo Sotelo, firmaron con la Italia fascista cuatro contratos que implicaban el envío de una cierta cantidad de ayuda militar para lograr el éxito de la sublevación.[3] Mussolini, para resguardar su responsabilidad en caso de complicaciones, hizo que se firmaran a través de una empresa privada, la Sociedad Idrovolanti Alta Italia (SIAI).

Los desastres de la Guerra Civil española. La represión en Bilbao (julio de 1936-junio de 1937), Madrid, Dykinson, 2007; Azcona Pastor, José Manuel, "Modelo represivo franquista en la Guerra Civil española (1936-1939): el caso de Falces-Navarra" en *Historia Actual Online*, nº41, vol.3, págs.125-146 y Azcona Pastor, José Manuel, "La guerra civil en el País Vasco", en Kawanari, You; Watanabe, Masaya y K, Takashi (eds.), *La Guerra Civil en España*, Tokio, Kawanari You, 2018, págs. 46-54.

[3] Viñas, Ángel, "La connivencia fascista con la sublevación y otros éxitos de la trama civil" en Sánchez Pérez, Francisco (coord.), *Los mitos del 18 de julio*, Barcelona, Crítica, 2013, págs. 79-181.

Por otro lado, los conspiradores también recurrieron a la Alemania nazi por dos vías con radical resultado: 1) el general Mola apeló a contactos previos, pero no prosperaron y 2) Franco envió una delegación con el objetivo de conseguir ayuda de Hitler. Gracias a un sinfín de situaciones que se saldaron con éxito, Hitler dio luz verde al envío de ayuda el 25 de julio por la noche.[4]

Por su parte, el gobierno republicano envió un telegrama bastante escueto pidiendo auxilio a su homólogo francés: "Nos hemos visto sorprendidos por un golpe militar peligroso. Ruego disponga ayuda con armas y aeroplanos. Fraternalmente. Giral".[5] En un primer momento, el presidente del gobierno frentepopulista francés, Léon Blum, decidió atender la petición, pero en el corto espacio temporal de 15 días, debido a factores internos y externos a Francia, esta postura inicial fue deslizándose hasta la adopción unilateral de no intervención el 8 de agosto de 1936. Esta se tradujo en el cierre de los arsenales nacionales y en prohibir la venta de las empresas privadas al gobierno republicano.

La República, a priori, pensaba que reunía todos los requisitos para obtener el apoyo francés: 1) Francia había sido un suministrador tradicional del precario y mal equipado Ejército español; 2) durante el quinquenio en paz ambos países habían mantenido buenas relaciones; 3) compartían gobierno de Frente Popular, aunque con diferencias y matices; 4) algunos ministros y líderes de la izquierda española tenían gran amistad con sus colegas franceses y 5) a finales de 1935, durante el bienio radical-cedista, se firmó un acuerdo comercial con un intercambio de cartas secreto que obligaba al gobierno español a adquirir material de guerra en Francia por valor de 20 millones de francos.

Sin embargo, como hemos señalado, la realidad fue muy distinta a como la esperaba la República.

Antes de adoptar unilateralmente la no intervención se produjo un hecho que pudo haber cambiado la decisión francesa y, por ende, de lo que ocurrió en España: el 30 de julio se evidenció la ayuda fascista a Franco cuando dos aviones italianos aterrizaron en el Marruecos francés. Pese a ello, Francia continuó defendiendo la necesidad de un compromiso de las principales potencias con el fin de no intervenir en España y evitar aumentar las tensiones en el panorama europeo. Finalmente, y para dar ejemplo, el gobierno galo, en un más que tenso consejo de ministros celebrado el 8 de agosto, decidió unilateralmente no conceder ningún tipo de ayuda a su homólogo de Madrid con el objetivo de que el resto de países se sumasen. A partir de este momento y mientras duró

[4] Pese a que la propaganda y literatura comunista y anarquista siempre ha señalado la connivencia e injerencia previas nazi-fascistas, a día de hoy, y documentalmente, no han podido demostrarse en el caso alemán. Para conocer cómo la misión de Franco tiene éxito, véase: Viñas, Ángel, *La Alemania nazi y el 18 de julio*, Madrid, Alianza Editorial, 1977. Posteriormente, realizó una actualización de esta investigación: Viñas, Ángel, *Franco, Hitler y el estallido de la guerra civil. Antecedentes y consecuencias*, Madrid, Alianza Editorial, 2001.

[5] Llama la atención que el telegrama se enviase directamente a Blum y no a través de la embajada y ni siquiera se redactase en clave. El telegrama proviene de *Les événements survenus en France de 1933 à 1945*, vol. 1, París, PUF, 1951, págs. 251 y ss., recogido de: Miralles, Ricardo, "El duro forcejeo de la diplomacia republicana en París. Francia y la guerra civil española" en Viñas, Ángel (dir.), *Al servicio de la República. Diplomáticos y guerra civil*, Madrid, Marcial Pons, 2010, pág. 123.

la guerra en España el gobierno francés practicó una "no intervención relajada", que consistió en permitir, o no, la llegada de armamento procedente de terceros países a la República, especialmente de origen soviético.

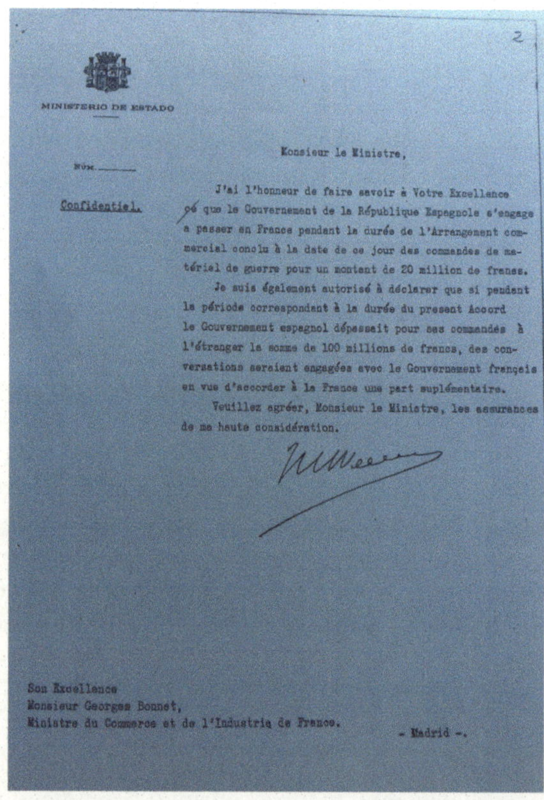

2

MINISTERIO DE ESTADO

Núm. ______

Confidentiel.

Monsieur le Ministre,

J'ai l'honneur de faire savoir à Votre Excellence que le Gouvernement de la République Espagnole s'engage a passer en France pendant la durée de l'Arrangement commercial conclu à la date de ce jour des commandes de matériel de guerre pour un montent de 20 million de francs.

Je suis également autorisé à déclarer que si pendant la période correspondant à la durée du present Accord le Gouvernement espagnol dépassait pour ses commandés à l'étranger la somme de 100 millions de francs, des conversations seraient engagées avec le Gouvernement français en vue d'accorder à la France une part suplémentaire.

Veuillez agréer, Monsieur le Ministre, les assurances de ma haute considération.

Son Excellence
Monsieur Georges Bonnet,
Ministre du Commerce et de l'Industrie de France.

- Madrid -.

Notificación al ministro de Comercio e Industria francés de la obligación republicana de adquirir material de guerra francés por importe de 20 millones de francos[6]

Sin embargo, y realmente, el primer contratiempo que encontró la República no provino de Francia sino del cuerpo diplomático español en París. Los puestos clave de la embajada, esto es, el embajador y los agregados militares, rápidamente se pusieron al servicio de los sublevados, haciendo todo el daño posible al gobierno al que habían jurado lealtad: retrasaron la petición, hicieron filtraciones a la prensa y alentaron campañas sobre lo que (supuestamente) ocurría en España, entre otras acciones. Estas labores sirvieron para crispar aún más a la ya de por sí convulsa sociedad francesa con el objetivo de que apoyase la no intervención.

[6] Fuente: Archive du Ministère des Affaires Étrangères Français (AMAEF): Sección: TRA19350034/012.

LAS INICIATIVAS REPUBLICANAS EN FRANCIA

Ante estas traiciones el gobierno recurrió a individuos con credenciales republicanas más que seguras y con prestigio y reconocimiento a nivel internacional. Fueron los casos de Luis Jiménez de Asúa, Fernando de los Ríos o Pablo de Azcárate, entre otros. Eran intelectuales muy alejados ideológicamente del comunismo y personalidades de reconocido ornato internacional en sus respectivos campos, pero no habían visto un fusil en su vida, no sabían cómo se cerraban los negocios clandestinos de armas y, mucho menos, sabían cómo tratar con traficantes sin escrúpulos ávidos del metal áureo español.

Esta fue la situación que se encontró el nuevo embajador republicano, Álvaro de Albornoz, cuando llegó a París el 27 de julio. Desconocía totalmente el mundo del armamento y de su obtención en el mercado negro. Fue tal el aluvión de traficantes y mercaderes que desfilaron por la embajada que, reconociendo sus propias limitaciones y pensando en el interés de la República, firmó un contrato con la *Société Européenne d'Études et d'Entreprises*. Gracias a dicho contrato, le cedió el monopolio de la compra de armas y otros productos tanto por lo que adquiriese en nombre de la República como lo que consiguieran otros agentes republicanos por Europa con una comisión fija, elevadísima, del 7,5%.

A pesar de firmarlo con su mejor intención, el contrato fue altamente nocivo para la República por dos razones fundamentalmente: 1) por el dinero que se invirtió y el poco material obtenido y 2) la gran cantidad de tiempo que pasó hasta que se logró rescindir. También es cierto es que de no haber existido la no intervención y de haber podido comprar armamento en Francia, el contrato no se hubiera firmado. A ello hay que sumar la falta de competencias que tenía el embajador para firmar dicho contrato, pues todo monopolio -el documento con la *Société* lo era– tenía que haber sido autorizado y refrendado por el Parlamento español.

En una investigación reciente hemos arrojado un poco más de luz a las relaciones que mantuvieron la *Société* y la República. Lo más destacable es la existencia de un contrato idéntico al que firmó Albornoz, establecido entre la *Société* y México, pero limitado a un gasto máximo de 100 millones de francos. Esta cláusula fue clave para que el sucesor de Albornoz, Luis de Araquistáin, pudiera deshacerse de la presión a la que le sometió la *Société* para recibir cifras astronómicas por nada o con un sobrecoste desproporcionado por armamento o productos básicos. Hoy en día, y a pesar de las búsquedas que hemos realizado en archivos franceses y españoles, no podemos determinar la cantidad de armamento y de otros productos que consiguió la República a través de esta *Société*, ni el dinero que se invirtió, ni la fecha exacta de la rescisión del contrato.

Por otro lado, y también en Francia, se creó la Comisión de Compras, dirigida por Alejandro Otero.[7] Tuvo tantos problemas y actuó de manera tan descoordinada y dispersa

[7] Otero fue a París invitado por Fernando de los Ríos, y con la bendición de Indalecio Prieto, para ayudar en la tarea, cada vez más complicada, de la compra de armas. Según Howson, era un hombre con mucha energía y

que el citado Araquistáin constituyó otra Comisión para paliar sus errores y desbarajustes. Comenzó a funcionar oficialmente el 9 de octubre. No trabajó solo en Francia, sino que se extendió por toda la geografía europea. No fueron pocas las decisiones imprudentes que se tomaron en su seno por sus principales integrantes, entre los que destacan las figuras de Calviño Ozores, Martí Esteve i Guau y el propio Otero.

Los –supuestos– propios defensores de la República agravaron en las dificultades con las que tuvo que lidiar la Comisión permitiendo y enviando una avalancha de delegados y enviados desde las diversas regiones españolas, los partidos políticos y sindicatos, que llegaban en tromba directamente a París o a otros países en los que la Comisión operaba, interfiriendo en ofertas que ya se habían recibido y aceptado en mejores condiciones. Incluso en ocasiones obligaron a la Comisión a perder un tiempo y dinero preciosos en ofertas rechazadas por ilusorias, esto es, estafas.

EL GOBIERNO BRITÁNICO ANTE LA GUERRA DE ESPAÑA

Otro país al que la República solicitó ayuda fue Reino Unido. Su cierre de arsenales fue más rápido y manifiesto que en Francia. La percepción dominante en Londres sobre la República antes de producirse el golpe no era muy favorable a esta. Veían al gobierno del Frente Popular como un "gobierno Kerenski" previo a la implantación de un sóviet. A esta visión, absolutamente distorsionada y alejada de la realidad, contribuyeron los informes que envió el embajador británico en Madrid, sir Henry Chilton. También ayudó a crear esta imagen la campaña de intoxicación desarrollada por los miembros de la trama civil del golpe que desde la victoria del Frente Popular contaron a todo aquel que quería escucharlos que en España iba a implantarse una república soviética *avant la lettre* y que ellos luchaban por impedirlo. En el caso británico destacó el duque de Alba.[8]

Durante el quinquenio en paz de vida republicano, Gran Bretaña se dedicó a la vigilancia y salvaguardia de sus cuantiosos intereses en España: 1) proteger la base naval de Gibraltar, pieza clave para la hegemonía británica en el Mediterráneo y las comunicaciones con la India, cuya seguridad requería como primera condición la benevolencia del hinterland español; 2) la importante participación británica en el comercio exterior español, ya que Gran Bretaña absorbía el 25% de las exportaciones españolas y generaba el 10% de las importaciones; y 3) el gran volumen de las inversiones británicas en el país,

un gusto especial por los coches caros y las mujeres lujosamente ataviadas. La Pasionaria lo llamaba la "madrona" por haber sido anteriormente director de ginecología en la Universidad de Granada. Se hallaba en Suiza en el momento de producirse el golpe de Estado: Howson, Gerald, *Armas para España...*, pág.118. Hemos encontrado información en la que se le denuncia como un estafador a la República en connivencia con la propia *Société* y para otros la persona perfecta y leal para ese delicado puesto.

[8] Viñas, Ángel, *La conspiración del General Franco y otras revelaciones acerca de una guerra civil desfigurada*, Barcelona, Crítica, 2011.

que representaban un 40% de todas las existentes, concentrándose mayoritariamente, en la minería de piritas y del hierro.

En cuanto se desató el golpe, las autoridades británicas se negaron a inmiscuirse en los acontecimientos españoles, prohibiendo incluso la venta de carburante a la flota leal. Esta política seguida por Reino Unido, en realidad, equiparaba a un gobierno legal y reconocido internacionalmente, con unos sublevados que querían derribarlo por las armas.

Los trágicos acontecimientos y situaciones de caos –quema de iglesias, asesinatos de religiosos y personas de ideología conservadora, confiscación de propiedades privadas...– que se sucedieron en el territorio republicano debieron de convencer a los ingleses de que su percepción de España previa al estallido del golpe era la correcta. Rápidamente se dieron órdenes para no vender armas a ninguno de los dos contendientes. El gobierno británico fue siempre muy claro en su posición y no se anduvo con rodeos, como los franceses. Pese a ello, algunos pocos aviones comerciales salieron de sus aeródromos para los dos bandos. En el caso de los que llegaron a la República los recogemos en el cuadro siguiente:

Aviones adquiridos en Gran Bretaña por la República[9]				
Cantidad	Avión	Importe	Fecha salida	Fecha llegada
2	*Monospar S.T 25 Jubilee* (bimotor ligero para uso civil)		07/08/36 de Reading.	Agosto 1936.
1	*Percival Gull Six*		7/08/36.	
1	*Airspeed AS-6 Envoy* (bimotor comercial de ala baja)	5.000 libras?	13/08/36.	
1	*Airspeed AS-8 Viceroy* (versión mejorada del anterior)	9.000 libras	13/08/36 de Londres.	
1	1 *Miles M-3 Falcon Six* (monoplano civil)		14/08/36.	14/08/36 Bilbao.
1	*Monospar S.T 25 Jubilee* (bimotor ligero para uso civil)			14/08/36 Le Bourget a tránsito a Barcelona.
1	*De Havilland DH-89 Dragon Rapide* (de pasajeros)	5.000 libras	13/08/36 de Heston.	“”
1	*De Havilland DH-84 Dragon* (comercial)	5.000 libras	13/08/36 de Heston.	“”
1	*Airspeed AS-6 Envoy* (bimotor comercial de ala baja)	5.000 libras?		“”
3	*De Havilland DH-84 Dragon* (comercial)	5.000 libras	14-15/08/36	15/08/36 Barcelona.
1	*Airspeed AS-6 Envoy I* (bimotor comercial de ala baja)	5.000 libras?	26/08/36	Barcelona.

[9] Fuente: Í. Campos, Miguel, *Armas para la República. Contrabando y corrupción, julio de 1936*-mayo de 1937, Barcelona, Crítica, 2022, págs. 311-313.

1	*Airspeed AS-6 Envoy II* (bimotor comercial de ala baja)	5.000 libras?	29/08/36	30/08/36 Barcelona.
1	*De Havilland DH-89 Dragon Rapide* (de pasajeros)	5.000 libras	9/09/36	
2	Avionetas *Miles M.2H Hawk Major* (monoplano ligero)			Octubre.
1	*Avro 643 Cadet* (entrenador biplano monomotor)		Enero 1937	
1	Avioneta *Miles M.2H Hawk Speed Six*		Enero 1937	
1	*Avro 626 Prefect* (biplano de entrenamiento)		Enero 1937	
1	*Monospar S.T 25 Jubilee Deluxe* (ambulancia)		Febrero 1937	
1	*Bellanca 28-70*		Abril 1937	

También trabajaron los ingleses entre bastidores con el fin de que Francia tampoco interviniese y plantease un compromiso global de no intervención. No era la primera vez que intentaban establecer una no intervención en un conflicto armado: la guerra entre Paraguay y Bolivia por el Gran Chaco, que se inició en junio de 1933, indujo al gobierno británico a solicitar a la Sociedad de Naciones el embargo internacional de armas, aunque no entró en vigor hasta septiembre de 1934. Llama la atención la manera de proceder de los británicos ante ambos conflictos por dos aspectos. Primeramente, por el tiempo transcurrido en el que Gran Bretaña decidió actuar: en el conflicto del Chaco pasaron quince meses desde que comenzó hasta que se logró el embargo de armas, mientras que en el caso español lo logró desde prácticamente el mismo momento en que comenzó la sublevación, al menos para la República. La segunda diferencia radica en el *modus operandi*: en el caso de la guerra del Chaco planteó el embargo de armas a través del único cauce legal disponible en el derecho internacional de la época: la Sociedad de Naciones. En el caso español, actuó al margen de esa legalidad internacional, presionando a Francia entre bastidores para conseguir que los principales países con intereses en España -por proximidad geográfica, por propósitos geopolíticos y/o geoestratégicos o por el peso de su industria armamentística– se abstuviesen de enviar armas.[10]

En definitiva, Gran Bretaña sabía, a tenor de experiencias anteriores, que si planteaba un embargo de armas para España en la Sociedad de Naciones transcurriría un plazo de tiempo infinitamente superior en lograrlo que si actuaba al margen de esta. El temor al supuesto establecimiento de un sóviet en España no permitía la más mínima demora.

Por otro lado, los principios directores de la política exterior británica desde el comienzo del verano de 1936 se basaban en dos pilares fundamentales: 1) evitar una política de

[10] Los embargos de armas en el periodo de entreguerras fueron casi todos, por no decir todos, promovidos por el Foreign Office. Aparte del citado embargo del Gran Chaco, hubo otro contra Lituania en una querella con Polonia, varios contra China y otro contra Abisinia: Howson, Gerald: *Armas para España...*, págs. 120-121.

resistencia a Alemania por dos razones evidentes: a) falta de preparación militar ante un eventual nuevo conflicto y b) oposición a este de la opinión pública, y 2) abandono de toda veleidad de resistencia allí donde los intereses británicos no estuviesen directamente amenazados y donde estuviese decidida a llegar hasta el conflicto, como era el caso de la Europa Oriental.[11]

LOS DESIGNIOS DE ESTADOS UNIDOS

En cuanto a Estados Unidos, desde el punto de vista legal, existía una legislación que no prohibía la exportación de material bélico a España. Sin embargo, los acontecimientos de Europa y la posición franco-británica indujeron al Departamento de Estado a promulgar el denominado "embargo moral" -que no legal– el 5 de agosto de 1936. Tampoco hay que perder de vista que, ante la cercanía de las elecciones, los demócratas –léase Roosevelt- necesitaban el voto católico para la reelección.

Este "embargo moral" hizo la función de una legislación prohibitiva de exportación de material bélico y dio sus frutos. Pese a ello, algunas empresas como la *General Motors* o la *Texas Oil Company*, suministraron a Franco una ayuda nada despreciable, ya que camiones y combustible no cayeron dentro de los productos prohibidos por la no intervención. Sin embargo, en diciembre de 1936 el traficante Robert Cuse decidió ejercer sus derechos legales frente a esta situación y, lógicamente, consiguió la licencia para exportar 18 aviones y 411 motores de aviación a Bilbao. Esto supuso la revisión del concepto prohibitivo y a comienzos de 1937 se aprobó un embargo legal.

En definitiva, la no intervención yuguló los esfuerzos republicanos para conseguir armamento tanto en países considerados como "amigos" como en los que no lo eran y creó una situación asimétrica en la cual un gobierno legítimo y reconocido internacionalmente, se vio privado de su derecho inmanente de adquirir armas para sofocar una sublevación interna. Paralelamente, la intervención nazi-fascista a favor de Franco puso los cimientos para la victoria de los sublevados. La ayuda de la URSS estalinista, decidida dos meses después de que lo hiciera Hitler, sirvió para que la República pudiese agarrarse a una tabla de salvación inmediata, pero nunca para estar en disposición de ganar la guerra. Cuando alemanes e italianos constataron la llegada de material soviético a la zona republicana, incrementaron el volumen de sus envíos. Alemania aportó innovación tecnológica, esto es, calidad con la Legión Cóndor, mientras que Italia aumentó su contribución cuantitativamente.

---

[11] Moradiellos, Enrique: *Neutralidad benévola. El Gobierno británico y la insurrección militar española de 1936*, Oviedo, Pentalfa, 1990 y Moradiellos, Enrique: *La perfidia de Albión. El Gobierno británico y la guerra civil española*, Madrid, Siglo Veintiuno Editores, 1996.

MÉXICO, EL "SALVAVIDAS" MÁS ALLÁ DEL OCÉANO

A pesar de este desolador panorama, cuando la República observaba con amargura e impotencia el abandono y la soledad a que la condenaban las potencias democráticas que consideraba aliadas y amigas y estaba a punto de perder el envite lanzado por los sublevados, apareció en escena la ayuda del lejano México.[12] Los 20.000 *Máuser* con sus 20 millones de cartuchos descargados en Cartagena el 2 de septiembre de 1936, pese a no ser una gran cantidad, permitieron armar a 20.000 hombres y, además, con munición del mismo calibre. Su llegada fue un verdadero bálsamo para las autoridades republicanas pues por primera vez desde que comenzó la sublevación sintieron que no estaban solas ante los sublevados y sus protectores nazi-fascistas, ya que Stalin todavía no había dado luz verde a socorrer militarmente a la República.

El presidente mexicano Lázaro Cárdenas apoyó sin titubeos a la República desde el primer momento en todos los ámbitos posibles: militar, diplomático, solidaridad y humanitario. En el ámbito militar, el presidente mexicano autorizó a sus representantes en Europa, especialmente a su embajador en París, a que adquirieran armas en nombre de México para posteriormente enviarlas a la República. Incluso proveyó a diversos funcionarios y militares españoles con pasaportes mexicanos para encubrir sus misiones secretas. La ayuda mexicana fue verdadera y sincera, pero no altruista, pues el presidente Lázaro Cárdenas aprovechó los envíos de armamento de fabricación nacional para aliviar las deudas que México tenía con la República debido a un contrato firmado en 1933 para la construcción de barcos para el país azteca en astilleros españoles.

Sin embargo, México a nivel armamentístico no tenía una industria ni puntera ni de consideración. A ello hay que sumar la lejanía geográfica, lo que complicó en extremo la recepción de los barcos enviados, sin perder de vista que la República cada vez contó con menos puertos donde poder atracar y descargar los barcos que le eran consignados. Al realizar una investigación previa, descubrimos en los archivos franceses que en una fecha tan próxima a la sublevación como el 21 de julio, el embajador mexicano en París, Adalberto de Tejeda, solicitó al Ministerio de la Guerra francés por cuenta de su gobierno 14 bombarderos *Dewoitine* 372, seis cazas *Potez* 54, 2.500 ametralladoras con veinticinco millones de cartuchos, 30.000 fusiles *Lebel* con treinta millones de cartuchos y 20.000 bombas (5.000 de cincuenta kilogramos, 10.000 de diez y otras 5.000 de cinco). Esta petición es de suma relevancia, ya que modifica notablemente lo conocido hasta la fecha e, incluso lo afirmado por el embajador republicano en México, Félix Gordón Ordás. Lo más destacable es que solo tres días después del golpe, la embajada azteca ya trató de conseguir un material bélico de vital importancia para la República en aquellos momentos iniciales y de gran desconcierto.

[12] Para ver los cuatro envíos mexicanos y qué se envió en cada uno de ellos consúltese: Í. Campos, Miguel, "Los envíos de armamento desde México a la República: una revisión historiográfica", *Revista Electrónica Iberoamericana (REIB)*, vol. 11, n.º 2 (2017), págs. 12-29.

La respuesta francesa a esta petición de armamento se estudió en profundidad: la Dirección de Asuntos Políticos y Comerciales elaboró un informe sobre los pedidos de armamento que México había realizado antes y después del 19 de julio de 1936. Suponemos que lo mandó elaborar Yvon Delbos, el ministro de Exteriores francés. La conclusión fue demoledora para los intereses republicanos, pues antes de producirse el golpe las compras bélicas mexicanas en Francia habían sido relativamente insignificantes, como se aprecia en la siguiente tabla:

Pedidos mexicanos de material de guerra en Francia en el año en curso (antes del comienzo de la sublevación en España)[13]		
Fecha del pedido	Empresa	Material
18/09/1935	*Société Française des Munitions*	80.000 cartuchos de fusil
7/10/1935	*Société Française des Munitions*	500.000 cebos de fusil
9/12/1935	*Hotchkiss*	40 ametralladoras
14/02/1936	*Goni Frères*	75.000 cebos de fusil
14/03/1936	*Hotchkiss*	16 ametralladoras
20/04/1936	*Société Française des Munitions*	65.000 cartuchos para revólver
23/04/1936	*Société Française des Munitions*	50.000 cebos de fusil
11/07/936	*Manf. Machines Ht Rhin*	20.000 cebos de fusil
23/07/1936	*Société Française des Munitions*	20.000 cebos de fusil

Con esta información en poder de Ivon Delbos, este envió una carta al embajador de Tejeda el 13 de agosto. En ella se excusó en las necesidades de avituallamiento de las propias fuerzas militares francesas, e informó de que su gobierno había estimado que el armamento solicitado no estaba disponible y con exquisitas formas diplomáticas, expresó su pesar por ello. Por otro lado, ese mismo día 13, Delbos también escribió a su colega del Aire, Pierre Cot. En un tono mucho menos exquisito, pero más sincero, le informó sobre el porqué real de su respuesta al embajador mexicano: "por razones políticas no había lugar a dar satisfacción a esta demanda".[14]

En los planos de la solidaridad y humanitario, se realizaron colectas de dinero, medicamentos, alimentos y proporcionó asilo a intelectuales y a 500 huérfanos, que llegaron a México en junio de 1937. Igualmente, autorizó que los barcos españoles ondeasen la bandera mexicana para evitar ataques.

[13] Fuente: elaboración propia a partir de los datos recogidos en: AMAEF. Section: Direction des affaires politiques et commerciales. Sous-direction d'Amérique. Mexique. Carp.40. Nota de 27/08/1936. Recogido de: Í. Campos, Miguel, *Armas* para la R*epública*..., pág. 238.

[14] Ibídem, págs. 238-239.

SIN OPCIONES, SOLO EL MERCADO NEGRO

Hemos documentado con fuentes primarias de más de una veintena de archivos españoles, franceses y mexicanos que el armamento que la República pudo adquirir en el mercado negro no equilibró en ningún momento la balanza de los apoyos exteriores a Franco. La República también intentó conseguir armas en aquellos países donde existían potentes industrias bélicas, pues se creía que era posible comprar secundariamente y en aquellas naciones desde los cuales llegaban ofertas más o menos creíbles a la embajada en París.

Cuando el gobierno presidido por José Giral observó con impotencia, desconcierto y desesperación, que Francia y Gran Bretaña le cerraban sus arsenales, nacionales y privados, y Estados Unidos basculaba en el mismo sentido, tuvo que diversificar los mercados potenciales de compra de armas. Fue entonces cuando verdaderamente los republicanos se vieron obligados a recurrir a lo que podría describirse como la mayor red organizada de contrabando armamentístico de la historia europea hasta ese momento. Los agentes, comisionados y enviados republicanos se sumergieron en el mercado clandestino y cayeron en manos de poderosas e influyentes redes de traficantes, cuyos miembros estaban en las antípodas ideológicas de la República, pero que se acercaron a sus representantes con un triple objetivo: 1) conseguir ingentes cantidades de divisas; 2) deshacerse de verdadera morralla bélica inservible, más propia de exposición en museos que de emplear en una guerra moderna y 3) cuando el armamento era de calidad, frecuentemente acabó engrosando los arsenales franquistas tras el correspondiente aviso a estos.[15]

Estas operaciones clandestinas obligaban a invertir muchas horas, capital humano, gestiones políticas e ingentes cantidades de dinero para tratar de sortear infinidad de obstáculos. Desde que se produjo el golpe de Estado y hasta mediados de 1937, las actividades de adquisición por parte de elementos republicanos no llegaron a constituir una estrategia eficiente.

Además de estos problemas y dificultades descritos someramente, la República pronto encontró otro en la conducta de la banca francesa, inglesa y norteamericana que dificultó, cuando no negó, todo lo que pudo, a veces con excusas de lo más trivial, las transferencias de fondos desde París y Londres, a México y Estados Unidos. Esto se tradujo en la imposibilidad de adquirir importantes partidas de armamento, pues los traficantes se negaban a negociar si los agentes republicanos no disponían de fondos como garantía de pago. Por ello, se perdió un tiempo precioso y gran número de oportunidades mientras que Franco, financiando sus suministros fundamentalmente a crédito, los conseguía.

[15] Estas redes de traficantes estaban ramificadas por toda Europa y muchas habían conseguido sus fortunas construyendo ferrocarriles y/o vendiendo armas en diversos conflictos en varias partes del mundo. En sus consejos de administración figuraban importantes políticos nacionales e internacionales, grandes industriales y gente de la banca. Algunos grupos estaban muy bien relacionados con ciertos gobiernos europeos, como es el caso de Veltjens con la Alemania nazi o de Bodosakis con el dictador griego Metaxas. Todos tenían una ideología que chocaba frontalmente con la republicana, por lo que no iban a permitir su victoria, aunque sí querían su dinero.

Por tanto, de la misma forma que el cierre de los arsenales e industrias privadas de armamento obligó a la República a virar hacia la URSS, las zancadillas bancarias hicieron lo propio en el plano económico: la URSS disponía de una red financiera lo suficientemente opaca que permitía la transferencia de fondos republicanos allá donde hicieran falta sin dejar rastro. Negrín, como ministro de Hacienda, se percató de ello y no tuvo más remedio que enviar el oro a Moscú si quería disponer de divisas para comprar armas y otros productos. Ante el torpedeo bancario occidental, podemos afirmar que el traslado del tesoro republicano a Moscú no fue una decisión caprichosa y arbitraria de Negrín ni del gobierno republicano, como afirman algunos investigadores.[16]

En la política republicana de adquisición de material bélico pueden diferenciarse tres etapas, aunque la delimitación de cada una de ellas es un tanto aleatoria. La primera fue de absoluto caos e improvisación. El golpe de Estado se diseñó para noquear al Estado y sus estructuras y sus resortes exteriores no fueron una excepción. Según se fueron cerrando los arsenales de las democracias occidentales, se enviaron emisarios desorganizadamente a la Alemania nazi, al Reino Unido, a Francia, a Bélgica, Suecia y a Holanda con el mismo objetivo: conseguir armas y aviones donde fuera posible y al mejor postor. En esta primera fase tuvo un gran protagonismo uno de los grandes problemas endógenos de la República: la enorme proliferación de enviados, pues no solo mandó agentes y comisiones el gobierno central, sino también algunos partidos y organizaciones políticas, así como el Gobierno Vasco y la Generalitat, lo que provocó que se hicieran la competencia entre sí y dando una imagen lamentable ante gobiernos, empresas y traficantes.

En la segunda etapa se intentó conseguir el anhelado material de guerra en América: México y Estados Unidos. Como hemos visto, la respuesta fue muy diferente. Mientras que el primero abrió sus limitados arsenales, Estados Unidos amparándose en un "embargo moral" siguió a Londres y París y dejó a la República en el dique seco. En Estados Unidos surgieron innumerables impedimentos, y la gran banca, que ya había acorralado a la República en Europa, interpuso obstáculos para dificultar las transacciones financieras.[17]

En la tercera etapa los republicanos intentaron diversificar al máximo sus fuentes de suministro, expandiendo la red de agentes por el resto del continente europeo y diferentes

[16] Martín Aceña, Pablo, *El oro de Moscú y el oro de Berlín. Finanzas y expolio en tiempos de guerra*, Barcelona, RBA, 2012. Este libro es la actualización de una primera versión publicada en 2001 en la editorial Taurus bajo el título *El oro de Moscú y el oro de Berlín.*

[17] El embajador republicano en Washington, Fernando de los Ríos esperaba siete millones de dólares desde comienzos de octubre. Recibió la primera mitad de esa cantidad el 16 de noviembre, y la segunda, el 25. Pero no terminaron aquí las trabas para que de los Ríos lo recibiese: el vicepresidente en funciones de asuntos europeos del *Chase National Bank*, banco propiedad de Rockefeller y rebautizado con el nombre de *Chase Manhattan Bank*, se negó a permitir que de los Ríos abriera una cuenta y trató de obligar a la República a retirar su cuenta de la rama parisina. Finalmente, el embajador situó el dinero en el *National Bank* de Riggs de Washington. Sin embargo, este banco, previa autorización de de los Ríos, envió el dinero a la sucursal de Wall Street del *Chase Bank* y este no permitió a Rafael Méndez transferirlo a una cuenta corriente para disponer del dinero. Los cajeros explicaron que "por motivos políticos" no podían hacer nada más que darles acuse de recibo. A finales de noviembre, de los Ríos consiguió abrir una cuenta en el *Amalgamated Bank*, donde alejaban su cuenta los sindicatos neoyorquinos. Al día siguiente, el banco le comunicó que tenía que cancelar la cuenta y le pidió que devolviera su talonario de cheques, pues el *Chase Bank* había bloqueado los caudales. Finalmente, de los

países iberoamericanos. Hemos documentado que se realizaron gestiones o se recibieron ofertas en, al menos, una quincena de países.[18]

De entre todas las naciones donde se trató de conseguir armamento, y de entre todas las operaciones, nos gustaría destacar aquí el intento de conseguir dicho material de guerra en la Alemania nazi y cómo esta, tras rechazar la petición oficial republicana, les vendió posteriormente armamento a través de Grecia. Incluso los soviéticos respaldaron este comercio. El plan partió de Göring, quien vio en el tesoro republicano una fuente jugosa de divisas con la que desarrollar y acelerar su programa de rearme.[19]

El país más importante de todos a nivel de producción bélica fue Checoslovaquia por ser el primer exportador de material de guerra del mundo a mediados de los años treinta. En teoría, las fábricas estaban abiertas a cualquier comprador. Sin embargo, factores de orden nacional e internacional hicieron que la República no pudiese comprar con libertad y tuviese que recurrir también a traficantes y a buscar coberturas de otros países. Por otro lado, el caso de Bélgica también es llamativo. El país disponía de un número de fábricas considerable, pero la disposición del rey Leopoldo II, favorable a los sublevados, y un error chapucero de los enviados republicanos acabaron con cualquier posibilidad de obtener material en el volumen necesario.

En esta búsqueda a la desesperada de armamento, los agentes y comisiones del gobierno de Madrid se encontraron una serie de dificultades exógenas a ellos mismos y a la propia República. Al verse inmiscuidos en operaciones fuera de la ley y al tratar y lidiar con traficantes sin escrúpulos, sacar adelante una operación implicaba un esfuerzo costosísimo: 1) cribar el aluvión de ofertas; 2) peritar la mercancía y que se correspondiese en cantidad y calidad con lo que se había firmado en el contrato; 3) lograr la obtención de un permiso de exportación, el cual, tras mucho tiempo y dinero invertido, casi nunca llegó; 4) si el transporte del armamento era por mar, había que conseguir el fletamento de un barco con tripulación de confianza para evitar traiciones; 5) problemas de tráfico marítimo debido al bloqueo y a las agresiones nazi-fascistas en el Mediterráneo; 6) el bloqueo de las costas españolas cuando entró en vigor por parte del Comité de No Intervención; 7) si el envío se hacía a través de Francia, debía salvarse la vigilancia de las autoridades; 8) la penetrabilidad y boicoteo de las operaciones por parte de agentes franquistas fue considerable y, no en último término, 9) los citados obstáculos de la banca francesa, británica y americana para dificultar las transacciones financieras.

A favor de Franco jugó no solo la superioridad cuantitativa de material, sino también el volumen de efectivos extranjeros de que dispuso entre sus tropas. También hubo diferencias técnicas entre unos envíos y otros: los que afluyeron al campo franquista,

---

Ríos consiguió dinero en efectivo comprando bonos del Tesoro estadounidense, vendiéndolos posteriormente y guardando el dinero en una caja fuerte: Howson, Gerald, *Armas para España...*, págs. 238-240 e Í. Campos, Miguel, *Armas para la República...*, págs. 422-423.

[18] Ibídem.

[19] Ibídem, págs. 133-145 y Heigberg Morten y Pelt, Mogens, *Los negocios de la guerra. Armas nazis para la República española*, Barcelona, Crítica, 2005.

especialmente los que mandaron Roma y Berlín, lo hacían perfectamente equipados. Por el contrario, los que formaron parte de las Brigadas Internacionales lo hacían por razones ideológicas y carecían del equipo correspondiente y fueron utilizados como fuerza de choque por la República en las principales batallas.[20]

Por su parte, los agentes y diplomáticos franquistas realizaron multitud de gestiones y tareas para evitar que las ofertas serias prosperasen y se terminaran en éxito y muchos barcos con armamento destinados a la República acabaron en puertos controlados por los franquistas. Con ello tenían el terreno ganado, pues muchos de estos agentes y diplomáticos, tanto por su posición previa como por los contactos y amistades que disfrutaban, podían acceder a puestos clave de administraciones nacionales y pudieron dilatar en el tiempo e incluso detener muchas de las operaciones planificadas por los agentes republicanos.

En el ámbito diplomático, algunos de sus miembros se unieron a los sublevados rapidísimamente. Otros jugaron a estar al servicio de ambos durante un cierto tiempo, por lo que estaban enterados de todos los movimientos e iniciativas republicanas. En algunas legaciones, por azar o por imprudencias del Gobierno, se hicieron con las claves para cifrar telegramas. Muchos eran diplomáticos de largo recorrido y conocían y tenían amistad con ministros y círculos de poder. Sirva como ejemplo el caso de Pablo de Azcárate cuando se quejó de que él solo tenía llegada a las personalidades que su cargo como embajador permitía mientras que el duque de Alba se reunía con quien quería y cuando quería.[21] Los principales centros de operación de los sublevados fueron Londres, París y Checoslovaquia.

LAS DIFICULTADES ENDÓGENAS

Los propios republicanos colaboraron también en la creación de dificultades -por si tenían pocas– a encarecer el armamento y en no poder adquirirlo finalmente. En cuanto a estos problemas internos detectados destacan tres: 1) probable inexistencia de un plan nacional de compras- otra cuestión es si, de haber existido dicho plan, se hubiera podio llevar a cabo en el mercado negro; 2) el envío masivo y sin control de comisionados y delegados por toda la geografía mundial y 3) la existencia de representantes que se aprovecharon de su puesto, del dinero de que disponían y de las dificultades existentes para enriquecerse.

---

[20] Según los estudios y balances más actuales y rigurosos, los franquistas contaron con unos 180.000 hombres, mientras que la República pudo oponer, en el mejor de los casos, en torno a 40.0000 combatientes: Eiroa San Francisco, Matilde, "Brigadas internacionales: la solidaridad de la izquierda" en Viñas, Ángel (ed.), *En el combate por la Historia: la República, la guerra civil, el franquismo*, Barcelona, Pasado&Presente, 2012, págs. 265-278. Para el caso de los voluntarios procedentes de Iberoamérica, consúltese: Baumann, Gino, *Los voluntarios latinoamericanos en la Guerra Civil Española*, San José, Editorial Guayacán, 1997.

[21] Así lo recoge el propio Azcárate en sus memorias: Azcárate, Pablo de, *Mi embajada en Londres durante la guerra civil española*, Barcelona, Ariel, 1976. (Esta obra fue reeditada por la misma editorial en 2012).

Estas autodificultades, especialmente las dos primeras, pesaron como una losa desde las primeras semanas tras producirse el golpe.

El segundo problema, la marabunta de comisionados que se desperdigaron por toda Europa buscando armamento para cierto partido, sindicato o región española, supuso grandes problemas y acrecentó la mala imagen exterior de la República. En muchas ocasiones estos delegados iban con buena voluntad, pero la inexperiencia de tratar con traficantes profesionales, el desconocimiento de las lenguas de los países en los que se movieron y el actuar independientemente unos de otros y en franca competencia entre sí, los condenó al más absoluto fracaso. Además, dificultaron la labor de la Comisión oficial, obstaculizaron sus movimientos, hicieron perder el tiempo en dilucidar si eran agentes de los sublevados o no y encarecieron los precios. Hemos detectado delegados y comisionados de la Generalitat, del Gobierno Vasco, de Valencia, de Asturias, de la FAI, incluso simples aventureros que, además de incordiar y darse una vida de lujo, dejaban grandes desfalcos. Lógicamente, la cuestión más espinosa de analizar es la de aquellos presuntos defensores de la República que, supuesta y presuntamente, saquearon las arcas republicanas en su propio beneficio mientras miles de compatriotas se exponían a la muerte diariamente. El perjuicio para la República radicaría en que estos encargados y representantes iban más pendientes a conseguir jugosas comisiones que material de calidad.

En el plano operativo, las compras realizadas en el mercado negro supusieron que el Ejército Popular contase con los más variopintos materiales tanto en calidad como en calibres, municionamiento y tipología. Un verdadero caos que tuvo sus consecuencias en los campos de batalla. En numerosas ocasiones el material adquirido, bien por desconocimiento de quien realizaba la compra, bien por obligación para adquirir otro material mejor o por engaño del vendedor o vendedores, se compraron verdaderas piezas de museo, inservibles para una guerra moderna como lo fue la de España entre 1936 y 1939.

ESTE LIBRO SE TERMINÓ DE IMPRIMIR
EN EL MES DE OCTUBRE DE 2024